André Brodocz/Gary S. Schaal (Hrsg.)
Politische Theorien der Gegenwart

André Brodocz
Gary S. Schaal (Hrsg.)

Politische Theorien der Gegenwart

Springer Fachmedien Wiesbaden GmbH 1999

ISBN 978-3-322-97433-4   ISBN 978-3-322-97432-7 (eBook)
DOI 10.1007/978-3-322-97432-7

© 1999 Springer Fachmedien Wiesbaden
Ursprünglich erschienen bei Leske + Buderich, Opladen 1999
Softcover reprint of the hardcover 1st edition 1999

Inhaltsverzeichnis

Einleitung

André Brodocz und Gary S. Schaal

Die zeitgenössische politische Theorie ist unübersichtlich. Ein Blick in die Literatur offenbart eine Vielzahl divergierender Theorieangebote, die sich in rasanter Geschwindigkeit auseinander bewegen. Das vorliegende Buch möchte diese Unübersichtlichkeit innerhalb der Theorieentwicklung reduzieren und einen Überblick über die politischen Theorien der Gegenwart liefern. Damit ein solches Vorhaben überhaupt gelingen kann, müssen im Vorfeld zumindest die folgenden drei Fragen adressiert werden: Was ist *politische* Theorie? Existieren angesichts der Pluralität politischer Theorien plausible Auswahlkriterien, um die „relevanten" Theorieangebote identifizieren zu können? Welcher Zeitrahmen umfaßt die „Gegenwart"?

Worin besteht – trotz der internen Divergenzen und Pluralisierungstendenzen – das Konstituierende für das Label „politisch"? Orientiert man sich zunächst an der Titulierung, dann lassen sich darunter jene Ansätze verstehen, die eine Theorie zum Objektbereich ‚Politik' formulieren. Dies ist jedoch so allgemein, um nicht zu sagen tautologisch, gefaßt, daß es kaum mehr als einen – sicherlich konsensuellen – *Ausgangspunkt* bezeichnet. Welchen „Gegenstand" der Begriff ‚Politik' überhaupt adressiert, was Politik von anderen sozialen „Gegenständen" wie z.B. Wirtschaft, Wissenschaft oder Religion unterscheidet, ist bereits höchst umstritten (vgl. Lutz 1992: 17ff.). Kann Politik überhaupt als solch ein eigenständiger „Gegenstand" verstanden werden, oder ist Politik (bzw. das Politische) nicht vielmehr eine bestimmte Eigenschaft, Qualität oder spezifische Verbindung der genannten sozialen „Gegenstände" (Heller 1991)? Das Gemeinsame *politischer* Theorien könnte aber auch in der *Methodik* zu finden sein, die das „Politische" erschließt, selbst wenn dessen genaues Verständnis umstritten ist. Doch auch hier läßt sich kein expliziter Konsens finden (vgl. Held 1991a: 13; Hartmann 1997: 30). Das Gemeinsame aller Ansätze, die gegenwärtig als politische Theorien firmieren, ist demnach weder ein identisch anzugebender Gegenstand noch eine identische Methode. Läßt sich angesichts dieses eher resignativ stimmenden Überblicks das Gemeinsame in der zeitgenössischen politische Theorie noch formulieren? Oder ist es mittlerweile, wie Jürgen Hartmann (1997: 237) zu bedenken gibt, nicht sinnvoller, wenn man nicht mehr von politischer Theorie, sondern nur noch von „politikwissenschaftlichen Theorien" spricht? Zu notieren ist zunächst, daß ein substantieller oder methodisch-prozeduraler Konsens nur mit Mühe identifizierbar ist. Da aus der Akteursperspektive des Theoretikers jedoch offensichtlich eine Vielzahl von Motivationen existieren, die eigene Theorie als „politische" zu charakterisieren, bestünde eine Auflösung des Dilemmas darin, aus der Beobachterperspektive jene Theorien als „politische" zu verstehen, die sich selbst als solche bezeichnen. Eine solche Konstruktion enthebt den Beobachter der Notwendigkeit, intersubjektiv geteilte Kriterien hinsichtlich des Objektbereiches oder der Methode politischer Theorien spezifizieren zu müssen. Eine zweite Auflösung dieses Dilemmas besteht im Rekurs auf die Selbstbeschreibungen, die die gegenwärtige Diskussion politischer Theorie erzeugt. Jürgen W. Falter und Gerhard Göhler (1986; vgl. daran anschließend auch Steiert 1994) zeigen anhand einer Inhaltsanalyse deutschsprachiger Fachzeitschriften, daß die politische Theorie in drei Bereiche differenziert werden kann: Metatheorien, systematische Theorien sowie politische Philosophie und Ideengeschichte. Sieht man von der rein selbstreflexiven Kategorie der Metatheorie ab (siehe hierzu Noetzel/-Brodocz 1996), wird an Falters und Göhlers Dreiteilung deutlich, daß sich die politischen Theorien der Gegenwart durch eine *empirische* und eine *normative* Dimension auszeichnen lassen: Die zeitgenössischen politischen Theorien werden darum oft primär nach normativen und empirischen Theorien kategorisiert (vgl. z.B. Müller 1994; Lutz 1992: 143ff.).

Die Auswahl der politischen Theorien, die Hoffnung gar, daß es sich um „relevante" Theorien handelt, ist angesichts der Probleme bei der Bestimmung des Gemeinsamen von politischen Theorien eine weitere Herausforderung. Die Selektionskriterien können nur dem akademischen Diskurs selbst entnommen werden, d.h. es muß eine Beobachterperspektive auf den metatheoretischen Diskurs eingenommen werden. Das entscheidende Kriterium für unsere Auswahl war die Tatsache, daß eine Theorie in der akademischen Diskussion nachhaltig vertreten sein muß, daß sie angewandt wird, Zustimmung, kontroverse Diskussionen oder Dissens provoziert. In diesem Sinne ist die vorliegende Auswahl getroffen worden. Jede Auswahl ist kontigent; wir hoffen jedoch, daß sie nicht arbiträr ist.

Damit ist implizit bereits der Zeithorizont angesprochen: Was sind politische Theorien der *Gegenwart?* Innerhalb der Philosophie wird die Wiederbelebung der politischen Philosophie als akademische Disziplin mit der Veröffentlichung von „Eine Theorie der Gerechtigkeit" von John Rawls 1971 datiert. Diesen Zeithorizont hat auch dieses Buch ins Auge gefaßt. Präsentiert werden maßgeblich politische Theorien von *Zeitgenossen*, solche, die sich innerhalb der letzten dreißig Jahre in der Diskussion befunden haben und diese bis heute maßgeblich prägen sowie vor allem solche, die sich gegenwärtig in der Diskussion befinden. Damit wird natürlich nicht behauptet, daß die präsentierten Theorien sich jenseits von akademischen Konjunkturzyklen befinden und sich auf Dauer in der Theoriediskussion etablieren werden; vielleicht enden sie als reine Fußnote in der Theoriegeschichte. Darüber zu urteilen oder dies zu präjudizieren steht uns aber nicht zu.

Das vorliegende Buch versteht sich als *Lehrtext* für Studierende und als Überblicksband für Kolleginnen und Kollegen im Bereich der politischen Theorie. Damit er als Lehrtext fungieren kann, existieren zwei Strukturierungsprinzipien: Einerseits folgen die einzelnen Beiträge – mit kleinen Abweichungen – einem identischen Strukturprinzip, das direkt im Anschluß dargestellt wird. Andererseits ist die Abfolge der Beiträge durch eine These, die abschließend präsentiert werden soll, motiviert. Die Unübersichtlichkeiten in der zeitgenössischen politischen Theorie speisen sich paradoxerweise auch daraus, daß einerseits einige größere Theoriestränge eindeutig zu identifizieren sind, so z.b. der Kommunitarismus, der politische Liberalismus, der Neo-Marxismus u.a., während anderseits *innerhalb* dieser großen Stränge Diversifizierungs- und Pluralisierungsprozesse stattfinden, die einen Theoriestrang in verschiedene Ansätze ausdifferenzieren. Ohne Frage bestehen dabei zentrale „Familienähnlichkeiten", die modellartige Darstellung eines Theoriestrangs wäre jedoch immer auch Einebnung dieser internen Unterschiede. Daher wurde in diesem Band – quasi paradigmatisch – für jede Theoriefamilie ein „Referenztheoretiker" gewählt.

Im ersten Abschnitt der Beiträge wird der Referenztheoretiker einerseits innerhalb seiner Theoriefamilie, anderseits in seinen intellektuellen Kontext situiert. Im zweiten Abschnitt erfolgt eine Rekonstruktion des Referenztheoretikers. Besondere Berücksichtigung finden dabei zentrale Fragen der zeitgenössischen politischen Theorie: Welcher Begriff des Politischen liegt vor, welche Gerechtigkeitsvorstellungen existieren und wie kann Demokratie als politisches System begründet werden? Welches ist die notwendige oder empirisch zugeschriebene Rationalität und/oder Tugend seitens der Bürger? Welches sind die Aufgaben von Demokratie, welches ihre normativen Bewertungsstandards und welche institutionellen Arrangements sind vorgesehen, diese zu unterstützen? Der dritte Abschnitt diskutiert Kritik am Referenztheoretiker, und zwar – sofern dies konsistent möglich ist – differenziert nach interner, d.h. aus der gleichen Theoriefamilie stammender, und externer Kritik. Das vierte Segment öffnet – auf Basis der artikulierten Kritik – das Tableau für den Stand der Debatte und damit für alternative Theorieentwicklungen innerhalb des Paradigmas. Abgerundet wird jedes Kapitel mit einer kommentierten Literaturliste, die weniger den Anspruch auf Vollständigkeit erhebt, als vielmehr eine Schneise in den mitunter unübersichtlichen Dschungel der Sekundärliteratur schlagen soll.

Woran kann sich eine Systematik für die Anordnung der einzelnen Kapitel orientieren? Im Angesicht der oben angesprochenen Unübersichtlichkeit dient die Unterscheidung von empirischen und normativen Theorien als erster Anhaltspunkt. Dabei gelten die normativen Theorien als diejenigen, die Antworten auf *die Frage nach der Begründbarkeit von Politik* geben. Empirische Theorien werden demgegenüber thematisch, wenn *die Frage nach der empirischen Verfaßtheit von Politik* beantwortet werden soll. Diese Ordnung ist allerdings nicht unproblematisch, legt sie doch den Eindruck nahe, daß normative politische Theorien nicht empirisch und empirische politische Theorien nicht normativ sind. Dabei drängt sich schon an der Unterscheidung von normativ und empirisch die Frage auf, ob diese selbst eine empirische Unterscheidung oder eine normative Unterscheidung ist. Zwischen der Frage nach der Begründbarkeit und der Frage nach der empirischen Verfaßtheit von Politik sehen wir dagegen eine *konstitutive Spannung*, die zunächst zugunsten der einen oder der anderen Seite aufgelöst werden muß – ansonsten kommt eine politische Theorie nicht auf den Weg, sie verharrt in der Unentschiedenheit. Die politischen Theorien der Gegenwart sehen wir dadurch ausgezeichnet, daß sie die Spannung zwischen der Begründbarkeit und der empirischen Verfaßtheit von Politik theorieintern reflexiv werden lassen, nachdem sie sich auf eine Perspektive als *Ausgangspunkt* festgelegt haben.[1] *Politische Theorien, die mit der Frage nach der Begründbarkeit beginnen*, wenden sich anschließend der Spannung zwischen den Möglichkeiten dieser Begründung und der empirischen Verfaßtheit von Politik zu. Bestehende politische Institutionen, Ordnungen oder Prozeduren werden hier entweder vor dem Hintergrund theoretisch explizierter Standards evaluiert oder auf Basis dieser Standards neu entworfen *(institutional design)*. *Politische Theorien, die mit der Frage nach der empirischen Verfaßtheit von Politik beginnen*, nehmen sich dementsprechend im Anschluß daran die Spannung zwischen dieser Verfaßtheit und der Möglichkeit ihrer Begründung an: Die Art und Weise, wie Politik begründet wird und werden kann, ist in dieser Herangehensweise immer nur ein Ausdruck der Möglichkeiten, die das konkrete empirische Institutionengefüge und die Gesellschaftsstruktur zulassen. Die Angemessenheit dieser Begründungen muß empirische Problemlagen der Politik, sozio-moralische Dispositionen der Bürger, u.ä. berücksichtigen. Als Strukturierungsprinzip ist deshalb die Art und Weise gewählt worden, wie innerhalb der politischen Theorien die konstitutive Spannung zwischen der Frage nach der Begründbarkeit und der Frage nach der empirischen Verfaßtheit von Politik aufgelöst wird. Der erste Teil umfaßt danach jene zeitgenössischen politischen Theorien, die mit der Frage nach der Begründbarkeit von Politik ansetzen.

Die *Theorie des politischen Liberalismus von John Rawls* (Kapitel I, verfaßt von Peter Niesen) sucht explizit nach einer Begründung des Aufgabenbereiches und Zuschnittes des Politischen, fundiert diese jedoch in elementaren Gerechtigkeitsgrundsätzen. Die Begründung der Gerechtigkeitsgrundsätze ist dabei doppelt verankert: Einerseits sind sie Resultat eines heuristischen

---

1   In eine ähnliche Richtung geht Andrew Vincents (1997a: 5, Hervorhebung im Original) Unterscheidung von „*inclusive* and *exclusive* readings of the theory-practice link. The latter brings pristine theory *to* politics, the former finds or retrieves theory *from* political practice."

Gedankenexperiments (dem Schleier des Nichtwissens), andererseits sind sie in der liberalen Kultur der amerikanischen Demokratie bereits intuitiv vorhanden. Beides wird über die Figur des Überlegungsgleichgewichts systematisch aufeinander bezogen, somit sind der Begründungsfigur Referenzen auf die „Empirie" eingezogen. Daher beansprucht der politische Liberalismus auch in der politischen Praxis wirkungsmächtig zu sein.

Die *politische Theorie des Kommunitarismus von Charles Taylor* (Kapitel II, verfaßt von Hartmut Rosa) bemüht sich um die Erkundung der kulturellen Freiheitsbedingungen menschlicher Subjekte, der Voraussetzungen gelingender personaler Identität und sodann der Ermöglichungsbedingungen einer gerechten Gemeinschaft. Auf der Suche nach eine philosophischen Anthropologie betont Taylor die Verwobenheit von individueller Identität und kultureller Gemeinschaft; daher ist für ihn Gemeinschaft ein intrinsisches Gut, das sich normativ auszeichnen läßt. Keine freiheitlich-partizipatorische Ordnung kann langfristig aufrecht erhalten werden, wenn die Bürger diese nicht als ein gemeinschaftliches Gut begreifen. Aus diesem Grund fordert der Kommunitarismus für die politische Praxis auch erweiterte politische Partizipationsmöglichkeiten.

Die *politische Theorie der Deliberation von Jürgen Habermas* (Kapitel III, verfaßt von Gary S. Schaal und David Strecker) versucht Elemente der liberalen und republikanischen (kommunitarischen) Tradition zu vereinigen: Ihre zentrale These lautet, daß moderne Gesellschaften sich nur noch über positives legitimes Recht integrieren können. Die Legitimität ist davon abhängig, ob sich die Adressaten von Recht auch als dessen Autoren verstehen können. Die Begründung dieser These führt letztlich zur Diskurstheorie des Rechts und des demokratischen Rechtsstaates. Dieser Ansatz ist prozedural; d.h. die Begründungsleistung bezieht sich nicht auf substantielle Ergebnisse von Diskursen, sondern auf ihre (prozeduralen) Bedingungen. Die Legitimität von realen demokratischen Entscheidungen, und hierin liegt u.a. die praktisch-politische Relevanz des Ansatzes, kann vor dieser Kontrastfolie bewertet werden.

Im Unterschied zu Liberalismus, Kommunitarismus und Deliberation verneint *Jacques Derridas politische Theorie der Dekonstruktion* (Kapitel IV, verfaßt von Thorsten Bonacker) die Frage, ob Politik durch politische Theorie begründet werden kann. Da Politik überhaupt nur noch eine Begründung innerhalb der politischen Ordnungen finden kann, ist eine endgültige Begründung von Politik unmöglich. Bereits die Möglichkeit, die Frage nach der Begründbarkeit von Politik zu stellen, baut, so Derrida, auf der Bedingung auf, daß Politik grundlos, oder besser gesagt: begründungslos ist. Derrida verabschiedet deshalb aber nicht die Suche nach einer Antwort auf die Begründbarkeit von Politik. Denn die Unmöglichkeit, Politik zu begründen, ist zugleich die Bedingung für die Möglichkeit der Begründung von Politik: Etwas, das von sich aus begründet ist, muß schließlich nicht mehr begründet werden. Genau diese Unbegründbarkeit begründet danach die Demokratie.

Die politische Theorie der Dekonstruktion selbst bleibt dabei auch immer für die politische Praxis relevant, da sie die Politik daran erinnert, daß sie sich (immer wieder neu) begründen muß.

Die Unbegründbarkeit jeder Form von Politik zeichnet auch *Claude Leforts und Marcel Gauchets politische Theorie des zivilgesellschaftlichen Republikanismus* (Kapitel V, verfaßt von Oliver Marchart) aus. Sie speist sich aus der Überlegung, daß bereits jede Beschreibung der Gesellschaft immer nur in der jeweils gegenwärtigen, kontingenten Form von Gesellschaft möglich ist. Der Ort einer allgemein verbindlichen Selbstvergewisserung der Gesellschaft in der Gesellschaft ist, so Lefort und Gauchet, aufgrund dieser Unbegründbarkeit immer der Ort der Macht. Die Art und Weise, wie der Ort der Macht besetzt ist und wird, ist danach der zentrale Gegenstand einer Analyse der empirischen Verfaßtheit von Politik. Weil sie den Ort der Macht symbolisch leer läßt, kann jedoch die Demokratie gegenüber anderen Formen der Politik ausgezeichnet werden. Zugleich ist Leforts und Gauchets Ansatz insofern immer schon Ausdruck seiner praktisch-politischen Relevanz, als er auch sich selbst bereits der Gesellschaft eingeschrieben sieht.

Ebenso wie Derrida oder Lefort und Gauchet verneint *Ernesto Laclaus und Chantal Mouffes politische Theorie der Hegemonie* (Kapitel VI, verfaßt von Urs Stäheli) die Frage nach der generellen Begründbarkeit von Politik. Laclau und Mouffe betonen, daß zur diskursiven Konstruktion jeder gemeinschaftlichen Identität ein Signifikant, also ein Begriff, nötig ist, der selbst soweit entleert ist, daß sich alle Teile eines Diskurses mit ihm identifizieren können. Welcher Begriff den Platz des identitätsstiftenden leeren Signifikanten in einer politischen Gemeinschaft einnimmt, bleibt schließlich kontingent. Aufgrund dieser prinzipiellen Unentscheidbarkeit, die jeder empirischen Verfaßtheit von Politik zugrundeliegt, ist jede Besetzung des leeren Signifikanten als ein Produkt politischer Auseinandersetzungen und Ausdruck einer spezifischen Hegemonie zu analysieren. Im Unterschied zu Derrida oder Lefort und Gauchet ist es Laclau und Mouffe zufolge nicht möglich, aus dieser Unbegründbarkeit eine Begründung für die Demokratie herauszuarbeiten. Trotzdem machen sie sich für die Demokratie stark. Denn sie betrachten ihre Theorie in dieser Hinsicht auch als praktisch-politischen Beitrag, der dem leeren Signifikanten ‚Demokratie' zur Hegemonie verhelfen will.

Auch *Richard Rortys politische Theorie des Pragmatismus* (Kapitel VII, verfaßt von Thomas Noetzel) erblickt heute keine Möglichkeit mehr, Politik zu begründen. Dies, so Rorty, ist allein deshalb nicht möglich, weil die politische Theorie bzw. Philosophie über keinen privilegierten Zugang zur Erkenntnis verfügt. Ohne dieses Privileg kann sie auch keinen Anspruch erheben, rational oder moralisch besser als andere Formen der Erkenntnis politische Fragestellungen zu bearbeiten. Im Unterschied zu Derrida, Laclau und Mouffe sowie Lefort und Gauchet betont Rorty jedoch, daß auch die Demokratie deshalb nicht besser zu begründen ist als andere Herrschaftsformen, sie ist einfach nur besser zu erfahren. Politische Fragen sind Fragen der Politik und müssen politisch beantwortet werden. Darum bescheinigt der Pragmatismus der politischen Theorie auch keine besondere Relevanz für die politische Praxis. Es muß im Gegenteil deutlich werden, daß allein die einzelne Bürgerin und der einzelne Bürger für die Politik verantwortlich sind. So ist auch der Eintritt für Menschenrechte keine Frage des Sollens, sondern eine Frage des Wollens.

Der zweite Teil des Bandes widmet sich dann den Theorien, die zuerst die Frage nach der empirischen Verfaßtheit von Politik stellen.

In der *politischen Theorie des Neo-Institutionalismus von James March und Johan Olsen* (Kapitel VIII, verfaßt von André Kaiser) avanciert der Institutionenbegriff zur zentralen analytischen Kategorie. Drei Analyseebenen können innerhalb dieses Theoriestranges differenziert werden: Auf der Policyebene wird nach dem Einfluß der Institutionen auf die Performanz des (demokratischen) Systems gefragt, auf der Politicsebene wird der Einfluß von Institutionen auf die Entscheidungen politischer Akteure thematisch, während schließlich auf der Polityebene nach Erklärungen für die hohe Varianz von institutionellen Settings gesucht wird. Ergebnisse entsprechend empirisch angeleiteter Analysen können wiederum als Ausgangspunkt für das normativ inspirierte Projekt des Institutional Engeneering dienen.

Der Institutionenbegriff ist auch in *Anthony Giddens' politischer Theorie der reflexiven Modernisierung* (Kapitel IX, verfaßt von Jörn Lamla) zentral, um die empirische Verfaßtheit gegenwärtiger Politik zu erschließen. Giddens dient der Begriff zur Unterscheidung vier institutioneller Dimensionen der modernen Gesellschaft: Kapitalismus, Industrialismus, Überwachung und Kontrolle über die Mittel der Gewalt. Alle vier Dimensionen sieht Giddens heute aufgrund einer zunehmenden Radikalisierung und Globalisierung in einem Stadium ,institutioneller Reflexivität', d.h., daß das gesellschaftliche Wissen über die Institutionen in die Herstellung, Erhaltung und Veränderung dieser Institutionen konstitutiv mit einfließt. Vor dem Hintergrund dieser Diagnose, so Giddens, lassen sich dann Politikformen – wie z.B. die einer erneuerten Sozialdemokratie – normativ begründen, wenn sie beste Bedingungen für diese Reflexivität ermöglichen. Zudem ist die praktisch-politische Relevanz politischer Theorie unter diesen Umständen mehr denn je gewährleistet, da sie genau jene Form des Wissens darstellt, das als Wissen über die Institutionen innerhalb der Institutionen reflektiert wird.

Auch *Bob Jessops politischer Theorie des Neo-Marxismus* (Kapitel X, verfaßt von Hans-Jürgen Bieling) zufolge geht die Frage der empirischen Verfaßtheit von Politik der Frage nach ihrer Begründung insofern voran, als jedes angemessene Verständnis von Politik und Staat immer nur über den sozio-ökonomischen und historischen Kontext erfolgen kann. Dieser zeichnet sich gegenwärtig zwar nicht durch einen Primat der Ökonomie, aber durch ein Interdependenzverhältnis zwischen Ökonomie, Staat und Zivilgesellschaft aus. Erst durch die Analyse dieser gesellschaftsstrukturellen Bedingungen, so Jessop, zeigt sich, daß die repräsentative Demokratie zwar ein notwendiger, aber allein nicht hinreichender Bestandteil der – gegenwärtig möglichen – sozialen Demokratie ist. Hierfür bedarf es noch einer Demokratisierung der vorpolitischen Lebensverhältnisse. Als konstruktive Kritik an einer unvollendeten Demokratie gewinnt der Neo-Marxismus auf diese Weise auch seine politische Relevanz.

Die *politische Theorie der Interpenetration von Richard Münch* (Kapitel XI, verfaßt von Carsten Stark) verortet die Politik als ein Teilsystem in der modernen Gesellschaft. Die Interpenetration, d.h. das Ineinandergreifen der Politik mit den anderen nichtpolitischen Teilsystemen (Wirtschaft, Kultur etc.) ist insofern konstitutiv für die Politik, als dort Voraussetzungen geschaffen werden, die die Politik selbst nicht erbringen kann. Mit dieser Analyse der empirischen Verfaßtheit von Politik können politische Systeme wie das der USA gegenüber anderen normativ (rational) hervorgehoben werden, da sie sich auf eine neutrale Regelung der Interpentrationskanäle beschränken. Im Aufzeigen von interpenetrativen Rationalisierungspotentialen liegt dann auch die praktisch politische Relevanz dieses Ansatzes.

Auch *Judith Butlers politische Theorie des Feminismus* (Kapitel XII, verfaßt von Christine Weinbach) setzt zunächst an der gegenwärtigen empirischen Verfaßtheit von Politik an, indem sie ‚die Frau' als politisches Subjekt und die sozialen Bedingungen ihrer Möglichkeit analysiert. ‚Männer' und ‚Frauen' sind danach das kontingente Produkt eines heterosexuellen Diskurses, der andere Formen der Geschlechtsidentität ausschließt. Da dieses Moment der Ausschließung bei keiner diskursiven Konstruktion von Identität wiederum selbst völlig ausgeschlossen werden kann, ist auch keine Form der Politik, die immer darauf aufruht, von sich aus gegenüber anderen Formen ausgezeichnet und begründbar. Trotz dieser Unbegründbarkeit sieht Butler durchaus ein praktisch-politisches Potential ihrer politischen Theorie: Politischen Bewegungen, wie dem Feminismus, sollte die Möglichkeit eingeräumt werden, die Kontingenz des sie ausschließenden Diskurses zu thematisieren, um den Diskurs diskursiv zu unterwandern. Eine staatliche Zensur dieser Diskriminierungen sei demgegenüber immer kontraproduktiv, da sie die Diskriminierung als ‚Diskriminierung' erst institutionalisiert.

Die *politische Theorie des Rational Choice von Anthony Downs* (Kapitel XIII, verfaßt von Joachim Behnke) bemüht sich um eine „entnormativierte" Explikation des demokratischen Prozesses. Ausgehend von wenigen als deskriptiv angesehene „Essentials", wird der demokratische Prozeß mit dem analytischen Instrumentarium der Wirtschaftswissenschaften behandelt: Parteien sind in diesem Modell Anbieter und Wähler Nachfrager des Produkts „Politik"; Parteien verfolgen keine idelogischen Interessen, ihr Machtwille treibt sie zur Regierungstätigkeit. Wenn Politik ausschließlich individuellen Kosten-Nutzen-Kalkülen folgt, besitzen die Bürger jedoch wenig Motivation, sich überhaupt an Wahlen zu beteiligen, da der entsprechende Nutzen im Vergleich zu den unweigerlich auftretenden Kosten (Informationsbeschaffung, Opportunitätskosten etc.) verschwindend gering ist. Der Rational-

Choice Ansatz liefert v.a. ein Instrumentarium für die Analyse demokratischer Prozesse, er besitzt praktische Relevanz für das Identifizieren von Gleichgewichtspunkten, an denen sich die programmatische Gestaltung von Parteipolitik orientieren kann.

So wie die politischen Theorien von Judith Butler und Anthony Downs sieht auch *Niklas Luhmanns politische Theorie autopoietischer Systeme* (Kapitel XIV, verfaßt von André Brodocz) aufgrund der empirischen Verfaßtheit der gegenwärtigen Politik keine Möglichkeit mehr, daß sich eine Form der Politik gegenüber anderen normativ auszeichnen ließe. Innerhalb einer in Funktionssysteme ausdifferenzierten Gesellschaft, so Luhmann, gibt es keinen Ort mehr, von dem aus eine entsprechende Kritik oder gar Begründung formuliert werden könnte: Politik, Wirtschaft, Religion, Kunst, Recht sowie die Wissenschaft im allgemeinen und die politische Theorie im besonderen sind vielmehr aufgrund ihrer wechselseitig funktionalen Unersetzlichkeit gleich, kein Funktionssystem ist von sich aus besser oder vernünftiger als ein anderes. Ihre operative Geschlossenheit läßt es Luhman zufolge außerdem nicht zu, daß eines von einem anderen direkt beeinflußt oder gar gesteuert werden kann. Insofern ist die politische Relevanz, die wissenschaftliche politische Theorien für die politische Praxis beanspruchen können, aus dieser Sicht genau genommen gleich Null.

Abschließend möchten wir noch die Gelegenheit nutzen, uns bei jenen zu bedanken, ohne die dieses Buch so nicht möglich gewesen wäre (ohne daß wir sie dafür in die inhaltliche Verantwortung ziehen wollen). Zunächst sind Dieter Fuchs, Gerhard Göhler und Hubertus Buchstein auf der einen Seite sowie Theo Schiller, Wilfried von Bredow und Thomas Noetzel auf der anderen Seite zu nennen, die uns selbst politische Theorie praktisch nahegebracht haben. Des weiteren danken wir Hans Vorländer, der uns hier in Dresden ein ideales intellektuelles und organisatorisches Umfeld bietet. Selbstverständlich gebührt unser Dank noch einmal unserer Autorin und unseren Autoren, die unseren inhaltlichen und zeitlichen Vorgaben stets entgegengekommen sind, sowie Frau Haverland und Frau Budrich vom Verlag Leske + Budrich, die unser Projekt wohlwollend betreut haben. Schließlich möchten wir noch Rusanna Gaber und Beate Christmann dafür (und für vieles mehr) danken, daß die Idee für dieses Buch nicht im Strand auf Rügen verloren gegangen ist.

Literatur

Falter, Jürgen W./Göhler Gerhard (1986): Politische Theorie. Entwicklung und gegenwärtiges Erscheinungsbild. S. 118-141 in Klaus von Beyme (Hg.): Politikwissenschaft in der Bundesrepublik Deutschland. Politische Vierteljahresschrift Sonderheft 17. Opladen
Hartmann, Jürgen (1997): Wozu politische Theorie? Opladen
Held, David (Hg.) (1991): Political theory today. Cambridge

Held, David (1991a): Editor's introduction. S. 1-21 in ders. (Hg.): Political theory today. Cambridge

Heller, Agnes (1991): The concept of the political revisited. S. 330-343 in David Held (Hg.): Political theory today. Cambridge

Hindess, Barry (1997): The object of political theory. S. 254-271 in Andrew Vincent (Hg.): Political theory: tradition and diversity. Cambridge

Lutz, Donald S. (1992): A preface to American political theory. Kansas

Müller, Wolfgang C. (1994): Politische Theorie und Ideengeschichte: Wozu? Österreichische Zeitschrift für Politikwissenschaft 23, 213-228

Noetzel, Thomas/Brodocz, André (1996): Konstruktivistische Epistemologie und politische Steuerung. Zeitschrift für Politik 43, 49-66

Steiert, Rudolf (1994): Politische Theorie: Ein Überblick. Sozialwissenschaftliche Informationen 23 (1), 5-8

Vincent Andrew (Hg.) (1997): Political theory: tradition and diversity. Cambridge

Vincent, Andrew (1997a): Introduction. S. 1-27 in ders. (Hg.): Political theory: tradition and diversity. Cambridge

Kapitel I:
Die politische Theorie des politischen Liberalismus: John Rawls

Peter Niesen

Inhalt:

1. Einleitung

„Politischer Liberalismus" ist die Selbstkennzeichnung einer normativen
Theorie der Politik, in deren Zentrum eine Metatheorie der Gerechtigkeit, eine Theorie demokratischer Legitimität und eine Theorie des politischen Diskurses stehen. Seine maßgebliche Formulierung findet der politische Liberalismus in dem gleichnamigen zweiten Hauptwerk von John Rawls, das 1993
erschienen ist und seit 1998 in deutscher Übersetzung vorliegt. Rawls' Entwicklung des politischen Liberalismus verdankt sich einer Schwierigkeit, in
die sich seiner Ansicht nach philosophische Gerechtigkeitskonzeptionen wie
diejenige verstricken, die er in seinem ersten Hauptwerk von 1971, *Eine
Theorie der Gerechtigkeit*, entwickelt hatte. Das Hauptmerkmal moderner demokratischer Gesellschaften, dem Rawls' früherer Entwurf nach seiner eigenen Auffassung nicht gerecht wurde, ist ihre pluralistische Zusammenset-
zung. Der Pluralismus nicht unvernünftiger Weltanschauungen, den der Liberalismus weder selbst für unvernünftig noch für ein vorübergehendes Phänomen erklären mag, verhindert, daß Vorstellungen über Gerechtigkeit allgemein zustimmungsfähig sind, sofern sie in den Begriffen und Argumenten
einer der in der Gesellschaft vertretenen umstrittenen philosophischen, religiösen oder moralischen Lehren formuliert werden. Damit können sie sich
auch nicht in den Handlungsmotiven und Urteilen der Bürger, viel weniger
noch in den Institutionen einer solchen Gesellschaft verankern und dauerhaft
stabilisieren. Dieser Umstand nötigt den politischen Liberalismus, sich gegenüber den in einer Gesellschaft vertretenen Weltanschauungen, sofern diese bestimmten Bedingungen genügen, neutral zu verhalten, um die Erwartung
hegen zu dürfen, zumindest von den „vernünftigen" unter den vorhandenen
Weltanschauungen selbst als „vernünftig" anerkannt zu werden.

Rawls' erstem Buch ist oft die Rehabilitierung einer ganzen Disziplin,
der normativen politischen Philosophie, gutgeschrieben worden;[2] sein Verdienst liegt spezifischer darin, die Anschlußfähigkeit vertragstheoretischer
Argumente für das politische Denken neu bewiesen zu haben, nachdem deren
individualistische Darstellungsform methodisch von Sozialphilosophie und
Soziologie, normativ vom Utilitarismus längst überwunden schien. Rawls'
Anknüpfung an die Theorie vom Gesellschaftsvertrag bei Locke, Rousseau
und Kant (1975: 12, 27, ausführlich Höffe (Hg.) 1998) läßt sich ebensowenig
beeindrucken von der seither erfolgten Ausdifferenzierung politischen Denkens in politik- und rechtswissenschaftliche, soziologische und philosophische Forschung. Die Modernisierung der vertragstheoretischen Argumentation, die in *Eine Theorie* für die Herleitung von zwei Gerechtigkeitsprinzipi-
en verwendet wird, verdankt sich vor allem Rawls' Beherrschung zeitgenössischer ökonomischer und spieltheoretischer Theoriebildung (zur ökonomi-

---

2   Eine Diskussion bei Kersting (1993: 11-18).

schen Rezeption vgl. Pies/Leschke 1995). Im späteren Werk bildet nicht
mehr die Ökonomie, sondern das Verfassungsrecht die am häufigsten heran-
gezogene Nachbardisziplin der politischen Philosophie. Die juristische Rezeption stellt wohl auch den Anknüpfungspunkt dar, über den Rawls' Überlegungen am ehesten politischen Einfluß erlangt haben und erlangen werden
(Gerstenberg 1997). Zwar nehmen politikwissenschaftliche und soziologische Bezugnahmen in beiden Werken einen untergeordneten Rang ein; dies
hat jedoch nicht verhindert, daß Rawls' Lehre soziohistorisch eingebettet und
an sie im Rahmen einer Demokratietheorie politikwissenschaftlich ange-
knüpft wurde (Cohen/Rogers 1983, Cohen 1996).

Von Rawls' biographischem Hintergrund sind nur wenig Aufschlüsse
über seine Theoriebildung zu erwarten. Sein Lebenslauf wird geprägt von
den Zäsuren eines professionellen akademischen Philosophenlebens (Pogge
1994, 11-34). 1921 geboren, besucht Rawls eine religiöse Privatschule und
gelangt nach einem Studium in Princeton über die Universitäten Cornell und
MIT schließlich 1962 als Professor nach Harvard (inzwischen Professor eme-
ritus). Aus Rawls' wenig ausgeprägtem öffentlichem Profil darf aber nicht
geschlossen werden, daß seine Theorieentwicklung unabhängig von politischen Ereignissen vorangeschritten wäre. Für *Eine Theorie* gilt ebenso wie
für *Politischer Liberalismus*, daß die politische Philosophie sich ihre Aufgabe, abstrakte Prinzipien zu formulieren, nicht selbst ausgesucht hat. „Wir
wenden uns gerade dann der politischen Philosophie zu, wenn unsere gemeinsamen politischen Überzeugungen (...) nicht mehr tragen, und ebenso
wenn wir mit uns selbst uneins sind" (Rawls 1998: 117). Politisch-philoso-
phische Erörterung ermöglicht es, die öffentliche Diskussion weiterzuführen,
„wenn gemeinsame Überzeugungen, die weniger allgemein sind, sich als
nicht länger tragfähig erwiesen haben" (Rawls 1998: 118). Reagieren sowohl
Eine Theorie als auch *Politischer Liberalismus* auf politische Dissenserfah-
rung, so unterscheiden sich doch die jeweils ins Auge gefaßten Phänomene.
Waren die Probleme, die *Eine Theorie* im Auge hat, politische Konflikte erster Ordnung wie Gleichberechtigung, politische Gleichheit, Verteilungskonflikte sowie Widerstand und ziviler Ungehorsam, so reagiert *Politischer Liberalismus* auf den weltanschaulichen Pluralismus als politische Entzweiung
zweiter Ordnung – eine Entzweiung, die sich weder auf anerkannte Verfahren stützen könnte, nach denen inhaltliche Differenzen ausgeräumt werden
können, noch über eine klare Vorstellung verfügt, auf welche Argumentgen-
res Bürger zur Beilegung ihrer Konflikte zurückgreifen könnten.

2. Darstellung der Theorie

Im Zentrum des politischen Liberalismus steht der Gedanke, daß sich Bürger
moderner, demokratischer Gesellschaften gemeinsam zu einer Gerechtigkeits-

konzeption bekennen *sollen*, um ihre zentralen politischen Institutionen zu bewerten und einzurichten. Politischer Liberalismus beansprucht darüberhinaus eine solche Gerechtigkeitskonzeption auf eine Weise zu formulieren, daß die weltanschaulich entzweiten Bürger sie, ohne ihre Weltbilder aufgeben zu müssen, in einem „übergreifenden Konsens" tatsächlich als dauerhafte Basis einer legitimen Rechtsordnung und eines vernünftigen öffentlichen Diskurses akzeptieren *können*. Während das Adjektiv „politisch" Methode und Skopus der Theorie betrifft, bezieht sich „Liberalismus" auf ihren Inhalt. Methode und Inhalt sind unabhängig voneinander variabel. Einen „politischen" Konservatismus oder Radikalismus kann es ebenso geben wie Liberalismen, die das Etikett „politisch" nicht verdienen (Rawls 1997: 197f.). Es muß sich also unabhängig von ihrem liberalen Gehalt darlegen lassen, was Rawls' Theorie „politisch" macht; danach soll der Gehalt des Liberalismus untersucht werden.

2.1. Die Konzeption des Politischen

Im Rawlsschen Sinn „politisch" ist eine Theorie der Politik erst dann, wenn ihr Skopus und ihre argumentativen Ressourcen auf die folgende Weise begrenzt sind. a) Das Interesse der Theorie ist auf die politische Dimension des Lebens der Bürger beschränkt. Sie soll keine Antwort auf die Frage geben, was in einem menschlichen Leben überhaupt bedeutsam ist (Rawls 1998: 78) und interessiert sich nicht für die Beziehung zwischen dem politischen und dem nichtpolitischen Anteil des Lebens (Rawls 1998: 226f.). Diese strikte Zuständigkeitsbegrenzung auf politische Fragen ging aus *Eine Theorie* nicht klar genug hervor (Rawls 1998: 11). Eine *politische* Theorie muß jedoch in bewußter Abgrenzung zu allzuständigen Weltanschauungen, Religionen, Philosophien und Moralen formuliert werden, die „im Grenzfall unser ganzes Leben" (Rawls 1998: 78f.) betreffen und bestimmen. Politische Philosophie darf, „um ihre Sache zu vertreten, umfassende Lehren weder heranziehen noch kritisieren oder zurückweisen" (Rawls 1997: 198). Eine Weltanschauung oder Lehre ist umfassend, wenn sie Vorstellungen darüber enthält, „was im menschlichen Leben von Wert ist, und Ideale des persönlichen Charakters ebenso einschließt wie Ideale der Freundschaft und der familiären und gemeinschaftlichen Beziehungen" (Rawls 1998: 78), wenn sie sich auf eine Tradition berufen kann und neben ethischen Vorstellungen auch ein theoretisches Weltbild enthält (Rawls 1998: 133). Indem politischer Liberalismus unabhängig von solchen Lehren formuliert wird, kann er als „freistehende" Konzeption gelten (Rawls 1998: 77-79). b) Die grundlegenden Ideale einer *politischen* Theorie sollen der öffentlichen politischen Kultur einer demokratischen Gesellschaft entnommen werden. „Diese öffentliche Kultur schließt die politischen Institutionen einer verfassungsmäßigen Ordnung und die öffentlichen Traditionen ihrer Interpretation (unter anderem durch die Gerichte) ebenso ein wie allgemein bekannte historische Texte und Dokumente"

(Rawls 1998: 79). Die öffentliche politische Kultur wird im Normalfall auf eine streitbare Tradition zurückgehen und sogar zutiefst widersprüchlich sein, doch das ist nicht ausschlaggebend für die Tauglichkeit ihrer Elemente als grundlegende Ideale einer Theorie. Deren Formulierung muß aber an solche Ideale, Normen und Texte anschließen, die bereits für alle Bürger Gewicht haben, wiewohl sie ihnen Verschiedenes bedeuten, und darf sich nicht auf Teiltraditionen (aus der „Hintergrundkultur" der Gesellschaft) stützen, deren Werte einige Bürger auf dem Boden ihrer umfassenden Lehren zu verwerfen gezwungen sind. Im Gegensatz zu Rawls' Argumentation in *Eine Theorie,* die sich den eigenen Grundbegriffen noch nicht in genealogischer Einstellung näherte, macht *Politischer Liberalismus* deutlich, daß auch die Einführung abstrakt-universalistischer Ideale, insofern sie sich nicht aus den zentralen Gedanken, auf die sich eine demokratische Gesellschaft gemeinsam beziehen kann, entwickeln lassen, nicht als *politische* Philosophie qualifiziert (vgl. Larmore 1993: 154f.). In diesem Sinn ist der politische Liberalismus eine freistehende, nicht aber freischwebende Konzeption. c) „Politisch" heißt für Rawls aber auch die charakteristische Beziehung, die zwischen Bürgern eines Staates besteht und zwei wesentliche Merkmale aufweist. Die „politische Beziehung" wird nicht freiwillig geknüpft, denn wir treten im Normalfall mit der Geburt in die politische Gesellschaft ein und verlassen sie mit dem Tod. Die politische Beziehung ist mithin permanent und normalerweise ohne plausible Exit-Option. Auch das Bestehen eines Auswanderungsrechts verhindert nicht, daß sich die politische Beziehung als unfreiwillig und lebenslänglich darstellt (Rawls 1998: 323). Zweitens ist die politische Beziehung eine zwingende Beziehung, gedeckt durch die Gewaltmittel eines Staates. Im demokratischen Staat liegt die besondere Eigenschaft der politischen Beziehung darin, daß die zwingende politische Macht durch das Volk ausgeübt wird, sie ist „die kollektive Macht freier und gleicher Bürger" (Rawls 1998: 222). Die Betonung der besonderen Merkmale der politischen Beziehung, die nicht mit den freiwilligen, aus Einsicht begonnenen oder stärker emotionsgeprägten Sozialitätsformen der freiwilligen Assoziation und der Freundschaft über einen Kamm zu scheren sind (Rawls 1998: 224), kann als weiterer „Unterschied zwischen Moralphilosophie und politischer Philosophie" (Rawls 1998: 11) gelesen werden, der in der moralphilosophischen Gerechtigkeitslehre von *Eine Theorie* nur unvollkommen berücksichtigt wurde. Während Rawls also unter a) das Politische und Nicht-politische als verschiedene Lebensbereiche, für die verschiedene Werte gelten, unterscheidet, sie unter b) als unterschiedliche theoretische Formulierungsweisen faßt, sie unter c) als unterschiedliche Weisen der Vergesellschaftung und Handlungskoordinierung begreift, bezeichnet schließlich ihr *politischer* Status auch die empirische Ambition einer Theorie, der Wirklichkeit nicht nur kritisch gegenüberzustehen, sondern einen Unterschied in der Wirklichkeit zu machen. Rawls begründet die Umorientierung zu einem politischen Liberalismus vorrangig mit der Möglichkeit der stabilen und nachhaltigen Implementierung einer liberalen Gerechtigkeitskonzeption (Rawls 1998: 67f.), die sich in den gesellschaftlichen Institutionen ebenso wie in den Köpfen und Handlungen der Bürger reproduzieren kann. Wenn *Eine Theorie* in dieser Hinsicht „unrealistisch" gewesen ist (Rawls 1998: 12), so sind die politischen Beschränkungen a)-c), die der Realisierbarkeit einer Theorie bessere Chancen einräumen sollen, zugleich Bestandteil einer vernünftigeren Theorie (vgl. Rawls 1992: 351f.).

2.2. Der Gehalt des politischen Liberalismus

Der Ausdruck „Liberalismus" wird in seiner substantivischen Verwendung von Rawls nicht definiert, wohl aber in wesentlichen adjektivischen Verwendungen. Seine Konzeption des Liberalismus ergibt sich aus den Definitionen einer liberalen Gerechtigkeitskonzeption (2.2.1.), einer liberalen Auffassung von legitimer politischer Machtausübung (2.2.2.), sowie einer liberalen Auffassung des politischen Diskurses (2.2.3.).

2.2.1. Liberale Gerechtigkeit

Rawls' Gerechtigkeitskonzeption für eine demokratische Gesellschaft, „Gerechtigkeit als Fairneß", tritt als eine unter mehreren Kandidatinnen aus der liberalen Theoriefamilie auf. Liberale Gerechtigkeitskonzeptionen beziehen sich nicht auf alle Aspekte des gesellschaftlichen Zusammenlebens, sondern beschränken sich auf die „Grundstruktur" der Gesellschaft, ihre zentralen rechtlichen und ökonomischen Institutionen (Rawls 1998: 76f.). Als liberal gelten Rawls Gerechtigkeitskonzeptionen, für die Grundrechte und Chancengleichheit Priorität gegenüber anderen politischen Forderungen haben, selbst gegenüber dem Gemeinwohl, und die allen Bürgern Ressourcen für die Ausübung dieser Freiheiten und das Ergreifen dieser Chancen zur Verfügung stellen, damit die Unterprivilegierten nicht schon aufgrund ihrer armuts- oder mißachtungsbedingten Ohnmacht de facto von ihrer Inanspruchnahme ausgeschlossen sind (Rawls 1998: 70). Nicht alle liberalen Familienmitglieder lassen sich auf weitergehende sozialstaatliche Anforderungen festlegen. Gerechtigkeit als Fairneß und ihre beiden Gerechtigkeitsprinzipien sind demgegenüber spezifischer und auch anspruchsvoller. Über die Grundanforderungen liberaler Gerechtigkeit hinaus fordern sie politische und soziale de facto Gleichberechtigung. Der erste Gerechtigkeitsgrundsatz enthält die Forderung, politische Freiheiten sollten über die anderen Grundfreiheiten hinaus einen besonderen Schutz genießen, damit sie nicht nur formal gleich, sondern de facto gleich wirksam ausgeübt werden können:

I. „Jede Person hat den gleichen Anspruch auf ein völlig adäquates System gleicher Grundrechte und Freiheiten, das mit demselben System für alle vereinbar ist, und innerhalb dieses Systems wird der faire Wert der gleichen politischen (...) Freiheiten garantiert" (Rawls 1998: 69).

Soziale und wirtschaftliche Ungleichheit wird von Rawls nicht in jedem Falle abgelehnt, ihre Zulässigkeit allerdings an faire Chancengleichheit und eine weitere Bedingung geknüpft, die den entscheidenden Unterschied zu nichtegalitären Liberalismen markiert:

II. „Soziale und ökonomische Ungleichheiten müssen zwei Bedingungen erfüllen: erstens müssen sie mit Ämtern und Positionen verbunden sein, die allen unter Bedingungen fairer Chancengleichheit offenstehen, und zweitens müssen sie sich zum größtmöglichen Vorteil für die am wenigsten begünstigten Gesellschaftsmitglieder auswirken" (Rawls 1998: 69f., vgl. Rawls 1975: 98).

Die letztere Forderung, das sogenannte „Unterschieds-" oder „Differenzprinzip", das die Verteilung des Reichtums in einer Gesellschaft an ihren Nutzen für die Unterprivilegierten bindet, kann allerdings den Vorrang gleicher Freiheiten nicht in Frage stellen und ist der Erfüllung des ersten Gerechtigkeitsprinzips „lexikalisch", d.h. strikt, nachgeordnet (Rawls 1975: 62).

Die Überlegenheit von Gerechtigkeit als Fairneß über andere liberale Auffassungen soll ein Argument erweisen, das Rawls bereits in *Eine Theorie* entwickelt hatte. Dort gelangt Rawls zu seinen Gerechtigkeitsprinzipien über ein Gedankenexperiment, den „Urzustand" *(original position),* der Parteien in Unkenntnis ihrer jeweiligen sozialen Lage sich auf Gerechtigkeitsgrundsätze vertraglich einigen läßt (Rawls 1975: 34-39). Während die Parteien bei der Wahl der Grundsätze allein von ihrem rationalen Selbstinteresse motiviert sind, verhehlt ein „Schleier des Nichtwissens" den wählenden Akteuren ihre Identität und materielle Ausstattung. Dies verhindert ebenso wirksam, daß soziale Macht als Druckmittel zum Einsatz kommt, wie es die privilegierte Berücksichtigung eigener Spezialinteressen versagt. Ob das Wahldesign des Urzustandes tatsächlich die beiden oben genannten Gerechtigkeitsprinzipien zum Ergebnis hat, steht in *Politischer Liberalismus* allerdings nicht mehr im Vordergrund (vgl. Rawls 1975: 140ff.). Seine substantiellen Ergebnisse treten zurück hinter die Frage, welche Bedeutung das Modell des Urzustands für die Bürger einer pluralistischen, demokratischen Gesellschaft haben kann. Denn bereits gegen *Eine Theorie* war der Einwand vorgebracht worden, der alle Theorien, die den Gesellschaftsvertrag nicht als historisches Faktum auffassen, trifft, nämlich daß der hypothetische, im Urzustand dargestellte Vertragsschluß niemanden bindet (Dworkin 1984: 253). Rawls' Antwort darauf ist, daß der Urzustand allein als „Darstellungsmittel" (Rawls 1998: 91) diene, mithilfe dessen auf der Basis einiger fundamentaler Ideen eine Vorstellung politischer Gerechtigkeit *konstruiert* werde. Diese fundamentalen Ideen – die Idee, daß Bürger freie und gleiche Personen sind, die über moralische und kognitive Vermögen verfügen und die Idee der Gesellschaft als eines fairen kooperativen Unternehmens (Rawls 1998: 81-89) – beansprucht Rawls der

öffentlichen politischen Kultur entnommen zu haben, wie es die politische
Methode erfordert: „Da wir von der Tradition des demokratischen Denkens
ausgehen, verstehen wir Bürger auch als freie und gleiche moralische Personen. Die Leitidee ist, daß sie aufgrund ihrer beiden moralischen Vermögen
(der Anlage zu einem Gerechtigkeitssinn und der Befähigung zu einer Konzeption des Guten) und ihrer Vernunftvermögen (des Urteilens, Denkens,
Schließens, die mit diesen Vermögen verbunden sind) freie Personen sind.
Daß sie über diese Vermögen in dem Mindestmaß verfügen, das notwendig
ist, um uneingeschränkt kooperierende Gesellschaftsmitglieder sein zu können, läßt sie zu gleichen Personen werden" (Rawls 1998: 85). Die beiden moralischen Vermögen rechtfertigen nun die Rahmenbedingungen der Prinzi-
pienwahl des Urzustands. Die Anlage zu einem Sinn für Gerechtigkeit wird
ausgedrückt im Schleier des Nichtwissens, der die unparteiliche Beurteilung
der Interessen aller erzwingt; die Befähigung, eine eigene Konzeption des
Guten auszubilden, gegebenenfalls zu revidieren und rational zu verfolgen wird
abgebildet durch die interessegeleitete Wahlentscheidung des hypothetischen
Vertrags. Doch der Nachweis, daß der Urzustand eine bestechende Anordnung plausibler Ideen ist, beantwortet noch nicht die Frage, welche Signifikanz der hypothetische Vertragsschluß „für uns", die Bürger gegenwärtiger
Gesellschaften, haben kann.

Die Verbindlichkeit, die Rawls' Prinzipien der Gerechtigkeit erwerben,
resultiert aus der Art und Weise, wie die Ergebnisse des Urzustands konstruiert werden. Hier sind insbesondere zwei Aspekte bedeutsam: der erste
Aspekt, der durch das Zusammentreten von Parteien, die sich nach ihrer Be-
ratung auf bestimmte Gerechtigkeitsprinzipien vertraglich festlegen, ausgedrückt wird, steht für die *Autonomie der Bürger* (Rawls 1998: 179f.) im Hinblick auf die Gerechtigkeitsprinzipien, die für sie gelten sollen. Was die Gerechtigkeit verlangt, wird ihnen in dieser Darstellung nicht von außen vorgegeben, es wird vielmehr gemeinsam autonom erzeugt. Doch an dieser Stelle
ist Vorsicht geboten. Rawls verlangt nicht, daß die Idee der Autonomie von
allen Bürgern, denen der Urzustand etwas bedeuten soll, auf dieselbe Weise
verstanden werden muß. Schließlich soll der Urzustand auch für diejenigen
Bürger maßgeblich sein, die „eine auf einer religiösen Autorität, wie zum
Beispiel der Kirche oder der Bibel, beruhende religiöse Lehre bejahen"
(Rawls 1998: 35) oder die eine realistische Auffassung unabhängig existie-
render moralischer Werte vertreten (Rawls 1998: 171-173). Die Theorie beansprucht nicht mehr, als daß die konstruierten Gerechtigkeitsprinzipien als
autonom erzeugt *angesehen* werden können müssen. Sie vertritt einen „dok-
trinalen", keinen „konstitutiven" Konstruktivismus (Rawls 1998: 180f.). So
steht es auch Personen, deren moralische Epistemologie keine selbsterzeug-
ten, sondern allein unabhängig bestehende, entdeckte oder offenbarte Normen zuläßt, offen, das Konstruktionsverfahren als ein Entdeckungsverfahren
zu interpretieren. Der zweite Aspekt betrifft die Art der Rechtfertigung, die
der Urzustand simuliert. Die Fiktion des Urzustands hat „für uns" aus dem

anderen Grund Bedeutung, daß „wir glauben, daß eine gerechte Gesellschaft auf Grundsätzen beruht, die allgemein und öffentlich rechtfertigbar" sind (Hinsch 1992: 16). Diese Idee allgemeiner und öffentlicher Rechtfertigbarkeit spiegelt der Urzustand in den Argumenten, die er zuläßt oder nicht zuläßt. Der Urzustand schließt aus, daß angeführte Gründe nur für jeweils einige überzeugend sind: „[D]a sie die Unterschiede zwischen sich nicht kennen und alle gleich vernünftig und in der gleichen Lage sind, [werden] alle Beteiligten von den gleichen Argumenten überzeugt" (Rawls 1975: 162). Gerechtigkeit hängt von Argumenten ab, die, allgemein und reziprok, gegenüber jedermann gleichermaßen einleuchtend angeführt werden können (Forst 1994: 131ff.); Konsens über Gerechtigkeit beruht auf einem Konsens über Argumente.

Eine Pointe des politischen Liberalismus liegt nun in seiner Auffassung, daß der Bereich der Prinzipien, von denen erwartet werden kann, daß sie in einer pluralistischen Gesellschaft einem jeden gegenüber vernünftigerweise rechtfertigungsfähig sind, begrenzt ist. Die Grenzen des Rechtfertigbaren im vernünftigen Pluralismus bestimmen die „Bürden des Urteilens" (Rawls 1998: 127ff.), unspektakuläre Erkenntnisbedingungen des gegenwärtigen Zeitalters: die zersplitterten Erfahrungsgrundlagen moderner Gesellschaften (durch Arbeitsteilung und die Zugehörigkeit zu verschiedenen gesellschaftlichen Gruppen); sprachliche Vagheit und interpretative Vielfalt; Schwierigkeiten in der Erfassung und Bewertung von Belegen und Gründen bei gleichzeitiger Ressourcenknappheit möglicher Lösungen (Rawls 1998: 127ff., 206). Die Bürden tragen eine beträchtliche Erklärungslast für die Dissenserfahrungen des modernen Lebens. Nicht unvernünftig ist gesellschaftlicher Dissens für den politischen Liberalismus, wenn die Differenzen zwischen Bürgern sich auf die Bürden des Urteilens zurückführen lassen. Unvernünftig sind dagegen Meinungsverschiedenheiten zwischen Bürgern, wenn sie allein aus „Vorurteile[n] und Befangenheit, Eigen- und Gruppeninteressen, Blindheit und Halsstarrigkeit" (Rawls 1998: 131) hervorgehen. Um die Erwartung zu stützen, ein Argument sei für jedermann zustimmungsfähig, reicht also die Vermutung seiner allgemein-reziproken Vertretbarkeit nicht aus. Ohne die zusätzliche Berücksichtigung der epistemischen „Bürden" sind Rechtfertigungen nicht vernünftigerweise zumutbar, und solcherart gerechtfertigte Prinzipien nicht gerecht.

2.2.2. Liberale Legitimität

Gerechtigkeitsprinzipien sind moralische Normen, mit deren Hilfe bestehende Institutionen gedanklich überprüft werden und die das Handeln der Bürger anleiten können. Rechtsnormen unterscheiden sich von Gerechtigkeitsprinzipien dadurch, daß ihre Geltung nicht nur angesonnen, sondern erzwungen wird. Die Merkmale der „politischen Beziehung" (s.o., 2.1.) machen darauf aufmerksam, daß die Frage, wann Zwang zur Befolgung oder Etablierung be-

stimmter Verhaltensmuster legitim ist, eine andere ist als die, wann Handlungen und Institutionen gerecht sind. Rawls' Idee eines übergreifenden Konsenses („overlapping consensus") liegt nun quer zu dieser Unterscheidung
zwischen moralischen und rechtlichen Normen: ein übergreifender Konsens
umfaßt gemeinsame Gerechtigkeitsgrundlagen, *besteht* aber innerhalb der
„politischen Beziehung" und erfordert daher ebenfalls ein geteiltes Verständnis von Legitimität. Das liberale Prinzip der Legitimität besagt, „daß unsere
Ausübung politischer Macht nur dann völlig angemessen ist, wenn sie sich in
Übereinstimmung mit einer Verfassung vollzieht, deren wesentliche Inhalte
vernünftigerweise erwarten lassen, daß alle Bürger ihnen als freie und gleiche
im Lichte von Grundsätzen und Idealen zustimmen, die von ihrer gemeinsamen menschlichen Vernunft anerkannt werden" (Rawls 1998: 223). Wie die
Idee der Gerechtigkeit, wie sie sich in der Fiktion des Urzustandes präsentiert, beruht auch die liberale Idee der Legitimität auf dem Grundgedanken,
daß die wesentlichen rechtlichen Weichenstellungen allen gegenüber gleichermaßen rechtfertigbar sein müssen; „daß alle Bürger sie im Lichte ihrer
gemeinsamen menschlichen Vernunft anerkennen können" (Rawls 1998:
226). Es ist nicht schwer zu sehen, wie von hier aus Brücken vom politischen
Liberalismus zur deliberativen Demokratietheorie geschlagen werden können, die sich auf ein analoges Legitimitätsprinzip bezieht.[3] Wenn Rawls die
Verwandtschaft zwischen der deliberativen Konzeption der Demokratie und
dem politischen Liberalismus ausdrücklich festhält (Rawls 1997: 251 fn 1,
s.u. 4.), so deshalb, weil die allgemeine Rechtfertigbarkeit der grundlegenden
Verhältnisse des Rechtszwangs vor jedem als freiem und gleichem Bürger
ebensogut als demokratischer wie als liberaler Grundgedanke ausgezeichnet
werden kann.

Rawls' Prinzip der Legitimität beruft sich auf eine weitere Facette des
Autonomiebegriffs, auf die politische Autonomie der Bürger in einem demokratischen Rechtsstaat (Habermas 1996a: 65). Seine Konzentration auf die
verfassungsmäßige Basis legitimer Machtausübung kann als ein erster Schritt
der Konkretisierung einer hochabstrakten Gerechtigkeitskonzeption angesehen werden, die in einem Stufengang von der autonomen Wahl von Gerechtigkeitsprinzipien über Fragen des Verfassungsdesigns zu Fragen der einfachen Gesetzgebung und schließlich der administrativen Rechtsanwendung
und der Rechtsprechung fortschreitet (Rawls 1975: 223ff.). Im Gegensatz
aber zum klassischen Verständnis politischer Autonomie als Selbstgesetzgebung, die aus dem Grund die einzig unproblematische Form der Machtausübung ist, weil sich selbst niemand unrecht tun kann (Kant 1797: §46) steht
bei der Legitimitätskonzeption des politischen Liberalismus die Unrechts-
vermeidung bei der zwangsläufigen „Fremd"gesetzgebung, bei der Ausübung
politischer Macht über Mitbürger im Vordergrund. Die Rechtfertigungs-

---

3   „Ergebnisse sind legitim, wenn sie das Ergebnis eines freien und begründeten Einver-
     ständnisses unter Gleichen sind" (Cohen 1989: 22, Übs. PN).

pflicht des Bürgers, der in der Demokratie politische Gewalt ausübt – und sei sein Anteil daran noch so gering – reflektiert die für den politischen Liberalismus „lebenswichtige" Voraussetzung, „daß wir ohne jeden Widerspruch vertreten können, es sei unvernünftig, unsere eigene umfassende Lehre, die wir natürlich notwendigerweise bejahen und für vernünftig oder wahr halten, mit Gewalt durchzusetzen" (Rawls 1998: 225).

Die Funktion eines „übergreifenden Konsenses" ist es nun, eine Gerechtigkeitskonzeption stabil und dauerhaft in das Leben der Bürger einzubetten. Als Konsens über eine politische Gerechtigkeitskonzeption und die ihr zugrundeliegenden fundamentalen Ideen umfaßt er mehr als ein „Verfassungskonsens", der sich allein auf die Spielregeln des politischen Machterwerbs beziehen würde (Rawls 1998: 249ff.). Die Subjekte des Konsenses sind in Rawls' Darstellung nicht Personen, sondern vernünftige umfassende Lehren, was Rawls mit der Hypothese zu plausibilisieren sucht, daß jede Person einer Lehre zuzuordnen sei (Rawls 1997: 209). Dies abstrahiert von der weiteren Komplikation, daß Bürger moderner Gesellschaften unzweifelhaft in multiplen Loyalitätsbeziehungen gegenüber verschiedenen umfassenden Lehren stehen. Die Lehren sind nun einerseits autonom darin, auf welche Weise sie sich die politische Gerechtigkeitskonzeption als ein „Modul" einpassen (Rawls 1998: 78). Die Interpretation derselben Gerechtigkeitskonzeption in bezug auf die weitergehenden Ziele und Überzeugungen wird sich bei einer vernünftigen religiösen Lehre deutlich anders darstellen als bei den Vertretern einer säkularen liberalen Moralauffassung wie der Immanuel Kants (Rawls 1998: 233), oder bei Anhängern des Utilitarismus (1998: 263, dazu Scheffler 1994: 9ff.). Andererseits kann nicht jedes affirmative Verhalten bereits als „Konsens" angesehen werden. Entscheidend ist für Rawls der Unterschied zu einem bloßen *modus vivendi*, der die strategische Zurückhaltung verschiedener Lehren auf der Basis eines gegebenen gesellschaftlichen Machtgleichgewichts bezeichnet. Ein solcher Zustand ähnelt der friedlichen Koexistenz zwischen Staaten (Rawls 1998: 235); er ist im Gegensatz zum übergreifenden Konsens nicht stabil, denn er hindert eine Gruppe für den Fall, daß sie gesellschaftlich dominant wird, nicht daran, Bestandteile ihrer umfassenden Lehre anderen Bürgern mit Rechtszwang zu verordnen. Dagegen wird der Gegenstand eines übergreifenden Konsenses „aus moralischen Gründen bejaht" (Rawls 1998: 236), was dazu führt, daß er auch das Handeln der Bürger aus moralischen Gründen informieren und nicht nur für eine stabile Verwirklichung der Gerechtigkeitskonzeption Sorge tragen, sondern diese Stabilität „aus den richtigen Gründen" gewährleisten kann (Rawls 1998: 35).

2.2.3. Liberaler politischer Diskurs

Jede liberale Konzeption politischer Öffentlichkeit verlangt, daß beliebige politische Themen frei diskutiert werden können, daß jeder Bürger an solchen Diskussionen teilnehmen können muß, und daß die Ansichten der Teilnehmer nicht durch staatliche Einschränkungen ihrer Redefreiheit gemaßregelt werden (vgl. Peters 1994). Wieder geht Rawls über die grundlegenden Forderungen des Liberalismus hinaus, allerdings nicht in Richtung einer radikaleren öffentlichen Freiheit. Die *Idee des öffentlichen Vernunftgebrauchs*, die er in Anlehnung an Kants Aufsatz „Beantwortung der Frage: Was ist Aufklärung?" entwickelt, verlangt die vernünftige Beschränkung auf „politische" Argumente in zentralen politischen Debatten, die Fragen der Gerechtigkeit oder wesentlicher Verfassungsinhalte betreffen (Rawls 1998: 312-366). Im Gegensatz zu Kants Idee eines öffentlichen Gebrauchs der Vernunft, der zu allen möglichen Themen und auch in obrigkeitsstaatlichen Systemen möglich ist (Kant 1783: 55, 60), bezieht sich Rawls (1998: 312f) allein auf den Bereich des Politischen und allein auf demokratische Staaten. „Öffentlicher Vernunftgebrauch ist eine Besonderheit demokratischer Nationen", nämlich „der Vernunftgebrauch gleicher Bürger (...), die als Kollektiv letztinstanzliche Zwangsgewalt übereinander ausüben, indem sie Gesetze erlassen und Verfassungsänderungen vornehmen". Der Zweck des öffentlichen Vernunftgebrauchs bei Rawls ist nicht Aufklärung, die Befreiung aus selbstverschuldeten Unmündigkeiten und Abhängigkeiten, auch gegenüber der jeweiligen umfassenden Lehre (Kant 1783: 53f., vgl. Rawls 1998: 36), sondern die Lösung tiefgreifender politischer Konflikte. Wenn Fragen von Verfassungsrang strittig sind – unter den Beispielen, die Rawls erwähnt, sind die Zuerkennung des Wahlrechts, Fragen des Privateigentums sowie die Abtreibung (Rawls 1998: 314, 349) – sollen politische Funktionsträger, aber auch die stellungnehmenden Bürger sich auf Argumente beschränken, von denen sie annehmen, daß sie den Bereich politischer Werte nicht verlassen. An die von ihnen vertretenen umfassenden Lehren dürfen sie in diesen Kontexten nicht appellieren, und auch auf umstrittene Argumentationsformen dürfen sie nicht zurückgreifen (zu Ausnahmen vgl. unten 3.3.). Es versteht sich von selbst, daß diese Einschränkung den Bürgern als moralische „Pflicht zur Bürgerlichkeit (*civility*)" und nicht als Rechtsnorm vorgeschrieben wird; für Abgeordnete und Richter ist sie allerdings schlechthin verbindlich (Rawls 1998: 317, 316). Allerdings gleicht Rawls das Räsonnement der Aktivbürger dem der Amtsträger stark an, wenn er im Zweifelsfall zu überprüfen vorschlägt, „wie uns unsere Argumente erscheinen würden, wenn sie in einem Verfassungsgerichtsurteil stünden" (Rawls 1998: 362). Für Bürger gelten die Anforderungen des öffentlichen Vernunftgebrauchs nicht nur, wenn sie öffentlich Position beziehen, sondern auch, wenn sie von ihrem Wahlrecht Gebrauch machen (zumindest wenn es um grundlegende Fragen geht, Rawls 1998: 361). „Andernfalls würde für die öffentliche Diskussion die Gefahr der Heuchelei bestehen: Was die Bürger sagen und wie sie abstimmen, würde nicht übereinstimmen" (Rawls 1998: 316). Von der traditionell als liberal verstandenen Auffassung des Wahlrechts, die die Stimmabgabe in die Konsequenz privater Interessenverfolgung stellt, unterscheidet sich Rawls' Interpretation ums

Ganze (zur Systematik Buchstein 1994). Sie prägt ein eher republikanisches Anspruchsprofil des politischen Liberalismus an die Tugend seiner Bürger, zu dem auch die „Bereitschaft, anderen zuzuhören, und eine faire Gesinnung, wenn es darum geht, zu entscheiden, wann man vernünftigerweise Zugeständnisse an die Auffassungen anderer machen sollte", gehört (Rawls 1998: 317f.).

3. Theoretische Variation und Kritik

Politischer Liberalismus ist ein Forschungsprogramm relativ jungen Datums. Die Beiträge seiner Hauptvertreter, im Gegensatz zur explodierenden Sekundärliteratur, sind noch relativ überschaubar. Neben Rawls (1998) erklären sich Bruce Ackerman (1994) und Charles Larmore (1993) dem Programm zugehörig, die ihre Position allerdings schon vorher weitgehend fixiert hatten (Ackerman 1980: 358-378; Larmore 1987: 43ff.). Doch erst ein Aufsatz von John Rawls aus dem Jahre 1987 stellt das gemeinsame Label „Political Liberalism" zur Verfügung (Larmore 1996: 132 fn 14, Rawls 1997: 250 fn 1). Dabei setzen die Autoren, von terminologischen Differenzen einmal abgesehen, unterschiedliche Schwerpunkte. Für Ackerman ist es seine pragmatische Problemlösungsfähigkeit unter zeitgenössischen Bedingungen, die den politischen Liberalismus attraktiv macht, während Larmore eine moralische Lesart vorlegt, die die ideengeschichtliche Dimension des Liberalismus und seiner Gegner stärker betont. Ackermans Interesse gilt vorrangig der sozialstaatlichen Agenda des Liberalismus, während Larmore den politischen Liberalismus als Antwort auf eine soziokulturelle Herausforderung der Moderne versteht: die romantische Kritik am Liberalismus als einem verarmten und wurzellosen Lebensideal individualistischer Autonomie (Larmore 1996: 150f., dazu unter 4.). Gemeinsam ist ihren und Rawls' politischen Liberalismen das Eintreten für eine egalitäre Interpretation liberaler Prinzipien (3.1.), das Beharren auf tolerantem Pluralismus gegenüber den starken ethischen Gemeinschaften, die sich dennoch in einem übergreifenden Konsens wiederfinden können (3.2.), eine neutralistische Konzeption der öffentlichen politischen Diskussion, die eine scharfe Trennung zwischen politischen und nichtpolitischen Themen und Argumenten voraussetzt (3.3.), sowie schließlich eine ebenso neutralistische Auffassung politischer Philosophie oder politischer Theorie, die vor Spekulationen darüber zurückschreckt, was ein menschliches Leben im allgemeinen lebenswert, bedeutsam oder glücklich ausfallen läßt, und die zu den traditionell starken Geltungsansprüchen der Philosophie auf Distanz geht (3.4.). Die jeweiligen Interpretationen dieser gemeinsamen Basis gehen stark auseinander.

3.1.   Die egalitäre Interpretation liberaler Prinzipien

Daß die bisherigen Vertreter des politischen Liberalismus sämtlich eine egalitäre Interpretation liberaler Prinzipien favorisieren, mag kontingent sein;
untersuchungsbedürftig ist es in jedem Falle. Weder beinhaltet der Liberalismus selbst, versteht man ihn mit Rawls, das Ziel sozialer Gleichheit (s.o.
2.2.1.), noch führt die politische Methode zwangsläufig dazu, die Etablierung
materiell egalitärer Verhältnisse zu fordern. Wenn Rawls und vor allem Akkerman die Verteilung gesellschaftlichen Reichtums innerhalb des liberalen
Staates thematisieren, so setzt sie dies in Kontrast zu klassischen Erörterungen des Liberalismus, die von den Ansprüchen Einzelner ausgehen, für die
Rechtfertigung des Privatbesitzes *vorpolitische* Konstellationen aufsuchen
und anthropologisch (Locke 1689) oder vernunftrechtlich (Kant 1797) argumentieren, um den liberalen Staat mit dem kategorischen Schutz des Eigentums zu betrauen. Die Theoretiker des politischen Liberalismus betrachten
die Eigentumsverhältnisse als Erzeugnisse einer institutionellen Grundstruktur, in die Bürger hineingeboren werden und die ihre Lebenschancen nachhaltig und oft ungerechtfertigt dominieren (Ackerman 1994: 367f., Rawls
1998: 373-381). Im Blick auf Rawls' stets emphatisch vertretenes Differenzprinzip irritiert nun die Weichenstellung aus *Politischer Liberalismus*, daß
ein Sozialstaat, der über die Sicherung von Chancengleichheit und basaler
Ressourcen der Freiheitsausübung hinausgeht, nicht notwendigerweise Gegenstand eines liberalen übergreifenden Konsenses über Gerechtigkeitsprinzipien ist (Schmalz-Bruns 1995: 51). Im Gegensatz zu den ethischen Differenzen umfassender Lehren sind ja Gerechtigkeitsfragen über die wesentlichen Institutionen einer Gesellschaft im politischen Liberalismus nicht selbst
als Gegenstand vernünftiger Meinungsverschiedenheiten konzipiert (Sandel
1995: 37ff.), sondern betreffen die allgemeine Rechtfertigbarkeit ihrer Institutionen auch vor den Schlechtestgestellten (Forst 1994: 223ff.). Das Vertrauen in Rawls' Versicherung, am egalitären Gehalt von „Gerechtigkeit als
Fairneß" habe der politische Liberalismus nichts geändert (Rawls 1998:
47fn), wird auch durch seine Erörterung von Rechtsfragen im Weltmaßstab
nicht bestärkt, die soziale Gerechtigkeit nicht als ein Menschenrecht beinhaltet und davor zurückschreckt, dem Differenzprinzip für zwischenstaatliche
Verhältnisse Bedeutung beizumessen (Rawls 1996: 80, 87). Politischer Liberalismus muß daher den Beweis nachholen, daß seine egalitären Ansprüche
auch nach der politischen Methode aufrechterhalten werden können, etwa indem er die urzuständliche Wahl des Differenzprinzips in Begriffen seiner öffentlichen Rechtfertigung neu ausbuchstabiert (Hinsch 1998: 35-63).

3.2. Das Faktum des Pluralismus

Die gesellschaftsdiagnostische Stärke des politischen Liberalismus liegt in seinem Sinn für die „Permanenz des Pluralismus". „[D]ie Vielfalt vernünftiger umfassender religiöser, philosophischer und moralischer Lehren, die wir in modernen demokratischen Gesellschaften finden, [ist] kein vorübergehender Zustand, der bald verschwinden wird. Sie ist ein dauerhaftes Merkmal der öffentlichen Kultur einer Demokratie" (Rawls 1998: 106). Konkurrierende Positionen innerhalb des politischen Liberalismus bilden sich zu der Frage, wie ein übergreifender Konsens dieser Lehren verstanden werden soll. Akkerman plädiert für ein möglichst anspruchsloses Verständnis der Gründe, auf die ein übergreifender Konsens sich stützen kann: „[P]olitischer Liberalismus ... versucht den Vertretern verschiedener umfassender Lehren zu erklären, warum es für jeden sinnvoll ist, liberale Prinzipien zu übernehmen. Natürlich werden sich die Gründe, die für einen Neo-Kantianer wirkungsvoll sind, von denen unterscheiden (und manchmal unverträglich sein mit denen), die einen liberalen Katholiken anziehen. Wenn aber politischer Liberalismus von religiösen ebenso wie von säkularen Perspektiven aus gerechtfertigt werden kann, wenn er für Anti- wie für Neo-Kantianer attraktiv ist, warum sollte er sich ohne Not potentielle Anhänger entfremden?" (Ackerman 1994: 365, Übs. PN). Ackermans Wortwahl („sinnvoll", „wirkungsvoll", „attraktiv") läßt offen, inwieweit sich solche übergreifende Zustimmung einer realistischen Berechnung der derzeitigen politischen Chancen ihrer Anhänger verdanken kann, und inwiefern sie sich damit einem *modus vivendi* nähert. Rawls und Larmore lassen dagegen keinen Zweifel daran, daß nur ein „moralischer Konsens" geeignet ist, eine gerechte Gesellschaft auf Dauer zu stellen. Die Herausforderung liegt dabei darin, das, was bei Ackerman „Verschiedenheit" und sogar „Unverträglichkeit" der Gründe für einen übergreifenden Konsens heißt, auszubuchstabieren, ohne den Anspruch auf seine moralische Basis aufzugeben. Denn es kann von seiten einer kantianischen Moraltheorie eingewandt werden, daß moralische Übereinstimmung nur auf der Überzeugungskraft derselben Gründe für alle beruhen könne (Forst 1994: 155). Die entscheidende Bekräftigung erfahre aber der übergreifende Konsens für eine Person nicht aus einer geglückten, für alle gemeinsam verbindlichen Rechtfertigung unter Bürgern, sondern aus seiner zusätzlichen Affirmation durch die jeweils zuständige umfassende Lehre (Rawls 1997: 207f.; kritisch Forst 1994: 159f., 1999: 126-137, Habermas 1996b: 106). Damit werde jedoch die Gerechtigkeitsintuition nicht gewahrt, daß sich im Konfliktfall die Inhalte umfassender Lehren einer unparteilichen öffentlichen Kritik beugen müssen (Habermas 1996b: 114). Anderseits hat die Erörterung des übergreifenden Konsenses ergeben, daß die dort überlappenden Lehren große strukturelle Differenzen aufweisen, die sie in verschiedenen Relationen (der Ableitung, der Annäherung, der kontextgebundenen Abwägung) zum geteilten Gedankengut stehen lassen. Aus diesem Grund können

die Gründe, die für die einen hinreichend sind, für andere ergänzungsbedürf-
tig erscheinen. Für die Sozialwissenschaften können sich interessante Entwicklungen daraus ergeben, daß nicht nur theoretische Projekte und Weltanschauungen, sondern auch soziale Bewegungen sich selbst als Beteiligte an
einem übergreifenden Konsens über eine gerechte Grundstruktur der Gesellschaft beschreiben. Beispielsweise ist argumentiert worden, daß Rawls eine
für die umfassende und allgemeine ethische Lehre des Feminismus akzeptable politische Gerechtigkeitskonzeption bereitstellt, die im Hinblick auf politische und rechtliche Reformen Gegenstand eines übergreifenden Konsenses
sein könne (Cornell 1995:192). Die sozialwissenschaftliche Erforschung konkreter Argumentationsmuster erscheint umso dringender angesichts des Um-
stands, daß in modernen Gesellschaften nur noch im Ausnahmefall eine einzige homogene und kohärente Lehre die „umfassende" Identität von Personen stiftet, das Leben vieler Bürger von multiplen, ohnehin konfligierenden
Zugehörigkeiten geprägt ist und die argumentpluralistischen Beziehungen zu
einer politischen Gerechtigkeitskonzeption sich daher mehr und mehr in individuellen Biographien wiederfinden.

3.3.   Der Bereich des Politischen

Ackerman hatte bereits 1980 in *Social Justice in the Liberal State* eine liberale Gerechtigkeitskonzeption ausgearbeitet, in deren Zentrum ein liberales
Prinzip des beschränkten öffentlichen Diskurses stand. Bürger folgen einem
„obersten pragmatischen Imperativ" (Ackerman 1995: 391), wenn sie ihre
Konflikte in einem Dialog auszuräumen versuchen. Bei der Diskussion ihrer
Meinungsverschiedenheiten müssen sie jedoch auf Argumente verzichten, die
die Überlegenheit ihrer eigenen Auffassung davon, was ein Leben bedeutsam
und gut macht, beanspruchen. „Kein Grund ist ein guter Grund", so Ackerman, falls er den Begründenden auf die Position festlegt, „daß seine Konzeption des Guten besser ist als die, die seine Mitbürger vertreten" (Ackerman
1980: 11, Übs. PN). Rawls' Idee des öffentlichen Vernunftgebrauchs beschränkt darüberhinaus fundamentale öffentliche Diskussionen auf allgemein
anerkannte Argumentationstypen, die sich im Kontext einer liberalen Gerechtigkeitstheorie entwickeln und unabhängig von umfassenden Lehren
formulieren lassen. Eingeschränkt werden kann der liberale Diskurs drittens
nicht nur durch selektive Berücksichtigung von Argumenten, sondern auch
von Themen. Der Ausdruck „Knebelregeln" bezeichnet die Entlastung der
gemeinsamen politischen Agenda von bestimmten Fragen, die im liberalen
Staat rechtlich nicht mehr geregelt werden sollen, wie beispielsweise die All-
gemeinverbindlichkeit religiöser oder sexueller Orientierungen (Holmes
1988). Gegen diese mehrfache Beschränkung des politischen Meinungsstreits
ist eingewandt worden, der politische Liberalismus verkenne die Bedeutung
einer Öffentlichkeit in einem expansiveren Sinne, die ihre Wahrnehmung von

Themen und Problemen „von öffentlichem Interesse" und ihre Produktion von Argumenten nicht erst durch einen Filter der Neutralität hindurchpressen dürfe (Benhabib 1995: 414ff., Baynes 1995). Kritikwürdig werde die liberale Einschränkung der politischen Öffentlichkeit vor allem dann, wenn sie überkommene und stereotypisierende Beschreibungen politischer Konflikte privilegiert und neue, per definitionem nicht allgemein verständliche, geschweige denn allgemein akzeptable Problembeschreibungen gesellschaftlicher Außenseiter als Verstoß gegen die bona-fide-Regeln des öffentlichen Diskurses auffasst. Weder dürften sich Bürgerrechtler auf eine religiöse Tradition, Feministinnen auf marginale Wissenschaftspraktiken, noch Sozialisten auf ihre umfassende Lehre berufen (McCarthy 1995: 52f.). Dies führt zu einer „Kontraktion des Bereichs des Politischen" (Schmalz-Bruns 1995: 51), die einer politischen Mehrheitskultur robuste Abwehrmechanismen bereitstellt, um die Beiträge von Außenseitern nicht als falsch oder unbegründet, sondern bereits als nichtpolitisch zurückzuweisen: durch Exklusion bestimmter Themen als nicht zur Grundstruktur gehörig, durch Exklusion bestimmter Ideen als nicht zur öffentlich-politischen Kultur gehörig, durch Exklusion bestimmter Werte als nicht für den Bereich des Politischen einschlägig, sowie durch die Exklusion bestimmter Argumente als nicht freistehend im Sinne der politischen Gerechtigkeitskonzeption.

Rawls räumt ein, daß z.B. die religiös begründeten Appelle Martin Luther Kings den öffentlichen Gebrauch der Vernunft als solchen nicht gefährdet, sondern vielmehr auf lange Sicht gestärkt haben. Wenn eine solch „umfassende" Argumentation im Dienste „politischer" Ziele in einer ungerechten Gesellschaft steht und ihre Vertreter dies wissen, so erklärt dies Rawls unter der „einschließenden" Sichtweise des öffentlichen Gebrauchs der Vernunft, zu der er sich schließlich bekennt, für zulässig (Rawls 1998: 359), allerdings unter dem Vorbehalt, daß nach gewisser Zeit eine Übersetzungsleistung anzustrengen sei, um die nicht-öffentlichen Begründungen in öffentlichen Vernunftgebrauch zu überführen (Rawls 1998: 50). Larmore fügt den wichtigen Gesichtspunkt hinzu, daß politische Kommunikation nicht immer darauf zielt, andere rational zu überzeugen. „Der öffentliche Raum dient auch dazu, sich einander zu offenbaren, so daß alle sehen können, wo ein jeder steht" (Larmore 1996: 135, Übs. PN). In diesen Fällen würden Selbstbeschränkungen zu Lasten des Verständnisses füreinander gehen. In allen Fällen bleibt es der Kompetenz der Bürger überlassen, die Kontexte zu differenzieren, in denen unbeschränkte Diskussion der Erweiterung des gemeinsamen Horizontes dient oder in denen umfassendere Argumente einfach solchen, die die Vermutung allgemeiner Akzeptabilität unter pluralistischen Bedingungen haben, stattgeben müssen.

3.4.   Der Status politischer Theorie

Politischer Liberalismus favorisiert einen theoretischen Präsentationsstil, der zurückhaltend, vorläufig und „bescheiden", weder dezisionistisch auftrumpfend noch fundamentalphilosophisch abschließend, auftritt. Die Zurückhaltung der Bürger, die nur selektiv auf die „letzten Wahrheiten" ihrer Weltanschauungen zugreifen, wird von der Zurückhaltung des Theoretikers gespiegelt, der vor Argumenttypen zurückschreckt, Fragen bewußt offenläßt und die Geltung einer Theorie nicht mehr auf ihre „Wahrheit", sondern nurmehr auf ihre „Vernünftigkeit" stützen mag, damit sie nicht „sektiererisch" erscheine (Rawls 1998: 216).[4] Die methodische Diskussion des politischen Liberalismus wird entsprechend durch ein breites Spektrum von stark historisch-kontextualistischen („relativistischen") bis zu universalistischen Interpretationen geprägt. Das Problem einer kontextualistischen Lesart läßt sich anhand der Frage diskutieren, ob auch der pragmatistische Philosoph Richard Rorty zu den Theoretikern des politischen Liberalismus gezählt werden sollte (affirmativ Mulhall/Swift 1996: 251), dessen politisches Denken die vier genannten Gemeinsamkeiten (s.o. 3.) zweifellos aufweist. Rorty (1983: 144) spricht sich in polemischer Absicht bereits 1983 für einen historisch aufgelesenen *bourgeois liberalism* und gegen einen *philosophical liberalism* aus, „eine Sammlung kantianischer Prinzipien, von denen man glaubt, sie würden [liberale Lebensweisen] rechtfertigen". Wenn Rorty (1988: 93) daher behauptet, die liberale Demokratie komme ohne philosophische Voraussetzungen, ohne „Auseinandersetzungen über das Wesen, die Natur des Menschen" aus, so findet seine Entkopplung politischer Philosophie von ihren Nachbardisziplinen Metaphysik, Erkenntnistheorie, Ethik des guten Lebens und Anthropologie den Beifall der Autoren des politischen Liberalismus. Dennoch besteht zu ihren Präsentationen ein entscheidender Unterschied. Indem Rorty die maßgeblichen liberalen Prinzipien als bloße Gewißheiten der Bürger reicher nordatlantischer Staaten ausgibt, kritisiert er damit eine ambitioniertere Fundierung dieser Ideen im politischen Denken zumindest einiger Bürger – sei diese metaphysischer, religiöser oder moralischer Natur – und macht seine Darstellung liberaler Ideen damit inakzeptabel für Nichtkontextualisten. Rortys Beitrag zum politischen Liberalismus muß daher als eine seiner philosophisch-umfassenden Deutungen – und zwar als Deutung, gegen deren Partizipation an einem übergreifenden Konsens nichts spricht –, nicht aber als Beitrag zu seiner „freistehenden" Formulierung aufgefaßt werden. Die Rorty entgegengesetzte Interpretation des politischen Liberalismus ist es, seine

---

4   Für die politische Theorie ist diese Zurückhaltung ungewohnt; das mag ihre heftigen Abwehrreaktionen erklären, die Rawls teils „epistemische Selbstverleugnung" (Raz 1990: 78) vorhalten, teils so weit gehen, den politischen Liberalismus mit dem politexistentialistischen Vokabular der zwanziger Jahre als „sekundär, parasitär, inautark" zu kennzeichnen (Müller 1995: 295).

Grundbegriffe als Ideen der praktische Vernunft anzusehen, die zwar heuristisch der politischen Kultur einer demokratischen Gesellschaft entnommen sein mögen, deren konstruktivistische Präsentation aber nur „anamnetisch" entfaltet, was normalerweise bereits im vorreflexiven Gerechtigkeitsbewußtsein der Bürger vorliegt und deren Geltung ihrer Vernunftbasis entstammt, die mit einer universalistischen Moral übereinstimmt (Baynes 1992: 19, Forst 1994: 280-289). Diese universalistische Lesart kann sich auch auf Larmores Version des politischen Liberalismus berufen, der den liberalen moralischen Minimalkonsens nicht allein als konsensfähig, sondern als „korrekt und gültig" (Larmore 1993: 150) auszeichnet. Rawls hat jedoch möglichen universalistischen Intentionen des politischen Liberalismus insofern eine Absage erteilt, als er in einem Aufsatz über das Völkerrecht, in dem er erstmals die Abstraktion, politischer Liberalismus sei auf eine „geschlossene Gesellschaft" anwendbar, aufhebt, dessen ideelle Basis in demokratischen Gesellschaften – die Vorstellung der Bürger als frei und gleich – als für nichtdemokratische Gesellschaften unmaßgeblich erklärt. Nicht von allen nichtliberalen Gesellschaften, insbesondere nicht von „wohlgeordneten hierarchischen Gesellschaften", die Rawls als eine von „anderen vernünftigen Möglichkeiten, die Gesellschaft zu ordnen" auffasst, könne vernünftigerweise verlangt werden, liberal zu werden (Rawls 1996: 71ff., 53). Rawls' Bedenken, die liberale Gerechtigkeits- und Legitimitätskonzeption als Exportmodell zu empfehlen, trifft aber auch innerhalb des politischen Liberalismus auf Widerstand, insbesondere der kosmopolitischen Variante Ackermans, der auf die liberalen Entwicklungsmöglichkeiten entstehender Demokratien verweist, die nicht auf die intuitiven Ideen einer stabilen demokratischen Tradition zurückgreifen könnten (Ackerman 1994: 376ff.). Uneins sind die Autoren des politischen Liberalismus weiterhin in der Frage, ob der territoriale Einzelstaat, der zunächst allen ihren Überlegungen als Ausgangspunkt für die Herstellung gerechter Verhältnisse zugrundeliegt, nicht allein die sozialevolutionäre Basis, sondern auch normativer Endpunkt liberaler Hoffnung sein sollte. Während Rawls Kant in der Auffassung folgt, über einen Völkerbund hinaus seien territorialstaatliche Fusionen im globalen Maßstab abzulehnen, vertritt Ackerman wiederum eine kosmopolitische Agenda, für die er die Entwicklung der Europäischen Union als beispielhaft ansieht (Rawls 1996: 66, Ackerman 1994: 384f.).

4. Der Stand der Debatte: Politischer Liberalismus, Kommunitarismus, Demokratie

So engagiert die Kontroverse zwischen Liberalismus und Kommunitarismus in den achtziger und frühen neunziger Jahren geführt worden ist, deren theoretischer Zweig sich an Rawls' *Eine Theorie* abarbeitete (Mulhall/Swift

1996), sowenig kann von einer profilierten Kontroverse zwischen Kommunitarismus und *politischem* Liberalismus die Rede sein. Dafür gibt es mehrere
Gründe. Einerseits ist es dem politischen Liberalismus gelungen, wesentliche
Einwände, die der Kommunitarismus gegen individualistische Liberalismen
erhoben hatte, zurückzuweisen. Dazu gehört der Einwand, der die Scheu-
klappenwahl des Urzustands, eines bloßen didaktischen Hilfsmittels, mit einem Personen- und Gesellschaftsideal identifiziert hatte (Sandel 1993: 24ff.,
Rawls 1998: 95f., 148ff.). Auch den Einwand des Kommunitarismus, im Gegensatz zur individualistischen Ethik sei die wesentliche Identität einer Person in ihrer Bindung an starke, im Kontext gemeinschaftlicher Interaktion
geprägte Werte zu suchen, läßt der politische Liberalismus ins Leere laufen,
indem er nur Thesen über die öffentliche Identität eines Bürgers, nicht aber
über die ethische Identität einer Person aufstellt (Rawls 1998: 100, 155ff.).
Gegenüber anderen Forderungen des Kommunitarismus, etwa einer direkten
Akkomodation des positiven Rechts an den Wertehaushalt und das Selbstverständnis der Gemeinschaft, für die es gilt (Walzer 1981, Sandel 1995: 41-45),
hat der politische Liberalismus seine neutrale Position unbeeindruckt beibehalten (dazu Forst 1994: 55-142), wobei seine Anforderungen an die Bür-
gertugend der Rechtssubjekte allerdings kaum hinter denen des republikanisch orientierten Kommunitarismus zurückstehen (s.o. 2.2.3.). Nicht unterschätzt werden darf der pazifizierende Beitrag der politischen Methode des
Liberalismus selbst, die einigen kommunitaristischen Positionen entgegen-
kommt, auch wenn diese Revision nicht durch kommunitaristische Einwände
ausgelöst worden sein mag (Rawls 1998: 14 fn). Eine wichtige Übereinstimmung mit dem Kommunitarismus ergibt sich aus der unzweideutigen Anerkennung als politische Akteure, die starke wertgebundene, auch nichtliberale
Gemeinschaften im Staat des politischen Liberalismus genießen, insofern sie
dem Primat politischer Gerechtigkeit auch in Konfliktfällen mit der eigenen
Lehre einen hohen Stellenwert einräumen. Liegt Rawls besonders die Aus-
söhnung vernünftiger religiöser Gemeinschaften mit dem liberalen Gemeinwesen am Herzen, so ist es für Larmore die romantische Tradition, die auf
politische Weise für den Liberalismus gewonnen werden soll. Der Liberalismus müsse sich daher „gegenüber dem Streit zwischen Individualismus und
Tradition neutral" verhalten (Larmore 1993: 145) und Raum lassen für andere, mit Individualismus und Autonomie „gleichberechtigte Werte der Zugehörigkeit und der Tradition" (Larmore 1993: 155). Fraglich erscheint allerdings, ob angesichts des Respekts, der auch illiberalen Gemeinschaften ent-
gegengebracht wird, verbreitete erzieherische Ideale des liberalen Staates
aufrechterhalten werden können, die zur Mündigkeit gegenüber ungeprüften
Zugehörigkeiten und Traditionen aufrufen, Emanzipationsfortschritte aber
nur auf Kosten der Destabilisierung substantieller Gemeinschaften erzielen
können.

Die abnehmende Relevanz der Entgegensetzung mit dem Kommunitarismus hat einen neuen Brennpunkt der Diskussion entstehen lassen, in dem

es um eine Überprüfung der demokratischen Gehalte des politischen Liberalismus geht. Wenn die Grundfrage des politischen Liberalismus durch die Merkmale der „politischen Beziehung" charakterisiert ist (s.o. 2.1., 2.2.2.), so ist diese demokratietheoretische Zuspitzung unausweichlich. Unbestritten scheint, daß der politische Liberalismus einen Schritt zu einem „more democratic liberalism" gemacht habe (Cohen 1994),[5] wenn auch einigen Theoretikern diese Entwicklung nicht weit genug geht (Schmalz-Bruns 1995, Habermas 1996a, 1996b, Maus 1998). Gegen Rawls' Demokratieverständnis wird der Einwand erhoben, er schränke die Volkssouveränität ein, indem er die Rechtssetzungsprozesse der Bürger bereits theoretisch auf die substantiell-liberalen Ergebnisse des Urzustandes verpflichte (Maus 1998: 87-95). Der politische Liberalismus privilegiere darüberhinaus private über politische Freiheiten und sei damit nicht in der Lage, Menschenrechte und Volkssouveränität als komplementäre Ideale zu fassen (Habermas 1996a: 87-94).

Unter den Theoretikern des politischen Liberalismus nimmt einzig Larmore noch die traditionell-liberale instrumentalistische Sichtweise ein, die die Bedeutung der Demokratie in ihrer Sicherungsfunktion für individuelle Freiheit vermutet (Larmore 1993: 141 fn 15, 1996: 134 fn 17). Ackerman (1991) entwickelt eine historisch-begriffliche Rekonstruktion der amerikanischen Demokratie, die wiederum von Rawls als die für den politischen Liberalismus geeignete Demokratiekonzeption übernommen wird (Rawls 1998: 333-338). Das Demokratieverständnis des politischen Liberalismus ist „dualistisch", indem es Phasen, in denen über wesentliche Verfassungsinhalte beraten und entschieden wird (wobei die Einschränkungen des öffentlichen Vernunftgebrauchs zu beachten sind), von solchen unterscheidet, in denen auf dem Boden einer Verfassung tagespolitisch manövriert wird (vgl. Rawls 1997: 223ff.). Rawls räumt ein, daß der politische Liberalismus das Verhältnis zwischen verfassungsförmigen Festlegungen und der Idee der Volkssouveränität nicht hinreichend geklärt hat (Rawls 1997: 249), weist aber den Vorwurf einer Privilegierung privater über politische Freiheiten zurück und verweist dabei auf die Gleichrangigkeit, die sie im ersten Gerechtigkeitsgrundsatz von „Gerechtigkeit als Fairneß" genießen (Rawls 1997: 215, s.o. 2.2.1.). Mit seinen radikaldemokratischen Kritikern beharrt Rawls darauf, daß die privaten Freiheiten einer demokratischen Verfassunggebung nicht vorausliegen und daß eine unabhängige moralische Begründbarkeit von Rechten kein hinreichender Grund sei, sie legitimerweise zu erzwingen (Rawls 1997: 224, 231). Eine Generation könne sich aber auch als politisch autonom begreifen, ohne alle Legitimationsdiskurse von Grund auf neu zu führen und alle Verfassungsentscheidungen neu zu treffen (Rawls 1997:

---

5   Dabei muß allerdings das Mißverständnis vermieden werden, bereits das schiere Anknüpfen an in einer Gesellschaft verbreitete Ideale und der „appeal [...] to consensus as a state of affairs" bei Rawls drücke „foundational democratic commitments" aus (Shapiro 1994: 132).

222). Die Demokratietheorie scheint aber noch in einer anderen Hinsicht produktiv an Rawls' politischen Liberalismus anknüpfen zu können. Daß Rawls das Adjektiv „demokratisch" typischerweise dem Gesellschaftsbegriff beilegt, deutet darauf hin, daß demokratische Ideale für den politischen Liberalismus noch weitergehende, soziale Bedeutungen haben. Diesen vielfältigen Bedeutungen wurde bisher kaum nachgegangen, so daß hier einige Andeutungen genügen müssen. Bereits *Eine Theorie* führte sozialstaatliche Gerechtigkeitsanforderungen als ein Ideal „demokratischer Gleichheit" ein (Rawls 1975: 126). Cohen und Rogers (1983: 160f) brauchten daraus nur die Konsequenz zu ziehen, um zu behaupten, ohne erfülltes Differenzprinzip könne von demokratischer Legitimität nicht die Rede sein. Eine zweite soziale Bedeutung der Demokratie kommt in der „demokratischen Idee der Toleranz" (Rawls 1998: 132) zum Tragen, die die Bürden des Urteilens als Faktoren begreift, deren Berücksichtigung demokratische Bürger, nicht moralisch-epistemologische Subjekte, einander schulden (Cohen 1994: 1504-7). Eine dritte Bedeutung liegt möglicherweise dem noch weitgehend unanalysierten Begriff der Gesellschaft als eines Systems fairer Kooperation zugrunde (Rawls 1998: 82f.). Auch dieses fundamentale Ideal verdankt sich dem Umstand, daß politischer Liberalismus „in der Tradition des demokratischen Denkens" steht (Rawls 1998: 81ff.). Unter diesem Gesichtspunkt unterscheidet sich der politische Liberalismus von einem Liberalismus des wechselseitigen Eingriffsverzichts (Höffe 1987, Kersting 1993: 208) und kann anknüpfen an pragmatistische Konzeptionen der Demokratie, insbesondere die John Deweys (Honneth 1999: 37), die gesellschaftliche Kooperation als das grundlegende demokratische Verhältnis zwischen Bürgern auffassen.

Literatur

a. verwendete Literatur

Ackerman, Bruce (1980): Social Justice in the Liberal State. New Haven.
– (1991): We the People. Bd. 1. Cambridge, Mass.
– (1994): Political Liberalisms. Journal of Philosophy, 364-386.
– (1995): Warum Dialog? S. 385-410 in: Bert van den Brink/Willem van Reijen (Hg.): Bürgergesellschaft, Recht und Demokratie. Frankfurt a.M.
Baynes, Kenneth (1992): Constructivism and Practical Reason in Rawls. Analyse und Kritik 14, 18-32.
– (1995): Liberale Neutralität, Pluralismus und deliberative Politik. S. 432-465 in: Bert van den Brink/Willem van Reijen (Hg.): Bürgergesellschaft, Recht und Demokratie. Frankfurt a.M.
Benhabib, Seyla (1995): Liberaler Dialog kontra Kritische Theorie diskursiver Legitimation. S. 411-431 in: Bert van den Brink/Willem van Reijen (Hg.): Bürgergesellschaft, Recht und Demokratie. Frankfurt a.M.

Brunkhorst, Hauke/Peter Niesen (Hg.) (1999): Das Recht der Republik. Frankfurt a.M.
Buchstein, Hubertus (1994): Geheime oder offene Wahl? Leviathan, 1-6.
Cohen, Joshua/Joel Rogers (1983): On democracy. New York.
Cohen, Joshua (1989): Deliberation and democratic legitimacy. S. 17-34 in: A. Hamlin/P. Pettit (Hg.): The good polity. Oxford.
– (1994): A more democratic liberalism. Michigan Law Review 92, 1503-1546.
– (1996): Procedure and substance in deliberative democracy. S. 95-119 in: Seyla Benhabib (Ed.): Democracy and difference. Princeton 1996.
Cornell, Drucilla (1995): Response to Thomas McCarthy. Constellations 2, 189-206.
Dworkin, Ronald (1984): Gerechtigkeit und Rechte. S. 252-302 in: ders.: Bürgerrechte ernstgenommen. Frankfurt a.M.
Forst, Rainer (1994): Kontexte der Gerechtigkeit. Frankfurt a.M.
– (1999): Die Rechtfertigung der Gerechtigkeit. Rawls' Politischer Liberalismus und Habermas' Diskurstheorie in der Diskussion. S. 105-168 in: Hauke Brunkhorst/Peter Niesen (Hg.): Das Recht der Republik. Frankfurt a.M.
Gerstenberg, Oliver (1997): Bürgerrechte und deliberative Demokratie. Frankfurt a.M.
Habermas, Jürgen (1996a): Versöhnung durch öffentlichen Vernunftgebrauch. S. 65-94 in: ders.: Die Einbeziehung des Anderen. Frankfurt a.M.
– (1996b): ‚Vernünftig' versus ‚Wahr' oder die Moral der Weltbilder. S. 95-127 in: ders.: Die Einbeziehung des Anderen. Frankfurt a.M.
Hinsch, Wilfried (1992): Einleitung. S. 9-44 in: John Rawls: Die Idee des politischen Liberalismus. Frankfurt a.M.
– (1998): Rawls' Differenzprinzip und seine sozialpolitischen Implikationen. S. 17-74 in: Siegfried Blasche/Dieter Doering (Hg.): Sozialpolitik und Gerechtigkeit. Frankfurt a.M.
Höffe, Otfried (1987): Politische Gerechtigkeit. Frankfurt a.M.
– (Hg.) (1998): John Rawls. Eine Theorie der Gerechtigkeit. Berlin.
Holmes, Stephen (1988): Gag rules or the politics of ommission. S. 19-58 in: Jon Elster/Rune Slagstad (Hg.): Constitutionalism and democracy. Cambridge.
Honneth, Axel (Hg.) (1993): Kommunitarismus. Frankfurt a.M.
– (1999): Demokratie als reflexive Kooperation. John Dewey und die Demokratietheorie der Gegenwart. S. 37-65 in: Hauke Brunkhorst/Peter Niesen (Hg.): Das Recht der Republik. Frankfurt a.M.
Kant, Immanuel (1783): Beantwortung der Frage: Was ist Aufklärung? S. 53-61 in: ders. (1977): Schriften zur Anthropologie. Hg. v. W. Weischedel. Frankfurt a.M.
– (1797): Metaphysische Anfangsgründe der Rechtslehre. In ders. (1977): Die Metaphysik der Sitten. Hg. v. W. Weischedel. Frankfurt a.M.
Kersting, Wolfgang (1993): John Rawls zur Einführung. Hamburg.
Larmore, Charles (1995): Strukturen moralischer Komplexität. Stuttgart.
– (1993): Politischer Liberalismus. S. 131-156 in: Axel Honneth (Hg.): Kommunitarismus. Frankfurt a.M.
– (1996): The Morals of Modernity. Cambridge.
Locke, John (1689, 1975): Zwei Abhandlungen über die Regierung. Frankfurt a.M.
Maus, Ingeborg (1998): Der Urzustand. S. 71-96 in: Otfried Höffe (Hg.): John Rawls. Eine Theorie der Gerechtigkeit. Berlin.
McCarthy, Thomas A. (1994): Kantian Constructivism and Reconstructivism: Rawls and Habermas in Dialogue. Ethics 105, 44-63.
Müller, Christian (1995): Von der Gerechtigkeitstheorie zum Politischen Liberalismus. Zeitschrift für Politik 42, 268-296.
Mulhall, Stephen/Adam Swift (1996): Liberals and Communitarians. 2. Auflage. Oxford.
Pies, Ingo/Martin Leschke (Hg.) (1995): John Rawls' politischer Liberalismus. Tübingen.

Peters, Bernhard (1994): Der Sinn von Öffentlichkeit. Kölner Zeitschrift für Soziologie und Sozialpsychologie, Sonderheft, 42-76.

Philosophische Gesellschaft Bad Homburg/Wilfried Hinsch (Hg.) (1997): Zur Idee des politischen Liberalismus. Frankfurt a.M.

Rawls, John (1975): Eine Theorie der Gerechtigkeit. Frankfurt a.M.

– (1992): Die Idee des politischen Liberalismus. Hg. von Wilfried Hinsch. Frankfurt a.M.

– (1996): Das Völkerrecht. S. 53-103 in S. Shute/S. Hurley (Hg.): Die Idee der Menschenrechte. Frankfurt a.M.

– (1997): Erwiderung auf Habermas. S. 192-262 in: Philosophische Gesellschaft Bad Homburg/Wilfried Hinsch (Hg.) (1997): Zur Idee des politischen Liberalismus. Frankfurt a.M.

– (1998): Politischer Liberalismus. Frankfurt a.M.

Raz, Joseph (1990): Facing Diversity: The Case of Epistemic Abstinence. S. 60-96 in: ders.: Ethics in the Public Domain. Oxford 1994.

Rorty, Richard (1984): Der bürgerliche Liberalismus postmoderner Prägung. S: 141-151 in: Bert van den Brink/Willem van Reijen (Hg.): Bürgergesellschaft, Recht und Demokratie. Frankfurt a.M.

– (1988): Der Vorrang der Demokratie vor der Philosophie. S. 82-125 in: ders.: Solidarität oder Objektivität? Stuttgart.

Sandel, Michael (1993): Die verfahrensrechtliche Republik und das ungebundene Selbst. S. 18-35 in: Axel Honneth (Hg.): Kommunitarismus. Frankfurt a.M.

– (1995): Liberalismus oder Republikanismus. Wien.

Scheffler, Samuel (1994): The Appeal of Political Liberalism. Ethics 105. 4-22.

Schmalz-Bruns, Rainer (1995): Reflexive Demokratie. Baden-Baden.

Shapiro, Ian (1994): Three Ways to Be a Democrat. Political Theory 22, 124-151.

Walzer, Michael (1981): Philosophy and Democracy. Political Theory 12, 379-399.

b. kommentierte Literatur

John Rawls: Politischer Liberalismus. Übs. v. Wilfried Hinsch. Frankfurt a.M. 1998.

Rawls' deutschsprachige Leser konnten schon vor dem Erscheinen von Political Liberalism im Jahre 1993 die Substanz von Rawls' neuen Ideen in dem Band Die Idee des politischen Liberalismus. Aufsätze 1978-1989. Frankfurt a.M. 1992, hg. von Wilfried Hinsch, nachlesen. Dort formuliert Rawls manche Positionen noch etwas prononcierter (s. den Aufsatz „Gerechtigkeit als Fairneß: politisch, nicht metaphysisch", 255-292), die er in Politischer Liberalismus staatsmännisch zurücknimmt. Auch wenn mit dem Erscheinen der definitiven Version von Politischer Liberalismus die Aufsatzsammlung nicht mehr den Stand der Diskussion wiedergibt (Ausnahme: die Aufsätze 1 und 3 sind dort als Vorlesungen 7 und 8 textidentisch nachgedruckt), ist „Die Idee" wegen der problemorientierten Einführung von Wilfried Hinsch immer noch zu empfehlen.

Charles Larmore, The Morals of Modernity. Cambridge 1996.

Larmores Aufsatz „Political Liberalism" von 1990, der den konzisesten Überblick über die Position und Ambition des politischen Liberalismus gibt, erscheint in dieser Aufsatzsammlung in einer auch gegenüber der deutschen Fassung in Honneth (Hg.) (1993) überarbeiteten Version; vgl. außerdem die subtile Kritik an Rawls' Pluralismusbegriff, „Pluralism and Reasonable Disagreement"" (152-174) und den für die ideengeschichtliche Situierung des Politischen Liberalismus kennzeichnenden Beitrag „Beyond Religion and Enlightenment" (41-64).

Bruce Ackerman: „Political Liberalisms", Journal of Philosophy 1994, 364-386
Ackerman konfrontiert Rawls' politischen Liberalismus mit der eigenen systemati-
schen Alternative, die er in Social Justice in the Liberal State, New Haven 1980, entwik-
kelte. Ackermans Entwurf atmet einen pragmatischeren Geist und stellt den politischen
Realismus des Liberalismus gegenüber seinen moralischen Qualitäten stärker heraus; er
ist nicht nur sozialstaatlich ehrgeiziger, sondern auch historisch-kontextuell vorausset-
zungsloser als die Rawlssche Konzeption und kann daher die Probleme demokratischer
transition-Staaten und Fragen inter- und transnationaler Gerechtigkeit offensiver angehen.

Joshua Cohen: „Procedure and Substance in Deliberative Democracy", in Seyla Benhabib
(Hg.): Democracy and difference. Princeton 1996, 95-119.
Der Aufsatz faßt einige von Cohens wegweisenden Arbeiten zur deliberativen Demo-
kratietheorie zusammen, die sich als Weiterentwicklung und Komplementierung von
Rawls' politischem Liberalismus ansehen lassen – ein Projekt, in das auch die weiteren im
Literaturverzeichnis angegebenen Arbeiten Cohens einzuordnen sind.

Thomas Pogge: John Rawls. München 1994.
Kritische Gesamtdarstellung von Rawls' Werk mit ausführlicher Biographie. Mit gro-
ßer Klarheit widmet sich der Autor der Begründung und den politischen Implikation von
Gerechtigkeit als Fairneß; dem Gestalt-switch zum politischen Liberalismus wird etwas
weniger Interesse eingeräumt (43-47, 157-176).

Rainer Forst: Kontexte der Gerechtigkeit. Politische Philosophie jenseits von Liberalismus
und Kommunitarismus. Frankfurt a.M. 1994.
Maßgebliche deutschsprachige Studie zur kommunitaristischen Kritik an Autoren po-
litischer und verwandter Liberalismen (Dworkin, Nagel), über die Forst zu einer diskurs-
theoretisch-konstruktivistischen dritten Position fortschreitet. Unentbehrlich auch das Lite-
raturverzeichnis.

Bert van den Brink/Willem van Reijen (Hg.): Bürgergesellschaft, Recht und Demokratie.
Frankfurt a.M. 1995.
Nützliche Sammlung von Aufsätzen aus dem Umfeld des politischen Liberalismus
(Baynes, Benhabib, Waldron, Nagel, Rorty neben Ackerman und Rawls) vor dem Hinter-
grund demokratietheoretischer Fragestellungen.

Axel Honneth (Hg.). Kommunitarismus. Eine Debatte über die moralischen Grundlagen
moderner Gesellschaften. Frankfurt a.M. 1993.
Versammelt wichtige Aufsätze zum Entstehungszusammenhang des politischen Libe-
ralismus, die die Kontroverse zwischen Liberalismus und Kommunitarismus großenteils
bereits historisch-reflexiv behandeln (Rawls, Larmore, Walzer, MacIntyre, Sandel).

Kapitel II
Die politische Theorie des Kommunitarismus: Charles Taylor

Hartmut Rosa

Inhalt

1. Einleitung

Nahezu zwei Jahrzehnte lang, zunächst in den USA (seit dem Erscheinen von
Michael Sandels Buch *Liberalism and the Limits of Justice*, 1982), dann, um
eine Dekade zeitversetzt auch in Europa, hat nun die Debatte um den Kommunitarismus die politiktheoretischen und sozialphilosophischen Auseinandersetzungen dominiert. Als einer seiner frühesten und philosophisch wie systematisch zweifellos tiefgründigsten Vertreter gilt dabei der kanadische
Philosoph und Politikwissenschaftler Charles Taylor. Die Rekonstruktion seines Denkens soll deutlich machen, daß es ein – wenngleich verbreitetes –
Mißverstehen des Kommunitarismus ist, in ihm das Bemühen um die Rehabilitierung und Aufwertung des Gemeinwesens *auf Kosten der Individuen* und
der individuellen Freiheit zu sehen. Im Mittelpunkt der politikphilosophi-
schen Bemühungen Taylors wie der Kommunitaristen insgesamt steht vielmehr die Erkundung der kulturellen ‚*Freiheitsbedingungen menschlicher
Subjekte*' (Honneth 1993a: 261) bzw. der *Voraussetzungen einer gelingenden
personalen Identität* (Rosa 1998a) und sodann auch der *Ermöglichungsbedingungen einer gerechten Gesellschaft*. Ihre Betonung der Zentralität von
Gemeinschaft erfolgt daher stets um der so bestimmten Ziele willen, keinesfalls aber erheben sie Gemeinschaft zum Selbstzweck. Ein wohlverstandener
Kommunitarismus, wie er von Taylor, aber etwa auch von Michael Walzer,
Benjamin Barber und, mit einigen Einschränkungen, von Michael Sandel und
sogar Alasdair MacIntyre vertreten wird, neigt zwar in der von Taylor
(1993a: 103ff) identifizierten methodologisch-ontologischen Dimension der
Debatte zwischen Liberalen und Kommunitaristen gegenüber dem liberalen
Atomismus einer holistischen Position zu. Dies darf jedoch im Hinblick auf
die Dimension der *Parteinahme* (ebd.) keineswegs als Votum zugunsten des
Vorrangs der Gemeinschaft gegenüber dem Individuum mißverstanden werden. Es ist vor allem die Konfusion dieser beiden Dimensionen, die Taylor
bis heute trotz seiner unbestreitbaren Verdienste um die philosophische Fundierung dieser Strömung zögern läßt, für sich selbst das Label des Kommunitarismus zu akzeptieren.

Charles Taylor wurde 1931 in Montreal als Sohn eines englischsprachigen Vaters und einer frankophonen Mutter geboren. Es ist nicht zuletzt diese
familiäre Konstellation in der von kulturellen Gegensätzen bestimmten At-
mosphäre Quebecs, welche Taylors intensives Bemühen um die Erforschung
der kulturellen Bedingungen individueller Identität und der Chancen und
Schwierigkeiten multikulturellen Zusammenlebens antreibt. Zugleich begründete sie auch seine „etwas obsessive Beschäftigung mit der kanadischen
Politik" (Taylor 1994: 246), die ihn bis heute nicht losließ. Als zeitweiliger
Vizepräsident und Repräsentant der sozialdemokratischen *New Democratic
Party* unternimmt er zwischen 1962 und 1968 vier – allerdings vergebliche –
Anläufe, bei den kanadischen Parlamentswahlen einen Sitz im *House of*

Commons zu gewinnen. 1965 unterliegt er dabei dem späteren langjährigen liberalen Regierungschef Pierre Trudeau. Stets setzte er sich für die Anerkennung sowie den Schutz und Erhalt der frankophonen Kultur und des Status Quebecs als *distinct society* ein, selbst wenn dies (bis zu einem gewissen Maße) auf Kosten der etwa in der kanadischen *Charter of Rights and Freedoms* verbrieften individuellen Freiheitsrechte gehen sollte (Taylor 1993b). Sein zentrales Bestreben ist dabei aber immer auf die Versöhnung und auf das gegenseitige Verständlichmachen der beiden Kulturen sowie den Erhalt der Einheit Kanadas gerichtet.

Taylors intellektuelle Sozialisation war geprägt durch seinen langjährigen Aufenthalt in Oxford, wo er 1961 mit einer vorwiegend methodologischen, gegen den Behaviorismus gerichteten Arbeit promovierte (Taylor 1964), ehe er ein Jahr später Fellow am *All Souls College* wurde. Beeinflußt durch seinen Lehrer und späteren Freund *Isaiah Berlin* widmet er sich in der Folgezeit ausführlich dem Werk Hegels; seine Einführung *Hegel* (Taylor 1975), mit der er den idealistischen deutschen Denker in der von der analytischen Philosophie geprägten englischsprachigen Welt rehabilitierte, hat inzwischen ihren Einzug auch in die Lehrbuchsammlungen deutscher Universitäten gefunden. Im Anschluß daran erscheinen zahlreiche Untersuchungen zu Fragen der Sprachphilosophie, der Methodologie und Philosophie der Sozialwissenschaften, der Demokratietheorie, der Moralphilosophie und der kulturellen Analyse der Moderne. Letztere gipfelt schließlich in seinem bisherigen Hauptwerk, dem neunhundertseitigen *Quellen des Selbst* (Taylor 1989), in dem er versucht, die an der Wurzel der neuzeitlichen Identität liegenden, heterogenen Konzeptionen des Selbst, der Natur und der Gesellschaft zu identifizieren und in ihrem Zusammenwirken zu analysieren (vgl. Rosa 1995). Nach zwanzigjähriger Lehrtätigkeit als Philosoph und Politikwissenschaftler an der McGill Universität in Montreal emeritiert Taylor Ende 1998 in den Ruhestand.

Die herausragende Stellung Taylors in der zeitgenössischen Sozialphilosophie gründet nicht zuletzt in seiner Fähigkeit, unterschiedliche Denktraditionen und philosophische Ansätze auf gewinnbringende Weise miteinander zu verbinden. Dabei erweist er sich als gleichermaßen beheimatet in der angelsächsischen analytischen Philosophie wie in den kontinentaleuropäischen philosophischen Traditionen, insbesondere der Philosophie des deutschen Idealismus, der Existentialphänomenologie und der Hermeneutik. Dies befähigt ihn, traditionelle Diskursgrenzen souverän zu überschreiten und damit fruchtbare neue Dialoge in Gang zu setzen. Dieser Umstand ist sicherlich ein wesentlicher Grund dafür, daß Taylor in zunehmendem Maße in fast allen wichtigen sozialphilosophischen Diskursen und Debatten der Gegenwart präsent ist, so daß seine Arbeiten und Diskussionsbeiträge sich als Brennpunkt und Kontrastfolie für viele der heterogenen, die gegenwärtige Theorie der Politik- und Sozialwissenschaften beherrschenden Fragestellungen, Diskurse und Ansätze anbieten.

2. Charles Taylors Konzeption einer kommunitaristischen Sozialphilosophie und Politiktheorie

2.1. Methodologische und anthropologische Grundlagen

Trotz der Vielzahl unterschiedlicher Thematiken, derer sich Taylor im Verlauf seines Arbeitens angenommen hat, bezeichnet er selbst sich in der Einführung zu seinen *Philosophical Papers* (Taylor 1985: 1) als ‚Monomaniac', dessen eines zentrales Anliegen der Ausarbeitung einer *philosophischen Anthropologie* gelte. Diese Anthropologie besteht indes nicht darin, das Wesen des Menschen auf bestimmte, universell gültige substantielle Züge festzulegen, sondern versucht vielmehr umgekehrt die Bedingungen der Möglichkeit seiner historischen und kulturellen Plastizität systematisch zu begründen. Taylors Philosophie wird daher angetrieben von dem Interesse, eine Sprache und Interpretationsweise zu finden, die der Natur *menschlicher Identität* und *menschlichen Handelns* möglichst angemessen ist und auch in praktischen Handlungskontexten erhellende Einsichten in die Phänomenologie und Problemstellungen beider Bereiche eröffnet. Methodisch ergibt sich daraus für Taylor, daß die Selbstverständnisse und Situationsdeutungen der Akteure in sozialwissenschaftlichen Erklärungen nicht zugunsten szientistisch-objektivistischer Beschreibungen vernachlässigt werden dürfen, sondern angemessen in den Erklärungsansatz integriert werden müssen. Ebendies postuliert Taylor (1989: 115; 1993c: 208ff) in seinem in den *Quellen des Selbst* ausformulierten *Best Account-* (BA-) Prinzip, das besagt, daß wir menschliche Wesen und ihr Handeln nur dann sinnvoll erklären können, wenn wir die Art und Weise, wie sie ‚ihr Leben leben', wie sie sich selbst und die Welt erfahren und darin agieren, ernst nehmen, und daß ihre Handlungen nur zu verstehen sind vor dem Hintergrund der je spezifischen Bedeutungen (*significances*), welche die Dinge und Handlungen für sie annehmen.

Die Selbstbeschreibungen von Subjekten müssen jedoch nicht unhinterfragt akzeptiert werden; es geht Taylor vielmehr darum zu zeigen, daß wir sie nicht ignorieren können, sondern miterklären müssen, weil sie konstitutiv für diese Subjekte sind. Durch das konsequente Verfolgen einer solchen hermeneutischen ‚ad hominem' Argumentationsweise, die dem an den Naturwissenschaften orientierten Modell einer ‚objektivistischen' und wertfreien *harten Wissenschaft*, welche ohne den Rückgriff auf menschliche Erfahrungsweisen auszukommen glaubt, strikt entgegengesetzt ist, gewinnen wir, so Taylors Hoffnung, allmählich ein Verständnis der Bedingungen der Möglichkeit menschlicher Erfahrung und menschlichen Handelns und damit der transzendentalen Bedingungen des *Personseins*.

Auf dieser Grundlage versucht Taylor (vgl. 1976a; 1977; 1981; 1982; 1985b) nun, die Begriffe des *Selbst*, des *Handelns*, der *Person*, des *Bewußtseins* und der *Identität* so zu definieren und miteinander in Beziehung zu setzen, daß sie der Doppelnatur des Menschen als Einzel- und Gesellschaftswesen gerecht werden. Seine Anthropologie wird dabei einerseits von der Einsicht geleitet, daß *Personsein* immer und notwendig heißt, ein *Handelnder* zu sein, wobei er das zugrundegelegte Handlungskonzept im Laufe der Zeit präzisiert als *expressives und moralisches* Handeln, welches für ihn eine subjektkonstituierende Funktion innehat. Andererseits sind es zwei zentrale Kategorien, mit denen er versucht, den Menschen zu bestimmen: Diejenigen der *Selbstinterpretation* und der *starken Wertung.*

Bereits in dem sein hermeneutisches Wissenschaftsverständnis begründenden, bahnbrechenden Aufsatz *Interpretation und die Wissenschaften vom Menschen* hatte Taylor (1971) den Menschen als ‚self-interpreting animal' definiert und damit den Grundstein für seine spätere Philosophie gelegt. Im Begriff der *Selbstinterpretation* geht Taylor weit über die Vorstellung hinaus, daß Menschen als handelnde Subjekte stets gezwungen sind, sich und ihre Umwelt interpretierend und bewertend zu deuten. Der (von Heidegger inspirierte) Grundgedanke ist vielmehr, daß es keine der Selbstinterpretation vorgängige Identität oder soziale Umwelt gibt. Selbstinterpretation wird dadurch zum konstitutiven Faktor für Personsein und für jede Art von sozialer Wirklichkeit. Es ist diese Einsicht, die auf der methodologischen Ebene Taylors Gegnerschaft zu behavioristischen und empiristischen Wissenschaftsauffassungen, die Aussagen über Menschen und ihr Handeln unabhängig von deren Selbstinterpretation zu treffen versuchen, zugrundeliegt und sein BA-Prinzip rechtfertigt. Aus der Annahme, daß Subjekte erst durch die spezifische Art ihrer Selbstinterpretation konstituiert werden, ergibt sich unmittelbar, daß eine substantielle *anthropologische* Bestimmung des *Gehalts* der je möglichen Selbstbestimmung unmöglich ist; die Kriterien und Kategorien der je individuellen Identität sind historisch und kulturell kontingent. Wohl aber läßt sich etwas über die Natur des konstitutiven *Selbstinterpretationsprozesses* aussagen, und hierauf richtet Taylor nun sein Hauptaugenmerk.

Die Kategorie der Selbstinterpretation gewinnt in dem Moment an Gestalt, in dem sie durch die Idee der *starken Wertung* als der zweiten Fundamentalkategorie ergänzt wird: Menschen vollziehen ihre Selbst- und die damit verknüpfte Weltdeutung mit Hilfe ihrer *starken Wertungen.* Diese bilden die Basis für die Bewertung eigener Wünsche und Entscheidungen und geben damit unserem Leben Sinn und Richtung. „Sie beinhalten Unterscheidungen zwischen Richtig und Falsch, Besser und Schlechter, Höher und Niedriger, deren Gültigkeit nicht durch unsere eigenen Wünsche, Neigungen oder Entscheidungen bestätigt wird, sondern sie sind von diesen unabhängig und bieten selbst Maßstäbe, nach denen diese beurteilt werden können" (Taylor 1989: 17; vgl. 1985a: 3; 1977). Konstitutiv für menschliche Identität ist demnach, daß der Mensch als einziges Lebewesen in der Lage ist, seine eigenen Wünsche moralisch zu beurteilen und zu ihnen als gewünscht oder unerwünscht Stellung zu nehmen, also (in der Terminologie Harry Frankfurts (1971)) *Wünsche zweiter Ordnung* (Wünsche über Wünsche) auszubilden.

Stärker als Frankfurt betont Taylor (1981) aber, daß es sich dabei gerade
nicht um bloße *Wünsche,* sondern um *Wertungen* handelt. Taylors (1989:
34ff, 52ff) Begründung für die postulierte anthropologische Notwendigkeit
starker Wertungen beruht auf der Idee, daß das *Selbst* sich immer schon in
einen *moralischen Raum* gestellt findet, in dem es sich, um eine Identität zu
gewinnen und um Handlungskriterien entwickeln zu können, orientieren und
definieren muß. Ein Subjekt muß sich demnach selbst definieren etwa hinsichtlich seines Verhältnisses zu den Mitmenschen und zur Natur, aber auch
im Hinblick auf seinen Entwurf eines ‚guten Lebens'. Um eine solche Stand-
ort- und Richtungsbestimmung im moralischen Raum vornehmen zu können,
bedarf es einer *moralischen Landkarte,* welche die Horizonte des Wichtigen
und Unwichtigen, Wertvollen und Edlen oder Nebensächlichen und Häßli-
chen etc. bestimmt. Solche Landkarten stellen substantielle ethische Konzeptionen („Rahmen") dar, die einen ontologischen Entwurf dessen, *worauf es
ankommt, was wichtig ist,* beinhalten. Unabhängig von solchen festen „Rahmen" sind stabile Identitäten und planvolles menschliches Handeln undenkbar. „Die These [besagt], es sei konstitutiv für menschliches Handeln, daß
man sein Leben innerhalb eines derart durch starke qualitative Unterscheidungen geprägten Horizontes führt. Ein Überschreiten dieser Grenzen wäre
gleichbedeutend mit dem Verlassen eines Daseins, das nach unseren Begriffen noch das einer integralen, also unversehrten Person ist" (Taylor 1989: 55;
vgl. 1991: 35ff).

Es sind diese beiden Ideen – die Kategorien der Selbstinterpretation und
der starken Wertung –, die Taylors Konzeptionen von Individuum und Gesellschaft, Sprache, Kultur und Moral zusammenhalten. Ihnen liegt die Überzeugung zugrunde, daß Individuen immer schon über eine Antwort auf die
anthropologische Frage schlechthin – *Wer bin ich?* – in Form eines praktischen (d.h. weitgehend impliziten) Selbstbildes verfügen, aus dem allein sie
in der Welt Orientierung gewinnen sowie die Fähigkeit zum intentionalen
Handeln beziehen. Insofern dieses Selbstbild eines Menschen zum einen untrennbar mit dem korrespondierenden Verständnis der natürlichen und sozialen Umwelt verknüpft ist und es zum anderen seine kategorialen ‚Bausteine'
aus der ihn umgebenden Kultur bezieht, ist es dabei vor allem der psychoso-
ziale Aspekt personaler Identität, der in den Mittelpunkt des Forschungsinteresses rückt. Wenn die *individuelle* Identität die Frage ‚Wer bin ich?' beantwortet, dann besteht das Wesen der *kollektiven* Identität in der Antwort auf
das korrspondierende ‚Wer sind Wir?'" die sich im gemeinsamen Praxisvoll-
zug herstellt und ausdrückt.

Jener Prozeß, in dem die erstere aus der zweiten hervorgeht, um danach
in beschränktem Maße wieder auf sie zurückzuwirken, muß trotz verstärkter
Bemühungen in jüngster Zeit als noch weitgehend unerforscht gelten, wenngleich er einen zentralen Streitgegenstand in der ‚Schlacht um das Selbst'
zwischen Liberalen und Kommunitaristen darstellt. Es sind vor allem die
Untersuchungen George Herbert Meads, aber auch Erik Eriksons, welche den

Blick auch schon vor dem Aufkommen des Kommunitarismus auf die dialogische und intersubjektive Konstitution individueller Identität gelenkt haben.
Dabei herrscht weitestgehende Einigkeit darüber, daß ein stabiles Selbstbild
sich erst im Austausch mit konkreten und generalisierten ‚Anderen' und
durch die probeweise Einnahme ihrer Perspektive auf die eigene Person entwickelt, und, worauf Taylor (1989: 71) insistiert, fortbestehen kann. Die
Sprache und die kulturellen Praktiken, in die hinein ein Individuum geboren
wird, bestimmen daher die Elemente, Grenzen und Möglichkeiten seiner
Identität. „When we think of a human being we do not simply mean a living
organism, but a being who can think, feel, decide, be moved, respond, enter
into relations with others; and all this implies a language, a related set of
ways of experiencing the world, of interpreting his feelings, understanding
his relation to others, to the past, the future, the absolute and so on. It is the
particular way he situates himself within this cultural world that we call his
identity" (Taylor 1979c: 87).

Ein Individuum gewinnt eine Identität somit dadurch, daß es in eine Gemeinschaft hineinsozialisiert wird, welche die zur Selbstinterpretation notwendigen Kategorien bereitstellt und in einer ‚moralischen Topographie', einem vorgängigen Bedeutungshorizont verankert. Die moralisch-kognitive
Landkarte dieser Gemeinschaft, Kultur oder Lebensform enthält dabei als
starke Wertungen Definitionen des Wichtigen und Unwichtigen, Guten und
Schlechten, aber auch dessen, worin ein gutes Leben besteht, was die Natur
des einzelnen und der Gesellschaft ist, was eine gerechte Ordnung darstellt,
was verläßliches Wissen garantiert usw.

Untrennbar verknüpft mit dieser Vorstellung von Kultur ist der Begriff
der *Sprache*, welche das kulturelle Begriffs- und Bedeutungsnetz definiert
und damit die meisten sozialen Praktiken erst ermöglicht. Zugleich läßt sich
aber eine Sprache auch wiederum nur verstehen vor dem Hintergrund der
kulturellen Praktiken und des sozialen Kontextes, den sie selbst mitkonstitu-
iert (vgl. Taylor 1971: 182f). Dies findet seinen treffenden Ausdruck in Wittgensteins (1990, Teil 1: 19) berühmter Formulierung: „Eine Sprache vorstellen heißt, sich eine Lebensform vorstellen." Für Taylor, der seinen identi-
tätstheoretischen Ansatz selbst als durch und durch *kulturalistisch* in diesem
Sinne begreift, verschmelzen daher Sprache und Kultur bisweilen fast zu
Synonymen. Eine explizite Selbst- und Weltinterpretation in theoretischen
Begriffen ist dabei jedoch ein (onto- und phylogenetisch) sekundäres Produkt
gegenüber jenem (Selbst-) Verständnis, das ein Subjekt durch die Übernahme
von Rollen und die Einbettung in kulturelle Praktiken gewinnt. Kulturelle
Praxis in diesem Sinne kann sehr allgemein definiert werden als eine norm-
oder regelgeleitete kooperative Aktivität; sie umfaßt damit etwa auch die Ze-
remonien *des Grüßens, des Essens etc.* (Taylor 1989: 364).

Entscheidend dabei ist nun, daß solchen Praktiken, die formalisiert zu Institutionen werden, implizit und unartikuliert immer schon Vorstellungen in-
newohnen, die eine Interpretation des Guten, des Erstrebenswerten, dessen,

was es heißt, ein menschliches Selbst zu sein etc. darstellen. Solche Praktiken, welche ja in einer Gemeinschaft niemals isoliert auftreten, sondern ein holistisches Beziehungs- und Bedeutungsgeflecht bilden, *verkörpern* immer schon starke Wertungen, in dem sie gewisse ‚standards of excellence‘, d.h. inhärent ausgezeichnete Handlungsweisen oder zu erreichende Güter festlegen. Dies ist ein zentrales Thema eines anderen Kommunitaristen, des schottischen Moralphilosophen *Alasdair MacIntyre* (1987), der immer wieder darauf verweist, daß Konzeptionen des Guten nur im Kontext bestehender Traditionen und Praktiken zu verstehen sind.

Gegenüber dieser primären Ebene kultureller Praxis bilden soziale (und in gewissem Sinne auch religiöse) *Theorien* dann immer erst die sekundäre Interpretationsebene, auf der jene die soziale Wirklichkeit bildenden Praktiken und Bedeutungen artikuliert, expliziert und auch kritisiert oder manipuliert werden (vgl. auch Walzer 1987), was natürlich miteinschließt, daß durch diese reflexive Tätigkeit (die ja auch wiederum selbst eine soziale Praxis darstellt) die zugrundeliegende soziale Wirklichkeit verändert wird.

Dieses Verständnis des Zusammenhangs zwischen Identität und kultureller Praxis bildet den theoretischen Unterbau für Taylors Position in der aktuellen Debatte um die Bedeutung und die Ermöglichungsbedingungen kultureller Identität und den Multikulturalismus. Hinter der Idee, daß es gefestigter und anerkannter Kulturen oder Lebensformen bedürfe, um stabile, unbeschädigte Identitäten zu entwickeln, steht der Gedanke, daß erst ein integrales Sytem sozialer Praxis einem Individuum jene Spielräume an Handlungsalternativen und Seinsweisen eröffnet, welche eine autonome Selbstbestimmung und eine sinnhafte Orientierung erlauben. Autonomie und Freiheit völlig außerhalb partikularer Lebensformen bleiben *leere* Begriffe, weil jener Bereich fehlt, im Hinblick auf welchen eine bedeutungsvolle Selbstbestimmung stattfinden könnte. Erst eine Kultur schafft eine Bandbreite an Optionen, die von einem Subjekt als sinnhaft erfahren werden können und eine bedeutungsvolle *Wahl* ermöglichen. Taylors (1979b) ‚Verwirklichungskonzept‘ der (positiven) Freiheit, das er in Auseinandersetzung mit Isaiah Berlins (1969) bekannten *Two Concepts of Liberty* von einem ‚Möglichkeitsbegriff‘ der (negativen) Freiheit, nach welchem diese nur in der Abwesenheit äußerer Hindernisse besteht, abhebt, setzt daher voraus, daß ein Subjekt ‚signifikante‘, durch qualitative Unterscheidungen definierte Zwecke vorfindet, die nicht ‚völlig frei‘, das heißt unabhängig von vorgängigen sittlichen Horizonten und Bindungen, gewählt sein können, weil jenseits solcher Horizonte eine sinnvolle Wahl nicht denkbar ist. *Positive Freiheit* besteht dann in der Verwirklichung solcher als wertvoll erfahrenen Zwecke. Die Begriffe der Autonomie, der Kultur und der Identität sind daher unauflösbar miteinander verknüpft.

Damit ist natürlich eine Kernthese des philosophischen Kommunitarismus postuliert, welche von Autoren wie Sandel, MacIntyre oder Walzer in unterschiedlichen Zusammenhängen immer wieder formuliert wurde. Das in sozialen Praktiken und in der Sprache verkörperte ‚Gewebe an Bedeutungen‘, welches den Ort des Sozialen oder der Kultur bildet, gehört zu den Bedingungen der Möglichkeit von Subjektivität, es läßt sich in ontologischer Hinsicht nicht auf individuelle Bewußtseinsinhalte reduzieren, sondern ist diesen vorgeordnet (Taylor 1971; dazu Rosa 1998a: 260ff).

Deutlicher noch wird dies im Hinblick auf das Verständnis sozialer *Güter*, die untrennbar verknüpft sind mit dem Gewebe sozialer Bedeutungen. So wie atomistische Ansätze soziale Bedeutungen auf konvergierende individuelle Einstellungen zu reduzieren versuchen, interpretieren sie *öffentliche Güter* reduktionistisch in dem Sinne, daß ein öffentliches Gut als ‚gut für Person A, für Person B, für Person C etc., definiert werden kann. Beispiele für solche Güter mögen etwa ein Hochwasserdamm oder eine Straße darstellen, die in der Tat nur kontingenterweise kollektiv sind: Im Prinzip sind auch reine Privatstraßen oder technische Vorrichtungen, die nur das je eigene Grundstück vor Hochwasser schützen, denkbar. Diese Art öffentlicher Güter kann als *konvergente* Güter bezeichnet werden, die den konvergierenden, konsensbildenden Einstellungen von Individuen entsprechen. Insofern jedoch die Kultur selbst erst viele Güter, die Individuen anstreben, *als Güter konstituiert*, indem sie sie zu vorstellbaren Optionen werden läßt und ihnen ihre Bedeutung verleiht, stellt diese selbst ein irreduzibel soziales Gut dar (Taylor 1990: 136f).

Stellt diese Art intersubjektiver Güter gewissermaßen eine konstitutive ‚Gütermatrix‘ für die Ausbildung individueller Gütervorstellungen dar, so gibt es darüber hinaus jedoch auch solche Güter, die diese Matrix substantiell zu füllen vermögen, in dem sie konkrete, aber irreduzibel *soziale* Werte verkörpern. Das Musterbeispiel eines solchen ‚gemeinsamen Gutes‘ stellt die Freundschaft dar. Freundschaft kann niemand für sich alleine genießen, und sie läßt sich auch nicht adäquat als *Instrument* für die Herstellung eines individuellen Glückszustandes interpretieren. Vielmehr werden gemeinsame Güter erst als *geteilte* konstituiert: „Here is another way... that a good can be social in an irreducible fashion: where it is essential to its being good that its goodness be the object of a common understanding" (Taylor 1990: 139; vgl. 1993a: 114).

Während Freundschaft allerdings nur ein soziales Gut zwischen einzelnen Individuen ist, sind entsprechende genuin gesellschaftlich-kollektive ‚gemeinsame Güter‘ etwa ein bestimmtes Verständnis von Staatsbürgerschaft und von Solidarität oder ein republikanischer Demokratiebegriff: „Das Band der Solidarität mit meinen Landsleuten in einer funktionierenden Republik basiert auf einem Sinn geteilten Schicksals, in dem das Teilen selbst von Wert ist" (Taylor 1993a: 115). Ein solches Verständnis von Solidarität ist fundamental unterschieden von einer (liberalen) Auffassung von *Bürgerpflicht*, die in dieser nur eine Bindung aus ‚aufgeklärtem Eigeninteresse‘ zum Schutze eines *konvergenten* Gutes (etwa Sicherheit) erblickt. *Staatsbürgerschaft* wird in dieser letzteren Sichtweise auf ein *Instrument* für die Siche-

rung individueller Güter reduziert und nicht selbst als (gemeinsames) Gut
aufgefaßt. Die Auseinandersetzung zwischen liberalen Philosophen und ihren
kommunitaristischen Herausforderern kann daher auch als eine Debatte um
eben diesen Punkt, d.h. um die angemessene Auffassung von Staatsbürgerschaft und sozialen Gütern verstanden werden. Die von Taylor (1993a: 116ff)
postulierte republikanisch-kommunitaristische These lautet dabei, daß sich
keine freiheitlich-partizipatorische Ordnung auf lange Sicht aufrechterhalten
läßt, wenn die Bürger diese nicht als *gemeinschaftliches Gut* begreifen und zu
ihr ein ‚patriotisches' oder loyales, d.h. nicht-instrumentelles Verhältnis entwickeln. Ein solches Verständnis von Staatsbürgerschaft und Gemeinschaft
ist der liberalen Theorie und der von ihr beherrschten Gesellschaft jedoch
verwehrt, da der politische Liberalismus und der korrespondierende methodologische Individualismus nur individuelle und *konvergente* Güter kennen.

All dies bildet die Grundlage für Taylors (1985, Bd.1: 8) entschiedene
Stellungnahme für den Kommunitarismus auf der Ebene der *Ontologie* (im
Unterschied zur Ebene der *Parteinahme* für das Individuum oder das Kollektiv), auf welcher diese Denkrichtung durch das Bekenntnis zum *Holismus*
und die Zurückweisung des *Atomismus* definiert werden kann: „The community is not simply an aggregation of individuals; nor is there simply a causal
interaction between the two. The community is... constitutive of the individual, in the sense that the self-interpretations which define him are drawn from
the interchange which the community carries on. A human being alone is an
impossibility, not just *de facto* but, as it were *de jure*." Jenem Gewebe an Bedeutungen, welches einen soliden, in der gesellschaftlichen Wirklichkeit verkörperten Hintergrund für die Selbstdefinition eines Subjekts bildet und damit eine soziale Selbstinterpretation auf der primären Ebene darstellt – „eine
Selbst-Interpretation, die in einen Fluß von Handlungen eingebettet ist" (Taylor
1971: 171) –, kommt daher unleugbar ein ontologischer Status zu (vgl. Rosa
1998a: 126ff, 260ff). Die Idee des Atomismus, nach der „alles Wissen aus
den dem individuellen Subjekt eingeprägten Eindrücken rekonstruiert werden" (Taylor 1971: 193) und alle sozialen Erklärungen ihren Ausgang stets
von den *Individuen* nehmen müssen, denen alleine ein ontologischer Status
zugeschrieben wird (dies bezeichnet den *methodologischen* und *ontologischen Individualimus*, für den alle sozialen Entitäten, in manchen Versionen
auch alle sozialen Qualitäten und Gesetze, auf Sachverhalte bezüglich Individuen reduziert werden können und sollen), und gegen die sich die kommunitaristische Philosophie von Anfang an richtete, scheint damit doppelt widerlegt zu sein.

2.2.   Politische Konsequenzen

Die Einsicht in die irreduzibel sinnhafte und interpretative Konstitution sozialer Realität einerseits und in die ontologische Priorität der kulturellen Ge-

meinschaft und der Sprache vor der personalen Identität und den individuellen Handlungsentwürfen andererseits bildet damit den Kern des Taylorschen Kommunitarismus, für den die soziale Gemeinschaft nicht nur als ein Zusammenschluß von Individuen, sondern als ein konstitutives Gut erscheint. Taylors Philosophie wendet sich damit gegen Markt- und Vertragsmodelle sozialer Beziehungen, nach welchen ein Individuum jederzeit zur Verwirklichung seiner Zwecke, zur Durchsetzung seiner Interessen oder zur Nutzenmaximierung aus bestehenden Bindungen austreten und in neue eintreten kann, wenn ihm dies opportun erscheint (man wechselt die Zahnpastasorte, den Tennisclub, die Firma, tendenziell aber auch den Ehepartner, das Heimatland oder die Religion, wenn sie den gesetzten Zwecken nicht mehr förderlich sind). Denn die Gemeinschaften, denen wir angehören, und die Beziehungen, in denen wir stehen, sind nicht darauf beschränkt, eine *instrumentelle* Bedeutung für uns zu haben; sie üben vielmehr eine *konstitutive* Funktion aus, indem sie mitdefinieren, wer wir sind. Ein Wechsel unserer Loyalitätsbeziehungen bringt deshalb stets auch einen (partiellen) Wandel unserer Identität (und damit unserer Nutzenfunktionen bzw. unserer Zwecke) mit sich – eine Dimension, die der schrankenlosen Marktgesellschaft verborgen bleibt. Wer – in der Terminologie A. O. Hirschmans (1970) – stets von seiner *Ausstiegs*-Option (als der grundlegenden Funktion der Marktgesellschaft) Gebrauch macht, anstatt in Krisensituationen denjenigen Assoziationen gegenüber, in die er involviert ist, durch Gebrauch seiner (durchaus kritischen) Stimme (*Voice*) Loyalität zu erweisen, vergibt sich die Chance, durch die Verbesserung der für ihn konstitutiven Umwelt eine qualitative Steigerung der eigenen Identität zu ermöglichen. Dies ist eine weitere Grundeinsicht des Kommunitarismus (vgl. etwa Fletcher 1994; Sandel 1982).

Wenn gemäß dieser Überlegungen der soziale Rahmen also eine konstitutive Rolle für das Leben der Individuen spielt, so ergibt sich daraus sowohl das Recht als auch die Verpflichtung für die vergesellschafteten Subjekte, nicht einfach ihre Ziele und Zwecke innerhalb des gegebenen gesellschaftlichen Ordnungs- und Institutionengefüges zu verfolgen, sondern sich zugleich um die Verfassung dieses Rahmens insgesamt zu kümmern und die Auswirkungen des eigenen Handelns darauf stets mitzubedenken, um die Existenzbedingungen ihrer selbst und der gesellschaftlichen Ordnung gleichermaßen zu bewahren und gegebenenfalls zu verbessern. Dies ist einer der Eckpunkte in Taylors (1979a: 205ff) *Atomismus*-Aufsatz, in dem er darlegt, daß die Aufrechterhaltung des Rechtssystems, das individuelle Freiheiten garantieren soll, nicht ausreicht, um eben diese Freiheiten zu verwirklichen, weshalb die sich zum Wert der Autonomie bekennenden Individuen dazu verpflichtet seien, sich partizipatorisch um den Zustand der Kultur ihrer Gesellschaft in deren Gesamtheit (einschließlich etwa der Museen und Symphonieorchester, Medien und Verkehrssysteme etc.) zu kümmern.

Im Anschluß hieran erhebt sich aber auch unmittelbar die Forderung nach stärkeren Partizipations*möglichkeiten* auf allen Ebenen des politischen

Prozesses und nach einer verbesserten demokratischen Kontrolle jener Institutionen und Bedingungen, die unsere Identität formen. Dies erfordert jedoch unweigerlich eine komplementäre und umfassende *Dezentralisierung* von Zuständigkeiten und Entscheidungsstrukturen. Aus der Perspektive des kommunitaristischen Republikanismus sind es gerade die anonymen, zentralisierten, undurchschaubaren und aufgeblähten Bürokratien, welche auf Seiten der Bürger das Gefühl der Ohnmacht und Entfremdung hervorbringen. Politische, bürokratische, aber auch ökonomische *Dezentralisierung* ist daher neben *Partizipation* eine Zentralkategorie fast aller kommunitaristischen Reformvorschläge (vgl. etwa Sandel 1982; Walzer 1983; Taylor 1993a; Etzioni 1993; Bellah u.a. 1992; Barber 1994), scheint sie doch die einzige Alternative zu einer noch stärker legalozentrisch-bürokratisierten und damit ‚atomistisch-entfremdeten' Politik zu sein. In konkreter Hinsicht werden in diesem Zusammenhang zumeist Forderungen nach einer stärkeren Föderalisierung, Regionalisierung und Lokalisierung politischer Verantwortlichkeit, nach strikter Anwendung des Subsidiaritätsprinzips, nach der generellen Förderung von Möglichkeiten zur Selbstverwaltung und nach Schaffung kleinerer, flexiblerer und ‚responsiverer' Behörden erhoben; es findet sich aber auch die Forderung nach Vergrößerung von Mitspracherechten für Arbeiter und Angestellte und für die Empfänger bzw. die Klientel öffentlicher Hilfen und Einrichtungen. Durch solche Maßnahmen erhofft man sich, die Effekte der Partizipation sichtbarer und die Entscheidungswege transparenter zu machen und damit zugleich die politische Flexibilität, aber auch die Verantwortlichkeit und damit die Identifikation der Bürger mit ihrem (vielschichtigen) Gemeinwesen zu erhöhen und so die Motivation zur Übernahme von Verantwortung und zur Partizipation wiederum zu verstärken.

Partizipation, Identifikation und Dezentralisierung erfordern darüber hinaus einen wirkungsvollen politischen Schutz vor den zentralisierenden und atomisierenden Kräften des Marktes und den Erfordernissen der rein ökonomischen Rationalität. Zu den immer wieder erhobenen Forderungen der Kommunitaristen gehört daher auch der Schutz und die Stärkung gewachsener lokaler Gemeinschaften gegenüber ökonomischen Zwängen und marktwirtschaftlichem Kalkül (Taylor 1985b; Walzer 1993; Bellah u.a. 1992).

Entscheidend ist dabei jedoch, daß die Strukturen unserer Lebenswelt (d.h. der Politik, der Wirtschaft, des Rechtssystems, der Wissenschaft etc.) immer schon implizite Interpretationen und Selbstbilder voraussetzen und bestärken; ihnen liegt stets schon eine bestimmte *moralische Landkarte* im oben definierten Sinne zugrunde. Daher ist es nach kommunitaristischer Auffassung falsch, wenn der politische Liberalismus es als die Aufgabe der Politik betrachtet, die öffentlichen Strukturen ‚neutral' zu halten gegenüber verschiedenen Konzeptionen des guten Lebens und lediglich die Gewährleistung ethisch neutraler ‚Rechte' zu garantieren, so daß Politik zu einer formalen *Voraussetzung* oder Rahmenbedingung des guten Lebens reduziert wird und das unparteiliche ‚Rechte' stets Vorrang vor Erwägungen bezüglich des

‚Guten' besitzt. Denn zum einen sind alle Konzeptionen von Rechten oder Gerechtigkeit stets *abgeleitet* aus vorgängigen und umfassenden Selbst- und Weltdeutungen im Sinne moralischer Landkarten (des Guten), die je spezifische Beziehungen von Individuum, Kosmos und Gesellschaft definieren. Dies begründet die *logische* Priorität des ‚Guten' vor dem ‚Rechten',[6] zu der aus der Perspektive der Kommunitarier jedoch auch eine *motivationale Priorität* hinzukommt: Vorstellungen des Guten motivieren Menschen dazu, gerecht angesehene Handlungen auch dann auszuführen, wenn sie ihren unmittelbaren Interessen zuwiderlaufen, während Gerechtigkeitserwägungen, die auf abstrakten moralischen Regeln ohne Bezug zu der vom Akteur vertretenen Konzeption des Guten oder des Glücks beruhen, keine unmittelbar motivierende Kraft haben. Hierin scheint einer der Hauptgründe dafür zu liegen, daß moderne westliche Gesellschaften, die auf der Formulierung individueller Rechte ohne Bezug auf Konzeptionen des Guten beharren, nach ihren eigenen (distributiven) Gerechtigkeitskriterien immer *ungerechter* werden (vgl. Taylor 1976b; MacIntyre 1993; dazu ausführlich Rosa 1998d). Zum anderen aber bewirkt die im Politikverständnis des Liberalismus begründete Unpersönlichkeit und rhetorische Neutralität moderner Staatswesen, die um dieser Neutralität willen ausdrücklich darauf verzichten wollen, die (ethischen) starken Wertungen ihrer Mitglieder zu verkörpern und zu reflektieren, daß letztere Politik als etwas Fremdes und Äußerliches erfahren, das potentiell feindlich oder störend in die eigenen Lebenspläne eingreift und dessen Ansprüche es daher abzuwehren gilt. Paradigmatisch hierfür mögen etwa jene *Rational Choice* (oder auch *Social* bzw. *Public Choice*) Ansätze sein, welche politische Partizipation einfach unter *Kosten* verbuchen, die im Zuge der Verfolgung eigener Interessen entstehen können (vgl. Dunleavy 1991). Die in fast allen liberalen Industriegesellschaften beklagten Phänomene von Politikverdrossenheit, Verfall der politischen Moral und wachsender Korruption im öffentlichen Bereich mögen vor diesem Hintergrund kaum überraschen.

Demgegenüber schlägt die Konzeption des Kommunitarismus vor, den Bereich des Politischen nicht als *Voraussetzung*, sondern als einen konstitutiven *Bestandteil* des guten Lebens zu verstehen. Taylors philosophische Anthropologie liefert hierfür eine systematische Begründung, indem sie aufzuzeigen vermag, auf welche Weise individuelle und kollektive Identitäten unauflösbar ineinander verwoben sind: Personale Identitäten werden zu einem wesentlichen Teil geformt und fortwährend beeinflußt durch die *Alltagser-*

---

6   „Where [good] means whatever is marked out as higher by a qualitative distinction, ... we could say that... in a sense the good is always primary to the right... The good is what, in its articulation, gives the point of the rules which define the right" (Taylor 1989: 89 [engl. Original; dt. S.171f]; vgl. Sandel 1982 u. 1993: 19f; MacIntyre 1987). Taylor räumt allerdings ein, daß in bestimmten politischen Handlungskontexten der Vorrang des Rechten vor dem Guten (an dem sich der Streit zwischen Kommunitariern und Liberalen letztlich entzündete) aus pragmatischen Gründen wünschenswert sein könne.

fahrungen des öffentlichen und politischen Raumes, und sie bedürfen des letzteren als Artikulations- und Ausdrucksraum zu ihrer expressiven Entfaltung. Daher ist nicht nur die Lebensfähigkeit des *Gemeinwesens*, sondern auch die Stabilität und Qualität unserer personalen Identität davon abhängig, daß wir auf der Grundlage unserer *starken Wertungen* am politischen und sozialen Leben partizipieren und dieses mitgestalten können. Politische Gesetze, aber auch die mit ihnen verknüpften Praktiken und Institutionen werden nur dann und solange als legitim empfunden, wie die in ihnen (überwiegend implizit) enthaltenen Konzeptionen des Guten und die darin vorausgesetzten und zugleich bestärkten Selbstbilder mit den von den Akteuren vertretenen Konzeptionen und Selbstbildern übereinstimmen.

Die in allen Bereichen zu beobachtende Verselbständigung (überwiegend atomistisch-instrumentalistischer Rationalität folgender) gesellschaftlicher Strukturen zeitigt daher im Hinblick auf die politische Gestaltung des Gemeinwesens fatale Konsequenzen, die Taylor (1985c; vgl. Rosa 1998a: 417ff) dazu veranlassen, für die moderne Gesellschaft von einer drohenden *Legitimationskrise* zu reden. Das Kernargument lautet folgendermaßen: Die vorgeblich neutralen und unpersönlichen, am Marktmodell orientierten Strukturen des politisch-ökonomisch-sozialen Raumes verleiten uns als Bürger aufgrund ihrer inhärenten Rationalitätslogik zu einem atomistisch-instrumentalistischen oder nutzenmaximierenden Verhalten, das unserer tatsächlichen ‚moralischen Landkarte‘ und unseren starken Wertungen (die sich nach Taylor für die Bürger abendländisch-moderner Kulturen etwa auch aus (post-)theistischen und romantisch-expressivistischen Quellen speisen) gar nicht entspricht. Bei der Einrichtung und Gestaltung unseres Gemeinwesens folgen wir den Vorgaben und Argumentationsformen des *homo oeconomicus*, der uns als neutrale Gestalt erscheint, obwohl er ein einseitiges Produkt des instrumentalistischen Atomismus darstellt. Würden wir uns dagegen erlauben, Politik wieder als Teil des guten Lebens zu betrachten, würden wir als (*auch* moralisch) deliberierende *Citoyens* in unserem politischen Handeln und Entscheiden starke politische Wertungen vertreten, die im Einklang mit unserer je eigenen moralischen Landkarte stünden, die wir als nutzenmaximierende Marktteilnehmer aber ignorieren; d.h. wir würden unser politisches Deliberieren von neuem ausrichten an der Frage, *was für ein Gemeinwesen wir errichten oder bewahren wollen*. Dadurch würde nicht nur die Qualität unserer Gemeinwesen und damit des konstitutiven Kontextes unseres je eigenen Le-

---

7   *Starke Wertungen* definieren nach Taylors Konzeption ‚was für eine Art von Person ich sein will‘, während *schwache Wertungen* nur zum Ausdruck bringen, ‚was ich (gerade) haben will‘. Analog dazu können starke *politische* Wertungen so verstanden werden, daß sie definieren, ‚was für eine Art von Gemeinwesen wir sein/bilden wollen‘, während schwache politsche Wertungen unsere unmittelbaren, nicht am Bild einer idealen Gemeinschaft gemessenen politischen Wünsche zum Ausdruck bringen, das, was wir (für uns) am liebsten aus dem politischen System ‚herausschlagen‘ würden; vgl. dazu Rosa 1998a: 449ff.

bens verbessert, sondern wir würden auch wieder in die Lage versetzt, die Strukturen unserer Lebenswelt als die eigenen, selbstbestimmt gewollten, kurz: als die *unseren* anzuerkennen. Erst die hierin als Kern von Taylors *republikanischer These* implizierte Verbindung von ,Patriotismus (im Sinne der Identifikation mit einem gemeinsamen Projekt) und Freiheit' (die allerdings keinesfalls beinhaltet, daß irgendwelche Elemente dieses Gemeinwesens einer kritischen Revision a priori entzogen sein müßten) kann dann wiederum auf Seiten der *Staatsbürger* die motivationalen Ressourcen und die nötige Gemeinwohlorientierung erzeugen, um den Verpflichtungen demokratischer Selbstbestimmung und einer auf Gerechtigkeit zielenden Politik Genüge zu tun. Dieses Ideal von Politik liegt im Grunde allen kommunitaristischen Gesellschaftsvisionen von Etzioni, Sandel und Bellah über Walzer bis hin zu Barber zugrunde. Mit ihm sind jedoch eine Reihe von gravierenden Schwierigkeiten verknüpft, die nun im folgenden Abschnitt diskutiert werden sollen.

3. Die Grenzen des kommunitaristischen Ansatzes

3.1. *Interne Kritik und Ergänzungen*

Innerhalb des Lagers der als Kommunitaristen bezeichneten Autoren sind die Grundzüge der hier am Beispiel Taylors dargelegten Theorie weitgehend unumstritten. Die Kommunitarismus-Debatte zeigte sich so stark von der Auseinandersetzung zwischen Liberalen und Kommunitariern bestimmt, daß es zu einer ausgeprägt ,inner-kommunitaristischen' Diskussion nicht gekommen ist. Die kommunitaristischen Autoren unterscheiden sich weniger im Inhalt ihrer Überzeugungen als vielmehr hinsichtlich der Art und Reichweite ihrer Fragestellungen. Allerdings verzerrt die einseitige Dichotomisierung zwischen Liberalismus und Kommunitarismus auch leicht den Blick dafür, daß die Kommunitarier ihre Kritik weitgehend als eine *inner-liberale* verstehen, welche liberale Grundrechte nicht preisgeben will, sondern vielmehr den Liberalismus vor gewissen Einseitigkeiten und Blindheiten bewahren (Walzer), die Grenzen seiner Funktionsfähigkeit aufzeigen (Sandel) und auf notwendige Ergänzungen (Taylor) und kulturelle Beschränktheiten der Reichweite seiner (als universell postulierten) Ansprüche hinweisen möchte. Die einzige Ausnahme hierzu bildet Alasdair MacIntyre (1987; 1988), der die Philosophie des Liberalismus als konsequente Weiterführung der Aufklärung für gescheitert hält und bisweilen für eine Rückkehr zu einer strikten Aristotelischen oder Thomistischen Tugendethik plädiert. So ist etwa Michael Sandels (1982) Buch *Liberalism and the limits of Justice*, an dem sich die Kommunitarismusdebatte entzündete, eine Kritik an John Rawls universalistischer *Theorie der Gerechtigkeit* und an einem liberalen Begriff des Selbst, der dieses als vorsozial individuiert und deshalb fähig zur vollständigen Abstraktion

von allen Zwecken, Werten und Bindungen versteht (vgl. auch Sandel 1993).
Auch Michael Walzers (1983) *Spheres of Justice* ist ein Gegenentwurf zu
Rawls, in dem er deutlich zu machen versucht, daß in unterschiedlichen Ge-
sellschaftssphären (etwa Wirtschaft, Religion, Gesundheitssystem etc.) auch
unterschiedliche Gerechtigkeitskriterien Gültigkeit haben (sollten), die wiederum nur aus dem Kontext der jeweiligen Gemeinschaft begründet werden
können. Im Zentrum des Walzerschen (1987; 1993) Bemühens stand in der
Folgezeit die Begründung einer interpretativen Sozialkritik, die vom Boden
jeweils partikularer Gemeinschaften und Überzeugungen (und nicht von abstrakten universalistischen Prinzipien) ausgeht, aber gleichwohl nicht status
quo-fixiert bleibt, sondern ein emanzipatorisch-kritisches Potential zu entfalten vermag. Der Clou seiner Argumentation besteht darin, die liberale Idee
gleicher Rechte und Freiheiten als die ‚kommunitaristische‘, d.h. allgemein
geteilte Wertgrundlage moderner demokratischer Gesellschaften zu identifizieren und damit den Gegensatz zwischen beiden Position weitgehend zu ent-
schärfen.

MacIntyre und Taylor haben gegenüber Walzer und Sandel umfassendere und systematischere philosophische Entwürfe entwickelt, die auch fundamentale epistemologische, anthropologische und methodologische Fragestellungen einschließen. Die Hauptdifferenz zwischen diesen beiden Autoren
betrifft die Frage, ob das (moralphilosophische und kulturelle) Projekt der
Aufklärung und der Moderne zu retten sei, indem es von einseitigen Veren-
gungen befreit wird, wofür Taylor plädiert, oder als gescheitert betrachtet
werden muß. Ein sehr viel engeres demokratietheoretisches Projekt verfolgt
Benjamin Barber (1994), der in seinem Entwurf einer *Starken Demokratie*
ein auch institutionentheoretisch ausgearbeitetes und mit konkreten Umset-
zungsvorschlägen versehenes Modell einer partizipatorischen Demokratie
vorlegte. Robert Bellah und sein Forscherteam (1986) wiederum nehmen stärker *soziologisch* ausgerichtete Fragestellungen in den Blick, indem sie etwa
in *Habits of the Heart* nachzuweisen versuchen, daß amerikanische Staatsbürger in ihren praktischen Orientierungen sehr viel stärker an ‚kommunitären‘ Werten orientiert sind, als es die Sprache des auf individuelle Rechte
fixierten Liberalismus zuläßt. Im deutschen Sprachraum haben vor allem
Hans Joas (1993; 1997) und, etwas vorsichtiger, Axel Honneth (1993c; 1994)
die Argumente der Kommunitaristen konstruktiv aufgenommen und mit der
Philosophie des amerikanischen Pragmatismus bzw. den Intentionen der Habermasschen Diskursethik zu verbinden versucht.[8]

---

8   Neben diesen stark philosophisch und politik*theoretisch* ausgerichteten Vertretern des
     Kommunitarismus als ‚philosophischem Arm‘ dieser Strömung hat sich in den USA
     und inzwischen ansatzweise auch in Europa ein stärker *politisch* orientierter Strang
     des Kommunitarismus um den Soziologen und Ökonomen *Amitai Etzioni* gebildet,
     der über Zusammenschlüsse, Manifeste (in Etzioni 1993; für Deutschland siehe Gug-
     genberger u.a. 1997) und eigene Zeitschriften (etwa *The Responsive Community*, in
     der fortlaufend über sehr unterschiedliche lokale Projekte berichtet wird, die implizit

3.2. Externe Kritik

Indessen sind trotz einer Reihe von Konvergenzen in der Debatte um den Kommunitarismus – so wird von liberaler Seite kaum mehr eine ,atomistische' Sicht des Selbst vertreten, während Kommunitarier die Bedeutung liberaler Grundrechte weitgehend vorbehaltlos anerkennen – zentrale Grundannahmen einer kommunitaristischen Konzeption, wie sie hier vorgestellt wurde, weiterhin heftig umstritten. Der von liberalen, aber etwa auch poststrukturalistischen Autoren formulierte Haupteinwand lautet dabei, daß Kommunitarier weder das Bild der Gemeinschaft noch das der Individuen richtig zeichnen und infolgedessen auch die wahre Natur der Beziehung zwischen beiden verfehlen. Zwar bestreitet kaum jemand, daß Subjekte eine Identität zunächst durch ihre Sozialisation in einem bestimmten kulturellen Kontext entwickeln, doch verhindert dies nicht, daß sie sich später in vielen oder allen Punkten von ihrer angestammten Lebensform distanzieren und eine neue Identität annehmen können. Eben deshalb sei es von entscheidender Bedeutung, daß der Staat neutral bleibe im Hinblick auf mögliche Lebensweisen und den Individuen die nötigen Freiheiten für ein selbstbestimmtes Leben auch jenseits der Wertvorstellungen ihrer Herkunftsgemeinschaften garantiere. Auf der anderen Seite existierten in modernen demokratischen Massengesellschaften schon lange nicht mehr die geschlossenen Gemeinschaften und Wertehorizonte, von denen die Kommunitarier ausgingen; moderne Gesellschaften seien vielmehr gerade durch die Heterogenität und den Pluralismus an Lebensstilen und Wertorientierungen gekennzeichnet, die keine einheitliche *Kultur* mehr bildeten. In dieser Situation die Priorität des Guten vor dem Rechten zu postulieren sei geradezu absurd. Im übrigen dürfe nicht übersehen werden, daß Gemeinschaften und ihre vorherrschenden Wertinterpretationen immer auch von Machtstrukturen und den Interessen herrschender Schichten bestimmt seien und daher dazu neigten, den Individuen bestimmte Identitäten *aufzuzwingen* (vgl. z.B. Fink-Eitel 1993; Gutmann 1993; gegen Taylor gewendet: Skinner 1991; Shklar 1991; Dumm 1994). Damit richtet sich die Kritik am Kommunitarismus sowohl gegen dessen soziologische Diagnosen – die unaufhebbare Pluralität der Gegenwartsgesellschaften werde ebenso verkannt wie die Natur spätmoderner Identitäten, die von den Kommunitaristen viel zu homogen und geschlossen konzipiert würden – als auch gegen die Art und Weise, in der der Kommunitarismus politische Gesetze und Ordnungen *philosophisch begründet* sieht. Die Weigerung, vernunftbegründete abstrakte und neutrale Verfahrensregeln, die unabhängig von jeweils gegebe-

---

oder explizit an kommunitaristisches Gedankengut anknüpfen) Einfluß auf die praktische Politik zu nehmen versucht und dabei in den Reihen der Politiker, etwa bei Wolfgang Schäuble, Rudolf Scharping, Tony Blair oder Al Gore auch durchaus auf Interesse stößt. Selbstredend ist nicht alles, was dabei unter dem Banner des Kommunitarismus segelt, mit den hier diskutierten politiktheoretischen Positionen vereinbar.

nen kulturellen Vorstellungen universell gerechtfertigt werden können, zu
akzeptieren, stelle einen dramatischen Rückschritt dar, weil er politische
Gemeinschaften nach innen unter die Vorherrschaft einer status quo orien-
tierten ‚moralischen Mehrheit' stelle und im Hinblick auf die internationale
Staatengemeinschaft den Verzicht auf die historisch vielleicht einmalige
Chance bedeute, universelle menschliche Rechte zu verwirklichen, ohne zu-
gleich kulturimperialistisch eine bestimmte Konzeption des menschlichen
Guten festzuschreiben.

Die kommunitaristische Reaktion auf diese schwerwiegenden Einwände
ist ebenfalls zweigliedrig. Zum ersten, so das Gegenargument, behauptet der
Kommunitarismus natürlich nicht, daß individuelle Identitäten in modernen
Gesellschaften durch die kulturelle Gemeinschaft *determiniert* würden. So
mag es den Mitgliedern liberal-kapitalistischer Gemeinwesen etwa weitgehend freistehen, welcher Partei oder Religion sie zuneigen, welchen Beruf sie
wählen, und vielleicht sogar, welche sexuellen Vorlieben sie entwickeln.
Doch die in diesen Dimensionen vorgezeichneten ‚Cleavages' sind nicht unbedingt der Ausdruck eines genuinen Pluralismus, sondern zeugen geradezu
von einem geteilten kulturellen Selbstinterpretationsrahmen, der darin besteht, daß die Subjekte sich selbst bestimmen *müssen* (daß sie *wählen* müssen) und daß es *diese* Hinsichten sind, nach denen sie sich zu definieren haben. Wenngleich es zweifellos auch möglich, wiewohl sehr voraussetzungsreich ist, seinem Herkunftskulturkreis völlig zu entfliehen und einen genuin
anderen Selbstinterpretationsrahmen zu finden, zeugt *Opposition* daher weniger von einem völlig anderen Selbstverständnis als vielmehr von einem *geteilten* Kontext. Dies weist bereits daraufhin, daß – zum zweiten – trotz der
Abwesenheit eines geteilten Wertehorizontes auf der Ebene reflexiver, theoretischer Überzeugungen, in den Strukturen der Alltagspraktiken spezifische
Selbstinterpretationen, die implizit mit je korrespondierenden Güterhorizon-
ten verknüpft sind, bereits fest etabliert sind und daß ethische Entscheidungen, die weitreichende Konsequenzen für die Selbstentwürfe kommender
Generationen haben, *so oder so* getroffen werden. Dies offenbart sich auf allen Ebenen der Gesellschaft: Sei es in weitreichenden Fragen wie der Gen-
technologie, auf mittlerer Ebene in der Frage, ob wir es zulassen sollen, daß
sich unser kulturelles Leben mehr und mehr im Schatten der Shopping-Malls
abspielt, oder auf der Ebene scheinbar belangloser Fragen wie jener, ob wir
es zulassen sollen, daß Sportveranstaltungen in Zukunft nur noch über Pay-
TV zu verfolgen sind. Überall werden *in Abwesenheit geteilter Wertüberzeu-
gungen* Entscheidungen gefällt und vollziehen sich Entwicklungen, die unsere Möglichkeiten, ein ‚gutes Leben zu führen', entscheidend beeinflussen. So
kann es etwa kaum ein Zufall sein, daß in den wachstumsorientierten kapitalistischen Gesellschaften, die aufgrund ihrer ökonomischen Struktur darauf
angewiesen sind, daß ihre Mitglieder die Konzeption des guten Lebens so
wählen, daß Produktion und Konsumtion eine derart zentrale Rolle spielen,
daß sie ständig gesteigert zu werden vermögen, ebendiese Konzeption auch

von zentraler Dominanz ist (vgl. Rosa 1998c). Gerade weil unsere Lebenswelt voller impliziter Selbstinterpretationen steckt und ihre Institutionen spezifische Güterkonzeptionen einerseits voraussetzen und andererseits bestärken, ist es unerläßlich, diese zum Gegenstand politsch-ethischer Auseinandersetzungen zu machen und sie nicht einfach sich verselbständigenden systemischen Mechanismen zu überlassen. Auf diese Weise läßt sich die liberale Besorgnis bezüglich der impliziten Machtstrukturen von Gemeinschaften leicht umdrehen und als Kernargument im Sinne des Kommunitarismus verwenden: Eben *weil* vorherrschende Institutionen, Praktiken und Diskurse immer auch von impliziten Machtstrukturen bestimmt werden, ist es von entscheidender Bedeutung, die ihnen innewohnenden Gütervorstellungen und Selbstinterpretationen zu artikulieren und damit der demokratischen Kritik und potentiellen Revision anheimzustellen, anstatt sie unter dem Deckmantel staatlicher Neutralität unartikulierter Verselbständigung zu überlassen.

Es ist diese Überzeugung, daß den Strukturen der geteilten gesellschaftlichen Wirklichkeit immer schon eine Definition des guten Lebens innewohnt, die etwa Taylors (1993a: 104) (für Liberale schockierende) Behauptung zugrundeliegt, „daß eine demokratische Gesellschaft eine allgemein anerkannte Definition des guten Lebens benötigt". Die kulturelle Selbstinterpretation sollte Gegenstand demokratischer Selbstbestimmung und diskursiver Verständigung und nicht einfach das Ergebnis unpersönlicher ökonomischer Kräfte oder einer Vielzahl unkoordinierter und deshalb in ihrer Gesamtwirkung unkontrollierter individueller Einzelentscheidungen sein. Diese Konzeption widerspiegelt damit in transformierter Weise die klassisch republikanische Grundidee, daß das Schicksal des Gemeinwesens nicht *fortuna* überlassen, sondern von einer moralischen Vision und staatsbürgerlicher Tüchtigkeit, *virtus,* gelenkt werden sollte. Gerade weil diese Vision in modernen pluralistischen Gesellschaften nicht mehr einfach als vorpolitisch gegeben ist, weil nicht einfach von einer gemeinsamen substantiellen Identität ausgegangen werden kann, ist ihre Formulierung – entgegen der Neutralitätsforderung des Liberalismus – heute eine eminent wichtige *politische* Aufgabe (Taylor 1988: 130; Barber 1994: 211).

Eine unverzichtbare Bedingung für die deliberative Herstellung eines ‚kreativen Konsenses' (Barber) an starken politischen Wertungen im Hinblick auf demokratische Einigung besteht indessen darin, daß sich trotz aller Diversität ein überlappender Teilbereich in den Wertehorizonten der Mitglieder eines Gemeinwesens hinsichtlich der jeweils anstehenden Fragen diskursiv *erzeugen* läßt, ohne abweichende Minderheiten einfach auszuschließen. Eine Lösung, wie sie Taylor (1993b) in seinem Essay zur Frage des Multikulturalismus für Quebec vorschlägt, nach der es legitim und sogar ‚liberal' sei, wenn einer bestimmten kulturellen (Mehrheits-) Gruppe das Recht zugestanden werde, ihre Vision des Guten als kollektiven Zweck oder Staatszweck einfach festzuschreiben, erscheint nicht nur als vormodern und illiberal, sondern widerspricht fundamental Taylors eigenem philosophischen

Standpunkt. Eben weil nach seiner Philosophie die Sprache und die Strukturen der Alltagswelt und die in ihnen implizierten Güterkonzeptionen von entscheidender Bedeutung für die Identitätsmöglichkeiten der Bürger sind, dürfen bei ihrer Definition einzelne Bevölkerungsgruppen nicht einfach außen
vor gelassen werden, wenn ihnen nicht die Chance auf eine gelingende Identität (als dem Hauptziel kommunitaristischer Politik) verwehrt werden soll.
Taylors einseitige Stellungnahme im Zusammenhang der Quebec-Frage
scheint daher eher politisch motiviert als philosophisch durchdacht zu sein
(dazu ausführlich Rosa 1998a: 478ff; Habermas 1993). Dagegen ist die
Möglichkeit der dialogischen *Herstellung* gemeinsamer Präferenzen bzw.
starker Wertungen und kollektiver Zwecke im politischen Prozeß von den
Befürwortern eines kommunitaristischen bzw. republikanischen Politikmo-
dells immer wieder betont worden. Dafür nicht nur eine überzeugende systematische Begründung zu finden, sondern auch Modelle ihrer institutionellen
Umsetzbarkeit zu entwickeln – auf deren bisher nahezu vollständiges Fehlen
von den Kritikern des Kommunitarismus zurecht ebenfalls vehement hingewiesen wird –, gehört mit zu den vordringlichsten Aufgaben einer kommu-
nitaristisch angereicherten zeitgenössischen Sozialphilosophie und Politiktheorie, die nun abschließend kurz umrissen werden sollen.

4. Die Kommunitarismus-Debatte im Rückblick: Was bleibt?

Als enggeführte Auseinandersetzung um das Verhältnis von Selbst und Gemeinschaft zwischen Liberalen und Kommunitariern hat die Kommunitarismus-Debatte inzwischen auch in Europa ihren Höhepunkt überschritten; neue
Argumente werden von beiden Seiten kaum noch formuliert. Der sich ab-
zeichnende, weitgehend substanz- und konsequenzlose Konsens, der darin
besteht, daß die liberalen Gesellschaften westlichen Zuschnitts einer gewissen ‚kommunitären Unterfütterung‘ im Sinne einer kulturellen Pflege von
Gemeinschafts- und Gemeinwohlorientierungen sowie der Förderung *zivilgesellschaftlichen* Engagements bedürfen, übersieht jedoch, daß dabei eine Reihe der von den Kommunitaristen aufgeworfenen fundamentaleren Probleme
ungelöst bleiben. Diese lassen sich um zwei thematische Schwerpunkte herum gruppieren, die einmal die Möglichkeit gelingenden individuellen Lebens
und einmal die soziomoralischen Voraussetzungen eines liberale Freiheiten
garantierenden, auf Gerechtigkeit zielenden politischen Gemeinwesens zum
Gegenstand haben (vgl. Münkler 1992; Honneth 1993c).
    Im Hinblick auf die erste Problematik lautet die kommunitäre Grundein-
sicht, daß gelingende Identität oder genuine Selbstverwirklichung zu ihrer
unabdingbaren Voraussetzung haben, daß die in den Strukturen der Alltagswelt und der sozialen Umwelt verkörperten und sedimentierten Selbstbilder

und Güterkonzeptionen sich nicht – unter dem Deckmantel staatlicher Neutralität – so weit verselbständigen, daß sie jeder Artikulation, Kontrolle und Kritik seitens der Bürger entzogen sind und diesen nur noch als ein Bündel von ,Sachzwängen' entgegentreten, das ihre *starken Wertungen* nicht mehr reflektiert und demgegenüber sie sich notgedrungen zunehmend entfremdet fühlen müssen. Einige Kommunitarier sprechen daher von einer neuen ,sozialen Ökologie', von der gemeinschaftlichen Pflege dieser Strukturen, als der vordringlichsten Aufgabe unserer Zeit (Bellah u.a. 1992). Hinsichtlich der zweiten Problemstellung lautet der tieferliegende Zweifel gegenüber den liberalkapitalistischen Grundstrukturen, daß es mit einer kommunitären *Ergänzung* liberalkapitalistischer Institutionen nicht getan sei, weil die Sprache, die Argumentationsweisen ebenso wie die auf die Einforderung von (individuellen) Rechten und die Vertretung von partikularen Interessen fixierten Institutionen und Praktiken der entsprechenden Gesellschaften ihrer Natur nach ,atomistisch' seien und sozialen Beziehungen einen instrumentellen Charakter verliehen. Dies verhindere die Anerkennung von gemeinsamen Gütern, untergrabe Gemeinwohlorientierungen und erodiere so langfristig die Voraussetzungen für die Etablierung einer genuin demokratisch-selbstbestimmten und gerechten Gesellschaft, weil letztere im Sinne der ,republikanischen These' die Anerkennung der politischen Gemeinschaft als ein konstitutives *Gut* erfordere. Dieses Argument wurde von kommunitaristischen Autoren in den stärker *philosophisch* orientierten Passagen ihrer Werke immer wieder formuliert (Sandel 1993: 26ff; MacIntyre 1993: 90ff; Taylor 1993a: 112-123; Barber 1994), doch wird es insbesondere in der stärker *politisch* ausgerichteten Diskussion um den Kommunitarismus zumeist vernachlässigt, weil es in seinen praktischen Konsequenzen implikationsreich und kaum überschaubar zu sein scheint (dazu ausführlich Rosa 1998b: 212ff).

Ein aussichtsreicher Lösungsweg für beide Problemkreise ist anscheinend nur in einer Stärkung demokratisch-deliberativer Selbstbestimmung gegenüber den Strukturen des Marktes und des Rechtes zu finden. Nur diese könnte die Voraussetzungen dafür schaffen, daß die Staatsbürger die Strukturen ihrer Lebenswelt wieder als die *ihren* erkennen könnten und dadurch das notwendige Maß an staatsbürgerlicher Identifikation mit dem Gemeinwesen *als gemeinsames Projekt* entwickelten. Die demokratische Aufgabe besteht gerade darin, sich *in Abwesenheit eines geteilten Wertehorizontes* über die Strukturen der geteilten soziokulturellen Lebenswelt und ihren substantiellen Gehalt zu verständigen (Barber 1994: 99ff). Während eine *atomistisch-instrumentalistische* liberale Politik, die Interessen oder Präferenzen einfach als gegeben annimmt und sie dann aggregiert und daraus Kompromisse zu schmieden versucht, auf die Abwesenheit geteilter starker Wertungen nur mit dem Verzicht auf eine politische Regelung der zur Disposition stehenden Materie oder mit einer de facto Mehrheitsentscheidung reagieren kann, setzt das kommunitaristische Modell auf die Möglichkeit der *Transformation* von Präferenzen und Wertungen im Verlauf partizipatorischer politischer Auseinandersetzung (Barber 1994; 1995; Sunstein 1993; Buchstein 1996; Warren 1992).

Wertehorizonte oder ‚moralische Landkarten', die unweigerlich als Augsangspunkt politischer Deliberation dienen müssen, sind nicht geschlossen oder feststehend, sondern fortwährend diskursiv veränderbar; sie können in einer dialogisch herbeigeführten *Horizontverschmelzung* (Gadamer) *dimensional kommensurabel* gemacht werden (Rosa 1998a: 518ff). Politische Annäherung und Veränderung sind jedoch nur möglich, wenn eine andauernde, dialogische Artikulation und kritische Deliberation tatsächlich stattfindet. Wenn das Gemeinwesen nicht mehr auf einer schweigend und unreflektiert vorausgesetzten, ‚geronnenen' moralischen Landkarte, sondern auf einer deliberativ-demokratisch hergestellten kollektiven Selbstinterpretation basieren soll, muß die politische Auseinandersetzung in einer Sprache und in einer institutionellen Struktur geführt werden, die nicht ethische Neutralität und den Ausschluß moralisch kontroverser Fragen von der politischen Diskussion verlangen (vgl. Sandel 1994: 1794), sondern eine Basis für die Artikulation starker Wertungen schaffen. Dadurch kann, so die kommunitaristische Hoffnung, in Sachfragen ein gemeinsames politische Urteil erreicht werden, das „eine Art ‚Wir'-Denken [darstellt], welches Individuen dazu bringt, ihre Interessen... in einer auf Gegenseitigkeit beruhenden Sprache der öffentlichen Güter neu zu formulieren. ‚Ich will X' muß neu verstanden werden als ‚X wäre gut für die Gemeinschaft, der ich angehöre' – eine Operation in sozialer Algebra, für die sich nicht jedes ‚X' eignen wird". Was Barber (1994: 165) hier beschreibt, ist nichts anderes als eine Umstellung des politischen Prozesses von schwachen auf starke Wertungen im oben definierten Sinne, wobei die kommunitaristische Idee eines ‚inklusiven Wir' es gebietet, alle gesellschaftlichen Gruppen an diesem Prozeß zu beteiligen. Ihre Notwendigkeit aufgezeigt und ihre Möglichkeit neu begründet zu haben, ist ein bleibendes Verdienst der kommunitaristischen Sozialphilosophie. Die Entwicklung einer institutionell konkretisierten Vision einer solchen ‚radikal-deliberativen' Gesellschaftsordnung kann dagegen aus kommunitaristischer Sicht als die vielleicht wichtigste Aufgabe gegenwärtiger Politiktheorie gelten.

Literatur

a. verwendete Literatur

Barber, Benjamin (1994): Starke Demokratie. Über die Teilhabe am Politischen. Hamburg.
Barber, Benjamin (1995): Die liberale Demokratie und der Preis des Einverständnisses. S. 360-384 in: Brink, Bert van den/Reijen, Willlem van (Hg.), Bürgergesellschaft, Recht und Demokratie. Frankfurt a.M.
Bellah, Robert/Madsen, Richard/Sullivan, William M./Swidler, Anne/Tipton, Steven M.

(1986): Habits of the Heart. Individualism and Commitment in American Life. New York.

– (1992): Gegen die Tyrannei des Marktes. S. 57-73 in: Christel Zahlmann (Hg.), Kommunitarismus in der Diskussion. Eine streitbare Einführung. Hamburg.

Berlin, Isaiah (1969): Two concepts of liberty. S. 118-172 in: ders., Four Essays on Liberty. Oxford.

Brumlik, Micha/Brunkhorst, Hauke (Hg.) (1993): Gemeinschaft und Gerechtigkeit. Frankfurt a.m.

Buchstein, Hubertus (1996): Die Zumutungen der Demokratie. Von der normativen Theorie des Bürgers zur institutionell vermittelten Präferenzenkompetenz. S. 295-324 in: Klaus v. Beyme/Claus Offe (Hg.), Politische Theorien in der Ära der Transformation. Opladen.

Dumm, Thomas L. (1994): Strangers and Liberals (Rezension zu Taylor 1993b). Political Theory 22, 167-175.

Dunleavy, Patrick (1991): Democracy, Bureaucracy & Public Choice. Economic Explanations in Political Science. New York u.a.

Elster, Jon (1991): The Possibility of Rational Politics. S. 115-142 in: David Held (Hg.), Political Theory Today. Oxford.

Etzioni, Amitai (1993): The Spirit of Community. Rights, Responsibilities, and the Communitarian Agenda. New York.

Fink-Eitel, Hinrich (1993): Gemeinschaft als Macht. Zur Kritik des Kommunitarismus. S. 306-322 in: Micha Brumlik/Hauke Brunkhorst (Hg.), Gemeinschaft und Gerechtigkeit. Frankfurt a.M.

Fletcher, George P. (1994): Loyalität. Über die Moral von Beziehungen. Frankfurt a.M.

Forst, Rainer (1993): Kommunitarismus und Liberalismus – Stationen einer Debatte. S. 181-212 in: Axel Honneth (Hg.), Kommunitarismus. Eine Debatte über die moralischen Grundlagen moderner Gesellschaften. Frankfurt a.M./New York

Frankfurt, Harry (1971): Freedom of the Will and the Concept of a Person. *Journal of Philosophy* 1, 5-20.

Guggenberger, Bernd u.a. (1997): Initiative für Bürgersinn. Entwurf eines kommunitaristischen Manifestes für Deutschland. Köln (Manuskript).

Gutmann, Amy (1993): Die kommunitaristischen Kritiker des Liberalismus. S. 68-83 in: Axel Honneth (Hg.), Kommunitarismus. Eine Debatte über die moralischen Grundlagen moderner Gesellschaften. Frankfurt a.M./New York.

Habermas, Jürgen (1993): Anerkennungskämpfe im demokratischen Rechtsstaat. S. 147-196 in: Charles Taylor, Multikulturalismus und die Politik der Anerkennung. Hg. von Amy Gutmann. Frankfurt a.M.

Hirschman, Albert O. (1970): Exit, Voice and Loyalty. Cambridge/Mass.

Honneth, Axel (1988): Nachwort. S. 295-314 in: Charles Taylor, Negative Freiheit? Zur Kritik des neuzeitlichen Individualismus Frankfurt a.M.

– (1991): Grenzen des Liberalismus. Zur politisch-ethischen Diskussion um den Kommunitarismus. Philosophische Rundschau 38, 83-101.

– (1993a): Dezentrierte Autonomie. Moralphilosophische Konsequenzen aus der modernen Subjektkritik. S. 149-163 in: Christoph Menke/Martin Seel (Hg.), Zur Verteidigung der Vernunft gegen ihre Liebhaber und Verächter. Frankfurt a.M.

– (Hg.) (1993b): Kommunitarismus. Eine Debatte über die moralischen Grundlagen moderner Gesellschaften. Frankfurt a.M./New York.

– (1993c): Einleitung. S. 7-17 in: Ders., Kommunitarismus. Eine Debatte über die moralischen Grundlagen moderner Gesellschaften. Frankfurt a.M./New York

– (1994): Kampf um Anerkennung. Zur moralischen Grammatik sozialer Konflikte. Frankfurt a.M.

Joas, Hans (1993): Gemeinschaft und Demokratie in den USA. Die vergessene Vorge-
schichte der Kommunitarismus-Diskussion. S. 49-62 in: Micha Brumlik/Hauke
Brunkhorst (Hg.), Gemeinschaft und Gerechtigkeit. Frankfurt a.M.

Joas, Hans (1997): Die Entstehung der Werte. Frankfurt a.M.

MacIntyre, Alasdair (1987): Der Verlust der Tugend. Zur moralischen Krise der Gegenwart. Übers. Wolfgang Rhiel. Frankfurt a.M. und New York.

– (1988): Whose Justice? Which Rationality?. Notre Dame.

– (1993): Ist Patriotismus eine Tugend? S. 84-102 in: Axel Honneth (Hg.), Kommunitarismus. Eine Debatte über die moralischen Grundlagen moderner Gesellschaften. Frankfurt a.M./New York.

Miller, David (1992): Deliberative Democracy and Social Choice. *Political Studies* 40,
Special Issue, 54-67.

Mulhall, Stephen/Swift, Adam (1992): Liberals and Communitarians. Oxford.

Münkler, Herfried (1992): Politische Tugend. Bedarf die Demokratie einer soziomoralischen Grundlegung?. S. 25-46 in: Ders. (Hg.), Die Chancen der Freiheit. Grundpro-
bleme der Demokratie. München/Zürich.

Rawls, John (1971): A Theory of Justice. Cambridge/Mass.

Reese-Schäfer, Walter (1994): Was ist Kommunitarismus? Frankfurt a.M./New York.

Rosa, Hartmut (1995): Hypergüter der Moderne. Die konfliktreiche moralische Landkarte
der Gegenwart (Literatur-Essay zu Taylor 1989). Politische Vierteljahresschrift 36,
505-522.

– (1998a): Identität und kulturelle Praxis. Politische Philosophie nach Charles Taylor, mit
einem Vorwort von Axel Honneth. Frankfurt a.M.

– (1998b): Integration, Konflikt und Entfremdung – Die Perspektive des Kommunitarismus. S.202-244 in: Hans-Joachim Giegel (Hg.), Konflikt in modernen Gesellschaften.
Frankfurt a.M.

– (1998c): On Defining the Good Life: Liberal Freedom and Capitalist Necessity. Constellations. An International Journal of Critical and Democratic Theory 5 (2), 201-214.

– (1998d): Die prozedurale Gesellschaft und die Idee starker politischer Wertungen – Zur
moralischen Landkarte der Gerechtigkeit. S. 395-423 in: Herfried Münkler/Marcus
Llanque (Hg.), Konzeptionen der Gerechtigkeit. Baden-Baden.

Sandel, Michael (1982): Liberalism and the Limits of Justice. Cambridge.

– (1993): Die verfahrensrechtliche Republik und das ungebundene Selbst. S. 18-35 in:
Axel Honneth (Hg.), Kommunitarismus. Eine Debatte über die moralischen Grundlagen moderner Gesellschaften. Frankfurt a.M./New York.

– (1994): Political Liberalism. Harvard Law Review 107, 1765-1794.

Schmalz-Bruns, Rainer (1995): Reflexive Demokratie. Die demokratische Transformation
moderner Politik. Baden-Baden.

Shklar, Judith N.(1991): Rezension zu Sources of the Self (Taylor 1989). Political Theory
19, 105-109.

Skinner, Quentin (1991): Who Are ‚We' ? Ambiguities of the Modern Self. Inquiry 34,
133-153.

Sunstein, Cass R. (1993): Democracy and Shifting Preferences. S. 196-230 in: D. Copp/J.
Hampton/J.E. Roemer (Hg.), The Idea of Democracy. Cambridge.

Taylor, Charles (1964): The Explanation of Behaviour. London.

– (1971): Interpretation und die Wissenschaften vom Menschen. S. 154-219 in: Ders., Erklärung und Interpretation in den Wissenschaften vom Menschen. Frankfurt a.M.

– (1975): Hegel. Frankfurt a.M.

– (1976a): Responsibility for Self. S. 281-299 in: Amélie O. Rorty (Hg.), The Identities of
Persons. Berkeley u.a.

– (1976b): Wesen und Reichweite distributiver Gerechtigkeit. S. 145-187 in: Ders., Nega-

tive Freiheit? Zur Kritik des neuzeitlichen Individualismus. Frankfurt a.m.
- (1977): Was ist menschliches Handeln? S. 9-51 in: Ders., Negative Freiheit? Zur Kritik des neuzeitlichen Individualismus. Frankfurt a.m.
- (1979a): Atomismus. S. 73-106 in: Bert v.d. Brink u. Willem v. Reijen (Hg.), Bürgergesellschaft, Recht und Demokratie. Frankfurt a.m.
- (1979b): Der Irrtum der negativen Freiheit, S. 118-144 in: Ders., Negative Freiheit? Zur Kritik des neu-zeitlichen Individualismus. Frankfurt a.m.
- (1979c): Hegel and Modern Society. Cambridge.
- (1981): The Concept of a Person. S. 97-114 in: Ders., Philosophical Papers; Bd.1: Human Agency and Language. Cambridge.
- (1982): Consciousness. S. 35-51 in: Paul F. Secord (Hg.), Explaining Human Behaviour. Consciousness, Human Action and Social Structure. Beverly Hills u.a.
- (1985a): Philosophical Papers (2 Bde.), Bd.1: Human Agency and Language, Bd.2: Philosophy and the Human Sciences. Cambridge.
- (1985b): Alternative Futures: Legitimacy, Identity, and Alienation in Late-Twentieth-Century Canada. S. 59-119 in: Guy Laforest (Hg.), Reconciling the Solitudes. Essays on Canadian Federalism and Nationalism. Montreal (deutsch (gekürzt): Die Unvollkommenheit der Moderne, in: Pathologien des Sozialen. Die Aufgaben der Sozialphilosophie, hrsg. v. Axel Honneth, Frankfurt 1994, S. 73-106.)
- (1985c): Legitimationskrise?. S. 235-294 in: Ders., Negative Freiheit? Zur Kritik des neuzeitlichen Individualismus. Frankfurt a.M.
- (1988): Institutions in National Life. S. 120-134 in: Guy Laforest (Hg.), Reconciling the Solitudes. Essays on Canadian Federalism and Nationalism. Montreal.
- (1989): Sources of the Self. The Making of the Modern Identity. Cambridge/Mass.; (deutsch: Quellen des Selbst. Die Entstehung der neuzeitlichen Identität, Frankfurt a.M. 1994.)
- (1990): Irreducibly Social Goods. S. 127-145 in: Ders., Philosophical Arguments. Cambridge/Mass.
- (1991): The Ethics of Authenticity. Cambridge/Mass. (deutsch: Das Unbehagen an der Moderne. Frankfurt a.M. 1995.)
- (1993a): Aneinander vorbei: Die Debatte zwischen Liberalismus und Kommunitarismus. S. 103-130 in: Axel Honneth (Hg.), Kommunitarismus. Eine Debatte über die moralischen Grundlagen moderner Gesellschaften. Frankfurt a.M./New York.
- (1993b): Multikulturalismus und die Politik der Anerkennung. Hg. v. Amy Gutmann. Frankfurt a.M.
- (1993c): Explanation and Practical Reason. S. 208-231 in: M. Nussbaum/A. Sen (Hg.), The Quality of Life, Oxford.
- (1994): Reply and Re-Articulation. S. 211-257 in James Tully (Hg.), Philosophy in an Age of Pluralism. The Philosophy of Charles Taylor in Question. Cambridge,.
Walzer, Michael (1983): Spheres of Justice. New York.
- (1987): Interpretation and Social Criticism. Cambridge.
- (1993): Die kommunitaristische Kritik am Liberalismus. S. 157-180 in: Axel Honneth (Hg.), Kommunitarismus. Eine Debatte über die moralischen Grundlagen moderner Gesellschaften. Frankfurt a.M./New York.
Warren, Mark (1992): Democratic Theory and Self-Transformation. American Political Science Review 86, 8-23.
Wittgenstein, Ludwig (1990): Philosophische Untersuchungen. S. 91-423 in: ders., Tractatus Logico-Philosophicus/Philosophische Untersuchungen. Leipzig.

b. kommentierte Literatur

Primärliteratur

Charles Taylor: Quellen des Selbst. Die Entstehung der neuzeitlichen Identität, Frankfurt a.m. 1994.

Gilt als Taylors Hauptwerk, enthält neben einem systematischen Teil über den internen Zusammenhang zwischen Identität, Vorstellungen des Guten und Gesellschaftskonzeptionen eine ideengeschichtliche Rekonstruktion der Quellen neuzeitlicher Identität.

Charles Taylor: Negative Freiheit? Zur Kritik des neuzeitlichen Individualismus, Frankfurt a.m. 1988.

Aufsatzsammlung, die wichtige Arbeiten Taylors sowie ein systematisierendes Nachwort von Axel Honneth versammelt.

Charles Taylor: Multikulturalismus und die Politik der Anerkennung, hg. v. Amy Gutmann, Frankfurt a.M. 1993.

Ebenso bekannter wie umstrittener Essay Taylors, der nicht unbedingt als stellvertretend für sein Werk gesehen werden sollte. Der Band enthält auch eine Reihe von Kommentaren teils namhafter Autoren (u.a. Jürgen Habermas) zu Taylors Thesen.

Charles Taylor: Philosophy in an Age of Pluralism. The Philosophy of Charles Taylor in Question, hg. von James Tully, Cambridge 1994.

Sammelband mit Beiträgen (u.a. von Q. Skinner, I. Berlin, C. Geertz, R. Rorty) zu unterschiedlichen Aspekten des Taylorschen Werkes.

Sekundärliteratur

Hartmut Rosa, Identität und kulturelle Praxis. Politische Philosophie nach Charles Taylor. Vorw. v. Axel Honneth, Frankfurt a.M. 1998.

Erste Monographie zu Taylor, die eine systematische Rekonstruktion seiner Philosophie sowie ihrer politischen Konsequenzen versucht.

Axel Honneth (Hg.): Kommunitarismus. Eine Debatte über die moralischen Grundlagen moderner Gesellschaften, Frankfurt a.M. 1993.

Enthält die wichtigsten philosophischen Texte der Debatte zwischen Liberalen und Kommunitaristen.

Rainer Forst: Kontexte der Gerechtigkeit. Politische Philosophie jenseits von Liberalismus und Kommunitarismus, Frankfurt a.M. 1994.

Die umfassendste deutschsprachige Monographie zum Thema bietet eine ausführliche Aufarbeitung aller Positionen der Debatte zwischen Liberalen und Kommunitaristen aus diskursethischer Perspektive.

Micha Brumlik und Hauke Brunkhorst (Hg.): Gemeinschaft und Gerechtigkeit, Frankfurt a.M. 1993.

Enthält zahlreiche, vorwiegend kritische Beiträge deutscher und internationaler Autoren zu unterschiedlichen Aspekten des Kommunitarismus. Als Einführung weniger geeignet.

Christel Zahlmann (Hg.): Kommunitarismus in der Diskussion. Eine streitbare Einführung, Berlin 1992.

Der kleine Band wendet sich auch an Fachfremde und bietet einen guten Überblick über unterschiedliche Problemfelder der Kommunitarismusdebatte.

Stephen Muhall und Adam Swift: Liberals & Communitarians. Oxford 1992.

Das Buch stellt in getrennten, nützlichen Überblickskapiteln die einzelnen Positionen und Autoren der Debatte vor.

Kapitel III
Die politische Theorie der Deliberation:
Jürgen Habermas

Gary Stuart Schaal & David Strecker[9]

---

9   Die Abschnitte 1 und 2 wurden von David Strecker, die Abschnitte 3 und 4 von Gary
     S. Schaal verfaßt. Wir danken Mattias Iser und Bernd Ladwig für kritische Anmer-
     kungen.

1. Der Weg zur Theorie

„Ich war 1939 zehn Jahre alt und hatte also keine Chance, ein besonders positives Bild zu bekommen. Aber natürlich bestand damals der Eindruck einer Normalität, die sich hinterher als Schein herausstellte. Daß man plötzlich sah, das waren Verbrecher: Das hat schon eine andere Qualität" (Habermas 1979: 512). Es sind diese Erfahrungen, die der 1929 in Düsseldorf geborene Jürgen Habermas 1945 macht, die seine politischen Motive bestimmen: die Einsicht in den nationalsozialistischen Zivilisationsbruch und den freiheitsverbürgenden Charakter des demokratischen Rechtsstaates.

Von diesen Motiven bleiben Habermas' akademische Überzeugungen zunächst unberührt. Von 1949 bis 1954 studiert er Deutsche Literatur, Ökonomie, Psychologie, Geschichte und Philosophie in Göttingen, Zürich und Bonn, wo er mit einer relativ traditionellen Dissertation (1954a) bei Erich Rothacker abschließt. Doch schon bald setzt Habermas' Bemühen um die Vermittlung seiner politischen und seiner philosophischen Überzeugungen ein.

Noch in den frühen 50er Jahren stößt er über Löwith auf den jungen Marx, liest Lukács, Korsch, Bloch, bald Horkheimer und Adorno sowie Marcuse und beginnt, sich mit dem Verhältnis von Theorie und Praxis auseinanderzusetzen. Das Problem, das Habermas fortan auch als theoretisches beschäftigen wird, lautet: „Wie und wieweit kann in einer politischen Lage wissenschaftlich geklärt werden, was zugleich praktisch notwendig und objektiv möglich ist?" (1961: 51). Was er in immer neuen Anläufen zu begründen sucht, ist ein Vernunftbegriff, der nicht auf das Moment technisch-instrumenteller Rationalität zusammenschrumpft, eine Vernunft, die sich nicht mit der Bewertung von Mitteln für gegebene Zwecke bescheidet, sondern eine Bewertung der Zwecke selbst erlaubt. Gleichwohl beschränkt sich sein Unterfangen nicht auf die Rehabilitierung praktischer Vernunft; diese bleibt vielmehr von Anfang an in das gesellschaftstheoretische Projekt einer Analyse sozialer Entwicklungspotentiale eingebettet.

1956 wird Habermas Assistent von Adorno und Mitarbeiter am Institut für Sozialforschung in Frankfurt a.M. Im Rahmen des großangelegten Institutsprojekts *Universität und Gesellschaft* entsteht *Student und Politik* (1961). Habermas' bedeutende Einleitung hierzu entfaltet demokratietheoretische Motive, v. a. zum Zusammenhang von Demokratie und Rechtsstaat und einen normativen Begriff demokratischer Selbstbestimmung, die heute im Rahmen der Theorie deliberativer Demokratie Verbreitung gefunden haben. Die zeitdiagnostischen Motive dieser Arbeit bilden den Gegenstand der einflußreichen Habilitationsschrift *Strukturwandel der Öffentlichkeit* (1961). Der Autor zeichnet ein düsteres Bild der Transformation der Öffentlichkeit: Diese sei im Zuge der Herausbildung des interventionistischen Sozialstaates und der damit einhergehenden Verflechtung von Staat und bürgerlicher Gesellschaft zunehmend vermachtet worden. Habermas gelangt von der Feststellung, der emphatische Begriff von Öffentlichkeit fungiere weiterhin als normatives Fundament der Institutionen des demokratischen Rechtsstaates, zu der Forderung einer den neuen strukturellen Bedingungen angemessenen Wiederherstellung der kritischen Funktion von Öffentlichkeit: Das Öffentlichkeitsgebot müsse ausgeweitet, alle staatsbezogen agierenden Organisationen intern demokratisiert werden. Deutlicher als zuvor zeigt sich hier das Habermas fortan demokratietheoretisch bestimmende Motiv deliberierender Staatsbürger als Legitimationsquelle staatlichen Handelns.

Die Schriften der 60er Jahre lassen sich als Abfolge von Versuchen verstehen, die genannten Motive zu begründen. Der anfangs ideologiekritische und geschichtsphilosophische Ansatz wirft Probleme auf (1960, Anm. 67; 1984: 216; 1990: 34; vgl. 1962), die Habermas zunächst mit erkenntnistheoretischen Mitteln zu lösen sucht. *Erkenntnis und Interesse* (1968; erw. Aufl. 1973) soll zeigen, daß den funktionalen Erfordernissen menschlichen Zusammenlebens ein technisches, ein praktisches und ein emanzipatorisches Erkenntnisinteresse entsprächen. Beziehen sich erstere auf die Erfordernisse materieller und symbolischer Reproduktion, so letzteres auf ein der menschlichen Lebensform vermeintlich eingeschriebenes Interesse an der Befreiung von unbegründeter Herrschaft. Kritik an der postulierten Einheit von Selbstreflexion und Emanzipation veranlaßt Habermas abermals zu weitgehenden methodischen Revisionen. Fortan unterscheidet Habermas zwischen Selbstreflexion im Sinne therapeutischer Kritik einerseits und der rationalen Rekonstruktion von Regelsystemen andererseits. Allein für letzteres könne eine an allgemein gültigen Aussagen interessierte Wissenschaft Kompetenz beanspruchen.[10]

Auf diesem Feld sind Habermas' Studien der 70er Jahre angesiedelt. Zum einen geht es ihm um Rekonstruktionen, die ein unvermeidlich in Anspruch genommenes know how in ein explizites know that übersetzen. Zum anderen bemüht er sich sowohl in der onto- wie in der phylogenetischen Dimension um die Entwicklungslogik dieser Regelsysteme. Das normative Fundament der Theorie wird so gleichsam ein weiteres Mal tiefer gelegt. Expliziert wird es fortan mit den Mitteln der „Universalpragmatik, die die Bedingungen der Möglichkeit sprachlicher Verständigung überhaupt erfaßt" (1973: 414) und der Entwicklungspsychologie.

Hiermit glaubt Jürgen Habermas schließlich, ein hinreichendes Fundament eines umfassenden Vernunftbegriffs ausgemacht zu haben: Es sind die

---

10 Mit diesem Schritt vollzieht Habermas den sog. „linguistic turn", die Wende zur Sprachphilosophie. Vernunftpotentiale sucht er fortan nicht mehr im (individuellen oder kollektiven) Bewußtsein von Akteuren zu verorten, sondern in Intersubjektivitätsstrukturen, hier: in den Strukturen v. a. sprachlicher Kommunikation. Endgültig ist nun der schon zuvor angezeigte Bruch mit dem Produktionsparadigma der älteren Kritischen Theorie. Nicht mehr geht es Habermas darum, am gelingenden Arbeitsprozeß unversehrte Subjekt-Objekt-Verhältnisse abzulesen; vielmehr bemüht er sich im Rahmen des neuen Kommunikationsparadigmas um die Analyse der in Akten sprachlicher Verständigung unterstellten Subjekt-Subjekt-Verhältnisse.

unhintergehbaren Voraussetzungen von Kommunikation, die Habermas zufolge ein empirisch wirksames Vernunftpotential enthalten, das keineswegs auf die Momente einer auf Naturbeherrschung hin angelegten Verfügungsrationalität beschränkt sei. Dieses Vernunftpotential ist die Grundlage der These, der Habermas mit seinem opus magnum, der *Theorie des kommunikativen Handelns* (1981a,b), eine hinreichend scharfe Fassung zu geben vermag und die er fortan weiter ausarbeitet: die These nämlich, daß in der Moderne die Bedingungen für eine weitgehend emanzipierte Gesellschaft erfüllt sind, diese Möglichkeit aber aufgrund von Problemen, die die Moderne aus sich selbst erzeugt, nicht ausgeschöpft werden.

2. Demokratietheorie und gesellschaftstheoretische Grundlegung

2.1. Die Theorie des kommunikativen Handelns

Zugang zu jenem Vernunftpotential, das er von Anfang an als innerweltliches aufzutun sucht, gewinnt Habermas durch die Universalpragmatik. Hierzu rekurriert er auf die Sprechakttheorie, die auch jenen illokutionären Akt in ihre Analyse einbezieht, in welchem jemand etwas jemandem gegenüber als etwas äußert und damit ihm gegenüber einen Geltungsanspruch (auf die Wahrheit, Richtigkeit und Wahrhaftigkeit des propositionalen Gehalts der Äußerung) erhebt, d.h. die Behauptung, die Bedingungen für die Gültigkeit der Äußerung seien erfüllt. Freilich kann diese Behauptung bezweifelt werden; deswegen muß ein Sprecher bereit sein, die Geltungsansprüche notfalls zu begründen. So läßt sich in einer ersten Näherung „die Rationalität einer Äußerung auf Kritisierbarkeit und Begründungsfähigkeit" zurückführen (Habermas 1981a: 27). Als rational können demzufolge solche Äußerungen gelten, die mit guten Gründen gestützt werden können, wobei ein Grund solange als gut gilt, wie er nicht – durch Lernprozesse, die sich in Argumentationen einstellen – widerlegt ist.

Indem Sprecher ihre Geltungsansprüche mit Gründen stützen, können sie ein rationales Einverständnis herbeiführen, auf dessen Grundlage sie ihre jeweiligen Handlungspläne koordinieren und aneinander anschließen können. Werden Handlungspläne über ein (in der Regel nicht explizit artikuliertes) rationales Einverständnis koordiniert, spricht Habermas von kommunikativem Handeln. Davon zu unterscheiden ist strategisches Handeln, das nicht verständigungs-, sondern erfolgsorientiert ist und mittels Machtasymmetrien koordiniert wird. Habermas nimmt an, strategisches Handeln sitze parasitär auf kommunikativem auf und könne allein keine gelingende Sozialintegration gewährleisten.

Damit sich das in der Sprache angelegte Rationalitätspotential entfalten kann, müssen freilich zwei Bedingungen erfüllt sein. Zum einen müssen Weltbilder als sprachlich konstruierte Welt*deutungen* durchschaut worden sein. Zum zweiten hat sich erst im Verlauf der sozialen Evolution ein formales Bezugssystem von drei Welten ausdifferenziert, auf die sich Geltungsansprüche jeweils beziehen: die objektive Welt als die Gesamtheit der als gemeinsam unterstellten Sachverhalte, die soziale Welt als die Gesamtheit der als legitim geregelt unterstellten interpersonalen Beziehungen und die subjektive Welt der Nicht-Gemeinsamkeiten als die Gesamtheit der privilegiert zugänglichen Erlebnisse.

An diesen beiden Punkten läßt sich der Übergang von vormodernen zu modernen Rationalitätsstrukturen als Formalisierung „auf der Linie vom geschlossenen zum offenen Weltbild" verstehen. Diese Formalisierung bedeutet eine Trennung der Weltbildstrukturen von den „zur Revision freigegebenen Inhalten" (Habermas 1981a: 100). Diesen Prozeß bezeichnet Habermas als „Versprachlichung des Sakralen", weil die vormals der Problematisierung enthobenen Bereiche nunmehr allein durch Verständigungsleistungen der beteiligten Akteure, also über Ja/Nein-Stellungnahmen zu kritisierbaren Geltungsansprüchen konsensuell geregelt werden können. Mit dem Rationalitätspotential – die Handlungskoordinierung läuft immer weniger über einen Bestand kritikfester Deutungen und immer mehr über das rational motivierte Einverständnis der Betroffenen – steigt deswegen zugleich der Begründungsbedarf in modernen Gesellschaften um ein Vielfaches. Hierin gründen die Chancen wie die Probleme gesellschaftlicher Modernisierung.

Um die Rationalisierung der Gesellschaft entlang der sozialen Evolution der Mechanismen gesellschaftlicher Reproduktion verfolgen zu können, müssen die handlungstheoretischen Überlegungen freilich erst gesellschaftstheoretisch anschlußfähig gemacht werden. Zu diesem Zweck führt Habermas den Begriff der Lebenswelt als den „Horizont, in dem sich kommunikativ Handelnde ‚schon immer' bewegen" ein (Habermas 1981b: 182). Die Lebenswelt ist ein Reservoir an Hintergrund‚wissen', das Handelnden in Form von nicht-thematisierten Selbstverständlichkeiten (Überzeugungen, Solidaritäten, Fertigkeiten) gegeben ist.

Im Verlauf des Menschwerdungsprozesses hat sich eine grammatisch strukturierte Sprache entwickelt, die heute die gesamte Interaktionsstruktur durchdringt. Zugang zu den Strukturen der Lebenswelt gewinnt Habermas deswegen durch eine Analyse der Funktionen, die das Medium der Sprache für die Reproduktion der Lebenswelt erfüllt: „Indem sich die Interaktionsteilnehmer miteinander über ihre Situation verständigen, stehen sie in einer kulturellen Überlieferung, die sie gleichzeitig benützen und erneuern; indem die Interaktionteilnehmer ihre Handlungen über die intersubjektive Anerkennung kritisierbarer Geltungsansprüche koordinieren, stützen sie sich auf Zugehörigkeiten zu sozialen Gruppen und bekräftigen gleichzeitig deren Integration; indem die Heranwachsenden an Interaktionen mit kompetent handelnden Bezugspersonen teilnehmen, internalisieren sie die Wertorientierungen ihrer sozialen Gruppe und erwerben generalisierte Handlungsfähigkeiten" (Habermas 1981b: 208). Entsprechend lassen sich drei strukturelle Komponenten der Lebenswelt angeben (Kultur, Gesellschaft, Persönlichkeit), die kommunikativ Handelnde mit den interaktionsnotwendigen Ressourcen versorgen (einem Sinn erzeugenden Wissensvorrat; Solidarität erzeugende soziale Ordnungen und Zugehörigkeiten; Ich-Stärke erzeugende Handlungsfähigkeiten).

In dem Maße, in dem kommunikatives Handeln Funktionen der gesellschaftlichen Reproduktion übernimmt, kann sich das in der Sprache angelegte Rationalitätspotential entfalten. Die zunächst noch eng verschränkten Lebensweltkomponenten differenzieren sich aus und verändern sich: „die Verdrängung des sakralen Wissens durch ein auf Gründe gestütztes, nach Geltungsansprüchen spezialisiertes Wissen; [...] die Trennung von Legalität und Moralität bei gleichzeitiger Universalisierung von Recht und Moral; schließlich [...] die Ausbreitung des Individualismus mit wachsenden Ansprüchen an Autonomie und Selbstverwirklichung". Diese Veränderungen stellen Rationalisierungsvorgänge dar, weil „die Fortsetzung von Traditionen, der Bestand legitimer Ordnungen und die Kontinuität der Lebensgeschichte einzelner Personen immer stärker von Einstellungen abhängig werden, die im Falle ihrer Problematisierung auf Ja/Nein-Stellungnahmen zu kritisierbaren Geltungsansprüchen verweisen" (Habermas 1981b: 164).

Damit sind freilich erst die Mechanismen der symbolischen Reproduktion der Gesellschaft erfaßt. In modernen Massengesellschaften kann die materielle Reproduktion dagegen nicht mehr über kommunikatives Handeln koordiniert werden. Die Rationalisierung der Lebenswelt erlaubt aber, daß die Bereiche materieller Reproduktion (Verwaltung und Ökonomie) sittlich neutralisiert und formal organisiert, von der Lebenswelt entkoppelt und auf entsprachlichte Steuerungsmedien (administrative Macht und Geld) umgestellt werden. Das bedeutet, daß Verwaltung und Ökonomie nicht über im Medium kommunikativen Handelns koordinierte Handlungsorientierungen, sondern über die funktionale Vernetzung von Handlungsfolgen stabilisiert werden.

Diese Entkoppelung systemisch integrierter von sozial integrierten Gesellschaftsbereichen, von System und Lebenswelt, ist erst durch die Rationalisierung der Lebenswelt möglich, dadurch aber auch erforderlich geworden. Erforderlich wird sie, weil Moral und Recht im Zuge der Lebensweltrationalisierung zunehmend formaler und abstrakter werden. Gegenüber früheren Gesellschaften mit konkreteren und kritikresistenten Verhaltensregeln steigen Verständigungsbedarf, Risiko von Dissens sowie des Scheiterns von Handlungskoordinierungen; schließlich wird der Mechanismus sprachlicher Verständigung überfordert. Möglich wird die Entkoppelung v. a., weil die Ausdifferenzierung von Wahrheit und Richtigkeit ein Handeln ermöglicht, das durch ein Einwirken auf die Welt ohne erforderliche Legitimierung der Handlungsorientierungen charakterisiert ist. Damit können sich erfolgs- und verständigungsorientiertes Handeln trennen.

Dieser Prozeß ermöglicht eine Steigerung der Systemkomplexität durch Institutionalisierung eines höherstufigen Mechanismus der Systemdifferenzierung: das moderne Recht. In ihm verkörpern sich postkonventionelle Bewußtseinsstrukturen, und als formales Recht ist es von Handlungsmotiven entkoppelt. Privatpersonen weist es Bereiche legitimer Willkür zu, Amtsinhabern Spielräume legaler Befugnis. Derart verankert das Recht in der Lebenswelt die Steuerungsmedien Geld und Macht, die eine Handlungskoordinierung zwischen rein erfolgsorientiert eingestellten Akteuren gewährleisten können. Diese Reduzierung des Verständigungsbedarfs erlaubt eine Komplexitätssteigerung der sich nunmehr systemisch ausdifferenzierenden und schließlich von der Lebenswelt entkoppelnden Subsysteme Ökonomie und Verwaltung, der Bereiche materieller Reproduktion.[11]

Die Chancen und Gefahren der Rationalisierung der Lebenswelt und der dadurch ermöglichten Steigerung der Systemkomplexität treten bei dem Versuch hervor, das Abhängigkeitsverhältnis von System und Lebenswelt zu bestimmen: „Man könnte sich beides vorstellen: die Institutionen, die Steuerungsmechanismen wie Geld oder Macht in der Lebenswelt verankern, kanalisieren entweder die Einflußnahme der Lebenswelt auf die formal organisierten Handlungsbereiche oder umgekehrt die Einflußnahme des Systems auf kommunikativ strukturierte Handlungszusammenhänge. Im einen Fall fungieren sie als der institutionelle Rahmen, der die Systemerhaltung den normativen Restriktionen der Lebenswelt unterwirft, im anderen Fall als die Basis, die die Lebenswelt den systemischen Zwängen der materiellen Reproduktion unterordnet und dadurch mediatisiert" (Habermas 1981b: 275f.). Es ist das zweite Szenario, welches gegenwärtig laut Habermas' Zeitdiagnose vorherrscht. Den entsprechenden Vorgang bezeichnet er als *Kolonialisierung der Lebenswelt*.

Den Nährboden dafür, also das Eindringen systemischer Imperative in Bereiche der Lebenswelt – die weiterhin die notwendig auf kommunikatives Handeln und den Mechanismus sozialer Integration angewiesenen Funktionen symbolischer Reproduktion wahrnimmt – bildet gerade das Arrangement, das die hochindustrialisierten Gesellschaften des Westens zu einer Pazifizierung des Klassenkonflikts befähigt hatte: der sozialstaatliche Kompromiß. In spätkapitalistischen Gesellschaften sind die Rollen von Lohnarbeitern und Angestellten durch die Ausweitung sozialer Rechte weitgehend von den früher damit einhergehenden Verelendungseffekten entkoppelt; staatliche Leistungsverwaltungen dämpfen ökonomisch erzeugte Krisen.[12]

---

11 Damit vervielfältigen sich auch die nicht-intendierten Handlungszusammenhänge, weswegen die Stabilisierung dieser Bereiche allein noch einer systemtheoretischen Analyse zugänglich sei.

12 Offen muß hier bleiben, was die (mindestens partielle) Aufkündigung des sozialstaatlichen Kompromisses durch die unter Globalisierungsdruck geratenen „Standortkonkurrenten" für Habermas' Kolonialisierungsthese bedeutet.

Warum aber brechen unter diesen Bedingungen weiterhin Konflikte auf? Es ist diese Frage, auf die Habermas mit Blick auf die neuen sozialen Bewegungen eine Antwort sucht und auf dem Wege einer Neukonzeptualisierung des Entfremdungsbegriffs auch findet. Die beiden hypertroph wachsenden Subsysteme stehen über verschiedene Rollen in Austauschbeziehungen mit Privatsphäre und Öffentlichkeit, den institutionellen Ordnungen der Lebenswelt. Über diese Rollen greifen sie in die Lebenswelt ein. Die Privatperson wird zunehmend Konsument, der Staatsbürger Klient wohlfahrtsstaatlicher Leistungen. Damit aber, so die These, werden Bereiche, die konstitutiv auf Mechanismen sozialer Integration angewiesen sind, an systemisch integrierte Handlungsbereiche assimiliert.[13]

2.2. Das Modell deliberativer Demokratie

Die Reproduktion von Sinnbezügen, Solidaritäten und ich-starken Persönlichkeiten muß in modernen Gesellschaften aber nicht notwendig versagen. Verrechtlichungsphänomene treten erst auf, wenn das moderne Recht systemischen Imperativen als Einfallstor in die Lebenswelt dient. Das Recht, das die Ausdifferenzierung der Subsysteme durch Verankerung von Geld und Macht in der Lebenswelt überhaupt erst ermöglichte, kann aber auch „die Einflußnahme der Lebenswelt auf die formal organisierten Handlungsbereiche" kanalisieren und so „die Systemerhaltung den normativen Restriktionen der Lebenswelt" unterwerfen (Habermas 1981b: 275f.).[14]

Wie muß ein Recht beschaffen sein, das diesen Anforderungen genügt? Habermas erarbeitet seinen Vorschlag in Auseinandersetzung mit zwei alternativen Rechtsparadigmen: Das sozialstaatliche Rechtsparadigma liegt der Kolonialisierungskritik zugrunde; das liberale setzt sozioökonomische Gleichheit voraus, die schon immer Fiktion war und erst recht nicht mehr auf spätkapitalistische Gesellschaften mit ausgeprägter interventionsstaatlicher Tätigkeit zutrifft. Weil unter solchen Bedingungen soziale Rechte zur Sicherung personaler Autonomie notwendig sind, die Praxis paternalistisch verliehener Teilhaberechte aber zugleich einer autonomen Lebensführung entgegensteht, folgert Habermas (1992: 494), daß „das Sozialstaatsprojekt weder

---

13 Habermas formuliert die Kolonialisierungsthese in Auseinandersetzung mit Max Webers These vom Freiheitsverlust. Komplementär faßt er Webers These vom Sinnverlust als kulturelle Verarmung der Lebenswelt: Im Zuge der Ausdifferenzierung der Lebenswelt spalten sich Wissenschaft, Moral und Kunst auch von der Alltagspraxis ab. Die Folge sei ein fragmentiertes Alltagsbewußtseins; dies sei eine Voraussetzung der Kolonialisierung.

14 In der Theorie des kommunikativen Handelns vertrat Habermas freilich noch die These, der Sozialstaat erzeuge notwendigerweise Pathologien (1981b: 523, 530-547). In diesem Punkt hat er sich mittlerweile korrigiert (Habermas 1992: 502; 1995: 159).

einfach festgeschrieben noch abgebrochen werden darf, sondern auf höherer Reflexionsstufe fortgesetzt werden muß".

Dies soll das prozeduralistische Rechtsparadigma leisten können, demzufolge die Legitimität gesatzten Rechts auf den Verfahrensbedingungen der demokratischen Genese von Gesetzen beruht: legitime Rechtsetzungsverfahren produzieren legitimes Recht. Wie im liberalen Rechtsparadigma gewinnt das Recht seine normative Kraft dabei letztlich aus der Sicherung personaler Autonomie; wie das sozialstaatliche Rechtsparadigma trägt es der Tatsache Rechnung, daß personale Autonomie „in wechselnden sozialen Kontexten auf verschiedene Weise realisiert werden muß" (Habermas 1992: 472). Darüber hinaus bekommt es jedoch in den Blick, daß die personale Autonomie von Rechtspersonen nicht in privater Autonomie aufgeht – der negativen Freiheit, „*nicht* Rede und Antwort stehen, für seine Handlungspläne *keine* öffentlich akzeptablen Gründe angeben" zu müssen (Habermas 1992: 153) –, sondern sich auch auf öffentliche Autonomie erstreckt – die kommunikative Freiheit, „zu kritisierbaren Geltungsansprüchen Stellung zu nehmen" (Habermas 1992: 161): Recht ist legitim, wenn die Betroffenen nicht nur Adressaten, sondern zugleich Autoren desselben sind.

Wie muß der politische Prozeß beschaffen sein, der diesem Rechtsparadigma entspricht? Das entsprechende Politikmodell nennt Habermas deliberative Demokratie. Dieses kontrastiert er mit dem (jeweils überpointiert dargestellten) liberalen und republikanischen Verständnis von Politik. Während das erste Modell den klassischen Abwehrrechten eine Vorrangstellung einräumt, sind diese dem republikanischen zufolge lediglich von politischen Teilnahmerechten abgeleitet. Demgegenüber zeigt die Theorie deliberativer Demokratie den internen Zusammenhang von Rechtsstaat und Demokratie auf: Sie begreift „die Prinzipien des Rechtsstaates als konsequente Antwort auf die Frage, wie die anspruchsvollen Kommunikationsformen einer demokratischen Meinungs- und Willenbildung institutionalisiert werden können" (Habermas 1992: 361). Damit verschiebt sich die Legitimationsbasis des demokratischen Rechtsstaates in das demokratische Verfahren. Die Prozeduren der Rechtsgenese sollen für die Bedürfnisartikulationen aller Betroffenen und die rationale Veränderbarkeit von Meinungen empfänglich sein.

Freilich können sich nicht alle kollektiv zu entscheidenden Fragen ausschließlich auf – gleichwohl den Rahmen des Zulässigen setzende – strikt verallgemeinerbare Interessen stützen. Demokratische Beratungen müssen für die liberale Dimension des Interessenausgleichs wie auch die republikanische ethischer Selbstverständigung sensibel bleiben. Ein komplexes Geflecht sowohl formeller wie informeller Diskursarenen und Beratungsforen rationaler Meinungs- und Willensbildung soll für alle Sorten von Gründen empfindlich sein: für pragmatische der richtigen Mittelwahl, ethische der Selbstverständigung und moralische der Gerechtigkeit; letztere begründen zudem faire Verhandlungsregeln, die einen Ausgleich konkurrierender, nichtverallgemeinerungsfähiger Interessen ermöglichen.

Damit „fällt ein guter Teil der Erwartungen, die mit deliberativer Politik verknüpft sind, auf die peripheren Strukturen der Meinungsbildung" (Habermas 1992: 434); die Qualität der Demokratie beruht auf einer liberalen Öffentlichkeit auf Basis einer vitalen Zivilgesellschaft: „Im prozeduralistischen Rechtsparadigma wird die politische Öffentlichkeit nicht nur als Vorhof des parlamentarischen Komplexes vorgestellt, sondern als die impulsgebende Peripherie, die das politische Zentrum *einschließt*: sie wirkt über den Haushalt normativer Gründe ohne Eroberungsabsicht auf alle Teile des politischen Systems ein. Über die Kanäle allgemeiner Wahlen und spezieller Beteiligungsformen setzen sich öffentliche Meinungen in eine kommunikative Macht um, die den Gesetzgeber autorisiert und eine steuernde Verwaltung legitimiert, während die öffentlich mobilisierte Rechtskritik einer rechtsfortbildenden Justiz verschärfte Begründungspflichten auferlegt" (Habermas 1992: 533).

Ein solches Modell gerät leicht unter Idealismusverdacht. Denn demokratische Meinungs- und Willensbildungsprozesse stehen in einem Maße unter Entscheidungsdruck und sind so sehr mit sozialen Ungleichheiten imprägniert, daß schon der Vergleich mit rationalen Diskursen mißtrauisch stimmen muß. Aus diesen Gründen dürfen Ergebnisse von Beratungen nur den Status fallibler und revidierbarer Entscheidungen für sich reklamieren.[15] Dem Problem ungleich verteilter sozialer Macht sollen rechtstaatliche Verfahren entgegenwirken.[16] Und die empirische Relevanz der normativen Annahmen belegt Habermas mit deren Bedeutung für die soziale Integration.

In funktional weitgehend differenzierten Gesellschaften erstreckt sich der „diskursive Vergesellschaftungsmodus" freilich „nicht auf das Ganze der Gesellschaft, in die das rechtsstaatlich verfaßte politische System *eingebettet* ist". Aber die Politik übernimmt „für die Lösung der integrationsgefährdenden Probleme der Gesellschaft eine Art Ausfallbürgschaft" (Habermas 1992: 366), indem sie „auf reflexiver Ebene eine Sozialintegration fort[setzt], die andere Handlungssysteme nicht mehr hinreichend leisten können" (Habermas 1992: 465). Zu diesem Zweck muß das Recht, mittels dessen sie mit den Subsystemen kommunizieren kann, legitim sein. Deswegen ist es auf die diskursive Generierung kommunikativer Macht angewiesen.

Habermas geht es in *Faktizität und Geltung* keineswegs um eine Legitimation der gegenwärtigen Gestalt demokratischer Rechtsstaaten, sondern darum, das emanzipatorische Potential ihrer normativen Substanz herauszuarbeiten. Deswegen schließt sein bislang letztes Hauptwerk mit institutionellen Reformvorschlägen. Es sind nämlich keineswegs nur die informellen Netzwerke zivilgesellschaftlicher Assoziationen, auf die Habermas setzt.

---

15 Auf diese Weise läßt sich die Mehrheitsregel als unter Entscheidungsdruck erforderliche Unterbrechung einer fortlaufenden Deliberation verstehen.

16 Den illegitimen Einflüssen sozialer und der Verselbständigung administrativer Macht, denen sich die Legislative gegenüber sieht, soll eine in zivilgesellschaftlichen Assoziationen verankerte kritische Öffentlichkeit bei gegebenem Anlaß durch Dramatisierungsstrategien entgegenwirken können.

Diese sind politischer Steuerung ohnehin nur begrenzt zugänglich. In jedem Fall ist die Rationalität von Politik und Recht auch auf formelle Schleusen zur Aufnahme normativer Gründe in das politische System angewiesen (Habermas 1992: 429-432).

Zum einen nennt Habermas plebiszitäre Elemente, basisdemokratische Verfahren und die Konstitutionalisierung der Massenmedien, die vom Zugriff v. a. politischer Funktionseliten abgeschirmt werden sollen, eine Entdifferenzierung der Parteifunktionen der Willensbildung und der Personalrekrutierung sowie ein Parlament, das einen reflexiven Umgang mit Problemen in dem Sinne pflegt, daß es zunächst Fragen der Kompetenz und Entscheidungsbefugnis klärt (Habermas 1992: 533f.). Weil sich die Rechtsetzung heute freilich nicht mehr auf die Parlamente (bzw. Plebiszite) beschränken läßt, weil Gerichte und Verwaltungen ihren Aufgaben nicht allein durch Rechtsanwendung und -vollzug gerecht werden können, sondern auch rechtsfortbildend wirken, muß sich die Demokratisierung zum anderen auch auf Justiz und Verwaltung erstrecken.

Das Verfassungsgericht sieht sich in dieser Konzeption auf die eher „restriktive Rolle" des Hüters legitimer Verfahren demokratischer Rechtsgenese festgelegt (Habermas 1992: 529f.). Dort aber, wo die Judikative sich nicht auf Anwendungsdiskurse beschränken kann, fordert die Theorie deliberativer Demokratie die Erweiterung um Elemente von Begründungsdiskursen: „Die zusätzliche Legitimationsbürde könnte durch Rechtfertigungszwänge vor einem erweiterten justizkritischen Forum abgegolten werden. Dazu bedürfte es der Institutionalisierung einer Rechtsöffentlichkeit, die über die bestehende Expertenkultur hinausreicht und hinreichend sensibel ist, um problematische Grundsatzentscheidungen zum Fokus öffentlicher Kontroversen zu machen" (Habermas 1992: 530). Vor allem aber sind es „die Entscheidungsabläufe einer nach wie vor an Effizienzgesichtspunkten orientierten Verwaltung", in die „mit Hilfe von prozeduralem Recht *Legitimationsfilter* eingebaut werden" müssen (Habermas 1992: 531). Elemente von Begründungs- und Anwendungsdiskursen könnten die institutionelle Gestalt der „Entscheidungsteilhabe von Betroffenen, die Aktivierung von Ombudsleuten, gerichtsanaloge Verfahren, Anhörungen," zur Gewährleistung des individuellen Rechtsschutzes „die Ausweitung des Gesetzesvorbehalts, die Dynamisierung des Grundrechtsschutzes, kollektive Rechtsschutzformen usw." annehmen (Habermas 1992: 531).

Zu orientieren haben sich die Reformen am Kriterium, daß die Adressaten des Rechts zugleich dessen Autoren sein sollen. Die gezielte Ausweitung demokratischer Teilnahmerechte ermöglicht den Betroffenen, selbst die Maßstäbe zu klären, nach denen Gleiches gleich und Ungleiches ungleich behandelt werden soll. Auf diese Weise, so der Gedanke, werde den normalisierenden Effekten paternalistisch verliehener Rechte, dem kolonialisierenden Einbruch systemischer Imperative in die Lebenswelt vorgebeugt; auf diese Weise werde „die Systemerhaltung den normativen Restriktionen der Lebenswelt" unterworfen (Habermas 1981b: 275f.; vgl. Habermas 1992: 150).

2.3. Die Begründung deliberativer Demokratie

Indem die Theorie deliberativer Demokratie Staatsbürger zugleich als Autoren und Adressaten des Rechts versteht, verweist sie auf einen internen Zusammenhang von Demokratie und Rechtsstaat: „[I]m Zeichen einer vollständig säkularisierten Politik [ist] der Rechtsstaat ohne radikale Demokratie nicht zu haben und nicht zu erhalten" (Habermas 1992: 13). Diese These versucht Habermas mit einem komplexen Argument zu begründen.

In einem ersten Schritt geht es ihm um den Nachweis, daß zwischen Moral und Recht kein Ableitungs-, sondern ein Ergänzungsverhältnis besteht. Erst im Zuge der Rationalisierung der Lebenswelt und der Ausdifferenzierung ihrer Komponenten treten Recht und Moral auseinander. Während die Moral nur der kulturellen Komponente der Lebenswelt angehört, so gehört das mit Sanktionsmacht ausgestattete Recht zudem zur institutionellen Lebensweltkomponente. Deswegen kann das moderne Recht die kognitiven, motivationalen und organisatorischen Schwächen einer Moral ausgleichen, die nur noch für moralische Urteile aufkommt und deren Befolgung allein von entsprechenden Persönlichkeitsstrukturen abhängt. Denn anders als die Moral kann es seine Befolgung erzwingen und so die Funktion der Sozialintegration auch auf der abstrakten Ebene von Rechtsgenossen übernehmen, wo eine universalistische Moral, der es an Konkretisierung, Motivationsbindung und Organisationsfähigkeit mangelt, fragil wird.

Sowohl dem Recht wie der Moral liegt das Diskursprinzip (D) zugrunde, das den Sinn der Unparteilichkeit und damit der Legitimität von Handlungsnormen überhaupt erklärt: „Gültig sind genau die Handlungsnormen, denen alle möglicherweise Betroffenen als Teilnehmer an rationalen Diskursen zustimmen könnten" (Habermas 1992: 138).[17] Erst aus unterschiedlichen Spezifizierungen von D ergeben sich das Moral- sowie das Demokratieprinzip. Während ersteres die zulässige Sorte der Gründe näher bestimmt, so letzteres die Art der Handlungsnormen. In moralischen Diskursen zählen allein moralische Gründe: legitim sind allein diejenigen „Handlungsnormen, die *allein* unter dem Gesichtspunkt gleichmäßiger Interessenberücksichtigung gerechtfertigt werden können" (Habermas 1992: 139). Das Demokratieprinzip dagegen ist offen für moralische, ethische und pragmatische Gründe, bezieht sich aber allein auf „solche Handlungsnormen, die in Rechtsform auftreten" (Habermas 1992: 139) und besagt nur, wie eine vernünftige politische Meinungs- und Willensbildung institutionalisiert werden kann, „nämlich durch ein System von Rechten, welches jedermann die gleiche Teilnahme an einem solchen, zugleich in seinen Kommunikationsvoraussetzungen gewährleisteten Prozeß der Rechtsetzung sichert" (Habermas 1992: 140).

Anders als die Moral läßt das moderne Recht aber auch die Gründe seiner Befolgung offen: das moderne Recht, das Bereiche legitimer Willkür

---

17   Zur Begründung von D: Habermas (1983, 1991, s. a. 1996); vgl. Apel (1973).

festlegt, kann sowohl aus Einsicht (wie die Moral) befolgt oder aber in strategischer Einstellung als Sanktionsmacht betrachtet werden. Damit treten im Recht, anders als in der Moral, die Rollen des Normadressaten und -autors auseinander. Legitim ist Recht freilich nur, wenn es seine Befolgung aus Einsicht prinzipiell ermöglicht. Zu diesem Zweck müssen private und öffentliche Autonomie so vermittelt werden, daß keine der anderen untergeordnet wird. Genau dies soll das System der Rechte leisten, das sich als Ausgestaltung des Demokratieprinzips verstehen läßt, welches sich wiederum „der Verschränkung von Diskursprinzip und Rechtsform verdankt" (Habermas 1992: 154).

Die Rechtsform selbst begründet Habermas nicht normativ, sondern funktionalistisch. Sie hat sich „im Verlaufe der sozialen Evolution erst herausgebildet" (Habermas 1992: 142). Durch seinen zwingenden Charakter stabilisiert das moderne Recht soziale Verhaltenserwartungen. Aber eine Gemeinschaft, die sich über das Medium des Rechts organisiert, unterliegt spezifischen Bedingungen. Anders als die Moral nämlich richtet sich das Recht an „Subjekte, die nicht mehr durch ihre lebensgeschichtlich ausgebildete personale Identität, sondern durch die Fähigkeit individuiert sind, die Stellung von sozialtypischen Mitgliedern einer rechtlich konstituierten Gemeinschaft einzunehmen" (Habermas 1992: 144). Deswegen muß der Status der Rechtsperson sozusagen künstlich erzeugt werden: Rechtspersonen sind Träger subjektiver Rechte auf Handlungsfreiheiten. Die Legitimität einer Rechtsordnung wird freilich nicht schon durch die Rechtsform gesichert; dies leistet erst die Anwendung des Diskursprinzips auf die Rechtsform. Die Rekonstruktion des Systems der Rechte beginnt deswegen mit der Anwendung von D auf das abstrakte Recht auf subjektive Handlungsfreiheiten. Daraus folgen zunächst: „(1) Grundrechte, die sich aus der politisch autonomen Ausgestaltung des *Rechts auf das größtmögliche Maß gleicher subjektiver Handlungsfreiheiten* ergeben. Diese Rechte fordern als notwendige Korrelate: (2) Grundrechte, die sich aus der politisch autonomen Ausgestaltung des *Status eines Mitgliedes* in einer freiwilligen Assoziation von Rechtsgenossen ergeben; (3) Grundrechte, die sich unmittelbar aus der *Einklagbarkeit* von Rechten und der politisch autonomen Ausgestaltung des individuellen *Rechtsschutzes* ergeben" (Habermas 1992: 155f.).

Es sind zwei Argumente, die Habermas veranlassen, die Rekonstruktion des Systems der Rechte nicht mit den Kategorien der klassischen liberalen Grundrechte, Staatsangehörigkeitsrechte und Rechtsweggarantien abzubrechen, sondern den entscheidenden Schritt für den Aufweis des internen Zusammenhangs von Rechtsstaat und Demokratie zu tun. Zum einen „bleiben die dem Rechtskode selbst eingeschriebenen Grundrechte sozusagen *ungesättigt*. Sie müssen von einem politischen Gesetzgeber je nach Umständen *interpretiert* und *ausgestaltet* werden" (Habermas 1992: 159). Aus der Rechtsform selbst lassen sich nämlich nur Rechts*kategorien*, jedoch keine konkreten Rechte herauslesen. Zum zweiten erlangen Rechtspersonen durch die drei bislang bestimmten Rechtskategorien noch nicht ihre Autonomie. Denn im

Gegensatz zur Autonomie moralischer Subjekte tritt diejenige von Rechtspersonen „nur in der doppelten Gestalt von privater und öffentlicher Autonomie auf" (Habermas 1994: 87). Die Adressaten des Rechts müssen sich zugleich als dessen Autoren verstehen können. Weil sie ihre Autonomie als Rechtspersonen freilich in der Sprache des Rechts verwirklichen müssen, folgen hieraus logisch: „(4) Grundrechte auf die chancengleiche Teilnahme an Prozessen der Meinungs- und Willensbildung, worin Bürger ihre *politische Autonomie* ausüben und wodurch sie legitimes Recht setzen" (Habermas 1992: 156).

Mit diesem Schritt weist Habermas auf den internen Zusammenhang von Volkssouveränität und Menschenrechten hin und begründet die These von der *Gleichursprünglichkeit* von privater und öffentlicher Autonomie. Gleichursprünglich heißt, daß sich beide wechselseitig voraussetzen: die Möglichkeit zu politischer Teilnahme den Status von Rechtspersonen, weil Bürger sich nur als Rechtspersonen am Rechtssetzungsverfahren beteiligen können; der Status von Rechtspersonen die Möglichkeit zu politischer Teilnahme, weil die spezifischen Rechte, die den Status der Rechtsperson in einer bestimmten Gemeinschaft von Rechtsgenossen definieren, nur im demokratischen Prozeß der Rechtsgenese geklärt werden können. Deswegen lassen sich Grundrechte auch nicht als Beschränkung von Demokratie verstehen: sie ermöglichen diese in Rechtstaaten überhaupt erst; Rechtsordnungen müssen sich freilich zugleich als Interpretationen des Systems der Rechte verstehen lassen.[18]

Die Gleichursprünglichkeit von privater und öffentlicher Autonomie ist der Kern des normativen Selbstverständnisses demokratischer Rechtsstaaten. Diese Konzeption steht im Zentrum der Theorie deliberativer Demokratie; diese Konzeption ist es auch, die den stärksten Widerspruch provoziert hat.

3.　Kritik am Konzept der deliberativen Demokratietheorie

3.1.　Interne Kritik

3.1.1. Kritik an der Gleichursprünglichkeit

Aus liberaler Sicht wird an Habermas' These von der Gleichursprünglichkeit von Menschenrechten und Volkssouveränität zunächst die *moralisch* schwa-

---

18 Komplettiert wird das System der Rechte durch relativ begründete Teilhaberechte, die durch die bislang genannten impliziert werden: „(5) Grundrechte auf die Gewährung von Lebensbedingungen, die in dem Maße sozial, technisch und ökologisch gesichert sind, wie dies für eine chancengleiche Nutzung der (1) bis (4) genannten bürgerlichen Rechte unter gegebenen Verhältnissen jeweils notwendig ist" (Habermas 1992: 156f.).

che Stellung der Menschenrechte kritisiert, da sie von vornherein nur als Rechte im juridischen Sinne, d.h. allein in Gestalt *legaler*, verfassungsrechtlich verankerter Grundrechte thematisiert werden. Die Legalisierung ist zwar argumentationslogisch notwendig, um die Menschenrechte gegenüber dem Ideal der Volkssouveränität nicht zu hierarchisieren. Jedoch unterläuft Habermas damit einerseits die Intuition, wonach Menschenrechte universelle Geltung beanspruchen und schöpft so ihr normatives Potential nicht hinreichend aus. Andererseits könnte vermutet werden, daß nur Staatsbürger über Grundrechte verfügen. Zumindest argumentiert Wellmer (1998: 265-266), daß zwar ein Zusammenhang zwischen Menschen- und Grundrechten dahingehend besteht, daß „moralisch begründete Menschenrechte in juridisch einklagbare Grundrechte transformiert wurden", damit jedoch automatisch ihre *Partikularisierung* einhergeht (vgl. für eine Entgegnung das Nachwort von Habermas 1992).

Als Ausgangspunkt für das Argument des Vorranges der liberalen Grundrechte kann das System der Rechte, das genau jene Rechte enthält, die notwendig sind, um das Diskursprinzip rechtlich zu institutionalisieren, dienen. Letzteres soll dabei laut Habermas gegenüber Moral und Recht noch neutral sein. Da das Diskursprinzip jedoch auf die Zustimmung „*aller* möglicherweise Betroffenen" zielt, kann es auch stärker moralisch gelesen werden; dann „wäre nicht zu sehen, wieso (...) erst das Moralprinzip den Gedanken der Universalisierbarkeit enthalten soll" (Lohmann 1998: 73). Die These, wonach sich das Demokratieprinzip der Verschränkung von Diskursprinzip und Rechtsform verdankt, verlangt jedoch eine stärkere Klarheit hinsichtlich des moralischen Gehalts des Diskursprinzips.

Gosepath (1998: 214) analysiert den *Status* der Frage, welche grundlegenden Rechte sich Bürger einräumen müssen, wenn sie ihr Zusammenleben mit Mitteln des Rechts legitim regeln wollen. Handelt es sich hierbei um eine *moralische* Frage der legitimen Grundrechtssetzung oder um eine – wie er Habermas attestiert – *demokratietheoretische* zur Sicherung diskursiver politischer Willensbildung? Erste würde direkt zum Vorrang liberaler moralischer Menschenrechte führen, letztere jedoch auch – so Gosepath (1998: 214) – da „die basalen moralischen Prinzipien in Form der Annahme freier und gleicher Bürger bereits unterstellt werden". Letztlich sollte die allgemein geteilte Moral der gleichen Anerkennung die moralische Grundlage der Menschenrechte und der Volkssouveränität sein, wobei die Menschenrechte jedoch Vorrang genießen. Damit schließt sich Gosepath implizit Larmore (1993: 326f) an, demzufolge die Volkssouveränität einem „fundamentalen subjektiven Recht" entspringt: dem „moralischen Grundsatz der Achtung vor Personen". Dieser Grundsatz sei nämlich die normative Grundlage der Forderung nach Identität von Autoren und Adressaten des Rechts, insofern „niemand (...) durch Gewalt gezwungen werden [darf], sich Handlungsnormen zu unterwerfen, wenn es ihm unmöglich ist, deren Gültigkeit vernünftig einzusehen" (Larmore 1993: 327).

Böckenförde (1998) kritisiert die These der Gleichursprünglichkeit dahingehend, daß die Forderung nach Demokratie sich direkt aus den Menschenrechten zu ergeben scheint, d.h. quasi zu einem Menschenrecht wird. Dieser Anspruch verkenne jedoch die anspruchsvollen Voraussetzungen, auf denen Demokratie aufruht (demokratisches Ethos und relative Homogenität hinsichtlich gemeinsamer sozialer und politischer Werteetc.) und die es verbieten, Demokratie als universelles politisches Ordnungsprinzip zu verstehen. Aufgrund des kontingenten Auftretens der sozio-moralisch/strukturellen Voraussetzungen von Demokratie schwächt eine Kopplung von Menschenrechten und Demokratie im Umkehrschluß sogar den Geltungsanspruch der Menschenrechte (vgl. Böckenförde 1998: 241).

3.1.2. Kritik an der institutionellen Gestaltung

„Wie können Bürger jemals Gesetze schaffen?" fragt Michelman (1997) und verweist damit auf den Aspekt, daß Theorien deliberativer Demokratie in ihren Vorschlägen zur Institutionalisierung von Diskursen und der Analyse von diskursermöglichenden und –abstützenden Institutionen noch nicht soweit voran geschritten sind wie ihren normativen Begründungsprogrammen (vgl. Dryzek 1990: 40, Buchstein 1995: 318, Offe 1997: 100-104). Diese generelle Kritik trifft in eingeschränkter Sicht auch auf ,Faktizität und Geltung' zu. In seiner Modellierung des demokratischen Prozesses orientiert sich Habermas entscheidend an dem von Peters (1993; vgl. dazu auch Gerhards 1997: 3) ausgearbeiteten Schleusenmodell des rechtsstaatlich regulierten Machtkreislaufes. Beide erklärenden Momente des Modells – die Vorstellung eines Interessen und Präferenzen filternden Schleusensystems sowie die zwei Modi der Problemverarbeitung (Routine- und Ausnahmemodus) – sind jedoch sowohl aus analytischer als auch normativer Sicht ambivalent.

Schmalz-Bruns (1995: 115-116; vgl. zustimmend auch Buchstein 1995) kritisiert, daß „das demokratische Prinzip der Volkssouveränität so durch mehrere, hintereinander gelegte Filter hindurch[ge]führt [wird] (...) daß er [Habermas] am Ende den Anspruch einer demokratischen Gestaltung von Politik in die institutionellen Bahnen einer liberalen, repäsentativen Demokratie zurückführt". Die Zurückhaltung bei der Explikation der normativen Gehalte der Zivilgesellschaft führt er theoretisch auf den Druck der „realistischen" Schule der Demokratietheorie (Dahl 1989, Sartori 1992, Zolo 1992), empirisch auf die pessimistisch stimmenden soziologischen Zeitdiagnosen zurück. Das normative Potential der Zivilgesellschaft wird daher – für Schmalz-Bruns theoretisch durchaus konsequent – zu niedrig veranschlagt, als daß die institutionellen Filter überflüssig werden könnten.

Offe (1997) argumentiert dagegen, daß Filter dann legitim sind, wenn von der libertarischen *(libertarian)* Auffassung abgerückt wird, wonach alle politische Präferenzen gleichberechtigt sind, da sie nicht extern bewertet werden können (vgl. Kymlicka 1996: 128-132). Löst man sich von dieser

Vorstellung und gewinnt ein analytisches *Qualitätsraster* politischer Präferenzen, so müssen dann nicht mehr *alle* artikulierten politischen Präferenzen Basis von politischen Entscheidungen sein, wenn sie spezifische Qualitätskriterien nicht erfüllen (Offe 1997: 95-96, vgl. auch Offe/Preuß 1991): 1. Berücksichtigung von Fakten und Informationen (*fact-regarding*), 2. Reflexive Einbeziehung anderer Bürger (*other-regarding*) sowie 3. Antizipation zukünftiger Konsequenzen heutigen Handelns (*future-regarding*). Spezifische Ausprägungen auf diesen Qualitätsdimensionen können als erklärende und legitimierende Momente der Filterlogik fungieren. Dies jedoch nur dann, wenn die sozialen, sozio-moralischen sowie strukturellen Kontexte der Präferenzgenese reflexiv in den Blick genommen werden, denn sonst stünde diese Konzeption in dem Verdacht, die vorgängige und kontextabhängige deliberative Kompetenz der Bürger nicht hinreichend zu berücksichtigen und somit systematisch Asymmetrien zu erzeugen (vgl. für die Diskussion von *Assoziationsverhältnissen* Offe 1989; vgl. auch Wellmer 1998: 278).

3.1.3. Das Motivationsproblem: sozio-moralische Voraussetzungen demokratischer Diskurse

Welche Motivationen besitzen Bürger, sich an deliberativen Prozeduren zu beteiligen, welches sind die sozio-moralischen Voraussetzungen hierfür und in welchem internen Zusammenhang stehen beide?

Honneth (1999) betont, daß das prozedurale Demokratiemodell sozial voraussetzungsreich ist. Theoriearchitektonisch ist die Forderung nach sozialer Gleichheit jedoch nur *innerhalb* der Verfahren demokratischer Willensbildung zu artikulieren;[19] eine dem vorgängige Vorstellung von sozialer Gerechtigkeit ist im theoretischen Bezugsrahmen von Faktizität und Geltung nicht angelegt. Damit jedoch ist soziale Gerechtigkeit der Kontingenz politischer Entscheidungen unterworfen. Das wäre nur dann unproblematisch, wenn die Bürger „so viel an Gemeinsamkeiten mit allem anderen [haben], daß immerhin ein Interesse entstehen kann, sich aktiv für die politischen Angelegenheiten einzusetzen"; dies setzt jedoch „subpolitisch bereits eine Erfahrung (...) der kommunikativen Verwiesenheit (...)" (Honneth 1999: 64) voraus, die Habermas konzeptionell nicht hinreichend berücksichtigt, da Demokratie auf die politische Sphäre beschränkt bleibt und die soziale Sphäre von Demokratie nicht hinreichend in den Blick nimmt. Zwar werden die sozio-moralischen Voraussetzungen in Form der „entgegenkommenden politischen Kultur" adressiert, deren Ausbildung wird jedoch partiell als Ergebnis *funktionaler* Erfordernisse verstanden. Honneth argumentiert hingegen, daß die motivationalen Ressourcen der demokratischen Beteiligung darin beste-

---

19 Dies spiegelt sich auf Ebene der Grundrechtskategorien in der schwachen begründungstheoretischen Stellung der fünften Kategorie, der sozialen Teilhaberechte, wieder (vgl. Forst 1999: 158 sowie Lohmann 1998: 68ff)

hen, daß „die demokratischen Prozeduren (...) zu einem normativen Element
(...) alltägliche[r] Gewohnheiten (...)" (Honneth 1999: 64) geworden sind.
Dieser Vorschlag läuft jedoch Gefahr, den Gewinn, den Habermas durch die
Neutralität demokratischer Prozeduren erzielt hat, durch eine Re-Ethisierung
zu riskieren, könnte doch politische Partizipation an eine partikulare Lebens-
konzeption motivational rückgebunden werden. Daß dies eine unberechtigte
Angst ist, zeigt Wellmer (1993). Er argumentiert, daß „extensive demokratische Partizipation (...) auf eine Form *demokratischer Sittlichkeit"* (Wellmer
1993: 60) angewiesen ist, die jedoch nur dann nicht-paradox erscheint, wenn
sie nicht als substantielle, sondern als *prozedurale* Sittlichkeit zu bestimmen
ist, die in einer fragmentierten Gesellschaft Abstand von *einer* Idee des guten
Lebens genommen hat (vgl. hierzu auch Forst 1999).

Die Frage nach den sozio-moralischen Voraussetzungen, sich an demokratischen Diskursen zu beteiligen, öffnet den Blick für das empirische Problem, welche Rationalitätserwartungen Diskurse in der Öffentlichkeit[20] *faktisch* erfüllen können. Diese Frage ist ein empirisches Forschungsdesiderat.
Eine bemerkenswerte Ausnahme hierzu stellt ein Aufsatz von Jürgen Gerhards (1997) dar, der anhand einer empirischen Analyse des massenmedialen
Diskurses in der Bundesrepublik (1970-1994) über die Abtreibung empirisch
gesättigte Aussagen über das Rationalitätsniveau dieser Debatte, und zwar
differenziert nach Akteursgruppen, treffen kann. Die Ergebnisse sind aus
Sicht der normativ anspruchsvollen deliberativen Demokratietheorie desillu-
sionierend, da „(...) die Akteure in der Medienarena weder im hohem Maße
ihre Kommunikationen mit Begründungen versehen noch ihr Kommunikationsverhalten die Form eines Diskurses aufweist (...). [D]ieses Defizit [darf]
nicht der Struktur medialer Öffentlichkeit, sondern dem Kommunikationsverhalten der Akteure selbst angelastet [werden]" (Gerhards 1997: 20-21).
Dieses Argument verzichtet jedoch darauf, *theoretisch* nach der Prägekraft
der Struktur medialer Öffentlichkeit auf das Kommunikationsverhalten der
Akteure zu fragen.

3.2. Externe Kritik

Die generelle Kritik bzw. Ablehnung der politischen Theorie der Deliberation
(vgl. für eine Übersicht Sanders 1997) kristallisiert an der spezifischen Begründung bzw. Begründbarkeit[21] und Ausgestaltung von deliberativer Demokratie.

---

20 Zur Frage, ob das normativ gehaltvolle Konzept von Öffentlichkeit bei Habermas hin-
    reichend soziologisch informiert ist, vgl. die Beiträge in Neidhardt (1994).
21 Für diesen an dieser Stelle ausgesparten Kritikstrang sei v.a. auf Rorty (Kapitel VII)
    verwiesen.

Die Kritik an der Ausgestaltung kreist um die Reichweite und Ausdehnung jenes Pools an Argumenten, der diskursiv in Anschlag gebracht werden kann und jenes Bereiches politischer Fragen, der adressiert werden darf. Ausgangspunkt ist die These, wonach die Theorie der Deliberation mit ihrer Orientierung am Ideal diskursiver Verständigung die empirischen Rationalitätsressourcen überzieht und dabei gleichzeitig aufgrund des internen Konfliktpotentials thematisch entgrenzter Diskurse die Stabilität pluralistischer Gesellschaften langfristig unterminiere. Diese Kritik wird maßgeblich vom zeitgenössischen politischen Liberalismus artikuliert.[22] Ackerman und Larmore sind die beiden prominentesten Vertreter einer diskursiven Neutralität (d.h. der thematisch/argumentativen Eingrenzung von Diskursen) innerhalb der *politischen* Sphäre. Wird innerhalb einer politischen Diskussion deutlich, daß unüberbrückbare Meinungsverschiedenheiten existieren, „(...) sollten [wir] einfach *überhaupt nichts* über diese Meinungsverschiedenheit sagen und die moralischen Ideale, die uns trennen, aus den Gesprächsthemen des liberalen Staates ausklammern" (Ackerman 1995: 399-400). Eine solche Konzeption des neutralen Dialogs (im Sinne von Knebelungsregeln oder *Gag-Rules)* besitzt zumindest drei Problemdimensionen, die relevant für die Überzeugungskraft der Kritik sind. Gag-Rules implizieren ein inkonsistentes Kompetenzprofil beim Bürger. Einerseits werden sie unterfordert, da Ackerman nicht davon ausgeht, daß konfliktive Materien diskursiv gelöst werden können. Andererseits werden sie gleichzeitig überfordert, da angenommen wird, daß sie sich *trotzdem* an anspruchsvollen Neutralitätskriterien orientieren. Problematisch ist zum zweiten die Trennung zwischen privat und öffentlich/politisch. Das historische Phänomen der *Entgrenzung von Politik,* verbunden mit der Ausweitung gerechtfertigter politischer Ansprüche, gerät hier ins Blickfeld. Diese Kritik pointiert Benhabib (1995) schließlich indem sie betont, daß die inhaltlichen Diskursbeschränkungen *willkürlich* sind, da sie nicht auf einer *moralischen* Begründung beruhen. Schließlich ruht auf Advokaten von Gag-Rules die argumentative Bringeschuld eines empirischen Nachweises dafür, daß beschwiegene Konflikte latent bleiben und nicht eruptiv zum Ausbruch kommen – und damit stabilitätsunterminierendere Konsequenzen besitzen als ein kontinuierlich geführter öffentlicher Diskurs.

4.   Stand der Forschung und alternative Ansätze

Die Attraktivität des deliberativen Theoriestranges hat zu einer Pluralität von Theorien und –bausteinen geführt, deren Grundzüge und Entwicklungspotential abschließend vorgestellt werden sollen.

---

22   Vgl. für eine Kritik aus Sicht von Rawls McCarthy (1996) sowie Forst (1999: 105-137).

Konsens innerhalb aller hier vorgestellten Theorien ist, daß die Legitimität von Recht an seine diskursive Genese gekoppelt wird. Herausragende Bedeutung besitzt für deliberative Demokratietheorie dabei der Status politischer Präferenzen: Sind sie präpolitisch, so genügt legitimatorisch ihre schiere Aggregation. Doch gerade diese statische Vorstellung wird herausgefordert; Manin (1987) vertritt die These, daß politische Präferenzen sich erst im Prozeß der Deliberation formieren oder zumindest konkretisieren (ähnlich Sunstein 1991, kritisch dazu Offe 1997: 90-100). Daher sind nicht die präpolitischen Präferenzen, sondern der *Prozeß der Deliberation* selbst Quelle demokratischer Legitimität. Da *alle* Bürger von politischen Entscheidungen betroffen sind, ergibt sich die Forderung der größtmöglichen Inklusivität des demokratischen Prozesses. Obwohl dem Prozeß der Deliberation selbst Rationalität über das Faktum des *Argumentierens* attestiert wird, unterliegt Manins Beitrag im Gegensatz zu Habermas keine Sprechakttheorie. Daher werden auch keine Geltungsansprüche auf Wahrheit erhoben.

Bohmans (1996: 14) Projekt ist es zu zeigen, daß deliberative Demokratietheorie gesellschaftliche Komplexität anerkennen kann und „(...) still defend the democratic ideals of the autonomy and sovereignty of the citizens". Hierfür wird eine stärker praktische Konzeption von Deliberation benötigt, die normative Idealisierungen abwerfen muß, um so tatsächlich stattfindende Deliberation in den analytischen Fokus zu bekommen. Daher definiert Bohman (1996: 27) public deliberation als „a dialogical process of exchanging reasons for the purpose of resolving problematic situations that cannot be settled without interpersonal coordination and cooperation". Das normative Ziel der Deliberation ist die Fortführung des Dialoges, während das Konzept der öffentlichen Vernunft plural bleibt: Der Dialog muß nicht notwendigerweise zum Konsens führen und ist trotzdem – im normativen Sinne der Theorie – erfolgreich. Indem Bohman die normativen Anforderungen an Diskurse deutlich tiefer hängt kann er seine Konzeption als „realitätstauglicher" bezeichnen; gleichwohl expliziert auch Bohman die dafür notwendigen motivationalen und kognitiven Ressourcen der Bürger nicht detailliert. In Anbetracht der Komplexität des politischen Prozesses stellt aber die „realistische" Schule der Demokratietheorie genau diese in Frage. Einen Baustein zu einer deliberativen Demokartietheorie, die diese Kritik berücksichtigt, liefert Warren (1992). Er argumentiert, daß nicht alle politischen Fragen gleichermaßen deliberativ lösungsfähig sind und daher die Angemessenheit deliberativer Verfahren von einer erfolgreichen Differenzierung unterschiedlichen Problemlagen abhängig ist. Inwieweit die Schranken des deliberativ Zugänglichen wiederum selbst im Rahmen von deliberativen Prozessen gefunden und thematisiert werden können, ist jedoch aus seiner Perspektive noch ein Forschungsdesiderat (vgl. für eine empirische Studie zur Rationalität politischer Präferenzen Lupia/McCubbins 1998).

Das deliberative Theorieprojekt benötigt aber konkrete Vorschläge für deliberativ inspirierte Institutionen und Prozeduren. Das erreichte Maß an

Konkretisierung erlaubt bisher eher zurückhaltenden Optimismus, obwohl mit den Arbeiten von Schmalz Bruns (1995), Fishkin (1991, 1995), Dryzek (1990) sowie Gutmann/Thompson (1996) vielversprechende, wenn auch sehr divergierende Ansätze vorliegen.

Fishkins Projekt ist der *deliberative poll.* Ausgangspunkt seiner Argumentation ist die – Manin und Sunstein nicht unähnliche – These, wonach Deliberation die Qualität politischer Präferenzen verbessert. Der politische Prozeß kann in Flächendemokratien jedoch nicht dem deliberativen Ideal gemäß gestaltet werden. Die Kernidee seiner *deliberativen Meinungsumfrage* (deliberative poll) ist es nun, ein repräsentatives Sample der Bevölkerung an einem Ort mit Experten zusammenzubringen, deliberieren zu lassen und die Ergebnisse dieses Prozesses im Fernsehen zu übertragen: „A deliberative poll attempts to model what the public *would* think, had it a better opportunity to conside the questions at issue" (Fishkin 1995: 162). Problematisch an diesem – empirisch praktikablen – Ansatzes ist zunächst die positive Bewertung paternalistisch-advokatorischer Diskurse, schließlich gehört es zum Kernbestand des Theoriestranges, daß Betroffene ihre Bedürfnisse in demokratischen Diskursen *selbst* artikulieren (bzw. überhaupt erst diskursiv finden). Davon abgesehen sind die motivationalen Effekte paternalistischer Diskurse eher zweifelhaft.

Anspruchsvoller als Fishkin – sowohl begründungslogisch als auch in der Konzeptionalisierung der institutionellen Ausgestaltung – sind die Ansätze von Schmnalz-Bruns (1995)[23]und Dryzek (1990). Dryzeks (1990: 45-48) Hoffnungsträger sind die Neuen Sozialen Bewegungen, diese werden jedoch durch „mediation" und „regulatory negotiation" stärker institutionell abgestützt und so in den politischen Prozeß integriert. Dabei beläßt Dryzek (1990: 90-110) es nicht mit einer Analyse deliberativer Prozesse auf der Ebene des Nationalstaates sondern geht den entscheidenden Schritt hin zu „international discursive designs" weiter. Die bei Habermas anvisierte normative Theorie mit empirischer Bodenhaftung kann von ihm eingelöst werden, da er systematisch empirische Analysen diskursiv inspirierter politischer Prozesse in seinen Argumentationsgang einzieht.

Nachhaltige Herausforderungen resultieren für die deliberative Demokratietheorie gegenwärtig gerade aus Prozessen der ökonomischen Globalisierung und der politischen Denationalisierung.[24] Die politische Theorie der Deliberation besitzt – vor allem in der Spielart von Habermas – ein emanzipatives Anliegen, sie reflektiert unter dem Blickwickel von gerechtigkeitstheoretischen Erwägungen die soziale Basis politischen Handelns. Die „Verdrängung der Politik durch den Markt" (Habermas 1998: 120 kritisch dazu

---

23   Da Schmalz-Bruns' ‚Reflexive Demokratie' in der deutschsprachigen Diskussion bereits fest plaziert ist, nutzen wir an dieser Stelle die Gelegenheit, abschließend auf den in unserem sprachraum eher ‚vernachlässigten' Entwurf von Dryzek einzugehen.

24   Vgl. für eine Diskussion des deliberativen Potentials des Internets als Symboltechnologie der Globalisierung Schaal/Brodocz (1998).

Scheuerman 1999) und die damit verbundene sinkende nationalstaatliche Steuerungsleistung lassen die sozialen (d.h. auch sozialstaatlichen) Voraussetzungen deliberativer politischer Prozeduren jedoch zunehmend wegbrechen und beschleunigen damit den Legitimationsvorbehalt demokratisch betroffener Entscheidungen: „Die Parole ‚Ohnmacht durch Globalisierung' ist (…) keineswegs ganz aus der Luft gegriffen (…)" (Habermas 1998: 122). So scheint es, als ob sich für die deliberative Demokratietheorie, die sich in ihren unterschiedlichen Facetten als Fluchtpunkt der zeitgenössischen politischen Theorie herauskristallisiert hat (vgl. Offe 1997: 100), gerade durch Prozesse der ökonomischen Globalisierung und der politischen Denationalisierung die größten Herausforderungen ergeben.

Literatur

a. verwendete Literatur

Ackerman, Bruce (1995): Warum Dialog? S. 385-410 in: Bert van den Brink/Willem van Reijen (Hg.): Bürgergesellschaft, Recht und Demokratie. Frankfurt a.M.

Apel, Karl-Otto (1973): Das Apriori der Kommunikationsgemeinschaft und die Grundlagen der Ethik. S. 358-435 in: ders.: Transformation der Philosophie, Bd. 2. Frankfurt a.M.

Böckenförde, Ernst Wolfgang (1998): Ist Demokratie eine notwendige Forderung der Menschenrechte.S. 233-243 in: Georg Lohmann/Stefan Gosepath, (Hg.): Philosophie der Menschenrechte, Frankfurt a.M.

Bohman, James/Rehg, William (Eds.) (1997): Deliberative Democracy. Essays on Reason and Politics. Cambridge.

Bohman, James (1996): Public Deliberation. Pluralism, Complexity, and Democracy. Cambridge.

Buchstein, Hubertus (1995): Die Zumutungen der Demokratie, Von der normativen Theorie des Bürgers zur institutionell vermittelten Präferenzkompetenz. S. 295-324 in: Klaus von Beyme/Claus Offe (Hg.): Politische Theorien in der Ära der Transformation. Opladen.

Dahl, Robert A. (1989): Democracy and its Critics. New Haven.

Dryzek, John S. (1990): Discursive Democracy. Politics, Policy, and Political Science. Cambridge.

Elster, Jon (1991): Arguing and Bargaining in Two Constitutional Assemblies, The Storr Lectures, Yale Law School.

Fishkin, James S. (1995): The Voice of the People. Public Opinion & Democracy. New Haven and London.

Forst, Rainer (1999): Die Rechtfertigung der Gerechtigkeit. Rawls' Politischer Liberalismus und Habermas' Diskurstheorie in der Diskussion, S. 105-168 in: Hauke Brunkhorst/Peter Niesen (Hg.): Das Recht der Republik. Frankfurt a.M.

Gerhards, Jürgen (1997): Diskursive versus liberale Öffentlichkeit. Eine empirische Auseinandersetzung mit Jürgen Habermas. Kölner Zeitschrift für Soziologie und Sozialpsychologie, 49. Jahrgang, Heft 1, 1-34.

Gosepath, Stefan (1998): Das Verhältnis von Demokratie und Menschenrecht. S. 201-240 in: Hauke Brunkhorst (Hg.): Demokratischer Experimentalismus, Frankfurt a.M.

Gutmann, Amy/Thompson, Dennis (1996): Democracy and Disagreement. Cambridge.

Habermas, Jürgen (1954a): Das Absolute und die Geschichte. Von der Zwiespältigkeit in Schellings Denken. Bonn (Phil. Diss.)

– (1954b): Die Dialektik der Rationalisierung. Vom Pauperismus in Produktion und Konsum. Merkur 8, 701-724.

– (1960): Zwischen Philosophie und Wissenschaft. Marxismus als Kritik. S. 228-289 in: ders. (1971), Theorie und Praxis. Sozialphilosophische Studien. Frankfurt a.M.

– (1961): Die klassische Lehre von der Politik in ihrem Verhältnis zur Sozialphilosophie. S. 48-88 in: ders. (1971), Theorie und Praxis. Sozialphilosophische Studien. Frankfurt a.M.

– (1962): Kritische und konservative Aufgaben der Soziologie. S. 290-306 in ders. (1971), Theorie und Praxis. Sozialphilosophische Studien. Frankfurt a.M.

– (^{4}1971; 1963): Theorie und Praxis. Sozialphilosophische Studien. Frankfurt a.M.

– (^{2}1973; 1968): Erkenntnis und Interesse. Mit einem neuen Nachwort (S. 367-420). Frankfurt a.M.

– (1979): Interview mit Detlef Horster und Willem van Reijen. S. 511-532 in: ders. (1981), Kleine Politische Schriften I-IV. Frankfurt a.M.

– (1981a,b): Theorie des kommunikativen Handelns. 2 Bände, Frankfurt a.M.

– (1983): Diskursethik – Notizen zu einem Begründungsprogramm. S. 53-125 in: ders., Moralbewußtsein und kommunikatives Handeln. Frankfurt a.M.

– (1984): Ein Interview mit der New Left Review. S. 213-257 in: ders. (1985), Die Neue Unübersichtlichkeit. Kleine Politische Schriften V. Frankfurt a.M.

– (1985): Die Neue Unübersichtlichkeit. Kleine Politische Schriften V. Frankfurt a.M.

– (1990): Vorwort zur Neuauflage. S. 11-50 in: ders., Strukturwandel der Öffentlichkeit. Untersuchungen zu einer Kategorie der bürgerlichen Gesellschaft. Frankfurt a.M.

– (1991): Erläuterungen zur Diskursethik. S. 119-226 in: ders., Erläuterungen zur Diskursethik. Frankfurt a.M.

– (1992): Faktizität und Geltung. Beiträge zur Diskurstheorie des Rechts und des demokratischen Rechtsstaats. Frankfurt a.M.

– (1994): Über den internen Zusammenhang von Rechtsstaat und Demokratie. S. 83-94 in: Ulrich K. Preuß (Hg.) (1994): Zum Begriff der Verfassung. Frankfurt a.M.

– (1995): Ein Gespräch über Fragen der politischen Theorie. S. 135-164 in: ders., Die Normalität einer Berliner Republik. Kleine politische Schriften VIII. Frankfurt a.M.

– (1996): Eine genealogische Betrachtung zum kognitiven Gehalt der Moral. S. 11-64 in: ders., Die Einbeziehung des Anderen. Studien zur politischen Theorie. Frankfurt a.M.

– (1998): Die postnationale Konstellation. Politische Essays. Frankfurt a.M.

Honneth, Axel (1999): Demokratie als reflexive Kooperation. John Dewey und die Demokratietheorie der Gegenwart. S. 37-65 in: Hauke Brunkhorst/Peter Niesen (Hg.): Das Recht der Republik, Frankfurt a.M.

Kukpa, Thomas (1998): Demokratie ohne Naturrecht. S. 251-278 in: Georg Lohmann/Stefan Gosepath (Hg.): Philosophie der Menschenrechte. Frankfurt a.M.

Kymlicka, Will (1996): Politische Philosophie heute. Frankfurt a.M.

Larmore, Charles E. (1993): Die Wurzeln radikaler Demokratie. Deutsche Zeitschrift für Philosophie 41, 321-327.

Lohmann, Georg (1998): Menschenrechte zwischen Moral und Recht. S. 62-95 in: Georg Lohmann/Stefan Gosepath (Hg.): Philosophie der Menschenrechte. Frankfurt a.M.

Manin, Bernard (1987): On Legitimacy and Political Deliberation. Political Theory 15, 338-368.

McCarthy, Thomas (1989): Kritik der Verständigungsverhältnisse. Zur Theorie von Jürgen Habermas. Frankfurt a.M.

– (1996): Kantische Konstruktivismus und Rekonstruktivismus: Rawls und Habermas im Dialog. Deutsche Zeitschrift für Philosophie 44, 931-950.

Michelman, Frank I. (1997): How can the People Ever Make the Laws. A Critique of Deliberative Democracy. S. 135-172 in: James Bohmann/William Regh (Eds.): Deliberative Democracy. Cambridge.

Neidhardt, Friedhelm (1994): Öffentlichkeit, öffentliche Meinung, soziale Bewegungen. In: Friedhelm Neidhardt (Hg.) 1994: Öffentlichkeit, öffentliche Meinung, soziale Bewegungen. KZfSS Sonderheft 34, 7-41.

Offe, Claus (1989): Fessel und Bremse. Moralische und institutionelle Aspekte ,intelligenter Selbstbeschränkung'. S. 738-774 in: Axel Honneth/Thomas McCarthy/Claus Offe/Albrecht Wellmer (Hg.): Zwischenbetrachtungen: im Prozeß der Aufklärung. Frankfurt a.M.

− (1997): Micro-aspects of democratic theory: what makes for the deliberative competence of citizens? S. 81-104 in: Axel Hadenius (ed.): Democracy's Victory and Crisis. Cambridge.

Offe, Claus/Preuß, Ulrich K. 1991: Democractic Institutions and Moral Resources. S. 143-171 in: David Held (Ed.) 1991: Political Theory Today. Oxford.

Peters, Bernhard (1993): Die Integration moderner Gesellschaften. Frankfurt a.M.

Reese-Schäfer, Walter (1997): Grenzgötter der Moral. Der neuere europäisch-amerikanische Diskurs zur politischen Ethik. Frankfurt a.M.

Sanders, Lynn M. (1997): Against Deliberation. Political Theory 25, 347-375.

Schaal, Gary S./Brodocz, André (1998): http://www.demokratie.ade? Zum Zusammenhang von Internet, Globalisierung und Demokratie. Berliner Debatte Initial, Heft 4/98, 49-58.

Scheuerman, William E. (1999): Globalization, Exceptional Powers and the Erosion of Liberal Democracy. Radical Philosophy. No. 93 (im Erscheinen)

Schmalz-Bruns, Rainer (1995): Reflexive Demokratie. Baden-Baden.

Sunstein, Cass R. (1991): Preferences and Politics. Philosophy and Public Affairs 20 (1), 3-33.

Warren, Mark (1992): Democratic Theory and Self-Transformation. In: American Political Science Review 86 (1), 8-23.

Wellmer, Albrecht (1993): Bedingungen einer demokratischen Kultur, S. 54-80 in: ders. Endspiele: Die unversöhnliche Moderne. Frankfurt a.M.

− (1998): Menschenrechte und Demokratie. S. 265-291 in: Georg Lohmann/Stefan Gosepath (Hg.): Philosophie der Menschenrechte. Frankfurt a.M.

Zolo, Danilo (1992): Democracy and Complexity: A Realist Approach. Oxford.

b. kommentierte Literatur

Primärliteratur

Habermas, Jürgen (1981): Theorie des kommunikativen Handelns, 2 Bände. Frankfurt a.M.
    In diesen beiden Bänden findet sich die handlungs- und gesellschaftstheoretische Grundlegung der Habermasschen Theorie, die er in Auseinandersetzung mit anderen Theoretikern gewinnt. Die beiden Zwischenbetrachtungen sowie die Schlußbetrachtung entfalten Habermas' eigene Position.

Habermas, Jürgen (1992): Faktizität und Geltung. Frankfurt a.M.
    Hier entfaltet Habermas seine diskurstheoretisch inspirierte Demokratietheorie in Form einer Theorie des demokratischen Rechtsstaates. Inzwischen ist es zum Standardwerk deliberativer Demokratietheorie avanciert.

Habermas, Jürgen (1996): Die Einbeziehung des Anderen. Frankfurt a.M.
Dieser Band versammelt verschiedene Studien, die im Anschluß an Faktizität und Geltung entwickelt worden sind. U.a. dokumentiert er Habermas' Auseinandersetzung mit Rawls sowie seine Replik auf Kritiken, die im Rahmen eines Symposiums zu Faktizität und Geltung an der Cardozo Law School vorgebracht wurden.

Sekundärliteratur

McCarthy, Thomas (1989): Kritik der Verständigungsverhältnisse. Zur Theorie von Jürgen Habermas. Frankfurt a.M.
Diese exzellente Rekonstruktion von Habermas' Werk, im Original zuerst 1978 veröffentlicht, ist mittlerweile um Darstellungen der Schriften der 80er Jahre und wichtige Kritiken McCarthys erweitert worden.

Reese-Schäfer, Walter (1991): Jürgen Habermas. Frankfurt a.M./New York.
Diese leicht verständliche und erfreulich knapp gehaltene Einführung vermittelt einen ersten Einblick in das Denken von Habermas, v. a. die Schriften der 80er Jahre. Reese-Schäfer gibt zudem einen Überblick über Habermas' Beteiligung an öffentlichen Debatten (vgl. hierzu die bei Suhrkamp erschienen Kleinen politischen Schriften von Habermas, die sich als erste Primärlektüre anbieten).

Kneer, Georg (1990): Die Pathologien der Moderne. Zur Zeitdiagnose in der ,Theorie des kommunikativen Handelns' von Jürgen Habermas. Opladen.
Diese Studie formuliert eine wichtige Kritik, daß es Habermas in der TkH nicht gelungen sei, einen kategorialen Unterschied zwischen der (vermeintlich nicht-pathologischen) Herausbildung kapitalistischer und bürokratischer Organisationsformen einerseits und der Kolonialisierung der Lebenswelt andererseits zu begründen.

White, Stephen K. (ed.) (1995): The Cambridge Companion to Habermas. Cambridge.
Die versammelten Beiträge setzen sich mit Habermas' Verhältnis zur frühen Kritischen Theorie, seinem Begriff der Moderne, den gesellschaftstheoretischen Aspekten seines Denkens und auch dem Konzept deliberativer Demokratie auseinander.

Bohman, James/Rehg, William (Eds.) 1997: Deliberative Democracy. Essays on Reason and Politics. Cambridge.
In diesem Sammelband sind die wichtigsten Aufsätze der deliberativen Theorie versammelt (Habermas, Rawls, Elster, Cohen). Darüber hinaus wird jedoch in einer Reihe von Beiträgen der aktuelle Theoriestand reflektiert, dies jedoch aus der anglo-amerikanischen Perspektive.

Kapitel IV
Die politische Theorie der Dekonstruktion:
Jacques Derrida

Thorsten Bonacker

Inhalt

1. Die Fragen der Dekonstruktion

Vielleicht beginnt die komplizierte Geschichte zwischen der Dekonstruktion
und der Politik am 12. Mai 1968. Mit diesem Datum – einen Tag nach der
Pariser Nacht der Barrikaden und einen Tag nach dem Beginn der Utopie –
signiert Jacques Derrrida (1988: 119ff.) einen Text, den er einige Monate
später in New York als Vortrag hält: Der Titel lautet „Les fins de l'homme".
Derrida, 1930 als Sohn jüdischer Eltern in Algerien geboren, ab 1960 an der
Sorbonne in Paris lehrend und spätestens seit den 1970er Jahren einer der be-
deutendsten französischen Philosophen[25], beschäftigt sich hier u.a. mit dem
Problem der Verbindung zwischen der metaphysischen Tradition der Philosophie und der Politik. Jene stellt die Frage nach dem Wesen des Menschen
und der Humanität sowie der politischen Form der Gesellschaft, insbesondere
der Demokratie. Beide sind miteinander verschlungen, indem sie versuchen,
dem Menschen als zoon politikon einen Sinn zu geben, der wiederum das
Endziel der Politik wäre. Das Ende des Menschen als Erreichen seiner gegebenen Bestimmung wäre die Vollendung des Politischen als Ende der Politik.
Statt nun einfach den metaphysischen Kern dieser Konzeption hervorzuheben
und sich davon ein für allemal zu verabschieden und die Metaphysik für be-
endet zu erklären, fragt Derrida nach der Paradoxie dieses Unternehmens und
schlußfolgert, daß nur die Unmöglichkeit einer endgültigen Beantwortung
der Frage nach dem (Zweck, Ziel, Ende des) Menschen die Möglichkeit bereithält, diese Frage überhaupt zu stellen. Nur wenn wir nicht schon wissen,
wer wir sind, was unsere Bestimmung ist, können wir uns nach uns befragen
und können Politik machen. Das Antworten der Politik auf die Frage nach
dem Wir wäre abhängig von einer prinzipiellen Unbeantwortbarkeit dieser
Frage als Frage.

In vorsichtiger Weise hat Derrida an mehreren Stellen versucht, sein
Verständnis von Dekonstruktion zu beschreiben, immer unter dem Vorbehalt,
daß damit weder die Dekonstruktion als solche hinreichend erfaßt sei, noch,
daß es nicht auch andere dekonstruktive Optionen gäbe. Zwei Ziele oder
Richtungen lassen sich diesbezüglich unterscheiden: Erstens geht es der Dekonstruktion darum, scheinbar feste Oppositionen aus dem Gleichgewicht zu
bringen, indem sie auf ihre paradoxe Einheit hin befragt werden, um so zu
zeigen, daß beide Seiten einer Unterscheidung weder eindeutig getrennt werden können noch zusammenfallen. Beispiele dafür wären die Unterscheidungen von Natur/Kultur, Mensch/Tier oder Mann/Frau. In allen Fällen gibt es
eine prinzipielle Unentscheidbarkeit in bezug auf das, was die Opposition zusammenhält und trennt. Diese Unentscheidbarkeit führt dazu, daß der Unterscheidung immer ein Stück weit die Legitimität entzogen ist. Dies muß des-

---

25 S. zur intellektuellen Biographie Derridas Bennington/Derrida 1994 und Derrida
    1997a.

halb als bedeutsam gelten, weil diese Unterscheidungen in der philosophischen Tradition – und darüber hinaus auch im gesellschaftlichen Gebrauch – hierarchisch gebaut sind, so daß der Grund für die Unterscheidung einer Seite der Unterscheidung zugerechnet wird. Zweitens geht es der Dekonstruktion neben dem Aufzeigen der Paradoxie solcher Unterscheidungen auch darum, die damit verbundenen und für selbstevident gehaltenen Werte zu hinterfragen, indem sie als voraussetzungsvoll angenommen werden. Die Geltung solcher Werte wie des moralischen Subjekts, der Rechtsperson, des Eigenen und des Eigentums können mit ihrer stets ambivalenten Genese konfrontiert werden, die ihnen die Unbedingtheit ihrer Geltung nimmt. Dadurch entzieht die Dekonstruktionen solchen Werten den vorschnell bewilligten Kredit.

Von diesen inhaltlichen Bestimmungen der Dekonstruktion als Befragung von etwas – der Einheit von Oppositionen und der Geltung von Werten und Normen – lassen sich die Arten der Dekonstruktion, Fragen zu stellen, unterscheiden. Derrida hat zwei Stile solcher Fragen unterschieden: Der eine Stil, der der begriffliche genannt werden könnte, führt logisch-formale Paradoxien vor und ist auf Begriffe bezogen. Hier geht es vor allem um das Aufzeigen einer Ambivalenz in den normativen Begriffen und Konzepten, die in der modernen Gesellschaft Geltung beanspruchen können. Was heißt ‚Europa‘? Was meinen wir, wenn wir von ‚Gerechtigkeit‘ sprechen? Was heißt es, eine Sprache zu haben und in einer Sprache zu leben? Was bedeutet es, eine Postkarte ohne Absender zu schreiben? Der zweite – interpretative – Stil ist eine besondere Art der Textlektüre, die genealogisch und anamnetisch verfährt und zeigt, was ein singulärer Text nicht sagen will, was er vermeiden muß zu sagen, um seiner Intuition gerecht zu werden und wie ihm das mißlingt, wie er also kontra-intuitive Lektüren hervorbringt, gegen die er sich nicht absichern kann, weil seine Aussage, seine Identität immer von einem anderen affiziert wird. An diese konstitutive Kontra-Intuitivität eines jeden Textes will die Dekonstruktion erinnern. Sie will den Text erinnern, d.h., der Text soll sich daran erinnern. Dekonstruktion ist deshalb nichts, was von außen an den Text herangetragen wird, sondern etwas, was im Text selbst stattfindet, weil die Dekonstruktion den Text gleichzeitig wieder(hervor)holt und damit immer auch verändert, ohne einen ganz neuen Text zu schreiben. Und weil Dekonstruktion immer schon „self-deconstruction" und „auto-deconstruction" (Derrida 1997: 9; 1988b; 1995) ist, kann sie auch keine Methode sein. Vielmehr ist sie eine Art der Selbsterinnerung eines Textes an seine Heterogenität und Unabgeschlossenheit.

Von hier aus ergibt sich sowohl die Klammer der beiden Stile als auch der beiden Gesten der Dekonstruktion: Dekonstruktion ist die Frage nach der Bedingung der Möglichkeit der Einheit von etwas (einem Text oder einem Begriff), die unmöglich und unverfügbar sein muß, damit überhaupt nach ihr gefragt werden kann. Jede Behauptung einer solchen Einheit (bspw. einer Einheit des Volkes, der Nation, der Institution, des Textes, der Geschichte, der Humanität) kann mit dieser Unverfügbarkeit konfrontiert werden, die als

Unentscheidbarkeit in der Einheit auftaucht. Die Angewiesenheit auf ein anderes, um solche Einheit begrifflich zu bestimmen, zeigt die Unmöglichkeit an, dieses andere jemals vertreiben zu können. Es wird, so die These Derridas (1995: 15ff.), die behauptete Einheit immer wieder heimsuchen und sie aus dem Gleichgewicht, aus der Ordnung, aus den Fugen bringen. Dekonstruktion zielt also auf die konstitutive Unmöglichkeit eines Endes und des Erreichen eines (vor)gegebenen Zieles ab.

Mit Rückgriff auf Kants Differenzierung philosophischer Fragen in theoretische, praktische und ästhetische können überblicksartig folgende Themen und Thesen Derridas differenziert werden. Die ersten Arbeiten beziehen sich vor allem auf *theoretische Fragen*. Hier wären insbesondere jene zu nennen, mit denen er weithin berühmt wurde, nämlich seine Kritik des Phono- und Logozentrismus, d.h. der Vorstellung eines sich-sprechen-hörenden und solcherart bei-sich-seienden Subjekts sowie eines auf sich selbst verweisenden, differenzlosen Zeichens. Mit beiden metaphysischen Konzepten korrespondiert in der philosophischen Tradition ein Privileg der Stimme gegenüber der Schrift sowie der Zivilität gegenüber dem Wilden (Ethnozentrismus) und dem Mann gegenüber der Frau (Phallozentrismus beziehungsweise Phallogozentrismus, von Phallus und Logos). Im Zentrum stehen hier die Fragen nach der Un-Möglichkeit von Bedeutung und von Subjektivität (s. Derrida 1974; 1976; 1983)

Im Bereich der *ästhetischen Fragen* geht es dagegen um literaturkritische und ikonologische Aspekte, wobei erwähnt werden muß, daß es zwischen Derrida und der literaturwissenschaftlich operierenden Dekonstruktion von Paul de Man, J. Hillis Miller, Geoffrey H. Hartmann oder Harold Bloom zahlreiche Kontakte und Übereinstimmungen, aber auch einige beträchtliche Unterschiede gegeben hat (s. Bloom et al. 1979; Davis/Schleiffer 1985). Drei Themen beziehungsweise Fragen sind hier von Belang: Die Frage nach der Un-Möglichkeit des literarischen Textes und der Begrenzung der Literarischen insgesamt, des Theaters und der Repräsentation sowie der Malerei und des (Selbst-)Portraits (s. Derrida 1976; 1997b).

Gegenüber diesen beiden Bereichen läßt sich seit einigen Jahren bei Derrida ein zunehmendes Interesse an sogenannten *praktischen Fragen* erkennen, was bereits dazu geführt hat, von einer „performativen Wende" (Gondek/Waldenfels 1997) im Hinblick auf die Dekonstruktion zu sprechen. Hier geht es um die Frage der Ethik als Un-Möglichkeit einer Beziehung zum anderen, des Rechts als Un-Möglichkeit der Konstitution des Gesetzes und der Politik als Un-Möglichkeit der Demokratie.[26]

---

26 Die Dekonstruktion wäre aber keine Dekonstruktion, wenn sich diese Dreiteilung und Separierung der Fragen umstands- und zwanglos auf sie anwenden ließe. Im Hintergrund aller Fragen steht nämlich die Frage nach der Frage als Frage, die immer ein Stück weit unbeantwortbar bleiben muß, damit sie eine Frage sein kann. Diese Unbeantwortbarkeit und relative, aber notwendige Unschärfe führt dazu, daß Derrida sich weigert, eine klare Einteilung in Gattungen und Fragenkomplexe vorzunehmen.

2. Die Dekonstruktion des Politischen

2.1. Die quasi-transzendentale Befragung des Politischen

Den Ausgangspunkt für die Frage nach dem Politischen bildet, so Derrida, das Grunddilemma moderner Politik, nämlich der notwendige und gleichzeitig unmögliche Selbstbezug des Politischen. Es gibt in der modernen Gesellschaft keine externe, politikfremde Referenz zur Begründung einer politischen Ordnung mehr, und deshalb kann sie ihren Grund nur in sich selbst suchen. Die politiktheoretischen und philosophischen Bestimmungen des Politischen versuchen, diesen Mangel an Referenz zu tilgen, d.h. sie sind, um einen Ausdruck Derridas zu gebrauchen, Prothesen einer Ruine des Politischen. Es kann deshalb von der Dekonstruktion als einem „tragischen Bewußtsein" (de Man) der Moderne gesprochen werden – ein Bewußtsein, das an seiner eigenen Unfähigkeit leidet und das in gewisser Weise um die Unmöglichkeit einer Bestimmung des Politischen aufgrund der Abwesenheit einer allgemeinen Bestimmung, eines Kriteriums oder einer Regel trauert (s. Derrida 1991: 9; 1988b: 50ff.). Worin besteht aber der Grund dieser Grundlosigkeit? Warum sind die Antworten auf die Frage nach dem Politischen unangemessen und unzureichend?

Die Frage nach dem Politischen ist für Derrida (1995: 20ff.; Bennington 1995) die Frage nach der Verbindung von Philosophie und Politik, denn die Philosophie hat in der metaphysischen Tradition versucht, die Frage nach dem Grund der Politik durch die Frage nach dem Wesen des Menschen zu beantworten. Die philosophische Teleologie, nach der die Politik dieses Ziel zu verwirklichen habe oder es immer schon verwirklicht hat, mündet in einer vollständigen Legitimation der Politik durch das Finden ihres gegebenen Wesens als einer bestimmten Vorstellung vom Menschen. Diese Verbindung von Politik und Philosophie will Derrida (1992; 1992c) aufbrechen, indem er zunächst darauf hinweist, daß die Frage in gewisser Weise falsch oder überhaupt nicht gestellt ist. Statt zu fragen, *was* das Politische sei, um von hier aus die Politik zu bestimmen, müsse danach gefragt werden, *wie* Politik überhaupt möglich sei, was also die Voraussetzungen sind, die die Politik als solche machen muß. Von hier aus wird dann sichtbar, mit welchen Paradoxien die philosophischen Antworten auf die Frage nach dem Politischen zu kämpfen haben, oder anders gesagt: welche Paradoxien sie zu verdecken versuchen.

Die traditionellen Bestimmungen des Politischen zeugen von einer Erfahrung der Unentscheidbarkeit, die sie zu verdrängen suchen, die aber Derrida zufolge die Vorbedingung für Politik darstellt. Wenn es einen absoluten Grund der Politik, eine absolute Bestimmung des Politischen gäbe, dann wäre sie außerhalb des Politischen und tauge nicht zur Begründung der Politik. Die Dekonstruktion des Politischen besteht deshalb nicht darin, eine neue Antwort nach Hobbes, Rousseau, Hegel, Schmitt, Habermas etc. zu geben, sondern solche Antworten zu dekonstruieren, um von dort aus, das Politische als

Bedingung der Un-Möglichkeit der Politik in den Blick zu bekommen. Sie ist, so ließe sich sagen, eine politische Theorie zweiter Ordnung, die die politischen Theorien zum Gegenstand hat (s. Derrida 1995: 57).

Wenn es aber keinen absoluten Grund für Politik gibt, wenn die Grundlosigkeit der Politik, wie Derrida annimmt, gerade die Vorbedingung der Politik ist, dann erlaubt das Politische nicht nur die Dekonstruktion, vielmehr dekonstruiert es sich selbst, weil jede Begründung einer politischen Entscheidung durch das Politische – im Namen des Volkes, der Klasse, der Nation, oder irgendeiner anderen imaginierten Einheit – zu spät kommt: nach der Entscheidung, die vorher in der Stunde der Entscheidung, unbegründet war. Die konstitutive Lücke in der Begründung der Politik, die eine Lücke im Politischen selbst ist, führt nach Derrida dazu, jede politische Entscheidung, die von dem es begründen wollenden Politischen entrückt ist, mit der Frage nach ihrer Legitimität, d.h. mit der Frage der Gerechtigkeit zu konfrontieren.

Das Denken der Politik – als quasi-transzendentale Befragung des Politischen – mündet infolgedessen auf der einen Seite in eine Analyse der konstitutiven Paradoxien der Politik und auf der anderen Seite in Schlußfolgerungen daraus, die es ermöglichen, als politische Theorie noch normativ Stellungnehmen zu können, ohne sich auf ein Ziel oder ein Wesen der Politik oder der Gerechtigkeit berufen zu müssen.

2.2.   Die Selbsttranszendenz des Rechts

Die Funktion der Politik besteht für Derrida (1992; 1997c: 1ff.) – hierin scheint er sich nicht von klassischen politischen Theorie zu unterscheiden – darin, allgemein verbindliche Entscheidungen zu treffen, die das gesellschaftliche Zusammenleben durch Erwartungsstabilisierungen und –absicherungen in Form von Normen oder Gesetzen regeln. Wenn es also darum geht, das Funktionieren politischer Entscheidungen in den Blick zu bekommen, muß vor allem dieses Zusammenspiel von Politik und Recht berücksichtigt werden. In einer Auseinandersetzung mit Walter Benjamins „Kritik der Gewalt" rekonstruiert Derrida (1991) diesen Zusammenhang, der den normativen Kern unseres modernen Rechtsverständnisses betrifft. Auf der einen Seite muß jede politische Entscheidung das Recht erhalten, denn nur über sie reproduziert sich Recht. Geltende, rechtlich gesetzte Normen kommen über politische Entscheidungen zur Anwendung. Auf der anderen Seite ist die Geltung solcher Normen davon abhängig, daß sie mittels politischer Entscheidungen auch gesetzt und begründet sind. Rechtliche und politische Entscheidungen vollziehen also immer Rechtserhaltung und Rechtssetzung zugleich: sie setzen Recht und erhalten es, wobei es keine Erhaltung ohne Legitimierung und keine Begründung ohne Vollzug gibt. Das Recht ist somit legitime und legitimierte Gewalt oder, anders gesagt, faktische Rechtsdurchsetzung und geltendes Recht. Derrida (1991: 83) nennt diesen Zusammenhang die (be)gründenden Gewalt des Rechts: „Es gehört zur Struktur der (be)gründenden Gewalt, daß sie eine Wiederholung ihrer selbst erfordert, daß sie jenes (be)gründet, was erhalten werden und erhaltbar sein muß [...]".

Es geht Derrida also darum, diese Immanenz des modernen Rechts zu verstehen, und die besteht ihm zufolge darin, daß jede Entscheidung das Recht sowohl wiederholen – anwenden, bestätigen, fortsetzen – als auch hervorbringen – stiften, setzen, begründen – muß. Ein Ausweg aus dieser Immanenz böte sich nur, wenn es eine Möglichkeit gäbe, die in Rechtserhaltung und Rechtssetzung gespaltene *rechtgebende* Entscheidung als solche zu begründen. Dann existierte eine wie auch immer geartete Grundlage des Rechts, die allen konkreten, nachfolgenden Entscheidungen eine vollständige Legitimität verleihen könnte. Dieser absolute Grund wäre nichts anderes als die Einheit des Rechts. Derrida führt nun den Nachweis der Unmöglichkeit eines einfachen Ausbruchs aus dem Zirkel, indem er auf die logische und zeitliche Unmöglichkeit einer solchen Einheit hinweist. Denn um das Recht als Einheit zu begründen, dürfte es vor der rechtgebenden Entscheidung – der Entscheidung vor jeder Rechtsentscheidung – kein Recht gegeben haben. Und dennoch müßte sich eine solche Entscheidung, die alle weiteren Entscheidungen begründet, auf irgendetwas Rechtliches und Rechtmäßiges berufen können, damit die Einheit des Rechts selbst nicht unrechtmäßig oder illegal ist. Die rechtgebende Entscheidung dürfte weder rechtsetzend noch rechtserhaltend, ohne vorgängige Regel und doch auf eine solche angewiesen, weder selbst Recht noch Unrecht sein.

Diese Unmöglichkeit eines Ausbruchs aus der Immanenz des Rechts bildet Derrida zufolge in zweifacher Hinsicht die Bedingung der Möglichkeit für das Recht beziehungsweise für politische Entscheidungen überhaupt: Recht kann es nur geben, wenn Rechtsentscheidungen unentscheidbar sind und wenn das Recht immer schon zukünftig ist. Aus diesen beiden Möglichkeitsbedingungen des Rechts – erstens der Unentscheidbarkeit und zweitens Zukünftigkeit – folgt die Notwendigkeit seiner Selbsttranszendenz.

Erstens bedarf es einer vorgängigen *Unentscheidbarkeit*, um das Recht als Entscheidung gewissermaßen in Gang zu bringen. Ließe sich die Immanenz als Aporie des Rechts auflösen[27], so könnte keine Rechtsentscheidung mehr getroffen werden. Entscheidungen wären keine Entscheidungen mehr: „Eine Entscheidung, die sich nicht der Prüfung des Unentscheidbaren unterziehen würde, wäre keine freie Entscheidung, sie wäre eine programmierbare Anwendung oder ein berechenbares Vorgehen" (Derrida 1991: 50; 1992: 24).

Die konstitutive Abwesenheit einer Gründung oder Einheit des Rechts bedeutet zweitens, daß das solcherart nicht-feststehende Recht mit jeder Entscheidung immer eine Zukunft eröffnet, die das Recht verzeitlicht, indem sie die Einheit des Rechts ständig aufschiebt. Mit Derrida ließe sich dementspre-

---

27 Aporie bezeichnet hier den Umstand, daß das Recht als Anwendung begründeter Rechtssätze und -gesetze selbst nicht begründbar ist.

chend von einer *Zukünftigkeit* des Rechts sprechen. Statt von einem Ursprung des Rechts auszugehen, der das Ziel des Rechtes und die Begründung rechtlicher und politischer Entscheidungen beinhaltete, verweist Derrida (1991: 84) auf die „differantielle Kontamination"[28] dieses Ursprungs, d.h. auf seine Verzögerung, die dafür sorgt, daß das Recht seine Einheit nicht schon hat, sondern sie immer wieder herstellen und damit verfehlen muß. Nur weil die rechtgebende Entscheidung unbegründet und uneinholbar ist, kann es das Recht als zukünftiges Recht geben. Nur solange es eine nächste Entscheidung nach dem ersten ‚Ja' zum Recht gibt, existiert das Recht: „The second ‚yes' will have to reinaugurate, to reinvent the first one. If *tomorrow* you do not reinvent today's inauguration, you will be dead. So the inauguration has to be reinvented everyday" (Derrida 1997: 28, meine Hervorhebung, TB).

Zusammenfassend läßt sich also sagen, daß die Bedingungen der Möglichkeit des modernen Rechts darin liegen, das Recht weder in einem Außen verankern (Transzendenz) noch bei sich selbst belassen (Immanenz) zu können. Das moderne Recht ist somit selbsttranszendent.[29] Es ist strukturell unabgeschlossen, weil seine Einheit unverfügbar ist.[30] Derrida schlußfolgert aus der notwendigen Selbsttranszendenz des Rechts, daß sein normativer Gehalt exakt in dieser unbedingten Unabgeschlossenheit liegt, denn ohne sie ließe sich nicht begründen, warum wir überhaupt rechtliche und politische Institutionen benötigen, warum wir entscheiden müssen, ohne letztlich entscheiden zu können. Weil das Recht sich nicht bei sich selbst beruhigen kann, weil es mit anderen Worten nicht selbstgenügsam, sondern aufgrund der fehlenden Einheit selbstüberschreitend ist, verfehlt es immer etwas, was es aber gleichzeitig in Anspruch nehmen muß: die Gerechtigkeit als die Möglichkeit, das Recht beziehungsweise Rechtsentscheidungen vollständig zu begründen. Derrida zufolge läßt sich kein modernes Recht denken, das sich nicht auf Gerechtigkeit im Sinne einer solchen absoluten Legitimität rechtlicher und politischer Entscheidungen beruft. Gerechtes Recht wäre vollständig gerechtfertigtes Recht.

Aber das Verhältnis von Gerechtigkeit und Recht wäre nur ungenügend beschrieben, würde das eine dem anderen gegenübergestellt. Zwar kann sich das Recht nicht selbst begründen und damit auch nicht (selbst)gerecht sein und Gerechtigkeit herstellen, aber ohne Recht könnte es keine Gerechtigkeit geben. Das Recht – und die Politik – üben durch die Techniken der Kalkula-

---

28 „Differantiell" verweist auf den Begriff der „différance", also auf die ursprüngliche Nicht-Ursprünglichkeit, auf den zeitlichen und räumlichen Aufschub einer Einheit, die nicht gegeben, sondern aufgegeben ist.

29 *Selbst*transzendent, weil es sich in der Immanenz überschreitet, ohne auf ein fernes Ziel zuzusteuern.

30 Nichtsdestotrotz gibt es natürlich zahlreiche Versuche, diese unverfügbare Einheit verfügbar zu machen, indem Geschichten über den Ursprung des Rechts und der Politik erzählt werden. Aber all diese zum Teil sehr einflußreichen ‚stories', d.h. alle Rechtstheorien die bspw. vom Naturrecht, vom Krieg aller gegen alle etc. ausgehen, lassen sich dekonstruieren, weil sie sich selbst überflüssig machen.

tion, der kontrafaktischen Erwartung, der Zurechenbarkeit, der Sanktionierung, der Entscheidung etc. Gerechtigkeit aus, aber nur unter der Voraussetzung, daß das Recht selbst unbegründbar ist, daß es sich also mit jeder Entscheidung überschreitet: „Das Recht ist das Element der Berechnung: es ist
(ge)recht, daß es ein Recht gibt, die Gerechtigkeit indes ist unberechenbar:
sie erfordert, daß man mit dem Unberechenbaren rechnet" (Derrida 1991:
34). Gerechtigkeit ist somit beides: Bedingung der Möglichkeit und Unmöglichkeit des Rechts. Ohne Recht keine Gerechtigkeit, die das Unrechtmäßige
des Rechts, die „ungerechte Rechtsgerechtigkeit" (Gehring 1997: 238), ist.[31]

So gesehen ist Dekonstruktion selbst die Bewegung der Gerechtigkeit –
einer Gerechtigkeit, die nicht vollständig begründbar und inhaltlich fixierbar
ist, sondern die sich gerade gegen jeden Begründungsversuch in bezug auf
die Einheit des Rechts richtet, indem sie jeden Begründungsversuch dekonstruiert, weil ein solcher die Voraussetzungen, unter denen Recht und Politik
möglich sind, mißachtet: eine strukturelle Unentscheidbarkeit und Zukünftigkeit, die dem Recht als dessen Selbsttranszendenz zukommt. Die Unhintergehbarkeit der Selbsttranszendenz als Vorbedingung für Entscheidungen
meint somit die Unabweisbarkeit der Demokratie, denn nur wenn Entscheidungen von ihrer Unentscheidbarkeit heimgesucht werden, ist Demokratie
möglich. Ein vollständig begründete Entscheidung wäre Derrida zufolge das
Ende der Demokratie, weil sie deren Voraussetzungen – die Selbsttranszendenz des Rechts – zu Fall bringe.[32]

2.3. Die Zukünftigkeit der Demokratie

Wenn die Möglichkeit, eine politische Entscheidung zu begründen, konstitutiv
begrenzt ist, dann hat das Folgen für unser Verständnis der modernen politischen Gemeinschaft, die sich ihre Gesetze als Regeln des Zusammenlebens
selbst gibt und sie nicht auf eine äußere Autorität zurückführt. Da Derrida in
der Unmöglichkeit einer Selbstbegründung des Rechts die Vorbedingung der
Demokratie sieht – eine Vorbedingung, die zugleich der Motor der Dekonstruktion des Politischen ist –, ist die klassische Konzeption von Demokratie
als Volkssouveränität ihm zufolge unzureichend, weil sie den paradoxen normativen Sinn moderner politischer Institutionen nicht in Rechnung stellt. Die
Vorstellung der Selbstgesetzgebung beziehungsweise einer reinen Immanenz

---

31 Anders herum: Gerechtigkeit gibt es nur, weil sie nicht gibt (s. Derrida 1997: 16ff.;
    1995: 50ff).
32 Im Gegensatz zu anderen normativen Ansätzen liegt die Pointe der Dekonstruktion
    darin, die Unbegründbarkeit der Demokratie zum Ausgangspunkt eines normativen
    Engagements zu machen, das darauf zielt, diese Unbegründbarkeit politisch gegen je-
    de vermeindliche Begründung einzuklagen. Unbegründbarkeit heißt also nicht, daß
    wir unsere Entscheidungen nicht mehr begründen sollten, sondern daß wir sie begrün-
    den müssen, weil sie immer ein Stück weit unbegründbar sind und bleiben müssen.

des Rechts und der Politik ist für Derrida nur möglich, wenn zugleich die
Selbsttranszendenz von Recht und Politik vorausgesetzt wird und damit ein Ende der Politik, eine Vollendung der Demokratie verunmöglicht wird. Das Sich-
Geben eines Gesetzes funktioniert nur, wenn erstens die Gebenden – das Volk
– keine dem Akt des Gebens vorausgehende Einheit haben, und wenn zweitens
das souveräne, selbstbestimmte Sich-Geben des Gesetzes nicht zu einem Abschluß kommt. Der normative Gehalt von Volkssouveränität als Demokratie
kann, so Derrida (1988b: 122ff.), nur erhalten werden, wenn die Grenze dieser
Vorstellung eines sich das Gesetz selbst gebenden Volkes anerkannt wird. So
wie es dem Recht an einer Einheit mangeln muß, damit es Recht ist, so kann
weder das Volk noch das Geben des Gesetzes als Einheit der Demokratie vorausgesetzt werden, um Demokratie zu begründen. Vielmehr geht Derrida den
umgekehrten Weg: Die Normativität der Demokratie läßt sich nur über das
Denken der Bedingungen der Un-Möglichkeit von Demokratie denken, d.h.
über das Denken der Grenze der Volkssouveränität. Die Dekonstruktion der
klassischen Vorstellung von Volkssouveränität als Demokratie läuft auf eine
Dekonstruktion der Ziele moderner Politik hinaus – Ziele, die durch klassische
Bestimmungen des Politischen festgelegt worden sind, die eine Einheit und
damit ein Anfang und ein Ende des Rechts und der Politik als gegeben angenommen haben: zum einen das Herstellen einer universellen politischen Gemeinschaft und zum anderen das Vollenden politischer Souveränität.

2.3.1. Die Grenze der Gemeinschaft

Wenn Politik in dem Stabilisieren allgemeiner Erwartungen durch das Treffen allgemein verbindlicher, aber nicht vollständig begründbarer Entscheidungen besteht, und wenn Demokratie das sich selbst Geben solcher Entscheidungen meint, muß zunächst geklärt sein, *wer* sich Entscheidungen als
Gesetze gibt, wer also Autor und Adressat solcher Entscheidungen ist (s.
auch Habermas 1994: 600ff.). Was sind die Bedingungen der Möglichkeiten
und Unmöglichkeiten, um von einer politischen Gemeinschaft sprechen zu
können, d.h., um überhaupt nach ihr fragen zu können? Die Antwort kann
dabei nicht schon vor der Frage feststehen, so daß eine Gemeinschaft nicht
als Einheit vor der Frage nach der Gemeinschaft postuliert werden kann. Für
Derrida ist es nur dann sinnvoll von Gemeinschaft zu sprechen, wenn vorausgesetzt ist, daß es keine Gemeinschaft a priori gibt. Eine Gemeinschaft
kann nämlich nur durch eine innere Grenze existieren, d.h. durch eine Be-
grenztheit, die sie selbst verunmöglicht. Dazu unterscheidet Derrida zwei
Arten, diese Grenze zu bestimmen: einerseits als Grenze in bezug auf den
Geltungsbereich politischer Entscheidungen und andererseits als Grenze in
bezug auf den Geltungsbeginn der Gemeinschaft.
     Der *Geltungsbereich* einer politischen Gemeinschaft umfaßt alle Mitglie-
der einer Gemeinschaft, also alle Staatsbürger und -bürgerinnen. Gleichzeitig
werden diese Mitglieder *als* politische Gemeinschaft repräsentiert. Jeder Ge-

meinschaft ist damit eine eigentümliche Spannung eigen, denn sie besteht sowohl aus je individuellen, singulären Mitgliedern als auch aus etwas, was diese Mitglieder verbindet und sich dennoch nicht auf sie reduziert. Sie beinhaltet Singularität und Repräsentation, Besonderheit und Allgemeinheit. Das Sich-Unterscheiden von der Gemeinschaft auf Seiten der Mitglieder, die dadurch nicht nur Mitglieder sind, gehört damit konstitutiv zur Gemeinschaft. Anders gesagt: Nur wenn es etwas gibt, was nicht in die Repräsentation, in das Gemeinschaftliche, miteingeht, läßt sich eine Vorstellung von Gemeinschaft als eine Gemeinschaft von singulären Mitgliedern aufrechterhalten. Eine Gemeinschaft ohne diesen Entzug und dieses Unterscheiden vom Gemeinschaftlichen wäre keine Gemeinschaft (s. Derrida 1992a: 13; 1992c; 1997c: 20ff.).

Eine Gemeinschaft setzt also eine innere Differenz voraus, eine nicht einholbare Besonderheit ihrer Mitglieder. Um aber eine Allgemeinheit zu sein, muß sie gleichwohl von der unmittelbaren Besonderheit ihrer Mitglieder abstrahieren, indem sie sie und ihren politischen Willen repräsentiert. Sie verwandelt die irreduzible Besonderheit damit in gleichgewichtige Zahlen und Daten, um mit ihnen rechnen und um politisch handeln zu können. Die unbedingte Besonderheit der Mitglieder führt dazu, daß ihre allgemeine Repräsentation niemals abgeschlossen oder endgültig sein kann, weil dann die Repräsentation das Repräsentierte – das sich *als* Repräsentiertes immer auch der Repräsentation entziehen muß, damit Repräsentation überhaupt einen Sinn hat – überflüssig macht. Derrida (1997c: 22) veranschaulicht diese „Tragödie", die für ihn keine Gefahr, sondern eine Voraussetzungsbedingung der Demokratie ist, anhand des klassischen Zieles einer allgemeinen Verbrüderung in der vollendeten Demokratie, in der die beiden Seiten der politischen Gemeinschaft zusammenfielen: „the question of democracy thus opens, the question of the citizen or the subject as a countable singularity. And that of ‚universal fraternity'. There is no democracy without respect for irreductible singularity or alterity, but there is no democracy without the ‚community of friend' (koína ta philōn), without the calculation of majorities, without identifiable, stabilizable, representable subjects, all equal. These two laws are irreducible one to other. Tragically irreconcilable and forever wounding". Die Unabschließbarkeit der politischen Gemeinschaft führt aufgrund dieser Tragödie des gespaltenen Ortes dazu, daß der Geltungsbereich niemals festgelegt ist, sondern sich ständig neu herstellen muß. Der Ort oder Bezugsrahmen der Politik kann nicht schon *vor* der Politik existieren, sondern es gibt ihn nur *in* der Politik, d.h., er wird mit jeder Entscheidung neu kreiert, die sich immer wieder vor das Dilemma der Gleichzeitigkeit von Verschiedenem – Singularität und Repräsentation – gestellt sieht.

Die Grenze der Gemeinschaft verläuft aber nicht nur in ihrem Ort, sondern auch in ihrem Anfang.[33] Jede politische Gemeinschaft muß sich selbst

---

33 Die Grenze der Gemeinschaft verläuft hier *in* der Gemeinschaft, also nicht zwischen ihrem Beginn und dem, was davor war und nicht zwischen dieser und jener politischen Gemeinschaft..

irgendwann ins Leben gerufen und einen *Geltungsbeginn* haben. Sie muß sich als politische Gemeinschaft konstituieren. In diesem Akt der Selbstkonstitution, zu dem es unter modernen Bedingungen keine Alternative gibt, entdeckt Derrida eine fundamentale Paradoxie: Jede sich auf sich selbst berufene Gemeinschaft muß im Moment ihrer Gründung schon gewesen sein, um als Gemeinschaft gelten zu können. Die Erklärung, von jetzt an eine souveräne Gemeinschaft zu sein, setzt die Gemeinschaft immer schon voraus, die sich durch die Erklärung erst konstituiert. Jeder Vertrag, der die Gemeinschaft festschreibt, bedarf der Gemeinschaft, die ihn unterzeichnet, so daß es nie einen reinen Anfang der Gemeinschaft geben kann, weil jeder Vertrag die Gemeinschaft gleichzeitig bestätigt und hervorbringt. Derrida (1980: 66; s. 1987) spürt diese eigentümliche Vermischung von performativer Gründung einer politischen Gemeinschaft – des Volkes – und ihrer konstativen Inanspruchnahme in der „Declarations of Independence" der Vereinigten Staaten auf: „[...]dieses Volk existiert nicht, nicht vor dieser Erklärung. (...) [D]urch jene Unterzeichnung bringt es sich als freies und unabhängiges Subjekt, als möglicher Unterzeichner zur Welt. Unterzeichnend autorisiert es sich zu unterzeichnen. Unterzeichnend sagt es (und tut, was es durch seine Vertreter als Dolmetscher zu sagen tut, gerade indem es diese Vertretung selber rechtfertigt): Fortan habe ich das Recht zu unterzeichnen, mithin werde ich es schon gehabt haben, da ich es mir ja selbst gegeben habe." Diese Selbstautorisation ist also nichts anderes als ein Gewaltakt, weil sie sich nicht auf etwas Vorgängiges berufen kann, um sich zu legitimieren. Freilich ist es ein Kennzeichen moderner Verfassungen als Ort, an dem Geltungsbereich und -beginn festgeschrieben sind, daß sie diese Nichtbegründbarkeit der Einheit der Gemeinschaft zu verdecken versucht, um sich einen rechtmäßigen Grund zu verschaffen.[34] Das Volk „unterzeichnet im Namen der Naturgesetze und im Namen Gottes. Seine verfassungsmäßigen Gesetze *setzt* es auf den Grund der Naturgesetze und damit zugleich, denkt es (interpretiert es), im Namen Gottes, des Schöpfers der Natur" (1980: 67).

Die Grenze der Gemeinschaft als Unabschließbarkeit in bezug auf den Geltungsort und die Geltungsdauer bildet für Derrida nun insofern die Vorbedingung für Demokratie, als sie es verunmöglicht, die Gemeinschaft ein für alle Mal zu identifizieren und sie somit zu vollenden. Die moderne politische Gemeinschaft läßt sich nur um den Preis des Verzichts auf die Ambivalenz schließen und das heißt nur durch den Totalitarismus. Derridas (1985; 1987; 1992a; 1995) Bemerkungen zur Apartheid, zum „Ende der Geschichte" und zum kulturellen Erbe Europas laufen auf die Behauptung hinaus, daß die Demokratie in dem Maße gefährdet ist, wie ihre Grund- oder Voraussetzungslosigkeit nicht anerkannt ist und zugunsten einer Einheitsbehauptung und Identifikation einer Gemeinschaft aufgegeben wird. Damit wäre aber die

---

34 In bezug auf das Recht spricht Derrida (1991: 24) Pascal und Montaigne zitierend von einem „mystischen Grund der Autorität" („fondement mystique").

Bedingung für Gemeinschaft schlechthin aufgehoben (s. Derrida 1997: 14). Die moderne politische Gemeinschaft ist deshalb eine „Gemeinschaft ohne Gemeinschaft" (Nancy 1988), etwas Vereinigendes, ohne ganz vereinigen zu können. Ihr normativer Sinn besteht in dieser Spannung zwischen Singularität und Repräsentation sowie zwischen Bestätigung und Hervorbringung. Wenn Derridas Dekonstruktion der politischen Gemeinschaft darauf hinausläuft, diese Unbegründbarkeit der Einheit der Gemeinschaft als Vorbedingung für Demokratie nachzuweisen, dann erteilt er damit allen politischen Bewegungen, die sich als Repräsentanten dieser Einheit verstanden haben, eine klare Absage. Im Gegensatz zu ihnen, die selbst der Dekonstruktion anheimfallen, macht Derrida in einer Art „neuen Internationalen" (1995: 139ff.) eine politische Bewegung – ohne eine Bewegung zu sein – aus, die versucht, den Eigensinn der Demokratie in den politischen Institutionen zur Geltung zu bringen. Sie sind die politischen Akteure des Einklagens der Demokratie gegen ihre Bedrohung durch die heutige politische Situation.

2.3.2. Die Grenze der Souveränität

Während sich also Derrida zufolge die Vorstellung einer geschlossenen, oder zumindest gegebenen politischen Gemeinschaft nicht mit der Idee der Demokratie als *Volks*souveränität verträgt, so scheint davon noch die Konzeption der Demokratie als Volks*souveränität* wenig berührt zu sein. Um aber zu zeigen, daß auch das Konzept der Souveränität auf seine Voraussetzungen hin befragt untilgbare Ambivalenzen beinhaltet, die konstitutiv zur Demokratie gehören, hält Derrida der klassischen Souveränitätskonzeption Carl Schmitts entgegen, daß eine Souveränität, die über die Grenze der politischen Gemeinschaft verfügen kann, gleichbedeutend mit dem Ende der Demokratie wäre, die statt dessen gerade von dieser Grenze lebt. Zwar erkennt Schmitt die Grenze der Gemeinschaft an, doch besteht für ihn Souveränität eben im Entscheiden über diese Grenze. Für Derrida hingegen ist eine solche Möglichkeit des Entscheidens nicht gegeben, denn dann wäre die Grenze keine wirkliche Grenze und eine politische Gemeinschaft würde tendenziell total(itär) werden, wenn sie diese Grenze als ihre eigene Unabgeschlossenheit und Voraussetzungslosigkeit negierte. Ein Verfügen über diese Grenze würde ja das bereits voraussetzen, worüber erst entschieden werden soll, so daß Souveränität auf eine Voraussetzung angewiesen wäre, die sie gleichzeitig um ihren Status brächte (s. Weber 1997). Die Unverfügbarkeit über die eigene Grenze, die deshalb nie eine *eigene* Grenze sein kann, als Unbegründbarkeit des Rechts und der Gemeinschaft ist vielmehr die Voraussetzung für Demokratie. Wie aber begründet Derrida diese Unbegründbarkeit der Demokratie als Grenze der Souveränität? Warum ist es unmöglich, sich selbst das Gesetz wirklich geben zu können, ohne auf etwas anderes Bezug nehmen zu müssen? Warum können wir – das Volk – uns unserer Souveränität nicht sicher sein?

Wenn die Demokratie begründbar wäre, entstünde das gleiche Problem wie schon beim Recht und bei der politischen Gemeinschaft: Das Begründende kann selbst nicht schon Teil des Begründeten sein. Es muß ihm immer schon voraus gehen, und es kann nichts davon völlig Separiertes sein, um es zu begründen. Wäre Demokratie in einer Einheit des Rechts oder der Gemeinschaft wirklich begründet, so wäre sie keine Demokratie. Weder kann sie aus einem Außen heraus begründet werden, noch ist sie voll und ganz bei sich selbst, so daß die Grenze der Souveränität darin liegt, eine stets instabile Grenze der Demokratie zu sein. Sie ist als Grenze nie gegeben: Es gibt keine absolute Grenze zwischen dem Recht und dem Unrecht, zwischen der Volkssouveränität und der Fremdherrschaft, zwischen dem Besonderen und dem Allgemeinen, denn diese Grenzen müßten benennbar und identifizierbar sein. Damit wäre das Problem und die Herausforderung der Demokratie erledigt: es müßten keine Gründe für Gesetze mehr gesucht werden. Es gäbe keine Notwendigkeit, politisch zu handeln und Demokrat(in) zu sein.

An die Stelle einer solchen Demokratiekonzeption, die nicht begründen kann, was sie begünden will, setzt Derrida eine andere Charakterisierung der Demokratie. Sie hat ihm zufolge notwendigerweise und im Gegensatz zu allen anderen politischen Regimes die Struktur eines Versprechens. Wenn ich ein Versprechen gebe, dann gebe ich, so Derrida (1997c: 75f.), etwas Unmögliches: Ich verspreche etwas zu tun und kann gleichzeitig nicht garantieren, das Versprechen zu halten, denn sonst wäre es kein Versprechen. Es gehört also zum Versprechen, daß es möglich und unmöglich zugleich ist: möglich, weil ich in der Lage sein muß, es zu geben, d.h., weil der Inhalt des Versprechens eingehalten werden kann; unmöglich, weil ich nicht vorhersagen kann, ob ich das Versprechen wirklich halten kann. Ich kann mich nur bemühen, es zu tun. Das Versprechen rechnet somit im Gegensatz zur Vorausbestimmung oder Garantie mit einer prinzipiell unbekannten Zukunft und unvorhergesehenen Ereignissen, um ein Versprechen zu sein, das nur *vielleicht* eingehalten werden kann. Dieses Vielleicht meint, daß es jederzeit möglich ist, das Versprechen nicht einzuhalten und daß es keine vollständige Begründung für dasjenige, was versprochen und nicht schon vorgegeben wurde, geben kann. Demokratie als Versprechen meint mithin, daß es keinen letzten Grund und keine Garantie für die Demokratie geben kann, weil Demokratie eben genau in einem *Versprechen* der Souveränität besteht, das die Souveränität begrenzt. Demokratie kann als solche nie verfügbar oder präsent sein, sondern ist immer eine kommende, ohne jemals anzukommen.

Darüber hinaus folgt aber aus der Versprechensstruktur der Demokratie auch, daß sie ausbleiben kann. Demokratie ist uns Derrida zufolge nicht gegeben, sondern aufgegeben, d.h., wir tragen Verantwortung für sie. Wir müssen uns um das Versprechen der Demokratie bemühen und es selbst immer wieder erneuern. Dieses Versprechen ist, so Derrida (1995: 124; s. 1988a; 1997: 24), „emanzipatorisch: als *Versprechen* und nicht als onto-theologisches oder teleo-eschatologisches Programm oder Vorhaben. Denn weit da-

von entfernt, auf das emanzipatorische Begehren verzichten zu müssen, müssen wir, wie es scheint, mehr denn je daran festhalten, und zwar wie am Unzerstörbaren selbst dieses ‚Müssens'. Das ist die Bedingung der Re-Politisierung, vielleicht die Bedingung eines anderen Begriffs des Politischen."
    Die Dekonstruktion des Politischen, die über eine Dekonstruktion des Rechts, der politischen Gemeinschaft und der Souveränität verläuft, mündet also schließlich in die drei Vorbedingungen der Demokratie: die Selbsttranszendenz des Rechts, die Unabschließbarkeit der Gemeinschaft und die Struktur des Versprechens. Alle drei zusammengenommen zeigen, daß das Politische nicht mehr als Ziel und Ende der Politik gedacht werden kann. Statt dessen ist die Unbestimmbarkeit und Unbestimmtheit des Politischen die Voraussetzung für die Notwendigkeit von Politik und Demokratie gleichermaßen, wobei Demokratie gerade in der Unangemessenheit der Politik gegenüber dem Politischen besteht: „no politics has ever been adequate to its concept" (Derrida 1997c: 114). Die Leere des Konzepts des Politischen verlangt für Derrida gerade nach einer demokratischen Politik, d.h. einer Politik der Verantwortung gegenüber den Bedingungen der Demokratie. Das impliziert für Derrida mindestens zweierlei: einerseits eine vorbehaltlose Gastfreundschaft (s. Derrida 1995: 270ff.), denn es gibt keinen Grund zur Begrenzung der Demokratie, keine absolute Grenze der Gemeinschaft und das Ausbleiben des anderen, der anderen und der Zukunft wäre das Ende der Demokratie. Und andererseits verlangt sie einen Vorbehalt und Zögern gegenüber dem Urteil, gerade in Zeiten, in denen immer schneller nach immer unsicheren Grundlagen geurteilt wird (s. Derrida 1995: 31, 87, 129). Die Dekonstruktion des Politischen ist deshalb sowohl das Aufzeigen der Notwendigkeit einer ständigen Neuerfindung des Politischen[35] als auch der Nachweis, daß Politik nicht gerecht sein kann.

3. Fragen an die Dekonstruktion

3.1. Fragen von außen

Die externe Kritik an Derridas Dekonstruktion sind zumeist Vorwürfe, die das Unternehmen der Dekonstruktion als solche betreffen. Die drei wichtigsten und bekanntesten sind – schlagwortartig – erstens der Privatismus-, zweitens Ästhetizismus- und drittens der Dezisionismusvorwurf. Dazu

---

35 Diese Formel erinnert an Ulrich Beck (1993), der auch von der heute notwendigen „Erfindung des Politischen" spricht. Der zentrale Unterschied liegt hier darin, daß Derrida (1989) diese Erfindung als notwendiges Scheitern begreift und darüber hinaus die Geste des Erfindens selbst nocheinmal problematisiert.

kommt ein vierter, neuerdings erhobener Einwand bezüglich des Charakters normativer Probleme.

Richard Rorty (1992: 202ff.; 1996) hat die Dekonstruktion als ein intellektuelles Vorhaben charakterisiert, das innerhalb der Philosophie zwar viele metaphysische Vorstellungen bspw. in bezug auf die Frage nach dem Wesen der Erkenntnis oder der Sprache diskreditiert hat und darüber hinaus die Philosophie um zahlreiche Werke, die ihre Grenzen und Möglichkeiten erweitern, bereichert hat. Aber im Kern könne sie uns nur als Privatpersonen ansprechen, weil wir sie wie Literatur zur Verfeinerung unserer Sinne und zur Erschaffung unserer eigenen Persönlichkeit benutzen und lesen könnten. Keineswegs tauge sie dazu, uns in öffentlichen, politischen Problemen oder als politische Theorie weiterzuhelfen, denn Politik benötige keine quasi-transzendentale Befragung, sondern eine pragmatische Haltung, die uns hilft, mit anderen Menschen im Dialog zu Recht zu kommen.[36]

In eine ähnliche Richtung zielt der Ästhetizismuseinwand von *Jürgen Habermas* (1988). Auch er hat eine unzulässige Entgrenzung der Dekonstruktion auf für sie ungeeignete Felder im Blick. Die Dekonstruktion sei zwar im Bereich ästhetischer Diskurse nicht grundsätzlich ungeeignet, die Vervielfältigung des Sinns und der Bedeutung kenntlich zu machen, doch die Ausweitung der Regeln, Paradoxien und Analysemethoden ästhetischer Diskurse auf nicht-ästhetische führe zu einer Einebnung des Gattungsunterschiedes von Philosophie und Literatur, der seinerseits fatale politische Konsequenzen habe. Darüber hinaus verfehle Derrida mit dieser Einebnung auch den normativen Gehalt der Moderne, die jene Sphären der Vernunft als Differenz zwischen Literatur, Politik und Wissenschaft institutionalisiert habe. Wenn diese Differenzierung mißachtet werde, entfiele jede Möglichkeit, eine normativ gehaltvolle politische Theorie zu entwerfen. Statt dessen würde es zu „ästhetischen Assimilationen" (Habermas 1994: 11) kommen.

Der dritte Einwand richtet sich sozusagen frontal gegen die Dekonstruktion des Politischen aus der Perspektive einer bestimmten politischen Option. Danach bestehe das Hauptproblem der Dekonstruktion in der Unmöglichkeit einer Begründung oppositioneller Politik oder überhaupt irgendeines politischen Handelns oder Ziels, das als solches erstrebenswert wäre. Dies wiederum korreliere mit der theoretischen Entscheidung der Dekonstruktion, die modernen politischen Institutionen mit ihren universalistischen Implikationen zu dekonstruieren, um so einem diffusen Pluralismus und Dezisionismus Raum zu geben. Die Dekonstruktion sei weitestgehend eine Parteinahme für das Besondere und Irrationale, ohne aber angeben zu können, unter welchen konketen politischen Bedingungen sich jenes entfalten könne. Dagegen sei es

---

36   Ungeachtet anderer Einwände gegen diese These Rortys von Seiten der Dekonstruktion (s. Critchley 1996) muß vielleicht doch darauf hingewiesen werden, daß Rorty hier eine Unterscheidung - privat/öffentlich - benutzt, die selbst alles andere als voraussetzungslos und nichtmetaphysisch ist und die Derrida selbst problematisiert.

erforderlich, so *Thomas McCarthy* (1993: 174), „daß wir universelle Prinzipien der Toleranz und Achtung einprägen und Institutionen stabilisieren, die für die Sicherung der Rechte und die Durchsetzung von Grenzziehungen sorgen." Kurz: der Dekonstruktion mangele es an einer ethisch-politischen Konstruktivität (s. dagegen Derrida 1997c: 306; García Düttmann 1992).

Ein letzter jüngst vorgetragener Einwand zielt auf das Verständnis Derridas von Recht und Politik als normative Ordnungen. *Petra Gehring* (1997) hat in diesem Zusammenhang die Vermutung geäußert, Derrida verfehle das Normative normativer Ordnungen, weil seine Konzeption von Politik, Recht und Gerechtigkeit zu wahrheitsanalog sei. Die Dekonstruktion des Rechts würde angetrieben von dem Nachweis einer logischen Aporetik des Rechts, die seinen Gewalt- und Setzungscharakter wie seine strukturelle Blindheit gegenüber jeder Besonderheit hervorhebe, um von dort aus die Frage nach der Gerechtigkeit zu stellen. Dieses Vorgehen wäre in bezug auf Wahrheitsbehauptungen innerhalb logischer Ordnungen sicherlich erfolgversprechend, im Kontext des Rechts würde die Brisanz der Dekonstruktion jedoch nicht zum Tragen kommen, weil das positive Recht im Gegensatz zu philosophischen Wahrheitsbehauptungen mit der Unbegründbarkeit seiner Grundlagen überhaupt kein Problem hat. „Wer die Gewalt der (wahrseinwollenden) Rede, den Logos des Ursprungs und der Nachträglichkeit der (wahrseinwollenden) Begründung im Recht sucht, wird ihn dort finden – aber nicht mehr" (Gehring 1997: 254f.).

3.2. Fragen von innen

Die innerhalb der Dekonstruktion stattfindende Diskussion und Kritik betrifft vor allem zwei Punkte: Zum einen haben Derridas Dekonstruktion von Geltung beanspruchenden politischen Institutionen und sein beständiges Verweisen auf die Unentscheidbarkeit aller politischen Entscheidungen bei Simon Critchley (1994: 1033) zu Nachfragen über das zu Entscheidende provoziert: „*Was für* Entscheidungen werden gefällt, *welche* Bewertungen werden vorgenommen?" Anders gesagt: Gibt es einen legitimen Übergang von der Unentscheidbarkeit zur Entscheidung, der sich von anderen nicht-demokratischen Übergängen unterscheidet? Welche Möglichkeiten kann es geben, bestimmte Verfahren der Normbegründung und -anwendung auszuzeichnen? Kann die Dekonstruktion etwas darüber herausfinden, welche konkreten inhaltlichen Standards für eine demokratisch Gesellschaft notwendig sind?

Zum anderen sind Derridas (1976) Lektüre der Texte von Emmanuel Levinas und seine Hinwendung zu ethischen Fragen in mehrfacher Hinsicht auf Kritik gestoßen. Die Thematik des Anderen und der Forderung der Gerechtigkeit enthalte nämlich, so bspw. *Ernesto Laclau* (1996), die Gefahr einer neuen Ontologisierung durch eine Überbetonung des Ethischen in der Dekonstruktion beziehungsweise durch die In-eins-Setzung von Dekonstruktion

und Gerechtigkeit. Dadurch würden aber gerade die Probleme der politischen
Theorie in den Hintergrund gedrängt und eine mögliche gesellschaftstheoretische Ausdeutung der Dekonstruktion zugunsten einer moralphilosophsichen
vernachlässigt. Darüber hinaus verschenke die Dekonstruktion damit auch
das Potential für eine notwendige Analyse des Funktionierens der Politik angesichts des Widerstreits zwischen der Notwendigkeit zur Entscheidung und
ihrer Unentscheidbarkeit. Wie, warum und nach welcher Logik entschieden
werden würde, könne die Dekonstruktion, die sich mit ihrer ethisch ausgerichteten Variante den Aufgaben einer Analyse gesellschaftlicher Hegemo-
nieverhältnisse entziehe, nicht hinreichend beantworten.

4. Politiken der Dekonstruktion

Wenn die Dekonstruktion des Politischen darauf abzielt, die Möglichkeit einer vollständigen Begründung eines politischen Handelns durch eine vorgängige Einheit des Rechts oder der Gemeinschaft zurückzuweisen, ohne dabei
auf eine Perspektive der Gerechtigkeit zu verzichten, dann stellt sich die Frage nach ihren politischen Implikationen. Derrida hat dieses Problem selbst
aufgeworfen als er – an jenem 12. Mai 1968 – nach dem Anfang und Ende
des Menschen als Ziel der Politik gefragt hat. Zwölf Jahre später war das
Verhältnis zwischen Dekonstruktion und Politik immer noch nicht geklärt,
nicht zuletzt, weil sich Derrida (1986: 83ff.) entschieden hatte, einer Konfrontation der Dekonstruktion mit Marx und dem Marxismus erst einmal aus
dem Wege zu gehen. So organisierten Jean-Luc Nancy und Philippe Lacoue-
Labarthe 1980 eine Konferenz zum Thema „Les Fins de l'homme", die also
den Titel von 1968 zitierte, um dem Verhältnis von Dekonstruktion und Politik auf die Spur zu kommen.[37]
    Als Ausgangsdiagnose diente Lacoue-Labarthe und Nancy (1982; 1983;
Lacoue-Labarthe 1990) die These von einem Rückzug (retrait) des Politischen. Darunter verstanden sie zweierlei: einerseits den Rückzug des Politischen im Sinne Hannah Arendts, d.h. ein Verschwinden genuin politischer
Fragen zugunsten sozio-ökonomischer Komplexe. Dadurch würden die Probleme des gemeinsamen Zusammenlebens nicht mehr als politische, von (unentscheidbaren) Entscheidungen abhängige Probleme behandelt, sondern als
technische Probleme, für die es eine optimale Lösung gibt. Andererseits
meint der Rückzug auch einen Rückzug von der unmittelbaren Politik. Nancy
und Lacoue-Labarthe wollten nicht einfach ein neues politisches Handeln
kreieren, sondern die Bedingungen politischen Handelns aufhellen.

---

37 Das Resultat war neben zahlreich Versuchen, ein Verhältnis zwischen Derrida und
    Marx herzustellen, die Einrichtung des „Centre de recherches philosophiques sur le
    politique". S. dazu Fraser 1994.

In der Nachfolge dieser Diskussion entstanden einige Ansätze, die Dekonstruktion des Politischen mit einem politischen Engagement in Verbindung zu bringen: die Politik des Gemeinschaftlichen, die aktive Politik des Anerkennens, die Politik der Selbstrücknahme und die Politisierung des Rechts. *Jean-Luc Nancy* hat sich zunächst daran gemacht, eine Politik des Gemeinschaftlichen zu entwerfen. Nancy knüpft dabei vor allem an das Problem der Unhintergehbarkeit der Differenz als Voraussetzung für jede Gemeinschaft an. Nur weil der einzelne immer schon geteilt und in der Mit-Teilung, also im Gemeinschaftlichen ist, läßt sich überhaupt von Gemeinschaft sprechen. Allerdings ist es Nancys Anliegen, das Gemeinschaftliche als eine Art emergentes und zugleich konstitutives Phänomen gesellschaftlichen Zusammenlebens gegen die Idee der Gemeinschaft, die gerade das Gemeinschaftliche bedroht, zu verteidigen. Die Mit-Teilung und die gesellschaftliche Teilhabe liegen der Gemeinschaft immer schon voraus und jeder Versuch, so Nancy, diese Mit-Teilung durch die Gemeinschaft zu vollenden und damit zu vergegenständlichen liefe auf einen Totalitarismus hinaus. Eine Politik, die sich um die Mit-Teilung und um das Gemeinschaftliche und damit um ihre eigenen Existenzbedingungen sorge, müsse eine Politik zwischen Fremden sein, die einander brauchen statt sich die Teilhabe zu verweigern. Explizit richtet Nancy (1994: 194) eine solche Politik gegen die augenblicklichen Zerstörungen des ‚Mit': gegen Verwahrlosung, Abschiebung, Heimatlosigkeit etc. als „Verneinung[en] des Daseins". Gegen sie ließe sich nicht mehr ‚im Namen von etwas' kämpfen, denn diese Figur des ‚im Namen von...' würde selbst versuchen, das Gemeinschaftliche zu verkörpern und es so zu vernichten.

Ebenso wie Nancy richtet sich auch *Alexander García Düttmann* gegen eine Vergegenständlichung und Verfestigung der Politik. Ihm geht es in erster Linie um das Problem der Konstitution und Anerkennung kultureller Identität, indem er zeigt, welche paradoxen Voraussetzungen das Sprechen und Besitzen von kultureller Identität haben. Eine Dekonstruktion der Politik der Anerkennung zielt deshalb zunächst auf den Nachweis, daß Anerkennung die Unabgeschlossenheit jeder Identität unterstellt und selbst immer schon eine Verfestigung einer Bewegung des Anerkennens ist. Statt mit der Sicherheit eines Besitzes von Identität die Anerkennung dieser zu fordern – was auf eine bloße und unnötige wie unmögliche Bestätigung des schon Anerkannten hinausliefe – gehe es vielmehr um eine aktive Politik des Anerkennens, die das Un-eins-Sein jeder Identität in Rechnung stellt. Gegen die vermeindlichen Begründungen und Voraussetzungen einer Politik der Anerkennung durch eine letzte Bestimmung des Politischen müsse eine solche aktive Politik in eine (politische) Praxis münden, „durch die der Mensch voraussetzungslos wird" (García Düttmann 1997: 106).

In eine etwas andere Richtung gehen die Vorschläge einer Intervention der Dekonstruktion, die versucht, überzogene Ansprüche im Rahmen einer hermeneutischen Suche nach Lösungen für praktisch-politische Fragen zurückzunehmen. *John D. Caputo* (1987) will die Ergebnisse dekonstruktiver Lektüren und Begriffsarbeit dafür nutzen, in praktischen Diskursen und politischen Institutionen über ihre paradoxen Bedingungen und ihre ambivalente Praxis aufzuklären, um so ihrer Abschließung und Totalisierung vorzubeugen. Die unhinterfragte Geltung politischer Institutionen soll mit ihrer Genese konfrontiert werden.

Im Rahmen rechtstheoretischer Arbeiten und der Diskussion zwischen den Critical Legal Studies und der Dekonstruktion (s. Cornell/Rosenfeld/ Carlson 1992; Haverkamp 1994) ist es außerdem zu einer Forderung nach einer Politisierung der nicht-legitimierten Rechtsgrundlagen (s. Cornell 1992) und der gegenüber singulären Ungerechtigkeiten blinden Rechtspraxis (s. Menke 1994) gekommen.

Allen diesen Versuchen einer dekonstruktiven politischen Intervention ist gemeinsam, daß sie in ein rechtlich-politisches Feld eingreifen, ohne über eine Absicherung oder letzten Grund zu verfügen – genau dies will der Begriff der immer auch ein wenig ungesetzlichen, illegitimen Intervention im Gegensatz zum Begriff des politischen Handelns sagen. Der „state of lack" (Derrida 1997c: 79) wird zum Ausgangspunkt der Intervention genommen, die eine Vergegenständlichung oder Schließung des Politischen als Durchstreichung der Möglichkeitsbedingungen von Politik vermeiden will. Vielleicht ließe sich sagen, daß eine politische Intervention der Dekonstruktion darauf abzielen müßte, eine Politik der Politik zu sein, indem sie die Politik an ihre Grund-losigkeit, an ihre Einmaligkeit, an ihre Unendlichkeit und an ihre Aufgabe erinnert.

Literatur

a. verwendete Literatur

Beardsworth, Richard (1996): Derrida & the Political. London.
Beck, Ulrich (1993): Die Erfindung des Politischen. Frankfurt a.M.
Bennington, Geoffrey (1995): Legislations: The Politics of Deconstruction. London.
Bennington, Geoffrey/Derrida, Jacques (1994): Jacques Derrida. Ein Portrait. Frankfurt a.M.
Bonacker, Thorsten (1997): Die Idee der (Un-)Entscheidbarkeit – Zum Paradigmenwechsel in der Konflikttheorie nach dem Ende des Ost-West-Konflikts. S. 94-107 in: Wolfgang R. Vogt (Hg.): Gewalt und Konfliktbearbeitung. Baden-Baden.
– (1998): Die Zweideutigkeit der Demokratie. Zur Macht- und Herrschaftsproblematik bei Jürgen Habermas und Jean-François Lyotard. S. 199-219 in: Peter Imbusch (Hg.): Macht und Herrschaft. Opladen.
Caputo, John D. (1987): Radical Hermeneutics. Bloomington.
Cornell, Drucilla (1992): The Philosophy of the Limit. London, New York.
Cornell, Drucilla/Rosenfeld, Michael/Carlson, D. (Hg.) (1992): Deconstruction and the Possibility of Justice. New York.

Critchley, Simon (1992): The Ethics of Deconstruction. Derrida & Levinas. Oxford.
– (1994): Habermas und Derrida werden verheiratet. Deutsche Zeitschrift für Philosophie 42, 1025-1036.
– (1996): Deconstruction and Pragmatism – Is Derrida a Privat Ironist or a Public Liberal? S. 19-40 in: Chantal Mouffe (Hg.): Deconstruction and Pragmatism, London.
Davis, Robert/Schleiffer, Ronald (Hg.) (1985): Rhetoric and Form. Deconstruction at Yale. Norman.
Derrida Jacques (1974): Glas. Paris.
– (1976): Die Schrift und die Differenz. Frankfurt a.M.
– (1980): Nietzsches Otobiographie oder Politik des Eigennamens. Fugen. Deutsch-Französisches Jahrbuch für Textanalytik. o.O. 64-69.
– (1983): Grammatologie. Frankfurt a.M.
– (1985): Racism's Last Word. Critical Inquiry 12, 290-299.
– (1986): Positionen. Wien.
– (1987): Die Bewunderung Nelson Mandelas oder Die Gesetze der Reflexion. S. 11-45 in ders. u.a. (Hg.): Für Nelson Mandela. Reinbek.
– (1988): Randgänge der Philosophie. Wien.
– (1988a): Wie Meeresrauschen auf dem Grund einer Muschel. Paul de Mans Krieg. Mémoires II. Wien.
– (1988b): Mémoires. Für Paul de Man. Wien.
– (1989): Psyche: Inventions of the Other S. 25-65 in Lindsay Waters/Wlad Godzich (Hg.): Reading de Man Reading. Minneapolis.
– (1991): Gesetzeskraft. Der „mystische Grund der Autorität". Frankfurt a.M.
– (1992): Préjuges. Vor dem Gesetz. Wien.
– (1992a): Das andere Kap. Die vertagte Demokratie. Frankfurt a.M.
– (1992b): „Back from Moscow, in the USSR" S. 9-55 in Jutta Georg-Lauer (Hg.): Postmoderne und Politik. Tübingen.
– (1992c): Passions. „An Oblique Offering" S. 5-34 in David Wood (Hg.): Derrida: a Crit-cal Reader. Oxford.
– (1993): Aporias. Stanford.
– (1995): Marx' Gespenster. Der verschuldete Staat, die Trauerarbeit und die neue Internationale. Frankfurt a.M.
– (1997): Deconstruction in a nutshell. A conversation with Jacques Derrida. Hg. von John Caputo. New York.
– (1997a): Die Einsprachigkeit des Anderen oder die Prothese des Ursprungs. S. 15-41 in: Anselm Haverkamp (Hg.): Die Sprache der Anderen. Frankfurt a.M.
– (1997b): Aufzeichnungen eines Blinden. München.
– (1997c): Politics of Friendship. London.
Fraser, Nancy (1994): Widerspenstige Praktiken. Macht, Diskurs, Geschlecht. Frankfurt a.M.
García Düttmann, Alexander (1992): Die Dehnbarkeit der Begriffe. Über Dekonstruktion, Kritik und Politik. S. 57-77 in Jutta Georg-Lauer (Hg.), Postmoderne und Politik. Tübingen.
– (1997): Zwischen den Kulturen. Spannungen im Kampf um Anerkennung. Frankfurt a.M.
Gasché, Rodolphe (1986): The Tain and the Mirrow. Derrida and the Philosophy of Reflection. Cambridge, London.
Gehring, Petra (1997): Gesetzeskraft und mystischer Grund. Die Dekonstruktion nähert sich dem Recht. S. 226-255 in Hans-Dieter Gondek/Bernhard Waldenfels (Hg.), Einsätze des Denkens. Zur Philosophie von Jacques Derrida. Frankfurt a.M.
Gondek, Hans-Dieter/Waldenfels, Bernhard (Hg.) (1997): Einsätze des Denkens. Zur Phi-

losophie von Jacques Derrida. Frankfurt a.m.

Habermas, Jürgen (1988): Der philosophische Diskurs der Moderne. Frankfurt a.M.

– (1994): Faktizität und Geltung. Frankfurt a.M.

Hamacher, Werner (1989): Journals, Politics. Notes on Paul de Man's Wartime Journalism. S. 438-466 in ders./Neil Hertz/Thomas Keenan (Hg.), Responses. On Paul de Man's Wartime Journalism. Lincoln. London.

Haverkamp, Anselm (Hg.) (1994): Gewalt und Gerechtigkeit. Derrida-Benjamin. Frankfurt a.m.

Kramer, Matthew (1991): Legal Theory, Political Theory and Deconstruction: Against Rhadamanthus. Bloomington.

Laclau, Ernesto (1996): Deconstruction, Pragmatism, Hegemony. S. 47-67 in Chantal Mouffe (Hg.), Deconstruction and Pragmatism. London.

Lacoue-Labarthe, Philippe (1990): Die Fiktion des Politischen: Heidegger, die Kunst und die Politik. Stuttgart.

Lacoue-Labarthe, Philippe/Nancy, Jean-Luc (Hg.) (1981): Les fins de l'homme: A partir du travail de Jacques Derrida. Paris.

– (Hg.) (1982): Rejouer le politique. Paris.

– (Hg.) (1983): Le retrait du politique. Paris.

McCarthy, Thomas (1993): Ideale und Illusionen. Dekonstruktion und Rekonstruktion in der kritischen Theorie. Frankfurt a.M.

Menke, Christoph (1994): Für eine Politik der Dekonstruktion. S. 279-287 in Anselm Haverkamp (Hg.): Gewalt und Gerechtigkeit. Frankfurt a.M.

Nancy, Jean-Luc (1988): Die undarstellbare Gemeinschaft. Stuttgart.

– (1994): Das gemeinsame Erscheinen. Von der Existenz des „Kommunismus" zur Gemeinschaftlichekeit der „Existenz". S. 167-204 in Joseph Vogl (Hg.), Gemeinschaften. Positionen zur einer Philosophie des Politischen. Frankfurt a.M.

Rorty, Richard (1992): Kontingenz, Ironie und Solidarität. Frankfurt a.M.

– (1996): Remarks on Deconstruction and Pragmatism. S. 13-18 in Chantal Mouffe (Hg.), Deconstruction and Pragmatism. London.

Weber, Samuel (1997): Von der Ausnahme zur Entscheidung: Walter Benjamin und Carl Schmitt. S. 204-224 in Elisabeth Weber/Georg-Christoph Tholen (Hg.), Das Vergessen(e). Wien.

b. kommentierte Literatur

Primärliteratur

Derrida, Jacques (1980): Nietzsches Otobiographie oder Politik des Eigennamens. Fugen. Deutsch-Französisches Jahrbuch für Textanalytik. o.O. S. 64-69
Hier setzt sich Derrida mit der Unabhängigkeitserklärung der Vereinigten Staaten auseinander und weist nach, daß sie wie jede Gründungserklärung einer politischen oder sozialen Institution auf paradoxen Voraussetzungen beruht.

Derrida Jacques (1991): Gesetzeskraft. Der „mystische Grund der Autorität". Frankfurt a.M.
Derrida liest den von Walter Benjamin 1921 geschriebenen Text „Zur Kritik der Gewalt" und zeigt am Beispiel dieser Lektüre und der vorangestellten Auseinandersetzung mit dem Verhältnis von Recht und Gerechtigkeit wie die Dekonstruktion auf dem Gebiet der Rechtstheorie entwickelt werden kann.

Derrida, Jacques (1997): Politics of Friendship. London:
In dem Buch, das zu den wichtigsten Derridas gehört, geht er den Verbindungen zwischen Freundschaft und Politik beziehungsweise Demokratie nach und zeigt, daß die klassischen Konzepte der Demokratie immer auch bestimmte phallozentrische und familiale Vorstellungen von Freundschaft und Brüderlichkeit beinhalteten. In diesem Kontext setzt sich Derrida mit Autoren wie Schmitt, Blanchot, Nietzsche, Plato und Montaigne auseinander, die alle den von Aristoteles stammenden Ausruf „Oh meine Freunde, es gibt keine Freunde" zitiert und interpretiert haben.

Sekundärliteratur

Beardsworth, Richard (1996): Derrida & the Political. London
Das Buch eignet sich hervorragend für eine komplexe Einführung in das Werk Derridas mit dem Schwerpunkt auf der Frage nach den politischen Implikationen und den im Werk verstreuten Analysen des Politischen. Die Rekonstruktion verläuft über die unterschiedlichen Lektüreetappen Derridas: von Saussure über Kafka, Kant, Hegel, Heidegger zu Levinas.

Bennington, Geoffrey (1995): Legislations: The Politics of Deconstruction. London
Es handelt sich um eine Aufsatzsammlung, in der es entweder um Rekonstruktionen einzelner Aspekte des Werkes von Derrida geht oder aber – in der Hauptsache – um Lektüren im Anschluß an Derrida, die sich mit politiktheoretischen Fragen wie der Konstitution der Nation oder des Staates beschäftigen.

Bennington, Geoffrey/Derrida, Jacques (1994): Jacques Derrida. Ein Portrait. Frankfurt a.M.
Das Buch enthält eigentlich zwei Bücher: eine als eine Art Hypertext geschriebene Einführung in das Denken Derridas, in der auch die Probleme der Politik, der Institution und des Gesetzes behandelt werden, und ein sehr persönlicher Text Derridas: die Zirkumfession, die jeweils das untere Drittel des Buches bildet.

Critchley, Simon (1992): The Ethics of Deconstruction. Derrida & Levinas. Oxford (dt. Teilübersetzung in dem Sammelband von Gondek/Waldenfels)
Critchley untersucht das Verhältnis von Derrida zum Denken von Emmanuel Levinas, um so zu den ethischen Impulsen der Dekonstruktion zu kommen, die hauptsächlich auf die Rezeption des Werkes von Levinas durch Derrida herrühren.

Gondek, Hans-Dieter/Waldenfels, Bernhard (Hg.) (1997): Einsätze des Denkens. Zur Philosophie von Jacques Derrida. Frankfurt a.M.
Der Sammelband bezieht sich vor allem auf die Arbeiten Derridas nach der „performativen Wende" und ist der erste seiner Art in Deutschland. Es finden sich hier sehr genaue und gewissenhafte Rekonstruktionen zum Problem der Gabe, des Gesetzes, der Ethik, der Zeit und der Schrift. Von Derrida selbst ist sein Vortrag anläßlich seiner thèse de doctorat d'État von 1980 abgedruckt.

Haverkamp, Anselm (Hg.) (1994): Gewalt und Gerechtigkeit. Derrida-Benjamin. Frankfurt a.M.
Cornell, Drucilla/Rosenfeld, Michael/Carlson, D. (Hrsg) (1992): Deconstruction and the Possibility of Justice. New York
Die Sammelbände enthalten Texte eines Colloquiums der New Yorker Cardozo Law School, jeweils ergänzt um einige weitere den Kontext überschreitende Aufsätze. Es geht dabei um Derridas Benjamin-Lektüre, um die Möglichkeiten einer Dekonstruktion des Rechts und der Gerechtigkeit sowie um eine Politik der Dekonstruktion. Im deutschen Band ist ein Beitrag von Derrida („Den Tod geben") abgedruckt.

Kapitel V
Die politische Theorie des zivilgesellschaftlichen Republikanismus: Claude Lefort und Marcel Gauchet

Oliver Marchart

Inhalt

1. Ein Denken der Brüche

Die von Claude Lefort entwickelte und seinem Schüler Marcel Gauchet wei-
tergeführte politische Theorie steht in gewissem Maße *ortlos* im Feld der gegenwärtigen politischen Theorie. Am nächsten kommt Claude Lefort noch
der Position der – ebenfalls ortlosen – Hannah Arendt. Und wie diese knüpft
er an republikanische Traditionen an, die erst in den letzten Jahren als „dritter
Weg" zwischen Kommunitarismus und Liberalismus (Skinner 1984) wieder
an Sichtbarkeit gewonnen haben, ja sogar, wie manche sagen, in einen „republican turn" mündeten (Pettit 1997). Bei Lefort ist es der Bruch mit dem
Marxismus, der ihn – bei gleichzeitiger Zurückweisung von Liberalismus und
positivistischen Sozialwissenschaften – zur Neubefragung traditionell republikanischer Referenzpunkte führt; darunter Machiavelli (Lefort 1972;
1986d), de Tocqueville (u.a. Lefort 1986f; 1986g; Gauchet 1990a), die amerikanische Revolution und die Menschenrechtserklärung (u.a. Lefort 1986a;
1990b; Gauchet 1991). Über diesen historischen Umweg entwickelt Lefort
eine Theorie des Totalitarismus, der Demokratie und der Zivilgesellschaft,
die explizit als politische *Philosophie* verstanden sein will.

Der 1924 geborene Lefort (1990a) teilt die Entwicklung seiner Theorie in
drei Perioden ein. Die erste Periode ist geprägt von seiner Verteidigung des
Marxismus gegen die dogmatische, nationalistische und szientistische „Abweichung" des Stalinismus. Ihr Beginn wird spätestens markiert durch seinen
Eintritt in die IV. Internationale im Jahr 1943. Gemeinsam mit Cornelius
Castoriadis[38] beginnt er, Trotzkis Rolle bei der Herausbildung der bürokratischen Parteiherrschaft der Sowjetunion und die Idee der revolutionären Partei, welcher der Trotzkismus nach wie vor anhing, einer Kritik zu unterziehen. Damit beginnt Leforts zweite Periode, die 1947 im Bruch mit der IV.
Internationale und in der Gründung der Gruppe *Socialisme ou Barbarie* (u.a.
mit Castoriadis und Jean-Francois Lyotard) kulminiert. Innerhalb von *Socialisme ou Barbarie* treibt Lefort seine Bürokratie- und Totalitarismuskritik
soweit voran, daß es 1958 auch zum endgültigen Bruch mit dieser Gruppe
kommt, der er vorwarf, im Widerspruch zu ihrer Anerkennung der Arbeiter-
autonomie eine revolutionäre Führung aufbauen zu wollen. Dieser Bruch, der

---

38 Oft werden Castoriadis und Lefort in einem Atemzug behandelt, ein solcher Zugang
    wurde in diesem Kapitel bewußt nicht gewählt. Der gemeinsame politische Weg der
    beiden (der sich auf theoretischer Ebene vor allem in deren Totalitarismustheorie
    spiegelt) kann leicht darüber hinwegtäuschen, daß deren Differenzen mehr als nur
    graduell sind. Sie sind tatsächlich kategorial: Castoriadis' (1984) Kategorie des
    „Magma" ontologisiert und substantialisiert eine gesellschaftliche Identität, die bei
    Lefort negativ offengehalten werden soll. Weiters verschiebt Castoriadis' (1990) zen-
    traler normativer Bezugspunkt der *griechischen Polis* seine Theorie zum Utopischen,
    während Leforts Bezugspunkt der *demokratischen Revolution* die seine den Gegen-
    wartsbedingungen aussetzt.

zur selben Zeit ein Bruch mit dem Marxismus und mit der Idee der Revolution war, öffnete den Weg zum im folgenden vorgestellten Entwurf einer politischen Theorie (Leforts dritte Periode), die das vom Totalitarismus geleug-
nete Phänomen der gesellschaftlichen Teilung und des Konflikts in den Mittelpunkt rückte.

2. Grundzüge eine negativen Politologie

2.1. Die Neubefragung des Politischen

Seinen Artikel über „Die Frage der Demokratie" beginnt Lefort (1990c: 281)
mit den unmißverständlichen Worten: „Mein Anliegen ist die Wiederherstellung der politischen Philosophie; dazu möchte ich beitragen und anre-
gen." Leforts politische Philosophie kann sich weder im marxistischen Paradigma noch im positivistisch-wissenschaftlichen verorten. So annonciert sein
Denken parallel zum Bruch mit der *marxistischen Wissenschaft* den Bruch
mit der *bürgerlichen Wissenschaft*. Das erneute Denken des Politischen erfordere „einen Bruch mit dem Standpunkt der Wissenschaft im allgemeinen
und mit jenem Standpunkt, der sich in den sogenannten Politikwissenschaften
und politischen Soziologie durchgesetzt hat" (Lefort 1990c: 283). Denn während der Marxismus die Politik von der ökonomischen Basis determiniert
sieht, unterliegen Politologie und Soziologie der Illusion zu glauben, den gesellschaftlichen Raum inventarisieren zu können. Angetrieben vom „Willen
zur Objektivierung" (Lefort 1990c: 284) und den Imperativen der Exaktheit
und Definierbarkeit (Lefort 1988: 193) konstruieren sie politische Wissens-
objekte in Abgrenzung zu ökonomischen, rechtlichen, technischen und anderen und ordnen all diese zum übergreifenden Relationssystem der Gesamtgesellschaft. Doch um die Gesellschaft als Ganzes denken zu können, muß das
Subjekt des Wissens eine Distanz zu ihr errichten. Es betrachtet die Gesellschaft aus der Vogelperspektive.

Der Horizont der Wahrnehmung ist jedoch seinerseits nicht zu überflie-
gen. Das Subjekt des Wissens ist selbst Teil jener Gesellschaft, die es untersucht, insofern nämlich jedes Denken der Gesellschaft *in* genau dieser Gesellschaft immer schon die Bedingungen seiner eigenen Konstitution vorfindet. Zu seinen Konstitutionsbedingungen gehören mithin Grundunterscheidungen wie Gerechtigkeit/Ungerechtigkeit, Legitimität/Illegitimität, Wahr-
heit/Lüge oder Privatinteresse/Gemeinwohl, die das wissenschaftliche Denken mit dem Argument abweist, deren Kriterium sei nicht anzugeben. Die
Wissenschaft legt sich selbst ein „Denkverbot" (Lefort 1990c: 285) auf, dem
ein Verbot des Urteilens bezüglich dieser Grundunterscheidungen entspricht.
Statt das Risiko des Urteilens einzugehen, beschränkt sich Wissenschaft
auf die Erkenntnis des Partikularen, insofern sie ihr Objekt durch die episte-

mologische Operation der Abgrenzung von anderen Objekten gewinnt. *Politik* wäre für die Politikwissenschaft dann einfach jene partikulare Sphäre, die sich gegenüber nicht-politischen partikularen Sphären wie Ökonomie, Ästhetik etc. ausdifferenziert hat. Doch genau diese Abtrennung eines partikularen Lebensbereichs Politik von anderen partikularen Lebensbereichen, die Lefort an sich nicht bestreitet, kann selbst *kein* partikulares Phänomen sein, sondern hat eine Bedeutung, die von einem bestimmten historischen Moment an allgemein gilt. Für Lefort ist der legitime Gegenstand politischer *Philosophie* kein partikulares Objekt, sondern ein universelles (oder besser: *quasiuniverselles*[39]) Prinzip. Dieses konnte sich in der Geschichte der politischen Philosophie hinter allen möglichen theoretischen Konstrukten verbergen: z.B. der Frage nach der Natur des Menschen, nach dem Gesellschaftsvertrag, usw. Doch war ihm die politische Philosophie immer schon dort auf der Spur, wo ihre Leitfrage lautete: Was unterscheidet Gesellschaften voneinander? Und Lefort (1990c: 284) weiß sich in Übereinstimmung mit der politischen Philosophie seit Platon, wenn er antwortet: ihre „Form". Es ist die *Gesellschaftsform,* die zum Angelbegriff politischen Denkens wird, wobei jedoch Lefort in Anlehnung an Leo Strauss empfiehlt, den Begriff Gesellschaftsform ähnlich breit wie den Begriff des *Regimes* in „Ancien Régime" zu fassen; nicht nur als Regierungsform, sondern als eine Verbindung aus Politik, Moral, Sitten etc. Als ein *way of life.*

Damit sollte deutlich geworden sein, wie eng für Lefort die Unternehmung der politischen Theorie mit epistemologischen und wissenschaftskritischen Überlegungen zusammenhängt. Wenn das Subjekt des Wissens nur deshalb zwischen den partikularen Sphären der Gesellschaft analytische Trennlinien ziehen kann, weil es immer schon eine subjektive Idee der Dimensionalität der Gesellschaft besitzt, dann gehört zu dieser Dimensionalität untrennbar ihre *politische Form.* Der Wahrnehmungshorizont des Subjekts ist bereits politisch geformt; man könnte auch sagen: Erfahrung ist immer schon vom historischen und politischen Kontext geprägt. Aus diesem Grund kann *das* Politische, d.h. die generativen Prinzipien der Gesellschaftsform, nicht selbst ein Subsystem der Gesellschaft sein, generiert und instituiert es doch zuallererst deren Dimensionen (vgl. Lefort 1986h: 256). Damit läßt sich ein Unterschied zwischen dem Politischen und der Politik ausfindig machen: Unter *la politique* – Politik – können wir das Ergebnis der systemischen Ausdifferenzierung in der Gesellschaft verstehen: das politische System (mithin der Staat) als Gegenstand der politischen Wissenschaft. Der Begriff *le politique* – das Politische – bezeichnet dagegen jene Prinzipien, die verschiedene Gesellschaftsformen generieren. Es ist das Politische (*le politique*) als sym-

---

39 *Quasi*-universell, weil es als Prinzip nicht überhistorisch gilt, sondern nur für eine bestimmte historische Epoche. Es ist universell im Sinne seines Geltungsanspruchs innerhalb dieser Epoche, nicht aber universell im Sinne einer transhistorischen Begründbarkeit.

bolische Form und instituierende Formgebung des Sozialen, das für Lefort
zum legitimen Gegenstand philosophischer Reflexion wird.

Begibt sich Leforts Befragung der Institutionsweise des Sozialen damit
auf die Jagd nach ewigen Prinzipien? Die Antwort ist Nein. Zum ersten ist
Leforts Theorie selbst jener Gesellschaftsform eingeschrieben, in der sie sich
entwickelt und die sie beschreibt (die Demokratie). Die Institutionsweise der
Theorie der Gesellschaft ist nicht zu lösen von der Institutionsweise der Gesellschaft (vgl. Lefort 1986h: 259f; s. auch Howard 1977: 240f). Zum zweiten: was für den Gegenstand der Disziplin gilt, gilt letztlich für die Disziplin
selbst: Wenn das Politische nicht im Territorium eines gesellschaftlichen
Teilsystems Politik einhegbar ist, dann ist auch politische Philosophie keine
Disziplin, die in einem geschlossenen, eingrenzbaren und partikularen Raum
stattfindet, weshalb man sich in ihr auch nicht so umstandslos verorten kann
wie etwa in der Molekularbiologie (Lefort 1988: 193).

Diese unmögliche Grundlegung des Politischen erfordert darum eine
Neugründung der Politischen Philosophie, die mit den Paradoxa einer negati-
ven Grundlegung zurande kommen muß – einer „anti-fundationalistischen"
Neugründung.[40]

2.2. Das symbolische Dispositiv der Demokratie I: Der leere Ort der Macht

In der Traditionslinie politischer Philosophie seit der griechischen Antike
fragt Lefort zunächst nach der Form des Sozialen. Die Form einer Gesellschaft bezeichnet er als *symbolisches Dispositiv* [*dispositif symbolique*]. Als
solches geht sie weit über deren *Regierungs*form im engeren Sinn hinaus.
Das Politische ist nicht im Staat allein lokalisiert. Damit wird für Lefort, mit
einer Anleihe an die Terminologie Jacques Lacans, das Register des *Symbolischen* zur formgebenden Instanz der gesellschaftlichen Realität, ohne mit
letzterer vollständig zusammenzufallen. Man muß den Begriff Formgebung
[*mise en forme*] in dreifacher Weise verstehen: Formgebung ist zugleich
Sinngebung [*mise en sens*] und Inszenierung [*mise en scène*] (Lefort 1990c).
Sinngebung, da die erwähnten Grundunterscheidungen zwischen dem Wahren und Falschen, Gerechten und Ungerechten, Legitimen und Illegitimen
etc. den gesellschaftlichen Raum überhaupt erst intelligibel machen. Inszenierung, weil der gesellschafliche Raum in seiner – aristokratischen, monarchischen, despotischen, demokratischen oder totalitären – Verfassung sich

---

40 Der Versuch einer unmöglichen und doch notwendigen Fundierung (in seinem Fall
    des Politischen wie auch der politischen Philosophie) verbindet Lefort mit anderen
    „post-fundationalistischen" Theorien wie etwa Dekonstruktion oder poststrukturalisti-
    scher Hegemonietheorie. Die Lefort eigene Denkbewegung, die oft Ähnlichkeit mit
    den Doppelbewegungen der Dekonstruktion aufweist, ist jedoch ganz dem Einfluß der
    Philosophie Maurice Merleau-Pontys geschuldet; vgl. insbesondere Lefort 1978c.

selbst gegenüber nochmals repräsentiert (vgl. Lefort 1990c: 205).[41] Wir erfahren Gesellschaft also immer schon als *geformt, sinnhaft* und sich selbst *repräsentierend.*

Gesellschaft repräsentiert sich selbst gegenüber als Ganzes. Doch was ist die Voraussetzung dafür, daß sich Gesellschaft als integraler, umfassender Raum vorstellen läßt? Wenn der Raum der Gesellschaft trotz aller Teilungen als *einer* und als *derselbe* organisiert sein soll, dann impliziert das Lefort zufolge die Bezugnahme auf einen externen Platz, von dem aus Gesellschaft gesehen und benannt werden kann. Sie kann sich nur konstituieren, insofern sich ihre Selbstidentität von einem symbolischen Pol aus manifestiert. Da der symbolische Pol aber nicht selbst Teil des Inneren der Gesellschaft sein kann (denn dann ließe sich die Gesellschaft *als ganze* von ihm aus nicht überblikken), muß er außerhalb von ihr liegen. Doch wenn die Gesellschaft andererseits als umfassend und integral vorgestellt werden soll, dann ist ein realer Ort außerhalb der Gesellschaft gar nicht einnehmbar. Denn würde ein solcher Ort jenseits der Gesellschaft existieren, wäre diese ja *gerade nicht* umfassend und integral.

Lefort geht also keinesfalls den Weg eines vulgär-postmodernen Denkens der Beliebigkeit, das vereinheitlichende Prinzipien verneint und den Begriff der Gesellschaft durch den eines nicht-totalisierbaren „Patchworks" oder „Rhizoms" ersetzt (womit ja doch wieder nur ein Signifikant für das Ganze gefunden wäre). Noch geht er den Weg der Systemtheorie, für die unter Bedingungen der weitgehenden Ausdifferenzierung sozialer Systeme eine Repräsentation des Ganzen der Gesellschaft von einem einzelnen Punkt aus nicht mehr denkbar ist (Rödel/Frankenberg/Dubiel 1989: 143ff). Vielmehr besteht Lefort auf der Notwendigkeit der symbolischen Repräsentation der Gesellschaft für diese selbst, auch wenn das real nicht möglich ist: Die Selbstinstituierung der Gesellschaft unter dem Aspekt ihrer Selbst-Repräsentation ist daher beides: sowohl notwendig *als auch* unmöglich. Daher spricht Lefort (1990c: 285) von „*Quasi*-Repräsentation". Und durchaus in der Tradition politischer Theorie gibt Lefort dem symbolischen Pol der Selbstrepräsentation der Gesellschaft den Namen *Macht.*

Doch die radikale Ambiguität des Poles – unentschieden zwischen Internalität und Externalität, zwischen Notwendigkeit und Unmöglichkeit – durchzieht nun auch den Begriff der Macht. Einerseits *veräußert* sich der Ort der Macht der Gesellschaft gegenüber, um in der Abtrennung deren Einheit zu gründen, andererseits gelingt diese Gründung der Macht nur, insofern sie Teil der Gesellschaft und damit im Inneren der Gesellschaft bleibt. Lefort faßt dieses „Enigma" – in Anlehnung an Merleau-Ponty – mit dem Begriff des Chiasmus (Lefort/Gauchet 1990: 121). Macht besteht in der Geste einer gegenstrebigen Fügung, einer simultanen Verschränkung und Abgrenzung zwischen dem Außen und dem Innen der Gesellschaft: „Man sollte besser sa-

---

41   Es handelt sich um eine „Quasi-Repräsentation seiner selbst" (Lefort 1990c: 285).

gen, daß sie [die Macht, O.M.] auf ein *Außen* deutet, über das sie selbst sich definiert. In allen ihren Formen läßt sie immer dasselbe Enigma durchscheinen: das einer Artikulation zwischen Innen und Außen, einer institutiven Teilung eines gemeinsamen Raumes, eines Bruchs, der gleichzeitig eine Beziehung herstellt, eine Bewegung der Externalisierung des Sozialen, die Hand in Hand mit dessen Internalisierung geht" (Lefort 1986h: 265).

Von diesem *Enigma der Macht* zeugt das einflußreichste, immer wieder zitierte Theorem Leforts: In der Demokratie ist der symbolische Ort der Macht leer.[42] Neben der an Merleau-Ponty orientierten philosophischen Argumentation leitet Lefort (1981b) seine These mit einem historischen Argument ab und bezieht sich auf Kantorowicz' (1957) Theorie von den zwei Körpern des Monarchen. Danach hatte das Ancien Régime seine Identität sich selbst gegenüber als Körper repräsentiert. Dazu griff es auf eine bereits im Mittelalter entwickelte Symbolik zurück. In Analogie zum corpus Christi war der Körper des Herrschers zweigeteilt in einen irdischen, sterblichen und individuellen Körper und einen himmlischen, unsterblichen und kollektiven Körper. Damit hatte der Körper des Monarchen eine Funktion übernommen, die bereits vom „mystischen Körper" der Kirche und des Papstes an ihrer Spitze erfüllt wurde. Seine zwei Körper ermöglichen es dem Monarchen zwischen dem Irdischen (der Gesellschaft) und dem Transzendenten (der göttlichen Legitimität der Gesellschafts-Ordnung) zu vermitteln. Einerseits gehört der Körper des Königs einem Bereich *außerhalb* der Gesellschaft an, andererseits projiziert gerade deshalb die Gesellschaft ihre imaginäre „organische" Einheit auf das Bild des Körpers des Monarchen. Der steht – als Synekdoche – für den Körper der mystischen Gemeinschaft des gesamten Königreichs. Die Inkarnation der Gemeinschaft zeigt allerdings noch ein zweites: denn die Notwendigkeit der Vermittlung zwischen der Gesellschaft und ihrem Außen führt gleichzeitig vor Augen, daß eine primordiale Teilung existiert. Seine zwei Körper erlauben dem König nicht nur, das Ganze zu inkarnieren, sie legen zugleich klares Zeugnis davon ab, daß der König – und damit die Gesellschaft – nicht mit sich selbst identisch ist.

Dieses symbolische Dispositiv wird mit den republikanischen Revolutionen grundlegend und irreversibel umformuliert, indem der vom Körper des Königs besetzte Ort der Macht zur Leerstelle wird. Zwar liegen die Wurzeln der Freigabe oder Entleerung des Ortes der Macht bereits im Ancien Régime und in einem langandauernden Prozeß der Säkularisierung, aber symbolischer Kulminationspunkt der Geburt des demokratischen Dispositivs ist der Moment der Enthauptung des Königs (also spätestens die Guillotinierung

---

42 Damit soll nicht gesagt sein, daß in der Demokratie „niemand" (oder: „keiner von uns") im „Besitz" der Macht ist, wird damit doch die Vorstellung eines „jemand" (oder „uns") genährt, dessen Identität in der Gemeinschaft der symbolischen Formgebung und Selbst-Repräsentation des Sozialen qua leerem Ort der Macht vorausgeht. Aber tatsächlich ist gerade umgekehrt die Formgebung, der leere Ort der Macht, den gemeinschaftlichen Identitäten vorgängig.

namentlich von Louis XVI.). In diesem Moment fällt die Delegitimation des sakralen Körpers des Königs mit der *Dekorporierung* seines irdischen Körpers zusammen. Von nun an wird Gesellschaft mit den Paradoxa eines leeren Ortes der Macht und der radikalen Unbestimmtheit ihrer eigenen Legitimationsbasis zurande kommen müssen.

Eine Reihe von Folgen ergibt sich aus der Dekapitation des Körpers des Monarchen und damit des Körpers der Gesellschaft [*corps social*] für die symbolische Matrix: Gesellschaft ist von einer primordialen Teilung durchzogen, die Sphären der Macht, des Rechts und des Wissens autonomisieren sich, der politische Konflikt wird als legitim und notwendig anerkannt und institutionalisiert, periodische stattfindende Wahlen gestatten keinem Akteur mehr, den leeren Ort der Macht auf Dauer symbolisch einzunehmen, Historizität im strengen Sinne wird möglich, da die Gesellschaft nach Verlust teleologischer Garantien über ihre Zukunft (und Vergangenheit) selbst verhandeln muß, und nicht zuletzt trennt sich eine autonome Zivilgesellschaft vom Staat ab. Der Begriff „Folgen" kann an dieser Stelle allerdings nur behelfsmäßig verwendet werden, weist Lefort (1990c: 293) doch darauf hin, daß „Ursache-Wirkungsbeziehungen in der Ordnung des Symbolischen kein angemessenes Beschreibungsmuster mehr sind." Eher stehen all diese Aspekte des symbolischen Dispositivs der Demokratie in einem *zirkulären Begründungsverhältnis*.

2.3. Die andere Seite der Demokratie: die totalitäre Logik und die drei Ideologien

Totalitarismus darf nicht als Gegensatz zu Demokratie gefaßt werden. Immer wieder betont Lefort (1990a: 47), daß es sich beim Totalitarismus um keine moderne Form des Despotismus oder der Tyrannis handle, sondern um etwas qualitativ anderes, das nur aufgrund jener historischen Bedingungen entstehen konnte, die auch die moderne Demokratie ermöglicht hatten: „der Totalitarismus geht aus einer politischen Mutation hervor; er ist in einer Umkehrung des demokratischen Modells begründet, das er zugleich in gewissen Zügen ins Phantastische verlängert." Wenn der Totalitarismus seine Wurzeln in der demokratischen Revolution hat und deren Umkehrung *sowie Verlängerung* bedeutet, dann greift eine bloße Denunziation des Totalitarismus – wie übrigens umgekehrt eine Apologie der real existierenden Demokratie – eindeutig zu kurz. So grenzt sich Lefort ausdrücklich von der ideologisch instrumentalisierten Totalitarismustheorie des Kalten Kriegs und von jener der französischen Neuen Philosophen der 70er Jahre ab.[43] Man muß, so ließe sich

---

43 Diese Abgrenzung wiegt umso schwerer als Lefort seine Totalitarismustheorie in einer Zeit entwickelt hatte - den späten 40er Jahren -, in der es noch keineswegs oppor-

Leforts These reformulieren, die Unterscheidung zwischen Demokratie und Totalitarismus als eine Unterscheidung *innerhalb* der Demokratie verstehen: Demokratie ist nicht das gänzlich andere des Totalitarismus, sondern enthält Totalitarismus immer schon als Tendenz. Diese These kann in ihrer Tragweite gar nicht überschätzt werden, denn es folgt, daß eine „reine" Demokratie nie möglich sein wird: Demokratie wird immer von totalitären Momenten durchzogen sein.

In diesem Sinne bestreitet Lefort (1990a: 50), daß die „zwei möglichen Entwicklungstendenzen" der Demokratie – nämlich Demokratie und Totalitarismus – umstandslos voneinander zu trennen seien, „als wenn man z.B. den guten Teil der Demokratie von ihrem schlechten trennen könnte." Stattdessen fordert er, die Paradoxien einer weitgehend säkularisierten Gesellschaft zu untersuchen, die ihre transzendenten Legitimationskriterien, ihre Grenzen, ihre mythischen Ursprünge oder Ziele nicht mehr umstandslos repräsentieren kann und sich deshalb *selbst* erzeugen und instituieren muß. Gerade weil Gesellschaft im Moment ihrer „Erfindung" auf sich selbst zurückgeworfen ist, würde sie *notwendigerweise*, so Lefort (1990a: 50), zu den Phantasmen einer totalen Beherrschung des gesellschaftlichen Raumes, einer allwissenden Macht und eines allmächtigen Wissens neigen. Doch die Paradoxien der Demokratie sind so unumkehrbar wie sie unauflösbar sind. Der Totalitarismus sei daher in letzter Instanz zum Scheitern verurteilt (s. dazu bereits Lefort 1971).

Theoretisch wird der Totalitarismus in seinem Verhältnis zum leeren Ort der Macht bestimmt. Totalitarimus identifiziert Gesellschaft und Macht miteinander, wodurch sich der soziale Raum homogenisiert und schließt. Jegliche gesellschaftliche Teilung wird in der „homogenen und für sich selbst durchsichtigen Gesellschaft" (1990c: 287) geleugnet, und der leere Ort der Macht wird mit einem neuen Körper besetzt. Die Partei, der Staat, die Bürokratie werden zu Re-Inkarnationen eines Gesellschafts-Körpers, der seines Kopfes – nämlich des Kopfes des Monarchen – bereits verlustig gegangen war. Am Ende dieser Inkarnationsreihe steht der Führer, den Lefort (1990c: 287; 1976) mit Rückgriff auf Solschenizyn den *Egokraten* nennt: „Proletariat und Volk, Partei und Proletariat, Politbüro und Partei und schließlich die Partei und der *Egokrat* fallen in eins."

Der Unterschied zwischen dem Monarchen und dem Egokraten entspricht dem Unterschied zwischen einer prekären Form von Transzendenz einerseits und Immanenz andererseits. Der Egokrat, der innerhalb der Gesellschaft bestrebt ist, den leeren Platz der Macht zu inkarnieren, besitzt gewissermaßen nur *einen* Körper, corpus mysticum und corpus naturale sind identisch, während der König keineswegs mit sich in eins fiel. Zwar war es er selbst, der die Prinzipien der Macht, des Gesetzes und des Wissens verkör-

---

tun war, als französischer Linker die Sowjetunion als totalitäre Gesellschaft zu kritisieren.

perte, doch mußte er sich andererseits einer höheren Gewalt beugen; einerseits stand er über dem Gesetz, andererseits war er ihm unterworfen. Er ist, so Lefort (1981b: 175), eine mittelalterliche Formel aufgreifend, *major et minor se ipso*. Im Unterschied zum Fürsten ist der Egokrat also mit sich identisch, so wie ihrerseits die Gesellschaft, die er inkarniert, in die Selbstidentität gezwungen wird. Der Egokrat ist nicht mehr Statthalter des Außen der Gesellschaft, sondern schließt diese zu einem immanenten Ganzen.

Damit der Volkskörper *als ganzer*, d.h. als Identität, vorgestellt werden kann, muß auch hier wieder eine – wie auch immer geartete – Beziehung zu einem Außen gegeben sein. Als internes Außen der Gesellschaft fungiert im Totalitarismus der Volks-Feind: „Die Definition des Feindes ist konstitutiv für die Identität des Volkes" (Lefort 1981a: 101). An dieser Stelle tritt erneut die Metapher des Körpers in den politischen Diskurs. Die Kampagne gegen die Volksfeinde „sieht sich unter dem Zeichen der sozialen Prophylaxe situiert: Die Identität des Körpers hängt von der Elimination seiner *Parasiten* ab" (Lefort 1981a: 102). Umgekehrt birgt gerade die Beschwörung feindlicher Elemente eine Gefahr für den Totalitarismus, denn wenn die Integrität des Volkskörpers einen fortgesetzten Kampf gegen Parasiten, Saboteure und andere Feinde erfordert, dann bedeutet das nichts anderes, als daß die totalitäre Idee der Organisation die Idee der *Des*-Organisation *voraussetzt*. Das totalitäre Dispositiv baut folglich auf einem Widerspruch auf[44]: Im selben Moment, in dem die internen Teilungen der Gesellschaft verneint und ein homogenes Ganzes beschworen wird, behauptet sich eine weitere Teilung: die Teilung zwischen dem Volks-Einen und seinem konstitutiven Anderen, dem Feind: „Die widersprüchliche Logik der totalitären Erfahrung besteht also darin, daß die gesellschaftliche Teilung gerade aufgrund jenes Unternehmens wiederentsteht, das darauf zielt, sie abzuschaffen" (Gauchet 1990b: 220).

Der von Lefort am ausführlichsten beschriebene ideologische Diskurs ist der des Totalitarismus, doch vom Totalitarismus unterscheidet Lefort (1978a) zwei weitere Ideologien: die „bürgerliche" Ideologie und die „unsichtbare" Ideologie. Die imaginäre Dimension von Ideologie besteht in jedem dieser drei Fälle in der Verkleisterung symbolischer Trennlinien und realer Brüche. Sie entsprechen verschiedenen Formen der *Verleugnung* der gründenden Teilung und des leeren Ortes der Macht. Einer Verleugnung, die letztlich scheitern muß, denn einerseits verkleistert der ideologische Diskurs die Brüche, Risse und Antagonismen im Gesellschaftskörper, andererseits ist er immer in Gefahr, als partikularer Diskurs einer bestimmten Klasse oder Gruppe wahrgenommen zu werden und neue Risse entstehen zu lassen.

---

44 Dieser Widerspruch durchzieht Lefort (1981a: 102) zufolge auch den Egokraten: Einerseits verschmilzt er mit dem Volk und der Partei, die er zu inkarnieren hat, ist also nur ein „einfacher Genosse". Andererseits nimmt er ihnen gegenüber die Position des Meisters ein.

Die bürgerliche Ideologie, deren Spielarten von konservativ zu anarchistisch reichen können, sah ihren Höhepunkt in der zweiten Hälfte des 19. Jahrhunderts. Der Diskurs ist an der Vorstellung eines positiven Wissens ausgerichtet und verneint die Existenz eines transzendenten Jenseits oder Außen, von dem aus religiöses oder mystisches Wissen garantiert werden könnte. Daß ein Außen der Gesellschaft, wie es noch im monarchischen Dispositiv selbstverständlich war, nicht als Ausgangspunkt genommen wird, bedeutet jedoch umgekehrt nicht, daß die bürgerliche Ideologie ihre Fundierung allein im Inneren der Gesellschaft suchen würde. Vielmehr gründet sich der Diskurs, indem er die Wirklichkeit von den *Ideen* trennt und letzteren einen transzendenten Status zuschreibt. Der Text des bürgerliche Diskurses ist durchsetzt von abstrakten Ideen und Schlüsselprinzipien „in Großbuchstaben": Menschheit, Fortschritt, Natur, Leben, Republik, Wissenschaft, Kunst, Eigentum, Familie, Ordnung, Gesellschaft, Nation.

Die Identität der Ideen stabilisiert sich auf andere Weise, und zwar indem sie in eine vertikale Dichotomie eintreten: Das ordentliche Reich der Ideen – die zivilisierte Gesellschaft – sitzt auf einer chaotischen und irrationalen Sphäre untergeordneter Elemente auf, die die Gesellschaft bedrohen. Der Proletarier bedroht den Bürger, der Wilde den Zivilisierten, der Wahnsinnige den Gesunden. Das konstitutive Außen der Gesellschaft wandelt sich in der bürgerlichen Ideologie zu einem *Unten* der Gesellschaft, ja im Extremfall zu einem Unten der Menschheit. Ordnung (oder Identität) festigt sich nicht durch den Bezug auf eine trans-soziale Instanz des Sakralen, sondern in Bezug auf eine sub-soziale Sphäre des Chaos.[45] Der bürgerliche Diskurs zieht seine Stärke gerade aus der Vielzahl der Ideen und aus ihrer wechselseitigen Unvereinbarkeit. Eine immer größere Vielzahl von Diskursen wird daher akzeptiert, und selbst das Revolutionärste und Subversivste muß sich in der Sprache bürgerlicher Ideen ausdrücken (wie z.B. in Begriffen historischen Fortschritts), die es auf diese Weise zugleich stärkt. Die gründende Teilung wird also durch den „Pluralismus" der Ideen und der ausdifferenzierten Handlungssphären (Ökonomie, Technik, Kunst, Politik...) verleugnet.

In der Stärke der bürgerlichen Ideologie liegt nun zugleich ihre Schwäche: Die Ideen können ihr Versprechen der Transzendenz nicht einlösen, da Transzendenz mit der Annahme einer ausdifferenzierten gesellschaftlichen Objektivität kollidiert, und sie können ihr Versprechen der Universalität nicht einlösen, da sie selbst vielfältig und oft miteinander unvereinbar sind. So kann es der *totalitären Ideologie* gelingen, die bürgerliche zu liquidieren.

Die gegenwärtige Antwort „westlicher" Demokratien auf bürgerliche und totalitäre Ideologie nennt Lefort die *unsichtbare Ideologie*. Die gesellschaftliche Teilung wird von der unsichtbaren Ideologie ebenfalls geleugnet. Die imaginäre Dimension erzeugt sich in diesem Fall durch die angeblich anonyme *Information* und die verbindende Zeremonie der *Kommunikation*: Die

---

45 Wobei die „sub-soziale" Sphäre immer noch *in* der Gesellschaft verortet wird.

soziale Teilung soll durch das soziale Band der medialen Kommunikation überwunden werden. Mithilfe der übergreifenden und endlos multiplizierten Transmissionen von Radio und Fernsehen erzeugt der ideologische Diskurs die Illusion eines homogenisierten sozialen Raumes. Er unterlegt allen getrennten Handlungssphären einen gemeinsamen Hintergrund, auf dem wissenschaftliche, ökonomische, kulturelle oder politische Inhalte austauschbar sind. Die allgemeine politische Signifikanz des medialen Diskurses – und seine Effektivität – besteht in genau dieser Aufhebung der Trennung zwischen den Sphären der Gesellschaft und der Politik, bzw. dem Ort der Macht, der zu einem Ort unter vielen wird.

Lefort zeigt sich besonders der medialen Inszenierung Öffentlichkeit gegenüber kritisch. Aufgrund des medial erzeugten Phantasmas, demzufolge alles sagbar und sichtbar sei, inkorporiert die unsichtbare Ideologie Opposition, indem sie auch noch für den Opponenten einen Platz simuliert: Das prekäre Verhältnis zwischen dem Sichtbaren und dem Unsichtbaren wird im Sichtbaren aufgehoben. Um eine *Fiktion* handelt es sich dabei, weil die Grenzen des Sichtbaren selbst nicht sichtbar sind: Eine Fernsehdiskussion z.B. stellt Herrscher und Beherrschte („Bürger fragen, der Kanzler antwortet") auf dieselbe Ebene und fingiert eine Äquivalenz, die nicht den Antagonismen außerhalb des Studios entspricht. Die unsichtbare Ideologie erzeugt also die falsche Vorstellung allgemeiner ungehinderter Sprechmacht und die Illusion einer *verwirklichten Demokratie*.

2.4. Das symbolische Dispositiv der Demokratie II: Die Trennung von Macht, Recht und Wissen, die Autonomisierung der Zivilgesellschaft und das allgemeine Wahlrecht

Eine der „Folgen" der republikanischen De-Korporation des politischen Körpers besteht in der Infragestellung der Grundlagen der Macht, des Rechts und des Wissens. Während selbst in bereits laizistischen Monarchien die souveräne Vernunft und die souveräne Justiz noch vom Fürsten miteinander vermittelt wurden, geht schließlich mit der Entkörperung der Macht und dem Entstehen einer Leerstelle im symbolischen Dispositiv eine „Entflechtung der Macht-, Rechts- und Erkenntnissphären einher. Denn sobald die Macht nicht länger das generische und Organisationsprinzip eines Gesellschaftskörpers darstellt, sobald sie nicht mehr die Tugenden in sich zusammenfaßt, die sich aus einer transzendenten Vernunft und Gerechtigkeit ableiten, behaupten sich Recht und Wissen ihr gegenüber in einer neuartigen, gleichsam exterritorialen Äußerlichkeit und Unreduzierbarkeit" (Lefort 1990c: 293f). Macht befindet sich auf ständiger Suche nach einer Legitimationsbasis, da die Prinzipien des Rechts und des Wissens nicht mehr in der Person des Machthabers verkörpert sind. Alle drei Bereiche sind unter den Bedingungen der Demokratie einer dauernden Infragestellung unterworfen: Die Ausübung der Macht ist dem politischen Wettstreit unterworfen, der auch nach einer erfolgten Wahl nicht stillgestellt werden kann; das Recht ist infolge seiner Autonomisierung einer ständigen normativen Diskussion bezüglich seiner Grundlagen ausgesetzt; während das Wissen infolge seiner Autonomisierung einer Diskussion der Wahrheitsgrundlagen ausgesetzt ist, was den Erkenntnisprozeß einer steten Erneuerung unterwirft. In allen drei Fällen hat die „demokratische Erfindung" die konstitutive Unabschließbarkeit der entsprechenden Grundlegungsbemühungen zur Folge. Schließlich wird das Wirkliche nicht mehr über die kategoriale Dreieinigkeit von Macht, Recht und Wissen definiert, sondern differenziert sich aus in zueinander exterritoriale Handlungssphären, die ihre eigenen Normen entwickeln und definieren.[46]

Zum Ort des Aushandelns aller Fragen autonomer Selbstinstitution wird die Zivilgesellschaft[47]. Ein öffentlicher Raum bildet sich, in dem kein Monarch, kein oberster Richter und keine Majorität darüber entscheiden kann, welche konkreten Unterhandlungen legitim und welche illegitim sind. Demokratie gründet sich auf der Legitimität der Debatte über Legitimität und Illegitimität. Voraussetzung für jeden Aushandlungsprozeß ist jedoch die gründende Teilung, d.h. die grundsätzlich konfliktuelle Verfaßtheit der Zivilgesellschaft sowie ihre Abtrennung von der Macht, bzw. vom Staat: „die Abgrenzung eines politischen Handlungsbereichs im eigentlichen Sinne setzt zugleich Aktivitäten frei, deren Normen sich der Macht entziehen. Eine Zi-

---

46 Im Unterschied zu Luhmann entspringen für Lefort (1990c: 294) diese, wie man sagen könnte, gesellschaftlichen Teilsysteme einer „neuen symbolischen Konstitutierung des Gesellschaftlichen". Sie sind Ergebnis der demokratischen *Formgebung*.

47 Der Begriff *civil society* oder *société civile* (bzw. seine deutschen Formen „bürgerliche Gesellschaft", „Bürgergesellschaft" und schließlich „Zivilgesellschaft") besitzt bekanntlich keine klaren Konturen. Zwar wird er heute üblicherweise als Gegenbegriff zu Staat verwendet, doch war er das historisch keineswegs immer schon (waren doch u.a. bei Locke die Begriffe *civil society* und *political society* noch austauschbar - als Gegenbegriff fungierte der *state of nature*). Erst mit Hegel nimmt der Begriff der „bürgerlichen Gesellschaft" die Bedeutung einer u.a. ökonomisch gefaßten *vorstaatlichen* Sphäre an, die zwischen Familie und Staat vermittelt, und mit Marx wird diese endgültig zum Feld der politischen Ökonomie. An der marxistische Vorstellung eines klaren Schnitts zwischen Staat und bürgerlicher Gesellschaft setzt Leforts (1986a) Kritik an. Bereits Gramsci hatte die marxistische Identifikation der *civil society* mit der ökonomischen Basis auf den Kopf gestellt und die *società civile* dem ideologischen Überbau zugerechnet. Hegemonie wird bei Gramsci durch die simultane Organisation von a) Konsens und Zustimmung in der Zivilgesellschaft und b) die Ausübung von Zwang durch den Staat hergestellt. Die Identifikation der Zivilgesellschaft mit dem Reich des Privaten, Kulturellen und Intellektuellen (wenn auch, bei Gramsci, gerade hier die Hegemonie erkämpft werden muß) und des Staates mit dem Bereich des Zwangs entspricht bereits unserem heutigen intuitiven und alltagssprachlichen Verständnis von Zivilgesellschaft. Schließlich wurde die begriffliche Fassung *Zivil*-Gesellschaft prominent durch die Dissidenten der ehemaligen Warschauer-Pakt Staaten, die damit die Gesamtheit ihrer vor- und teils anti-staatlichen Assoziationen bezeichneten.

vilgesellschaft (*société civile*) löst sich vollständig vom Staat ab" (Lefort 1990a: 49).

An anderer Stelle spezifiziert Lefort (1986a) die Behauptung, die Zivilgesellschaft würde sich vollständig vom Staat abtrennen. Zwar existiert im demokratischen Dispositiv notwendigerweise eine Unterscheidung zwischen Zivilgesellschaft und Staat (und der Totalitarismus ist umgekehrt durch die Verschmelzung dieser zwei Sphären gekennzeichnet), doch darf sie nicht mit einer vollständigen oder faktischen Spaltung verwechselt werden. *Öffentlichkeit*[48] verwische gerade die konventionellen Grenzen zwischen dem Politischen und dem Nicht-Politischen. Zivilgesellschaft ist in das Politische verstrickt, insofern sie Teil des demokratischen Dispositivs, i.e. der demokratischen Gesellschaftsform ist. Sie ist aber auch in das Politische verstrickt, insofern ihr jeweiliger Umfang, ihre Inklusivität oder Exklusivität, ja ihr Überleben eine „Frage der Politik" [*question politique*] ist und nicht theoretisch abgeleitet, sondern nur politisch erkämpft werden kann.

Der Kampf um die Ausweitung der öffentlichen Sphäre gegenüber der Macht erhält seine legitimatorische Absicherung mit der Erklärung der Menschenrechte (Lefort 1990b; Gauchet 1991). Der Begriff der Menschenrechte verweist – infolge der Entflechtung von Macht, Recht und Wissen – auf ein von der Macht unbeherrschbares Territorium (Lefort 1990b: 259). Die Menschenrechte liegen – aus der Sicht der Macht – im Außen der Macht. Aus der Sicht der Zivilgesellschaft liegen sie innerhalb der Zivilgesellschaft und werden von dieser selbst erklärt, sie sind Bestandteil ihrer Auto-Institution. Wenn Lefort die Menschenrechte als eines der *generativen Prinzipien* der Demokratie bezeichnen kann, dann deshalb, weil sie nicht ein für allemal fixiert sind. Die Menschenrechte unterscheiden sich vom positiven Recht, insofern sie innerhalb der Gesellschaft einen letzten rechtlichen Bezugsrahmen setzen, der es gegebenenfalls erlaubt, positives Recht gerade in Frage zu stellen.

Was mit den Menschenrechten nicht mehr in Frage gestellt wird, ist dagegen das Recht, Rechte zu haben. Auf kein anderes bezieht sich die Vielzahl neuer sozialer und minoritärer Bewegungen, die etwa ihr Recht auf Arbeit, Gesundheit, freie sexuelle Orientierung etc. einfordern. Einmal anerkannt, erlauben die Menschenrechte immer weiteren sozialen Gruppen ihr Recht, Rechte zu haben, einzufordern (die Erringung des Rechts auf Freiheit für Sklaven, des Wahlrechts für Frauen und African-Americans, des Streikrechts für Arbeiter etc.). Sie fordern damit ihren Einschluß in die Kategorie „Mensch" der Menschenrechte. Leforts Pointe ist nun, daß die Ausweitung der Menschenrechte, und mit ihnen der öffentlichen Sphäre, im demokratischen Dispositiv nicht bloß möglich, sondern unabdingbar für Demokratie

---

48 Öffentlichkeit kann verstanden werden als Raum des Politischen (der Debatte) *innerhalb* des Nicht-Politischen (der „privaten" oder ökonomischen Anteile der Zivilgesellschaft, die jedoch immer potentiell „veröffentlichbar" sind).

ist. Das Einfordern neuer Rechte (heute etwa der Rechte von Homosexuellen, Arbeitslosen, Immigranten, u.a.) ist keine Draufgabe zu den republikanischen Institutionen, sondern *generiert* Demokratie immer wieder aufs neue. Dies ist der Sinn des Begriffs des *generativen Prinzips*, den Lefort für die Menschenrechte bereithält.

Diesem generativen Prozeß des Erkämpfens neuer Einschlüsse in den von den Menschenrechten eröffneten Raum wird sekundiert durch die *Institutionalisierung des Konflikts* in der Demokratie (Lefort/Gauchet 1990: 104). Zu den wesentlichen Elementen des demokratischen Dispositivs zählt daher das allgemeinen Wahlrecht, die Regelung der Bedingungen des politischen Wettstreits und die Unterwerfung politischer Machtausübung unter Verfahren, die eine dauerhafte Besetzung des Ortes der Macht verunmöglichen sollen. Der Zweck der allgemeinen Wahl im symbolischen Dispositiv der Demokratie besteht für Lefort nicht darin, wie üblicherweise angenommen, Repräsentanten des Volkes und letztlich eine Regierung zu bestimmen. Noch trifft aus seiner Sicht die Kritik, „reale" ökonomische Machtverhältnisse würden durch die demokratische Wahl verschleiert oder mystifiziert, da bei der Wahl nicht „reale" oder faktische Macht verteilt, sondern auf einer *symbolischen* Bühne der gesellschaftliche Konflikt (Interessenskonflikte und Klassenkampf) in den politischen Konflikt im engeren Sinne übersetzt wird.

Konflikte und Kämpfe innerhalb der Gesellschaft werden im demokratischen Dispositiv nicht geleugnet, sondern – unter anderem qua Wahl – ins Symbolische verschoben (vgl. Lefort/Gauchet 1990: 114): Im Moment der Wahl wird der in zivilgesellschaftlichen Handlungszusammenhängen verfangene Bürger in eine Recheneinheit verwandelt. Voraussetzung für die Abstraktion der Individuen zu Recheneinheiten ist wiederum der Säkularisierungsprozeß, der Macht zur Leerstelle werden läßt. Mit der Disinkorporation des Monarchen und der Disinkorporation des Gesellschaftskörpers geht eine Disinkorporation der Individuen einher (Lefort 1981b). Es wird möglich, die Einheit der Gesellschaft in Wahlen auf individuelle Zähleinheiten herunterzubrechen und damit gesellschaftliche Identität zu fragmentieren: „Die Zahl tritt an die Stelle der Substanz" (1990c: 295). Das im Gesellschaftskörper lokalisierte *Universelle* wird vom *allgemeinen* Wahlrecht ersetzt, wobei sich der *Allgemein*wille nie unvermittelt manifestieren kann, sondern teilt und „ausgezählt" werden muß. Was durch den Wahlvorgang also tatsächlich repräsentiert wird, ist nicht der Volkswille in seiner unmittelbaren Emanation, sondern gerade die Zusammenzählung vorgängige Fragmentierung, Teilung und Konfliktualität der Zivilgesellschaft: Gesellschaft knüpft im symbolischen Schauspiel der Wahl daher an die Dimension ihrer Gründung an, i.e. ihre unhintergehbar konfliktuelle Verfaßtheit. In diesem Sinne legitimiert der symbolische Konflikt auf der Bühne der Politik nicht nur gesellschaftliche Konflikte in all ihren Spielarten, sondern vor allem die *Instanz* des Konflikts, den „grundsätzlichen Antagonismus" (Gauchet 1990b: 233).

2.5. *Die negative Grundlegung des Politischen*

Leforts Denken zielt also nicht auf die exakte oder erschöpfende Deskription der Gesellschaft, sondern stellt die Frage nach den *Prinzipien ihrer Instituti-on*, nach den Gründungs- und Be-Gründungsmechanismen des Sozialen und des Politischen unter den Bedingungen moderner Demokratie. Daher muß das demokratische Dispositiv – neben der Rekonstruktion seiner Entstehung, seiner historischen *Gründung* – auch auf seine *Grundlegung* hin befragt wer-den. In Leforts Denken ist die historische, diachrone Achse der „demokrati-schen Erfindung" untrennbar mit der synchronen Achse der *Grundlegung* von Demokratie und Gesellschaft verknüpft. Doch wenn alle Grundlegungs-bemühungen – Grundlegung der Macht, des Rechts und des Wissens – in der Demokratie notwendigerweise scheitern, wie läßt sich dann noch von einer Grundlegung der Gesellschaft und des Politischen (und schließlich von einer angestrebten Neugründung der politischen Philosophie) sprechen?

Marcel Gauchet hat sich um ein Weiterdenken der Lefortschen Begrün-dungsproblematik verdient gemacht. Mit Marx fragt Gauchet (1990b: 208) nach den Ursachen des „grundlegenden Konflikts zwischen den gesellschaft-lichen Gruppen und Akteuren", nämlich des Klassenkampfs. Marx hätte uns die Notwendigkeit aufgezeigt, die Gesellschaft von ihrer Teilung aus zu den-ken; nur läßt es Gauchet nicht bei der marxistischen Teilung zwischen Kapi-tal und Arbeit bewenden, sondern will die Kategorie weitergefaßt sehen. Er fragt nach der Grundlage der gesellschaftlichen Teilung: der Teilung in Klas-sen, in Herrscher und Beherrschte, Ausbeuter und Ausgebeutete. Ist sie auf eine andere, ihr äußerliche Instanz rückführbar? Der marxistische Determi-nismus beantwortet diese Frage positiv, indem er die gesellschaftliche Spal-tung auf die Instanz der Ökonomie zurückführt (etwa auf das Eigentum an den Produktionsmitteln, die Trennung von Handarbeit und Kopfarbeit etc.). Dies beinhaltet umgekehrt die Möglichkeit, daß die gesellschaftliche Spal-tung, der grundsätzliche Antagonismus, durch ökonomische Maßnahmen wie die Sozialisierung der Produktionsmittel überwunden werden könne und eine mit sich identische Gesellschaft erreichbar sei. Doch fällt post-marxistisch diese Option jenes ökonomischen Determinismus aus, sollte man sich dann auf die Suche nach einer anderen Option begeben (z.B. McLuhanscher Tech-nikdeterminismus)? Oder sollte man nicht besser die deterministische Kau-salordnung an sich verlassen?

Gauchet (1990b: 211) plädiert für einen solchen radikalen Sprung aus der deterministischen Kausalordnung und hält dem, wie er es nennt, marxisti-schen *Postulat des sekundären und auflösbaren Charakters der gesellschaft-lichen Teilung* die Entdeckung Freuds entgegen: „Freud gegen Marx". Denn im Gegensatz zu Marx ist der Konflikt bei Freud (als seelisches Organisati-onsprinzip) unauflösbar und für die Psyche konstitutiv. Damit antwortet Gau-chet (1990b: 224) mit einem radikalen „Interpretationssprung" und gibt die Suche nach einem Ursprung des Politischen außerhalb des Politischen auf:

„Man muß die Unmöglichkeit, den zentralen politischen Antagonismus ab-
zuleiten, zu Protokoll nehmen und die Begrifflichkeit, von der wir mit Marx
ausgegangen waren, vollständig umkehren. *Die Teilung ist weder ableitbar
noch auflösbar.*" Eine Grundlegung des Politischen und der gesellschaftlichen Teilung ist unmöglich, da ihnen nichts vorausgeht. „Von daher die Idee
einer *ursprünglichen Teilung* der Gesellschaft. Ursprünglich in dem Sinne,
daß der antagonistische Gegensatz der Gesellschaft zu sich selbst auf keine
vorgängig konstituierte Grundlage in der Gesellschaft bezogen werden kann.
Umgekehrt ist es eben jener antagonistische Gegensatz der Gesellschaft zu
sich selbst, der die Gesellschaft als solche begründet, ihr zu existieren erlaubt, sie zusammenhält. Die Gesellschaft ist wesentlich gegensätzlich verfaßt, sie setzt sich nur im Gegensatz zu sich selbst; d.h., indem sie sich zum
Anderen ihrer selbst macht" (Gauchet 1990b: 224).

Die zwei Achsen des Politischen, an denen entlang sich die Gesellschaft
konstituiert und die einen kollektiven Raum herstellen, sind, wie wir gesehen
haben, die Abtrennung des Ortes der Macht und die innergesellschaftliche
Konfliktualität. Damit ist man mit einer doppelten Teilung konfrontiert: Der
Teilung zwischen der Gesellschaft und ihrem konstitutiven Außen (auf das
die Macht *verweist*), sowie der unaufhebbaren Klassenteilung innerhalb der
Gesellschaft (die Unvereinbarkeit von Interessen, die Kluft zwischen Herr-
schern und Beherrschten, Ausbeutern und Ausgebeuteten etc.). Diese Lefort-
sche Grundlegung erzeugt, wie man sieht, keine positive und stabile Basis für
die Herrschaftsform der Demokratie, da Demokratie im eigentlichen Sinne
gerade jene Herrschaftsform ist, die – von einer radikalen Ambivalenz durchzogen – alle „Zeichen der Sicherheit" untergräbt. So läßt sich das Paradox
der Demokratie darin ausmachen, daß die eigentliche Grundlegung des Dispositivs der Demokratie gerade in der konstitutiven Unmöglichkeit irgendeiner endgültigen Grundlegung besteht.[49]

Und schließlich gilt das von Lefort (1990a : 51) konstatierte Verschwinden der Gewißheiten nicht nur für das demokratische Dispositiv, das er beschreibt, sondern für die Beschreibung selbst, d.h. für seine Denkbewegung:
„Wir entkommen dem Widerspruch nicht, sondern entdecken vielmehr, daß
wir von ihm durchzogen werden." Politische Philosophie besteht in der nicht
abschließbaren Befragung und Infragestellung der Unterschiede zwischen
den Gesellschaftsformen und im Eingehen des Risikos zu urteilen. Sie ist
nicht abschließbar, da das demokratische Dispositiv und die Gesellschaft, in
der sie sich bewegt, die Indeterminiertheit in ihre Form aufgenommen haben.
Daher mündet Leforts Polito-Logik – die Rekonstruktion der *Logik* der Demokratie (Dekorporation, Konflikt, Desakralisierung etc.) wie auch der *Logik*
des Totalitarismus (Reinkorporation, Homogenisierung, Totalisierung) – in

---

49 Insofern Lefort eine *negative* und *paradoxe* Grundlegung anstrebt, schreibt er seine
    Theorie dem *post-fundationalistischen* Paradigma ein, dem etwa auch Dekonstruktion,
    Hegemonietheorie, Rortys Pragmatismus und Butlers Feminismus angehören.

keine Onto-Logik. Der Indetermination aller Politik und Theorie haftet kein
Pathos des Negativen an, vielmehr eröffnet sie erst die Möglichkeit und Notwendigkeit der ständigen politischen Neuverhandlung der Grundlagen und
der Geschichte des Gemeinwesens.

Zwar ist, wie Dick Howard (1977: 224) über die Arbeiten Leforts
schrieb, dessen Theorie „in letzter Instanz eine Kritik der Anmaßungen aller
Theorie; eine Analyse des Sozialen, die in dessen *Irrealität* und Abhängigkeit
seine strukturierenden Prinzipien entblößt; und eine Politik, welche die Möglichkeit politischer Lösungen zerstört." All dies trifft ohne Zweifel zu. Doch
es sollte nicht vergessen werden, daß Lefort umgekehrt – und zwar genau
weil er die Möglichkeit letztinstanzlicher Grundlegungen zerstört – einem
etwas weniger anmaßenden Denken, einer etwas realistischeren Strukturierung des Sozialen und schließlich *partiellen* politischen Lösungen gerade
Raum gibt. Mehr als eine „negative Ontologie" (van Reijen 1998) verficht
Lefort einen *dirty realism*. Seine Philosophie führt uns nicht auf die Hochalm
negativistischer Kontemplation, sondern in die politischen Mühen der Ebene.

3. Kritik an der negativen Grundlegung des Politischen

3.1. Die theorieinterne Kritik: Läßt sich der Ort der Macht praktisch leer halten?

Vor allem Leforts These vom leeren Ort der Macht in der Demokratie er-
langte über Frankreich hinausreichende Prominenz, so seit einigen Jahren in
Lacanianischen (Zizek 1993: 124ff) und hegemonietheoretischen Zusammenhängen (Laclau/Mouffe 1991). Zum Angelpunkt des demokratischen
Projekts wird von dieser Seite – und fast analog zur Derridaschen *démocratie
à venir* – die Forderung gemacht, den leeren Ort der Macht offenzuhalten
und vor identitären Besetzungen zu bewahren. Allerdings ergibt sich bald das
Problem, wie diese philosophische Position praktisch umgesetzt werden
kann, ohne den leeren Ort der Macht nicht selbst teilweise zu besetzen. Wie
das Problem des jakobinischen Terrors, den Lefort (1986c) als strikt demokratischen Terror versteht, illustriert, kann demokratischer Purismus ähnliche
Effekte zeitigen wie Totalitarismus oder die unsichtbare Ideologie vorgeblich
verwirklichter Demokratien. Auch in dieser Hinsicht wäre also ein *dirty realism* angebracht, der die notwendige Beschmutzung idealtypischer Kategori-
en durch demokratisch-hegemoniale Praxis miteinrechnet (Marchart 1995;
1998).

Damit ist auch schon eine Antwort angedeutet auf die verbreitete Kritik,
Leforts Theorie würde Demokratie idealisieren und letztlich in eine Apologie
der „real-existierenden" westlichen liberalen Demokratien münden. So kritisierten etwa Jean-Luc Nancy und Philippe Lacoue-Labarthe (1983: 191) Le-

forts strikte Trennung zwischen Demokratie und Totalitarismus. Statt zu Demokratien im Tocquevilleschen Sinn würden sich die westlichen Gesellschaften zu einer bisher unbekannten Form des Totalitarismus entwickeln: ein „weicher" Totalitarismus sei bereits entstanden, der – ganz ohne die sichtbaren Merkmale totalitärer Staaten – die Gesellschaft in quasi-totalitärer Weise homogenisiert (etwa durch technologische Überwachungsmaßnahmen).

Zwar zielten viele Artikel Leforts aufgrund ihrer historischen Entstehungsbedingungen vordringlich auf den bürokratischen Totalitarismus der Sowjetunion, daraus zu schließen, Lefort würde den westlichen Demokratien unkritisch gegenüberstehen, wäre allerdings verfehlt. Zum einen findet sich bei ihm selbst eine Kritik an deren „unsichtbarer Ideologie" und den damit verbundenen totalisierenden Tendenzen. Doch was entscheidender ist: Aus der Theorielogik selbst folgt, daß das demokratische Dispositiv immer und notwendigerweise von totalitären Elementen duchzogen ist, insofern beide – Demokratie wie Totalitarismus – in der „demokratischen Revolution" ihre Ermöglichungsbedingung haben. Von einer strikten Trennung läßt also sich nicht sprechen; eher von einer dynamischen Demokratiekonzeption mit den Menschenrechten als generativem Prinzip der konstanten *Demokratisierung,* d.h. der ständigen Neu-Erzeugung von Demokratie. Eine „verwirklichte" Demokratie dagegen ist keine.

3.2. Die theorieexterne Kritik: Wie integrativ sind Konflikte?

Nun ist das Demokratiemodell Leforts und Gauchets stärker konflikt- als konsensorientiert. Oder radikaler: Die konfliktuale Verfaßtheit der Gesellschaft ist jeglicher Konsensbildung vorgängig. Diskursethische Ansätze werden daher die These von der *gründenden* Funktion des Konflikts in ihrer ganzen Radikalität nicht akzeptieren können, ist es doch im Lefortschen Theorierahmen gerade der Konflikt, der verbindet, und kein regulatives Ideal diskursiver Rationalität.

Weiters wurde die u.a. von Helmut Dubiel (s. Abschnitt 4) in die deutschsprachige Diskussion übertragene These Gauchets der gesellschaftlichen Integration durch Konflikt dahingehend kritisiert, daß Konflikte allein keine ausreichende Bedingung für Integration darstellten (Göhler 1992). Würde man den Gedanken ad absurdum durchspielen, wäre – am äußersten Ende der Skala – der Bürgerkrieg die höchste Form der Integration. Damit Konflikte integrierend wirken können, dafür sei in Demokratien ein unstreitiger Sektor vonnöten, ein allgemein anerkannter Wertkodex, auf dessen Folie die Konflikte ausgetragen werden können. Einer solchen Kritik könnte allerdings im Sinne Gauchets entgegengehalten werden, daß es sich beim Verhältnis von Konflikt und Konsens ja nicht um ein Nullsummenspiel handelt. Als Instanz negativer Gründung befindet sich der Konflikt auf einer ontologisch tieferen Ebene als der positiv-normative Wertekanon. Denn dieser ist in

Demokratien – d.h. nach dem Verlust einer transzendenten Instanz der Legitimation – selbst konfligierenden Definitionen unterworfen.

4. Die demokratische Frage und der zivile Ungehorsam

Ulrich Rödel, Günter Frankenberg und Helmut Dubiel (1989; Rödel 1990; Dubiel 1994; Frankenberg 1997) haben die schwierige Aufgabe übernommen, die „negative Politologie" Leforts und Gauchets und die vorwiegend anglo-amerikanische Tradition des zivilgesellschaftlichen Republikanismus in Übereinstimmung mit der bundesrepublikanischen Situation zu bringen. Diese Theoriewahl erfolgt nicht beliebig. Auf Lefort und Gauchet sehen sich die Autoren gezwungen zurückzugreifen, weil das theoretische Instrumentarium, das ihnen die Tradition deutscher Politikwissenschaft zu Verfügung stellt, Politik mit Staatlichkeit in eins setzt (s. Rödel 1990: 14f). Eine Denktradition aber, die den Staat in den Mittelpunkt allen politischen Handelns stellt, kann einer neu zu erarbeitenden Demokratietheorie keine Angebote machen, da sie die dem Staat gegenübertretende Zivilgesellschaft als entpolitisierte Sphäre verstehen muß.

Dem Vorrang des Staates in der politischen Theorie entspricht in der tagtäglichen politischen Wirklichkeit ein normativer Vorrang, was sich am Umgang des Staates mit zivilem Ungehorsam beweist. In der bundesdeutschen Staatsauffassung wurde das demokratische Legitimationsprinzip invertiert: Den staatlichen Organen kommt die „transzendente Aura der Letztverbindlichkeit" (Rödel/Frankenberg/Dubiel 1989: 13) zu, während die Bürger ihre Forderungen – und vor allem die Forderung, Forderungen erheben zu dürfen – vor dem Staat zu legitimieren haben. Die zentrale Strategie von Rödel, Frankenberg und Dubiel besteht daher in einer legitimatorischen Aufwertung zivilen Ungehorsams und ziviler Solidarität (der „sozialen Frage"). Wer gewaltfreien, zivilen Ungehorsam übt, so Rödel, Frankenberg und Dubiel (1989: 26), sei *cives*, also „Aktivbürger", und kein „Chaot"[50]. Selbst wenn der Aktivbürger durch seinen Protest eine begründete und begrenzte juristische Regelverletzung begehen sollte (etwa in Form von passivem Widerstand und Sitzblockaden), hat diese Regelverletzung demokratische Implikationen, insofern sie nämlich die Fortsetzung öffentlicher Diskussion einklagt. Der *cives* stellt die *demokratische Frage* neu, die mit der Praxis der gegenwärtigen Bundesrepublik keineswegs schon endgültig beantwortet war.

Ziviler Ungehorsam wird, ähnlich wie die Menschenrechte, auf die er sich letztinstanzlich beruft, aus der Sicht der Autoren zum generischen Prinzip von Demokratie, indem er der Bundesrepublik eine *nachholende Grün-*

---

50   Aber auch kein Revolutionär, der sich bewußt und mit Absicht selbst aus dem demokratischen Dispositiv ausschließt

dung erlaubt. Diese nachholende Gründung wird umso notwendiger, als im historischen Gründungsakt – dem Grundgesetz – auf keiner zivilgesellschaftlichen Tradition und auf keiner existierenden öffentlichen Sphäre aufgebaut werden konnte. Das Grundgesetz muß somit als Vorgriff auf eine Zivilgesellschaft gedeutet werden, als paradoxer Versuch, „einer nicht existenten Zivilgesellschaft deren künftige Handlungsfähigkeit zu ermöglichen" (Rödel/Frankenberg/Dubiel 1989: 80). Die Teilnahme der Aktivbürger an den öffentlichen Angelegenheiten läßt sich als nachholende Ausweitung und Ausfüllung der öffentlichen Sphäre verstehen, die den demokratischen Meinungsstreit in Gang hält.[51]

Auch Rödel, Frankenberg und Dubiel (1989: 114) fordern, „die Position der Macht der Gesellschaft über sich selbst als Moment des symbolischen Dispositivs der demokratischen Republik leer zu halten." Eine demokratische Republik sei durch eine fortgesetzte Debatte um ihre legitimatorischen und prozeduralen Grundlagen definiert. Eine Debatte, vor der Öffentlichkeit nicht etwa zu beschützen sei: z.B. im Sinne einer „wehrhaften Demokratie", die „Gefahren von links und rechts" abwehrt, indem sie Öffentlichkeitsrechte einschränkt (Rödel/Frankenberg/Dubiel 1989: 178), sondern die als Debatte Öffentlichkeit überhaupt erst immer aufs neue zivilgesellschaftlich generiert. Denn „[w]ie diese Leerstelle der Macht jeweils ausgefüllt wird, ist folglich in der demokratischen Republik eine öffentliche Angelegenheit, über die das ‚real existierende Volk' immer wieder aufs neue debattieren und entscheiden muß" (Rödel/Frankenberg/Dubiel 1989: 43).

Literatur

a. verwendete Literatur

Castoriadis, Cornelius (1984): Gesellschaft als imaginäre Institution: Entwurf einer politischen Philosophie. Frankfurt a.M.
– (1990): Die griechische *polis* und die Schaffung der Demokratie. S. 298-328 in Ulrich Rödel (Hg.), Autonome Gesellschaft und libertäre Demokratie. Frankfurt a.M.

---

51   Politisch teilnehmen kann jedoch nur, wer es sich sozial leisten kann, weshalb der Status des Aktivbürgers gleichermaßen durch politische Teilnahme wie soziale Teilhabe konstituiert wird, bzw. die demokratische Frage notwendigerweise auf die soziale Frage rückverwiesen ist. Sozialpolitik diene – als *zivile Solidarität* - in einer demokratischen Republik daher in erster Linie der Ermächtigung der Bürger zu selbsttätiger Handlungs-, Organisations- und Konflikfähigkeit (Rödel/Frankenberg/Dubiel 1989: 188). Auch die Grundlagen der Sozialpolitik seien zu säkularisieren: sie dient nicht der Verteilung von Almosen und ist kein Ausdruck christlich-sozialer Nächstenliebe. Eine erneute Grundlegung von Sozialpolitik müsse diese als Element der Verfassungsgebung begreifen, da nur die Unterstützung sozial Benachteiligter diesen eine autonome Teilnahme am öffentlichen Leben ermögliche.

Dubiel, Helmut (1994): Ungewißheit und Politik. Frankfurt a. M.

Frankenberg, Günter (1997): Die Verfassung der Republik. Autorität und Solidarität in der Zivilgesellschaft. Frankfurt a.M.

Gauchet, Marcel (1985): Le désenchantement du monde: une histoire politique de la religion. Paris

- (1990a): Tocqueville, Amerika und wir. Über die Entstehung der demokratischen Gesellschaften. S. 123-206 in Ulrich Rödel (Hg.), Autonome Gesellschaft und libertäre Demokratie. Frankfurt a.M.

- (1990b): Die totalitäre Erfahrung und das Denken des Politischen. S. 207-239 in Ulrich Rödel (Hg.), Autonome Gesellschaft und libertäre Demokratie. Frankfurt a.M.

- (1991): Die Erklärung der Menschenrechte. Die Debatte um die bürgerlichen Freiheiten 1789. Reinbek bei Hamburg

Göhler, Gerhard (1992): Konflikt und Integration. Koreferat zu Helmut Dubiel. S. 138-146 in Beate Kohler-Koch (Hg.), Staat und Demokratie in Europa. Opladen

Habib, Claude/Mouchard, Claude (Hg.) (1993): La Démocratie a l'oeuvre: Autour de Claude Lefort. Paris

Honneth, Axel (1992): Konzeptionen der „civil society". Merkur 514, 61-65.

Howard, Dick (1977): Bureaucratic Society and Traditional Rationality: Claude Lefort. S. 222-327, in ders.: The Marxian Legacy. London

Kantorowicz, Ernst (1957): The King's Two Bodies: A Study in Medieval Political Theology. Princeton, New York

Laclau, Ernesto/Mouffe, Chantal (1991): Hegemonie und radikale Demokratie. Zur Dekonstruktion des Marxismus. Wien

Lefort, Claude (1971): Éléments d'une critique de la bureaucratie. Genf

- (1971a): La contradiction de Trotsky et le problème révolutionnaire. S. 11-29 in ders., Éléments d'une critique de la bureaucratie. Genf

- (1971b): Le totalitarisme sans Staline: L'U.R.S.S. dans une nouvelle phase. S. 130-190 in ders., Éléments d'une critique de la bureaucratie. Genf

- (1972): Le Travail de l'oeuvre: Machiavel. Paris

- (1976): Un Homme en trop: réflexions sur L'Archipel du Goulag. Paris

- (1978): Les Formes de l'histoire: Essais d'anthropologie politique. Paris

- (1978a): Esquisse d'une genèse de l'idéologie dans les sociétés modernes. S. 279-329 in ders., Les Formes de l'histoire: Essais d'anthropologie politique. Paris

- (1978b): Sur une colonne absente: Écrits autour de Merleau-Ponty. Paris

- (1978c): La politique et la pensée de la politique. S. 45-104 in ders., Sur une colonne absente: Écrits autour de Merleau-Ponty. Paris

- (1981): L'invention démocratique. Les limites de la domination totalitaire. Paris

- (1981a): La logique totalitaire. S. 85-106 in ders., L'invention démocratique. Les limites de la domination totalitaire. Paris

- (1981b): L'image du corps et le totalitarisme. S. 159-176 in ders., L'invention démocratique. Les limites de la domination totalitaire. Paris

- (1986): Essais sur le politique (XIXᵉ-XXᵉ siècles). Paris

- (1986a): Les droits de l'homme et l'État-providence. S. 31-58 in ders., Essais sur le politique (XIXᵉ-XXᵉ siècles). Paris

- (1986b): Hannah Arendt et la question du politique. S. 59-72 in ders., Essais sur le politique (XIXᵉ-XXᵉ siècles). Paris

- (1986c): La Terreur révolutionnaire. S. 75-109 in ders., Essais sur le politique (XIXᵉ-XXᵉ siècles). Paris

- (1986d): La Révolution comme principe et comme individu. S. 162-177 in ders., Essais sur le politique (XIXᵉ-XXᵉ siècles). Paris

- (1986e): Relecture du *Manifeste communiste*. S.178-194 in ders., Essais sur le politique

(XIXe-XXe siècles). Paris
- (1986f): Réversibilité: liberté politique et liberté de l'individu. S. 197-216 in ders., Essais sur le politique (XIXe-XXe siècles). Paris
- (1986g): De l'égalité à la liberté. Fragments d'interprétation de *De la démocratie en Amérique*. S. 217-248 in ders., Essais sur le politique (XIXe-XXe siècles). Paris
- (1986h): Permanence du théologico-politique?. S. 251-300 in ders., Essais sur le politique (XIXe-XXe siècles). Paris
- (1988): La pensée du politique. Autrement 102, 192-199.
- (1990a): Vorwort zu *Eléments d'une critique de la bureaucratie*. S. 30-53 in Ulrich Rödel (Hg.), Autonome Gesellschaft und libertäre Demokratie. Frankfurt a.M..
- (1990b): Menschenrechte und Politik. S. 239-280 in Ulrich Rödel (Hg.), Autonome Gesellschaft und libertäre Demokratie. Frankfurt a.M..
- (1990c): Die Frage der Demokratie. S. 281-297 in Ulrich Rödel (Hg.), Autonome Gesellschaft und libertäre Demokratie. Frankfurt a.M..
- (1992): Écrire: A l'épreuve du politique. Paris
Lefort, Claude/Coudray, Jean-Marc (=Cornelius Castoriadis)/Morin, Edgar (1968): Mai 1968: la brèche. Paris
Lefort, Claude/Gauchet, Marcel (1990): Über die Demokratie: Das Politische und die Instituierung des Gesellschaftlichen. S. 89-122 in Ulrich Rödel (Hg.), Autonome Gesellschaft und libertäre Demokratie. Frankfurt a.M..
Marchart, Oliver (1995): On the Final (Im-)Possibility of Resistance, Progress and Avant-Garde. Acta Philosophica XVI.2, 159-172.
- (1998): Gibt es eine Politik des Politischen? Démocratie à venir betrachtet von Clausewitz aus dem Kopfstand. S. 90-119 in Oliver Marchart (Hg.), Das Undarstellbare der Politik. Zur Hegemonietheorie Ernesto Laclaus. Wien
Mouffe, Chantal (1993): The Return of the Political. London/New York
Nancy, Jean-Luc/Lacoue-Labarthe, Philippe (1983): Le retrait du politique. Paris
Pettit, Philip (1997): Republicanism: A Theory of Freedom and Government. Oxford
van Reijen, Willem (1998): „Civil Society" zwischen Moderne und Postmoderne. S. 65-96 in: Emil Brix (Hg.), Civil Society in Österreich. Wien
Rödel, Ulrich (Hg.) (1990): Autonome Gesellschaft und libertäre Demokratie. Frankfurt a.M.
Rödel, Ulrich/Frankenberg, Günter/Dubiel, Helmut (1989): Die demokratische Frage. Frankfurt a.M.
Skinner, Quentin (1984): The Idea of Negative Liberty: Philosophical and Historical Perspective. S. 193-221 in Richard Rorty/J.B. Schneewind/Quentin Skinner (Hg.), Philosophy in History. Cambridge
Zizek, Slavoj (1993): Grimassen des Realen. Jacques Lacan oder die Monstrosität des Aktes. Köln

b. kommentierte Literatur

Primärliteratur

Lefort, Claude (1971): Éléments d'une critique de la bureaucratie. Genf
Umfaßt vor allem jene Aufsätze, in denen Lefort seine frühe Kritik des Trotzkismus, Stalinismus und der Bürokratie formulierte.

Lefort, Claude (1981): L'invention démocratique. Les limites de la domination totalitaire. Paris

Essaysammlung mit wichtigen Texten zur „Erfindung der Demokratie", zur Logik des Totalitarismus und zu den Menschenrechten

Lefort, Claude (1986): Essais sur le politique. Paris
  Über Leforts „Totalitarismus-Phase" hinausreichende Sammlung von Aufsätzen insbesondere zu Tocqueville und zur französischen Revolution. Hier findet sich auch Leforts wichtiger methodischer Aufsatz zur Permanenz des Theologisch-Politischen.

Gauchet, Marcel (1989): Le désenchantement du monde: une histoire politique de la religion. Paris
  In dieser Studie geht Gauchet der langsamen Trennung der beiden Sphären von Ontologie und Theologie nach; von Bedeutung vor allem in Bezug auf die Säkularisierungsannahmen, die Leforts und Gauchets Theorie zugrundeliegen.

Gauchet, Marcel (1991): Die Erklärung der Menschenrechte. Die Debatte um die bürgerlichen Freiheiten 1789. Reinbek bei Hamburg
  Detaillierte Quellenstudie und Standardwerk zu jenem langwierigen parlamentarischen Prozeß, in dem die französische Menschenrechtserklärung ausgehandelt wurde.

Rödel, Ulrich (Hrsg.) (1990): Autonome Gesellschaft und libertäre Demokratie. Frankfurt a.M.
  Verdienstvoller Reader zu Lefort, Gauchet und Castoriadis. Vor allem finden sich hier die wenigen Texte Leforts, die auf deutsch zugänglich sind.

Sekundärliteratur

Pocock, J.G.A. (1975): The Machiavellian Moment: Florentine Political Thought and the Atlantic Republican Tradition. Princeton, NJ
  Standardwerk zu jenem historischen Paradigma, aus dem heraus sich der neuzeitliche zivilgesellschaftliche Republikanismus entwickelte. Sh. dazu auch Quentin Skinner (1978): The Foundations of Modern Political Thought (Bd.1.). Cambridge.

Cohen, Jean/Arato, Andrew (1992): Civil Society and Political Theory. Cambridge, MA
  Umfassender und detaillierter Überblick über die Diskussion zur Zivilgesellschaft von einem eher diskursethisch inspirierten Standpunkt. Neben Habermas referieren die Autoren die entsprechenden Positionen von Arendt, Schmitt, Foucault und Luhmann.

Poltier, Hugues (1997): Claude Lefort. La découverte du politique. Paris
  Zugängliche Einführung in das Gesamtwerk Leforts. Empfiehlt sich, will man einen ersten Überblick gewinnen.

Mouffe, Chantal (1993): The Return of the Political. London und New York
  Eingriff in die Kommunitarismus/Liberalismus Debatte in Verteidigung eines „dritten Wegs"; Mouffe versucht in ihrem Projekt einer radikalen und pluralen Demokratie, u.a. mit Rückgriff auf Lefort, eine Kritik am Liberalismus mit Themen der Neuen Linken und des civic republicanism zu artikulieren.

Rödel, Ulrich/Günter, Frankenberg/Dubiel, Helmut (1989): Die demokratische Frage. Frankfurt a.M.
  Nahezu integrale Übertragung des Lefortschen Theoriegebäudes in die bundesrepublikanische Diskussion zur Zivilgesellschaft; macht u.a. mögliche Verbindungen (und Differenzen) zu Habermas deutlich.

Kapitel VI
Die politische Theorie der Hegemonie: Ernesto Laclau und Chantal Mouffe

Urs Stäheli

Inhalt

1. Politik der Biographie

Kaum einer anderen Denkrichtung ist ihre a-politische Haltung so häufig
vorgeworfen worden, wie den verschiedenen Strömungen des Poststrukturalismus. Um so verwunderlicher mag es deshalb zunächst anmuten, daß das
Theorieprojekt von Ernesto Laclau und Chantal Mouffe sich gerade dieser
konzeptuellen Ressourcen bedient, um dem Begriff des Politischen einen
theoretischen Logenplatz zuzuweisen. In scharfem Kontrast zu Ansätzen, die
das Politische auf Vorgänge des politischen Systems reduzieren, wird es hier
als *andere* Seite des Sozialen gedacht. Weder mit einem allmächtigen Staat,
noch mit einem politischen Subjekt (z.B. die Arbeiterklasse oder die Frauenbewegung) wird das Politische gleichgesetzt, sondern es bezeichnet einen Ort
außerhalb des Sozialen: „Das Politische ist nicht ein internes Moment des
Sozialen, sondern zeigt ganz im Gegenteil die Unmöglichkeit, das Soziale als
objektive Ordnung zu errichten" (Laclau 1990: 160)[52]. Mit dem Begriff des
Politischen wird ein Instrument entwickelt, das es erlaubt, das Auftreten neuer Konfliktlinien in modernen Gesellschaften zu analysieren. Gegen die marxistische Identifikation dieser Konflikte mit dem Klassengegensatz von Kapi-
tal und Arbeit möchten Laclau und Mouffe eine Theorie entwickeln, die Antagonismen nicht auf Klassenkonflikte reduziert. Das Politische zu denken,
heißt hier, die antagonistische Verfassung moderner Gesellschaften nach dem
Ende der Klassentheorie zu theoretisieren.

Wenn es nicht nur darum geht, die alten Klassenakteure mit zeitgemässe-
ren Akteuren (wie den neuen soziale Bewegungen) zu ersetzen, sondern den
Begriff des Antagonismus zu überdenken, dann erfordert dies ein neues
Theoriedesign. Aufgegeben werden müssen all jene Konzepte, welche die
Gesellschaft mit einem letzten Fundament versehen und so den Bereich
möglicher Politisierbarkeit einschränken. Dieser *Anti-Essentialismus* kennzeichnet die politische Theorie von Laclau und Mouffe durchgehend, da hier
das Soziale differenztheoretisch gedacht wird – ganz im Gegensatz also zu
letzten Gründen wie einer in der letzten Instanz bestimmenden Ökonomie
(Althusser), dem kontrafaktischen Ideal kommunikativer Rationalität (Habermas) oder der Rationalität einzelner Individuen (rational choice Theorien).
Eine derartige Dekonstruktion von Fundamenten scheint zunächst mehr Probleme zu schaffen als zu lösen. Wie kann ein emanzipatives politisches Projekt verfolgt werden, wenn Ungewißheit über die zu emanzipierenden Identitäten (z.B. das Proletariat, die Frauen, ethnische Minderheitenetc.) besteht?
Wo befinden sich die Ursachen für soziale Konflikte? Woher sollen Kriterien
bezogen werden, mit denen man zwischen der Wünschbarkeit verschiedener
politischer Projekte unterscheiden kann? Laclaus und Mouffes Beitrag zu
dieser Debatte besteht darin aufzuzeigen, daß der Verlust von letzten Funda-

---

52 Übersetzungen der englischen Zitate stammen vom Verfasser.

menten keineswegs entpolitisierend wirkt, sondern vielmehr eine Chance dafür bietet, eine *Wiederkehr des Politischen* (Mouffe 1992) zu denken. Mittels
der Entwicklung einer allgemeinen Diskurstheorie versuchen Laclau und
Mouffe, einen entsprechenden theoretischen Horizont zu schaffen.

Ausgangspunkt dieses Unternehmens war eine Auseinandersetzung mit
verschiedenen Formen des Marxismus (v.a. Althussers strukturaler Marxismus und die Wiederentdeckung von Gramsci). Durch eine Dekonstruktion
verschiedener Marxismen entwickeln Laclau und Mouffe ihre Hegemonietheorie. Innerhalb dieses theoretischen Rahmens formulieren sie eine Theorie
des Politischen, die sich v.a. für hegemoniale Kämpfe und die Fixierung von
Bedeutung interessiert. Für die Entwicklung ihres eigenen Ansatzes werden
innerhalb des marxistischen Denkens v.a. jene Positionen wichtig, die das
Politische jenseits dieser Essentialismen konzipieren. Eine zentrale Rolle
spielt das Werk von Antonio Gramsci, der von der eigenständigen Bedeutung
kultureller Prozesse für die Herstellung politischer Hegemonie ausging. Vor
dem Hintergrund verschiedener poststrukturalistischer Ansätze radikalisieren
Laclau und Mouffe Gramscis Hegemonietheorie. Dabei verschränken sich
Motive aus der Dekonstruktion und der Lacanschen Psychoanalyse (und insbesondere ihre Weiterführung durch Slavoj Zizek) auf fruchtbare Weise miteinander. Mit dekonstruktivistischen Mitteln wird die Unentscheidbarkeit und
Unabschließbarkeit jedes hegemonialen Diskurses herausgearbeitet, während
mit Zizek/Lacan Versuche einer *imaginären* Schließung von Diskursen analysiert werden können. Trotz einer Vielzahl weiterer theoretischer Einflüsse –
zu nennen sind hier etwa die Sprachphilosophie des späten Wittgensteins und
eine an Heidegger anschließende Hermeneutik – entwerfen Laclau und
Mouffe eine begrifflich streng organisierte und konsistente Diskurstheorie.

Das Interesse an einer anti-essentialistischen Theorie des Politischen läßt
sich auch in den politisch-intellektuellen Biographien von Ernesto Laclau
und Chantal Mouffe verfolgen.[53] Ernesto Laclau (geb. 1935) stammt aus Argentinien, wo er Geschichte studierte und sich in einem hochgradig politisier-
ten Umfeld mit verschiedenen Strömungen des Marxismus beschäftigte.
Auch nach dem Sturz Perons und der Installierung eines liberalen Regimes
behauptete sich in Argentinien der Peronismus als wichtige politische Kraft.
Der Erfolg eines linken, populären Nationalismus sollte sich für Laclau nicht
zuletzt in theoretischer Hinsicht als folgenreich erweisen. Denn deutlich wurde auf der Ebene politischer Kämpfe, daß eine im marxistischen Sinne klas-
senfundierte Politik sich blind gegenüber der Funktionsweise des peronisti-
schen Populismus erweist. Vielmehr gewannen vor diesem Hintergrund die
häufig abstrakt anmutenden Begriffe aus poststrukturalistischen Theorien eine überraschende politische Aktualität: „Aus diesem Grund mußte ich nicht
darauf warten, poststrukturalistische Texte zu lesen, um zu verstehen, was ein
‚Angelpunkt', ein ‚Hymen', ein ‚flottierender Signifikant' oder die ‚Meta-

---

53   Die biographischen Angaben entstammen einem Interview mit Laclau (1990: 177ff.).

physik der Präsenz' war: Ich lernte dies bereits durch meine praktischen Erfahrungen als politischer Aktivist in Buenos Aires" (Laclau 1990: 200). Ende
der 60er Jahren emigrierte Laclau nach England, um in Oxford mit einer so-
zialhistorischen Studie zu promovieren. In dieser Zeit entstanden auch seine
ersten einflußreichen Arbeiten zu einer Theorie des Populismus (Laclau 1981).
Die diskuranalytische Hegemonietheorie wurde in dem gemeinsam mit
Chantal Mouffe veröffentlichten Buch *Hegemonie und radikale Demorkatie*
entwickelt. Seit 1972 lehrt Laclau an der University of Essex, die auch das
von ihm gegründete interdisiziplinäre *Centre for Theoretical Studies in the
Humanities and Social Sciences* beherbergt.

Chantal Mouffe wurde 1943 in Belgien geboren und erlebte die Hochzeit
des Marxismus in Paris, wo sie während mehrerer Jahre an den Seminaren
von Louis Althusser teilnahm. Sie formulierte eine der ersten diskurstheoretischen Lektüren von Antonio Gramscis Hegemonietheorie (Mouffe 1979).
Mouffe war Anfang der 90er Jahre Programmdirektorin des *Collège International de Philosophie* in Paris und lehrt heute in London am *Centre for the
Study of Democracy* der Westminster University. Basierend auf der gemeinsam mit Laclau entworfenen Hegemonietheorie, arbeitet Mouffe v.a. an demokratietheoretischen Fragen und interessiert sich besonders für die Etablierung einer Position zwischen Kommunitarismus und Liberalismus.

2.   Hegemonielle Diskurse

2.1. Diskurstheoretische Rahmung

Laclaus und Mouffes Hegemonietheorie versucht zu erklären, wie Identitäten
in politischen Kämpfen hergestellt werden. Soziale und kulturelle Identitäten
lassen sich nicht aus einer ihnen zugrundeliegenden Instanz ableiten, sondern
werden durch *diskursive* Artikulationsprozesse hergestellt. Jede Identität wird
in Abgrenzung zu anderen Identitäten erzeugt und trägt von sich aus keine
Bedeutung. Der negative Bezug auf das, was eine Identität nicht ist, führt zur
Homogenisierung der inneren Differenzen einer Identität. Mit dem Diskursbegriff werden zweierlei Formen von Differenzen sichtbar: einerseits Differenzen innerhalb eines Diskurses, andererseits eine konstitutive Differenz, die
den Diskurs von seinem Außen trennt. Die internen Differenzen bezeichnen
verschiedene Elemente des Diskurses, die in einem differentiellen Gewebe
stehen. Man mag hier an Ideologien denken, die aus verschiedenen Elemente
zusammengesetzt sind, die über ihre gegenseitigen Beziehungen definiert
werden. Im liberal-demokratischen Diskurs gehören dazu etwa die Werte von
Freiheit und Gleicheit, *citizenship*, Autonomie etc. Dieser Diskurs befindet
sich in einer grundlegenden Differenz zu seinem *Außen*: den Nicht-Demokraten, die sich jenseits dieses diskursiven Sinngefüges befinden.

Für Laclau und Mouffe umfaßt der Diskursbegriff nicht nur sprachliche Texte, sondern ersetzt den Begriff des Sozialen. Warum ist ein derart weitreichender Schritt notwendig? Der Diskursbegriff erlaubt es, eine dezidiert konstruktivistische Position zu vertreten, die das Soziale unter dem Gesichtspunkt der Sinnerzeugung und des Scheiterns von Sinnfixierungen analysiert. Damit beziehen Laclau und Mouffe einen deutlichen Gegenstandpunkt zu Theorien, die zwischen einer sozial-strukturellen, materialen und einer kulturellen, diskursiven Ebene unterscheiden. Jegliches soziales Geschehen, so der Anspruch von Laclau und Mouffe, muß als Sinngeschehen analysiert werden.

Die Rede von ,Diskurs' mag dazu verleiten, diesen mit gesprochener und schriftlicher Spache gleichzusetzen. Im deutschen Sprachraum hat insbesondere Jürgen Habermas (1981) einen sprachbasierten Diskursbegriff zur normativen Begründung einer kritischen Theorie der Gesellschaft verwendet. Laclaus und Mouffes Diskursbegriff ist aber sowohl weiter als auch enger angelegt: Diskurse umfassen hier nicht nur sprachliche Elemente, sondern auch soziale Handlungen. Gleichzeitig ist aber der Anspruch ihres Diskursbegriffs bescheidener, da das Funktionieren von Diskursen im Gegensatz zu Habermas' Diskursethik nicht als *Fundament* für ethische Aussagen dienen kann.

Anhand eines Beispiels, das Laclau (1990: 101) Wittgenstein entleiht, läßt sich dieser Diskursbegriff veranschaulichen: Beim Bau einer Mauer fragt der eine Arbeiter nach einem neuen Stein, den ihm ein zweiter Arbeiter reicht. Hier ist nur die Frage nach dem Stein ein sprachlicher Akt, während das Heranreichen des Steins keiner Worte bedarf. Dennoch macht es analytisch Sinn, die sprachliche Handlung des Fragens und die darauf antwortende nicht-sprachliche Handlung des Heranreichens in einem Zusammenhang zu denken. Genau dies wird durch den Diskursbegriff ermöglicht, der davon ausgeht, daß „jede soziale Konfiguration *sinnhaft*" ist (Laclau 1990: 101). Eine Diskursanalyse interessiert sich also nicht nur für sprachliche Aussagen über ,die Realität', sondern für die Herstellung von Realität, indem Bedeutungen erzeugt werden. Einzelne Bedeutungen können nicht willkürlich kreiert werden, sondern befinden sich immer innerhalb diskursiver Differenzsysteme. Wenn mir während einer Seminardiskussion ein Stein gegeben wird, wird es mir schwer fallen, die Bedeutung dieser Praktik zu entziffern. Erst die diskursive Konfiguration, innerhalb derer eine Praktik eingebettet ist, kann eine möglichst präzise Bedeutung des ,Steinereichens' herstellen; also z.B.: Ich gebe Dir diesen Stein, damit Du ihn zur Erläuterung des Diskursbegriffs verwendest.

Diskurse sind *Differenzsysteme*, weil die einzelnen Elemente nicht von sich aus eine bestimmte Bedeutung tragen, sondern erst durch ihre Beziehung zu anderen Elementen des Diskurses bedeutsam werden. Die Bedeutung einer diskursiven Praktik wird nicht durch die Vorstellung des handelnden Individuums erzeugt, sondern über seine Position innerhalb eines Netzwerkes diskursiver Differenzen. Während in strukturalistischen Modellen Differenzsysteme als stabil und geschlossen gedacht werden, verwerfen Laclau und

Mouffe solche Stabilitätsannahmen. Da es kein außerdiskursives Fundament geben kann, verfügt jeder Diskurs über ein Außen, das Bedeutungsfixierungen unterläuft und so aber auch die Herstellung neuer Bedeutungen ermöglicht. Es ist genau die ständige Veränderbarkeit von Diskursen, die für Laclaus und Mouffes politische Theorie wichtig ist, da sie – wie wir noch sehen werden – die Reartikulation von Diskursen als politischen Akt begreift.

Die Abhängigkeit von einem Außen, das einerseits die Identität ermöglicht, indem es eine Abgrenzung zur Verfügung stellt, andererseits aber gerade diese Identität bedroht, verunmöglicht die Schließung eines Diskurses. Unter Schließung verstehen Laclau und Mouffe, daß die Bedeutung der internen, diskursiven Differenzen stabilisiert und fixiert wird, während die Offenheit des Diskurses die Destabilisierung von Bedeutungen bezeichnet. Die theoretische Herausforderung besteht nun darin, Konzepte zu entwerfen, welche die Beziehung zwischen Bedeutungsfixierung und Instabilität des Diskurses zu fassen vermögen. Eine mögliche Lösung, die Geschlossenheit fest umrissener Differenzsysteme zu überschreiten, wäre der Verzicht auf klare diskursive Grenzen.[54]

So kommt z.B. die Bedeutung der eigenen Nationalität über die Abgrenzung von anderen Nationen diskursiv zustande. Eine Grenze unterscheidet zwischen einem Innen und einem Außen, zwischen jenen, die zu einer *community* gehören und jenen, die ausgeschlossen sind. Die Grenze gibt den einzelnen Elementen des Diskurses trotz ihrer Unterschiedlichkeit eine Gemeinsamkeit. In einem nationalistischen Diskurs werden z.B. jenen, die zur Nation gehören, Eigenschaften wie Ordnung, Verläßlichkeit, Sauberkeit, Ehrlichkeit und Tatkraft zugesprochen. Diese Charakteristika können untereinander differenziert werden, gleichzeitig sind sie aber in einer Hinsicht *äquivalent*: sie bezeichnen alle dieselbe nationale *community* und werden in dieser Hinsicht gleichgesetzt. Zwei unterschiedliche Logiken gehen deshalb in jeder diskursiven Formation ein Wechselspiel ein: einerseits die *Logik der Differenz*, die es uns erlaubt, die verschiedenen Momente eines Diskurses voneinander zu unterscheiden; andererseits die *Logik der Äquivalenz*, die verschiedene Differenzen gleichsetzt, indem sie diese von einem konstitutiven Außen abgrenzt, und so eine neue Bedeutung erzeugt (Laclau/Mouffe 1991: 183).

Die beiden Logiken befinden sich in einer widersprüchlichen Beziehung: Während die Logik der Differenz versucht, die Bedeutung einzelner diskursiver Momente zu fixieren, subvertiert die Logik der Äquivalenz diese Bedeutungsfestlegung, da sie das Unterschiedliche gleichsetzt. Keine der beiden Logiken beherrscht einen Diskurs vollständig. Die Verwirklichung der reinen Logik der Differenz würde zu einem starren Differenzsystem führen, das von

---

54 Die archäologische Diskurstheorie von Michel Foucault (1973) entscheidet sich für diesen Weg und analysiert ausschließlich die Regelmässigkeit der Verteilung von Aussagen. Laclau und Mouffe wenden sich jedoch gegen Foucaults Diskursbegriff, da sie den Grenzbegriff nicht zugunsten der Dispersion (Streuung) diskursiver Ereignisse aufgeben wollen, sondern Grenzen ohne letztes Fundament denken möchten.

jedem Außen des Diskurses absehen müßte. Jedes Zeichen hätte in einem derartigen Diskurs nur eine einzige festgelegte Bedeutung, die nicht verändert werden könnte. Auch eine völlige Vorherrschaft der Logik der Äquivalenz ist unmöglich, da diese die einzelnen Momente jeglicher Bestimmtheit entledigen und zu einem chaotischen Flottieren von Elementen führen würde, da alle nur noch das Gleiche bezeichnen würden: die Zugehörigkeit zum selben Diskurs. Die beiden Logiken stehen sich gegenseitig im Wege, da die eine auflöst, was die andere zu fixieren versucht. Gleichzeitig sind die beiden Logiken aber auch aufeinander angewiesen: Gerade um etwas äquivalent setzen zu können, muß ein Mindestmaß an Unterschiedlichkeit vorausgesetzt werden.

Da jeder Diskurs auf einer Grenze beruht, die zwischen dem Innen und dem Außen trennt, also notwendigerweise etwas ausschließen muß, kann kein Diskurs je seine Vollkommenheit erfahren und jegliches Außen absorbieren. Die Logik der Äquivalenz zeigt diese Unmöglichkeit an, indem sie ein unendliches Austauschverhältnis aufbaut: Jedes diskursive Moment steht in unserem Beispiel für die letztlich unbezeichenbare nationale Identität, da es diese jenseits der Äquivalenzen nicht gibt.

Obwohl die durch die Äquivalenz angezeigte Totalität des Diskurses nicht repräsentierbar ist, können sich Diskurse auf imaginäre Weise schließen. Laclau (1996: 36ff.) faßt diese Bewegung, in Anschluß an die Lacansche Psychoanalyse, mit dem Begriff des *leeren Signifikanten* (vgl. auch Zizek 1989; Riha-Sumic 1998). Der leere Signifikant übernimmt die Aufgabe, eine diskursive Differenz so weit zu entleeren, daß sie behelfsmässig die Identität des Diskurses ausdrückt. Warum bedarf es dafür eines leeren Signifikanten? Im Strukturalismus wird ein Zeichen als die Differenz von Signifikant (Bezeichnendem) und Signifikat (Bezeichneten) bestimmt. Ein leerer Signifikant verliert seine Zeichenhaftigkeit, weil ihm sein Signifikat abhanden gekommen ist. In der Empirie treffen wir niemals auf ‚reine‘ leere Signifikanten, aber dennoch auf soweit entleerte Signifikanten, daß deren Bedeutung unbestimmbar geworden ist: Worte wie ‚Freiheit‘ oder ‚Ordnung‘, die in politischen Diskursen zum Sammlungspunkt unterschiedlichster und widersprüchlicher Bedeutungen werden. Solche Signifikanten nehmen eine Platzhalterrolle ein, indem sie bezeichnen, was eigentlich nicht bezeichnet werden kann: die Identität des Diskurs.

Der leere Signifikant erfüllt die Aufgabe, mittels einer Partikularität die Universalität des Diskurses zu repräsentieren (Laclau 1996: 53): Der partikulare Signifikant ‚Freiheit‘ übernimmt z.B. die Rolle, eine ganze damit zusammenhängende Kette von Signifikanten zu repräsentieren, die sich auf den Diskurs westlicher Demokratien erstreckt. Die Beziehung zwischen dem Partikularen und dem Universalen zeigt sich als Trennung innerhalb des gleichen Signifikanten: ‚Freiheit‘ mag noch Reste einer genaueren Bestimmung mit sich tragen (z.B. Freiheit des Individuums), muß aber weitgehend entleert und universalisiert werden, wenn so die Allgemeinheit des Diskurs ausgedrückt werden soll (z.B. auch die Freiheit von Organisationen mitmeinen). Je stärker der Signifikant von seiner Bedeutung entleert werden kann, um so besser eignet er sich dafür, die Äquivalenz der unterschiedlichen diskursiven Momente zu symbolisieren. Der leere Signifikant steckt einen Horizont des Systems ab und ermöglicht die Fixierung der Bedeutung von anderen Signifikanten. Indem auf diese Weise eine den Diskurs organisierende Perspektive erzeugt wird, können unterschiedliche Signifikanten aufeinander bezogen werden: was zuvor zusammenhangslos anmutete, kann nun z.b. unter der Freiheitsperspektive als miteinander verknüpft betrachtet werden.

Durch seine organisierende Funktion produziert der leere Signifikant die Grenze eines diskursiven Systems. Der so abgesteckte Horizont bestimmt, was gedacht werden kann und was ausgeschlossen ist. Nur wenn ein Außen von einem Innen unterschieden werden kann, nur wenn ‚wir' uns von den ‚anderen' unterscheiden, können wir von einem Diskurs sprechen. Deutlich wird hier auch, daß das Außen des Diskurses keineswegs mit den materiellen Produktionsverhältnissen oder Institutionen gleichzusetzen ist, sondern *nicht* bezeichnet werden kann.[55] Gleichzeitig sollten man sich auch nicht durch die trügerische Übersichtlichkeit der Rede von Innen und Außen irreführen lassen. Denn das Außen befindet sich immer schon im Innen. Genau dies versuchte die Logik der Äquivalenz auszudrücken: Im Inneren des Diskurses findet eine Subversion statt, die in der zwiespältigen Stellung des leeren Signifikanten – als Ort der imaginären Schließung wie auch der Entleerung von Bedeutung – ihren Höhepunkt erfährt. Die paradoxe Stellung des leeren Signifikanten entstammt der Unmöglichkeit seiner Aufgabe: Zum einen soll er den Diskurs als Ganzes repräsentieren, zum anderen ist er Teil des von ihm zu repräsentierenden Diskurses. Das gesamte System kann nur dann dargestellt werden, wenn auch die andere, unrepräsentierbare Seite symbolisiert würde. Genau diese Rolle erfüllt der leere Signifikant, indem er letztlich *nichts* mehr bedeutet und somit das Nicht-Bezeichenbare Außen des Diskurses *im* Diskurs ‚bezeichnet'. Das Interesse an der Instabilität und dem Scheitern von Diskursen unterscheidet Laclaus und Mouffes Diskurstheorie von konstruktivistischen Ansätzen. Ganz im Sinne der De-Konstruktion werden Konstruktionen stets auch als Unmöglichkeitsbedingungen gelesen. Die Logik des leeren Signifikanten steht exemplarisch für diese Verschränkung: zum einen fixiert er Bedeutungen, zum anderen wird er selbst so weit entleert, daß er zum nahezu bedeutungslosen Zeichen wird.

Der konstitutive Ausschluß, der durch die Grenze des Diskurses bewirkt wird, führt Laclau (1996: 37) zur These, daß wirkliche Grenzen immer auch *antagonistische* Grenzen sind. Beim Begriff des Antagonismus handelt es sich um einen zentralen Bestandteil in Laclau und Mouffes (1991: 176ff.) politischer Theorie, da so die Beziehung von Identitäten zu ihrem Außen erklärt wird. Alltagssprachlich stellen wir uns eine antagonistische Beziehung

---

55   Vgl. dagegen Foucault, der zuweilen noch von einem Außerdiskursiven im Sinne von sozialen Beziehungen ausgeht.

häufig als das Aufeinandertreffen von zwei feindlichen Identitäten mit gegensätzlichen Interessen vor, ohne uns über die spezifische Natur dieser Beziehung im Klaren zu sein. Das von Laclau und Mouffe vorgeschlagene Modell bricht mit der Annahme, daß sich zwei Gruppen wegen bereits feststehender, unterschiedlicher Interessen in einem Antagonismus befinden. Nicht
von den beiden Identitäten und ihren Interessen wird hier ausgegangen, sondern von ihrer antagonistischen *Beziehung*. Der Vorteil dieser Denkweise besteht darin, daß analysiert werden kann, wie in einem antagonistischen Konflikt diese Identitäten *hergestellt* und die jeweiligen Interessen der Konfliktparteien *konstruiert* werden.

Wie gestaltet sich nun die antagonistische Beziehung und die damit verbundene Herstellung von Identitäten? Keine der beiden Konfliktparteien existiert unabhängig von der anderen Seite, sondern bestimmt sich über den
Gegner. Der Gegner wird zur Projektionsfläche, indem er die Position dessen
einnimmt, der die Herausbildung meiner vollständigen Identität behindert.
Auch hier liegt eine höchst ambivalente Beziehung vor: einerseits bedroht der
Antagonist meine Identität und blockiert deren vollständige Erfüllung, andererseits kann ich mich nur negativ über den Antagonisten definieren (Laclau
1990: 21). Kaum etwas ist deshalb für Identitätskonstruktionen folgenreicher
als der Verlust eines langjährigen Feindes, da dieser es mir erlaubt hat, mich
im Gegensatz zur feindlichen Identität zu definieren und all meine Mängel
mit seiner Gegenwart zu begründen.

2.2. Das Politische und die Theorie der Hegemonie

Die diskurstheoretischen Grundbegriffe (Diskurs, Differenz, Äquivalenz,
Antagonismus und leerer Signifikant) bilden den Horizont für Laclaus und
Mouffes Theorie des Politischen. Genausowenig wie der Diskursbegriff bei
Laclau und Mouffe automatisch zu einer Diskursethik führt, ist auch der Begriff des Politischen nicht a priori mit spezifischen politischen Inhalten versehen. Vielmehr handelt es sich hier um einen Begriff, der unterschiedliche
Formen der *hegemonialen und antagonistischen Artikulation* von Diskursen
bezeichnet. Der Begriff der Artikulation meint, daß eine Beziehung zwischen
zwei diskursiven Momenten nie vorgegeben ist, sondern eine letztlich *kontingente* Verbindung darstellt (Laclau 1981: 207). Die Verbindung von zwei
diskursiven Elementen verändert die Bedeutung der artikulierten Elemente.
Der Ökologiediskurs ist ein gutes Beispiel für artikulatorische Praktiken. Aus
einer ökologischen Position ergibt sich z.B. nicht notwendigerweise eine spezifische politische Programmatik, sondern es bedarf artikulatorischer Anstrengungen, um in einem grünen Diskurs ‚Natur', ‚Patriarchatskritik', ‚Pazifismus', ‚Konsumverzicht', ‚Sozialismus' etc. miteinander zu verbinden (vgl.
Stavrakakis 1997). Artikulation setzt also voraus, daß diskursive Sinnerzeugung kontingent ist und daß mehrere Möglichkeiten bestehen, ein Sinnmo-

ment mit anderen zu verbinden: Mit grünen Argumenten läßt sich für den
Weltfrieden eintreten, da so die Gefahr nuklearer Verwüstungen reduziert
werden; man mag aber auf zynische Weise auch Kriege als ökologische Mittel gegen die Überbevölkerung propagieren. Die oben erwähnten leeren Signifikanten nehmen hier eine bedeutende Stellung ein, da sie mit fast jedem
anderen Signifikanten artikuliert werden können. ‚Grün‘ als leerer Signifikant
ermöglicht es, diskursive Elemente wie ‚ökologisches Auto‘ und ‚Pazifismus‘
in einem gemeinsamen Diskurs zu artikulieren.

Aber keine diskursive Artikulation kann zu einer unveränderbaren Bedeutungsfestlegung führen, da der Diksurs sich selbst von einem nicht repräsentierbaren Außen abgrenzen muß. Dieses Scheitern endgültiger Fixierungen ist in der Diskurstheorie keineswegs negativ konnotiert, sondern ermöglicht das Auftauchen des Politischen, zeigt sich dieses doch in Versuchen, sozial verfestigte Routinen aufzubrechen und neue Artikulationen herzustellen:
„Der Moment des Antagonismus, an dem die unentscheidbare Natur von Alternativen und ihre Auflösung durch Machtbeziehungen völlig sichtbar wird,
konstituiert das Feld des ‚Politischen‘“ (Laclau 1990: 35). Dieser dicht gedrängte Bestimmungsversuch verknüpft mehrere der zuvor diskutierten Begriffe miteinander. Vorausgesetzt wird eine Unentscheidbarkeit in einem Diskurs, die zu einem Antagonismus führt. Laclau (1990: 39) benutzt für die
dem Antagonismus zugrundeliegende Unentscheidbarkeit den Begriff der
Dislokation, der die Zerrüttung jeder Identität durch ein Außen bezeichnet.
Selbst äußerst rigide Diskurse produzieren Dislokationen in der Form von
Unentscheidbarkeiten. Im Apartheidsdiskurs bereitet etwa die Zuteilung von
Individuen zu ethnischen Kategorien immer wieder Entscheidungsprobleme,
wodurch die politische Natur dieser Kategorien deutlich wird (Norval 1996).

Das Politische entspricht „dem Ensemble jener Entscheidungen, die auf
einem unentscheidbaren Terrain getroffen worden sind, d.h. einem Terrain,
für welches Macht konstitutiv ist“ (Laclau 1996: 103). Wir befinden uns
einmal mehr in einer paradoxen Ausgangslage: das *Unentscheidbare* muß
entschieden werden. Die Entscheidung kann nicht von bereits bestehenden
Regeln und Erfahrungen abgeleitet werden kann – ansonsten wäre der Diskurs entscheidbar. Gerade weil die etablierten Sinngefüge keine Mittel zur
Auflösung der Unentscheidbarkeit bereitstellen, kann es kein rationales Mittel zur Herbeiführung einer politischen Entscheidung geben. Eine derartige
Entscheidung muß stets kreativ sein, da sie zunächst im bestehenden Sinnhorizont undenkbar ist.

Diese Unentscheidbarkeiten geben Anlaß zu unterschiedlichen und gegensätzlichen Entscheidungen, die alle gleichermaßen unbegründet sind und
als antagonistische Konflikte ausgetragen werden. Keine der Gruppen, die
eine bestimmte Option durchsetzen möchten, kann sich auf eine Rationalität
stützen, die aus der zu entscheidenden Situation hervorgeht (Laclau 1990:
31); erst die zu treffende Entscheidung löst die Unentscheidbarkeit – also den
Mangel der Struktur – vorübergehend auf. In diesem Zusammenhang wird

auch verständlicher, was Laclau (1996: 103) meint, wenn er davon spricht, daß das Terrain, auf dem diese Entscheidungen stattfinden, machtgestützt ist: Nicht verwirklichte Möglichkeiten werden unterdrückt, wodurch erst die erfolgreiche Option realisiert werden kann. Macht wird also nicht nur als negative und repressive Instanz gedacht, sondern ist konstitutiv für jede soziale Sinnproduktion, indem sie neue Artikulationen hervorbringt.[56] Wenn wir davon ausgehen, daß jede Verbindung von diskursiven Momenten kontingent ist, dann muß sie auch austauschbar sein: ‚Freiheit' mag etwa durch ‚soziale Sicherheit' ersetzt werden, ohne daß dadurch der ganze Diskurs zusammenbrechen würde. Gerade die Tatsache, daß eine bestimmte Bedeutung zu einem spezifischen Zeitpunkt in einer diskursiven Konfiguration auftaucht, wird hier als machtgestützte Stabilisierung einer Bedeutung verstanden.[57] Die Verbindung des Begriffs der Kontingenz mit jenem der Macht ist erforderlich, um Kontingenz nicht als ein *anything goes* mißzuverstehen. Zwar ist jede Bedeutungsfixierung grundsätzlich instabil und veränderbar, gleichzeitig ist ein Diskurs aber auch ein Machtgefüge, dessen Veränderbarkeit von den jeweiligen Machtverhältnissen abhängt. Die abstrakte These der Kontingenz des Sozialen besagt nur, daß sich kein Machtverhältnis auf eine Instanz außerhalb dieses Verhältnisses, wie z.B. das Naturrecht, stützen kann.

Das Problem des Politischen spitzt sich also zu auf eine Theorie der Entscheidung in Situationen der Unentscheidbarkeit. Für die Analyse von Unentscheidbarkeiten eignet sich das dekonstruktive Instrumentarium von Derrida besonders gut, da diese Lektüreweise geradezu darauf angelegt ist, aufzuzeigen, wie in Texten Unterscheidungen zusammenbrechen und sich selbst subvertieren (Laclau 1996: 78). Die Laclausche Analyse bleibt allerdings nicht beim Demonstrieren dieser Unentscheidbarkeiten stehen, vielmehr setzt die Theorie der *Hegemonie* dort ein, wo es um das Treffen einer Entscheidung und nicht nur um die Analyse von Unentscheidbarkeiten geht. Mit der Entscheidung wird eine neue Sinnbeziehung gestiftet und der Diskurs re-artikuliert, wodurch dessen ‚Risse' genäht werden. Sie stellt eine neue Projektionsfläche bereit, die es ermöglicht, den Diskurs als geschlossene Identität darzustellen und auf diese Weise eine neue Hegemonie zu institutionalisieren.[58]

In Laclaus und Mouffes diskurstheoretischer Version des Hegemoniebegriffs steht der Begriff des leeren Signifikanten im Vordergrund: „Die Beziehung, durch welche ein bestimmter Inhalt der Signifikant der abwesenden

---

56 Dieses Machtkonzept entspricht mit der Hervorhebung der produktiven Rolle von Macht auch Foucaults (1977) Ansatz.

57 Vgl. hier insbesondere Foucault, dessen Fragestrategie ähnlich nach den spezifischen diskursiven Bedingungen für die Realisierung einer diskursiven Aussage fragt.

58 Vgl. die Genealogie des Hegemoniebegriffs und dessen Dekonstruktion in den ersten beiden Kapitel von *Hegemonie und radikale Demokratie* (Laclau/Mouffe 1991: 39-138). Vgl. Mouffe 1979 und Golding 1992 für eine diskurstheoretische Lektüre von Gramsci.

kommunitarischen Vollheit wird, ist genau das, was wir eine *hegemoniale Beziehung* nennen" (Laclau 1996: 43). Die Analyse konkreter hegemonialer Diskurse beschäftigt sich damit, wie ein derartiges hegemoniales Regime organisiert wird. Wenn die These richtig ist, daß ein leerer Signifikant sich nicht aus der Struktur eines Diskurses ableiten läßt, sondern kontingent ist, dann muß die Theorie darauf verzichten, Aussagen darüber zu machen, welche Signifikanten die Rolle des leeren Signifikanten einnehmen werden. Die Analyse von hegemonialen Diskursen geht deshalb den konkreten diskursiven Bedingungen nach, die es ermöglichen, daß z.B. ,Freiheit' oder ,Ordnung' eine derartige Position einnehmen können.

Die Hegemonietheorie geht also davon aus, daß mit dem leeren Signifikanten eine *imaginäre Einheit*[59] erzeugt wird, indem unterschiedliche Inhalte in eine Äquivalenzkette gestellt werden. Nicht jeder hegemoniale Diskurs ist gleich strukturiert: beim einen mag die äquivalentielle Gleichsetzung verschiedener Inhalte überwiegen, beim anderen behalten die einzelnen Elemente ihre partikulare Bedeutung stärker beibehalten (Laclau 1990: 67). Im ersten Fall, der besonders bei ausgeprägt populistischen Diskursen – aber auch in der Mystik, wie Laclaus (1998) Meister Eckhardt-Lektüre belegt – anzutreffen ist, werden die einzelnen Inhalte fast beliebig austauschbar, da sie alle nur noch als Metaphern für das ,eigentlich' Auszudrückende dienen; im zweiten Fall läßt dagegen die hegemoniale Kraft der Vereinheitlichung stark nach, da durch die Eigenbedeutung der einzelnen Elemente es zunehmend schwieriger wird, neue ,passende' Elemente hinzuzufügen (z.B. der Diskurs des Wohlfahrtstaates).

Die bisherigen Ausführungen mögen den Eindruck erweckt haben, daß es sich bei den hegemonialen Artikulationen um subjektlose Prozesse handelt. Laclau und Mouffe räumen jedoch subjekttheoretischen Überlegungen einen kaum zu überschätzenden Raum ein. Wer ist denn nun das Subjekt hegemonialer Prozesse? Laclau und Mouffe dekonstruieren die übliche Gegenüberstellung von diskursiven Strukturen einerseits, handelnden Subjekten andererseits. Es gibt kein Subjekt, das souverän durch sein Handeln die Bedeutung von Diskursen verändern kann. Wir finden zwei zu unterscheidende Subjektkonzeptionen. In den frühen Arbeiten von Laclau und Mouffe (1991: 167ff.) herrscht eine an Foucault orientierte Konzeption von Subjektpositionen vor. Diskurse stellen Positionen zur Verfügung, an denen Subjekte und ihre Interessen hergestellt werden. Subjektpositionen regulieren Aussagemöglichkeiten in Diskursen, da sie festlegen, wer Zutritt hat und was sagbar ist. Der Vielfalt von unterschiedlichen Diskursen entspricht eine heterogene Pluralität von Subjektpositionen. Kein Subjekt kann auf eine dieser Positionen reduziert werden, sondern nimmt z.B. gleichzeitig mehrere ein. Die Zer-

---

59 Hier nehmen Laclau und Mouffe auf die Lacansche Trias des Realen, Symbolischen und Imaginären bezug (Zizek 1989). Das Reale als Mangel entspricht der Unmöglichkeit eines Diskurses, sich zu schließen.

streuung des Subjektes gibt die Idee eines einheitlichen Subjektes auf und interessiert sich nun dafür, wie durch hegemoniale Politik Verbindungen zwischen Subjektpositionen hergestellt werden können (Mouffe 1982: 31f.). Auch hier kommt wiederum die These zur Geltung, daß politische Verbindungen nicht automatisch aus ungleichen sozialen Lagen entspringen, sondern es spezifischer Artikulationspraktiken bedarf, um ein gemeinsames Hegemonialprojekt zu definieren. Eine derartige Subjektkonzeption ist ein erfolgreiches Mittel, um die Herstellung von Netzwerken unterschiedlicher Gruppen und Identitäten zu analysieren. Sie bleibt jedoch auch einem mechanistischen strukturalistischen Denken verhaftet, da das Subjekt hier ausschließlich als Moment der diskursiven Struktur gedacht wird. Der politische Spielraum für derartige durch den Diskurs produzierte Identität ist äußerst beschränkt.

An Slavoj Zizek (1989) anknüpfend hat Laclau eine Subjektkonzeption entwickelt, die das Subjekt mit dem Scheitern geschlossener Diskurse zusammendenkt. Die Unabschließbarkeit von Diskursen, d.h. die Unmöglichkeit jemals eine vollständige Identität zu erlangen, produziert immer wieder Situationen, in denen der Mangel des Diskurses in der Form von Unentscheidbarkeiten zu Tage tritt. Während eine traditionelle Subjektkonzeption hier ein mehr oder weniger rational entscheidendes Subjekt einsetzen würde, das mit Entscheidungsproblemen konfrontiert ist, lautet die Laclausche Option ganz anders: Kein Subjekt existiert unabhängig von der Unentscheidbarkeit, die es durch seine Entscheidung aufzulösen hat. Das Subjekt kommt viel mehr im Zuge der *Identifikation* mit einem bestimmten Inhalt, der die unentscheidbare Situation auflösen soll, zustande (Laclau/Zac 1994). Wiederum taucht hier der Begriff der Kontingenz auf, der das Moment des Subjektes umschreibt. Die Identifikationsfläche, welche die Unvollständigkeit einer Struktur mit dem Versprechen einer imaginären Vollständigkeit vorübergehend auflöst, ist selbst kontingent. Wenn in England mit *New Labour* oder in Deutschland mit der *Neuen Mitte* ein Imaginäres angeboten wird, das eine soziale Krisensituation (Zerfall des Sozialstaatesetc.) ,nähen' soll, dann liegt die Kontingenz dieses politischen Angebots in der Unterdrückung alternativer Identifikationsflächen (z.B. ,Old Labour' oder Neo-Liberalismus). Der Moment des Subjektes besteht nicht in der vollzogenen Identifikation mit ,New Labour', sondern in jenem Moment der Unentscheidbarkeit, in dem die Identifikation noch nicht stattgefunden hat. Dieses ,noch' ist nicht einfach in einem zeitlichen Sinn zu verstehen, sondern als Hinweis darauf, daß jede Identifikation scheitert, da das Subjekt nie vollständig in seiner Identifikation aufgeht. Das Subjekt bleibt also auch nach der Identifikation mit einem Imaginären gegenwärtig als die Kontingenz dieser Identifikation. Nur wenn es gelingen würde, ein Imaginäres als die einzig mögliche Option zu installieren, würde der Moment des Subjekts verschwinden.

Die beiden Subjektkonzeptionen – *Subjektpositionen* und das *Subjekt als Mangel* – schließen sich nicht gegenseitig aus, sondern befinden sich in einem Wechselspiel. Die erfolgreiche Realisierung einer Identifikation führt zur Verfestigung von Subjektpositionen und *damit* zur Auslöschung des Moments des Subjektes (Laclau 1990: 61; Laclau 1996a: 57). Denn Subjektpositionen werden durch die erfolgreiche, zeitweilige Auflösung von Unentscheidbarkeitsituationen hergestellt. Deutlich wird die zentrale Positionierung des von Lacan inspirierten Subjektbegriffs, der sich im Herzen der politischen Theorie von Laclau (1990: 61) befindet: „‚Politik' ist eine ontologische Kategorie: es gibt Politik, weil es Subversion und Dislokation des Sozialen gibt. Das bedeutet, daß *jedes* Subjekt per definitionem politisch ist." Möchte man dem so verstandenen Subjekt nachspüren, dann ist nach den Dislokationen von Diskursen zu fragen und die Kontingenz von Artikulationen aufzudecken. Weit davon entfernt, mit dem Subjekt ein stabiles Fundament für politisches Handeln einzurichten, ist es hier gerade das Scheitern des Diskurses, der Moment des Mangels, des Risses und des Unterbruchs, in dem sich das Subjekt einnistet.

2.3. Die Ethik des Politischen und das Projekt pluraler und radikaler Demokratie

Von dem durch antagonistische Unentscheidbarkeit definierten Begriff des Politischen kann nicht unmittelbar ein politisches Projekt abgeleitet werden. In der diskursanalytischen Hegemonietheorie bleiben Ethik und Politik voneinander getrennt, wie auch der Begriff des Politischen keine ethische Fundierung erfährt. Laclau (1996: 66ff.) entwirft die Abgrenzung zu einer dekonstruktiven Ethik des Politischen sehr klar in Auseinandersetzung mit Derridas *Marx' Gespenster* (1996). Während er Derrida in der Herausarbeitung einer Logik der Heterogenität und Unentscheidbarkeit folgt, ist Laclau (1996: 73) nicht bereit, die Unentscheidbarkeit selbst als politischen Inhalt in ein Projekt der *démocratie à venir* einfließen zu lassen und somit zum politischen Programm zu machen. Für Laclau ist die These, daß alle Diskurse Unentscheidbarkeiten erzeugen, unabhängig davon zu denken, welches politische Projekt auf dieser Grundlage entwickelt wird. Genau darin liegt auch ein Vorzug des Begriffs des leeren Signifikanten: dieser schreibt selbst nicht vor, mit welchem ‚partikularen' Signifikanten er besetzt werden soll. Vielmehr ist es gerade die Kontingenz zwischen partikularem Signifikant und der universellen Repräsentationsfunktion, die wiederum Unentscheidbarkeit erzeugt und seine Bedeutung ins Oszillieren treibt. Folgerichtig lehnt Laclau (1996: 77) jeglichen Versuch, eine politische Ethik der Dekonstruktion zu entwerfen, ab: „Von der Tatsache, daß es die Unmöglichkeit einer letzten Schließung und Präsenz gibt, folgt kein ethischer Imperativ, diese Offenheit zu ‚kultivieren' oder sogar noch weniger, sich auf eine demokratische Gesellschaft zu verpflichten." Vielmehr besteht der Beitrag der Dekonstruktion von Diskursen darin, daß immer weitere Felder von zur Normalität geronnenen, ‚sedimentierten' Praktiken in ihrer Unentscheidbarkeit sichtbar werden.

Laclaus und Mouffes Projekt ‚radikaler und pluraler Demokratie', das v.a. von Mouffe entwickelt worden ist, muß also als *eine* mögliche Artikulation der allgemeinen Diskurstheorie mit der Demokratietheorie verstanden werden. Eine Demokratietheorie durch die Dekonstruktion des liberal-demokratischen Diskurses zu entwickeln, ist selbst wiederum eine strategische Entscheidung. Ganz im Sinne hegemonialer Politik werden die inneren Widersprüche dieses Diskurses zur Voraussetzung für die Re-Artikulation liberaler Demokratie.

Insbesondere die amerikanische Kommunitarismus/Liberalismus-Debatte dient Mouffe als theoretisches Terrain, um den eigenen Ansatz zu profilieren. An den Kommunitaristen kritisiert Mouffe, daß sie von einem einzigen *common good* ausgehen. Eine solche Idee ist angesichts der Pluralität moderner Gesellschaften unhaltbar, nimmt doch jedes Individuum eine Vielzahl von Subjektpositionen in unterschiedlichen Diskursen ein. Dies führt Mouffe jedoch nicht dazu, für die Gegenseite, den Liberalismus, Partei zu ergreifen. Denn der Liberalismus geht von einer falschen und zu abstrakten Allgemeinheit aus, wie sie sich etwa im Begriff eines von seinem sozialen Kontext losgelösten, autonomen Subjekts zeigt.

Die Spannung zwischen der Partikularität einer spezifischen Gemeinschaft und einem universalen liberalen Subjekt kennzeichnet nicht nur die Kommunitarismus/Liberalismus-Debatte, sondern auch den liberal-demokratischen Diskurs. Im Rahmen einer kritischen Rezeption der Schriften von Carl Schmitt zeigt Mouffe (1993: 117ff.), daß die Logik der Demokratie und jene des Liberalismus sich nicht problemlos vereinen lassen. Die liberale Logik nimmt ihren Ausgangspunkt von der Idee, daß Politik als Wettbewerb von politischen Akteuren um soziale Ressourcen und die Formierung von Meinungen funktioniert. Ausgeschlossen wird im liberalen Pluralismus, daß es jenseits der den Wettbewerb definierenden Regeln ein einheitliches *common good* geben kann, das eine Gesellschaft integriert. Mouffe wendet dagegen ein, daß auch universale, liberale Konzeptionen des Vernünftigen stets etwas ausschließen müssen (z.B. den Unvernünftigen, der die Vorbedingungen für den Widerstreit vernünftiger Meinungen nicht erfüllt). Auch der Liberalismus muß sich, wenn er nicht zu Gleichgültigkeit führen soll, auf bestimmte Werte stützen, die regulieren, wer Zugang zum liberal-demokratischen Diskurs erhält und wer davon ausgeschlossen ist: „Damit die Anerkennung der Pluralität nicht zur völligen *Entdifferenzierung* und *Indifferenz* führt, müssen Kriterien existieren, die entscheidbar machen, was zugelassen werden kann und was nicht" (Mouffe 1993: 13). Jeder Pluralismus bedarf einer Grenze, die es ermöglicht, jene auszuschließen, welche die Prinzipien liberaler Demokratie nicht anerkennen. Hierbei handelt es sich, wie ein Blick auf fundamentalistische Gruppierungen belegt, keineswegs um bloße Begriffsspiele der politischen Theorie: Ob etwa rechtsextreme Parteien oder fundamentalistische religiöse Gruppen in liberalen Demokratien zugelassen werden, hängt von der Art der Vorstellungen des *common goods* ab (z.B. welche Verfassungsaspekte für relevant gehalten werden).

Mouffe folgt also Schmitts Kritik soweit sie aufzeigt, daß der universalistische Liberalismus unfähig ist, Grenzziehung zu theoretisieren. Erst wenn anerkannt wird, daß Grenzen gezogen werden müssen, kann verhindert werden, daß sie sich als stabile Exklusionen verfestigen. Indem der Liberalismus das Problem der Grenzziehung durch den Rückzug auf Verfahren demokratischer Aushandlung unsichtbar macht, verweigert er sich aber einem Denken des Politischen. Der Liberalismus droht, die antagonistische Seite des Politischen auf ein administratives Aushandeln von Meinungen zu reduzieren. Gleichzeitig sind für Mouffe aber Schmitts Vorstellungen einer substantiellen Einheit des Volkes unhaltbar. Zwar betont auch sie, daß Demokratie eine gewisse Homogenität voraussetze; diese Homogenität wird hier aber nicht durch Ethnie oder Nationalität, sondern durch die Zustimmung zu den demokratischen Prinzipien von Freiheit und Gleichheit geschaffen (Mouffe 1993: 129). Da Freiheit und Gleichheit unterschiedlich interpretierbar sind, kann sich eine Pluralität von unterschiedlichen *communities* in den demokratischen Raum einschreiben (Mouffe 1993: 20).

Was demokratische Politik auszeichnet, ist die Bändigung antagonistischer Verhältnisse und deren Überführung in eine agonistische Austragung gegensätzlicher Interessen (Connolly 1991: 178f.). Innerhalb von Demokratien werden *Feinde (Antagonisten)* zu *Gegnern (Agonisten)*, die dadurch miteinander verbunden sind (d.h. äquivalent sind), daß sie sich beide auf das demokratische Imaginäre beziehen und sich gegenseitig als DemokratInnen achten. Ein derartiges Imaginäres bietet unterschiedliche Identifikationsoberflächen an, um eine Identität als Staatsbürger zu generieren. Auch hier gilt wiederum, daß die Identifikation mit einem solchen Identitätsangebot kein reibungslos ablaufender Prozeß ist, sondern zu unterschiedlichsten Interpretationen Anlaß gibt. Die Identität des Staatsbürgers ist deshalb immer eine multiple, die zudem über das Außen des Nicht-Staatsbürgers (des Ausländers, des Unmündigen) verfügt. Jener, der sich dem Bekenntnis zur liberalen Demokratie verweigert, kann auch keine Identität erwerben, die ihm die Teilnahme an den agonalen demokratischen Auseinandersetzungen erlauben würde. Die Umwandlung von antagonistischen in agonale Verhältnisse kann aus zweierlei Gründen nie vollständig funktionieren: Erstens haftet auch der agonalen, inner-demokratischen Auseinandersetzung ein Moment des Antagonismus an, das hier aber produktiv gewendet, zum Motor der demokratischen Auseinandersetzung wird. Zweitens ist die agonale Beziehung von Gegnern, die sich als Staatsbürger achten, in den sie übergreifenden Antagonismus von Demokraten und Nicht-Demokraten eingelassen. Der Andere wird jetzt wiederum, wie in der allgemeinen Bestimmung des Antagonismusbegriffs, zu jenem, der die Existenz der Demokratie bedroht.

Auf dieser Analyse der internen Widersprüchlichkeit liberaler Demokratie beruht das von Laclau und Mouffe vertretene Projekt radikaler und pluraler Demokratie. Es wendet sich gegen die Zersetzung der Demokratie durch nicht-demokratische Bewegungen und kämpft gleichzeitig gegen die innere, neo-liberale Artikulation des Projektes. Ausgehend von der Diagnose, daß die Konfliktlinien moderner Gesellschaften sich nicht mehr mit Kategorien der Klassentheorien oder anderen essentialistischen Vokabularien beschreiben lassen, berücksichtigen Laclau und Mouffe eine Vielzahl unterschiedlicher und heterogener Subjektpositionen. Dies bedeutet aber nicht, daß eine Demokratiekonzeption nur die Vielzahl unterschiedlicher Identitäten hochhalten müßte. Pluralismus heißt erstens, daß Identitäten nicht in einer tieferen Schicht verankert sind, sondern in sich selbst ihr Geltungsprinzip finden. Ein derartiger Pluralismus verbindet, zweitens, die verschiedenen Identitäten durch ein demokratisches Imaginären. Auch das Projekt radikaler und pluraler Demokratie beruht auf einem leeren Signifikanten, nämlich dem ‚demokratisch-egalitären Imaginären'. Laclau und Mouffe (1991: 229) fassen ihr Projekt so zusammen: „*In einem grundlegenden Sinne* ist das Projekt einer radikalen und pluralen Demokratie deshalb nichts anderes als der Kampf um ein Höchstmaß an Autonomisierung von Bereichen auf der Basis der Verallgemeinerung der äquivalentiell-egalitären Logik."

Auf die Diskussion der Logik der Differenz und der Logik der Äquivalenz zurückblickend zeigt sich hier, daß Laclaus und Mouffes Projekt die beiden Logiken in eine besondere Beziehung setzt: die differentielle Logik entfaltet ihre Wirkung, indem Identitäten einen möglichst großen Selbstbestimmungsraum erhalten, und die äquivalentielle Logik stellt eine Gemeinsamkeit zwischen diesen Identitäten her. Hierbei handelt es sich keineswegs um eine nachträgliche Anpassung oder gar Unterordnung dieser Identitäten unter ein feststehendes hegemoniales Prinzip. Denn die äquivalentielle Logik ist an der Konstitution der Identitäten als Demokratische beteiligt (Laclau/ Mouffe 1991: 249). Zudem verfügt auch das demokratische Imaginäre über keine ‚eigentliche' und fixierte Bedeutung – eine solche Annahme schließt Laclaus und Mouffes Anti-Essentialismus aus. Die Interpretationsakte des demokratischen Imaginären wiederholen dieses nicht nur, sondern verändern die Gestalt des demokratischen Imaginären und somit auch der jeweiligen politischen Gemeinschaft. Politik findet nicht in erster Linie innerhalb einer politischen Gemeinschaft statt, sondern in der zu interpretierenden Konstruktion einer gemeinsamen Identität durch Abgrenzung von einem Anderen (Mouffe 1991: 78).

Das Projekt radikaler Demokratie unterscheidet sich deutlich vom traditionellen Emanzipationsgedanken, da es die Allgegenwart von Machtverhältnissen und Antagonismen anerkennt. Es wird nicht, wie etwa in den Vorstellungen deliberativer Demokratie (vgl. Benhabib, Habermas), die theoretische Möglichkeit eines machtfreien Raums rationalen Aushandelns vertreten. Vielmehr kann radikale Demokratie (wie jedes andere politische Programm) nur durch den Einsatz von Macht verwirklicht werden. Auch ein solches Projekt ist auf Grenzziehung angewiesen und muß andere Projekte ausschließen oder diese re-artikulieren, um sich als hegemonialer Diskurs installieren zu können. Die radikale Demokratie nimmt die Einsicht ernst, daß der Ort der

Macht ‚leer' geworden ist, d.h. daß jede politische Gruppe den Platz der
Macht nur zeitwillig besetzen kann.[60] Gerade dadurch, daß die Konzeption
radikaler Demokratie sieht, daß es sich auch bei ihr um ein hegemoniales
Projekt handelt, entzieht sie sich nicht dem Spiel um die zeitweise Besetzung
des ‚leeren Ortes' der Macht. Indem sie sich selbst als einen derartigen –
letztlich kontingenten – Besetzungsversuch des leeren Ortes der Macht versteht, verabsolutiert sie sich nicht zur einzig richtigen Position.

3. Kritik der Hegemonietheorie

3.1. Ethische und theoretische Grenzen des ‚diskursiven Außen'

Die theorieinterne Kritik an der politischen Theorie hegemonieller Diskurse
setzt vor allem an drei Punkten an: der ethischen Fundierung des politischen
Projekts, der Verbindung von Lacanschen Elementen mit dekonstruktivistischen Positionen sowie der Differenzierung des Antagonismusbegriffs.

Während sich Laclau deutlich dagegen wendet, die Hegemonietheorie
mit Ethik zu vermengen, wird gerade dieser Ethikverzicht zunehmend kritisiert (Critchley 1996; 1998; Bearns 1995; Derrida 1996; Rüdiger 1996; Connolly 1995). Connolly (1995: 130), dessen eigener von Foucault inspirierter
„generöse Pluralismus" in mancherlei Weise zahlreiche Überlappungen mit
Mouffes Demokratietheorie aufweist, kritisiert das ungeklärte Zusammenspiel der Theorie des Antagonismus mit Mouffes Verteidigung einer agoni-
stischen, radikalen und pluralen Demokratie. Dabei tritt eine grundlegende
Problematik in Laclaus und Mouffes Anti-Essentialismus zu Tage: Zwar dekonstruieren sie erfolgreich die Reduktion des Politischen auf das Ökonomische oder andere Fundierungen, können aber nicht Rechenschaft über die
Kontingenz des *eigenen* Theorieunternehmes ablegen. Für Connolly läge gerade in der selbstreflexiven Einsicht in den notwendig umkämpften Charakter
der eigenen Begrifflichkeiten (wie z.B. Antagonismus) der Zugang zu einer
Verpflichtung auf Differenz und Generosität.

Der weitere Diskussionsstrang setzt an der Verbindung von dekonstruktiven und Lacanschen Elementen an. Zur Analyse von Dislokationen und
Unentscheidbarkeiten wird ein dekonstruktives Instrumentarium eingesetzt,
während partielle Sinnfixierungen mit Lacanschen Begrifflichkeiten erklärt
werden. Zentral ist hier der Begriff des leeren Signifikanten, der es ermöglicht, die Totalisierung und Grenzziehung von Diskursen zu denken, die immer durch das von ihr Verworfene begrenzt ist.[61] Allerdings wird aus dekon-

---

60 Siehe zur leeren Stelle der Macht auch Leforts und Gauchets politische Theorie des
    zivilgesellschaftlichen Republikanismus (Kapitel V).
61 Beim leeren Signifikanten handelt es sich um eine Weiterführung des Lacanschen Be-

struktiver und Lacanscher Perspektive das Außen von Diskursen auf unterschiedliche Weise konzipiert: während die dekonstruktivistische Argumentation von einer Unabschließbarkeit ausgeht, die sich durch die Unmöglichkeit einer identischen Wiederholung (Iterabilität) ergibt, setzt der Lacanianismus das ahistorische und nichtsymbolisierbare Reale als Außen des Diskurses voraus. Die Diskussion über das Verhältnis von Realem und Iterabilität steht im Vordergrund der Debatten zwischen Judith Butler und Laclau (in Marchart 1998: 238-264; Butler 1995; vgl. auch Smith 1998). Butler wendet sich strikt gegen eine ahistorische Konzeption des diskursiven Außens als „Fels des Realen". Von Lacanianischer Seite wird dagegen gerade die notwendige Voraussetzung einer nicht-dekonstruierbaren Instanz betont (Riha-Sumic 1998: 141).

Der Antagonismusbegriff nimmt in Laclaus Werk eine tragende Position ein und taucht auf unterschiedlichen Abstraktionsniveaus auf. Verschiedene Autoren haben deshalb für eine Differenzierung zwischen dem allgemeinen Antagonismus, der als das *Reale* die Grenze des Sozialen bezeichnet, und historisch-konkreten, antagonistischen Kämpfen in der *Realität* plädiert (vgl. Zizek 1998; Stäheli 1995; Dyrberg 1998). Auch die Art der Beziehung zwischen Dislokation und Antagonismus ist nicht völlig geklärt. In seinen neueren Arbeiten unterscheidet Laclau deutlicher Dislokationen von Antagonismen. Dadurch kann das Aufbrechen sozialer Strukturen *vor* ihrer Artikulation zum Antagonismus analysiert werden (vgl. Stavrakakis 1998: 184). Offen bleibt die Frage, was dies für die Funktionsweise von diskursiven Grenzen bedeutet: Führt die Schließung einer Unentscheidbarkeit automatisch zu einer antagonistischen Grenzziehung? Oder ist es erforderlich, eine Typologie von antagonistischen und nicht-antagonistischen Grenzen einzuführen (Norval 1996; Howarth 1998)?

3.2. Die Vernachlässigung materialistischer und institutioneller Aspekte

Laclaus und Mouffes diskursanalytische Hegemonietheorie wurde in einer ersten Rezeptionsphase v.a. als post-marxistischer Theorieversuch diskutiert. Neo-marxistische TheoretikerInnen kritisierten die Aufgabe der Klassentheorie und deren Loslösung von Produktionsverhältnissen (Geras 1987; 1988; dazu Laclau 1990: 97-132). Der Diskurstheorie wurde insgesamt eine idealistische Grundhaltung vorgeworfen, da sie die Materialität gesellschaftlicher Machtverhältnisse übersehe. Weil die Diskurstheorie beansprucht, das gesamte Feld des Sozialen abzudecken, ist sie wegen ihres uneingelösten Universalitätsversprechens unter Beschuß geraten. Eingewandt wird, daß sich hegemonietheoretische Arbeiten bisher v.a. auf die Formation von politischen

---

griffs des Knotenpunktes (point de capiton) und des Phallus als Meistersignifikanten (Zizek 1989).

und sozialen Identitäten und die Artikulation von Interessen in Antagonismen beschränkt habe und dabei wichtige staatstheoretische Aspekte vernachlässige (Jessop 1990: 29). Insgesamt wird aus soziologischer Perspektive ein strukturtheoretisches Defizit und ein institutionstheoretisches Vakuum bemängelt (Mouzelis 1990). Der Forderung nach diskurstheoretischen Untersuchungen, die sich gerade auch für institutionelle Arrangements und globale, relativ stabile soziale Formationen interessieren, ist sicherlich zuzustimmen. Allerdings sollte diese *empirische* Ausweitung des Gegenstandes nicht vermischt werden mit Einwänden gegen die grundbegrifflichen Anlage der Hegemonietheorie. Denn wenn hier von Kontingenz jeglicher sozialer Struktur gesprochen wird, bedeutet das keineswegs, daß Strukturen nach individuellem Belieben veränderbar sind, sondern daß selbst äußerst starre Strukturen immer auch von Unentscheidbarkeiten heimgesucht werden.

4. Empirische und theoretische Weiterführungen der Hegemonietheorie

Seit Anfang der 90er Jahre hat sich die polarisierende Auseinandersetzung mit dem Neo-Marxismus zugunsten einer produktiven Weiterentwicklung und Anwendung der diskursanalytischen Hegemonietheorie verschoben. In zahlreichen empirischen Studien eröffnen v.a. die diskurstheoretische Konzeption von Identität und Antagonismus neue Blickwinkel für die Analyse politischer Identitäten (vgl. Laclau 1994). Exemplarisch kann die antagonistische Grenzziehung von Diskursen anhand des südafrikanischen Apartheiddiskurses studiert werden (Norval 1996). Ebenso finden sich Studien zu rassistischen und homophoben Diskursen in England (Smith 1994) und zur Einheitskonstruktion von grünen Diskursen (Stavrakakis 1998). Neben dieser empirischen Füllung der Hegemonietheorie hat sich auch eine eher theoretische Diskussion entwickelt.

Von besonderem Interesse erweisen sich hier Verbindungen zur soziologischen Gesellschaftstheorie, da es diese erlauben könnte, das ‚Soziale' differenzierter zu denken. Mit der Luhmannschen Systemtheorie liegt ein differenztheoretisches Angebot vor, das sich besonders gut für Artikulationen mit der Diskurstheorie eignet. Gerade Luhmanns Fokussierung auf Paradoxien und Techniken der Entparadoxierung von sozialen Systemen verspricht auch eine für die Diskurstheorie attraktive Perspektive. Im Gegensatz zur Diskurstheorie verzichtet die Systemtheorie jedoch auf einen Begriff des Politischen und reduziert Politik auf Kommunikationen des politischen Systems. Aus diskurstheoretischer Perspektive ist deshalb vorgeschlagen worden, einen systemtheoretischen Begriff des Politischen als ‚Politik der Entparadoxierung' zu entwickeln, der es ermöglicht, die antagonistische Auflösung von Unentscheidbarkeiten auch jenseits des politischen Systems zu konzipieren (Stäheli

1996; 1998; Rasch 1997; Dyrberg 1998). Weitere Vorschläge für eine soziologische Verankerung der Diskurstheorie wurden v.a. aus der Perspektive der Regulationstheorie erarbeitet (Scherrer 1995; Torfing 1998).

Der zweite zentrale theoretische Ansatzpunkt betrifft das kulturtheoretische Defizit: Obwohl bereits bei Gramsci Hegemonie gerade auch ein kulturpolitisches Unternehmen war, bleibt bei Laclaus und Mouffes Ansatz der Bereich des Kulturellen weitgehend ausgespart (Miklitsch 1995). Allerdings garantiert gerade der weite Begriff des Politischen von Laclau und Mouffe, daß das Politische in jedem Bereich des Sozialen und der Kultur auftauchen kann, da es als Gegenbegriff zum Sozialen und nicht als eines seiner Felder gedacht ist. Laclau und Mouffe haben insbesondere mit dem diskurstheoretischen Artikulationsbegriff ein Werkzeug geschaffen, das gerade in den *Cultural Studies* breite Verwendung zur Analyse verschiedenster kultureller Formen findet (vgl. Grossberg 1992: 113ff.). Zu hoffen ist, daß die Querverbindungen zwischen den *Cultural Studies* und der Diskurstheorie zu Studien führt, die sich für die Verankerung politischer Identitäten in kulturellen Mustern interessieren (vgl. z.B. Marchart 1999).

Ein dritter Aspekt der theoretischen Diskussion zielt auf die Relevanz *politischer Räume*: So bedient sich Laclaus und Mouffes politische Theorie zwar in vielfacher Weise dekonstruktiver Verfahrensweisen, hat diese aber bisher noch nicht auf ihren Raumbegriff bezogen. TheoretikerInnen der politischen Geographie weisen darauf hin, daß eine Konzeption dezentrierter Subjekte, wie sie etwa in Mouffes Begriff der *citizenship* ausgearbeitet worden ist, einen homogenen Raumbegriff aufgeben muß, wenn der diskurstheoretische Ansatz konsequent weitergeführt wird. Während Laclau (1990: 84) die Stabilisierung eines hegemonialen Regimes als dessen Verräumlichung betrachtet und das Auftreten von Dislokationen mit Temporalität gleichsetzt, fordert Doreen Massey (1993; 1995; Brown 1997) eine Dekonstruktion des Raum/Zeit-Dualismus. Dieser Vorschlag knüpft direkt an den Artikulationsbegriff an, der die Herstellung von Relationen theoretische Priorität einräumt. Eine konsequent diskursanalytische Hegemonietheorie müßte hegemoniale Formationen nicht *innerhalb* von Raum und Zeit anordnen, sondern hegemoniale Raum/Zeit-Konfigurationen analysieren.

Die gegenwärtigen Debatten um Laclaus und Mouffes diskursanalytische Hegemonietheorie zeigen, wie vielfältig sich die Artikulationsmöglichkeiten dieses Ansatzes gestalten. Entgegen der vorschnellen Kritik an poststrukturalistischen Ansätzen eröffnet Laclaus und Mouffes Diskurstheorie eine Theorie des Politischen, die der Vielfalt von Hegemonialkämpfen und Differenzen in einer postmodernen Welt gerecht wird. Laclau und Mouffe geht es keineswegs um die Abschaffung und bloße Überbietung ‚alteuropäischer' Begriffsangebote, sondern um deren dekonstruktives Durcharbeiten. Ihr Theoriegestus benutzt die Paradoxien, die sich aus der Dekonstruktion von modernen Begriffen ergeben, um so zu neuen begrifflichen Werkzeugen zu gelangen. Die Stärke des Ansatzes von Laclau und Mouffe liegt gerade in der Fähigkeit, diese Spannungen und Deformationen nicht nur auszuhalten oder zu zelebrieren, sondern sie so zu re-formulieren, daß sie zu politik- und sozialtheoretisch brauchbaren Begriffen werden.

Literatur

a. verwendete Literatur

Brown, Michael P. (1997): RePlacing Citizenship. AIDS Activism and Radical Democracy. London.

Butler, Judith (1995): Körper von Gewicht. Berlin.

Derrida, Jacques (1996): Marx' Gespenster: der Staat der Schuld, die Trauerarbeit und die neue Internationale. Frankfurt a.M.

Dyrberg, Torben (1997): The Circular Structure of Power. London.

– (1998): Diskursanalyse als postmoderne politische Theorie. S. 23-51 in Oliver Marchart (Hg.), Das Undarstellbare der Politik. Wien.

Foucault, Michel (1973): Die Archäologie des Wissens. Frankfurt a.M.

– (1977): Sexualität und Wahrheit. Frankfurt a.M.

Geras, Norman (1987): Post-Marxism? New Left Review 163, 40-82.

– (1988): Ex-Marxism Without Substance: Being a Real Reply to Laclau and Mouffe. New Left Review 169, 34-61.

Golding, Sue (1992): Gramsci's Democratic Theory. Contributions to a Post-Liberal Democracy. Toronto.

Habermas, Jürgen (1981): Theorie des kommunikativen Handelns. 2 Bd. Frankfurt a.M.

Howarth, David (1998): Discourse Theory and Political Analysis. S. 268-293 in E. Scarbrough/E. Tanenbaum (Hg.), Research Strategies in the Social Sciences. Oxford.

Jessop, Bob (1990): State Theory. Putting the Capitalist State in its Place. Cambridge.

Laclau, Ernesto (1981): Politik und Ideologie im Marxismus. Kapitalismus, Faschismus, Populismus. Berlin (engl. 1977).

– (1990): New Reflections on the Revolution of our Time. London.

– (Hg.) (1994): The making of political identities. London/New York.

– (1996): Emancipation(s). London.

– (1996a): Deconstruction, Pragmatism, Hegemony. S. 47-67 in Chantal Mouffe (Hg.): Deconstruction and Pragmatism. London/New York.

– (1998): Von den Namen Gottes. S. 265-281 in Oliver Marchart (Hg.): Das Undarstellbare der Politik. Wien.

Laclau, Ernesto/Mouffe, Chantal (1991): Hegemonie und radikale Demokratie. Zur Dekonstruktion des Marxismus. Wien (engl. 1985).

Laclau, Ernesto/Zac, Lilian (1994) Minding the gap: The subject of politics. S. 11-39 in: Ernesto Laclau (Hg.), The making of political identities. London/New York.

Marchart, Oliver (1998) (Hg.): Das Undarstellbare der Politik. Zur Hegemonietheorie Ernesto Laclaus. Wien.

– (1999): The Political Sublime. On Revolutions, Empty Signifiers, and Melodrama. In John B. Foster/Wayne J. Fromann (Hg.), Thinking Culture. Between Philosophy and Literature. Northwestern (i.E.).

Massey, Doreen (1993): Politics and Space/Time. S. 141-161 in Michael Keith/Steve Pile (Hg.), Place and the Politics of Identity. London.

- (1995): Thinking radical democracy spatially. Environment and Planning D: Society and Space 13, 282-288.
Miklitsch, Robert (1995): Discourse and Institutionality in Laclau and Mouffe, Resnick and Wolff. Social Text 45, 14 (4), 167-196.
Mouffe, Chantal (1979): Hegemony and Ideology in Gramsci. S. 168-204 in dies. (Hg.), Gramsci and Marxist Theory. London.
- (1991): Citizenship and political community. S. 70-82 in Miami Theory Collective (Hg.), Community at Loose Ends. Minnesota.
- (Hg.) (1992): Dimensions of Radical Democracy. London.
- (1993): The return of the political. London.
- (1996): Deconstruction, Pragmatism and the Politics of Democracy. S. 1-12 in Chantal Mouffe (Hg.), Deconstruction and Pragmatism. London.
Mouzelis, Nicos (1990): Post-Marxist Alternatives: The Construction of Social Orders. London.
Norval, Aletta (1996): Deconstructing Apartheid Discourse. London.
Rosenthal, John (1988): Who Practices Hegemony? Class Division and the Subject of Politics. Cultural Critique, Spring, 25-52.
Rasch, William (1997): Locating the Political: Schmitt, Mouffe, Luhmann, and the Possibility of Pluralism. International Review of Sociology 7 (1), 81-94.
Riha-Sumic, Jelica (1998): Politik der Treue, Treue der Politik. S. 132-157 in Oliver Marchart (Hg.), Das Undarstellbare der Politik. Wien.
Scherrer, Christoph (1995): Eine diskursanalytische Kritik der Regulationstheorie. Prokla 25 (3), 457-482.
Smith, Anna Marie (1994): New Right Discourse on Race & Sexuality. Cambridge.
- (1998): Laclau and Mouffe. The Radical Democratic Imaginary. London.
Stäheli, Urs (1995): Gesellschaftstheorie und die Unmöglichkeit ihres Gegenstandes. Diskurstheoretische Perspektiven. Schweizerische Zeitschrift für Soziologie 21, 361-390.
- (1996): Der Code als leerer Signifikant? Soziale Systeme 2, 257-282.
- (1998): Signifying Failures. A Discourse Theoretical Reading of Niklas Luhmann's Systems Theory. Colchester: Ph.D.-Thesis, University of Essex.
Stavrakakis, Yannis (1997): Green Ideology: a discursive Reading. Journal of Political Ideologies 2 (3), 259-279.
Torfing, Jacob (1998): Politics, Regulation and the Modern Welfare State. London.
Zizek, Slavoj (1989): The Sublime Object of Ideology. London.

b. kommentierte Literatur

Primärliteratur

Laclau, Ernesto: Politik und Ideologie im Marxismus. Berlin 1981.
Entwicklung einer diskursanalytischen Populismustheorie, die sich gegen den marxistischen Klassenreduktionismus wendet.

Laclau, Ernesto: New Reflections on the Revolution of Our Time. London 1990.
Differenzierte und anspruchsvolle subjekttheoretische Weiterentwicklung – v.a. durch die Lacansche These des ,Subjekt als Mangel' – der in ,Hegemonie und radikale Demokratie' vorgestellten Hegemonietheorie.

Laclau, Ernesto: Emancipation(s). London 1996.
Wichtige Aufsatzsammlung, in der u.a. die These des ,leeren Signifikanten' vorgestellt und die Ethisierung des Dekonstruktivismus kritisiert wird.

Laclau, Ernesto/Chantal Mouffe: Hegemonie und radikale Demokratie. Zur Dekonstruktion des Marxismus. Wien 1991 (engl. 1985).
Das klassische Werk von Laclau/Mouffe, welches ihre Diskurs- und Hegemonietheorie aus einer Dekonstruktion der marxistischen Theorietradition gewinnt.

Mouffe, Chantal: The Return of the Political. London 1993.
Weiterentwicklung der in Laclau/Mouffe (1991) skizzierten Demokratietheorie und Positionierung innerhalb der Liberalismus/Kommunitarismusdebatte.

Mouffe, Chantal (Hg.): Deconstruction and Pragmatism. London 1996.
Beiträge u.a. von Laclau, Mouffe, Rorty und Derrida zum Verhältnis von Dekonstruktion, Hegemonie und Pragmatismus.

Sekundärliteratur

Dyrberg, Torben: The Circular Structure of Power. London 1997.
Differenzierte Weiterentwicklung der macht- und subjekttheoretischen Aspekte von Laclaus und Mouffes und Foucaults Diskurstheorie und Kontextualisierung in der politischen Theorie.

Marchart, Oliver (Hg.): Das Undarstellbare der Politik. Wien 1998.
Diskussion der Laclauschen Hegemonietheorie mit Beiträgen aus dekonstruktivistischer, psychoanalytsicher und systemtheoretischer Perspektive; enthält einen lesenswerten Briefwechsel zwischen Butler und Laclau.

Rüdiger, Anja: Dekonstruktion und Demokratisierung. Opladen 1996.
Einzige deutschsprachige Darstellung und Einführung in Laclaus und Mouffes Demokratietheorie, die jedoch die Arbeiten von Laclau und Mouffe nach ‚Hegemonie und radikale Demokratie' und ‚The Return of the political' noch nicht berücksichtigt.

Smith, Anna Marie: Laclau and Mouffe. The Radical Democratic Imaginary. London 1998.
Überblick und Einführung in Laclaus und Mouffes Diskurs- und Demokratietheorie, die Verbindungen zur Gender- und Rassimustheorie aufzeigt, teilweise aber zugunsten eines politisch engagierten Duktus auf begriffliche Präzision verzichtet.

Zizek, Slavoj: The Sublime Object of Ideology. London 1989.
Auf Lacan basierende Ideologietheorie, in der einige der für Laclau und Mouffe zentralen subjekttheoretische Begriffe entwickelt werden.

Kapitel VII
Die politische Theorie des Pragmatismus: Richard Rorty

Thomas Noetzel

Inhalt

1. Von der Repräsentation zur Nützlichkeit

Der Pragmatismus entwickelt sich im 19. Jahrhundert als Kritik an einer
Philosophie, die erhebliche Begründungsprobleme im Umgang mit essentialistischen Begriffen wie „Wesen", „Erscheinung", „Natur", „Ich", „Freiheit",
„Erkenntnis" etc. hat und die durch die erfolgreiche Differenzierung des Wis-
senschaftsbetriebs in zahlreiche leistungsfähige Einzelwissenschaften als
Einheitswissenschaft unter Legitimationsdruck gerät. Der Pragmatismus will
das Vokabular der Philosophie von Repräsentation auf Nützlichkeit umstel-
len. Die sprachanalytische Philosophie der zwanziger und dreißiger Jahre des
20. Jahrhunderts knüpft an diesen Skeptizismus an und versucht nun angesichts der kategorialen Unklarheiten, die Philosophie als akademische Disziplin zu rehabilitieren, indem sie sie auf ein tragfähiges linguistisches Fundament stellt. Die Unterscheidungen zwischen „analytischen" und „syntheti-
schen" Urteilen, zwischen „Idealsprache" und „Alltagssprache" drücken dabei die Vorstellung aus, daß die Angemessenheit von Sprache an der Erfüllung der ihr zugeschriebenen Funktion der Repräsentation von außersprachli-
cher Wirklichkeit bzw. ihrer inhärenten Logik überprüft werden könnte. Dafür soll ein Regelwerk der diese Ziele erreichenden Sprachspiele erarbeitet
werden. Die traditionelle Sprache der traditionellen Philosophie wird gerade
wegen ihrer Unfähigkeit kritisiert, empirischer und logischer Überprüfung
standhalten zu können, womit die analytische Philosophie das Erbe der vor-
linguistischen Philosophie antritt. Als klassische Philosophie der Erkenntnis
– gerade auch in ihren linguistisch informierten Varianten – hält sie sich innerhalb dieses Projekts für die Königsdisziplin, weil sie die Kategorien der
Unterscheidung zwischen wirklichkeitsadäquaten und nicht adäquaten Urteilen liefern zu können glaubt. Dabei verweist sie nicht auf bestimmte wissen-
schaftlich-pragmatische Konventionen, sondern behauptet, es gäbe unabhängig von konkreten Beobachtungspositionen und Rechtfertigungskontexten eine Möglichkeit der Formulierung wahrer Aussagen. Die sprachanalytische
Philosophie hat diesen Wahrheitsoptimismus durch ihren eigenen Hinweis
auf die Notwendigkeit der sprachlichen Fassung aller Wirklichkeitskontakte
der Beobachter jedoch unter erheblichen Begründungsdruck gesetzt. Zwischen Subjekt und Objekt liegt immer ein System von Zeichen, das erst diese
Verbindung der Individuen in ihre Innen- und Außenwelt kommunikabel
macht, ja überhaupt erst konstruiert. Diese Ebene der sprachlichen Zeichen
ist unhintergehbar. Allenfalls ästhetisch mag es eine nicht-sprachliche Erfah-
rungskonstitution geben.
   Als Assistenzprofessor am Wellesley College (1958-1961) wird Richard
Rorty mit der sprachanalytischen Philosophie Austins, Ryles und vor allem
Wittgensteins konfrontiert. In Princeton, wo er zwischen 1962 und 1972 lehrt,
setzt Rorty seine Studien der analytischen Philosophie fort, zu der er aber
schon in dem 1967 von ihm herausgegebenen Kompendium „The Linguistic

Turn" auf Distanz geht. In diese Zeit fällt auch die intensive Beschäftigung mit dem Werk John Deweys. Rorty macht eine Wende zum Pragmatismus durch, die ihren philosophiekritischen Niederschlag in dem breit rezipierten „Philosophy and the Mirror of Nature" (1979) findet. Der hier ausformulierte Zweifel an der Sinnhaftigkeit des herkömmlichen epistemologischen Diskurses polarisiert die Scientific Community. In Princeton gerät Rorty zunehmend in Isolation; als Vorsitzender der Eastern Branch der American Philosophical Association wird er 1979 abgewählt. In seinen „Consequences of Pragmatism" zieht Rorty 1982 eine Zwischenbilanz dieser neu entfachten Debatten über den Pragmatismus. Seit 1983 hat Rorty einen Lehrstuhl als Professor of Humanities an der Universität von Virginia inne. 1989 veröffentlicht er „Contingency, Irony, and Solidarity", das sein pragmatisches Denken ästhetisch-literarisch erweitert. Bis 1998 sind darüberhinaus drei Bände seiner „Philosophical Papers" erschienen.

Geboren wurde Rorty am 4. Oktober 1931 in New York. Zur Verwandtschaft und zum Freundeskreis seiner als Journalisten tätigen und bis 1932 der KPUSA nahestehenden Eltern gehören prominente antistalinistische Anhänger des New Deal, wie z. B. John Dewey (1859-1952). Auf dessen Werk und – wenn auch in sehr viel geringerem Maße – auf William James (1842-1910). bezieht sich Rorty ausdrücklich. Damit stellt er sich selbst in die Tradition des auf Peirce (1839-1914) zurückgehenden Pragmatismus (vgl. Nagl 1998), den er aber aus seinen erkenntnistheoretischen Bezügen löst und als politischen Diskurs versteht. Im Zentrum pragmatistischen Denkens steht die Vorstellung von der im Problemlösen bewiesenen Nützlichkeit als Maßstab von Wissenschaft. Dieser praktische Bezug hängt aber von ganz unterschiedlichen Bezügen in unterschiedlichen Kontexten ab. Über Anti-Fundamentalismus, Anti-Essentialismus, Kontingenz-Bewußtsein und damit verbundene holistische Vorstellungen von Wissen und Praxis geht die Gemeinsamkeit des Pragmatismus nicht hinaus. Im Rahmen seiner Philosophiekritik sind für Rorty neben den genannten pragmatistischen Autoren europäische Philosophen der Metaphysikdekonstruktion wie Heidegger und Derrida wichtig. Dazu tritt eine politische Orientierung am Sozialdemokratismus eines Teils der amerikanischen Linken und am Liberalismus eines Isaiah Berlin. Diese Mischung aus europäischer Philosophie, ihrer Aufhebung und Erweiterung im amerikanischen Pragmatismus ist so originell, daß alle Traditionslinien und Anschlüsse immer nur gebrochen weitergeführt werden. Die Philosophen Quine und Davidson, die Rortys pragmatische Wende stark geprägt haben, sind ebenso zu ihm auf Distanz gegangen wie der neben Rorty bedeutendste Neopragmatist Hilary Putnam. Rortys Philosophieren wirkt – zumindest bisher – nicht schulebildend.

2. Vom Nutzen der politischen Theorie für die Politik

2.1. Vom Vorrang der Demokratie vor der Philosophie

In einem Nachwort zu der von ihm erstmals 1967 herausgegebenen Anthologie sprachanalytischer Philosophie „The Linguistic Turn" führt Rorty (1992a: 371ff.) aus, daß er dem Bemühen einer Rettung des epistemologischen Projekts durch richtige Sprachverwendung skeptisch gegenübersteht. Im Anschluß an die Arbeiten Quines und Davidsons erteilt Rorty hier jeder Korrespondenztheorie, in der die Bedingungen der Möglichkeit der Formulierung wahrer, d.h. mit der Realität in spiegelbildlicher Übereinstimmung stehender Aussagen festgelegt werden sollen, eine Absage. Auch das an der Logik festgemachte Regelwerk analytischer Sprachpuristen normiert, indem es auf universelle Unterscheidung in „richtige" und „falsche" Aussagen zielt. Gegenüber diesem Machtanspruch votiert Rorty für eine philosophische Hermeneutik, die möglichst viele Stimmen zu Wort kommen läßt. Die sprachanalytische Rettung der Epistemologie stiftet die Sicherheit gemeinsamer Grundlagen in den wissenschaftlichen Diskursen. Diese sind „normale Diskurse" (Rorty 1981: 348) im Sinne eines Konsenses der Diskursteilnehmer über die Bedingungen der Wahrheitsproduktion. Alle modernen wissenschaftlichen Disziplinen sind normalisiert. Daneben gibt es aber Diskurse, in denen eine solche Normalisierung und Szientifizierung offensichtlich nicht gelungen ist und auch gar nicht wünschenswert erscheint. Der Raum des politischen Handelns stellt einen solchen Bereich dar. Rortys Pragmatismus setzt hier auf Akzeptanz von Differenz und Inkommensurabilität: „Die Hermeneutik betrachtet die Beziehungen der unterschiedlichen Diskurse zueinander als Beziehungen zwischen den möglichen Strängen eines Gesprächs, das seinerseits keines die Sprecher verbindenden disziplinären Systems bedarf, das jedoch, solange es währt, die Hoffnung auf Übereinstimmung nie aufgibt. Sie ist nicht eine Hoffnung auf die Entdeckung einer immer schon bestehenden Grundlage, sondern *bloße* Hoffnung auf Übereinstimmung – oder zumindest auf interessante und fruchtbare Nichtübereinstimmung" (Rorty 1983: 346).

Diese Offenheit ist Resultat der Kritik der herkömmlichen und auch die sprachanalytische Wende der Philosophie umfassenden Begründungen der Möglichkeit, universelle, alle konkreten Kontexte transzendierende Wahrheiten formulieren zu können. Ein solcher Transzendentalismus verweist auf die Erfolge moderner Wissenschaft, die ohne korrespondenztheoretische Orientierungen kaum möglich wären (Williams 1990: 36). Jede Begründung des praktischen problemlösenden Erfolgs einer Einzelwissenschaft, einer spezifischen Theorie oder Methode durch Hinweis auf ihre wirklichkeitsadäquaten Aussagen bleibt aber notwendig zirkulär: Problemlösende Erfolge verweisen auf richtige Wirklichkeitssicht und diese wiederum begründet die problemlösenden Erfolge. Rorty kann diesen Zirkel durchbrechen, weil er zwischen den unterschiedlichen Beobachtungsperspektiven unterscheidet. Für den erfolgreichen Wissenschaftler stellt sich die Kongruenz zwischen seiner Praxis und seiner Erkenntnistheorie notwendig ein. Erfolgreiche Prognosen, gelungene Operationen etc. werden zum Wahrheitskriterium. Die jeweilige Scientific Community wacht über die Einhaltung der durch diese Erfolge legitimierten Regeln. Wechselt man nun von diesem internen Standpunkt zu einem externen, den etwa Wissenschaftshistoriker und -soziologen einnehmen können, läßt sich wissenschaftlicher Fortschritt nur im Rückblick darstellen. Dieser Blickwinkel steht in der jeweiligen Gegenwart aber nicht zur Verfügung. Objektiv konnten die Zeitgenossen Galileis nicht wissen, daß seine Rationalität höher war als die seines Gegenspielers Bellarmin (Rorty 1981: 359).

Rortys Skepsis gegenüber erkenntnistheoretischen Ansprüchen auf Begründbarkeit „objektiver" Aussagen hat erhebliche politische Implikationen. So weist er in seiner enthierarchisierten Hermeneutik die erkenntnistheoretisch begründeten Ausschließungen des Subjektiven und seiner willkürlichen Interessen zurück. Es gibt für ihn keinen privilegierten Zugang der Philosophie zur Erkenntnis und damit auch nicht zu politischen Fragestellungen. Diese Position greift Hobbes' „Auctoritas non veritas facit legem" wieder auf, bindet die Herrschaft aber an demokratische Verfassungen. Mit dieser deutlichen Parteinahme für demokratische Systeme des atlantischen Typs der Moderne, wie sie sich in den meisten hochindustrialisierten Gesellschaften Nordamerikas und Europas durchgesetzt haben, vermeidet Rorty den Zirkel einer Bindung von Legitimität an Macht, der analytisch unfruchtbar ist und normativ zu Zynismen einlädt.

Der Titel einer seiner Aufsätze „The priority of democracy to philosophy" (Rorty 1991: 175ff.) verdeutlicht demgegenüber das Programm der politischen Philosophie Rortys. In der Auseinandersetzung über politische Fragen, die für Rorty immer konkrete, bestimmte Politikfelder betreffende Fragen sind, geht es nicht um wissenschaftliche korrekte Begründungen und höhere Rationalität, sondern um praktische Unterscheidungen. Da aber seiner Meinung nach nicht sinnvollerweise zwischen wahr und unwahr im Sinne allgemeingültiger Aussagen unterschieden werden kann und damit die Differenz von „Wissen" und „Meinung" auch in der Organisation des politischen Gesprächs keine Rolle spielen sollte, weil sie auf irrigen epistemologischen Annahmen beruht, werden alle politischen Fragen auf die regulativen Ideen des politischen Systems zurückverwiesen. Für dieses Regelsystem gibt es nun keine Metabegründungen. Es ist einfach ein Bestandteil politischer Erfahrungen am Ende des 20. Jahrhunderts, daß es bessere Ergebnisse bringt, wenn demokratische Regeln eingehalten werden, als wenn auf Diktatur oder Anarchie gesetzt würde. Die westliche Demokratie, mit ihren das Individuum sichernden Grundrechten, politischer Partizipation, parlamentarischer Repräsentation, Pluralismus der Werthaltungen usw. ist nicht schlüssiger zu begründen, als andere Herrschaftsformen. Sie entspricht nicht einem erkennbaren „Wesen" des Menschen und ist nicht historisch notwendig. Sie ist kontingent und darum auch ‚nur' eine Idee des Politischen unter vielen.

An dieser Stelle ergibt sich für Rorty die Schwierigkeit, seine Parteinahme für pluralistisch verfaßte, sozialdemokratische Systeme argumentativ stützen zu müssen, wenn er denn andere für seine politischen Vorstellungen gewinnen möchte. Seine Kritiker benutzen dieses Problem – wie noch ausführlich im folgenden Abschnitt dargestellt wird –, um Rorty einen Selbstwiderspruch vorzuwerfen. Für Rorty stellt sich das Begründungsproblem in dieser Form nicht. Gerade weil es ihm nicht um universelle Geltungen gehen kann, bleibt auch seine eigene Position an einen spezifischen Rechtfertigungskontext gebunden. Sein Plädoyer für westliche Demokratie kann nur solche Gesprächspartner erreichen, die erstens jene hermeneutische Offenheit praktizieren, von der Rorty selbst spricht, und die zweitens darüber hinaus an der Sicherung und Verbesserung demokratischer Systeme interessiert sind. Faschisten und Fundamentalisten jeder Couleur erreicht Rorty wahrscheinlich nicht. In „Kontingenz, Ironie und Solidarität" (Rorty 1989) wird mit Hilfe der Metapher der „liberalen Ironikerin" ein Tugendideal für die Teilnehmer westlicher Demokratie geliefert. Er zitiert dabei eine Passage aus Isaiah Berlins „Four Essays on Liberty", wo es unter Hinweis auf Joseph Schumpeter heißt: „„To realise the relative validity of one's convictions' said an admirable writer of our time (Schumpeter, TN), ‚and yet stand for them unflinchingly, is what distinguishes a civilised man from a barbarian'. To demand more than is perhaps a deep and incurable metaphysical need; but to allow it to determine one's practice is a symptom of an equally deep, and more dangerous, moral and political immaturity" (Berlin 1969: 172). Das Bewußtsein der Kontingenz bestimmt die liberale Ironikerin auch in ihrer Selbstwahrnehmung. Den „Kern" ihrer personalen Identität, ihre Authentizitätsräume des Gewissens, der Sprache, der Moral können sie als Resultat zufälliger gesellschaftlicher Interaktionen und ihren eigenen Sprachverwendungen, Metaphern, Zuschreibungen begreifen (Rorty 1989: 110). Diese Fähigkeit zur Selbstrelativierung und Selbstneuschöpfung macht sie zu Idealbürgern der Demokratie, die insbesondere die Kunst benutzen können, um Neubeschreibungen zu erproben und Kontingenz durchzuspielen. Aber diesen Entwurf kann nur derjenige teilen, der an der Verbesserung von Demokratie interessiert ist und Ambivalenz aushalten kann.

2.2. Von der Unbegründbarkeit universeller Normen

Rorty ist sich bewußt, daß er in einem bestimmten Raum und einer bestimmten Zeit argumentiert. Seine politische Philosophie hat ihren Rechtfertigungskontext, ihren Platz in den westlichen Demokratien und ihre Zeit ist markiert durch die Herausforderung des Liberalismus im Ost-West-Konflikt und der allgemeinen Destruktion überkommener ideologischer, gesellschaftlicher, politischer Ordnungsmuster nach seinem Ende. Diese Situierung führt ihn zu einer Ablehnung aller Geltungsansprüche, die ihre Stärke in der Transzendierung solcher Zentrierung sehen. Das wird ganz besonders deutlich an seiner Zurückweisung universeller Menschenrechtsbegründungen. Menschenrechte sind Teil der Geschichte des Projekts der euroamerikanischen Aufklärung und ihrer politischen Konsequenzen, aber sie haben nichts mit exaktem Wissen über die eigentlichen Ansprüche aller Menschen zu tun: „We pragmatists argue from the fact that the emergence of the human rights culture seems to owe nothing to increased moral knowledge, and everything to hearing sad and sentimental stories (...)" (Rorty 1998b: 172). Im Rahmen westlicher Demokratien hat sich eine „Eurocentric human rights culture" (Rorty 1998b: 178) herausgebildet, die keiner Begründung bedarf, sondern kultureller Pflege der ihr entsprechenden Gefühle des Engagements für bedrohte Individuen und Völker, gegen Krieg, Unterdrückung, Gewaltregime usw. Gegenüber Menschenrechtsverletzern helfen keine Hinweise auf universelle Geltung von Definitionen des Menschseins, sondern allenfalls Sanktionen, deren Einführung aber allein von dem politischen Willen der Menschenrechtsbefürworter, also von „uns" Eurozentristen, abhängt. Dieses Wollen speist sich nun eben nicht aus höherer Rationalität oder größerem moralischem Wissen; es ist Ausdruck einer spezifischen zufälligen, erfolgreichen, lebenswerten Praxis westlicher Demokratien. Dieses Bewußtsein sollte Menschenrechtspolitik fundieren. Den „anderen" gegenüber ist nicht die Haltung überlegenen Wissens und unumstößlicher Wahrheit angebracht. Hier stößt man wieder auf Rortys Hermeneutik. Auch gegenüber den „bad people" besteht Hoffnung, diese in die europäische Menschenrechtskultur integrieren zu können: „...these bad people are no less rational, no less clear-headed, no more prejudiced than we good people who respect Otherness. The bad people's problem is, rather, that they were not as lucky in the circumstances of their upbringing as we were" (Rorty 1998b: 180).

Der Verzicht auf Begründung in Form universeller Geltungsansprüche bedeutet, daß die vermeintliche Sicherheit unbezweifelbaren Wissens aufgegeben werden muß und der einzelne auf seine Entscheidung, sein Wollen verwiesen bleibt. Seine Handlungen können nicht mehr durch Hinweise auf unabweisbare und über den einzelnen stehende Instanzen, historische Gesetzmäßigkeiten, Götter, Experten, Ontologien legitimiert werden. Rorty individualisiert seine politische Philosophie radikal, indem er die Subjekte mit ihrer Verantwortlichkeit konfrontiert. Begründungen sind dann Beschreibungen der je eigenen Identität, der Wünsche, Absichten, Gefühle usw.[62] Diese Erzählungen sind durch die Hoffnung motiviert, sich anderen verständlich zu machen und im Sinne der eigenen Geschichten zu verändern, seine Metaphern zu den ihrigen zu machen usw., damit aus der ersten Person Singular ein „Wir" werden kann. Die Praxis zeigt, daß solche Erweiterungen Gesell-

---

62 Während einer Diskussion mit Karl Otto Apel wurde Rorty von diesem immer wieder aufgefordert, seine Position zu begründen. Rorty antwortete schließlich mit seiner Selbstbeschreibung : „I am just an American".

schaften ausmachen. Dabei ist Empfindsamkeit (Sentimentality) der Schlüsselbegriff; die Individuen sollen für das Leid anderer sensibel bleiben. Aber auch dafür gibt es keine Begründungen, die im wissenschaftlichen Sinne exakt zu nennen wären. Es markiert für Rorty die Erfahrung mit politischen Ordnungen, daß in denjenigen besser zu leben ist, in denen solche Gefühlskulturen zugelassen werden. Hier schließt er sich David Humes Überlegungen zur Sentimentalität an, in denen das Gefühl der Individuen im Mittelpunkt moralphilosophischer Begründungen steht. Für Abstumpfung und Verhärtung trägt jedes Individuum die Verantwortung selbst. Wer für Menschenrechte eintritt, der tut dies, weil er es will, aber nicht, weil eine höhere Pflichtethik ihn dazu zwingt. Gegen die Erfindung einer über den Menschen stehenden natürlichen, wissenschaftlichen, politischen Instanz, die die Individuen ihrer Selbstbestimmung entkleidet, unterwirft und ihrer Verantwortlichkeit enteignet, wendet sich Rorty – wie auch Dewey – vehement.

Der Streit um Kontextualität oder Universalität der Menschenrechte zielt beispielhaft in den Kern von Rortys Begriff der Geltung. Marti (1996: 264) betont demgegenüber, die Aussage Menschenrechte seien universell gültig, heiße zunächst nichts anderes, „(...) als daß sie den Menschen als Menschen zukommen, nicht aufgrund ihres Geschlechts, ihrer sozialen Position, ihrer Zugehörigkeit zu einer staatlichen, ethnischen, religiösen oder kulturellen Gemeinschaft. Wer den Anspruch aller Menschen auf gleiche grundlegende Rechte abstreitet, behauptet entweder, die Menschen seien nicht gleich, oder, als bloße Menschen hätten sie keinen Anspruch auf Rechte, sondern allenfalls als Glieder einer Gemeinschaft ...". Es fällt auf, daß es in dieser Argumentation kein Subjekt gibt, das für Gültigkeit sorgt. Marti denkt in essentialistischen Kategorien eines Rechts, das vorhanden ist, auch wenn es keine Akteure findet, die es auf sich und andere beziehen. Gegen diese Ontologie wendet pragmatisches Argumentieren ein, daß über Geltung oder Nichtgeltung die Praxis der Individuen entscheidet. Rortys Kontextualisierung der Menschenrechte führt den Zweifel in die Debatte ein, ob mit solcher Objektivierung eines Rechtsbegriffs die Menschenrechte begründet werden können. Wieder erkennt man hier die Grundlinien seines Denkens: Es gibt für ihn keine Entlastung der Akteure durch überhistorische Wahrheiten. Seine politische Philosophie betont Unsicherheit und Entscheidungszwang. Bei diesen Entscheidungen hilft die Erinnerung an gelungene Praxis. Konsequenterweise bezieht sich Rorty an mehreren Stellen positiv auf Rawls Klarstellung, seine „Theory of Justice" habe die Gerechtigkeitspraxis in den westlichen Demokratien als zentrale Hintergrundannahme und setze diese in eine begriffliche und argumentative Ordnung ein, mit deren Hilfe dann auch diese Praxis weiter entwickelt werden kann. Alle im Zusammenhang mit Menschenrechten entstehenden Fragen sind konkrete politische Fragen nach Möglichkeiten und Grenzen die Menschenrechtskultur gegenüber Dritten durchzusetzen, ökonomisch durch Entwicklungshilfe zu flankieren usw. Rorty bestreitet also nicht, daß Menschen Rechte haben, aber für diese Meinung kann er nur *seine*

Sichtweise, einer in den westlichen Demokratien vorhandenen spezifischen Praxis artikulieren, der gegenüber keine philosophische Begründung möglich ist und die keiner solchen bedarf. Vielmehr ist der politische Diskurs von der metatheoretischen Ebene auf die Diskussion von konkreten, praktischen Vorschlägen zu orientieren. Dabei ist es besonders hilfreich, wenn die Beteiligten möglichst viele unterschiedliche Standpunkte und Ideen einbringen. Jetzt wird auch die starke Betonung ästhetischer und literarischer Bezüge im Werk Rortys verständlich. Die Kunst ist das Medium idiosynkratischer Expression und die originellen Neubeschreibungen, die in ihm vorgenommen werden, sind entscheidend für den gesellschaftlichen Fortschritt zu mehr Verständnis.

2.3. Vom Tugendideal der liberalen Ironikerin

Diese Bindung politischer Fragen an die individuelle Entscheidung wirft das Problem der Einheitsstiftung auf, das Rorty bearbeitet, in dem er zwischen einer Sphäre der ästhetischen Selbsterschaffung und einer Sphäre der öffentlichen Demokratie trennt (Rorty 1989). Nietzsche, heißt es an einer Stelle, ist ästhetisch interessant, darf aber politisch nicht ernstgenommen werden (Rorty 1991: 187). Man könnte hier ein Abrücken von der offenen Hermeneutik vermuten, zumal mit dem Ideal der „liberalen Ironikerin" die Mäßigung der individuellen Neubeschreibungen empfohlen wird; die Selbstironisierung wird zur Stütze des politisch institutionalisierten Pluralismus und gesellschaftlicher Solidarität. Offenbar mißtraut Rorty der Belastungsfähigkeit eines Gespräches, das nicht mit der Befolgung bestimmter Regeln einhergeht. Aber dieser Einwand verkennt die Art seines pragmatischen Denkens. Er teilt nicht die kulturskeptische Wahrnehmung, daß der gesellschaftliche Zusammenhalt durch einen überbordenden Individualismus bedroht werde. Folgerichtig teilt er auch nicht die von Sandel und anderen im Zuge kommunitaristischer Debatten formulierte Liberalismuskritik. Rorty mobilisiert allein die *Hoffnung,* es könne sich zwischen der unverstellten Individualität der Gesprächsteilnehmer Übereinstimmung herstellen. Hoffnungen zu haben, auf eine Zukunft hin sich zu öffnen, und das heißt an Verbesserung zu glauben, steht im Zentrum seines Denkens. An dieser Stelle wird sein Pragmatismus besonders deutlich, ist diesem doch immer schon sein Optimismus als naives Vertrauen auf die Meisterungsfähigkeiten von Individuen und Gesellschaft vorgeworfen worden. Verbesserung ist selbstverständlicher Teil menschlichen Handelns; Rorty (1994a) knüpft in seiner Auszeichnung der „Hoffnung" gegenüber „Erkenntnis" an seine Dekonstruktion von Erkenntnistheorie an und greift mit der Betonung von Zeitlichkeit und damit Entwicklung als Grundlage seiner Hermeneutik darwinistisches Gedankengut auf. Allerdings bezieht sich Rorty auf Darwins Idee der evolutiven Verbesserung im Sinne einer durch Überleben bewiesenen Anpassungsfähigkeit, nicht auf sozialdarwinistische Fehlinterpretationen eines allgemeinen Kampfes. Dem „survival of the fittest" wird

der Konkurrenzgedanke damit genommen. Die Menschen sind „auch nur eine
Spezies, die ihr Bestes tut" (Rorty 1992b). Nichstillstellbare Entwicklung ist
die Basis des Gesprächs der Fremden, die ihre Positionen nicht durch epistemologische Ausrichtungen gleichschalten, sondern im besten Fall zu einem
gemeinsamen Entwicklungsprojekt verweben. Nicht Vertiefung ist das politische Ziel, sondern Erweiterung geglückter Praxis westlicher Demokratie.[63]
Man könnte in diesem Zusammenhang auf die Naturalisierung des Politischen hinweisen, in der der immer wieder neu herzustellende gesellschaftliche Zusammenhalt quasi auf die evolutive Schiene gesetzt wird. Doch ist das
eine Perspektive, die die Beteiligten nicht einnehmen müssen, erst der Beobachter kann entscheiden, ob Fortschritt im Sinne dieser Erweiterung der An-
passungsfähigkeiten an demokratische Gegebenheiten stattgefunden hat. Der
Darwinismus ist nicht mehr als eine mögliche Bedeutungszuschreibung für
die gewünschte Inklusion. Mit ihm bietet Rorty keine spezifische Geschichts-
philsosophie an, die sich über die „liberale Ironikerin" erhebt, sondern ein
Hinweis auf die Zeitlichkeit auch unserer politischen Ordnungen, die immer
nur Handeln in der Gegenwart zulassen. Überhistorische Orientierungen, beispielsweise an einem ewigen „Wesen" des Menschen, werden dieser Flüch-
tigkeit nicht gerecht. Der Evolutionsgedanke fügt sich genau in die Unsicherheit, die Rorty in den politischen Diskurs trägt. „Darwin" kennt keine Sicher-
heiten.

2.4. Von der Anforderungen an die politische Theorie

Auf der wissenschaftlichen Ebene sollte Rorty zufolge konsequente Empirie
betrieben werden. Reguliert durch Sprachspielregeln kann die sozialwissenschaftliche, politologische Scientific Community die Praxis politischer Systeme erforschen, Tatsachen feststellen, Vergleichen, Analysieren, usw. Rorty
votiert damit gegen Philosophie als politische *Wissenschaft* und tritt für eine
Politikwissenschaft als Wirkliheitswissenschaft ein. An dieser Stelle soll kurz
auf die Stellung einer solchen Politikwissenschaft in ihren empirischen und
normativen Bezügen eingegangen werden. Die Forderung nach Empirie
schuldet sich der Erfahrung, daß über Tatsachenbeschreibungen Konsens in
der Scientific Community herzustellen ist. Allerdings blendet Rorty die Bindung von Fakten an Bedeutungszuschreibung aus, so daß der Hoffnung auf
Organisierung des politologischen Gesprächs durch Empirie etwas naiv-op-
timistisches anhaftet. Der Imperativ des Empirischen weist daneben auf die
schon an anderer Stelle angesprochene Notwendigkeit der Ausrichtung an bestimmte Regeln des Sprachspiels hin. Damit ist aber immer eine Normierung
der Diskurse verbunden. Diese wiederum – und das zeigt etwa der berühmte,
zwangsläufig fruchtlos bleibende Positivismusstreit deutlich – sind eng an

---

63   Für diesen Gedanken danke ich Joachim Landkammer.

normative Standpunkte gekoppelt. Für Rorty ist eine normative Theorie un-
sinnig, weil sie zur Empirie nichts beiträgt und normativ defizitär bleiben
muß. Den normativen Hintergrund einer erfahrungsgesättigten Politikwissenschaft liefert in seinen Vorstellungen die politische Praxis demokratischer
Teilhabe. Politikwissenschaft ist Demokratiewissenschaft. Undeutlich bleibt,
in welcher Sprache dies in der Scientific Community für die Scientific Com-
unity formuliert werden kann; die Geschichte der Disziplin zeigt (nicht nur in
Deutschland), wie umstritten und abhängig von politischen Konjunkturen
diese Aufgabenbeschreibung ist. Wieder zeigt sich die Offenheit Rortys, der
mit seinen Arbeiten in diese Diskurse eingreift, aber diese weder formal noch
inhaltlich transzendieren will. Er legt Beiträge zum Gespräch vor, nicht neue
paradigmatische Formeln. Das ist pragmatistischer Holismus, in dem nicht
getrennt werden kann zwischen „politischen" und „wissenschaftlichen" Schriften. Es kommt ihm auf Texte an, aus denen etwas wird. Wollen sie auch vor
wissenschaftlichen Auditorien bestehen, müssen sie bestimmten Regeln folgen. Das ist alles. Bezeichenderweise macht dieser Stil, der es nicht zuläßt,
daß der Autor in „Experte" und „Engagierter" zerlegt wird, in der die in dem
vorangegangenen Abschnitt kurz diskutierte Trennung zwischen Beobachter
und Beteiligtem aufscheint, vielen zu schaffen. Es paßt ins Bild, daß Rorty
seit 1982 keine Professur für Philosophie bekleidet, sondern für „Humanities".[64] Diese Eingriffe sind aber nur möglich, wenn sie sich an bestimmte
Zuhörerschaften richten. Und dann ist es nur den jeweiligen Metaphern zuzu-
schreiben, in welcher Sprache gesprochen wird. Für politische Diskurse ist
die Scheidung in „Wissenschaftler" und „kritischer Intellektueller" ohnehin
irrelevant, es sei denn, diese Beiträge melden eine besondere – im pragmatischen Denken nicht zu rechtfertigende – Autorität aufgrund ihrer Wissen-
schaftlichkeit an. Der Holismus kann sich nur in bestimmten Umwelten entfalten; eine besonders günstige findet er in offenen Gesellschaften westlichen
Typs. Rortys politischer Ethno- und Eurozentrismus, sein Patriotismus (Rorty
1998a) korrespondieren mit dieser Betonung der individuellen Signatur seiner
Arbeiten. Jetzt fällt auf den normativen Hintergrund seines Plädoyers für eine
Politisierung der Philosophie ein Schlaglicht, denn das Politische ist für ihn der
Raum, in dem der Versuch, die Standpunkte vieler individuellen Beschreibun-
gen zu einer besseren Praxis zu verweben, seine Nützlichkeit beweist.

Rortys Pragmatismus beweist sich letztendlich nicht als spezifische
Theorie, sondern ist Praxis; gerade auch politische Praxis: „Ich verstehe die
Lehre, die wir aus Peirce ziehen so, daß wir um demokratische Politik be-
mühten Philosophen die Wahrheit aus dem Spiel lassen sollten als ein erha-
ben-undiskutierbares Thema. Statt dessen sollten wir uns der Frage zuwenden, wie man die Leute dazu bringt, den Umfang des von ihnen für kompetent gehaltenen Publikums zu vergrößern, um immer mehr andere Arten von

---

64 Was mit Geisteswissenschaften, klassischer Bildung, etc. nur unzureichend zu über-
    setzen ist.

Leuten zu den Mitgliedern ihrer moralischen und konversationellen ‚Wir-Gruppe' zu zählen. Dies letztgenannte Projekt ist nicht bloß relevant für demokratische Politik, es ist im wesentlichen das, woraus demokratische Politik besteht" (Rorty 1994b: 983). Hier verdeutlicht sich noch einmal Rortys Politisierung der Philosophie, die aus seiner Kritik der Erkentnistheorie abgeleitet wird. Danach kann die Philosophie nicht als exakte Wissenschaft in den politischen Prozeß eingreifen. Objektivität und Engagement fallen nicht zusammen. Wahrheitsansprüche sind in diesem Diskurs aufzugeben, die Frage nach den Bedingungen der Möglichkeit wahrer Aussagen ist hier irrelevant. Das Eintreten für eine Ausweitung demokratischer Praxis, der Einschluß möglichst vieler Personen in sie, ist westlicher Demokratie inhärent. Gerade da, wo Ausschließungen betrieben werden, bietet diese Erfahrung der geglückten Ausweitung demokratischer Teilhabe, wie sie seit Beginn des 19. Jahrhunderts immer wieder gemacht werden konnte, eine kritische Folie. Der Bezug auf bestimmte Praktiken ist also nicht zwangsläufig affirmativ.

3. Von der Kritik am Zusammenhang zwischen Pragmatismus und Liberalismus

3.1. *Von selbstwidersprüchlichen Geltungsansprüchen und anderer externer Kritik*

Die unterschiedlichen Aspekte von Rortys politischer Philosophie, seine Kritik der Philosophie/Erkenntnistheorie, sein Pragmatismus, Liberalismus und Darwinismus ziehen jeweils ganz unterschiedliche Kritiken auf sich. Zu Beginn dieses Abschnitts soll auf einen Vorwurf hingewiesen werden, der Rortys Neopragmatismus seit langem begleitet. Im Kontext der insbesondere in „Mirror of Nature" (Rorty 1981) gemachten philosophiehistorischen Anmerkungen zur Herausbildung eines dominierenden epistemologischen Essentialismus und korrespondenztheoretischen Objektivismus bezweifeln Kritiker die philosophiegeschichtliche Kompetenz Rortys. Fehlinterpretationen der Werke Descartes, Lockes, Kants, Cassirers und des logischen Empirismus usw. werden ihm vorgeworfen (Yolton 1990, Berberich 1991). Dabei kann in diesem Zusammenhang angemerkt werden, daß im Rahmen von Rortys Argumentation seine philosophiegeschichtliche Herleitung von den grundsätzlichen Bedenken gegenüber einem von allen Argumentationskontexten abstrahierenden Wahrheitsbegriff getrennt ist. Wenn auch die Interpretation der „Klassiker" ungenügend sein sollte, so schmälert es den Wert dieser Bedenken nicht. Darüberhinaus ist es ein Beispiel für die Exklusion wissenschaftlicher Sprachspiele, wenn abweichende Deutungen nicht auf ihre Originalität und Anschlußfähigkeit geprüft werden. Es geht um unterschiedliche Lesarten und eine kanonische Festlegung widerspricht offener Hermeneutik.

In deren Kern stoßen Einwände vor, in denen der universelle Geltungsanspruch von Argumenten und damit ein kontexttranszendierender Wahrheitsbegriff im Argumentieren selbst festgemacht wird. Auch Rorty bringt Gründe für seine Ansichten vor und geht von ihrer Richtigkeit aus, damit erhebt er aber Wahrheitsansprüche. U. a. Haack (1995: 153) und Tugendhat (1996: 246) werfen ihm deshalb einen Selbstwiderspruch vor. In der Aussage, keinen universellen Geltungsanspruch erheben zu wollen, wird notwendig ganz unabhängig von den Intentionen des Sprechers ein Anspruch auf Richtigkeit erhoben gegenüber allen möglichen Adressaten. Die Begrenzung des Sprechers auf bestimmte Auditorien wird als nur oberflächliche Analyse dieses sich hinter dem Rücken des Sprechers vollziehenden Universalismus begriffen. Rorty verfällt in seiner Argumentation zu universellen Wahrheitsansprüchen aber nicht in den alten bekannten Selbstwiderspruch des Relativismus, der seine eigene Stellung aus dem Relativen heraushebt und damit wenigstens ein Nichtrelatives benennt. Demgegenüber formuliert Rorty keine negativen Ontologien (es gibt keine Wahrheit), sondern hält den Streit über die Möglichkeit der Bedingungen wahrer Aussagen für fruchtlos.

Auch der kritische Einwand, daß die nützlichen Wissenschaften ihren Nutzen aufgrund ihrer Wahrheitsproduktion, d.h. ihres Repräsentationalismus erzielen, führt in einen schon im vorangegangenen Abschnitt skizzierten argumentativen Kreisverkehr ohne Ausfahrtmöglichkeit, indem allein vom Nutzen auf objektive Wahrheit und von dieser wieder auf den Nutzen geschlossen wird. Die Frage nach dem „Warum" wissenschaftlicher Erfolge, kann mit „weil sie wahre Aussagen machen" nur zirkulär beantwortet werden. Man kommt aus tautologischen Formulierungen nicht hinaus, wenn man nach transzendenter Wahrheit sucht. Wer zwischen Rechtfertigungskontexten und eigentlicher Wahrheit unterscheiden will, der benötigt einen Zugang zur Wahrheit jenseits der konkreten Rechtfertigungsgemeinschaft (Rorty 1995: 149). Eine solche erkenntnistheoretische Position kann nur von einem über allen Dingen und Diskursen stehenden Beobachter vorgenommen werden. Er ist nicht von dieser Welt. Im Umkehrschluß heißt das, daß alle Sprecher einen Anspruch auf Wahrheit anmelden. Damit fällt diese aber als Unterscheidungskriterium zwischen den jeweiligen Aussagen aus. Wahrheit wird zum trivialen Ausdruck einer besonders starken Empfehlung. Sie deutet nur auf sich selbst, ist ein leerer Signifikant. Daran ändert auch nichts, wenn spezifische Verfahren zur Auszeichnung von wahren Aussagen eingeführt werden. Dann können sich Beteiligte in ihrer Expression und Beobachter in ihrer Deskription auf spezifische Rechtfertigungskontexte beziehen. Für Rorty folgt aus dieser Abdankung der Wahrheit auch von ihrem kontextuellen Thron, die er in „Consequences of Pragmatism" artikuliert und mit der er seine Trennung zwischen „normalen" und „nichtnormalen" (hermeneutischen) Diskursen weitgehend in den Hintergrund treten läßt (Rorty 1982: XXV) eine Handlungsaufforderung: Wenn die Individuen jeweils ihre Wahrheit formulieren, dann bedarf es praktischer Anstrengungen, daraus etwas zu *machen*.

Das erkenntnistheoretische Dilemma des Relativismus wird durch das Verständnis auch der philosophischen Argumentation als auf ein Ziel hin entwor-
fene Handlung und der an sie anknüpfenden Interaktionen überwunden.

In eine andere Richtung geht die Kritik von Jürger Habermas und Karl-
Otto Apel. Beiden geht es um die Fundierung eines kritischen Begriffs von
Rationalität, der die Ebene der subjektiven Kalkulation und des strategischen
Interesses übersteigt und ihn als intersubjektiv gestiftet ausweist. Sie glauben,
eine solche Bindung – wenn auch mit unterschiedlicher Begründungstiefe –
in der Sprachpragmatik gefunden zu haben; kommunikative Ethik, die diese
Entstehungsbedingungen bewußt macht, rekonstruiert quasi nur die der Praxis eingeschriebenen Regeln. In seiner kommunikationstheoretischen Version
steigt der Pragmatismus zum analytischen und normativen Paradigma auf. So
beklagt Habermas, daß Rorty aufgrund seiner darwinistischen Anpassungs-
metaphern die Objektivität der Repräsentation durch die Objektivität der
biologischen und sozialen Dynamik ersetzt (Habermas 1996: 740). Dieser
Evolutionismus sei aber nur von außen zu beobachten, während es doch darauf ankomme, die Beteiligtenperspektiven zu rekonstruieren und aus deren
Handlungen Sozialität nachvollziehbar zu machen: „Die interpersonalen Beziehungen, die sich dem intersubjektiven Besitz einer gemeinsamen Sprache
verdanken, werden ans Muster adaptiven Verhaltens (bzw. instrumentellen
Handelns) assimiliert. Eine entsprechende Entdifferenzierung zwischen dem
strategischen und dem nicht-strategischen Sprachgebrauch, zwischen erfolgs-
und verständigungsorientiertem Handeln beraubt Rorty der begrifflichen
Mittel, um den intuitiven Unterscheidungen zwischen Überzeugen und Überreden, zwischen der Motivierung durch Gründe und kausaler Einflußnahme,
zwischen Lernen und Indoktrination gerecht zu werden. Die kontraintuitive
Vermischung des einen mit dem anderen hat die unangenehme Konsequenz,
das wir kritisch Maßstäbe, die im Alltag funktionieren, verlieren. Rortys naturalistische Strategie führt zu einer kategorialen Einebnung von der Art, daß
unsere Beschreibungen für Unterschiede, die in der Praxis einen Unterschied
macht, unsensibel werden" (Habermas 1996: 740f.). Rortys Pragmatismus
gilt als defizitär, weil er den alltagsintuitiven Sprechhandlungen, in denen
etwa zwischen „Wissen" und „Meinen", „Überzeugen" und „Überreden",
„Wahrheit" und „Unwarheit" unterschieden wird, nicht gerecht wird. In seiner Kritik am Repräsentationalismus ist er blind für die Tatsache, daß das
Operieren mit diesen Unterscheidungen im Alltag doch ganz gut gelingt. Dieser Mangel wiegt für Habermas (1996: 738) umso schwerer, da doch „die
Pragmatisten" ansonsten – wie er distanzierend bemerkt – auf ihre Common
Sense-Orientierung pochen. Habermas fundiert diese Unterscheidungen
durch Überlegungen, daß der gesellschaftliche Zusamenhalt ohne solche sozial wirksamen Fiktionen bedroht wäre. Sie entlasten in ihrem selbstver-
ständlichen Gebrauch Individuen und Gesellschaften von einem permanenten
Begründungszwang. Aber auch das ist die Perspektive des Beobachters und
nicht des im Moment des Sprechhandelns Beteiligten. Dieser Rollentrennung

entsprechen unterschiedliche sprachliche Konventionen, die spezifischer Übersetzung bedürfen, aber nicht zusammenfallen. Der Unterschied zwischen Rorty und Habermas besteht darin, daß Rorty die Möglichkeit bestreitet, *gleichzeitig* Beobachter und Beteiligter zu sein, also gleichzeitig zwei Sprachen zu sprechen, während Habermas diese Trennung zunächst auch betont, dann aber offensichtlich einen wissenschaftlich exakten Wahrheitsbegriff auch gesellschaftlich und politisch wirksam werden lassen will und in diesem Unternehmen durch lebensweltliche Praxis sich bestätigt wird. Wissenschaft rekonstruiert demnach nur, was ohnehin schon im Alltag angelegt ist und erhält so die Rechtfertigung ihrer kritischen Interventionen. Die Trennung in Experte und Beteiligter, die Habermas betont und in seinen Schriften auseinanderhält („Politische Schriften" vs. „Wissenschaft") erfährt schließlich ihre Überwindung in der Verwissenschaftlichung gesellschaftlicher Praxis. Wissenschaft verfügt über eine höhere Rationalität als die kontrafaktisch angelegte gesellschaftliche Wirklichkeit, deshalb kann jene diese „aufklären". Rorty (1994: 986ff.) betont immer wieder, daß er den politischen Forderungen Habermas' positiv gegenübersteht, deren wissenschaftliche Begründung aber für nicht tragfähig hält. Für ihn gibt es keine – um an das Habermas-Zitat anzuschließen – Praxis, in der mit Unterschieden operiert wird, die dann auf einen entsprechenden Begriff gebracht werden müßten. Es geht also um unterschiedliche Auffassungen von der Bedeutung von Wissenschaft für politisches Handeln. Der Pragmatismus fordert dabei Nützlichkeit, im Bereich des Politischen etwa Beiträge zur Entwicklung von Demokratie, und nicht abstrakte Wahrheit. Aber Nützlichkeit – gerade auch politische Nützlichkeit – bedarf keiner Trennung in Wissenschaft und Alltag. Dem moralischen Common Sense kommt große Bedeutung zu, aber auch er bietet keinen Haltepunkt für normative Theorie: „I cannot find much use for philosophy in formulating means to the ends that we social democrats share, nor in describing either our enemies or the present danger" (Rorty 1987: 569). Hinter dieser Ablehnung eines Primats der Philosophie und ihrer Metaphern in politischen Fragen steht der Versuch, politische Probleme nicht durch eine Bindung an Moral und Ethik zu chronifizieren, bleiben doch die moralischen Entdeckungen folgenlos.

3.2. Von der unkritischen Affirmation des Liberalismus und anderer ‚theorieinterner' Kritik

Rortys politischer Stil fordert politische Kritik heraus. Burrows (1990), der hier stellvertretend für eine Vielzahl ähnlicher politischer Widerreden herangezogen wird, übernimmt scheinbar vom Pragmatismus dessen Skeptizismus angesichts der politischen Praktibilität szientistischer Sprachspiele. Er wirft nun Rorty vor, selbst erkenntnistheoretische Fragen auf politisches Handeln zu beziehen. Unter diesem Überbau philosophischer Theoriebildung befindet sich nach Burrows aber nichts weiter als die bekannte liberale Affirmation des status quo, die in ihrer Saturiertheit Amerikas Selbstzufriedenheit ausdrücke.[65] Die angebliche Offenheit des hermeneutischen Gesprächs sei repressiv, weil letztlich keine grundsätzliche Infragestellung des Liberalismus zugelassen werde. Insbesondere wird der Mangel an Gerechtigkeitstheorie beklagt. Auch diese Kritik unterschreitet die pragmatistisch geforderte Konkretheit des politischen Gesprächs. Burrows (1990: 329) nimmt etwa Anstoß an Rortys Mißbilligung des sog. realen Sozialismus, aber die fällige Auseinandersetzung wird dann nicht über diese Systeme und die Sinnhaftigkeit geführt, ein „cold war liberal" (Rorty 1987: 576) zu sein, sondern auf die theoretische Ebene verlagert und entschärft. Über – um im Beispiel zu bleiben – die politische Praxis in Kuba und anderswo muß dann nicht mehr geredet werden; Neubeschreibungen dieser Praxis und der eigene Stelung zu ihr werden so vermieden. Eine solche Theorie ist allenfalls nützlich für die Immunisierung liebgewonner Beobachtungsgewohnheiten gegen kritische Überprüfung. Daß Rorty die Positionen Burrows nicht teilt, rechtfertigt noch nicht den Vorbehalt, sein Neo-Pragmatismus schließe bestimmte Positionen aus der offenen Hermeneutik aus. Standpunkte sind ohne Unterscheidungen gar nicht einzunehmen, der Vorwurf, bei Rorty fehle Verständnis für Kuba oder die Sowjetunion, läuft darauf hinaus festzustellen, Rorty sei Rorty und nicht Burrows. Offensichtlich wird pluralistische Rahmung mit spezifischen individuell unterschiedlichen Inhalten, die der Kritik verfallen, gleichgesetzt.

Problematischer für das Gesprächs-Szenario ist vielmehr die Anmerkung, daß mit der Einebnung der Differenz zwischen „Wissen" und „Meinen", damit zwischen „Überzeugen" und Begründen", bestimmte Dilemmata verbunden sein können. Das kann wiederum an einem Beispiel aus dem „cold war"-Kontext exemplifiziert werden. Rorty verdeutlicht in seinem schon zitierten Aufsatz „Thugs and Theorists" anhand einer 1986 veröffentlichten Schrift Tugendhats (1986) zur einseitigen nuklearen Abrüstung seine Distanz zu bestimmten Begründungsfiguren. Tugendhat legitimiert die von ihm präferierte unilaterale Abrüstung mit dem Hinweis, daß die Hochrüstung der (damaligen) Supermächte irrational sei, da die Vernichtung des Gegners die eigene Auslöschung, ja die Auslöschung der Menschheit zur Folge hätte. Rorty (1987: 576) wendet sich vor allem gegen die Anwendung des Begriffs „Rationalität": „We might help cause a new, permanent, Dark Ages by not resisting unilateral disarmament. It is a hard choice, and I doubt that there are general criteria of ,rationality' that one can apply to choices *that* hard." Bei aller Wertschätzung der Ironie und dem Zugeständnis, daß gerade das „Gleichgewicht des Schreckens" das Versagen moralischer Kritik an ihr

---

65 Darin, daß seine Präferenz des Liberalismus nicht zwingend aus seinem Pragmatismus hervorgeht, ist sich Rorty auch mit seinen, dies herausstellenden Kritikern – wie Ernesto Laclau – durchaus einig (vgl. Laclau 1996 und dazu Rorty 1996a). Siehe zu Laclaus politischer Theorie Kapitel VI.

zeigt, da die nukleare Abschreckungsdoktrin von ihren Befürwortern als Instrument der Friedenssicherung legitimiert wurde, muß doch angemerkt werden, daß die Kritik an Tugendhats Überdehnung des Rationalitätsbegriffs wieder eine Unterscheidung zwischen gerechtfertigten/ungerechtfertigten Positionen transportiert. Aus der Beteiligtenperspektive kann auf sie auch gar nicht verzichtet werden. Ebenso verhält es sich mit der Unterscheidung zwischen Überzeugen/Überreden. Habermas (1996: 734) ist durchaus zuzustimmen, wenn er auf die – wie er es nennt – „alltagspraktische" Relevanz dieser Differenz deutet. Aus der Beobachterperspektive sind Wahrheitsfragen irrelevant, in der Beteiligtenperspektive sind sie unvermeidbar. Rorty argumentiert in vielen seiner Schriften aus beiden Perspektiven. Das führt nicht nur zu solchen apodiktischen Feststellungen wie sie gegenüber Tugendhat gemacht worden sind, sondern verführt die Kritiker dazu, den jeweiligen Beobachter-/Beteiligtenstandpunkt zur „Philosophie" Rortys zu verallgemeinern und folgerichtig entsprechende Defizite zu monieren. Es zeigt sich wiederum ein Rezeptionsdilemma, das mit der Nivellierung der Unterscheidung zwischen „Wissen" und „Meinen" im Pragmatismus angelegt ist. Aber es ist nicht so, daß der Beobachter permanent den Beteiligten korrigierte und konterkarierte. Der Beteiligte bedarf keiner Rechtfertigung, er handelt so, wie er handelt. Auch die Unterscheidungen Wissen/Meinen, Überzeugen/Überreden sind ihm eigen, führen aber nicht über ihn hinaus. Er benötigt keine einem Beobachter zugängliche Begründung für den Wunsch, andere von seiner Meinung zu überzeugen/überreden.[66] Ob sich andere anschließen und etwa auch den Vorwurf der Irrationalität gegenüber der atomaren Abrüstung als unangemessen zurückweisen, liegt allein an ihnen. Wenn sie es tun, teilen sie Rortys Position als wahr.

4. Wider die Politik des universitären multikulturellen Relativismus

Wie in dem vorangegangenen Abschnitt ausgeführt wurde, stellt der spezifische Stil Rortys die Rezeption vor einige Probleme. Im Zeichen der an den Naturwissenschaften ausgerichteten Szientifizierung von Philosophie und Politikwissenschaft ist leicht einzusehen, daß pragmatisches Denken dazu völlig quer liegt. Entsprechend qualitativ gering fallen die anwendungsbezogenen Debatten über die Instrumentalität des Pragmatismus aus. Sieht man von einer regen epistemologischen Debatte ab (Stachowiak 1986-1995), dann scheint im Bereich der politischen Theorie der Pragmatismus zu politisch zu sein. Selbst in den Vereinigten Staaten wird selbst Dewey erst langsam wie-

---

66 Deshalb ist Rortys Darwinismus eben kein Selbstwiderspruch oder naturalistische Notlösung für die Koordinationszwänge sozialen Handelns.

derentdeckt (Eldridge 1998). Im einschlägigen „Companion to Contemporary Political Philosophy" (Goodin/Petit 1993) findet der Leser unter dem Stichwort „Pragmatismus" nur einen Hinweis auf Universalpragmatik, kommt also eher bei Habermas an, als bei Rorty, der in keinem relevanten Zusammenhang überhaupt nur Erwähnung findet. Der Eindruck bleibt, daß die sich kreisförmig bewegende theoretische Debatte über seinen Repräsentations-, Wahrheits- und Geltungsbegriff (Mormann 1997), die auch nicht recht vom Fleck kommt und ständig die Vorwürfe des Selbstwiderspruchs, der Unverständlichkeit, Beliebigkeit, des Naturalismus, Zynismus, der Affirmation des Bestehenden, des Kulturimperialismus, der Postmodernität usw. wiederholt, gleiche Entgegnungen hervorruft, die wiederum mit der alten Rhetorik zurückgewiesen werden. Es scheint darum, als ob die Debatte über die Nützlichkeit des Pragmatismus nicht in ein offenes Gespräch mündet. Barbara Herrnstein Smith hat diesen Diskursverlauf untersucht und dafür den Begriff der „belief systems" (Smith 1997) entwickelt.

Die Aufmerksamkeit, die Rortys Schriften erfahren, schuldet sich einer gewissen Empörung angesichts der für wissenschaftlich skandalös gehaltenen Inhalte. Diese Rezeptionshaltung wird noch verstärkt durch die politische Positionierung, die Rorty in seiner schneidenden Kritik an universitären Formen eines positive politische Erfahrungen mit westlicher Demokratie aufgebenden multikulturellen Relativismus, also mit der von ihm so benannten „kulturellen Linken" (Rorty 1998a: 73ff.). Im Multikulturalismus sieht er eine Gefährdung seines Wunsches nach Erweiterung westlicher Demokratie und der Verallgemeinerung der „liberalen Ironikerin", die die idiosynkratische Signatur ihrer Individualität mit gesellschaftlicher Solidarität verbinden kann, durch fortschreitende Segmentierung in homogene nicht-ironische ethnische Entitäten. Gegen den Vorwurf des Relativismus hat sich Rorty mit dem Hinweis gewehrt, daß Individualität gerade ihre Besonderheit betonen soll unter Anerkennung dieses gleichen Anspruches jeweils anderer. Damit gehen starke Wertungen einher, die ihm dann auch zwangsläufig den Vorwurf des Kulturimperialismus eingetragen haben. Ausnahmen von dieser polemischen Eintönigkeit der Rezeption des Pragmatismus bieten einige Diskussionsbeiträge, die Saatkamp (1995) veröffentlicht hat. Hinzuweisen ist in diesem Zusammenhang auch auf Hilary Putnam (1998), der seine abweichenden theoretischen Positionen betont, aber seine politische Nähe gerade zu Rortys letztem Buch „Achieving our Country" (Rorty 1998a) unterstreicht. Und auf diese Entwicklung gemeinsamer politischer Perspektiven kommt es, will man es pragmatistisch formulieren, gerade an.

Literatur

a. verwendete Literatur

Berberich, Stefanie (1991): Die Philosophie Richard Rortys. Diss. Univ. des Saarlandes. Saarbrücken

Berlin, Isaiah (1969): Four Essays on Liberty. Oxford/New York

Burrows, Jo (1990): Conversational Politics: Rorty's Pragmatist Apology for Liberalism. S. 322-338 in: Alan R. Malachowski (Hg.), Reading Rorty – Critical Responses to Philosophy and the Mirror of Nature and Beyond. Oxford

Eldridge, Michael (1998): Transforming Experience. John Dewey's Cultural Instrumentalism. Nashville/London

Goodin, Robert E./Pettit, Philip (1993): A Companion to Contemporary Political Philosophy. (Blackwell Companions to Philosophy). Oxford

Haack, Susan (1995): Vulgar Pragmatism: An Unedifying Prospect. S. 126-148 in: Herman J. Saatkamp (Hg.): Rorty and Pragmatism. The philosopher responds to his critics. Nashville/London

Habermas, Jürgen (1996): Rortys pragmatische Wende. Deutsche Zeitschrift für Philosophie 44, 715-741

Laclau, Ernesto (1996): Deconstruction, Pragmatism, Hegemony. S. 49-67 in Chantal Mouffe (Hg.): Deconstruction and Pragmatism. London/New York

Marti, Urs (1996): Die Fallen des Paternalismus. Eine Kritik an Richard Rortys politischer Philosophie. Deutsche Zeitschrift für Philosophie 44, S. 259-270

Mormann, Thomas (1997): Ist der Begriff der Repräsentation obsolet? Zeitschrift für philosophische Forschung 51, 349-366

Nagl, Ludwig (1998): Pragmatismus. Frankfurt a.M./New York

Putnam, Hilary (1997): Für eine Erneuerung der Philosophie. Stuttgart

– (1998): A politics of Hope. Times Literary Supplement vom 22. 5.1998, S. 10

Rorty, Richard (1981): Der Spiegel der Natur. (amerik.: Philosophy and the Mirror of Nature, 1979). Frankfurt/M.

– (1982): Consequences of Pragmatism. Essays 1972-1980. Minneapolis

– (1987): Thugs and Theorists. A Reply to Bernstein. Political Theory 15, 564-580

– (1989): Kontingenz, Ironie und Solidarität. (amerik.: Contingency, Irony, and Solidarity, 1989). Frankfurt/M.

– (1991): The priority of democracy to philosophy. S. 175-196 in ders.: Objectivity, Relativivsm, and Truth – Philosophical Papers, Volume 1. Cambridge/London

– (1992a): Twenty-five Years After. S. 371-375 in ders. (Hg.): The Linguistic Turn. Essays in Philosophical Method (1967). Chicago/London

– (1992b): Auch nur eine Spezies, die ihr Bestes tut. Merkur – Deutsche Zeitschrift für europäisches Denken 46 (1), 1-16

– (1994a): Hoffnung statt Erkenntnis. Eine Einführung in die pragmatische Philosophie. Wien

– (1994b): Sind Aussagen universelle Geltungsansprüche? Deutsche Zeitschrift für Philosophie 42, 975-988

– (1995): Response to Susan Haack. S. 148-153 in Herman J. Saatkamp (Hg.): Rorty and Pragmatism. The philosopher responds to his critics. Nashville/London

– (1996): Überreden und Begründen. Deutsche Zeitschrift für Philosophie 44, 245-248

– (1996a): Response to Ernesto Laclau. S. 69-76 in Chantal Mouffe (Hg.): Deconstruction and Pragmatism. London/New York

- (1998a): Achieving Our country. Leftist Thought in Twentieth-Century America. Cambridge/Mass.
- (1998b): Human Rights, Rationality, and Sentimentality. S. 167-185 in ders.: Truth and Progress – Philosophical Papers, Volume 3. Cambridge/London
Saatkamp, Herman J. (Hg.) (1995): Rorty and Pragmatism. The philosopher responds to his critics. Nashville/London
Smith, Barbara Herrnstein (1997): Belief and Resistance. Dynamics of Contemporary Intellectual Controversy. Cambridge/Mass./London
Stachowiak, Herbert (Hg.) (1986-1995): Pragmatik. Handbuch pragmatischen Denkens. 5 Bde.: 1. Pragmatisches Denken von den Ursprüngen bis zum 18. Jahrhundert, 2. Der Aufstieg im 19. und 20. Jahrhundert, 3. Allgemeine Philosophische Pragmatik, 4. Sprachphilosophie, Sprachpragmatik, Formative Pragmatik, 5. Pragmatische Tendenzen in der Wissenschaftstheorie. Hamburg
Tugendhat, Ernst (1986): Nachdenken über die Atomkriegsgefahr und warum man sie nicht sieht. Berlin
Williams, Bernard (1990). Auto-da-Fé. Consequences of Pragmatism. S. 26-36 in Alan R. Malachowski (Hg.): Reading Rorty – Critical Responses to Philosophy and the Mirror of Nature and Beyond. Oxford
Yolton, John W. (1990): Mirrors and Veils, Thoughts and Things: The Epistemological Problematic. S. 58-73 in Alan R. Malachowski (Hg.): Reading Rorty – Critical Responses to Philosophy and the Mirror of Nature and Beyond. Oxford

b. kommentierte Literatur

Primärliteratur

Murphy, John P. (1990): Pragmatism. From Peirce to Davidson. With an Introduction by Richard Rorty. Boulder/San Francisco/London
Ein guter Überblick über pragmatistisches Denken. In diesem Band findet sich Rortys grundlegender Aufsatz „Pragmatism as Anti-Representationalism".

Rorty, Richard (1981): Der Spiegel der Natur. Eine Kritik der Philosophie (amerik.: Philosophy and the Mirror of Nature, 1979). Frankfurt/M.
Das Buch hält, was der Untertitel verspricht. Rorty legt eine Genealogie einer auf Repräsentation ausgerichteten Epistemologie vor und führt die Unterscheidung in „normale" und „hermeneutische" Diskurse ein.

Rorty, Richard (1982): Consequences of Pragmatism. Essays 1972-1980. Minneapolis
Die Texte markieren Rortys pragmatische Wende. Er interpretiert die pragmatistischen Klassiker. Quasi sein Lesebuch des Pragmatismus.

Rorty, Richard (1989): Kontingenz, Ironie und Solidarität (amerik.: Contingency, Irony, and Solidarity, 1989). Frankfurt/M.
Ein wichtiger Text, in dem der Zusammenhang zwischen ästhetischer Selbsterweiterung und demokratischer Politik beschrieben wird. Rorty betont nachdrücklich die Bedeutung von Literatur für moralische Diskurse.

Rorty, Richard (1998): Achieving Our country. Leftist Thought in Twentieth-Century America. Cambridge/Mass.
Rorty greift hier in die politischen Debatten zwischen „neuer" und „alter" Linker in den USA ein und votiert gegen die Verdrängung von Verteilungsfragen durch die „cultural left" des amerikanischen Universitätsbetriebes. Die Kontinuität seines politischen Denkens

wird deutlich, denn ähnlich hat er schon 1987 in dem Aufsatz „Thugs and Theorists" argumentiert.

Sekundärliteratur

Deutsche Zeitschrift für Philosophie: Symposium zu Richard Rorty: Sind Aussagen universelle Geltungsansprüche? 44 Jg. 1996, Heft 2, S. 245-270
  Beiträge von Tugendhat, Kambartel, Leist und Marti, die sich u.a. mit Kontextualismus, Konventionalismus und Ethnozentrismus beschäftigen.

Festenstein, Matthew (1997): Pragmatism and Political Theory: From Dewey to Rorty. Chicago/London
  Der Autor versucht, die Fruchtbarkeit des Pragmatismus im Bereich der politischen Theorie nachzuzeichnen, entgeht aber wohl nicht ganz der Gefahr Rorty zu szientifizieren.

Hall, David J. (1994): Richard Rorty. Prophet and Poet of the New Pragmatism. Albany
  Schon der Titel zeigt, daß Hall Rorty sympathisch und gleichzeitig kritisch gegenübersteht, wobei insbesondere Rortys Demokratiepathos Mißfallen erregt. Hall begreift Rorty als politischen Philosophen und grenzt ihn so gegenüber dem älteren Pragmatismus von Peirce, Williams und Dewey, der sich ja den Vorwurf des Positivismus gefallen lassen mußte, ab.

Joas, Hans (1992): Pragmatismus und Sozialwissenschaft. Frankfurt/M.
  Joas bietet eine Sammlung seiner Aufsätze zur Nützlichkeit pragmatistischer Überlegungen für sozialwissenschaftliches Vorgehen. Ähnliches versucht für die Politikwissenschaft der Darmstädter Politologe Gunther Hellmann in seiner zur Zeit der Drucklegung dieses Buches noch nicht abgeschlossenen Habilitationsschrift.

Malachowski, Alan R. (Hg.) (1990): Reading Rorty – Critical Responses to Philosophy and the Mirror of Nature and Beyond. Oxford
  In diesem Sammelband greifen Kritiker Rortys und des Neopragmatismus unterschiedliche Aspekte seines Werkes auf, wobei erkenntnistheoretische Gegenpostionen und politische Einsprüche behandelt werden. Er enthält auch eine Bibliographie der Schriften Rortys bis 1989.

Mounce Howard (1997): The Two Pragmatisms: From Peirce to Rorty. London/New York
  Dieses Buch stellt den Pragmatismus als Positivismus dar und schließt eine entsprechende epistemologische Debatte an. Er ist gerade für den Nützlichkeitsbegriff wichtig.

Saatkamp, Herman J. (Hg.) (1995): Rorty and Pragmatism. The philosopher responds to his critics. Nashville/London
  Der Band schließt in seinen kritischen Versuchen an Malachowski an und aktualisiert die Debatten. Sehr interessant wird die Lektüre durch die jeweiligen Antworten Rortys. Der Band enthält auch eine umfassende Bibliographie.

Kapitel VIII
Die politische Theorie des Neo-Institutionalismus: James March und Johan Olsen

André Kaiser

Inhalt

1. Einleitung
2. Der Beitrag von James March und Johan Olsen
3. Der neue Institutionalismus in der Kritik
3.1 Varianten des neuen Institutionalismus
3.2 Die Kritik am neuen Institutionalismus
4. Die aktuelle Agenda des neuen Institutionalismus

1. Einleitung

„The ‚new institutionalism' is not one thing but many" (Goodin 1996: 2). Das
liegt zum einen daran, daß seit den ausgehenden siebziger Jahren unabhängig
voneinander in einer Reihe von sozialwissenschaftlichen Disziplinen – vor
allem in der Wirtschaftswissenschaft, Soziologie, Politik- und Verwaltungswissenschaft, aber auch in der Geschichtswissenschaft, der Sozialphilosophie
und im öffentlichen Recht (Überblicke bei Goodin 1996; Koelble 1995) – die
Bedeutsamkeit von Institutionen für soziales Handeln gleichsam wiederent-
deckt worden ist. Zum anderen ist diese Vielfalt der Ansätze und Verständnisse dem Umstand geschuldet, daß die verschiedenen Varianten sich kaum
aufeinander beziehen (Hall/Taylor 1996: 937). Daß sich Vertreter ähnlicher
theoretischer Grundpositionen über die Disziplinen hinweg nur selten verständigen, ist nun nichts Besonderes. Doch kann selbst für die Politikwissenschaft festgestellt werden, daß hier mehrere Varianten bestehen, die voneinander nur ungenügend Notiz nehmen. Am einen Ende des Spektrums steht
eine Rational Choice-Richtung, die sich explizit um den Einbezug von Institutionen in ihre handlungstheoretisch ausgerichtete Modellbildung im Sinne
von Beschränkungen rationaler Wahlhandlungen bemüht („institutional rational choice"). Am anderen Ende stehen eher soziologisch-strukturtheoretisch
verankerte Konzepte, in denen Institutionen als Kulturphänomene Hand-
lungsmuster bereitstellen. Dazwischen befindet sich das nach längerfristig
prägenden institutionellen Weichenstellungen für politische Entwicklungen
fragende Programm des „historical institutionalism". Gilt also noch immer,
was Rainer Schmalz-Bruns (1990: 318) zu Beginn des Jahrzehnts monierte,
als er feststellte, der neue Institutionalismus erwecke „insgesamt eher den
Eindruck einer Collage als den eines Puzzles, in dem wenigstens die einzelnen Teile sich paßgenau zu einem Gesamtbild zusammenfügen lassen"? Immerhin steht mit dem von den Politik- und Verwaltungswissenschaftlern James G. March und Johan P. Olsen 1984 zunächst in einem Aufsatz skizzierten und dann 1989 in einem Buch ausgearbeiteten Manifest für einen neuen
Institutionalismus ein Referenzpunkt bereit, der von den unterschiedlichen
Richtungen in teils zustimmender, teils ablehnender Absicht zitiert wird.

Das von March und Olsen formulierte Programm des neuen Institutionalismus soll daher im folgenden zum Ausgangspunkt genommen werden für
eine Skizze der verschiedenen in der Politikwissenschaft inzwischen ge-
bräuchlichen institutionalistisch orientierten Ansätze. Dabei gilt unser Au-
genmerk sowohl den zwischen den Ansätzen strittigen Aspekten als auch ihrer gemeinsamen Auseinandersetzung mit konkurrierenden theoretischen Positionen. Um allerdings ein verbreitetes Mißverständnis gleich zu Beginn auszuräumen: Der neue Institutionalismus ist weder einfach die erneute Beschäftigung mit politischen Institutionen, also dem, was seit der antiken Staatsphi-
losophie immer schon im Zentrum der Aufmerksamkeit politischer Theorien

stand. Noch handelt es sich um eine völlige Abkehr von den in den vergangenen Jahrzehnten in den USA mehr, in Europa weniger dominierenden behavioralistischen oder politisch-soziologischen Konzepten der vergleichenden Politikwissenschaft. Vielmehr wird man den Anspruch aller Varianten des neuen Institutionalismus darin erblicken können, den zeitgenössischen sozialwissenschaftlichen Theorien eine institutionalistische Perspektive beizumischen – das Mischungsverhältnis allerdings ist unterschiedlich. Es gibt also einen gemeinsamen Kern. Dieser besagt, daß Institutionen eine kaum zu unterschätzende, in der jüngeren Vergangenheit jedoch vernachlässigte handlungsermöglichende und zugleich handlungsbeschränkende Wirkung im politischen Prozeß zukommt.

Anders als der klassische Institutionalismus, der politische Systeme häufig mit Hilfe dichotomer (z.b. parlamentarische versus präsidentielle Regierungssysteme) oder trichotomer (z.b. die aristotelische Herrschaftsformenlehre) Klassifikationen gruppiert, nimmt der neue Institutionalismus seinen Ausgangspunkt von der in der empirischen Staatstätigkeitsforschung gewonnenen Erkenntnis, daß politisches Handeln in außerordentlich vielfältigen institutionellen Regimes stattfindet (Kaiser 1997; 1998). Wenn wir nur sieben grundlegende politische Institutionen betrachten und jeweils grob zwischen zwei möglichen Ausprägungen unterscheiden (z.b. Zweiparteiensystem oder Mehrparteiensystem, Arbeitsparlament oder Redeparlament, Bikameralismus oder Unikameralismus, Staatsoberhaupt mit starken oder mit schwachen Kompetenzen, autonome oder an Anweisungen der Regierung gebundene Zentralbank, Bundesstaat oder Einheitsstaat, schließlich reine repräsentativ-demokratische Verfassung oder Ergänzung um direktdemokratische Verfahren der Willensbildung), so erhalten wir für die sich daraus ergebenden institutionellen Regimes politischer Systeme $2^7 = 128$ theoretisch mögliche Kombinationen. Natürlich werden wir in der Realität nicht alle Ausprägungen vorfinden, und schon gar nicht in einer auch nur annähernd gleichen Verteilung. Es bleibt aber festzuhalten, daß eine solche Vielfalt mit den Konzepten der klassischen politischen Theorie nicht angemessen zu erfassen ist. Die Ordnungsraster des klassischen Institutionalismus sind schlicht unterkomplex.

Der neue Institutionalismus erkennt darüber hinaus an, daß Institutionen nur ein Faktor unter mehreren sind, die den politischen Prozeß und Politikergebnisse beeinflussen. Sie determinieren also nicht das Verhalten politischer Akteure, aber sie enthalten Handlungslogiken, denen diese üblicherweise folgen. Keith Dowding (1995: 44) hat hierfür den treffenden Ausdruck „structural suggestion" gefunden. Dabei wird der Institutionenbegriff einerseits weiter gefaßt als in der traditionellen Politikwissenschaft, die ihn üblicherweise auf die wesentlichen Verfassungsstrukturen bezieht, andererseits wird er, anders als in der Soziologie, eingegrenzt auf solche formalen und informellen Regeln und Konventionen, die den politischen Entscheidungsprozeß strukturieren. Auf dieser Grundlage lassen sich dann drei grundsätzliche Fragestellungen der empirischen Demokratieforschung behandeln. Unter Zuhilfenahme der Trias der Politikbegriffe können sie folgendermaßen formuliert werden: 1) *Policy-Dimension*: Welchen Einfluß hat ein gegebenes Set politischer Institutionen auf die Policy-Produktion des politischen Systems? Wie wirkt es sich auf die Performanz des Systems aus? 2) *Politics-Dimension*: Welche strukturellen Effekte haben politische Institutionen auf die Wahlhandlungen politischer Akteure im Entscheidungsprozeß? 3) *Polity-Dimension*: Wie läßt sich die erstaunliche Variationsbreite von institutionellen Regimes in demokratischen Regierungssystemen erklären? Während auf der Policy- und der Politics-Dimension Institutionen als unabhängige Variable betrachtet werden, sind sie umgekehrt auf der Polity-Dimension die abhängige Variable.

Es zeigt sich, daß sich ein Kernprogramm des politikwissenschaftlichen neuen Institutionalismus skizzieren läßt. Schmalz-Bruns hat sicher auch weiterhin dahingehend recht, daß weite Teile des sich ergebenden Bildes immer noch leer oder verschwommen sind, aber wir haben sicher ein Puzzle – und keine Collage mehr – vor uns.

2. Der Beitrag von James March und Johan Olsen

March und Olsen (1984: 738) entwickeln nach eigenem Bekunden kein konsistentes Alternativprogramm und schon gar keine Gegentheorie zu den in den vergangenen Jahrzehnten dominierenden „noninstitutionalist" Richtungen in den Sozialwissenschaften. Ihr Anspruch ist vielmehr, über die Kritik an deren Grundannahmen Vorarbeiten für einen konzeptionellen Gegenentwurf zu leisten, dessen Kern in einer These besteht, die in ihren eigenen Beiträgen zur Organisationsforschung[67] immer im Mittelpunkt stand: „The organization of political life makes a difference, and institutions affect the flow of history" (March/Olsen 1989: 159). In dieser Auseinandersetzung sehen sich March und Olsen gleich zwei Gegnern gegenüber: zum einen dem besonders in den USA lange Zeit übermächtigen Behavioralismus, also einem an den Naturwissenschaften orientierten erfahrungswissenschaftlichen Konzept, das politische Phänomene über individuelle Einstellungen und individuelles Verhalten vorwiegend mit Hilfe quantitativer Verfahren zu erfassen und zu erklären versucht; zum anderen dem inzwischen zu ähnlicher Bedeutung aufge-

---

67 Exemplarisch sei hier nur auf „Ambiguity and Choice in Organizations" (March/Olsen 1976) verwiesen, in dem auch ihr berühmtes „garbage can"-Modell entwickelt wird. Entscheidungsprozesse in Organisationen ähneln hier Mülleimern, in denen sachlich und zeitlich kaum miteinander verknüpfte Probleme und Lösungen ohne irgendwelche Vorsortierung gelagert sind und bei Bedarf herausgeholt werden. Entscheidungsprozesse auf dieser Grundlage unterscheiden sich drastisch vom Ideal rationaler Problemlösung in wohlgeordneten Organisationen. Vielmehr handelt es sich um organisierte Anarchien, die durch mehrdeutige Problemsichten, Lösungsvorschläge sowie Entscheidungsmotive und -ziele gekennzeichnet sind.

stiegenen Rational Choice-Konzept, das rationale, d.h. an Nutzenmaximierung orientierte Wahlhandlungen von individuellen oder Gruppenakteuren in das Zentrum der Beschreibung und Erklärung politischer Phänomene rückt. Beiden Richtungen werfen March und Olsen vor, Institutionen entweder völlig ignoriert oder als bloß formale Arenen, in denen politisches Handeln stattfindet, abgetan zu haben.

Im einzelnen wendet sich die Kritik gegen den Kontextualismus, Reduktionismus, Utilitarismus, Instrumentalismus und Funktionalismus, der behavioralistischen und Rational Choice-Konzepten gemeinsam sei (March/Olsen 1984; 1989: 3ff.). Der Kontextualismusvorwurf besagt, daß Politik von den dominierenden Richtungen als bloßer Kontext wirkungsmächtiger ökonomischer oder sozialer Kräfte behandelt und damit dem politischen Raum und den in ihm wirkenden politischen Institutionen keine autonome Bedeutung zugemessen wird. Reduktionistisch sei dieses Verständnis deshalb, weil es politische Phänomene als die Ergebnisse der Aggregation individueller, exogen, d.h. außerhalb des politischen Prozesses festgelegter Präferenzen begreift. Auf diese Weise werde völlig verkannt, daß Präferenzen in hohem Maße erst im politischen Prozeß gebildet werden. Individuen lernen in durch politische Institutionen vorgegebenen Interaktionen. Sie orientieren sich dabei an einem regelgeleiteten Repertoire von Handlungsmustern. Der Utilitarismusvorwurf bezieht sich darauf, daß politisch Handelnde eindimensional als nutzenmaximierende Kalkulierer aufgefaßt werden. Die identitätsstiftende, sinngebende Funktion von Institutionen werde damit ausgeblendet. March und Olsen charakterisieren die vorherrschenden Konzepte der Politikwissenschaft als funktionalistisch, weil diese mindestens implizit von der Vorstellung geleitet seien, daß geschichtliche Entwicklungen in dem Sinne effizient ablaufen, daß sie, im modernen Wissenschaftsjargon gesprochen, auf Gleichgewichtslösungen für kollektives Handeln hinauslaufen. Der Instrumentalismusvorwurf schließlich bezieht sich darauf, daß politische Prozesse auf Verfahren optimaler Ergebniserzielung verkürzt werden.

Das Gegenprogramm von March und Olsen läßt sich nun folgendermassen skizzieren. Politische Institutionen stiften einen von den gesellschaftlichen und wirtschaftlichen Verhältnissen relativ abgekoppelten Ordnungsraum, in dem Individuen ein Repertoire an Verhaltensregeln vorfinden, denen sie folgen können, ohne jedesmal von neuem in eine Kalkulation des Nettonutzens aller auch nur denkbaren Handlungsalternativen eintreten zu müssen. Weil diese üblicherweise von solchen eingeübten Standards Gebrauch machen, sorgen Institutionen für ein großes Maß an Erwartungssicherheit bei allen Beteiligten. Das Vertrauen darauf, daß sich andere ebenfalls an Regeln halten, ist wiederum die Voraussetzung dafür, daß Institutionen Bestand haben. Darüber hinaus enthalten Institutionen immer auch eine sinnstiftende, orientierende Dimension. Sie sind nicht nur Instrumente politischer Interaktion, sie verkörpern grundlegende Ideen über den Zweck des Zusammenlebens im Gemeinwesen – also das, was M. Rainer Lepsius (1995: 395) im Anschluß an Max Weber „Leitideen" genannt hat: „Institutionenanalyse stellt die Frage: Welche Leitideen wirken in welchen Handlungskontexten bis zu welchem Grade verhaltensstrukturierend?" Institutionenarrangements wirken nicht einfach als handlungskanalisierende Randbedingungen für nutzenmaximierende Individuen im Sinne einer „logic of consequentiality", sondern definieren eine „logic of appropriateness", einen Regelkatalog des angemessenen Verhaltens. March und Olsen folgen hier dem von Herbert Simon (1985) entwickelten Konzept der „bounded rationality". Dort wird davon ausgegangen, daß Akteure sich in Entscheidungssituationen angesichts oft erheblicher Informationsdefizite und Unsicherheiten über zukünftige Entwicklungen eher an bereits bewährten Handlungsmustern als an Maximierungsstrategien orientieren.[68]

Beides, Erwartungssicherheit und Orientierungsleistung, sind Funktionen, die es Institutionen erlauben, erzieherisch zu wirken. Ähnlich wie John Stuart Mill (1993: 209) auf die klassische Frage nach der guten Ordnung antwortete, die Repräsentativverfassung erziehe den Menschen zum guten Bürger, kann sich ein derart konzipierter neuer Institutionalismus normativen Fragestellungen der Demokratietheorie zuwenden.

Man könnte versucht sein, aus dem bisher Dargestellten zu schließen, daß der neue Institutionalismus von March und Olsen ein weitgehend statisches Konzept ist, in dem Individuen der „logic of appropriateness" gemäß das Standardrepertoire an Verhaltensmaßregeln einüben und befolgen. Läßt sich Institutionenwandel in diesem Rahmen erklären? Zunächst einmal weisen March und Olsen darauf hin, daß Institutionenwandel häufig über informelle Variationen des Verhaltensrepertoires stattfindet. Dem werden Vertreter anderer Richtungen des neuen Institutionalismus kaum widersprechen. Die Positionen unterscheiden sich allerdings drastisch bezüglich der Frage, ob Institutionenwandel als intentional angelegte Institutionenreform, als rationales Entscheidungshandeln angesichts eines wahrgenommenen institutionellen Problems denkbar ist. March und Olsen argumentieren hier auf der Grundlage des zuvor schon angesprochenen „garbage can"-Modells. Institutionenwandel ist nach ihrer Ansicht in der Regel kein geplanter Prozeß der Problemlösung, in dem einer gegebenen Intention ein erzieltes Ergebnis gegenübersteht, sondern ein inkrementaler Vorgang der tastenden Anpassung an veränderte Bedingungen, weil die Intentionen der Beteiligten unklar sind und sich im Zeitverlauf ständig verändern, weil häufig mehrere Handlungsoptionen als gleichrangig betrachtet werden, d.h. also multiple Gleichgewichtslösungen für das Kollektivhandeln zur Verfügung stehen, und weil sich die Problemwahrnehmungen als Handlungsanlässe selbst mehrfach verändern. Institutionenreform stellt sich in diesem Licht als die nachträgliche Rationalisierung der zu irgendeinem zufälligen Zeitpunkt vorgenommenen Auswahl einer Lösungsalternative dar. Institutionenentwicklungen sind damit

---

68 Zum Konzept der „bounded rationality" vgl. Kapitel XIII.

historisch ineffizient, sie sind aber nicht einfach durch sich verändernde Umweltbedingungen determiniert, sondern folgen institutionellen Entwicklungspfaden. Mit begrenzter Rationalität ausgestattete politische Akteure werden sich gerade angesichts multipler Gleichgewichte, zwischen denen sie nicht eindeutig entscheiden können, bei der institutionellen Behebung auftretender Probleme an historisch angelegten Lösungsmustern orientieren.

Damit wird nicht ausgesagt, daß angestrebte institutionelle Reformen prinzipiell zum Scheitern verurteilt seien. Es werden vielmehr die sich aus den Wahrnehmungs- und Handlungsschranken interagierender Akteure ergebenden Grenzen intentionaler Reformversuche betont (March/Olsen 1989: 53ff.). March und Olsen bleiben aber bei dieser aus ihrem Rationalitätskonzept abgeleiteten Position nicht stehen. Sie äußern sich auf interessante Weise auch zu den in der politischen Realität tatsächlich beobachtbaren Prozessen der Institutionenreform in modernen Demokratien (March/Olsen 1989: 135; 1986). Hier stellen sie zwei grundsätzliche Demokratieverständnisse einander gegenüber: ein instrumentalistisches Modell, in dem die Akteure Demokratie vorwiegend als Aggregation individueller Präferenzen interpretieren und in dem politische Institutionen Tauschvorgänge ermöglichen, sowie ein eher integratives, deliberatives Modell, in dem Demokratie als eine prinzipiell zur Gemeinwohlrealisierung fähige Lebensweise aufgefaßt wird. Die Pointe dieser Kontrastierung ist nun, daß March und Olsen beobachten, daß das Institutionenverständnis in den modernen Demokratien der Nachkriegszeit zunächst eher dem Aggregations- und Tauschmodell gefolgt sei, Institutionenreform daher im wesentlichen mit der Schaffung neuer institutioneller Arenen der Koordination und Kooperation zwischen unterschiedlichen Interessen beschäftigt war, neuerdings aber wieder die Frage im Vordergrund stehe, über welche Institutionen Demokratien am besten die gemeinschaftliche Suche nach den besten Antworten auf gestellte Herausforderungen organisisieren können. Dem Widerstreit zwischen unterschiedlichen demokratietheoretischen Sichtweisen, in dem lange Zeit ein nüchtern instrumentalistisches Demokratiemodell die Oberhand gehalten hat, nunmehr aber von einem deliberativen Demokratiemodell herausgefordert wird, entspricht also in der Realität ein Oszillieren in den Demokratieverständnissen moderner Gesellschaften. Mit dem Zusammenbruch der Sowjetunion und ihres Einflußbereichs und dem Versuch der Etablierung liberaler Demokratien stehen – nicht nur dort – wieder die großen Fragen nach den Konstitutionsprinzipien des demokratischen Rechtsstaats auf der Tagesordnung: „In order to certify the appropriateness of more integration, we may have to persuade ourselves of the degeneracy of aggregative institutions and the glories of rights, reasoned debate, and administrative autonomy, while at the same time recognizing that within a few decades we will re-discover the evils of integration and will once again embrace exchange in the name of self-interest" (March/Olsen 1986: 365).

3. Der neue Institutionalismus in der Kritik

3.1. Varianten des neuen Institutionalismus

Den neuen Institutionalismus gibt es in der Politikwissenschaft nicht. Vielmehr stehen sich Positionen gegenüber, die im Hinblick auf die wesentlichen Konfliktlinien sozialwissenschaftlicher Theoriebildung tendenziell konträre Standpunkte einnehmen. March und Olsen können für sich höchstens in Anspruch nehmen, daß sie Mitte der achtziger Jahre im Gange befindliche konzeptionelle Überlegungen „auf den Begriff" gebracht haben, nicht aber, daß ihre Position repräsentativ für den neuen Institutionalismus in der Politikwissenschaft ist. Daher werden im folgenden (und abweichend vom Vorgehen in den anderen Beiträgen dieses Bandes) zunächst verschiedene Theoriestränge vorgeführt und voneinander abgegrenzt.

Im einzelnen lassen sich drei Varianten des politikwissenschaftlichen Neoinstitutionalismus unterscheiden. Erstens ein *Rational Choice*-basierter Ansatz, der Institutionen als zentrale Parameter für Wahlhandlungen politischer Akteure modelliert (Dowding/King 1995). Institutionen strukturieren dabei das strategische Handeln von Individuen und Gruppen. Weil sie den Beteiligten ein gewisses Maß an Erwartungssicherheit über das voraussichtliche Handeln anderer bereitstellen, ermöglichen sie Kooperation in Kollektivhandlungssituationen, die prinzipiell dilemmatisch sind, d.h. in denen zweckrational kalkulierende Individuen ohne institutionelle Rahmensetzung nicht kooperationsfähig wären.[69] Vom ökonomischen Neoinstitutionalismus (North 1990a; 1990b; Williamson 1985) hat diese Sichtweise gelernt, daß Akteure sich dabei häufig mit begrenzten Informationen und Informationsverarbeitungskapazitäten zufrieden geben müssen und daher Routinen, Faustregeln, „shared mental models", also in der Gesellschaft tief verwurzelten Anschauungen, folgen, um Transaktionskosten zu minimieren. Konträr dazu steht ein eher *strukturalistisch-kulturalistischer* Ansatz in der Tradition von March und Olsen, der vor allem die Einbettung der Akteure in handlungsleitende institutionelle Strukturen betont. Der Institutionenbegriff wird sehr breit definiert. Neben den formalen und informellen Regeln politischer Entscheidungsprozesse werden hier auch soziale Normen, Symbole, kognitive Muster und Moralvorstellungen als Institutionen aufgefaßt. In dieser Sichtweise ist eine klare Abgrenzung von Institution und Kultur eigentlich nicht mehr möglich. Dieser Ansatz schließt an den sozialen Konstruktivismus an. Institutionen gelten als Bedeutungssysteme, als sinngebende Schnittstellen von Ideen und

---

69 Ein für demokratische Willensbildung spezifisches Kollektivhandlungsdilemma ergibt sich daraus, daß die Anwendung der Mehrheitsregel als Aggregationsmodus häufig zu Abstimmungszyklen führt und damit instabile Ergebnisse erzielt. Kenneth Shepsle (1979) hat gezeigt, daß Institutionen „structure-induced equilibrium"-Lösungen ermöglichen und dadurch zur Entschärfung des Problems beitragen.

Verhaltensstrukturierungen. Der in jüngster Zeit besonders in der Forschung zur internationalen Politik und dort vor allem in den Beiträgen zur „governance" im Netzwerk der europäischen Integration vorgeschlagene reflexive Institutionalismus ist in der empirischen Anwendung dieser Richtung gefolgt. Als Leitsatz eines solchen Verständnisses von neuem Institutionalismus kann gelten: „Institutions create theories about themselves which have, in turn, consequences for the interactions of actors" (Jachtenfuchs 1997: 47; siehe auch Wind 1997). In gewisser Weise kann drittens der „*historical institutionalism*" als mittlere Position gelten (Steinmo/Thelen/Longstreth 1992). Stärker als beim Rational Choice-Institutionalismus wird hier die Einbettung individueller Wahlhandlungen in langfristig angelegte, die Präferenzen der Akteure strukturierende institutionelle Kanäle betont. Policy-Entscheidungen heutiger Akteure sind nur auf dem Hintergrund längerfristiger Entwicklungspfade in politischen Systemen verstehbar. Institutionen verteilen danach nicht nur asymmetrisch Einflußchancen, sie grenzen auch die überhaupt in den Blick genommenen Entscheidungsalternativen ein. Stärker als beim strukturalistisch-kulturalistischen Ansatz wird allerdings betont, daß damit keineswegs das Akteurshandeln strukturell determiniert ist. Struktur und Handlung werden als wechselseitig aufeinander einwirkende Größen gesehen.[70]

Diese Gegenüberstellung sollte aber nicht dazu verleiten anzunehmen, daß die jeweiligen Argumente nicht wechselseitig befruchtend wirken und in der Anwendung zusammengeführt werden könnten. Selbst die schärfsten Kritiker des Ansatzes von March und Olsen betonen, daß die wesentlichen Aussagen ihres Manifests auch von Anhängern des Rational Choice-Ansatzes geteilt werden können. „It is only some of the positions and arguments they take up along the way which are unacceptable" (Dowding 1994: 107; siehe auch Ostrom 1991). Dowding bezieht sich hier insbesondere auf den Anti-Individualismus und Anti-Utilitarismus von March und Olsen. Diese seien dem methodischen Grundprinzip des Holismus geschuldet, welches logisch nicht haltbar sei. Individuen hätten immer logischen Vorrang in sozialwissenschaftlichen Erklärungen, „not (...) because they come first in some causal story but rather that *causes are always events*. An action is an event, but rules, conventions and other institutions are not events. (...) It is the Humean account of causation which gives primacy to individuals" (Dowding 1994: 109). Rational Choice ignoriere weder die Strukturierung individuellen Handelns durch institutionelle Regeln und Konventionen, noch sei ihm der empirische Befund fremd, daß Individuen, statt eine Wahlhandlung auf der Grundlage einer vollständigen Präferenzordnung vorzunehmen, häufig auf Handlungsroutinen zurückgreifen. Die für Wahlhandlungen erforderlichen Transaktionskosten der Sammlung vollständiger Information und der Durchsetzung und Einhaltung von Entscheidungen können den Wechsel von einer

---

70 Zum zwischen handlungs- und strukturtheoretischen Positionen vermittelnden Vorschlag von Anthony Giddens vgl. Kapitel IX.

eher habituellen Handlung zu einer „rationaleren" Auswahl von Alternativen völlig irrational machen.

Im folgenden soll an zwei Beispielen verdeutlicht werden, daß sich in der Praxis Rational Choice-Institutionalismus und historischer Institutionalismus als kompatible Analyseraster für empirische Forschung erweisen.

Ausgangspunkt von Elinor Ostroms (1990) „Governing the Commons" ist ein von der Spieltheorie und von Vertretern des Rational Choice-Ansatzes vieldiskutiertes Kooperationsdilemma kollektiven Handelns, die sogenannte „tragedy of the commons" (Hardin 1968), die uns in Mancur Olsons (1971) Studien als „free rider"-Problem wiederbegegnet. Im Kern wird eine Situation beschrieben, in der zweckrational kalkulierende Individuen zu einem kollektiven Ergebnis beitragen, das alles andere als optimal ist. Die Allmende als knappe Ressource wird von den einer Dorfgemeinschaft Zugehörigen in einer Weise übernutzt, daß sich ihr ökologischer Zustand von Jahr zu Jahr verschlechtert. Gegen die verbreitete Ansicht, daß sich dieses Problem quasi naturwüchsig stelle, weil die Beteiligten Gefangene ihrer Handlungskalküle seien, und sich als Ausweg nur die autoritative Setzung von Nutzungsregeln durch eine externe Institution oder die Privatisierung in individuelle Eigentumsrechte anbieten, argumentiert Ostrom, daß Individuen durchaus in der Lage sind, über die Etablierung eines institutionellen Regimes zu einer gesellschaftlich tragfähigen Lösung zu kommen. Mit anderen Worten: den Rational Choice-Annahmen des gestellten Dilemmas wird die neoinstitutionalistische Perspektive der Entwicklung und Durchsetzung von kollektiven Regeln hinzugefügt. Unter welchen Bedingungen und mit welchen institutionellen Regeln Gruppen die „tragedy of the commons" überwinden, zeigt Ostrom an zahlreichen erfolgreichen und gescheiterten Beispielen in den Bereichen Küstenfischerei, Almbewirtschaftung, Waldwirtschaft, Grundwasserversorgung und landwirtschaftliche Bewässerungssysteme vom Hochmittelalter bis in das 20. Jahrhundert. Ihre Analysen sind deshalb so bemerkenswert und lehrreich, weil für Kleingruppen von 50 bis 1500 Beteiligten in ganz unterschiedlichen kulturellen Kontexten (u.a. Schweiz, Japan, Spanien, Türkei, USA) empirisch nachvollzogen wird, wie aus individuellen Kalkülen heraus Institutionen vorgeschlagen, erprobt, modifiziert, beibehalten oder verworfen werden. Eines der zentralen Themen des neuen Institutionalismus, die Entstehung und Entwicklung von Institutionen wird hier auf der Mikroebene bis in kleinste Details analytisch durchdrungen. Ein wesentlicher Befund ist, daß dieser Prozeß der Formulierung von Regeln und Sanktionen bei ihrer Nichteinhaltung ein Vorgang des beständigen Lernens und Anpassens ist. Theoretisch gesprochen bedient sich Ostrom zweier Argumente des historischen Institutionalismus. Erstens ist Institutionenentwicklung vorwiegend ein inkrementaler Vorgang institutionellen Lernens entlang einem Entwicklungpfad; zweitens stehen die Präferenzen der Beteiligten nicht von Beginn an fest, sondern werden in Abhängigkeit von den sich verändernden institutionellen Konstellationen geprägt. Auf diese Weise lernen Individuen, daß die Befolgung eines Regelwerks langfristig nutzbringender sein kann als kurzfristige Interessenverfolgung. Von zentraler Bedeutung ist dabei die Errichtung eines „monitoring"-Systems, das einerseits genügend Sanktionsdruck etabliert, andererseits genügend Flexibilität besitzen muß, so daß aus Notlagen erfolgende Regelverletzungen geduldet werden können. Anders würde jede Abweichung von den Regeln unweigerlich zum Zusammenbruch des Systems führen. Institutionenbildung kann in dieser Perspektive als langfristige Investition rationaler Individuen interpretiert werden. Über fortdauernde Regelbefolgung wird Vertrauen zwischen den Beteiligten aufgebaut, das etwaige seltene Verstösse verkraften kann.[71] Genau an diesem Punkt unterscheiden sich erfolgreiche und erfolglose Lösungen des Kollektivgut-Dilemmas. Zur Stabilität trägt dabei bei, wenn die Organisation der das Kollektivgut nutzenden Gruppe ihrerseits wieder auf vorgängigen kleineren Organisationen beruht. Spieltheoretisch kann eine solche Struktur als „nested game" (Tsebelis 1990) beschrieben werden, als ein Mehrebenen-Spiel, in dem hierarchisch angeordnete Ebenen von Regelsystemen ineinandergreifen.

Ostroms Analysen zeigen, wie die Varianten des neuen Institutionalismus auf die von mir auf der Polity-Dimension angesiedelten Frage nach der Erklärung von Entstehung und Entwicklung unterschiedlicher Designs institutioneller Konstellationen angewendet werden können. Ein anderes Beispiel für die Kompatibilität von Rational Choice-Institutionalismus und historischem Institutionalismus sind neuere Studien von Fritz W. Scharpf, die der Frage auf der Policy-Dimension nachgehen, in welcher Weise institutionelle Faktoren zu unterschiedlichen Politikergebnissen, in der Sprache der Policy-Forschung gesprochen, zu unterschiedlicher Performanz politischer Systeme beitragen. Mit dem vorläufigen Ende der Systemkonkurrenz sind eine Reihe von Funktionsdefiziten liberaler Demokratien stärker als in der Vergangenheit in das Zentrum der öffentlichen Aufmerksamkeit gerückt. Insbesondere wird angesichts der hinter dem Schlagwort „Globalisierung" aufscheinenden ökonomischen Herausforderungen bezweifelt, daß soziale und ökonomische Prozesse noch über politische Entscheidungen wirksam steuerbar seien. Den Scharpfschen Überlegungen liegt nun die gestaltungsoptimistische Auffassung zugrunde, daß Demokratien prinzipiell ihre Leistungsbilanz in zahlreichen Politikfeldern verbessern könnten, würden sie ihre institutionellen Arrangements und die von diesen ausgehenden Handlungsanreize für die beteiligten Akteure optimieren.

Scharpf hat seinen in Kooperation mit anderen Wissenschaftlern am Max-Planck-Institut für Gesellschaftsforschung in Köln entwickelten Ansatz des „akteurszentrierten Institutionalismus" explizit als eine „Forschungsheu-

---

71 In ähnlicher Weise hat Robert Putnam (1993) in seiner Studie „Making Democracy Work" die sehr unterschiedliche Performanz regionaler Körperschaften in Italien in den siebziger und achtziger Jahren auf in Jahrhunderten entweder angesammelten oder eben nicht verfügbaren Sozialkapitals zurückgeführt.

ristik" (Mayntz/Scharpf 1995: 39) bezeichnet, die Elemente verschiedener Theorien miteinander verbindet. Scharpf (1997) selbst hat dabei zunehmend von der spieltheoretischen Modellierbarkeit politischer Entscheidungskonstellationen als strategische Interaktionen Gebrauch gemacht. Der akteurszentrierte Institutionalismus wendet sich gegen das von March und Olsen skizzierte Programm eines anti-utilitaristischen Institutionenverständnisses, in dem Akteure einer kulturell geprägten „logic of appropriateness" folgen. Einer solchen Position wirft Scharpf vor, daß sie „trotz gegenteiliger Lippenbekenntnisse ... krypto-deterministisch" sei, weil nicht nur die Normen des angemessenen Verhaltens, sondern auch die handlungsleitenden kognitiven und symbolischen Aspekte als Institutionen aufgefaßt werden. „Wenn gar die nicht hinterfragten Praktiken des Alltagslebens auch noch unter dem Begriff der Institution gefaßt werden, dann gibt es überhaupt keine Handlungsspielräume der Akteure mehr" (Mayntz/Scharpf 1995: 45f.). In der Auseinandersetzung zwischen handlungs- und strukturtheoretischen Positionen plädiert dieser Ansatz für eine Doppelperspektive: „The approach proceeds from the assumption that social phenomena are to be explained as the outcome of interactions among intentional actors ... but that these interactions are structured, and the outcomes shaped, by the characteristics of the institutional settings within which they occur" (Scharpf 1997: 1). Anders als der Rational Choice-Institutionalismus, dem er vorhält, Institutionen nur als externe Restriktionen für nutzenmaximierendes Handeln aufzufassen und dabei ihre orientierende Funktion zu vernachlässigen, bemüht sich Scharpf um ein differenziertes Raster von Handlungsorientierungen. Gegen March und Olsen beharrt er darauf, daß nicht alles Handeln normorientiert ist. Organisationen etwa definieren sich häufig nicht einfach über von außen gesetzte Normen, sondern über eine spezifische „corporate identity". Der Ansatz plädiert also dafür, die Annahme einer Dominanz nur eines handlungsleitenden Aspekts – von Interessen im Rational Choice-Ansatz, von Normen bei March und Olsen – aufzugeben und zugleich um den Faktor Selbstbild zu ergänzen (Scharpf 1997: 63). Wichtig ist daneben der Hinweis, daß Handlungstheorien gut daran tun, neben motivationalen und kognitiven Elementen der Handlungsorientierung auch Interaktionsstile differenzierter zu betrachten. Scharpf unterscheidet „eine ‚feindliche', in der der Verlust des anderen als eigener Gewinn erscheint, eine ‚kompetitive', in der es um die Differenz zwischen eigenem und fremdem Gewinn geht, eine ‚egoistisch-rationale', in der allein der eigene Gewinn zählt, und eine ‚kooperative' [Interaktionsorientierung; A.K.], in der das Streben nach gemeinsamem Nutzen dominiert" (Mayntz/Scharpf 1995: 57; siehe auch Scharpf 1989). Mit der Betonung vergleichsweise komplexer Handlungsorientierungen und ihrer Abhängigkeit von der Perzeption der Handlungssituation, also einer zum Handeln auffordernden Umwelt, die nur teilweise von institutionellen Faktoren bestimmt ist, befindet sich Scharpf in Übereinstimmung mit dem Ansatz des historischen Institutionalismus. Alle diese Differenzierungen laufen ja darauf hinaus, daß Akteurspräferenzen nicht einfach gegeben sind, sondern in vielfacher Weise in sich verändernden Konstellationen geprägt werden. So teilt er auch das Argument des historischen Institutionalismus, daß institutionelle Erklärungen für Politikprozesse und Politikergebnisse notwendig zeit- und ortsabhängig, also pfadabhängig sind: „History is not efficient" (Scharpf 1997: 41). Beobachtbare Regelmäßigkeiten können damit nicht zu universelle Gültigkeit beanspruchenden Theorien, sondern höchstens zu Theorien mittlerer Reichweite führen. Akteure in ähnlichen Kontexten können durchaus deutlich voneinander abweichende Präferenzen ausbilden. Einen Vertreter des historischen Institutionalismus würde ein solcher Befund nicht wirklich überraschen. Dies wäre vielmehr Anlaß, den auf die endogene Präferenzbildung über längere Zeiträume einwirkenden Faktoren nachzugehen.

Wir haben gesehen, daß die in der Politikwissenschaft inzwischen etablierten Varianten des neuen Institutionalismus sich einerseits im Hinblick auf zentrale Modellannahmen unterscheiden, andererseits aber einen Kern an Positionen teilen und jedenfalls teilweise kompatible Theorieangebote sind. Zu den *umstrittenen* Aspekten gehören: a) methodologischer Individualismus versus methodologischer Holismus, b) exogene versus endogene Präferenzbildung, c) kalkulatorisch-instrumentalistisches versus kulturalistisch-interpretatives Institutionenverständnis, d) das Ausmaß der Beschränkung individueller Rationalität und e) Generalisierbarkeit beobachteten Akteurshandelns versus historische Kontextgebundenheit beobachteten Akteurshandelns.

Gemeinsam ist den Ansätzen die Annahme, daß Institutionen Akteurshandeln und Interaktion strukturieren, jedoch nicht determinieren. Solche Institutionen sind Organisationen, Regeln, Normen formaler und informeller Art, die selbst wieder Resultat von Interaktionen, von sozialer Konstruktion sind. Gerade informelle Normen, also Konventionen, spielen eine von der vergleichenden Politikwissenschaft lange Zeit unterschätzte Rolle. Institutionen sind nicht nur Begrenzer politischen Handelns, sondern prägen auch Wünsche, Ideen und Motive. Sie lösen damit politisches Handeln aus und ermöglichen Interaktion. Sie vermitteln als längerfristige Strukturen geschichtliche Erfahrungen mit den kurzfristigen Situationswahrnehmungen politischer Akteure.

Schließlich haben wir gesehen, daß die Angebote des Rational Choice-Institutionalismus und des historischen Institutionalismus durchaus kompatibel sind, weil sie Antworten auf unterschiedliche Fragen geben. Die Erklärung politischen Handelns in einem gegebenen institutionellen Rahmen ist etwas anderes als die Erklärung politischen Handelns in einem durch institutionelle Entwicklungspfade strukturierten, sich wandelnden Kontext. Will der Rational Choice-Institutionalismus die ihm inhärente, jedoch durchaus als problematisch wahrgenommene Annahme überwinden, gegebene Instututionenkonstellationen seien Gleichgewichtslösungen für kollektive Entscheidungsdilemmata, und diese notwendig statische Perspektive zugunsten einer Erklärung von Institutionenwandel aufgeben, wird er gut daran tun, endogene

Präferenzbildung in das Blickfeld zu nehmen und sich der konzeptionellen Angebote des historischen Institutionalismus zu bedienen (Kaiser 1997: 434f.).

3.2. Die Kritik am neuen Institutionalismus

Bislang liegen noch kaum systematische Auseinandersetzungen von Vertretern anderer Theorierichtungen mit dem neuen Institutionalismus vor. Die Kritik tut sich vor allem deshalb so schwer, weil jedes Argument, das sie gegenüber der einen Variante des neuen Institutionalismus vorbringt, von mindestens einer anderen Variante unterstützt wird. Außerdem vertritt der neue Institutionalismus nicht einfach ein Gegenprogramm zum Behavioralismus, sondern baut auf diesen auf. Selbst für die USA, wo die „Bringing the State Back In"-Bewegung der späten siebziger und achtziger Jahre (Evans/Rueschemeyer/Skocpol 1985) eine völlige Abkehr von den dominanten Paradigmen des Faches und eine Rückkehr zum traditionell im Zentrum des Fachs stehenden Regierungssystem als autonomem Handlungsraum zu proklamieren schien,[72] ist argumentiert worden: „Since no discipline can exactly repeat its past, the state approach had to take account of the behavioral period that intervened. So when scholars looked at the state this time, it had people in it, and the state was not just the constitution and the laws but agencies and institutions, administrators and officials, real people with real goals and tactics of their own" (Lane 1997: 99).

Eine fundamentale Kritik am neuen Institutionalismus müßte den Nachweis erbringen, daß die Annahme, daß Institutionen eine große Prägekraft für den politischen Prozeß zukommt, nicht haltbar ist. Zwei Varianten sind denkbar. Man könnte erstens argumentieren, daß Institutionen im Vergleich etwa mit sozialen, kulturellen oder ökonomischen Faktoren eher eine untergeordnete Bedeutung einnehmen. Zweitens steht hinter eher politisch-soziologisch fundierten Ansätzen häufig die implizite Behauptung, daß Institutionen keine autonome Wirkung entfalten, weil sie selbst weitgehend ein Reflex sozialer, kultureller oder ökonomischer Verhältnisse sind. Die systematische Ausarbeitung solcher Überlegungen steht aber noch aus.

Ein in Deutschland über mehrere Jahre verfolgtes Forschungsprojekt zur „Theorie politischer Institutionen", an dem eine große Zahl von Wissenschaftlern beteiligt war, hat den neuen Institutionalismus beinahe völlig ignoriert. Dies wurde vor allem damit begründet, daß dieser keine Institutionentheorie beinhalte, sondern ein methodischer Hinweis darauf sei, daß auch institutionelle Variablen in der Policy-Analyse zu berücksichtigen seien (Göhler 1987: 28f.) Die dahinter aufscheinende Entgegensetzung von „institutio-

---

72 In Europa waren und sind die Übergänge von einem Paradigma zum anderen viel fliessender, weil keiner der Ansätze eine dominante Position einnehmen konnte. Einer entsprechenden Bewegung wie in den USA bedurfte es daher nicht.

nellem Ansatz" in der Policy-Forschung und allgemeiner „Institutionentheorie" scheint mir aus zwei Gründen unhaltbar. Erstens wird die Frage: Was sind Institutionen? nur darüber beantwortet werden können, was diese leisten, was sie bewirken. Zweitens ist die Annahme unhaltbar, der neue Institutionalismus interessiere sich für politische Institutionen nur als ein Bündel erklärender Faktoren für Prozesse und Ergebnisse politischer Entscheidungsfindung, sei also wesentlich eine methodische und konzeptionelle Neuerung auf dem Gebiet der Policy-Forschung. Auch die von mir bereits skizzierte Polity-Dimension, die sich mit der Entstehung, Entwicklung und Veränderung von Institutionen beschäftigt, diese mithin als zu erklärende Variable konzipiert, gehört zum Forschungsprogramm des neuen Institutionalismus.

Schließlich kann denjenigen durchaus Recht gegeben werden, die nüchtern nachfragen, was am neuen Institutionalismus denn nun wirklich neu sei, und darauf verweisen, daß gute Politikwissenschaft schon immer die institutionelle Strukturierung politischen Handelns zum Thema gehabt habe. Das spricht allerdings nicht dagegen, bislang implizit geübte Praxis mit den inzwischen zur Verfügung stehenden konzeptionellen Überlegungen des neuen Institutionalismus explizit zu begründen. Genau dies hat beispielsweise Gerhard Lehmbruch in der Neubearbeitung seines zuerst 1976 erschienenen Buches „Parteienwettbewerb im Bundesstaat" getan. Die dort vertretene These zweier potentiell inkompatibler, über formelle und informelle institutionelle Spielregeln strukturierter Handlungslogiken im deutschen Regierungssystem – der vom Parteienwettbewerb im parlamentarischen System geprägte Konkurrenzmodus und der über die Besonderheiten des deutschen Föderalismus angelegte Verhandlungsmodus – wurde in der ersten Auflage sowohl in ihrer historischen Entwicklung verfolgt als auch in ihren Wirkungen für die spezifische Akteurskonstellation der siebziger Jahre mit unterschiedlichen Parteienmehrheiten in Bundestag und Bundesrat untersucht (Lehmbruch 1976). In der Neuauflage von 1998 nun verdeutlicht Lehmbruch unter Verweis auf die Überlegungen des historischen Institutionalismus (Lehmbruch 1998: 11f, 197) und gegen die zu deterministische und quasi klassisch-institutionalistische Auslegung seiner Überlegungen durch manche Leser, daß die These keineswegs eine Unvereinbarkeit von Bundesstaat und kompetitivem Parteiensystem im parlamentarischem System als „Gattungsbegriffe" vertrete, sondern eine Inkongruenz und potentielle Auseinanderentwicklung spezifischer „Handlungslogiken" behaupte, die in bestimmten Situationen kollidieren. Akteure reagieren nun einmal nicht quasi mechanisch auf institutionelle Anreize, sondern handeln entsprechend ihrer Perzeption und Interpretation der Wirklichkeit (1998: 17). Ähnlich kann für Scharpfs (1987) Studie zur „Sozialdemokratischen Krisenpolitik in Europa", die die unterschiedlichen und vor allem verschieden erfolgreichen Reaktionen sozialdemokratischer Regierungen in Deutschland, Großbritannien, Österreich und Schweden auf die mit dem Ölpreisschock von 1974 drastisch veränderten ökonomischen Rahmenbedingungen interventionistischer Wirtschafts- und Gesellschaftspolitik auf die jeweils gegebenen institutionellen Handlungskorridore zurückführt, argumentiert werden, daß sie empirisch durchführe, was er danach mit dem akteurszentrierten Institutionalismus konzeptionell ausgeführt hat.

Viel ernster als die bislang skizzierten Einwände gegen den Neoinstitutionalismus sind Hinweise aus der Demokratietheorie zu nehmen, daß Institutionen nicht nur eine instrumentelle Dimension enthalten, sondern Leitideen darüber vermitteln, wie das dadurch konstituierte Gemeinwesen sich selbst wahrnimmt und was es sein möchte. Eingefordert werden also sowohl empirische Beiträge zu dem Problem, ob und bis zu welchem Grade es Akteuren in politischen Systeme gelingt, über spezifische Institutionendesigns die Funktionsfähigkeit und die Zielsetzungen des demokratischen Gemeinwesens zu realisieren, als auch normative Überlegungen zu der klassischen Frage, wie Institutionen beschaffen sein müssen, damit sie eine „gute Ordnung", das „gute Leben" ermöglichen. Rainer Schmalz-Bruns sieht in dem von March und Olsen skizzierten *„demokratietheoretischen* Neo-Institutionalismus" (Schmalz-Bruns 1990: 321) am ehesten den Versuch, eine solche normative Perspektive aufzunehmen. Wir werden jedoch im folgenden sehen, daß auch die beiden anderen Varianten des neuen Institutionalismus sich in jüngeren Beiträgen um eine explizite Auseinandersetzung mit normativen Implikationen bemüht haben.

4. Die aktuelle Agenda des neuen Institutionalismus

Zwei Themen stehen damit auf der Agenda des neuen Institutionalismus: das Problem des *Institutionendesigns* und das Problem eines *normativ* orientierten Neoinstitutionalismus.

Zunächst zum ersten Problemkreis: Inwieweit lassen sich Institutionen als Resultate intentionalen Akteurshandelns erklären? Inwieweit ist Institutionenwandel nicht einfach die Folge evolutionärer oder zufälliger Entwicklungen, sondern Ergebnis von Institutionenreformen? Politische Institutionen können als Regeln verstanden werden, die Tauschhandlungen zwischen Akteuren ermöglichen und zur Lösung von Kollektiventscheidungsdilemmata beitragen. Die Rational Choice-Annahme, daß solche Regeln Gleichgewichtslösungen darstellen, setzt allerdings voraus, daß sie von allen Beteiligten akzeptiert werden können. Problematisch ist diese Annahme, weil Institutionen Handlungsoptionen strukturieren und Tauschressourcen zuweisen, deren Verteilung gewöhnlich asymmetrisch erfolgt. Ellen Immergut (1992) hat beispielsweise für Frankreich, Schweden und die Schweiz gezeigt, daß Institutionenarrangements über die ungleiche Zuweisung von Einflußchancen an die Akteure erhebliche Bedeutung dafür zukommt, welches Gesundheitssystem etabliert und wie dieses fortentwickelt wird. Die Wahl bzw. Akzeptanz von Institutionen stellt also ein Kollektiventscheidungsdilemma höherer Ordnung dar (Bates 1988). Wenn das so ist, dann stellt sich auf dieser Ebene die Frage, wieso Institutionen gewählt werden bzw. ihre Reform vertreten wird. Spieltheoretisch gewendet, stehen wir vor einem Mehrebenen-Spiel, in dem das normale Politikspiel der Policy-Produktion in verschiedenen Politikfeldern in ein vorgängiges Spiel um Akzeptanz oder Veränderung von Institutionen eingebettet ist (Tsebelis 1990: 98). Es wurde bereits darauf verwiesen, daß Elinor Ostroms (1990) „Governing the Commons" exemplarisch vorführt, in welcher Weise nach Antworten gesucht werden müßte.

Drei Modi der Institutionenreform sind zu unterscheiden (Kaiser 1997: 437ff): institutioneller Konservatismus, pfadabhängige Institutionenreform und Lernen von institutionellen Modellen. Auch für politische Institutionen gilt das im ökonomischen Neoinstitutionalismus enwickelte Argument, daß Reformen mit Transaktionskosten verbunden sind und Akteure daher überwiegend zu einem *institutionellen Konservatismus* tendieren – nicht, weil der Status quo optimal ist, sondern weil der erwartete Nutzen einer Reform geringer als die mit einer Reform verbundenen Kosten erscheint. Gilt dies nicht, werden politische Akteure institutionelle Reformen anstreben. Genau an diesem Punkt scheinen mir die Hinweise des historischen Institutionalismus zur *Pfadabhängigkeit* institutioneller Entwicklungen von erheblicher Bedeutung zu sein. Institutionenreform ist gleich in mehrfacher Hinsicht kontextuell gebunden. Die jeweils wahrgenommenen Designalternativen sind einerseits durch geschichtliche Erfahrungen begrenzt. Die für die mit begrenzter Rationalität ausgestatteten Beteiligten überhaupt „denkbaren" Alternativen werden erstens an schon bestehende institutionelle Logiken anschließen. Zweitens, und dies ist ein vom ersten analytisch zu unterscheidendes Pfadabhängigkeitsargument, enthalten die zur Reform anstehenden Institutionen üblicherweise Verfahrensregeln zu ihrer Veränderung. Andererseits ist angesichts der immer leichter verfügbaren Informationen über mögliche institutionelle Lösungen, deren Implementationsprobleme und Wirkungen zunehmend mit *institutionellem Lernen* über kulturelle Erfahrungsräume hinweg zu rechnen. Dann ist der konkrete Lernvorgang aber kontextuell an spezifische Vermittlungswege und -träger der verwendeten Informationen gebunden.

Gegen eine solche Perspektive des Institutionendesigns und der Institutionenreform wird häufig eingewendet, daß diese notwendigerweise intentionales Handeln unterstellen muß. Da es aber fast immer schwierig wenn nicht unmöglich sei, eine direkte Verbindung zwischen Akteurszielen und den realisierten Ergebnissen herzustellen, sei dieser ganze Ansatz verfehlt. Neoinstitutionalisten bestreiten nicht, daß beim Entwurf (design) und bei der Reform (re-design) von Institutionen immer eine Mischung von Zufall, Evolution und Intention im Spiel ist. Sie gehen aber davon aus, daß die Ergebnisse solcher Prozesse am ehesten zu erklären sind, wenn man von den ursprünglichen Akteursintentionen ausgeht und die Verknüpfungen von Motiven und Zielen der Beteiligten, Interaktionseffekten, historisch kontingenter Handlungssituation und den überhaupt verfügbaren Alternativen freilegt (Goodin 1996: 24-30). So mag der Zufall zwar im Spiele sein. Aber es mag nicht ganz zufällig sein, wie häufig oder in welchem Ausmaß dies der Fall ist. Auch hier ist wieder daran zu erinnern, daß Institutionen Logiken ihrer Änderbarkeit und damit implizit der Veränderungsrichtung enthalten. Überhaupt scheint mir eine Perspektive, die sich ausdrücklicher als bislang mit den in Institutionen „aufgehobenen" Verfahrensaspekten auseinandersetzt, eine fruchtbare Erweiterung des analytischen Zugangs zu sein. Der Ansatz ist auch dann nicht gescheitert, wenn sich nichtintendierte Effekte einstellen. Auch solche Ergebnisse beruhen letztlich auf, freilich fehlgeschlagenen, Intentionen und Interaktionen. Kritiker mißverstehen den Ansatz häufig deshalb, weil sie der Theorie des Institutionendesigns bzw. des „constitutional engineering" (Sartori 1994) unterstellen, diese gehe von einem Designer aus, der am Schreibtisch nach der besten Lösung suche. Neoinstitutionalisten sind sich jedoch durchaus bewußt, daß an solchen Prozessen viele Akteure beteiligt sind: die im engeren Sinne politischen Akteure, aber auch Experten aus „think tanks" und Wissenschaft. Institutionendesign ist keine Reißbrettkonzeption der besten Ordnung, sondern die Analyse der Wahlhandlungen von Praktikern (Soltan 1993: 4)

Die Entwicklung einer leistungsfähigen Theorie des Institutionendesigns ist nicht nur von erheblicher Bedeutung für die vergleichende Politikwissenschaft ist, sondern kommt auch große praktische Relevanz zu. Mit der Transition zahlreicher politischer Systeme des untergegangenen sowjetischen Herrschaftsbereichs sowie von autoritären Systemen in Afrika, Asien und Lateinamerika zu Demokratien, aber auch mit der Institutionenreformdebatte in vielen etablierten Demokratien[73] stehen die klassischen Fragen der Politikwissenschaft nach der Legitimität und Stabilität von Verfassungsinstitutionen wieder auf der Tagesordnung (Colomer 1995; Lijphart/Waisman 1996). Die Transitionsforschung und die verfassungspolitische Debatte in den westlichen Demokratien können vom Neoinstitutionalismus lernen, daß die Interaktionseffekte institutioneller Regimes zu vielfältig sind, als daß sie sinnvoll mit den klassischen dichotomischen Typologien gedeutet werden könnten.

Es stellt sich hier aber auch die aristotelische Frage nach der guten Ordnung wieder neu. Welchen Beitrag können Institutionen leisten für eine erfolgreiche Konsolidierung eines demokratischen politischen Systems? Angesprochen ist damit das Problem, ob mit den im wesentlichen analytisch formulierten Ansätzen des neuen Institutionalismus normativen Fragestellungen nachgegangen werden kann. Eine solche Perspektive schließt an den Doppelcharakter von Institutionen an. Sie sind nicht einfach nur instrumentelle „rules of the game", sondern reflektieren grundlegende Wertvorstellungen und vermitteln in ihrer Anwendung je spezifische Verständnisse darüber, wie

---

73 Man denke nur an die von der Regierung Blair in Großbritannien eingeleiteten Reformen, die Föderalisierung Belgiens, die mit den Wahlsystemreformen Anfang der neunziger Jahre keineswegs abgeschlossene italienische Debatte um grundlegende Verfassungsreformen, aber auch die mit dem Scheitern der Verfassungsreformkommission in Deutschland nur vertagten Diskussionen über die Reform des Föderalismus und die Einführung direktdemokratischer Partizipation.

eine politische Ordnung beschaffen sein soll. Schon John Stuart Mill (1993: 188) zielte mit der in „Considerations on Representative Government" eingangs gestellten, durch und durch neoinstitutionalistisch gedachten Frage: „To what Extent Forms of Government are a Matter of Choice?" darauf ab, daß die Wahl von Institutionen nicht einfach nur gesellschaftliche Bedingungen zu berücksichtigen habe, sondern moralische Grundentscheidungen beinhalte. Wenn Institutionen individuelle Präferenzen formen, die Beteiligten also gewissermaßen erziehen, dann enthalten sie durchaus unterschiedliche Potentiale zur deliberativen Entdeckung des Gemeinwohls. Genau dies ist ja die normative Begründung für die Etablierung von Institutionen demokratischer Meinungs- und Willensbildung. An diese Überlegung schließt George Tsebelis (1990: 104-116) mit seiner Unterscheidung zweier Typen von Institutionenreformen an. Solche, die die Handlungschancen und Tauschressourcen einer Gruppe von Akteuren auf Kosten einer anderen Gruppe verändern, nennt er „redistributive". Solche, in denen der erwartete Nutzen für alle Beteiligten steigt, bezeichnet er als „efficient institutions". Besteht in einer Gesellschaft Einvernehmen über kollektive Güter, stellt sich die Frage, mit welchen institutionellen Arrangements diese Ziele effizient erreicht werden können. Bo Rothstein (1998), ein Vertreter des historischen Institutionalismus, hat jüngst unter dem programmatischen Titel "Just Institutions Matter" gezeigt, wie sich durch die Auswahl wohlfahrtsstaatlicher Institutionen ein spezifisches Gesellschaftsmodell in Schweden herausgebildet hat und wie es unter dem Druck weltwirtschaftlicher Verflechtungen mit Hilfe effizienter Reformen überleben kann. Der einmal eingeschlagene institutionelle Pfad führt dazu, daß solche Akteure, die redistributive Institutionenreformen vorschlagen, unter Rechtfertigungsdruck geraten. Denn Institutionen werden in der öffentlichen Auseinandersetzung nicht nur danach beurteilt, ob sie funktionieren, sondern welche Gerechtigkeitsvorstellungen sie vermitteln. Redistributive Reformen haben angesichts der sich in den bestehenden Institutionen spiegelnden Normen der schwedischen Gesellschaft einen schweren Stand.

Auf einer allgemeineren Ebene stellt sich damit die Frage nach den Kriterien zur Beurteilung von Institutionen und Reformalternativen. Es liegen inzwischen eine Reihe von Vorschlägen für entsprechende Kataloge vor (Goodin 1996: 37ff; Scharpf 1989: 152). Als übergeordnetes Kriterium kann die „goodness of fit", also die kohärente Einpassung in bestehende Institutionenarrangements und die Anpassung an die gegebene soziale Umwelt gelten. Dies darf aber nicht nur unter funktionalen oder ästhetischen Gesichtspunkten gesehen werden. Wie wir gesehen haben, müssen Designkriterien auch tieferliegenden moralischen Überzeugungen Rechnung tragen. Es kristallisieren sich drei durchaus in Spannung zueinander stehende Gesichtspunkte heraus: 1. *Stabilität*: Institutionen sollen dauerhaft wirksam sein, und zwar in der intendierten Weise. Auch das meint nicht nur, daß sie funktionieren, sondern vor allem, daß sie akzeptabel sein müssen. Institutionelle Muster, die in anderen kulturellen Räumen funktionieren, sind daher nicht ohne weiteres über-

tragbar. Die derzeit vorgebrachten neoliberalen Therapievorschläge zur Reform der Institutionen der Arbeitsbeziehungen in den Wohlfahrtsstaaten
Kontinentaleuropas legen hiervon beredtes Zeugnis ab. 2. *Veränderbarkeit*:
Institutionen sollen aber auch ihre eigene Änderbarkeit nach für alle Beteiligten akzeptablen Spielregeln ermöglichen, wenn die Rahmenbedingungen
dazu Anlaß geben. Brian Galligan (1995: 224) nennt diese Kategorie „reflexivity" und merkt an: „*Reflexivity* has to do with the fact that self-conscious individuals operate institutions and can learn from their mistakes, internalize
norms, manage complexity and adapt to change." 3. *Offenheit* für unterschiedliche, in einer Gesellschaft gegebene Handlungsmotive. Politische Institutionen
müssen Möglichkeiten der deliberativen Erkundung gemeinschaftsverträg-
licher politischer Entscheidungen eröffnen. Wer sich bei der Einrichtung von
Institutionen allein am Typus eigeninteressierter Akteure orientiert, darf sich
nicht wundern, daß eine politische Ordnung entsteht, die über geringe Potentiale auf das Gemeinwohl bezogener Politikformulierung verfügt.

Die Entstehung und Veränderung von politischen Institutionen wird das
große Thema des neuen Institutionalismus in den kommenden Jahren sein.
Hier liegt die Schnittstelle, an der positive Theoriebildung, einschließlich
formaler Modelle, die sich des Arsenals der Spieltheorie bedienen, und normative Überlegungen zusammenlaufen. Auf diese Weise wird es institutio-
nalistischer politischer Theorie möglich sein, die häufig viel zu institutionen-
ferne demokratietheoretische Debatte neu zu befruchten.

Literatur

a. verwendete Literatur

Bates, Robert H. (1988): Contra Contractarianism: Some Reflections on the New Institu-
    tionalism. Politics and Society 16, 387-401.
Colomer, Josep M. (1995): Strategies and Outcomes in Eastern Europe. Journal of De-
    mocracy 6, 74-85.
Dowding, Keith (1994): The Compatibility of Behaviouralism, Rational Choice and ‚New
    Institutionalism'. Journal of Theoretical Politics 6, 105-117.
– (1995): Interpreting Formal Coalition Theory. S. 43-59 in: Keith Dowding/Desmond
    King (Hg.), Preferences, Institutions, and Rational Choice. Oxford.
Evans, Peter B./Rueschemeyer, Dietrich/Skocpol, Theda (Hg.) (1985): Bringing the State
    Back In: Cambridge.
Galligan, Brian (1995) A Federal Republic. Australia's Constitutional System of Govern-
    ment. Melbourne.
Göhler, Gerhard (1987): Institutionenlehre und Institutionentheorie in der deutschen Poli-
    tikwissenschaft nach 1945. S. 15-47 in: ders. (Hg.), Grundfragen der Theorie Politi-
    scher Institutionen. Forschungsstand – Probleme – Perspektiven. Opladen.
Goodin, Robert E. (1996): Institutions and Their Design. S. 1-53 in: Robert E. Goodin
    (Hg.), The Theory of Institutional Design. Cambridge.

Hall, Peter A./Taylor, Rosemary C.R. (1996): Political Science and the Three New Institutionalisms. Political Studies 44, 936-957.

Hardin, Garrett (1968): The Tragedy of the Commons. Science 162, 1243-1248.

Immergut, Ellen M. (1992): Health Politics. Interests and Institutions in Western Europe. Cambridge.

Jachtenfuchs, Markus (1997): Conceptualizing European Governance. S. 39-50 in: Knud Erik Jørgensen (Hg.), Reflective Approaches to European Governance. London.

Kaiser, André (1997): Types of Democracy. From Classical to New Institutionalism. Journal of Theoretical Politics 9, 419-444.

– (1998): Vetopunkte der Demokratie. Eine Kritik neuerer Ansätze der Demokratietypologie und ein Alternativvorschlag. Zeitschrift für Parlamentsfragen 29, 525-541.

Koelble, Thomas A. (1995): The New Institutionalism in Political Science and Sociology. Comparative Politics 27, 231-243.

Lane, Ruth (1997): The Art of Comparative Politics. Boston u.a

Lehmbruch, Gerhard (1976): Parteienwettbewerb im Bundesstaat. Stuttgart u.a

– (1998): Parteienwettbewerb im Bundesstaat. Regelsysteme und Spannungslagen im Institutionengefüge der Bundesrepublik Deutschland. 2. Auflage. Opladen.

Lepsius, M. Rainer (1995): Institutionenanalyse und Institutionenpolitik. S. 392-403 in: Birgitta Nedelmann (Hg.), Politische Institutionen im Wandel. Opladen.

Lijphart, Arend/Waisman, Carlos H. (Hg.) (1996): Institutional Design in New Democracies. Eastern Europe and Latin America. Boulder, CO.

March, James G./Olsen, Johan P. (1976): Ambiguity and Choice in Organizations. Bergen u.a.

– (1984): The New Institutionalism: Organizational Factors in Political Life. American Political Science Review 78, 734-749.

– (1986): Popular Sovereignty and the Search for Appropriate Institutions. Journal of Public Policy 6, 341-370.

– (1989): Rediscovering Institutions. The Organizational Basis of Politics. New York.

Mayntz, Renate/Scharpf, Fritz W. (1995): Der Ansatz des akteurszentrierten Institutionalismus. S. 39-72 in: dies. (Hg.), Gesellschaftliche Selbstregelung und politische Steuerung. Frankfurt/New York.

Mill, John Stuart: Representative Government (1993) [1861]. S. 187-428 in: ders.: Utilitarianism, On Liberty, Considerations on Representative Government, Remarks on Bentham's Philosophy. London.

North, Douglass C. (1990a): Institutions, Institutional Change and Economic Performance. Cambridge.

– (1990b): A Transaction Cost Theory of Politics. Journal of Theoretical Politics 2, 355-367.

Olson, Mancur (1971): The Logic of Collective Action. Public Goods and the Theory of Groups. Cambridge, Mass.

Ostrom, Elinor (1990): Governing the Commons. The Evolution of Institutions for Collective Action. Cambridge.

– (1991): Rational Choice Theory and Institutional Analysis: Toward Complementarity. American Political Science Review 85, 237-243.

Putnam, Robert D. (1993): Making Democracy Work. Civic Traditions in Modern Italy. Princeton, NJ.

Rothstein, Bo (1998): Just Institutions Matter.The Moral and Political Logic of the Welfare State. Cambridge.

Sartori, Giovanni (1994): Comparative Constitutional Engineering. An Inquiry into Structures, Incentives and Outcomes. London.

Scharpf, Fritz W. (1987): Sozialdemokratische Krisenpolitik in Europa. Das „Modell Deutschland" im Vergleich. Frankfurt/New York.
- (1989): Decision Rules, Decision Styles and Policy Choices. Journal of Theoretical Politics 1, 149-176.
- (1997): Games Real Actors Play. Actor-Centered Institutionalism in Policy Research. Boulder, CO.
Schmalz-Bruns, Rainer (1990): Neo-Institutionalismus. S. 315-337 in: Thomas Ellwein u.a. (Hg.), Jahrbuch zur Staats- und Verwaltungswissenschaft, Band 4. Baden-Baden.
Shepsle, Kenneth (1979): Institutional Arrangements and Equilibrium in Multidimensional Voting Models. American Journal of Political Science 23, 27-60.
Simon, Herbert A. (1985): Human Nature in Politics: The Dialogue of Psychology with Political Science. American Political Science Review 79, 293-304.
Soltan, Karol Edward (1993): What is the New Constitutionalism? S. 3-19 in: Stephen L. Elkin/Karol Edward Soltan (Hg.), A New Constitutionalism. Designing Political Institutions for a Good Society. Chicago.
Steinmo, Sven/Thelen, Kathleen/Longstreth, Frank (Hg.) (1992): Structuring Politics: Historical Institutionalism in Comparative Analysis. Cambridge.
Tsebelis, George (1990): Nested Games. Rational Choice in Comparative Politics. Berkeley u.a.
Williamson, Oliver E. (1985): The Economic Institutions of Capitalism: Firms, Markets, Relational Contracting. New York.
Wind, Marlene (1997): Rediscovering Institutions: A Reflectivist Critique of Rational Institutionalism. S. 15-35 in: Knud Erik Jørgensen (Hg.), Reflective Approaches to European Governance. London.

b. kommentierte Literatur

Robert E. Goodin (Hg.), The Theory of Institutional Design. Cambridge 1996.
Das Problem der Entwicklung einer Theorie des Institutionendesigns steht im Vordergrund. Die Beiträge befassen sich theoretisch und empirisch mit der Frage funktionierender und gerechter Institutionen in unterschiedlichen kulturellen Räumen und auf der gesellschaftlichen Mikroebene wie auf der Makroebene des politischen Systems.

André Kaiser, Types of Democracy. From Classical to New Institutionalism. Journal of Theoretical Politics 9 (1997), 419-444.
Der Aufsatz reformuliert Lijpharts Demokratietypologie in den Kategorien des Neoinstitutionalismus und schlägt drei analytisch zu unterscheidende Modi der Institutionenreform vor.

James G. March/Johan P. Olsen, Rediscovering Institutions. The Organizational Basis of Politics. New York 1989.
Das Buch wird häufig als das Manifest des Neoinstitutionalismus (fehl)interpretiert. Es handelt sich jedoch um eine sehr spezifische, für die politische Theorie des Neoinstitutionalismus keineswegs repräsentative Variante.

Elinor Ostrom, Governing the Commons. The Evolution of Institutions for Collective Action. Cambridge 1990.
Ostrom zeigt anhand von Beispielen vom Mittelalter bis in unsere Zeit, wie Kleingruppen die „tragedy of the commons", die kollektiv irrationale Ausbeutung von gemeinschaftlichen Ressourcen durch rationale Individuen, überwinden können und entwickelt dabei eine Theorie der Institutionenentwicklung.

Bo Rothstein, Just Institutions Matter. The Moral and Political Logic of the Universal Welfare State. Cambridge 1998.

Rothstein begründet die Zukunftschancen des universalistischen Typs des Wohlfahrtsstaates, wie er sich in Schweden entwickelt hat, damit, daß seine zugrundeliegenden Institutionen Gerechtigkeitsnormen vermitteln, die sich der Anpassung im Zeichen ökonomischer Standortsicherung widersetzen. Zur Begründung dieser These werden die analytischen Konzepte des historischen Institutionalismus normativ gewendet.

Sven Steinmo/Kathleen Thelen/Frank Longstreth (Hg.), Structuring Politics: Historical Institutionalism in Comparative Analysis. Cambridge: Cambridge University Press 1992.

In den Beiträgen wird der Ansatz des historischen Institutionalismus entwickelt und in seiner Anwendung vorgeführt.

Peter A. Hall/Rosemary C.R. Taylor, Political Science and the Three New Institutionalisms. Political Studies 44 (1997), 936-957.

Hall und Taylor stellen die verschiedenen Varianten des politikwissenschaftlichen Neoinstitutionalismus vor und zeigen Kompatibilitäten zwischen den von den jeweiligen Anhängern zunächst unversöhnlich formulierten Ansätzen auf.

Junko Kato, Institutions and Rationality in Politics. Three Varieties of Neo-Institutionalists. British Journal of Political Science 26 (1996), 553-582.

Kato weist dem „bounded rationality"-Konzept eine Brückenfunktion zwischen Rational Choice-Institutionalismus und historischem Institutionalismus zu.

Thomas A. Koelble, The New Institutionalism in Political Science and Sociology. Comparative Politics 27 (1995), 231-243.

Koelble diskutiert die Varianten des Neoinstitutionalismus in Politikwissenschaft und Soziologie vor dem Hintergrund der sozialwissenschaftlichen Auseinandersetzung um handlungstheoretische, strukturtheoretische und kulturalistische Erklärungsmodelle.

Kapitel IX
Die politische Theorie der reflexiven Modernisierung: Anthony Giddens

Jörn Lamla

Inhalt

1. Einleitung

Eine ausgearbeitete ‚Theorie reflexiver Modernisierung' existiert noch nicht. Sie verweilt bisher im Status eines zeitdiagnostisch motivierten Theorieprogramms, das einer systematischen Entfaltung noch bedarf. Für dieses Programm bilden die folgenden vier Eckpfeiler einen Rahmen, mit dem sich die zugehörigen Vertreter grob identifizieren lassen: 1. Zeitdiagnostisch wird für die moderne Gesellschaft ein tiefgreifender Umbruch konstatiert. 2. Die Veränderungen werden auf Einflüsse und Mechanismen zurückgeführt, die klar in der Kontinuität der Moderne gesehen werden. 3. Für eine Erklärung dieser Prozesse wird auf das Prinzip der Reflexivität – im Sinne gesellschaftlicher Rückkopplung und Selbstanwendung (Beck) wie im Sinne kognitiver Reflexionsleistungen der Akteure (Giddens) – und dessen Verankerung in der modernen Gesellschaft zurückgegriffen. 4. In dieser Perspektive treten Phänomene der ‚Entgrenzung des Politischen' in den Vordergrund, die als zentrale Herausforderung für die politische Theorie der Gegenwart gesehen werden.

Der 1938 geborene britische Soziologe und derzeitige Direktor der *London School of Economics and Political Science* Anthony Giddens kann ohne Frage als Hoffnungsträger für dieses Programm angesehen werden. Er zählt weltweit zu den führenden Sozialtheoretikern der Gegenwart. Sein umfassendes wissenschaftliches Werk beinhaltet Kommentare zu klassischen und gegenwärtigen Sozialtheoretikern (Giddens 1971; 1987a; 1995b), aber auch Lehr- und Einführungsbücher der Soziologie (Giddens 1987b; 1995c). Im Zentrum seiner gesamten Arbeiten steht ein kontinuierliches Theorieprojekt, das Bryant und Jary (1997: 6) treffend als „The Making of Structuration Theory" bezeichnen. Mit diesem ambitionierten Projekt einer allgemeinen Sozialtheorie (Giddens 1984; 1979; 1992a), deren Geltungsbereich die Sozialwissenschaften insgesamt umfassen soll, stehen auch Giddens' (1981; 1985) substantiellere Arbeiten zu einer Theorie der modernen Gesellschaft in engem Zusammenhang. Lediglich für die jüngste Schaffensperiode, in der Giddens (1995a; 1991; 1992b; 1993a; 1993b; 1997) – motiviert durch Diskussionen um die Postmoderne und den Zusammenbruch des Sozialismus – seinen Ansatz zu einer ‚Theorie der Spätmoderne' entwickelt, ist die Zuordnung zum Projekt der Strukturierungstheorie umstritten (vgl. Bryant/Jary 1997: 13f.).

Die folgende Rekonstruktion des Theorieansatzes von Anthony Giddens sieht die Überlegungen und Bausteine zu einer ‚*Theorie reflexiver Modernisierung*' in der Kontinuität und im weiteren Kontext der ‚*Theorie der Strukturierung*' (vgl. Giddens 1992b: 14). Erst diese Rückbettung und Fundierung durch den allgemeinen sozialtheoretischen Rahmen der Strukturierungstheorie läßt das Programm einer ‚Theorie reflexiver Modernisierung' zu einem aussichtsreichen Vorhaben für eine kritische soziologisch-politische Gegenwartstheorie werden.

2. ‚Theorie der Spätmoderne' im Kontext der ‚Theorie der Strukturierung'

2.1. Theorie der Strukturierung

Giddens theoretisches Grundanliegen „is to try to show how we might develop a view of social analysis which recognises the knowledgeability of social actors, but at the same time acknowledges the bounds of that knowledgeability, and thereby allows you to use some of these insights in a context which doesn't sacrifice institutional study" (in einem Interview, Mullan 1997: 81). Es geht ihm zuallererst um eine *Versöhnung von Akteurs- und Institutionentheorie*. Er ist überzeugt, daß in einer Sozialtheorie, die dem Gegenstand der Sozialwissenschaften angemessenen sein will, beide Seiten derart zu ihrem Recht kommen müssen, daß sie sich in ihrem theoretischen Eigensinn wechselseitig nicht einschränken. Dieses Prinzip gibt ihm die Orientierung in seiner Auseinandersetzung mit dem Theorieangebot der Sozialwissenschaften und führt zu der strikten Ablehnung von funktionalistischen, evolutionistischen und strukturalistischen Erklärungsansätzen, in denen die Gesellschaft als Ganzes eine Integrationskraft über ihre Teile (Individuen), eine historische Gesetzmäßigkeit bzw. strukturelle Tiefenlogik aufweist, die den handelnden Akteur zu einem Oberflächenphänomen degradiert. Genausowenig folgt Giddens (1992a: 270-278) aber einem methodologischen Individualismus, in dem die Erklärung von Gesellschaft vollständig auf die Eigenschaften von Individuen zurückgeführt und die Möglichkeit sozial-struktureller Generalisierungen negiert wird.

Das Grundproblem soziologischer Theoriebildung – die Frage, wie soziale Ordnung möglich ist – wird von Giddens (1984: 119; Wagner 1991) als Frage nach der *Konstitution der Gesellschaft* reformuliert, um gegenüber der Parsons-Tradition tiefer und abstrakter anzusetzen. Er fragt zunächst ganz allgemein nach den Gründen dafür, daß in der Gesellschaft bestimmte Formen sozialer Praxis eine räumliche und zeitliche Ausdehnung haben, d.h. über bestimmte Raum- und Zeitspannen als identische reproduziert, bisweilen aber auch transformiert werden. Die Antwort liegt für ihn im Prinzip der *Rekursivität sozialer Praxis* selbst. Seinen Leitsatz für diesen Gedanken findet Giddens bei Karl Marx (1972: 308): „Die Menschen machen ihre eigene Geschichte, aber sie machen sie nicht aus freien Stücken, nicht unter selbstgewählten, sondern unter unmittelbar vorgefundenen, gegebenen und überlieferten Umständen". Die Strukturierungstheorie versucht, ihr Ziel zu erreichen, indem sie den theoretischen Sinn dieses Satzes im Detail ausbuchstabiert. Giddens benutzt daher einen Praxisbegriff, demzufolge das soziale Leben durch eine Mehrzahl bestimmbarer Faktoren rekursiv strukturiert wird.

2.1.1. Die ‚Dualität von Struktur'

Zentral innerhalb der Strukturierungstheorie von Giddens ist das Konzept der ‚Dualität von Struktur'.[74] Dies besagt, daß die Verwendung eines sozialwissenschaftlichen Strukturkonzepts zur Annahme aktiv handelnder Subjekte nicht im Widerspruch stehen muß, wenn Strukturen nicht einseitig als eine einschränkende, dem Handeln zugrundeliegende gesetzmäßige Logik, sondern demgegenüber *als Medium und als Resultat* eines aktiv strukturierenden Handelns aufgefaßt werden. Das prominente Beispiel hierfür liefert die Sprache, die von den Akteuren im Handeln als Medium verwendet wird, um sich darin auszudrücken, und die zugleich als Resultat dieser sozialen Praxis ein abstraktes und virtuelles Regelwerk der Bedeutungsgebung reproduziert. Am Modellfall der Sprache verdeutlicht Giddens, daß Strukturen gegenüber dem Akteurshandeln nicht allein unter ihren Einschränkungs-Aspekten, sondern genauso unter ihren Ermöglichungs-Aspekten zu betrachten sind. Zwar sind menschliche Akteure an die sprachliche Struktur der Bedeutungsgebung gebunden, doch bietet ihnen gerade diese Struktur unendliche Ausdrucks- und Gestaltungsmöglichkeiten, mit denen sie sich als handelnde Subjekte aktiv konstituieren.

Um anstelle eines Strukturdeterminismus die Kreativität des Akteurshandelns zur Geltung bringen zu können, kommt es auf das genaue Verständnis des zugrundeliegenden *Regelbegriffs* an. Die Sprachkonzeptionen des Strukturalismus und Poststrukturalismus (von Saussure über Lévi-Strauss bis Derrida) werden von Giddens (1979: 9-48) in wichtigen Punkten kritisch aufgegriffen und an zentraler Stelle durch den *gebrauchstheoretischen* Regelbegriff des späten Wittgenstein in spezifischer Richtung korrigiert. So wie das theoretische Verständnis von Sprache und Bedeutung nach Wittgenstein grundlegend an deren Verwendung in den Praktiken des sozialen Lebens (Sprachspiele) zurückgebunden bleibt, sind nach Giddens Regeln allgemein nicht im Sinne geschlossener Vorschriftskataloge, die gleichsam die ganze Erklärung des sozialen Lebens schon in sich tragen, aufzufassen. Vielmehr weisen sie eine Offenheit gegenüber situativen Faktoren der Regelanwendung auf und haben eine Verankerung in dem praktischen Wissen der mit kreativem Interpretations- und Anwendungsvermögen ausgestatteten Akteure. „To know a rule, as Wittgenstein says, is to ‚know how to go on'" (Giddens 1979: 67) – mehr nicht. Regeln helfen, situativ soziale Praktiken zu generieren, ohne diese zu determinieren.

Mit der analytischen Unterscheidung von Regeln und Ressourcen bringt Giddens diese Akzentuierung seines Strukturbegriffs auf den Punkt: In einem ganz allgemeinen und scheinbar trivialen Sinne bedarf es immer auch der

---

74 Sozialwissenschaftliches Denken kommt ohne den Begriff der ‚Struktur' nicht aus. Von einer einheitlichen Verwendung ist man jedoch weit entfernt (vgl. Reckwitz 1997).

praktischen Mittel, um die Regeln im Handeln zur Wirkung bringen zu können. Diese Mittel bezeichnet er mit dem Begriff *Ressourcen* und unterscheidet hierbei nochmals allokative (materielle) von autoritativen (nichtmateriellen) Ressourcen. Erst Regeln und Ressourcen gemeinsam bilden somit Giddens' Strukturbegriff. Berücksichtigt man schließlich noch die weitere analytische Unterscheidung einer kognitiven und einer normativen Dimension innerhalb der Orientierung an den Regeln des Handelns, so gelangt man zu den in Tab. 1 dargestellten Dimensionen der ‚Dualität von Struktur'. Dieses Konzept läßt sich durch drei, den genannten Unterscheidungen entsprechende *Strukturierungsmodalitäten* – Deutungsschemata, Normen und Ressourcen – kennzeichnen, die integriert und eng zusammenhängend in den rekursiven Prozeß der Hervorbringung sozialer Praktiken eingelassen sind (vgl. Giddens 1992a: 81). ‚Dualität' von Struktur meint hierbei, daß diese Modalitäten einerseits als Medien des Handelns und der Interaktion und andererseits als Strukturmomente resultierender institutioneller Ordnungen aufzufassen sind. Die Akteure verwenden Deutungsschemata, normative Regeln und Ressourcen in der Interaktion als Medien zur Kommunikation von Sinn, zur Erzeugung normativer Bindungen und zur Mobilisierung von Macht. Als Resultat des Handelns bilden die Regeln und Ressourcen zugleich ein Potential zur Bindung von Raum und Zeit und bilden die kognitiven, normativen und Herrschafts-Aspekte institutioneller Ordnungen.

Tab. 1: Analytische Dimensionen der Dualität von Struktur (nach Giddens 1984: 148ff.; 1992a: 81ff.)

	Interaktion/Medium	Modalität	Strukturmomente/-Resultat
kognitive Dimension	Kommunikation von Sinn und Bedeutung	Deutungsschemata/-semantische Regeln	Weltbilder/kognitive Ordnung (Diskursformen)
normative Dimension	moralische Bindung und normative Sanktion	Normen/moralische Regeln	Moral/legitime Ordnung (rechtliche Institutionen)
Mobilisierungs-dimension	Anwendung und Mobilisierung von Machtmitteln	autoritative und allokative Ressourcen	Herrschaftsordnung (politische/-ökonomische Institutionen)

2.1.2. Das Stratifikationsmodell des Akteurshandelns

Menschliches Handeln ist zurechnungsfähig. Die Akteure haben ein Wissen (knowledgeability) von ihrem Handeln und den zugrundeliegenden Regeln, auch wenn sie darüber nicht immer diskursiv Auskunft geben können. Die Arbeiten Goffmans, die Ethnomethodologie von Garfinkel und die Phänome-

nologie von Schütz sind hier wichtige Referenztheorien für Giddens' Ak-
teursmodell (vgl. Kießling 1988a: 291). Gegen strukturalistische und objekti-
vistische Theorien, die bei nicht intentional und nicht bewußt repräsentierten
Handlungsorientierungen sehr schnell auf unbewußt und hinter dem Rücken
des Akteurs wirkende Strukturen schließen, führt Giddens einen grundlegenden Begriff ein – das *,praktische Bewußtsein'* – und unterscheidet dieses vom
diskursiven Bewußtsein einerseits und vom Unbewußten andererseits. Diesem Begriff entsprechend läuft das menschliche Alltagshandeln zu einem
Großteil routinisiert ab. Aber auch wenn das Handeln nicht dem Muster di-
stinkter Absichten und klarer Intentionen seitens der Akteure folgt – und
Giddens (1992a: 57) ist der Ansicht, daß große Teile des Handelns nicht direkt motiviert sind– bleiben menschliche Akteure zurechnungsfähig.

Um diese theoretische Intuition greifbar zu machen, entwickelt Giddens
sein Stratifikationsmodell des Akteurshandelns. Handeln faßt er dabei nicht
als Abfolge intendierter Einzelhandlungen auf, sondern – dem theoretischen
Verständnis sozialer Praxis als rekursive Produktion und Reproduktion des
gesellschaftlichen Lebens entsprechend – als einen fortlaufenden Strom
(durée). Intentionalität wird dabei selbst als Prozeß modelliert. Auf allge-
meinster Theorieebene tritt hier erstmals der Giddenssche *Begriff der Reflexivität* auf. Auch wenn die Individuen weitgehend routinisiert handeln, dabei
kaum diskursiv Auskunft über ihr Handeln geben können und dieses in einen
kontinuierlichen Strom sozialer Praxis eingebunden ist, so handeln sie doch
auf basale Weise reflektiert. Giddens (1979: 56f.; 1992a: 55) spricht hier vom
„*reflexive monitoring of action*": Danach ist es ein „integraler Charakterzug
des Alltagshandelns", daß Akteure ihren eigenen Verhaltensstrom sowie ihre
Interaktionskontexte laufend beobachten und überwachen. Durch diese ganz
allgemeine Eigenschaft üben Akteure eine gewisse Kontrolle über die sozialen Praktiken aus. Dabei zeigt die allgemeine Eigenschaft der ,capability',
d.h. der Fähigkeit durch Mobilisierung von Machtmitteln (Ressourcen) in Ge-
schehnisse einzugreifen, bereits den basal *politischen* Charakter dieses Hand-
lungsmodells an (vgl. Müller 1992: 145). In unterschiedlichen und – wie die
Theorie der Spätmoderne zeigen wird – historisch variierenden Formen und
Ausmaßen der Distanznahme ermöglicht die reflexive Kontrolle des Handelns und der offene Charakter von Regeln und Ressourcen eine basale
,Strukturierungspolitik', mit der immer auch Wandel und Innovation der
Strukturen einhergeht.

Ein weiteres fundamentales Moment im Stratifikationsmodell des Handelns ist die fortlaufende *Rationalisierung* des Handelns. Giddens (1992a:
403) zufolge bleiben die kompetenten Akteure während des Handelns immer
mit *Gründen* für ihr Handeln in Kontakt – auch dann, wenn sie sich nicht
diskursiv über ihr Handeln Rechenschaft abgeben. Auch Gründe sind somit
nicht im Sinne klar abgrenzbarer Intentionen aufzufassen. Vielmehr stehen
die Gründe, die von den Akteuren diskursiv als Erklärung für ihr Handeln geäußert werden und mit denen sie distinkte Handlungen erst nachträglich kon-

struieren, in einer gewissen Spannung zum großen ‚grauen Bereich' des praktischen Wissens, dessen Rationalisierung im Sinne Freuds immer auch durch unbewußte Motive beeinflußt ist. Dies ändert aber nichts daran, daß die mitlaufende interne Begründungsverpflichtung dafür sorgt, daß die Akteure ihrem Handeln Richtung und Orientierung geben, dabei aktiv gestaltend wirken und Zurechungsfähigkeit erzeugen. Zugleich deutet sich hier aber an, daß Akteure ihr Handeln und die sozialen Praktiken unter Bedingungen ‚begrenzter Rationalität' strukturieren. Giddens unterscheidet drei Bedingungsfaktoren, die jenseits der bewußten Einflußnahme der Akteure an der Strukturierung des gesellschaftlichen Lebens beteiligt sind. Auf der Seite des Akteurs sind dies die genannten *unbewußten Motive*. Darüber hinaus existieren *„unerkannte Handlungsbedingungen"* und *„unbeabsichtigte Handlungsfolgen"*, die über Rückkopplungsschleifen – unbeabsichtigte Nebenfolgen des Handelns wirken als mehr oder weniger (un-)erkannte Handlungsbedingungen auf das Handeln zurück – in die Konstitution von Raum und Zeit übergreifende soziale Beziehungen und Zusammenhänge einbegriffen sein können.

2.1.3. Institutionen als Raum- und Zeitbindung im gesellschaftlichen System

Giddens unterscheidet die Struktur als virtuelle Ordnung von der realen Ordnung sozialer Praktiken, die Gesellschaft dadurch konstituieren, daß sie soziale Beziehungen in Raum und Zeit strukturieren. Letztere, an die ‚Ontologie' von Raum und Zeit gebundene Ordnungsform nennt er dabei *System*: „A social system is thus a ‚structured totality'. Structures do not exist in timespace, except in the moments of the constitution of social systems" (Giddens 1979: 64f.). Aus diesem Grund können Gesellschaften bzw. raum-zeitlich ausgedehnte soziale Systeme auch nicht ‚strukturell' erklärt werden, ohne daß die situativen und momenthaften ‚Instanziierungen' von Strukturen seitens der handelnden Akteure herangezogen oder zumindest in Rechnung gestellt werden. Dies heißt gleichwohl nicht, daß die Theorie der Strukturierung darauf verzichten muß, die Stabilität gesellschaftlicher Ordnung (einschließlich ihrer Wandlungsdynamik) zu erklären, denn der Systembegriff und die Raum- und Zeitbindung zielen gerade darauf ab, daß soziale Praktiken in raum-zeitlicher Ausdehnung unterschiedlichen Ausmaßes „als identische reproduziert werden". In Giddens' (1992a: 69) Worten hindert die Momenthaftigkeit von Struktur nicht daran, „die Strukturmomente als im Hinblick auf die Ausdehnung von Praktiken in Raum und Zeit – welche Praktiken sie rekursiv organisieren – hierarchisch geordnet anzusehen. Die am weitesten in Raum und Zeit ausgreifenden Strukturmomente, die in die Reproduktion gesellschaftlicher Totalitäten einbegriffen sind, nenne ich *Strukturprinzipien*. Jene Praktiken, die in diesen Totalitäten die größte Ausdehnung in Raum und Zeit besitzen, kann man als *Institutionen* bezeichnen."

Aus institutionenanalytischer Perspektive betrachtet Giddens Strukturen freilich nicht allein hermeneutisch als Medium des Akteurshandelns. Vielmehr betrachtet er sie als Resultat auch unter den Gesichtspunkten, die jenseits der bewußten Einflußnahme des Akteurs liegen – also in ihrem Beitrag zur Strukturierung von sozialen *Regelmäßigkeiten* über Raum und Zeit hinweg, unter Einschluß unbeabsichtigter Handlungsfolgen, unerkannter Handlungsbedingungen und unbewußter Motive, die mit der momenthaften Instanziierung der Regeln und Ressourcen einhergehen. Als Beispiel für die Analyse eines Strukturprinzips der Gesamtgesellschaft nennt Giddens Marx' Analyse des modernen Kapitalismus, derzufolge die Warenform des Privateigentums als Strukturmoment in den Praktiken des gesellschaftlichen Lebens eine raum-zeitlich weit ausgreifende Strukturierungs- und Bindungskraft erhält, die das Privateigentum zu einem zentralen und grundlegenden Strukturprinzip der modernen Gesellschaft werden läßt. Dabei hängt diese Eigenschaft mit der *Konvertierbarkeit* zusammen, die nach Giddens (1979: 103ff.; 1981: 53ff.; 1992a: 240) für Regeln und Ressourcen allgemein, für das geldförmige Privateigentum offensichtlich aber in besonders hohem Maße gilt, so daß dieses nicht nur das kapitalistische Wirtschaftsprinzip, sondern auch die ökonomischen Macht- und die sozialen Klassenbeziehungen maßgeblich mitstrukturieren kann.

Wie gelangt Giddens zu einer Charakterisierung der modernen bzw. spätmodernen Gesellschaft? Dazu muß er die Gesamtheit der Strukturprinzipien rekonstruieren, die das für die Identifikation dieser Gesellschaft grundlegende *Institutionengefüge* konstituieren (vgl. Giddens 1992a: 217f.). Giddens bietet dazu auf der einen Seite ein analytisches Klassifikationsschema für Institutionen an, das unmittelbar auf die unterschiedenen Strukturmodalitäten (s. Tab. 1) zurückgreift (symbolische Ordnungen, rechtliche Institutionen, politische Institutionen bzw. ökonomische Institutionen). Für die Analyse von Gesellschaftsformationen ist diese Unterscheidung aber nur von begrenztem Wert. So mögen diese Institutionentypen zwar durch fortschreitende gesellschaftliche Differenzierung immer deutlicher reale Entsprechungen finden. Die Entdeckung der tragenden Strukturprinzipien und damit der grundlegenden Charakteristik eines gesellschaftlichen Institutionengefüges können sie jedoch nicht garantieren. Hierfür ist auf der anderen Seite der sorgfältige historisch-empirische Blick notwendig. Giddens' Theorie leitet diesen insofern methodisch an, als sie die institutionelle Konfigurationsanalyse einer Gesellschaft nicht mit der Entdeckung eines Strukturprinzips für erledigt hält. Im Unterschied zu vielen Theorien, die ihr Verständnis der modernen Gesellschaft in einem einzigen dominanten Strukturprinzip verankern – z.B. kapitalistische Klassengesellschaft, Industriegesellschaft, Risikogesellschaft – gelangt Giddens zu einer komplexeren axialen Betrachtungsweise der Moderne.

2.2. Kritische Theorie der Spätmoderne

2.2.1. Die vier institutionellen Dimensionen und die Dynamik der Moderne

Die moderne Gesellschaft ist nach Giddens ein mehrdimensionales Phänomen. Die vier unterschiedenen institutionellen Dimensionen der Moderne, mit ihren entsprechenden Strukturprinzipien, lauten *Kapitalismus, Industrialismus, Überwachung* und *Kontrolle über die Mittel der Gewalt*. Dieses komplexe Bild des modernen gesellschaftlichen Institutionengefüges entfaltet Giddens (1985) erstmals systematisch in seinem Buch ,The Nation-State and Violence', dem zweiten Band seiner ,zeitgenössischen Kritik des Historischen Materialismus'.[75] Die zwei großen Schubkräfte hinter der Herausbildung dieser institutionellen Charakteristik sieht Giddens (1992b: 33) in der Ausdehnung der kapitalistischen Wirtschaft und in der Ausdehnung des territorialen Systems von Nationalstaaten. Die feinere Unterscheidung von vier Dimensionen zielt auf eine vollständige Erfassung nicht-reduzierbarer Erklärungsfaktoren zur Entstehung der modernen Gesellschaft.

Unter *Kapitalismus* versteht Giddens (1995a: 75) „ein System der Warenproduktion, in dessen Mittelpunkt die Beziehung zwischen dem privaten Kapitalbesitz und der besitzlosen Lohnarbeit steht, wobei dieses Verhältnis die Hauptachse eines Klassensystems bildet. Das kapitalistische Unternehmertum beruht auf der Produktion für wettbewerbsorientierte Märkte, auf denen Preise für Investoren ebenso wie für Produzenten und Konsumenten als Signale dienen." *Industrialismus* bestimmt Giddens (1992b: 34; 1995a: 76) als jenen institutionellen Komplex, der zu einer Umgestaltung der Natur und der Schaffung einer gestalteten Umwelt in der modernen Gesellschaft führt. Dies geschieht in einer Form der Produktion, die unter Einsatz unbelebter materieller Energiequellen zusammen mit Maschinentechnologie in geregelter sozialer Organisation Güter hervorbringt und dabei vor allem über die Arbeitsformen, aber auch direkt, das Alltagsleben beeinflußt. *Überwachung* bezeichnet „zwei Aspekte der Koordination administrativer Macht: die direkte Beaufsichtigung Untergeordneter innerhalb von Organisationen, einschließlich des Staates; und die Kontrolle von Information als Mittel, um Handlungen über die Dimensionen Zeit und Raum zu koordinieren" (Giddens 1992b: 34f.). Die erweiterte Handlungskoordinierung sowie die Pazifizierung der Gesellschaften nach innen, die etwa dem modernen Staat als ,power-container' eine weit größere Regulierungsfähigkeit über sein Territorium verleihen, als sie der absolutistische Staat besessen hat, bedürfen schließlich zur Erklärung auch eines Blicks auf die staatlichen Außenbeziehungen und die

---

75 Das dreibändige Projekt einer ,Dekonstruktion' des Historischen Materialismus ist von den historischen Ereignissen überrollt worden. Der geplante dritte Band wird durch ,Jenseits von Links und Rechts' (Giddens 1997) ersetzt.

Bedeutung von Krieg und militärischer Macht. Deshalb sieht Giddens in der *Kontrolle über die Mittel zur Gewaltanwendung* eine für die Herausbildung moderner Gesellschaften wesentliche vierte institutionelle Dimension. Das „erfolgreich wahrgenommene Monopol über die Mittel zur Gewaltanwendung innerhalb territorial genau feststehender Grenzen" ist ebenso kennzeichnend für die Herausbildung des modernen Staates, wie die zunehmende „Industrialisierung des Krieges" mit ihrem „durchgreifenden Wandel in der Art der Kriegführung" den Übergang zur Moderne charakterisiert (Giddens 1995a: 78f.).

Die institutionellen Zusammenhänge, die in und zwischen diesen vier Dimensionen bestehen, bringen also nach Giddens den neuen Typus der modernen Gesellschaft hervor. Dabei läßt sich das Neue und Diskontinuierliche dieses Gesellschaftstyps an Phänomenen festmachen, die die *Dynamik* des modernen Institutionengefüges kennzeichnen. Es wurde schon angedeutet, daß mit Strukturprinzipien wie dem Kapitalismus und mit der Ausweitung bürokratischer Formen der Informationskontrolle und Überwachung die Möglichkeiten einer enormen *raumzeitlichen Abstandsvergrößerung* einhergehen, die es in vormodernen Gesellschaften nicht gegeben hat. Die sozialen Praktiken werden zunehmend von den Spezifika des lokalen Raumes unabhängig und können über große Abstände hinweg koordiniert werden. Die *entflechtenden Mechanismen* – wie z.B. das Geldmedium – begünstigen dabei eine fortschreitende Auflösung von Tradition als weitgehend lokal gebundenem Struktur- und Organisationsprinzip sozialer Praktiken (vgl. Giddens 1995a: 53; 1993a). Diese *Enttraditionalisierung* zeigt sich auch als ein Wandel in der Gestalt bzw. dem Charakter der *reflexiven Steuerung und Kontrolle* des Handelns – die ja nach Giddens' Strukturierungstheorie für die Konstitution sozialer Praktiken grundlegend ist. So heißt es in seinem Hauptwerk zur Strukturierungstheorie: „Die Mechanismen solcher System-‚Ausdehnung' sind unterschiedlich, implizieren aber in *modernen* Gesellschaften meist die reflexive Steuerung selbst. Dies bedeutet mit anderen Worten, daß ein Verständnis der Bedingungen der Systemreproduktion ein Moment eben dieser Bedingungen der Systemreproduktion wird" (Giddens 1992a: 246, Hervorhebung J.L.). Die moderne Gesellschaft scheint somit zunehmend höhere Anforderungen an das ‚reflexive monitoring of action' seitens der Akteure zu stellen, und auch dies ist nach Giddens kennzeichnend für ihre innere Dynamik.

Exakt mit diesen Kategorien diagnostiziert Giddens (1995a: 63–72) auch die Gegenwart als Phase der *Spätmoderne*. Die Spätmoderne ist durch eine Radikalisierung und Globalisierung der institutionellen Strukturprinzipien und der Dynamik der modernen Gesellschaft gekennzeichnet – und sie ist eben deshalb (noch) keine Postmoderne. Die Gegenwartsgesellschaften beschreibt er als durch und durch posttraditional (Giddens 1997: 123). Im Unterschied zur einfachen, noch mit Traditionalität durchmischten Modernisierung können sich Traditionen – wenngleich sie keinesfalls aus dem sozialen Leben verschwinden – nicht mehr rituell beschwörend auf ihre Autoritäten

und Weisheiten berufen, sondern müssen in aktiver Haltung im Dialog gerechtfertigt werden. Wo dies verweigert wird, zeigt sich die pathologische
Reaktionsweise eines spätmodernen Fundamentalismus (vgl. Giddens 1993a:
463-480). *Globalisierung* ist in Giddens' Diagnose nicht auf die ökonomischen Dimensionen einer kapitalistischen Weltordnung oder einer internationalen Arbeitsteilung beschränkt, sondern bezeichnet entsprechend der vier
institutionellen Dimensionen auch das internationale System von Nationalstaaten und die neue militärische Weltordnung, die sich nach dem Ende der
Bipolarität gegenwärtig tiefgreifend transformiert. Die entflechtenden Mechanismen, zu denen Giddens (1992b: 26) neben symbolischen Kommunika-
tionsmedien (z.b. Geld) auch noch *abstrakte Systeme* – das sind „kodifizierte
Formen von Experteninformation, die aus ‚lokalem Wissen' herausgelöst
werden"– zählt, ‚dekontextualisieren' bzw. ‚entbetten' mit ihrer Ausweitung
zunehmend die sozialen Praktiken. Dies hat Folgen für das Alltagshandeln in
der Spätmoderne. Es zeigt sich z.b., wie Globalisierung das lokale Handeln
der Akteure immer unmittelbarer und massiver betrifft, indem dieses zunehmend vom ‚Handeln aus der Ferne' beeinträchtigt, beeinflußt oder sogar abhängig wird (Giddens 1993a: 476). Expertenwissen – auch und gerade über
das soziale Leben und die gesellschaftlichen Institutionen – wird damit immer bedeutsamer für die Rekonstitution und Transformation der gesellschaftlichen Praktiken. Entsprechend sieht Giddens in der *reflexiven Aneignung
von Expertenwissen* eine neue Grundhaltung der Akteure in der Spätmoderne.
Diese Zentralstellung des reflexiven Wissens in der spätmodernen Gesellschaft meint er, wenn er von der „*institutionellen Reflexivität*" bzw. – auf deren nochmalige Institutionalisierung als spätmodernes Strukturprinzip abzie-
lend – von der „*institutionalisierten Reflexivität*" spricht (vgl. Giddens
1992b: 27ff.; Beck/Giddens/Lash 1996: 317).

2.2.2. *Reflexive Modernisierung – Zeitdiagnose im Lichte des utopischen Realismus*

Die Zeitdiagnose eines tiefgreifenden Umbruchs in den gesellschaftlichen
Grundstrukturen der Moderne erklärt sich für Giddens daraus, daß mit der
Radikalisierung und Globalisierung der Strukturprinzipien der Moderne sich
auch deren Widersprüchlichkeit zuspitzt. Das *Widerspruchskonzept* hat Giddens (1979: 131-164) im Rahmen der Entwicklung seiner Strukturierungstheorie entfaltet und über die Pluralität und *Gegenüberstellung von institutionellen Strukturprinzipien* in den Reproduktionszusammenhängen gesellschaftlicher Systeme bestimmt. „Der primäre Widerspruch des kapitalistischen (National-)Staates", so schreibt Giddens (1992a: 252, vgl. 370f.) z.B.
in Anlehnung an Arbeiten von Claus Offe, „kommt darin zum Ausdruck, daß
die ‚öffentliche' Sphäre des Staates die ‚private' Sphäre der ‚bürgerlichen Gesellschaft' konstituiert, diese aber von sich absondert und mit ihr in ein ge-
spanntes Verhältnis gerät." Im Zuge der Globalisierungsdynamik setzt dieser

Widerspruch bekanntermaßen die nationalstaatlichen Institutionen unter erheblichen Transformationsdruck, insofern ihre Regulierungsfähigkeit gegenüber der globalen Beweglichkeit der Kapitalströme deutlich zurückgeblieben ist. Entsprechend seinem Anti-Evolutionismus betont Giddens, daß aus den Widersprüchen der institutionellen Strukturprinzipien keine feststehende gesellschaftliche Entwicklungs- und Transformationslogik resultiert. Aber bei voller Anerkennung geschichtlicher Kontingenz lassen sich die Widersprüche doch zum Ausgangspunkt einer Analyse von – sowohl progressiven als auch degenerativen – Möglichkeiten und Trends der gesellschaftlichen Transformation nehmen.

Die vier institutionellen Dimensionen der Moderne sind somit „Arenen des Widerspruchs und der Konfrontation" (Giddens 1992b: 37). In einem ersten Schritt kann dies am Aufkommen sozialer Bewegungen als neuen politischen Kollektivakteuren plausibilisiert werden, die sich nach Giddens (1995a: 195-201; 1993b) den vier institutionellen Dimensionen der Moderne zuordnen lassen (vgl. Tab. 2): a) Bewegungen, die in der Tradition der Arbeiterbewegung die Widersprüche und Ungerechtigkeiten des globalen Kapitalismus anprangern; b) Ökologische Bewegungen, die auf Gefahren der Umwelt- und Naturzerstörung durch den Industrialismus hinweisen; c) Demokratische Bewegungen, die sich wie Amnesty International für die globale Anerkennung demokratischer Grundfreiheiten und Menschenrechte einsetzen und d) Friedensbewegungen, die auf Gefahren der militärischen Zerstörungspotentiale sowie der Ausweitung kriegerischer Auseinandersetzungen reagieren.

Reproduktion und Transformation der institutionellen Grundstrukturen der Moderne hängen der Theorie der Strukturierung zufolge vom Handeln der Akteure ab. Die neuen sozialen Bewegungen haben für Giddens nicht die Macht eines neuen ‚revolutionären Subjekts'. Sie sind als Phänomen der Spätmoderne ein typischer Ausdruck institutioneller Reflexivität und zugleich eine Form der Institutionalisierung dieser Reflexivität auf der Ebene kollektiven Handelns (vgl. Eder 1994). Die zunehmende Orientierung an Expertenwissen über Institutionen führt hier dazu, daß die Widersprüche der Moderne nicht als unvermeidliches Schicksal hingenommen, sondern als vom gesellschaftlichen Institutionengefüge *selbsterzeugte Risiken* und *„hergestellte Unsicherheit"* (vgl. Giddens 1997: 141-148) erkannt werden.[76] Mit ihrer grundlegenden Institutionenkritik liefern die sozialen Bewegungen als „Formen radikalen Engagements" in der Gesellschaft „signifikante Leitlinien für potentielle künftige Transformationen" (Giddens 1995a: 195). Sie „gewähren Ausblicke auf mögliche Zukunftsverläufe und sind in mancher Hinsicht Mittel zu deren Verwirklichung" (Giddens 1995a: 199). Die für eine

---

76 Hier schließt Giddens an die Thesen zur Risikogesellschaft von Ulrich Beck (1986) an.

politische Theorie der reflexiven Modernisierung eigentlich spannende Frage, inwiefern diesen *Konturen einer post-modernen Ordnung* reale politische Optionen radikaler Umgestaltungen entsprechen, ist damit jedoch noch nicht beantwortet. Sie wird als empirisch offen und von Machtverteilungen abhängig deklariert, denn Giddens' (1995a: 200) Theorieperspektive „anerkennt die Unumgänglichkeit der Macht und betrachtet deren Einsatz nicht als etwas von sich aus Schädliches". Gleichwohl wird bereits deutlich, daß sein *Begriff des Politischen* sich nicht auf die staatlichen Gestaltungsoptionen begrenzt, sondern das (Macht-)Handeln gesellschaftlicher Akteure insgesamt einbezieht und damit die Perspektive politischer Theorie insbesondere auf die ,Politik der Lebensführung'[77] erweitert.

Tab. 2: Institutionelle Reflexivität auf globaler und kollektiver Ebene (nach Giddens 1992b, 1995a, 1997):

Institutionelle Dimension	Dimensionen der Globalisierung	Typen sozialer Bewegungen	Folgenreiche Risiken der Moderne	Konturen einer post-modernen Ordnung
Kapitalismus	kapitalistische Weltwirtschaft	Arbeiterbewegung	Zusammenbruch ökonomischer Wachstumsmechanismen	Nachknappheitsökonomie
Industrialismus	internationale Arbeitsteilung	Ökologische Bewegung	Ökologischer Niedergang oder Katastrophe	Humanisierung von Technologie und Natur
Überwachung	System von Nationalstaaten	Demokratische Bewegung (z.B. Amnesty International)	Anwachsen totalitärer Macht/Verweigerung demokratischer Rechte	vielschichtige demokratische Partizipation (dialogische Demokratie)
Kontrolle der Gewaltmittel	militärische Weltordnung	Friedensbewegung	Nuklearer Konflikt oder Krieg im großen Maßstab	Entmilitarisierung/ausgehandelte Machtverhältnisse

Mit Blick auf die *Anpassungsreaktionen* der Akteure unterscheidet Giddens (1995a: 168-171) vier Typen, die – beabsichtigt oder nicht – eine gewisse

77 Die Politik der Lebensführung konfrontiert die Akteure mit zahlreichen dilemmatischen Anforderungen (vgl. Giddens 1991: 201) der reflexiven Gestaltung ihrer eigenen Identität sowie selbst ihrer Körper. Eine Folge der resultierenden Belastungen zeigt sich nach Giddens in der Zunahme von Suchtphänomenen und Abhängigkeiten. So sei etwa die Anorexie (Magersucht) "eine durch die Auswirkungen der hergestellten Unsicherheit auf das Alltagsleben ausgelöste Defensivreaktion" (Giddens 1997: 122).

Ähnlichkeit zu den Risikokulturen der ‚cultural theory' (vgl. Douglas/Wildavsky 1993) aufweisen und zeigen, daß die reflexive Grundhaltung unterschiedliche Ausprägungen annehmen kann und keineswegs einfach als allgemeine Steigerung von Rationalität und Vernunft aufgefaßt werden darf: *Pragmatische Hinnahme* nennt er eine „neue Politik des strategischen Vorteils", beruhend auf der Überzeugung, daß die Kontrolle in der modernen Welt zunehmend entgleitet und deshalb der unmittelbare Nutzen und das Überleben im Alltag die Orientierung bestimmen; *durchgehaltenen Optimismus* zeigen Akteure, die Expertenrationalität noch im Sinne der fortschreitenden, vorsehungsähnlichen Vernunft und technischer Kontrollierbarkeit interpretieren; dagegen bezeichnet der *zynische Pessimismus* eine Form der Auseinandersetzung, in der die pessimistische Handlungslähmung angesichts der hergestellten Unsicherheit durch Humor und Abgeklärtheit neutralisiert werden muß; *radikales Engagement* schließlich bezeichnet die kämpferische Haltung, die sich primär in sozialen Bewegungen ausdrückt und der Ansicht zugrundeliegt, es sei trotz der Größe der Probleme eine Pflicht, sich für die Minderung oder Überwindung ihrer Auswirkungen einzusetzen. Zu kollektiven Mustern von Lebensstilen verdichtet, können diese Orientierungsmuster je auf ihre Weise gegenüber den modernen Institutionen einen *subversiven Einfluß* entfalten (vgl. Giddens 1993a: 472; 1993b: 11).

Eine Theorie der reflexiven Modernisierung müßte freilich die Bedingungen herausarbeiten, unter denen die gesteigerte institutionelle Reflexivität gesellschaftliche Entwicklungen in der einen oder anderen Richtung wahrscheinlich werden läßt. Auch Giddens weiß, daß hier die Bestimmung der politischen Konstellation von Akteuren, die den Transformationspfad der gesellschaftlichen Institutionen politisch offensiv gestalten können, zentral ist. Obwohl er von blindem Aufklärungsglauben weit entfernt ist (Giddens 1992b: 28f), folgt für ihn aus der Skepsis in dieser Frage nicht die Postulierung von Pessimismus, sondern – wie er es nennt – von ‚utopischem Realismus'. Aus einer gesellschaftlichen Verantwortung der Sozialwissenschaften heraus gilt es für ihn, die normativ gehaltvollen Möglichkeiten der realen spätmodernen Transformationsdynamik zu verstärken, weil unter der Zunahme von Kontingenzbewußtsein im gesellschaftlichen Leben kontrafaktische Zukunftsentwürfe bereits durch ihre „bloße Propagierung zu ihrer Verwirklichung beitragen" können (Giddens 1995a: 190; 1997: 333f.).[78] Die Realität der Widersprüche spätmoderner Strukturprinzipien und universelle empirische Trends der kritischen Reaktion bilden hier die *Legitimationsfolie* und den *Maßstab* für ein Verständnis ‚kritischer Theorie', mit dem sich Konturen einer post-modernen Ordnung in normativer Absicht utopisch zu-

---

78 In der Strukturierungstheorie legt der Begriff der ‚*doppelten Hermeneutik*' (vgl. Giddens 1984: 95, 179) den methodologischen und erkenntnistheoretischen Grundstein für diese Konzeption einer ‚kritischen Theorie'. Der Begriff zielt auf die wechselseitige Durchdringung und Beeinflussung von Bedeutungsrahmen des Alltags einerseits und der Sozialwissenschaften andererseits.

spitzen lassen. Dies entlastet freilich nicht von der Aufgabe, eine politische Theorie zu entfalten, in der die gesellschaftlichen Optionen einer politischen Gestaltung der reflexiven Modernisierung genauer dargelegt werden.

2.2.3. Politische Theorie der reflexiven Modernisierung

Giddens betrachtet die Diagnosen einer reflexiven Modernisierung auch als Herausforderung an Politik und politische Theorie. Gemäß dem Prinzip des utopischen Realismus hat seine kritische Theorie dabei einen starken Hang zur politischen Intervention. In seiner Monographie ,Jenseits von Links und Rechts' hat Giddens (1997: 43f.) den Handlungsrahmen für eine radikal-demokratische Politik skizziert und dabei die Frage nach den Akteuren, die dieses Programm umzusetzen im Stande sind, zurückgestellt. Inzwischen hat er das politische Subjekt, dem er das politische Projekt eines ,dritten Weges' für das Zeitalter der reflexiven Modernisierung empfiehlt, deutlicher benannt: Es ist die erneuerte – zunächst britische, aber dann wohl auch europäische und globale – Sozialdemokratie (vgl. Giddens 1998). In Großbritannien auch als Tony Blairs ,Guru' bezeichnet, darf Giddens' politischer Einfluß auf die Restrukturierung der sich gegenwärtig im Aufwind befindenden neuen Sozialdemokratie keinesfalls unterschätzt werden. Ob diese freilich die ihr zugeschriebenen politischen Optionen gesellschaftlicher Transformation tatsächlich ,schultern' kann oder lediglich als willkommene Projektionsfläche des Theoretikers fungiert, ist eine empirisch offene Frage, die nicht unwesentlich davon abhängt, ob Giddens seinem Realismuspostulat hinreichend Rechnung trägt. Über seine Politik-Theorie sagt diese Adressierung bereits viel aus: Giddens (1998: 53) verbindet – im Unterschied zu Ulrich Beck (1993) – mit dem Aufkommen von Subpolitik nicht in erster Linie Machtzerfall der Institutionen und Abwandern der Politik aus ihrem institutionellen Zentrum: „The nation-state and national government may be changing their form, but both retain a decisive importance in the present-day world." Gleichwohl sieht Giddens deutlich die Entgrenzungs-Dilemmata, in die eine staatliche Politik unter Bedingungen gesteigerter Globalisierungsdynamik und institutioneller Reflexivität zwangsläufig gerät. Für ihn ergibt sich daraus als Aufgabe einer politischen Theorie der Spätmoderne, einen Weg aufzuzeigen, wie die Entwicklung reflexiver Modernisierungsprozesse in einer gestalterischen Politik des dritten Weges kanalisiert werden kann.

Für die Agenda einer staatlichen Politik des dritten Weges folgt aus der Zeitdiagnose, daß sie ihr Verhältnis gegenüber den individuellen und kollektiven Akteuren neu definieren und hierbei insbesondere der gesteigerten Reflexivität und aktiven Rolle der Individuen im gesellschaftlichen Konstitutionszusammenhang stärker Rechnung tragen muß. Giddens zufolge kann hier weder die klassische linke, auf staatliche Intervention und Umverteilung ausgerichtete, noch die neue rechte, auf Deregulierung und Marktlösungen fixierte Politik Antworten im Sinne einer offensiven Gestaltung der spätmodernen Transformationsdynamik bieten. Das linke Kernziel von Emanzipation und Gleichheit als Bezugspunkt der sozialen Gerechtigkeit gilt es nach Giddens (1991: 209-231; Berger 1995: 449) zu relativieren und reformulieren, indem es mit einer Politik des Lebensstils und der Lebensführung verbunden wird, die sich dem Bedarf an positiven Werten stellt: Während eine *emanzipatorische Politik* vor allem auf die Freisetzung der Individuen aus traditionalen Beschränkungen und die Schaffung von Rechten und *Lebenschancen* in normativ-kritischer Ausrichtung an der Verwirklichung von mehr Gerechtigkeit, Gleichheit und Möglichkeiten politischer Partizipation abzielt, nimmt sich die Agenda der ‚*life politics*‘ den damit nicht gelösten, sondern vielmehr durch Freisetzungen erst hervorgebrachten Problemen einer Befähigung zu autonomen *Lebensstilentscheidungen* an.

Ein Beispiel liefert Giddens' (1997: 222) Vorstellung zur politischen Transformation der widersprüchlichen und risikobehafteten institutionellen Strukturprinzipien des modernen Kapitalismus in Richtung einer ‚*Nachknappheitsökonomie*‘: „Die Nachknappheitsgesellschaft wird von mir nicht mit dem Ende des Wirtschaftswachstums gleichgesetzt. Sie bildet auch keine soziale Ordnung, in der die meisten Menschen wohlhabend genug geworden sind, um zu tun, wonach ihnen der Sinn steht. Eine Nachknappheitsgesellschaft beginnt ... dort zu entstehen, wo das Wirtschaftswachstum Schaden anrichtet oder offensichtlich kontraproduktiv wird. Sie entwickelt sich dort, wo man das Ethos des Produktivismus weithin in Frage zu stellen beginnt und sich um die Anerkennung und Entfaltung anderer Lebenswerte bemüht." Um solche, auf einer reflexiven Haltung gegenüber den institutionellen Strukturprinzipien der Moderne beruhende Restrukturierungstrends des Alltagslebens in das Kalkül einer reflexiv-gestaltenden Modernisierungspolitik aufnehmen zu können, hält Giddens nach den politischen Ermöglichungsbedingungen einer breiten Umorientierung in den Werthaltungen Ausschau. Nichts wäre jedoch absurder, als von der Möglichkeit auszugehen, die Politik könne in der post-traditionalen Gesellschaft noch Werte von oben vorgeben oder verordnen. Giddens sieht einen geeigneten Ansatz vielmehr in der Unterstützung von gesellschaftlichen Trends einer *dialogischen Demokratisierung,* in deren Zuge die gesellschaftlichen Akteure in den verschiedensten Lebensbereichen zu einer aktiven Vertrauensaushandlung als Grundlage ihres Zusammenlebens und -handelns übergehen.[79]

---

79 Die Veränderungen in den Vertrauensbeziehungen, die unter post-traditionalen Bedingungen in den unterschiedlichsten Gesellschaftsbereichen eine dialogische Öffnung befördern können – sei es in Intim- und Familienbeziehungen (vgl. Giddens 1993b), in Beziehungen gegenüber Organisationen und abstrakten Expertensystemen, in Bereichen des sozialen und politischen Engagements sowie der globalen, kulturübergreifenden Kommunikation – liefern auch die Grundlage für Giddens' ‚*Robuste-Pflanzen-Theorie der Demokratie*‘. Danach ist die Demokratie kein ‚zartes Pflänzchen‘, daß nur in einer ganz bestimmten institutionellen Konstellation gedeihen kann. Vielmehr – so Giddens im Anschluß an David Held – habe sie gute Lebenschancen,

Es ist die Schaffung von ‚Dialogräumen' durch Globalisierung, Reflexivität und Enttraditionalisierung, die – so Giddens (1997: 180ff.) im Anschluß an Michael Oakeshott – Möglichkeiten für einen ‚*zivilen Zusammenschluß*' aufgrund einer allgemeinen und globalen Kultivierung des ‚zivilen Zustands' beinhaltet. Darin sieht er die potentielle Grundlage für die Entstehung von Werten, die der Struktur einer post-traditionalen Gesellschaft entsprechen und keine geschlossenen Gemeinschaften konstituieren. „Allein die gemeinsame Konstellation von Reflexivität, Autonomie und auf aktivem Vertrauen basierendem Dialog eröffnet die Chance für eine kosmopolitische Ordnung, in der größere Gerechtigkeit herrscht und die Gefahr kriegerischer Auseinandersetzungen gebannt ist" (Beck/Giddens/Lash 1996: 332). Die Formen des sozialen Austauschs in den neuen Dialogräumen können nach Giddens beträchtlich, wenn nicht sogar entscheidend zur Neugestaltung der sozialen Solidarität im Sinne einer zivilen Kohäsion in der hochindividualisierten reflexiven Moderne beitragen. Dabei stellt sich die Frage, wie eine staatliche Politik des dritten Weges ein solches Szenario wirksam befördern könnte.

Giddens (1998: 79) programmatische Vorschläge zielen hier zunächst auf die *Erneuerung der zivilen Gesellschaft.* Sie beschränken sich dabei zumeist auf die Explikation von Kriterien für die unterschiedlichen politischen Handlungsfelder, die von Fragen der Dezentralisierung, über die Reaktivierung des öffentlichen Raumes, die Reform der öffentlichen Verwaltungen und qualifizierende Formen der Bürgerbeteiligung bis hin zu Kriterien der kontrollierten Aufgabenübertragung an die zivilgesellschaftlichen Akteure des ‚Dritten Sektors' aus Selbsthilfegruppen, Non-Profit-Organisationen und sozialen Bewegungen reichen (vgl. Giddens 1998: 69-86). Zielpunkt ist hierbei die Balance einer ‚new mixed economy', die auch ein neues Verständnis vom Staat impliziert: den *Social Investment State*' (Giddens 1998: 99-128; vgl. auch Evers/Olk 1996). Das Prinzip der Wohlfahrtsstaatlichkeit soll nicht zurückgenommen, aber derart umgebaut werden, daß eine Lähmung der Aktivitäts- und Autonomiepotentiale der reflexiven und aus traditionalen Bindungen freigesetzten Individuen wirksam vermieden wird. Giddens plädiert deshalb u.a. für größere Dynamik und Anpassungsfähigkeit der sozialen Sicherungsinstitutionen. Sie sollen verhindern, daß sich durch Interessenverfestigung und Klientelismus Fehlallokationen etablieren. Stattdessen sollen die Institutionen im Sinne eines zivilen Liberalismus eine ‚unternehmerische Kultur' aktivieren, die zugleich Verantwortlichkeit beinhaltet. Hierfür stehen konzeptionelle, aber im Detail und in der Konsequenz noch wenig ausgearbeitete Leitbegriffe wie ‚generative politics' und ‚positive welfare' (vgl. Gid-

---

wenn in den gesellschaftlichen Kontexten allein durch die dialogische Haltung und aktives Vertrauen die Autonomie der Bürger gestärkt werde. Gleichwohl benötigt auch die robuste Pflanze Demokratie Schutz vor gegenläufigen Trends und dem Gewaltpotential einer fundamentalistischen Dialogverweigerung (vgl. Beck/Giddens/-Lash 1996: 327ff.).

dens 1997: 207-266). Dabei verweisen Formeln wie „no rights without responsibilities" (Giddens 1998: 65) auf die Debatten, die im Rahmen einer Erneuerung des sozialdemokratischen Selbstverständnisses noch intensiv zu
führen sein werden: Welches Verständnis der *sozialen Gerechtigkeit* entspricht dem Ansatz des dritten Weges?

Giddens' Antworten auf die impliziten normativen Fragen zeigen, daß
das Projekt eines dritten Weges auch zu einem schwierigen Spagat führen
kann. Er versucht deutlich zu machen, daß für die Entfaltung der zivilen, solidarischen und innovativen Ressourcen der aktiven Gesellschaft neue und
starke Verbindlichkeiten auch auf der Seite des Staates institutionalisiert werden müssen und keine Abkehr von sozialstaatlichen Prinzipien der Umverteilung angezeigt sei. Allerdings müsse es mehr um die Umverteilung von Möglichkeiten und (zweiten) Chancen gehen: Die Norm der Gleichheit ist nach
Giddens (1998: 101-110) weniger substantiell und materiell aufzufassen, als
vielmehr über eine Neudefinition der Grenze von Inklusion und Exklusion –
jenseits der alten arbeitsgesellschaftlichen Inklusionsnorm – zu konzeptuali-
sieren. Ob der Spagat gelingt, läßt sich erst an der konkreten reflexiven Ausgestaltung der lokalen und globalen Machtdiffusionsprozesse – hin zu neuen
institutionellen Strukturprinzipien komplexer Governance-Strukturen und
kosmopolitischer Demokratie – beurteilen, d.h. an der Neustrukturierung und
-verteilung von Regel- und Ressourcenkomplexen und deren Auswirkung auf
die Praktiken des gesellschaftlichen Lebens.

3. Kritik und Kontroverse

Die Theorie der reflexiven Modernisierung nimmt bei Anthony Giddens die
Gestalt einer kritischen, Reformimpulse für die Politik liefernden Theorie der
Spätmoderne an und steht dabei von ihren Grundbausteinen her – etwa dem
Konzept der Reflexivität – in klarer Kontinuität zur fundierenden Theorie der
Strukturierung. Allerdings versäumt es Giddens zu explizieren, inwiefern das
Kernstück seiner allgemeinen Sozialtheorie – das Konzept der Strukturdualität – in seinen späteren Gesellschafts- und Politikdiagnosen Anwendung findet. Seine empirischen Ausführungen zu den als real behaupteten gesellschaftlichen Entwicklungstrends und institutionellen Transformationspoten-
tialen reflexiver Modernisierung lassen einen detaillierteren Nachweis anhand der Regel/Ressourcen-Komplexe und -Verteilungen, die in den sozialen
Praktiken die Strukturierung jener Übergänge ermöglichen und begünstigen,
wünschenswert erscheinen. Zu verführerisch ist hier ein ‚utopischer Realismus', der es gestattet, potentielle Transformationen als utopische Zukunftsentwürfe auszumalen und zu verstärken, wenn sich einige Indizien anführen
lassen, die als realer Trend in die Richtung dieses Zukunftsverlaufs gedeutet
werden können. Der Hinweis auf die Ambivalenzen der reflexiven Moderni-

sierung und auf die Abhängigkeit der tatsächlichen Transformationsverläufe von den realen Machtverhältnissen zeigt zwar, daß sich Giddens der begrenzten Aussagekraft seiner kritischen Zeitdiagnosen bewußt ist, erscheint aber mehr als Entschuldigung denn als Aufforderung zur empirischen Machtanalyse potentieller Gestaltungsakteure.

3.1. Interne Kritik

Entsprechend verwundert es nicht, daß Giddens' Beiträge zur Theorie der reflexiven Modernisierung nicht minder als die seines Mitstreiters Ulrich Beck zu Kontroversen, aber auch zu Mißverständnissen einladen. Inwiefern bedeutet die Zunahme institutioneller Reflexivität, daß die Handelnden von der Struktur freigesetzt werden – wie Scott Lash (Beck/Giddens/Lash 1996: 209) kritisch mutmaßt – und die Individuen somit eine aktiv gestaltende Haltung gegenüber den institutionellen Kontexten ihres Handelns einnehmen (vgl. Hitzler/Koenen 1994; Junge 1996)? Oder findet die Macht der Institutionen und abstrakten Systeme neue, post-traditionale Formen, um die Akteure in ihre Reproduktionsmaschinerie einzuspannen, indem sie etwa das Prinzip der Reflexivität selbst nutzen, um den Individuen auf diese Weise Verfügbarkeit symbolisch zu suggerieren (vgl. Rehberg 1997: 113)? Wie weit reicht die Diffusion der Macht? Wie weit reichen die reflexiven Kontrollfähigkeiten der Akteure? Welche Szenarien der reflexiven Modernisierung sind denkbar und unter welchen Bedingungen steigt ihre Eintrittswahrscheinlichkeit? Von welchen politischen Akteuren ist eine Offensive zur Gestaltung des reflexiven Modernisierungsprozesses noch zu erwarten?

Zu Fragen dieser Art gibt es unter den Vertretern des Theorieprogramms der reflexiven Modernisierung sehr kontroverse Einschätzungen: Giddens selbst betont die Chance einer politischen Transformation der gesellschaftlichen Grundstrukturen und empfiehlt Elemente der Konturen einer post-modernen Ordnung als Programm für die Erneuerung der Sozialdemokratie. Dagegen behauptet Lash, daß kulturelle, der gesteigerten Reflexivität selbst noch zugrundeliegende Strukturierungsbedingungen abstrakter Informations- und Kommunikationssysteme die gesellschaftlichen Institutionen stabilisieren (Beck/Giddens/Lash 1996: 196). Beck schließlich vertritt die Meinung, daß in erster Linie die unbeabsichtigten Nebenfolgen des neuen und veränderten Zusammenspiels von Akteuren und Institutionen das ,zweite' Gesicht der Moderne im Zeitalter der Risikogesellschaft prägen. Er unterscheidet dazu zwei Bedeutungen von reflexiver Modernisierung: „In der ersten Sicht – für die die Beiträge von Anthony Giddens und Scott Lash stehen – wird ,*reflexive*' Modernisierung ... wesentlich an *Wissen* (Reflexion) über Grundlagen, Folgen, Probleme von Modernisierungsprozessen gebunden, in der zweiten Sicht, für die mein Beitrag steht ..., wesentlich an *Nebenfolgen* von Modernisierungen" (Beck/Giddens/Lash 1996: 289).

Die Schwäche dieser kontroversen Einschätzungen liegt zunächst darin, daß nicht klar ist, ob sie auf unterschiedlichen Theorieansätzen für das Programm einer Theorie reflexiver Modernisierung beruhen oder nur unterschiedliche Einschätzungen der empirischen Sachverhalte im Rahmen der jeweiligen Zeitdiagnose zum Ausdruck bringen. Bei Lichte besehen, handelt es sich wohl in erster Linie um differierende empirische Diagnosen, deren inhaltliche Ausrichtung sich auch aus gewissen theoretischen Vorlieben für mehr system- und differenzierungstheoretisches (Beck), mehr postmodern-kulturalistisches (Lash) oder mehr akteurstheoretisches Denken erklären mag – wobei zur Positionierung von Giddens wiederum ganz unterschiedliche Lesarten möglich sind (vgl. Beck 1996 versus Wagner 1996). Für die theoretisch einwandfreie Konzeptualisierung der genannten Fragen in einer geeigneten und Klärung ermöglichenden Forschungsperspektive liefern diese kontroversen Einschätzungen nicht viel mehr als anregende Hypothesen. Den allgemeinen Rahmen der Strukturierungstheorie sprengen sie nicht.

3.2. Externe Kritik

Giddens hat in seiner kritischen Analyse der Spätmoderne auf der einen Seite eine institutionelle Charakterisierung der Transformationsdynamik moderner Gesellschaften vorgenommen, die weitgehend auf eine Analyse der Transformationsakteure verzichtet. Auf der anderen Seite hat er für das Alltagshandeln der Akteure eine massive Steigerung der Reflexivität und Freisetzung von Aktivitätspotentialen diagnostiziert, aber dabei mit einem undifferenzierten und pauschalen Institutionenbegriff operiert. Eine mehr als punktuelle Integration dieser zwei Perspektiven fehlt bei Giddens bisweilen. Dies gibt Anlaß, seiner zeitdiagnostischen Theorie eine gewisse Beliebigkeit vorzuwerfen und damit einen grundlegenden Einwand zu wiederholen, der schon in Auseinandersetzungen mit der Strukturierungstheorie vielfach erhoben wurde: Solche perspektivischen Verzerrungen haben Giddens immer wieder Objektivismus- oder Subjektivismus-Vorwürfe eingehandelt (z.B. Kießling 1988b; Archer 1982). Richtig ist, wie Heinrich Haferkamp (1992: 282) bemerkt, „daß die Analyse gewissermaßen zugleich zu subjektivistisch und zu objektivistisch zu werden droht". Die Ursache hierfür liegt in einem Defizit der allgemeinen Strukturierungstheorie selbst: Giddens hat darin methodologisch zwischen einer Ebene der *strategischen Analyse* und einer Ebene der *institutionellen Analyse* unterschieden. Sie sollen im ersten Fall das Akteurshandeln, im zweiten Fall die Raum-Zeit-Ausdehnung gesellschaftlicher Systemzusammenhänge empirisch erforschbar machen, wobei die prinzipielle Dualität von Struktur immer im Blick zu behalten sei (vgl. Giddens 1992a: 342f.). Aber genau für dieses ‚Einklammern' der Dualität liefert Giddens keine präzisen methodologischen Kriterien, so daß das innovative Potential der Theorie der Strukturierung – die Versöhnung von Akteurs- und Institutionentheorie – in der politisch-soziologischen Gesellschaftsanalyse systematisch verloren zu gehen droht.

Während für bestimmte Forschungsfragen die methodologische Differenzierung von strategischer und institutioneller Analyseperspektive noch plausibel und nachvollziehbar gemacht werden mag, gilt dies ganz sicher nicht für die Fragen an eine Theorie der reflexiven Modernisierung. Hier sind die Restrukturierungsfaktoren des Institutionellen und des Akteurshandelns in ihrem unmittelbaren Verhältnis zu analysieren, um zu einer empirisch gesättigten Einschätzung der ‚reflexiven' Transformationsdynamik der Moderne gelangen zu können. Ein Forschungsansatz wie der von Renate Mayntz und Fritz W. Scharpf (1995: 46) postulierte „akteurzentrierte Institutionalismus", dessen erklärtes Ziel es ist, mit einer „Doppelperspektive auf Akteure und Institutionen" die „Dichotomie" zwischen Struktur- und Handlungsanalyse „grundsätzlich" zu überwinden, ist hier als richtungsweisende Heuristik sehr zu begrüßen. Für eine angemessene methodologische Umsetzung des Dualitätsverständnisses der Theorie der Strukturierung als Grundlage für die Erforschung der Charakteristik reflexiver Modernisierungsprozesse bedarf es allerdings noch weitergehender Anstrengungen.[80]

4. Ausblick

Eine strukturierungstheoretische Ausarbeitung des Programms einer politischen Theorie der reflexiven Modernisierung ist dann erfolgversprechend, wenn sie grundlegend am Konzept der Dualität von Struktur ausgerichtet wird. Dessen Aufforderung, die reflexiven Gestaltungspotentiale des Akteurshandelns im Zusammenhang mit den systemischen Reproduktions- und Transformationsverläufen gesellschaftlicher Institutionen zu analysieren, paßt zu der Fragestellung einer Theorie reflexiver Modernisierungspolitik. Denn wie Giddens (1998: 74) richtig sagt: „After all, reform has to take place through the very institutions that are the problem." Die Paradoxien und Schwierigkeiten, die Widerständigkeiten der modernen Strukturprinzipien, die ‚perversen Effekte' politischer Gestaltung, aber auch die strategischen und professionellen Lösungsansätze und reformerischen Akteurspotentiale der *‚gesellschaftlichen Institutionenpolitik'* rücken damit ins Zentrum des theoretischen und empirischen Forschungsinteresses an reflexiven Modernisierungsprozessen (vgl. Lepsius 1995; Schmalz-Bruns 1995; Lamla 1998: 11f.).

---

80 Aussichtsreich dürfte eine Verknüpfung der Strukturierungstheorie mit der von Ulrich Oevermann entwickelten ausgefeilten Methodologie der Objektiven Hermeneutik sein. Dafür spricht ein zu beobachtender Trend, diese Methodologie stärker am Dualitätsparadigma des Giddensschen Strukturbegriffs auszurichten (vgl. Matthiesen 1994).

Einen gelungenen Anfang für eine Theorie der Moderne, die diese duale Perspektivität und die darin erkennbaren Probleme ernst nimmt, stellt die ‚Soziologie der Moderne' von Peter Wagner (1995) dar. Sein Beitrag versteht sich „als eine ausgedehnte Reflexion über die Giddensschen Begriffe von Ermöglichung und Beschränkung und versucht, so genau wie möglich zu bestimmen, wessen und welches Handeln unter welchen Umständen durch moderne Institutionen ermöglicht oder beschränkt wird" (Wagner 1995: 15). In dieser Perspektive treten – anders als im utopischen Realismus von Giddens – normative Stellungnahmen zugunsten der genauen Möglichkeitsanalyse des Politischen zurück. Mit den Begriffen ‚Freiheit' und ‚Disziplin', die den Strukturprinzipien der Moderne als widersprüchliche Sinnstruktur bzw. doppelte ‚imaginäre Bedeutung' (Castoriadis) zugrundeliegen, meint Wagner den angemessenen Ausgangspunkt für seine historisch-soziologische Untersuchung zum Formationswandel des Akteur-Institutionen-Verhältnisses in den Epochen der Moderne gefunden zu haben. Hierbei steht Freiheit für die *Idee des autonom handelnden Individuums* als liberales Moment in den Grundstrukturen der Moderne, während Disziplin auf den gegenläufigen *Grundgedanken der rationalen Organisation* als Prinzip der Beherrschung des modernen Gesamtprojekts abhebt.

In dieser Doppelperspektive kann Wagner die politiktheoretisch interessante Frage verfolgen, wie in den sozialen Praktiken verschiedener Epochen der Moderne die Ambivalenz dieser Strukturprinzipien derart austariert wird, daß neben der Verwirklichung individueller Autonomie auch noch die politische Regelung der Frage nach der kollektiven Bestimmung der gemeinsamen substantiellen Ziele für das Projekt ‚Moderne' möglich bleibt. Unter diesem Gesichtspunkt schätzt Wagner die Dynamik der Moderne sehr viel skeptischer ein als Giddens: Wo Giddens die historisch-kontingent entstandene reale Möglichkeit einer gemeinsamen kosmopolitischen Wertordnung und eines zivilen Zusammenschlusses in normativer Einstellung hervorhebt, betont Wagner (1995: 275ff.) eher die Schwierigkeiten der Erzeugung solcher Formen politischer Kollektivität. Nachdem die ‚organisierte Moderne', die eine Zeit lang kohärente institutionelle Praktiken im nationalstaatlichen Rahmen ermöglicht hat, in die Krise geraten und ‚dekonventionalisiert' worden ist, hat sich zwar ein erweiterter Raum für die Wiederaneignung des Politischen eröffnet. Aber es fehlen möglicherweise die neuen Konventionalisierungsformen und die gesellschaftlichen Akteure, die eine ‚Modernisierungsoffensive' für ein kollektives politisches Projekt der ‚erweitert liberalen Moderne' noch entfalten könnten.

Um neue Konventionalisierungsformen für das Zeitalter der reflexiven Moderne entziffern und die Akteure, die diese Formen in die gesellschaftlichen Praktiken einzuführen verstehen, entdecken zu können, muß sich die Theorie der reflexiven Modernisierung verstärkt der Transformationsdynamik im modernen Prinzip der rationalen Organisation des kollektiven Handelns zuwenden. Hierbei kann auf Vorarbeiten zurückgegriffen werden, die im engeren Bereich der Organisationstheorie bereits geleistet wurden. So haben Günther Ortmann u.a. – anknüpfend an das Giddenssche Konzept der

Strukturdualität – die sozialen Praktiken der Organisation selbst in die strukturierungstheoretische Forschungsperspektive gerückt. *Organisation* wird dabei *als Form der reflexiven Strukturation* definiert: „In Organisationen ist Reflexivität institutionalisiert, nämlich die Reflexion auf die Strukturation kollektiven Handelns" (Ortmann/Sydow/Windeler 1997: 322) . Verallgemeinert man diesen (auch durch den organisationssoziologischen Neo-Institutionalismus informierten) Forschungsansatz über den engeren Bereich formaler Organisationen hinaus, so wird sich möglicherweise für die unterschiedlichen Aggregationsebenen der gesellschaftlichen Institutionenpolitik – von den individuellen Lebensstilentscheidungen über die zivilgesellschaftliche, die nationalstaatliche und europäische bis hin zur globalen Institutionenpolitik – ein genaueres Bild vom Zustand rationalen kollektiven Handelns in der Gegenwart ergeben. Zunächst gilt allerdings: ‚Further research is needed', um die Theorie reflexiver Modernisierung einer angemessenen zeitdiagnostischen Zustandsbeschreibung des Politischen näherzubringen.

Literatur

a. verwendete Literatur

Archer, Margaret S. (1982): Morphogenesis Versus Structuration: On combining Structure and Action. British Journal of Sociology 33, 455-483.
Beck, Ulrich (1986): Risikogesellschaft. Auf dem Weg in eine andere Moderne. Frankfurt a.M.
– (1993): Die Erfindung des Politischen. Zu einer Theorie reflexiver Modernisierung. Frankfurt a.M.
– (1996): Der clevere Bürger. Bemerkungen zu Anthony Giddens' Konzeption „reflexiver Modernisierung". Soziologische Revue 19, 3-9.
Beck, Ulrich/Giddens, Anthony/Lasch, Scott (1996): Reflexive Modernisierung. Eine Kontroverse. Frankfurt a.M.
Berger, Peter A. (1995): ‚Life politics'. Zur Politisierung der Lebensführung in nachtraditionalen Gesellschaften. Leviathan 23, 445-458.
Bryant, Christopher/Jary, David (1997): General Introduction. S. 1-16 in: Christopher Bryant/David Jary (Hg.), Anthony Giddens. Critical Assessments. 4 Volumes. London.
Douglas, Mary/Wildavsky, Aaron (1993): Risiko und Kultur. Können wir wissen, welchen Risiken wir gegenüberstehen? S. 113-137 in: Wolfgang Krohn/Georg Krücken (Hg.), Riskante Technologien: Reflexion und Regulation. Einführung in die sozialwissenschaftliche Risikoforschung. Frankfurt a.M.
Eder, Klaus (1994): Die Institutionalisierung kollektiven Handelns. Eine neue theoretische Problematik in der Bewegungsforschung? Forschungsjournal Neue Soziale Bewegungen 7, 40-52.
Evers, Adalbert/Olk, Thomas (Hg.) (1996): Wohlfahrtspluralismus. Vom Wohlfahrtsstaat zur Wohlfahrtsgesellschaft. Opladen.
Giddens, Anthony (1971): Capitalism & Modern Social Theory. An Analysis of the Writings of Marx, Durkheim & Max Weber. Cambridge.

- (1979): Central Problems in Social Theory. Action, structure and contradiction in social analysis. Houndmills u.a.
- (1981): A Contemporary Critique of Historical Materialism. Vol. 1: Power, property and the state. London; Basingstoke.
- (1984): Interpretative Soziologie. Einführung und Kritik. Frankfurt a.M.; New York.
- (1985): The Nation-State and Violence. Volume Two of A Contemporary Critique of Historical Materialism. Oxford.
- (1987a): Social Theory and Modern Sociology. Oxford.
- (1987b): Sociology: A brief but critical introduction. London u.a.
- (1991): Modernity and Self-Identity. Self and Society in the Late Modern Age. Oxford.
- (1992a): Die Konstitution der Gesellschaft. Grundzüge einer Theorie der Strukturierung. Mit einer Einführung von Hans Joas. Studienausg. Frankfurt a.M.; New York.
- (1992b): Kritische Theorie der Spätmoderne. Wien.
- (1993a): Tradition in der post-traditionalen Gesellschaft. Soziale Welt 44, 445-485.
- (1993b): Wandel der Intimität. Sexualität, Liebe und Erotik in modernen Gesellschaften. Frankfurt a.M.
- (1995a): Konsequenzen der Moderne. Frankfurt a.M.
- (1995b): Politics, Sociology and Social Theory. Encounters with Classical and Contemporary Social Thought. Oxford.
- (1995c): Soziologie. Graz; Wien.
- (1997): Jenseits von Links und Rechts. Die Zukunft radikaler Demokratie. Frankfurt a.M.
- (1998): The Third Way. The Renewal of Social Democracy. Oxford.
Haferkamp, Heinrich (1992): Von der „Entzauberung des Staates" zur „Wiederkehr des Leviathan"? Anmerkungen zu Anthony Giddens' Analyse des Nationalstaats. Prokla 22, 262-285.
Hitzler, Ronald/Koenen, Elmar J. (1994): Kehren die Individuen zurück? Zwei divergente Antworten auf eine institutionentheoretische Frage. S. 447-465 in: Ulrich Beck/Elisabeth Beck-Gernsheim (Hg.), Riskante Freiheiten. Individualisierung in modernen Gesellschaften. Frankfurt a.M.
Junge, Matthias (1996): Individualisierungsprozesse und der Wandel von Institutionen. Ein Beitrag zur Theorie reflexiver Modernisierung. Kölner Zeitschrift für Soziologie und Sozialpsychologie 48, 728-747.
Kießling, Bernd (1988a): Die „Theorie der Strukturierung". Ein Interview mit Anthony Giddens. Zeitschrift für Soziologie 17, 286-295.
- (1988b): Kritik der Giddensschen Sozialtheorie. Ein Beitrag zur theoretisch-methodischen Grundlegung der Sozialwissenschaften. Frankfurt a.M.
Lamla, Jörn (1998): Grüne Professionalisierungsansätze. Perspektiven für den reformpolitischen Kernbestand der neuen Regierungspartei. Forschungsjournal Neue Soziale Bewegungen 11, 9-19.
Lepsius, M. Rainer (1995): Max Weber und das Programm einer Institutionenpolitik. Berliner Journal für Soziologie 5, 327-333.
Marx, Karl (1972): Der achtzehnte Brumaire des Louis Bonaparte. S. 299-417 in: Karl Marx/Friedrich Engels: Ausgewählte Werke in sechs Bänden, Bd. 2., 3. Aufl. Berlin: Dietz-Verlag.
Matthiesen, Ulf (1994): Standbein-Spielbein: Deutungsmusteranalysen im Spannungsfeld von Objektiver Hermeneutik und Sozialphänomenologie. S. 73-113 in: Detlef Garz/Klaus Kraimer (Hg.), Die Welt als Text. Frankfurt a.M.
Mayntz, Renate/Scharpf, Fritz W. (1995): Der Ansatz des akteurzentrierten Institutionalismus. S. 39-72 in: dies. (Hg.), Gesellschaftliche Selbstregelung und politische Steuerung. Frankfurt a.M.; New York.

Mullan, B. (1997): Anthony Giddens. S. 74-94 in: Christopher Bryant/David Jary (Hg.), Anthony Giddens. Critical Assessments. Bd. 1. London; New York.

Müller, Hans-Peter (1992): Sozialstruktur und Lebensstile. Der neuere theoretische Diskurs über soziale Ungleichheit. Frankfurt a.M.

Ortmann, Günther/Sydow, Jörg/Windeler, Arnold (1997): Organisation als reflexive Strukturation. S. 315-354 in: Günther Ortmann/Jörg Sydow/Klaus Türk (Hg.), Theorien der Organisation. Die Rückkehr der Gesellschaft. Opladen.

Reckwitz, Andreas (1997): Struktur. Zur sozialwissenschaftlichen Analyse von Regeln und Regelmäßigkeiten. Opladen.

Rehberg, Karl-Siegbert (1997): Institutionenwandel und die Funktionsveränderung des Symbolischen. S. 94-118 in: Gerhard Göhler (Hg.), Institutionenwandel. Leviathan-Sonderheft 16. Opladen.

Schmalz-Bruns, Rainer (1995): Reflexive Demokratie. Die demokratische Transformation moderner Politik. Baden-Baden.

Wagner, Gerhard (1991): Eine Bemerkung zum Problem sozialer Ordnung in der Gesellschaftstheorie Anthony Giddens'. Archiv für Rechts- und Sozialphilosophie 77, 229-242.

Wagner, Peter (1995): Soziologie der Moderne. Freiheit und Disziplin. Frankfurt a.M.; New York.

– (1996): Strukturierungstheorie auf dem Juggernaut. Soziologische Revue 19, 10-15

b. kommentierte Literatur

Giddens, Anthony: Central Problems in Social Theory. Action, structure and contradiction in social analysis. Houndmills u.a. 1979; Interpretative Soziologie. Einführung und Kritik. Frankfurt a.M.; New York. 1984

Diese beiden ersten Entwürfe zur Theorie der Strukturierung haben gegenüber dem ‚Hauptwerk' den Vorzug, daß die Entwicklung der Theorie in Auseinandersetzung mit den relevanten Theorieströmungen – etwa von den Schulen einer ‚Interpretativen Soziologie' über die Handlungsphilosophie, Parsons' und Marx' Gesellschaftstheorie und die Wissenschaftstheorie bis hin zu Strukturalismus und Poststrukturalismus – aufschlußreich nachvollzogen werden kann.

Giddens, Anthony, Die Konstitution der Gesellschaft. Grundzüge einer Theorie der Strukturierung. Mit einer Einführung von Hans Joas. Studienausg. Frankfurt a.M.; New York 1992

Das sogenannte Hauptwerk ist vor allem dann empfehlenswert, wenn die Strukturierungstheorie über frühere Arbeiten bereits erarbeitet wurde. Es steht viel drin und kann gut als Nachschlagewerk zu allen Detailfragen an die Strukturierungstheorie verwendet werden. Für einen ersten Zugang zu dieser Theorie ist es nicht empfehlenswert.

Giddens, Anthony, Wandel der Intimität. Sexualität, Liebe und Erotik in modernen Gesellschaften. Frankfurt a.M. 1993

Dieser Band ist interessant, weil er sich im Stil recht deutlich von den anderen unterscheidet. Das Buch ist für ein breites Publikum geschrieben und wenig theorieverliebt. Für die politische Theorie ist es interessant, weil hier der ungewohnte Zusammenhang von Demokratie und Intimbeziehungen entfaltet wird.

Giddens, Anthony, Jenseits von Links und Rechts. Die Zukunft radikaler Demokratie. Frankfurt a.M. 1997

Hier sind viele der zuvor noch recht verstreuten Überlegungen zur Theorie der Spätmoderne relativ systematisch zusammengefaßt (s. bes. Kap. 3) und darüber hinaus in

Richtung eines radikalen Szenarios für die politische Transformation der gesellschaftlichen Strukturprinzipien (Demokratisierung, neues Wohlfahrtsverständnis etc.) weitergedacht worden.

Giddens, Anthony, The Third Way. The Renewal of Social Democracy. Oxford 1998
Der ,dritte Weg' findet in diesem jüngsten Buch seine konsequente Zuspitzung zu einer Selbsterneuerungs- und Handlungsanleitung für die europäische Linke. Es ist eine unverzichtbare Lektüre für jeden, der die aktuelle Entwicklung der Leitlinien des sozialdemokratischen Projekts gründlich verfolgen will.

Sekundärliteratur

Christopher Bryant/David Jary (Hg.), Anthony Giddens. Critical Assessments. 4 Volumes. London 1997
Hier findet man auf über 1700 Seiten wichtige Sekundärtexte zu allen Aspekten des Werkes. Darüber hinaus enthält der vierte Band eine Bibliographie, mittels derer die Aneignung des Theoretikers Giddens nahezu endlos verfeinert werden kann.

Müller, Hans-Peter, Sozialstruktur und Lebensstile. Der neuere theoretische Diskurs über soziale Ungleichheit. Frankfurt a.M. 1992
Dieses Buch enthält auf ca. 90 Seiten die m.E. beste auf deutsch verfügbare Darstellung der Strukturierungstheorie und ist daher unbedingt empfehlenswert – auch wenn der Titel des Buches dies nicht sofort erkennen läßt.

Reckwitz, Andreas, Struktur. Zur sozialwissenschaftlichen Analyse von Regeln und Regelmäßigkeiten. Opladen 1997
Für alle, die über das Konzept der Strukturdualität, insbesondere über dessen adäquate forschungsmethodologische Übersetzung nachdenken wollen, bietet dieser – sehr stark an Giddens angelehnte – Systematisierungsversuch zum sozialwissenschaftlichen Strukturbegriff einen guten Ausgangspunkt.

Wagner, Peter, Soziologie der Moderne. Freiheit und Disziplin. Frankfurt a.M.; New York 1995
Für eine fundierte Herangehensweise an das Projekt einer Theorie und Soziologie der reflexiven Modernisierung ist diese Arbeit sehr viel ertragreicher als alle Versuche, die sich diesen Namen geben und das Vorhaben frontal anzugehen versuchen.

Kapitel X
Die politische Theorie des Neo-Marxismus: Bob Jessop

Hans-Jürgen Bieling

Inhalt

1. Was heißt „Neo-Marxismus" heute?

Das Präfix „Neo" wirft stets die Frage auf, durch welche Aspekte sich ein wissenschaftliches Paradigma innerhalb einer Denk- und Forschungstradition von vorangegangenen Arbeiten unterscheidet. Die jüngeren neo-marxistischen Arbeiten sehen sich zumeist in der Tradition des sog. „westlichen Marxismus". Perry Anderson (1978; vgl. auch Therborn 1996) ordnete diesem all jene Schriften und Theoretiker zu, die sich nach dem Erlahmen und der Niederlage des revolutionären Sozialismus – hierzu zählen Theoretiker wie Kautsky, Lenin, Luxemburg, Hilferding, Trotzki, Bauer, Bucharin etc. – seit den zwanziger Jahren dieses Jahrhunderts von der tages- und parteipolitischen Praxis zunehmend entfernten.[81] Das Aufkommen des „westlichen Marxismus" impliziert zugleich noch eine Reihe weiterer Verschiebungen: der geographische Schwerpunkt verlagerte sich von Osten nach Westen (vor allem nach Deutschland, Frankreich und Italien); thematisch ging es nicht mehr um ökonomische und politische, sondern primär um kulturelle, ästhetische und philosophische Fragen, d.h. erkenntnistheoretische und methodologische Diskussionen; und unterlegt waren die theoretischen Überlegungen oftmals durch eine tendenziell resignative politische Stimmungslage.

Die strukturelle Trennung von Theorie und Praxis wurde partiell erst wieder aufgebrochen, als sich die ersten Risse der fordistischen Gesellschaftsformation offenbarten: zunächst kulturell im Gefolge der 68er Bewegung; Anfang der siebziger Jahren dann auch über die Streikwellen und eine stärker politisierte Arbeiterbewegung. Die damalige Re-Artikulation von marxistischer Theorie und politischer Praxis initiierte eine Renaissance marxistischer Analysen, von denen indirekt auch die heutige Diskussion noch zehrt. Die Wiederaneignung und Neuinterpretation des Marxschen Werkes belebte nicht nur die historisch materialistische Geschichtsschreibung, es entstand auch eine Vielzahl klassen- und staatstheoretischer Arbeiten. Dabei wurden auch die Umrisse einer politischen Theorie des historischen Materialismus erkennbar, zu der Marx selbst bestenfalls einige Fragmente[82] beigesteuert hatte. Die Überleitung vom westlichen Marxismus zur jüngeren neo-marxistischen Debatte vermittelte sich zum einen über die *strukturalistischen Arbeiten* von Louis Althusser (1977) und Nicos Poulantzas (1974; 1978), einschließlich der diskurstheoretischen Erweiterung von Ernesto Laclau (1981); zum anderen aber auch über die Gramsci-Rezeption des *„academic Marxism"* in Großbritannien. Neben Perry Anderson ist hier nicht zuletzt an E.P. Thomp-

---

81   Dies gilt nicht so sehr für die erste Generation mit Lukács, Korsch und Gramsci, dann jedoch später um so mehr – wenn auch keineswegs immer eindeutig – für Benjamin, Horkheimer, Della Volpe, Marcuse, Lefebvre, Adorno, Satre, Goldmann, Althusser und Colletti.

82   Am ehesten noch in der eher tagespolitischen Schrift „Der achtzehnte Brumaire des Louis Bonaparte" (vgl. MEW 1988).

son (1987) und Raymond Williams (1972) zu denken, deren „cultural Marxism" noch in den Arbeiten der Gruppe um Stuart Hall (1989) am Birminghamer „Center of Contemporary Cultural Studies" (CCCS) nachwirkte. Sowohl die strukturalistische als auch die jüngere britische Forschungstradition verkörpern einen Teil jenes intellektuellen Erbes, an das die neo-marxistische Diskussion auch in den achtziger und neunziger Jahre noch anknüpfen konnte.

Daß sich die Arbeiten der aufgeführten marxistischen Theoretiker, insbesondere jene von *Nicos Poulantzas* und *Antonio Gramsci*, noch immer für die Analyse und das Verständnis der gegenwärtigen Gesellschaften nutzbar machen lassen, zeigt sich nicht zuletzt in den Schriften Bob Jessops. Dieser (geb. 1946) studierte Soziologie in Exeter, promovierte in Cambridge über Reform und Revolution, um sich anschließend als reserch fellow mit der britischen politischen Kultur auseinanderzusetzen und sich erstmals auch mit Fragen der Staatstheorie zu befassen. Ab 1975 lehrte er in Essex politische Soziologie, Staatstheorie und politische Ökonomie bis er dann 1990 Professor für Soziologie an der Universität Lancaster wurde. Er schaltete sich just zu dem Zeitpunkt intensiver in die wissenschaftliche Diskussion ein, als allgemein – auch als Folge von politischen sowie (staats-, demokratie- und politik-)theoretischen Problemen – eine grundlegende Krise des marxistischen Denkens konstatiert wurde. Doch nicht nur das zeitlich eher zufällige Zusammentreffen von Jessops reger publizistischer Aktivität mit der marxistischen Theorie-Krise, sondern auch die Form ihrer Bearbeitung legt es nahe, in ihm einen Theoretiker der „Krise des Marxismus" zu sehen. Seine Arbeiten sind zumindest insofern paradigmatisch, als sie einerseits erneut eine *Akademisierung* der marxistischen Diskussion anzeigen und andererseits stetig darum bemüht sind, über die kritische Rezeption konkurrierender Theorieangebote ihr analytisches Instrumentarium differenzierter und komplexer zu gestalten.

Ein kurzer Blick auf die *Forschungsschwerpunkte* ab der zweiten Hälfte der siebziger Jahre (vgl. die Liste ausgewählter Schriften in Jessop 1990a: 377ff.) läßt dieses Bestreben wenigstens erahnen: Jessop beschäftigte sich zunächst mit den verschiedenen Varianten einer marxistischen Staatstheorie, um sich gegen Ende des Jahrzehnts dem Verhältnis von Kapitalismus und Demokratie sowie dem Korporatismus zuzuwenden. Im Anschluß an die Euro-Kommunismus-Diskussion erfolgte dann in der ersten Hälfte der achtziger Jahre eine intensive Gramsci- und Poulantzas-Rezeption. Empirisch konzentrierte sich Jessop (1996a) insbesondere auf den thatcheristischen Politikwechsel in Großbritannien, verlor aber auch die Analyse anderer Entwicklungspfade (vor allem in Skandinavien und Deutschland) nicht aus dem Auge. Überdies untersucht er seit Mitte der neunziger Jahre die veränderte Staatlichkeit auch im Kontext der europäischen Integration und ökonomischen Globalisierung (vgl. Jessop 1997a; 1997b).

Bereits dieser knappe Überblick läßt erkennen, daß es trotz der unterschiedlichen Akzentuierungen eine klare *thematische Schwerpunktsetzung* gibt: die Analyse des kapitalistischen Staates, seine institutionelle Verfaßtheit und die ihn prägenden Dynamiken der politischen Transformation. Dieser klar umrissene Abgrenzung des Gegenstandes entspricht allerdings keine ebenso einfache theoretische Selbstverortung. Denn Jessop ist stets bestrebt, die besten Traditionen des historischen Materialismus und die aufschlußreichen Theorieentwicklungen nicht-marxistischen Denkens miteinander zu verbinden. Neben Gramsci und Poulantzas erwähnt er explizit die deutsche Konzeption kapitalistischer Vergesellschaftung, das systemtheoretische Konzept der Autopoiesis, die Diskursanalyse und die Regulationstheorie (vgl. Jessop 1990a: X-XI). Die anhaltende Suche nach einem komplexeren Ansatz hat dabei zur Folge, daß er den Eklektizismus gewissermaßen zum Forschungsprinzip erhebt. Um möglichst viele Facetten des analysierten Gegenstandes zur Sprache zu bringen, neigt er darstellungstechnisch überdies zu einem enzyklopädischen Schreibstil. Doch ungeachtet aller Komplexität bleibt Jessop in seinen Ausführungen zumeist sehr systematisch. Dies gilt umso mehr, als sie sich in einer übergreifenden, beharrlich verfolgten Aufgabenstellung verdichten: nämlich eine staatstheoretisch unterfütterte *strategisch-relationale Konzeption kapitalistischer Vergesellschaftung* zu entwickeln.

2. Staat und Gesellschaft im Kapitalismus

Die politischen Theorien des Marxismus bzw. Neo-Marxismus gehen im allgemeinen davon aus, daß sich das Verständnis von Staat und Politik nur über den sozioökonomischen wie historischen Kontext erschließt. Damit unterscheiden sie sich deutlich von all jenen Ansätzen, die die institutionelle Absonderung von Staat und Politik als vollkommen annehmen, mithin den sozialen Charakter von Politik ignorieren oder zumindest vernachlässigen. Neomarxistische Analysen lassen sich in diesem Sinne zunächst durch eine Kritik der „reinen Politik" bzw. der „Autonomie des Politischen" charakterisieren, setzen sich darüber hinaus aber auch konstruktiv mit der Vergesellschaftung des Politikbegriffs auseinander, d.h. mit seiner angemessenen politökonomischen, soziologischen und strukturgeschichtlichen Fundierung und Spezifizierung.[83] Von Detail-Problemen einmal abgesehen, stößt die Theoriebildung hierbei immer wieder auf grundlegende Schwierigkeiten: Da die Arbeiten in

---

83 In der staatstheoretischen Diskussion der siebziger Jahre hat dies zu einer Vielzahl konkurrierender Ansätze geführt. Stark vereinfacht lassen sich dabei folgende Theoriestränge unterscheiden: 1. Theorien des staatsmonopolistischen Kapitalismus (instrumentelle Verschmelzung des Staats mit dem Monopolkapital); 2. kapitallogische Ansätze der „Staatsableitung" (funktionale oder formanalytische Staatsbestimmung); und 3. neogramscianische Theorien des „integralen Staates" (Vernetzung von politischer und ziviler Gesellschaft). Zur Unterscheidung und Diskussion der jeweiligen Vertreter vgl. Jessop (1982).

der Tradition des historischen Materialismus davon ausgehen, daß die Bedeutungen von Staat und Politik *historisch wandelbar* sind, müssen sie sich
engen definitorischen Festlegungen widersetzen. Häufig begünstigt dies allerdings – vor allem was die gesellschaftliche Konstruktion und Konstituie-
rung, aber auch was die organisatorische Eigenständigkeit des Staates anbe-
trifft – zu vage theoretische Konzeptionalisierungen.

Jessop versucht dieses Manko dadurch zu beheben, daß er die neo-
marxistische Theoriebildung über die kritische Aufnahme und Reformulierung konkurrierender Analysen fortlaufend verfeinert. Da sich die Beziehungen zwischen Staat und Gesellschaft, zwischen Regierung und Herrschaft
und zwischen dem Öffentlichen und Privaten immer wieder verändern, konzentriert er sich insbesondere auf „the complex forms of articulation among
state institutions and between state and non-state institutions in the overall re-
production of capital accumulation and political domination" (Jessop 1990a:
117). Das Resultat ist nun nicht nur, wie bereits erwähnt, ein enzyklopädisch-
eklektizistisches Theorie-Modell, sondern – prozedural betrachtet – ein Denken in „*integralen Verschachtelungen*": Während er mit Hilfe der Regulationstheorie zu einem umfassenden Verständnis der Ökonomie – mitsamt ihrer sozialen und institutionellen Einbettung – gelangt, verhilft ihm die neo-
gramscianische Konzeption des „integralen Staates", der auch die Zivilgesellschaft umschließt, zu einen weitgefaßten Begriff des Politischen. Die
ökonomie- und staatstheoretischen Überlegungen werden schließlich noch ergänzt durch Überlegungen zur diskursiven Konstruktion (Abgrenzung, Iden-
titätsbestimmung und Legitimation) der Ökonomie, aber auch der imaginären
politischen Gemeinschaften und des Staates (vgl. Jessop 1992; 1997b).

2.1. Politikbegriff und Staatsverständnis

Die politik- und staatstheoretischen Arbeiten von Bob Jessop stehen zweifelsohne in der Tradition des historischen Materialismus. Dessen *Politikbe-
griff* ist vor allem durch folgende Elemente charakterisiert: eine institutionell,
materiell und ideologisch selbständige Form des Politischen, die einerseits
rückgebunden bleibt an widerstreitende, strukturell antagonistische (Klassen-)
Interessen, über die andererseits zugleich jedoch auch die Konflikte innerhalb
des Systems der politischen Repräsentation und der politischen Apparate
spezifischen Regularien unterworfen werden; eine institutionelle Zentralisierung und Verdichtung der gesellschaftlichen Macht- und Kräfteverhältnisse
im Staat bzw. im politischen System; den fortwährenden Wandel der politischen Kräfteverhältnisse, nicht nur infolge veränderter materieller Reproduk-
tionsbedingungen, sondern auch als Konsequenz des politischen und ideologischen Ringens der sozialen Klassen um gesellschaftliche Hegemonie, d.h.
die Formierung von Klassenbündnissen durch Integrations- und Führungsfä-
higkeit; und die Perspektive der gesellschaftlichen Emanzipation über die

politische Aufhebung der bestehenden Ausbeutungs- und Herrschaftsverhältnisse (vgl. Deppe 1997: 33ff.).

Die aufgeführten Dimensionen stecken auch für Jessop den allgemeinen
Analyserahmen ab. Im Bemühen um analytische und theoretische Präzision
sind sie von ihm jedoch wiederholt differenziert, modifiziert und spezifiziert
worden; nicht zuletzt infolge einiger *Schwachpunkte* der marxistischen Theorie-Debatte. Diese verortet er unter anderem in zentralen Theoremen wie dem
von „Basis und Überbau", der „ökonomischen Determination in letzter Instanz" und der „relativen Autonomie des Staates". Das Basis-Überbau-Theorem repräsentiert für ihn ein zu einseitiges bzw. deterministisches und recht
schematisches Verhältnis von Ökonomie und Politik (vgl. Jessop 1990a:
81ff.). Denn tatsächlich ist die ökonomische Basis den Dimensionen des
Überbaus weder einfach vorgelagert noch ausschließlich ökonomisch und
ebensowenig autonom. Damit gerät nun aber auch die Annahme der „ökonomischen Determination in letzter Instanz" ins Wanken. Sie degeneriert entweder zu einer irreführenden oder aber zu einer banalen Floskel. Irreführend
ist sie insofern, als sie die konstitutive Rolle von nicht-ökonomischen Faktoren (z.B. von Politik, Kultur, Institutionen etc.) im Prozeß der ökonomischen
Reproduktion ausblendet oder zumindest vernachlässigt; und banal wird sie
dann, wenn sie den nicht-ökonomischen Faktoren zwar Rechnung trägt,
hiermit zugleich jedoch eine zentrale Voraussetzung der ökonomischen Determination – die autonome Selbstreproduktion – in Frage stellt. Denn fortan
kann mit der „ökonomischen Determination in letzter Instanz" nur der sehr
unspezifische Sachverhalt umschrieben werden, daß sich jede Gesellschaft
materiell reproduzieren muß.

Wenn die Determination durch die kapitalistische Ökonomie – wie auch
immer – zu relativieren ist, so bedeutet dies im Umkehrschluß, daß auch die
anderen gesellschaftlichen Bereiche über ein gewisses Maß an Autonomie
verfügen müssen. In der marxistischen Terminologie ist dieser Sachverhalt
wiederholt als „relative Autonomie" der Kultur, der Ideologie, des Rechts,
aber auch des Politischen und des Staates bezeichnet worden. Dies sagt nun
jedoch relativ wenig darüber aus, wie sich die Beziehungen und Strukturen
zwischen Staat und Gesellschaft möglichst präzise analysieren lassen. Jessop
plädiert demzufolge dafür, den Begriff der „relativen Autonomie" sowohl als
formal-abstraktes wie als konkret-empirisches Konzept[84] aufzugeben. Denn
während seine formal-abstrakte Lesart nicht viel mehr ist als ein Markenzei-

---

84 In der staatstheoretischen Diskussion korrespondierte die formal-abstrakte (strukturtheoretische) Lesart der „relativen Autonomie" mit all jenen Ansätzen, die den
   Staat als relativ eigenständige und autonome Instanz kapitallogisch herleiteten, d.h.
   über die rechtsstaatliche Sicherung der Kapitalverwertung und/oder Warenzirkulation.
   Die konkret-empirische (handlungstheoretische) Lesart war hingegen in jenen Ansätzen bestimmend, die den sozialen Charakter und die relative Autonomie des Staates
   nicht über das abstrakte Kapitalverhältnis, sondern über die konkreten Klassenbeziehungen zu entschlüsseln versuchten (vgl. auch Jessop 1982).

chen, um sich gegenüber reduktionistischen Erklärungsansätzen abzugrenzen, muß seine konkrete empirische Übersetzung vor dem Hintergrund politisch-konjunktureller Schwankungen ständig neu bearbeitet werden. Konzeptionell ist auch sie demzufolge wenig ertragreich.

Jessop bleibt nun nicht dabei stehen, das Konzept der „relativen Autonomie" in der formal-abstrakten und empirisch-konkreten Version zu verwerfen. Er nimmt den Grundgedanken (einer spezifisch strukturierten Interdependenz und Autonomie) zumindest insofern auf, als er versucht, eine *staatstheoretische Konzeption mittlerer Reichweite* zu formulieren. Diese Ebene hat für ihn mehrere Vorteile: Zunächst vermeidet sie eine tendenziell ahistorische Sichtweise des Staates, indem sie die Herausbildung des Staates nicht in logischer Korrespondenz mit den Strukturen der kapitalistischen Reproduktion, sondern auch als Resultat von gesellschaftlichen Kämpfen betrachtet. Gleichwohl wird der Staat nicht ausschließlich als Ergebnis von sozialen (Klassen-)Kämpfen gedeutet. Infolge der institutionellen Verselbständigung (insbesondere als Rechtsstaat) ist er ebenso formabhängig wie funktionsbestimmt. Im Zeitablauf geraten beide Organisationsprinzipien des Staates (die politische Form und gesellschaftliche Funktion) allerdings wiederholt miteinander in Konflikt; und zwar dergestalt, daß die Staatsformen (die Formen der Repräsentation, der Intervention und internen Organisation) die staatlichen Funktionen, d.h. den sozialen Gehalt und die gesellschaftliche Operationsweise problematisieren. Ob und wie über die Reorganisation der Staatsapparate dann ein neues institutionelles Arrangement zustande kommt, bleibt letztlich eine Frage hegemonialer Kämpfe.

Vor dem Hintergrund dieser allgemeinen Überlegungen lassen sich die Umrisse des strategisch-relationalen Ansatzes nun im Dreischritt konkretisieren. Den zentralen *Referenz- und Ausgangspunkt* liefert dabei vor allem die staatstheoretische Konzeption von Nicos Poulantzas (1978). Der Staat wird hiernach nicht schlicht als ein notwendiges instrumentelles Komplement zum kapitalistischen Verwertungsprozeß gesehen, sondern umfassender als ein soziales Verhältnis analysiert. Als Adressat gesellschaftlicher Konflikte bildet der Staat gleichsam eine Arena, in der sich die sozialen Kräfteverhältnisse objektivieren und materiell verdichten. Die ihm eigene institutionelle Materialität ermöglicht ihm zugleich eine relativ eigenständige Operationsweise. Dies wiederum ist der Grund dafür, daß die gesellschaftlichen Widersprüche in ihm formverändert, d.h. als explizit politische Konflikte in Erscheinung treten. Letztlich ist der Staat weder als eine Sache noch als ein steuerndes Subjekt zu begreifen, sondern als komplexe Institutionalisierung und Fragementierung des „Politischen", welche seinerseits die gesellschaftlichen Verhältnisse strukturiert.

Jessop übernimmt nun grundsätzlich diese, von Poulantzas ausgearbeitete Sichtweise, kritisiert zugleich jedoch die darin aufscheinende Neigung zur „Überpolitisierung" und strukturalistischen Engführung des Staatshandelns (vgl. Jessop 1985: 336ff.; 1990a: 69ff.; ähnlich Demirovic 1997: 44f.; Held

1989: 68ff.). Die „Überpolitisierung" rührt Jessop zufolge vor allem daher, daß Poulantzas die konkreten Effekte unterschätzt, die über die ökonomischen Strukturen, Regulationserfordernisse und Praktiken auf das Staatshandeln einwirken. Hierdurch werde der Klassenkampf als Motor des Staatshandelns überbewertet, ohne daß jedoch gleichzeitig der Blick auf die Dynamik der gesellschaftlichen Entwicklung freigelegt wird. Denn Poulantzas betrachtet den Klassenkampf aus einer eingeengten strukturalistischen Perspektive. Dies zeigt sich, so Jessop, auch daran, daß die dem Staat *strukturell* eingeschriebenen Formen der Klassenherrschaft und die *konkreten* politischen und ideologischen Praxen zur Errichtung von Hegemonie nicht wirklich miteinander verknüpft werden. Der Ansatz von Poulantzas ist demzufolge nicht offen genug gegenüber den tatsächlichen gesellschaftlichen wie politischen Konflikten und überschätzt tendenziell die dem Staat eingeschriebenen Formen der „strukturellen Selektivität", d.h. den bevorrechtigten Zugang von Kapitalinteressen zu den staatlichen Entscheidungszentren.

Der Begriff der „strukturellen Selektivität" leitet nun über zum zweiten Argumentationsschritt, zur *Operationsweise* des kapitalistischen Staates. Um diese nun spezifischer zu bestimmen, greift Jessop (1982: 78ff.; 1990a: 320ff.) zum einen auf die staatstheoretische Konzeption von Claus Offe (1972), zum anderen auf systemtheoretische Überlegungen von Niklas Luhmann (1986) und Helmut Willke (1983) zurück. Die Stärke des von Offe entlehnten Konzepts der „strukturellen Selektivität" sieht er vor allem darin, daß der Staat nicht als ein für alle sozialen Kräfte gleichermaßen zugängliches neutrales Instrument begriffen wird, sondern als ein institutionelles Ensemble, das sich gegenüber den kapitalistischen Interessen weitaus offener und empfänglicher zeigt. Letztlich sind für Jessop (1990a: 148) die Momente der „strukturellen Selektivität" jedoch nicht schlichtweg gegeben, sondern werden fortwährend aktiv reproduziert und verändert. Um die institutionellen Dynamiken – den Kampf um unterschiedliche „Staatsprojekte", politische Interventionsformen, Ressourcen etc. – und den relationalen Charakter der staatlichen Operationsweise zu betonen, bevorzugt er denn auch den Begriff der „strategischen Selektivität".

Einige Überlegungen der Luhmannschen Systemtheorie sind für Jessop vor allem deswegen interessant, weil sie die Eigenständigkeit der staatlichen Operationsweise herausstreichen und zugleich die Interdependenzen mit anderen gesellschaftlichen Teilbereichen aufzeigen. Offensichtlich erhofft er sich durch deren Rezeption, die recht vage Vorstellung der „relativen staatlichen Autonomie" begrifflich zu spezifizieren. Er übernimmt zwar nicht die systemtheoretische Konstruktion operativ geschlossener sozialer Systeme – in diesem Fall des politischen Systems –, die sich nur nach Maßgabe ihres eigenen Codes reproduzieren, den Komplementär-Begriff der „strukturellen Kopplung" zur Beschreibung der intersystemischen Verhältnisse greift er jedoch positiv auf. Entgegen der systemtheoretischen Annahme, daß das Ergebnis dieser Kopplung bestenfalls ein kontingenter Prozeß der Koevolution unterschiedlicher Teilsysteme sein könne, sieht Jessop stärkere Linkages zwischen den Systemen: Zum einen geht er davon aus, daß sich im Zeitablauf innerhalb eines sog. „historischen Blocks"[85] relativ stabile, systemübergreifende Arrangements herausbilden; und zum anderen sind für ihn die diskursiven Prozesse immer auch an die konzeptionellen und interessengeleiteten Bemühungen sozialer und politischer Kräfte rückgekoppelt. Dies ist letztlich auch der Grund dafür, den Begriff der „strukturellen Kopplung" durch den der „strategischen Kopplung" zu ersetzen (vgl. Jessop 1990a: 327ff).

Nach der allgemeinen Staatsbestimmung mit Poulantzas und den Überlegungen zur Operationsweise konzentriert sich die dritte Analysebene stärker auf die *historisch spezifische Gestalt* des Staates und die maßgeblichen Dynamiken seiner krisengetriebenen Reorganisation. Hierzu greift Jessop (1990a: 307ff.; 1990b; 1997c) auf einige Erkenntnisse der Regulationstheorie sowie der Gramsci-Rezeption ab Mitte der siebziger Jahre zurück. Die regulationstheoretischen Komplementär-Begriffe von Akkumulationsregime und Regulationsweise zielen darauf ab, ein nicht-ökonomistisches Verständnis des kapitalistischen Akkumulationsprozesses zu unterbreiten. Denn dieser ist zumindest insofern immer schon sozial „eingebettet" und reguliert, als die rechtlichen und institutionellen Arrangements sowie gesellschaftliche Interessen konstitutiv auf ihn einwirken. Alain Lipietz (1985: 120) definiert das Akkumulationsregime als einen „Modus systemischer Verteilung und Reallokation des gesellschaftlichen Produkts, der über eine längere Periode hinweg ein bestimmtes Entsprechungsverhältnis zwischen den Veränderungen der Produktionsbedingungen (dem Volumen des eingesetzten Kapitals, der Distribution zwischen den Branchen und den Produktionsnormen) und den Veränderungen in den Bedingungen des Endverbrauchs (Konsumnormen der Lohnabhängigen und anderer sozialer Klassen, Kollektivausgaben, usw. ...) herstellt." Die Regulationsweise umschließt „die Gesamtheit institutioneller Formen, Netze und expliziter oder impliziter Normen, die die Vereinbarkeit von Verhaltensweisen im Rahmen eines Akkumulationsregimes sichern, und zwar sowohl entsprechend dem Zustand der gesellschaftlichen Verhältnisse als auch über deren konfliktuelle Eigenschaften hinaus" (Lipietz 1985: 121; vgl. auch Hirsch 1990; Jessop 1992). Für den Akkumulationsprozeß sind vor allem folgende Regulationsformen von maßgeblicher Bedeutung: das Lohnverhältnis, die Reallokation von Kapital, die Geldausgabe und -verwendung sowie die Formen der juristischen, administrativen und ökonomischen Staatsintervention. Darüber hinaus umfaßt die Regulationsweise auch die familialen, schulischen und medialen Reproduktionsformen sowie Normen, Werte und Weltbilder.

---

85 Der Begriff des „historischen Blocks" von Antonio Gramsci ist in etwa gleichbedeutend mit dem marxistischen Begriff der „Gesellschaftsformation"; allerdings mit dem gewichtigen Unterschied, daß er auf jeweils spezifische gesellschaftliche Formationen innerhalb des Kapitalismus abzielt, wie z.B. auf die fordistische Gesellschaftsformation.

Das Akkumulationsregime und die Regulationsweise bilden zumeist dann eine relativ kohärente und beständige Entwicklungskonstellation, wenn sie unter der Führung eines Blocks hegemonialer sozialer und politischer Kräfte stehen. Dies weist darauf hin, daß die konkrete Ausgestaltung von Akkumulation und Regulation nicht einfach strukturell gegeben, sondern stets gesellschaftlich umkämpft ist. Von besonderem Interesse sind für die Vertreter der Regulationstheorie wie für Jessop die den „hegemonialen Block" dominierenden *Interessen* und *Strategien*, die ihn tragenden *Kompromisse* und *politischen Projekte*. Über die hegemonialen Strukturen läßt sich zum einen analysieren, wie die Beziehungen und wechselseitigen Abhängigkeiten zwischen Ökonomie, Staat und Zivilgesellschaft konkret ausgestaltet werden (dies gilt insbesondere für die Bewältigung tiefgreifender gesellschaftlicher Umbrüche); zum anderen erhellen sie überdies den sozialen Charakter der politisch-institutionellen Transformation. Die hegemonietheoretischen Überlegungen bringen zudem das Bemühen zum Ausdruck, einen möglichst umfassenden, weder politisch-institutionell noch ökonomietheoretisch verengten Analyseansatz zu entwickeln, der überdies noch die Kritik der gesellschaftlichen Herrschaftsverhältnisse und deren prinzipielle Veränderbarkeit thematisiert.

2.2. Vom „Keynesian welfare state" zum „Schumpeterian workfare state"

Seit den siebziger Jahren beobachtet Jessop (1992; 1993; 1997b) eine grundlegende Reorganisation von Staat und Staatlichkeit. Wie andere neomarxistische Staatstheoretiker geht auch er davon aus, daß mit der Krise der fordistischen Gesellschaftsform – d.h. der interventionsstaatlich abgestützten Komplementarität von Massenproduktion und Massenkonsum – auch die tragenden Strukturprinzipien des alten „Keynesian welfare state" erodieren. Zugleich wird seit den achtziger Jahren jedoch auch ein neues Leitbild der staatlichen Transformation erkennbar: der „Schumpeterian workfare state".[86] Die maßgeblichen Veränderungen analysiert er vornehmlich anhand zweier Dimensionen: einer *institutionellen* und einer *materiellen* (vgl. Jessop 1996b). Der institutionellen Dimension rechnet er die spezifischen Formen der politischen Repräsentation und Interessenvermittlung zu, aber auch die interne Organisation der Staatsapparate, einschließlich der Verteilung von Macht und Kompetenzen, sowie die verschiedenen Formen der staatlichen Intervention, d.h. die Machttechniken, organisatorischen Instrumente, strategischen Kapazitäten etc. Die materielle Dimension umschließt die gesellschaftlichen Grundlagen staatlicher Macht, d.h. die tragenden Kompromisse

---

86 Ähnlich wie Jessop begreift Hirsch (1990; 1995) den Transformationsprozeß als Übergang vom „fordistischen Sicherheitsstaat" zum „nationalen Wettbewerbsstaat".

und Bündnisstrukturen, die staatlichen Praktiken und Projekte, die dem Staatssystem eine gewisse Geschlossenheit geben, und die gesellschaftlichen Hegemonialprojekte, die die vorherrschenden Vorstellungen des Gemeinwohls definieren.

Einige allgemeine Facetten des kapitalistischen Umbruchs sieht Jessop (1992; 1996b) in den neuen Schlüsseltechnologien (in der Bio-, Gen- und Robotertechnologie, neuen Produktionsmaterialien, vor allem aber der Mikroelektronik und den neuen Informationstechnologien); der mit ihnen verbundenen Reorganisation der Arbeits- und Produktionsorganisation, einschließlich der sektoralen, regionalen und transnationalen Neuordnung der Wirtschaftskreisläufe; der intensivierten Internationalisierung des Finanz-, Handels- und Industriekapitals; der Herausbildung regionaler Wachstumspole innerhalb der Triadekonkurrenz; und der Tertiarisierung der Beschäftigungsstruktur. Worauf es Bob Jessop im Kontext dieser Überlegungen nun ankommt ist, daß sich mit den ökonomischen Strukturverschiebungen auch das tragende soziale Fundament des „keynesianischen Wohlfahrtsstaates" transformiert. Die alten korporatistischen Arrangements zwischen Gewerkschaften und Arbeitgeberverbänden lösen sich auf bzw. verändern ihren Charakter; und zugleich wandeln sich auch die Vorstellungen der Inhalte, Kriterien und Formen, über die das gesellschaftliche Gemeinwohl zu realisieren ist. In Westeuropa und Nordamerika ist seit Anfang der achtziger Jahre denn auch zu beobachten, daß das alte Gesellschaftsprojekt sozialer Anrechte – d.h. Vollbeschäftigung, wohlfahrtsstaatliche Expansion und soziale Sicherheit – zugunsten einer stärker marktorientierten Leistungs- und Effizienzphilosophie (Flexibilisierung, Deregulierung und Privatisierung) zurückgedrängt wird.

Dies schlägt sich nicht zuletzt auch in der Reformulierung des *hegemonialen Staatsprojekts*, dem zentralen Bezugspunkt der staatlichen Reorganisation, nieder. Allgemein betrachtet, ist Jessop (1993: 9) zufolge das neue Leitbild des „Schumpeterian workfare state" durch drei grundlegende ökonomisch und soziale Zielsetzungen definiert: „the promotion of product, process, organisational, and market innovation; the enhancement of the structural competitiveness of open economies mainly through supply-side intervention; and the subordination of social policy to the demands of labour market flexibility and structural competitiveness." Konkreter zeigt er dann, wie sich die gewandelten Zielsetzungen auf die institutionelle und organisatorische Struktur des Staates auswirken. Im System der politischen Repräsentation zielen die maßgeblichen Akteure (Parlament, Parteien, Verbände, Medien etc.) verstärkt auf massenmediale Resonanz, was mehr und mehr einem populistischen Politikstil mit vornehmlich symbolischen Inszenierungen entspricht (vgl. Jessop 1990a: 74ff.; 1996a: 364ff.). Zugleich orientieren sich die politischen Entscheidungen zunehmend an den ökonomischen Kriterien der internationalen Wettbewerbsfähigkeit. In dem Maße, wie hierdurch das Spektrum politischer Alternativen eingeschränkt wird, verringert sich zugleich die Integrationsfähigkeit der etablierten politischen Organisationen. Zwar treten in Form von sozialen Bewegungen zuweilen auch neue politische Akteure auf den Plan, doch zumeist verfügen sie über keinen angemessenen Zugang zur politischen Öffentlichkeit und den maßgeblichen Entscheidungsgremien. Letztlich erzeugt das neue Staatsprojekt aufgrund der Aushöhlung von demokratischen Kontroll- und Partizipationsmöglichkeiten somit eine schwelende Krise der demokratischen Repräsentation.

Diese Tendenzen werden durch die Verschiebungen im *System der Staatsapparate* noch verstärkt. So ist zu beobachten, daß diejenigen Apparate, deren Entscheidungen sich darum bemühen, die ökonomische Wettbewerbsfähigkeit auf den internationalen Waren-, Finanz- und Kapitalmärkten zu verbessern (die Wirtschafts- und Finanzministerien, die Zentralbanken etc.), die Entscheidungen aller übrigen Ministerien in wachsendem Maße dominieren. Zugleich werden auch formell eine Reihe von Kompetenzen auf demokratisch nicht kontrollierte und oft nur indirekt legitimierte Organe übertragen. Die Entdemokratisierung von politischen Entscheidungsprozessen vollzieht sich zum einen im Kontext der europäischen Integration (Ministerrat, EuGH, Zentralbankrat); zum anderen erfolgt sie sich aber auch auf nationaler Ebene, wenn z.B. die Befugnisse der Exekutive (Regierung, Verwaltung, Polizei etc.) Schritt für Schritt erweitert werden, um die Probleme der gesellschaftlichen Desintegration (Arbeitslosigkeit, Armut, Kriminalität etc.) möglichst kostensparend zu bekämpfen.[87]

Die *neuen Formen der Staatsintervention* folgen in erster Linie der neoliberalen Philosophie eines intensivierten marktgetriebenen Wettbewerbs. Die Entfesselung des Marktes realisiert sich wesentlich über die Strategien der Deregulierung, Kommodifizierung und Privatisierung, was jedoch nicht unbedingt auf weniger, als vielmehr auf einen veränderten Charakter der staatlichen Intervention verweist. In dem Maße, wie die Elemente einer solidarisch konzipierten sozialen Absicherung und Umverteilung zurückgedrängt werden, sieht sich der Staat nämlich zugleich mit unzähligen neuen Anforderungen konfrontiert. Denn letztlich benötigen Märkte, sollen sie funktionieren, stets eine Vielzahl rechtlicher Garantien: vom Schutz des Privateigentums angefangen, über die rechtliche Ausgestaltung der deregulierten Kapital-, Finanz- und Arbeitsmärkte, bis hin zur Normierung von Produktion und Vertrieb. Der „Schumpeterian workfare state" stützt sich jedoch nicht nur auf den Wandel der wirtschafts- und sozialpolitischen Interventionsformen. Er beinhaltet auch neue Kompetenzen für die exekutiven Apparate, insgesamt also eine Stärkung der autoritären Macht. Den Maßnahmen, die Jessop (1996a: 373ff.) diesbezüglich in Großbritannien beobachtet, entsprechen

---

87 Diese Überlegungen finden sich bei Jessop so zwar nicht explizit, sie lassen sich jedoch zum Teil aus der Poulantzas-Diskussion, insbesondere der These des „autoritären Etatismus" herauslesen (vgl. Jessop 1990a: 66ff.), zum Teil ergeben sie sich aus seiner Analyse des Thatcherismus (vgl. Jessop 1996a: 367ff.).

hierzulande in etwa der „Asyl-Kompromiß", der „große Lauschangriff" und andere informationstechnologische Erfassungsmethoden.

Die Konturen des *neuen Staatsprojekts* treten vor allem in jenen westeuropäischen Ländern hervor, die zuvor über einen relativ gut ausgestatteten „keynesianischen Wohlfahrtsstaat" verfügten. Doch auch hier erfolgt die staatliche Transformation keineswegs gleichförmig. Aufgrund der tradierten institutionellen Strukturen, des hegemonialen Gesellschaftsprojekts und der dieses stützenden Kräfte zeigen sich deutliche Pfadabhängigkeiten. Idealtypisch kann in diesem Sinne zwischen einer neoliberalen (z.b. Großbritannien), neo-korporatistischen (z.b. Deutschland) und neo-etatistischen (z.b. Dänemark) Variante des „Schumpeterian workfare state" unterschieden werden (vgl. Jessop 1993: 28ff; 1996b: 65ff.). Ungeachtet aller Differenzen, schenkt Jessop bezüglich der staatlichen Transformationsprozesse dem Prozeß der *europäischen Integration* und den Dynamiken der *Globalisierung* eine zunehmend größere Aufmerksamkeit. Denn beide Entwicklungen haben zur Folge, daß sich die Formen von Staatlichkeit von ihrer nationalstaatlichen Verfaßtheit ablösen, da Kompetenzen auf die sub- wie supranationale Ebene verlagert werden. Dies fördert zudem einen Wechsel from government to governance, was anzeigt, daß das gesamte System der staatlichen Regulation in Bewegung geraten ist. So gesehen, sind die europäische Integration und die Globalisierung nicht nur ein Ausdruck, sondern zugleich auch konstitutive Momente einer neuen Phase der Internationalisierung des Staates, d.h. seiner über transnationale Kräfte und Prozesse vorangetriebenen Reorganisation (vgl. Jessop 1997a; 1997b).

2.3. Kapitalismus und Demokratie

Unter demokratietheoretischen Gesichtspunkten sind die hier nur knapp skizzierten Reorganisationsprozesse alles andere als unbedenklich. Entgegen der liberalen Weltsicht erweist sich das Verhältnis von Kapitalismus und Demokratie erneut als prekär. *Historisch* betrachtet ist eine derart skeptische Perspektive wenig verwunderlich. Denn zunächst hatte sich der politische Liberalismus im 17., 18., aber auch noch in der ersten Hälfte des 19. Jahrhunderts als antidemokratische Kraft gegen die sozialrevolutionäre (Arbeiter-)Bewegung profiliert, um die Staatsmacht den besitzenden Klassen vorzubehalten. Erst der jüngere, weniger repressive Liberalismus bekannte sich dann eindeutiger zu elementaren demokratischen Grundprinzipien, wurde jedoch nicht in erster Linie vom Bürgertum, sondern eher von Teilen der Arbeiterklasse und dem anti-imperialistischen Kleinbürgertum aufgegriffen (vgl. Rosenberg 1988). Die liberale bzw. repräsentative Demokratie auf der Grundlage des allgemeinen und freien Wahlrechts ist denn auch noch ein recht junges Phänomen. Als ein stabiles Element der kapitalistischen Staatsform hat sie sich, von wenigen Ausnahmen einmal abgesehen, in den meisten Gesellschaften erst nach dem Zweiten Weltkrieg etabliert (vgl. Therborn 1977). Die stabilisierenden Voraussetzungen beruhten dabei insbesondere auf einem relativ stabilen sozialen Fundament (dem korporatistischen Klassenkompromiß, dem Ausbau des Wohlfahrtsstaats, den Formen einer keynesianisch motivierten Staatsintervention etc.), dessen Erosion die grundlegenden Spannungen nun wieder stärker hervortreten läßt. Jessop (1990a: 170ff.) betrachtet die Verknüpfung von Kapitalismus und Demokratie in diesem Sinne als ein kontingentes Ergebnis historischer Kämpfe. Ihn interessiert vor allem, wie die strukturellen Spannungen *strategisch-relational* bearbeitet werden.

Dies bedeutet nun nicht, daß Jessop die Institutionen der parlamentarisch-repräsentativen Demokratie primär unter *instrumentellen Gesichtspunkten* betrachtet. Sie sind für ihn weder eine besonders subtile Variante zur Aufrechterhaltung der bürgerlichen Herrschaft, noch einfach ein Vehikel zur Errichtung einer sozialistischen Gesellschaft. Als Resultat von gesellschaftlichen Kämpfen – zwischen unterschiedlichen sozialen Kräften – werden sie vielmehr als ein zentrales Moment einer „*historischen Kompromißstruktur*" (vgl. Demirovic 1997: 39ff.) interpretiert. Jessop (1990a: 188f.) erkennt demzufolge den eigenen Wert und die Verdienste der parlamentarisch-repräsentativen Demokratie – nicht zuletzt eine offene politische Kultur, die sich auch den Debatten über die Demokratisierung der Lebensverhältnisse nicht a priori verschließen kann – ausdrücklich an, macht zugleich jedoch auch auf ihre *Begrenzungen* aufmerksam; insbesondere auf die ihr eingeschriebenen Formen der „strategischen Selektivität". In diesem Sinne ist die parlamentarisch-repräsentative Demokratie für ihn, wie für die neo-marxistische Diskussion insgesamt, ein notwendiger, allerdings unzureichender Kernbestandteil der *sozialen Demokratie*. Diese zeigt sich bestrebt, den Geltungsbereich der demokratischen Verfassungsnormen von Freiheit, Gleichheit und Solidarität nicht auf die Arena des Politischen zu beschränken, sondern auch auf die „vorpolitischen" Lebensverhältnisse auszudehnen, um die bestehenden Herrschafts- und Ausbeutungsverhältnisse zu überwinden (vgl. auch Demirovic 1997: 13). Das Leitmotiv der neo-marxistischen Kritik der liberalen Demokratie ist demzufolge nicht die Abkehr, sondern die Hinwendung, Verallgemeinerung und wirkliche Umsetzung der bürgerlichen Verfassungsideale.

Einige Überlegungen der pluralistisch-liberalen Demokratietheorie sollten Jessop (1990a: 171ff.) zufolge zunächst durchaus ernst genommen werden: so z.B., daß der demokratische Staat die vielfältigen sozialen Interessen in der Formulierung des öffentlichen bzw. nationalen Gemeinwohls miteinander versöhnt; daß sich Politik nicht einfach entlang antagonistischer Klasseninteressen, sondern unter dem Einfluß unzähliger sozialer Kräfte organisiert; daß es einer Elite oder Herrschaftsklasse nicht einfach gelingen kann, sich des politischen Systems zu bemächtigen; und daß auch die abhängig Beschäftigten (über gewerkschaftliche Organisationen und den Streik) wie die Bevölkerung insgesamt (über Wahlen, Konsumenten-Boykotte, öffentlichkeitswirksame Aktionen, Demonstrationen etc.) keineswegs machtlos sind.

Ungeachtet dieser augenscheinlich zutreffenden Beschreibungen gibt es seines Erachtens aber auch eine Reihe von Hindernissen, die die formalen Strukturen der liberalen Demokratie in der alltäglichen Praxis unterminieren und außer Kraft setzen.

Jessop (1990a: 175ff.) verortet die Begrenzungen auf drei Ebenen: Erstens verweist er darauf, daß die *individuellen Ressourcen* (Ausbildung, Geld, Freizeit, politische Kontakte) gesellschaftlich ebenso ungleich verteilt sind wie die Möglichkeiten, sich politisch zu organisieren. Benachteiligt sind vor allem Personengruppen wie Hausfrauen, Langzeitarbeitslose, chronisch Kranke, die ländliche Bevölkerung etc. Zweitens sind auch der *politischen Agenda* – dem Wahlprozeß und der Operationsweise des politischen Systems – strukturelle Begrenzungen eingeschrieben; einerseits durch die systematische Bevorteilung der etablierten Parteien (Parteienfinanzierung), durch das Verbot radikaler Parteien, durch die massive Beeinflussung der politischen Öffentlichkeit (Fernsehen, Boulevardpresse etc.) und die Inszenierung von Skandalen; andererseits durch konstitutionelle und rechtliche Barrieren, die die gewählte Volksvertretung davon abhalten, die staatliche Machtausübung (von Geheimdienst, Militär, Zentralbanken etc.) zu kontrollieren. Und drittens schließlich werden die ersten beiden Punkte gleichsam eingerahmt durch die *spezifische Artikulation und institutionelle Trennung von Ökonomie und Politik*. Denn auch wenn Staat und Regierung nicht direkt vom Kapital kontrolliert werden, scheint dessen Vorherrschaft doch strukturell gesichert. Während die Grundlagen der Produktion über das Privateigentum an Produktionsmitteln einer effektiven politischen Kontrolle entzogen bleiben, sind die staatlichen Aktivitäten in hohem Maße abhängig (Steuereinkünfte) von einer relativ reibungslosen Funktionsweise der kapitalistischen Ökonomie. Die Volksvertreter, die politischen Parteien und vor allem die Regierung sehen demnach in einer dynamischen Kapitalakkumulation eine wesentliche Grundlage des eigenen Überlebens. Gleichwohl müssen sie ihre (wirtschafts)politischen Konzeptionen in demokratischen Wahlen bestätigen lassen. Von daher drehen sich die politischen Strategien immer wieder darum, die Erfordernisse der Kapitalakkumulation mit den Bedürfnissen der Bevökerung in Einklang zueinander zu bringen.

Für Jessop bewegen sich die sozialistischen und sozialdemokratischen Parteien infolge der von ihnen verfolgten parlamentarischen Strategie grundsätzlich innerhalb eines derart abgesteckten und eingegrenzten Terrains. In der Vergangenheit haben sie die Werte der Gleichheit, Freiheit und Solidarität den Erfordernissen der Kapitalakkumulation – programmatisch wie in der politischen Praxis – immer wieder angepaßt (vgl. Sassoon 1997). Die Ursache hierfür sieht Jessop nicht so sehr in der Übernahme einer pluralistischen Sichtweise, sondern vor allem in einem Mangel an *gegen-hegemonialen Projekten*, über die die pluralistischen Kräfte polarisiert, aus den neo-liberalen Projekten herausgebochen und für sozialistische Strategien hätten gewonnen werden können (vgl. auch Hall 1989: 207ff. u. 220ff.). Den Focus solcher

gegen-hegemonialen Projekte bildet für ihn die Verknüpfung von Strategien
einer sozialistischen und einer demokratischen Transformation. Beide sind
zwar nicht identisch, ergänzen sich jedoch insofern, als sie ihr volles Potential nur gemeinsam realisieren können. Die Erringung der politischen, intellektuellen und moralischen Führung und der demokratische Übergang zum
Sozialismus sollten sich, so Jessop (1990a: 189), vor allem auf drei Dimensionen beziehen: „Socialists must (a) work within the existing system to re-
veal its limitations while winning such short-term concessions as may be
possible; (b) develop an alternative hegemonic project that links short-term
sectional interests to the pursuit of a democratic, socialist system and justifies
necessary short-term sacrifices in terms of the strategic goal; and (c) seek to
transform the seperation between the economic and the political through the
introduction of a coordinated system of industrial self-government and democratic economic planning and to reorganize the state itself through the ex-
tension of democratic accountability."

3. Kritik der staatszentriert-diskursiven Perspektive

Vielleicht mag es etwas erstaunen, daß sich in Zeitschriften und Büchern insgesamt nur wenige kritische Einwände gegen die von Bob Jessop entwickelten Überlegungen finden lassen. Möglicherweise hat er deswegen eher wenig
Kritik provoziert, weil er sein politisch-normatives Engagement – mit entsprechenden Überlegungen zur Demokratisierung und sozialistischen Transformation – zugunsten analytischer und theoretischer Fragestellungen zumeist zurückgestellt hat. Die spärlichen kritischen Anmerkungen konzentrieren sich
zumeist auf Probleme, die Jessop als theoretischer „Grenzgänger" erzeugt.

3.1. Holistische Restbestände

Aus *theorieexterner Perspektive* interpretiert Klaus von Beyme (1991:
120ff.) die hier am Beispiel von Jessop skizzierte „Öffnung" bzw. „Anschlußfähigkeit" des Neo-Marxismus schlicht als einen Prozeß der Post-Mo-
dernisierung. Die schillernden Debatten in der Zeitschrift ‚New Left Review'
und auch die Regulationstheorie sind für ihn – unter anderem aufgrund des
sehr schwammigen Praxisbezugs – nurmehr Durchgangsstationen auf dem
Weg zum „Postmarxismus". Ohne sich mit den theoretischen Grundlagen
und zentralen Thesen der neueren neo-marxistischen Diskussion wirklich
auseinandergesetzt zu haben, kommt er zu einem harten Pauschalurteil: Die
jüngere neo-marxistische Diskussion ist nicht wirklich konsequent, da sie
sich gegenüber den kulturellen und politisch-institutionellen Prozessen zwar
öffne, letztlich die Erörterungen jedoch nach wie vor einem polit-ökonomisch

fundierten altmodernen Ganzheitsanspruch unterwerfe. Im Vergleich zu dieser pauschalisierenden Kritik trägt Anthony Giddens (1989: 266f.) seine Bedenken deutlich moderater und problemorientierter vor. Er bezweifelt vor allem den staatstheoretischen Erkenntnisgewinn, den Jessop aus der Gramsci- und Poulantzas-Rezeption herleitet, und hebt gegenüber den hegemonialen Verknüpfungen zwischen Staat und Gesellschaft die institutionelle Absonderung und Eigendynamik der politischen Institutionen und Prozesse hervor. In eine ähnliche Richtung weisen im übrigen auch die Einwände von Uwe Bekker (1989: 246f.), der die hegemonietheoretischen Unklarheiten diskutiert. Denn seines Erachtens kommt dem Hegemonie-Konzept – bezogen auf die Artikulation unterschiedlicher gesellschaftlicher Reproduktionsebenen – innerhalb der Regulationstheorie eine herausragende Bedeutung zu, ohne daß jedoch die Reichweite (gesellschaftliche, ökonomische, kulturelle Hegemonie) und die sozialen Referenzen (Klassen bzw. Klassenfraktionen) des Konzepts hinreichend geklärt wären.

3.2. Vermittlungsdefizite

Der theorieexternen Kritik von Becker muß so zwar nicht unbedingt zugestimmt werden, da sich Jessop der Herausbildung und Veränderung von hegemonialen Strukturen nicht primär über Klassen und soziale Kräfte nähert, sondern über die Formulierung von hegemonialen Projekten, auf die sich unterschiedliche soziale Kräfte dann beziehen können, doch auch *innerhalb der neo-marxistischen Diskussion* konzentrieren sich die Einwände vornehmlich auf die Hegemonie-Konzeption. Drei Schwächen sollen hier nur andeutungsweise umrissen werden: Erstens legt Jessop, auch wenn er zwischen Staats- und Gesellschaftsprojekten unterscheidet, das Hauptaugenmerk auf die konkurrierenden Staatsprojekte. Dies hat zur Folge, daß *Fragen der gesellschaftlichen Hegemonie* oftmals zu eingeengt über den Staat diskutiert werden. Die Perspektive würde zweifelsohne erweitert, wenn neben den Staatsprojekten die mit ihnen korrespondierenden Gesellschaftsprojekte und folglich auch die zivilgesellschaftlichen Auseinandersetzungen stärker gewichtet würden (vgl. u.a. Hirsch 1990; Lipietz 1992). Zweitens scheint bei Jessop das Verhältnis von Akkumulationsregime und Regulationsweise (bzw. Staatprojekten) insofern unzureichend bestimmt, als er die *strukturellen ökonomischen Umbrüche* nicht ökonomietheoretisch, sondern primär deskriptiv thematisiert. Er greift hierauf fast ausschließlich extern zu, d.h. aus der Perspektive der debattierten Staatsprojekte. Die Frage, wie über die Veränderungen im ökonomischen Reproduktionsprozeß auch die sozialstrukturellen Gefüge und soziokulturellen Beziehungen und damit letztlich auch das Terrain der Zivilgesellschaft tiefgreifend reorganisiert werden, kommt demzufolge tendenziell zu kurz. Und drittens schließlich hat er sich zuletzt zwar auch den Prozessen der *transnationalen Vergesellschaftung* (der Globalisierung und der europäischen Integration) verstärkt zugewendet, ohne jedoch den leichten staats- und institutionentheoretischen Bias zu überwinden. So berücksichtigt er zwar den grenzüberschreitenden Charakter der politisch-institutionellen Reorganisations-Diskurse, die Ebene der transnationalen Netzwerkbildung zwischen Managern, Politikern, Journalisten etc. blendet er jedoch weitgehend aus.

4. Gesellschaftliche Hegemonie im Kontext der transnationalen Vergesellschaftung – Anschlüsse an Antonio Gramsci

Gerade dieser zuletzt genannte Aspekt steht nun im Mittelpunkt von Arbeiten, die das Hegemonie-Konzept Antonio Gramscis für die Analyse transnationaler Vergesellschaftungsprozesse fruchtbar gemacht haben. Da sich ihre Vertreter neben Gramsci auch auf andere nicht-marxistische Theoretiker wie Fernand Braudel, Karl Polanyi und Giambattista Vico beziehen, wird dieser Theoriestrang oft als *„Neo-Gramscianismus"*, als *„open marxism"* oder schlicht als *„transnational historical materialism"* bezeichnet (zum Überblick vgl. Bieling/Deppe 1996; Drainville 1994). Wichtige Arbeiten wurden bislang zum einen in Kanada von Robert W. Cox (1987) sowie Stephen Gill (1993), zum anderen in den Niederlanden von der sog. Amsterdamer Schule, d.h. von Kees van der Pijl (1984), Otto Holman (1996) und Henk Overbeek (1993) verfaßt. Ungeachtet aller Unterschiede kann dieser Theoriestrang vor allem zwei Verdienste für sich reklamieren: Erstens überwindet er die sonst im Bereich der internationalen Beziehungen vorherrschende Fixierung auf die zwischenstaatlichen Beziehungen, vor allem die Nationalstaat-Weltmarkt-Dichotomie, indem er auch die transnationalen sozialen, ideologischen und politisch-institutionellen Vernetzungsprozesse analysiert; und zweitens macht er deutlich, daß die Dynamik hegemonialer Formierungsprozesse, d.h. die Vermittlung von Akkumulationsregime und Regulationsweise, nur dann zu erschließen ist, wenn auch der transnationale Kontext angemessen berücksichtigt wird.

Gleichsam paradigmatisch für die Analyse des Aufstiegs, der Formierung und der Erosion transnationaler hegemonialer Konstellationen ist die Studie von Robert W. Cox (1987) „Production, Power, and World Order. Social Forces in the Making of History". Er hat hierin den Wandel der internationalen Beziehungen anhand der Pax Britannica und der Pax Americana nicht nur als Wirtschafts- und Sozialhistoriker empirisch nachgezeichnet, er unterbreitet auch eine theoretische Konzeption des Zusammenhangs von materieller Produktion, den sozialen (Klassen-)beziehungen und den Formen der institutionellen Regulation, einschließlich der Ideen, Leitbilder und Identitäten. Nachdem die meisten Arbeiten zunächst eher historisch orientiert die Verallgemeinerung fordistischer Gesellschaftsstrukturen im Zeitalter der Pax Americana untersuchten, rückten ab Ende der achtziger Jahre die Prozesse *neoliberaler Restrukturierung* in den Mittelpunkt der Betrachtungen. Die unterschiedlichen nationalen Entwicklungspfade – in Nord- und Südamerika, in West- und Osteuropa sowie in Südostasien und Teilen Afrikas – erscheinen aus dieser Perspektive als Bestandteile zunehmend transnationalisierter Produktions- und Finanzbeziehungen. Deren Ausgestaltung unterliegt dabei wesentlich dem Einfluß transnationaler Konzerne (Industriekonzerne, Banken, Versicherungen wie Medienkonzernen im Informations- und Unterhaltungssektor) und transnationaler Elitennetzwerke, d.h. einer transnationalen Managerklasse, deren Strategien der ökonomischen und gesellschaftlichen Restrukturierung von neoliberalen Zirkeln und Think Tanks wie der Mont-Pélerin-Society, der Heritage Foundation, der Trilateralen Kommission, dem European Round Table of Industrialists etc. konzeptionell entwickelt und programmatisch ausgearbeitet werden. Die neoliberal-monetaristische Reorientierung der dominanten ökonomischen und politischen Strategien wird jedoch nicht nur ideologisch-diskursiv, sondern auch institutionell abgestützt. Gill (1995) hebt hervor, daß unter der Maßgabe der G7 bzw. G8 die internationalen Regime (wie der IWF und die Weltbank sowie das GATT bzw. die WTO) ihre Funktionsweise verändert haben und zusammen mit den Prozessen der regionalen Wirtschaftsintegration (EU, NAFTA, ASEAN etc.) Momente eines „new constitutionalism" sind, über den die Vernetzung des globalen Kapitals, die Intensivierung der Marktdisziplin und die Kommodifizierung der Sozialbeziehungen vorangetrieben und institutionell abgesichert, d.h. der demokratischen Einflußnahme entzogen wird.

Auch wenn dieser Theoriestrang des „transnational historical materialism" abschließend hier nur angerissen werden kann, so macht er doch innerhalb des „neo-marxistischen" Forschungsprogramms auf wichtige Fragestellungen aufmerksam, die Ansatzweise auch die jüngeren Arbeiten von Jessop antreiben: Wie läßt sich die Dynamik der gesellschaftlichen und transnationalen Reorganisation gesellschafts- und politiktheoretisch erfassen? Was sind die entscheidenden Triebkräfte? Inwiefern verbleiben den politischen Akteuren noch politische Spielräume und Gestaltungsmöglickeiten? An welchen Stellen brechen gesellschaftliche Widersprüche auf? Und in welchem Maße enthalten die Konflikte ein Potential zur Demokratisierung der gesellschaftlichen und politisch-institutionellen Verhältnisse oder eröffnen sogar neue Perspektiven einer demokratisch-sozialistischen Transformation? Wie immer die Antworten auch ausfallen mögen, der Fragenkatalog läßt zumindest erahnen, daß sich gerade im „Zeitalter der Globalisierung" aus einer polit-ökonomischen Untersuchungsperspektive noch eine Reihe aufschlußreicher wie gesellschaftskritischer Erkenntnisse gewinnen lassen.

Literatur

a. verwendete Literatur

Althusser, Luis (1977): Ideologie und ideologische Staatsapparate. Hamburg; West-Berlin.

Anderson, Perry (1978): Über den westlichen Marxismus. Frankfurt a.M.

Becker, Uwe (1989): Akkumulation, Regulation und Hegemonie. Logische Korrespondenz oder historische Fundsache. Politische Vierteljahresschrift 30, 230-253.

Beyme, Klaus von (1991): Theorie der Politik im 20. Jahrhundert. Von der Moderne zur Postmoderne. Frankfurt a.M.

Bieling, Hans-Jürgen/Deppe, Frank (1996): Gramscianismus in der internationalen politischen Ökonomie. Das Argument 38, 729-740.

Cox, Robert W. (1987): Production, Power, and World Order. Social Forces in the Making of History. New York.

Demirovic, Alex (1997): Demokratie und Herrschaft. Aspekte kritischer Gesellschaftstheorie. Münster.

Deppe, Frank (1997): Fin de Siècle. Am Übergang ins 21. Jahrhundert. Köln.

Drainville, André (1994): International Political Economy in the Age of Open Marxism. Review of International Political Economy 1, 105-132.

Giddens, Anthony (1989): A reply to my critics. S. 249-301 in: David Held/John B. Thompson (Hg.), Social theory of modern societies: Anthony Giddens and his critics. Cambridge.

Gill, Stephen (Hg.) (1993): Gramsci, Historical Materialism and International Relations. Cambridge.

– (1995): Globalisation, Market Civilisation, and Disciplinary Neoliberalism. Millenium: Journal of International Studies 24, 399-423.

Held, David (1989): Political Theory and the Modern State. Essays on State, Power and Democracy. Oxford.

Hall, Stuart (1989): Ausgewählte Schriften. Hamburg; Berlin.

Hirsch, Joachim (1990): Kapitalismus ohne Alternative? Materialistische Gesellschaftstheorie und Möglichkeiten einer sozialistischen Politik heute. Hamburg.

– (1995): Der nationale Wettbewerbsstaat. Staat, Demokratie und Politik im globalen Kapitalismus. Berlin; Amsterdam.

Holman, Otto (1996): Integrating Southern Europe. EC Expansion and the Transnationalisation of Spain. London; New York.

Jessop, Bob (1982): The Capitalist State. Marxist Theories and Methods. Oxford.

– (1985): Nicos Poulantzas. Marxist theory and political strategy. London.

– (1990a): State Theory. Putting Capitalist States in their Place. Cambridge.

– (1990b): Regulation theories in retrospect and prospect. Economy and Society 19, 153-216.

– (1992): Regulation und Politik. Integrale Ökonomie und integraler Staat. S. 232-262 in: Alex Demirovic/Hans-Peter Krebs/Thomas Sablowski (Hg.), Hegemonie und Staat. Kapitalistische Regulation als Projekt und Prozeß. Münster.

– (1993): Towards a Schumpeterian Workfare State? Preliminary Remarks on Post-Fordist Political Economy. Studies in Political Economy 40, 7-39.

– (1996a): Politik in der Ära Thatcher: Die defekte Wirtschaft und der schwache Staat. S. 353-389 in: Dieter Grimm (Hg.), Staatsaufgaben. Frankfurt a.M.

– (1996b): Veränderte Staatlichkeit. Veränderungen von Staatlichkeit und Staatsprojekten. S. 43-73 in: Dieter Grimm (Hg.), Staatsaufgaben. Frankfurt a.M.

– (1997a): Globalization and the National State: Reflections on a Theme of Poulantzas. Paper prepared for presentation to the Colloquium „Miliband and Poulantzas in Retrospect and Prospect" City University of New York, April 24-25.

– (1997b): Die Zukunft des Nationalstaats – Erosion oder Reorganisation? Grundsätzliche Überlegungen zu Westeuropa. S. 50-95 in: Steffen Becker/Thomas Sablowski/Wilhelm Schumm (Hg.), Jenseits der Nationalökonomie? Weltwirtschaft und Nationalstaat zwischen Globalisierung und Regionalisierung. Berlin; Hamburg.

– (1997c): Twenty Years of the (Parisian) Regulation Approach: The Paradox of Success and Failure at Home and Abroad. New Political Economy 2, 503-526.

Laclau, Ernesto (1981): Politik und Ideologie im Marxismus. Kapitalismus – Faschismus – Populismus. Berlin.

Lipietz, Alain (1985): Akkumulation, Krisen und Auswege aus der Krise: Einige methodische Überlegungen zum Begriff „Regulation". Prokla 15, 109-137.

– (1992): Towards a New Economic Order. Postfordism, Ecology and Democracy. New York.

Luhmann, Niklas (1986): Ökologische Kommunikation. Opladen.

MEW (1988): Der achtzehnte Brumaire des Louis Bonaparte. S. 110-207, 8. Auflage. Berlin.

Offe, Claus (1972): Strukturprobleme des kapitalistischen Staates. Aufsätze zur Politischen Soziologie. Frankfurt a.M.

Overbeek, Henk (Hg.) (1993): Restructuring Hegemony in the Global Political Economy. The rise of transnational liberalism in the 1980s. London; New York.

Poulantzas, Nicos (1974): Politische Macht und soziale Klassen. Frankfurt a.M.

– (1978): Staatstheorie. Politischer Überbau, Ideologie. Sozialistische Demokratie. Hamburg.

Rosenberg, Arthur (1988): Demokratie und Sozialismus. Frankfurt a.M.

Sassoon, Donald (1997): One Hundred Years of Socialism. The West European Left in the Twenthieth Century. London.

Therborn, Göran (1977): The Rule of Capital and the Rise of Democracy. New Left Review 103, 59-81.

– (1996): Dialectics of Modernity: On Critical Theory and the Legacy of Twentieth-Century Marxism. New Left Review 215, 59-81.

Thompson, Edward P. (1987): Die Entstehung der englischen Arbeiterklasse, 2. Bd. Frankfurt a.M.

van der Pijl, Kees (1984): The Making of an Atlantic Ruling Class. London.

Williams, Raymond (1972): Gesellschaftstheorie als Begriffsgeschichte. Studien zur historischen Semantik von Kultur. München.

Willke, Helmut (1983): Entzauberung des Staates. Überlegungen zu einer gesellschaftlichen Steuerungstheorie. Königstein/Ts.

b. kommentierte Literatur

Primärliteratur

Jessop, Bob (1982): The Capitalist State. Marxist Theories and Methods. Oxford.

Diese Schrift kann als Einführung in die marxistische Staatstheorie gelesen werden, da in ihr recht anschaulich die Überlegungen von Marx und Engels, der Stamokap-Theorie, der Staatsableitungs-Debatte sowie von Gramsci und Poulantzas systematisch rekonstruiert und erörtert werden. Zugleich wird hierbei sehr gut deutlich, wie sich Jessop selbst innerhalb der marxistischen Diskussion verortet.

Jessop, Bob (1985): Nicos Poulantzas. Marxist theory and political strategy. London.
Diese Auseinandersetzung mit dem für Jessop wichtigsten marxistischen Theoretiker der siebziger Jahre ist insofern aufschlußreich, als die Schriften von Poulantzas auch derzeit in der neo-marxistischen Diskussion noch einen zentralen theoretischen Referenzpunkt bilden. So arbeitet Jessop zunächst die Stärken des von Poulantzas entwickelten theoretischen Ansatzes heraus, wonach der Staat als materielle Verdichtung sozialer Kräfteverhältnisse zu begreifen ist. Im Anschluß an die Kritik an Poulantzas skizziert Jessop zudem die Umrisse seiner eigenen Theoriekonzeption und seines weiteren Forschungsprogramms.

Jessop, Bob (1990a): State Theory. Putting Capitalist States in their Place. Cambridge.
Die in diesem Buch versammelten Beiträge zeigen, wie sich Jessop nicht nur mit marxistischen Theorien, sondern auch mit einigen Überlegungen wichtiger nicht-marxistischer Diskussionen – Systemtheorie, Diskurstheorie, Korporatismus etc. – auseinandersetzt. Über deren Kritik hinaus ist es dabei immer wieder erstaunlich, wie es ihm gelingt, die aus seiner Sicht interessanten Theorie-Fragmente zu reformulieren und in seinen eigenen Ansatz aufzunehmen.

Sekundärliteratur

Anderson, Perry (1978): Über den westlichen Marxismus. Frankfurt a.M.
Dieses zuerst 1976 in Großbritannien erschienene Bändchen liefert einen guten, leicht verdaulichen und zugleich sehr präzisen Überblick über die wesentlichen Entwicklungen innerhalb der marxistischen Theorie-Debatte bis Anfang der siebziger Jahre.

Hall, Stuart (1989): Ausgewählte Schriften. Hamburg; Berlin.
In dieser Aufsatzsammlung veranschaulicht Hall, wie sich aus einer undogmatischen Lektüre marxistischer Schlüsseltexte (von Marx, Gramsci, Althusser u.a.) zentrale Erkenntnisse für die Reproduktion der gesellschaftliche Macht-, Herrschafts- und Ausbeutungsverhältnisse gewinnen lassen. Wie Jessop arbeitet er die für die politische Theorie des Neo-Marxismus wichtige Einsicht in die relative Eigenständigkeit von Politik, Staat und Ideologie heraus, indem er die Perspektive des Strukturalismus von Althusser, Balibar oder auch Poulantzas prinzipiell aufgreift, sie zugleich jedoch mit Gramsci handlungstheoretisch gegenliest.

Hirsch, Joachim (1990): Kapitalismus ohne Alternative? Materialistische Gesellschaftstheorie und Möglichkeiten einer sozialistischen Politik heute. Hamburg.
Während sich im ersten Teil dieses Bandes um die Rekonstruktion einer materialistischen Theorieperspektive bemüht, diskutiert der zweite Teil die politischen Konsequenzen. Die von Hirsch entwickelte Theorieperspektive entspricht weitgehend den Überlegungen von Jessop (gerade auch im Hinblick auf die theoretischen Bezüge: Poulantzas, Gramsci, Staatsableitungs-Debatte, Regulationstheorie etc.), allerdings mit dem Unterschied, daß Hirsch den Schwerpunkt nicht so sehr auf die politischen Staats-, sondern vielmehr auf die Gesellschaftsprojekte legt.

Demirovic, Alex (1997): Demokratie und Herrschaft. Aspekte kritischer Gesellschaftstheorie. Münster.
In dieser Aufsatzsammlung versucht Demirovic, durch die Kritik der vorherrschenden Demokratietheorien deren emanzipatorisches Potential freizulegen. Seine Überlegungen erweitern insofern die bisher aufgezeigte Perspektive, als sie die diskurs- und ideologietheoretischen Dimensionen sozialer Herrschaft stärker in den Mittelpunkt rücken.

Lipietz, Alain (1992): Towards a New Economic Order. Postfordism, Ecology and Democracy. New York: Oxford University Press.
Dies ist ein interessanter Versuch, aus der regulationstheoretischen Analyse und Interpretation der kapitalistischen Umbruchkonstellation eine ökologisch-sozialistische Programmatik zu begründen. Obwohl einige der unterbreiteten Vorschläge heute kaum mehr greifbar scheinen, bildet die Schrift noch immer eine Quelle der Inspiration für politische Alternativen.

Cox, Robert W. (1987): Production, Power, and World Order. Social Forces in the Making of History. New York.
Die Arbeit von Cox ist in gewisser Weise als Ergänzung zu den staats- und demokratietheoretischen Ausführungen Jessops zu lesen, da er die nationalen gesellschaftlichen Entwicklungen sowohl theoretisch-konzeptionell als auch historisch in den weiter gefaßten Analyserahmen transnationaler Produktions-, Austausch- und Machtbeziehungen stellt.

Gill, Stephen (Hg.) (1993): Gramsci, Historical Materialism and International Relations. Cambridge.
Der Sammelband gibt einen sehr guten Überblick über die neo-gramscianische Diskussion in den internationalen Beziehungen. Die meisten Beiträge veranschaulichen recht gut den Erkenntnisgewinn einer an Marx und Gramsci geschulten Analyse des transnationalen Kapitalismus. Nicht zuletzt verdeutlichen sie, warum und wie die gemeinhin – gerade in der Globalisierungs-Debatte und z.T. auch noch bei Jessop – vorherrschende dichotomische Sicht von Nationalstaat und Weltmarkt überwunden werden kann.

Kapitel XI
Die politische Theorie der Interpenetration: Richard Münch

Carsten Stark

Inhalt

1. Einleitung

Die soziologische Theorie von Richard Münch wird in der Regel unter der Rubrik „neoparsonianisch" oder „neofunktionalistisch" gefaßt. Dies vor allem, da die Verwendung des noch näher zu beschreibenden Parsonschen AGIL-Schemas besonders augenfällig ist. Doch mit einer solchen Zuweisung wird man weder Richard Münch noch der Theorie sozialer Systeme von Talcott Parsons gerecht. Münch studierte in Heidelberg bei Ernst Topitsch Soziologie und promovierte bei Ernst Tugendhat und Carl F. Graumann, aus diesem akademischen Werdegang spricht eher eine Verbindung zur Schule des Kritischen Rationalismus (vgl. Münch 1974). Zwar griff Münch bereits frühzeitig die systemtheoretischen Arbeiten von Parsons auf, doch machte sein erkenntnistheoretischer Standpunkt eine entscheidende Umgestaltung notwendig. Diese in „Theorie des Handelns" (Münch 1982) formulierte Neugestaltung des theoretischen Grundkonzeptes führte Münch zu seiner Theorie der Interpenetration, die er in „Die Struktur der Moderne" (Münch 1984) als eigenständige Modernisierungstheorie ausgearbeitet hat. In einer zweiten Schaffensperiode arbeitete Münch (1986) diese Modernisierungstheorie inhaltlich anhand der modernen Gesellschaften Frankreichs, Großbritanniens, Deutschlands und den USA aus. In diesen Arbeiten wird die Orientierung Münchs an der Rationalisierungstheorie von Max Weber sehr deutlich, eine Orientierung, die weit über die Parsonsche Weberinterpretation hinausgeht und auch auf diese Weise zu einer Loslösung von dessen Theoriedesign führte. Deutlich wird dies aber auch in der Soziologie der Politik und in der Münchschen Auseinandersetzung mit Niklas Luhmann, der – ebenfalls bei Parsons beginnend – den Weg der Radikalisierung des systemischen Paradigmas gegangen ist, also die genau entgegengesetzte Richtung zu Münch (1996) eingeschlagen hat.

2. Politische Theorie und Systemtheorie

Politik hat mit Macht und Herrschaft, mit Interessen und mit Strategien zu tun. Wenn ein Kollektiv, eine Gruppe von Menschen, gemeinsam handeln will oder muß, bedarf es eines Mechanismus, der dieses Kollektiv auf ein gemeinsames Ziel hin festlegt. Aber die Herstellung dieser Gemeinsamkeit der Orientierung oder sogar die Koordination der einzelnen Handlungen der Kollektivmitglieder ist ein aus soziologischer Sicht sehr unwahrscheinliches Phänomen. Welchen Einfluß hat die spezifische Situation der Menschen auf ihre kollektive Entscheidungsfindung und Durchsetzung und was gehört zu dieser Situation? Das ist schon in bezug auf Interaktionssysteme eine schwierige Frage, die umso problematischer wird, wenn wir es mit einem sehr viel größeren Kollektiv zu tun haben, mit Menschen, die nicht direkt miteinander streiten und verhandeln können. Auch in einer Gesellschaft werden politische Entscheidungen getroffen, und es bedarf einer Handlungskoordination, um wie auch immer gesetzte Ziele zu erreichen. In der soziologischen Theorie hat es sich in gewissen Teilen eingebürgert, diesen Makrobereich sozialer Interaktion mit dem Systembegriff habhaft zu werden (Jensen 1980; Willke 1989; vgl. auch kritisch Müller 1996).

Auf der Gesellschaftsebene erfolgt die Handlungskoordination nicht mehr durch die Interaktion Anwesender, sondern durch die Interaktion unterschiedlicher *Systeme*, die nach unterschiedlichen Kriterien entscheiden, was sie den Individuen zumuten. Das ist ein befremdender Gedanke, leben doch zumindest wir heute in einer ‚freien Gesellschaft', sind freie Individuen mit einer eigenen freien Meinung. Das ist auch sicherlich richtig, doch Freiheit bedingt auch Verantwortlichkeit, und in dieser Beziehung ist die Freiheit des Individuums auf gesamtgesellschaftlicher Ebene nur mit Anführungszeichen zu genießen.[88] So scheint die Freiheit beim Individuum und die Verantwortung beim ‚System' zu liegen. Man merkt aber schnell, daß diese Einteilung nur funktioniert, wenn man auch dem System so etwas wie eine *eigene* Freiheit, eine Freiheit von individuellen Intentionen zuschreibt. Und genau das macht die soziologische Systemtheorie auch. Max Weber (1920/1988) hat von unterschiedlichen gesellschaftlichen Sphären gesprochen, die unterschiedlichen Rationalitäten folgen, Georg Simmel (1989) sprach von der Entfremdung der objektiven von der subjektiven Kultur, und Niklas Luhmann (1984; 1997) spricht heute sogar von unterschiedlichen gesellschaftlichen Teilsystemen, die ein rein selbstgenügsames Eigenleben führen. Wenn es aber unterschiedliche Teilsysteme der Gesellschaft gibt, die jeweils eigenen Rationalitäten verpflichtet sind, dann ist auch das ‚Politische' in der Gesellschaft nur *eines* dieser Teilsysteme, also weder das Zentrum noch die Spitze der Gesellschaft, was immer darunter verstanden wird. Wie sieht nun aber die Beziehung dieses Systems der gesellschaftlichen Entscheidungsfindung mit anderen Teilsystemen aus? Kann man das Politische der Gesellschaft als reine Struktur von Interessen, Strategien und Machtkreisläufen verstehen? Richard Münch hat den Versuch unternommen, die Ebene des Handelns und die Ebene der Systeme als zwei verschiedene Sichtweisen auf den gleichen Gegenstand zu konzipieren und spezifisch auch das hier fokussierte politische System als Handlungssystem entworfen. Er baut dabei vor allem auf die Tradition des sog. Strukturfunktionalismus von Talcott Parsons (1972; 1975; 1976). Auch Max Webers Herrschaftssoziologie und Methodik haben hier

---

88 Wenn ich mich z.B. als freies Individuum entscheide, weniger Strom zu verbrauchen, wird deswegen noch kein Atomkraftwerk abgeschaltet, also bin ich auch nicht persönlich dafür verantwortlich, daß es Atomkraftwerke gibt. Sicherlich kann ich mich organisieren und aktiv dafür eintreten, daß Atomkraftwerke abgeschaltet werden, aber auch das geht nur im Kollektiv und letztlich gesamtgesellschaftlich nur mit einer Gruppe Nicht-Anwesender.

Pate gestanden. Wichtig ist aber vor allem, daß Münch die ´Situation´ des politischen Systems in den Vordergrund rückt. Die Beziehung des politischen Systems zu anderen Teilsystemen der Gesellschaft ist eine konstitutive. Politik kann nicht verstanden werden, wenn man nur die oben verwendeten Begrifflichkeiten nutzt. Eine Reduzierung von Politik auf Interessenkampf und Machtbeziehungen geht für Münch am eigentlichen Kern moderner Politik vorbei. Das unterscheidet seinen Ansatz sowohl von Rational-Choice-Theorien als auch von der makrosoziologischen Theorie autopoietischer Systeme.

2.1. Politik als Handlungssystem

Wie ist gesellschaftliche Ordnung möglich? Diese klassische Frage der Sozialwissenschaften ist auch Ausgangspunkt einer am systemtheoretischen Paradigma orientierten Soziologie, die ihren Höhepunkt sicherlich mit den Arbeiten von Talcott Parsons (1969) erreicht hat. Daß diese Frage auch oder sogar zum großen Teil eine politische Frage ist, ist spätestens mit Thomas Hobbes' *Leviathan* Konsens, aber ist diese Frage auch mit dem Hinweis auf Politik, die Existenz von Macht und Herrschaft hinreichend zu beantworten? Ist es für die gesellschaftliche Ordnung hinreichend, wenn es eine Instanz gibt, die den Einzelnen, zur Not mit Zwangsmaßnahmen, daran hindert, seine eigenen Interessen auf Kosten der Allgemeinheit durchzusetzen? Parsons' Antwort lautet: nein. Eine Gesellschaft, deren Ordnung nur auf Macht basiert, zerfällt dann ins Chaos, wenn die stetige Machtanwendung nicht durch eine hundertprozentige Kontrolle begleitet wird. Doch wie soll eine solche Kontrolle möglich sein? Wer kontrolliert die Polizisten in einem Polizeistaat? Macht wird zum stetigen Zwang. Ist es nicht viel besser, wenn die Machtunterworfenen von selbst auf die Verfolgung ihrer eigenen Interessen verzichten, es niemanden geben muß, der sie dazu zwingt? Muß es nicht gerade ein solches intrinsisches Motiv geben, um zu erklären, warum sich die Menschen nicht wie Wölfe verhalten, die sich stetig in einem interessengeleiteten Kampf um das beste Stück Fleisch befinden? Talcott Parsons (1937) hat ein solches Motiv u.a. in den Arbeiten von Max Weber gefunden. Dieser unterscheidet Macht von Herrschaft und definiert letztere als „die Chance (...) für spezifische (oder: für alle) Befehle bei einer angebbaren Gruppe von Menschen Gehorsam zu finden", wobei „ein bestimmtes Minimum an Gehorchenwollen, also Interesse (äußerem oder innerem) am Gehorchen, (...) zu jedem echten Herrschaftsverhältnis [gehört, C.S.])" (Weber 1922/1985: 122). Eine verläßliche Grundlage solcher Herrschaftsverhältnisse ist für Weber aber nicht lediglich „Sitte" oder „Interessenlage", zu diesen Elementen tritt ein weiterer, der „Legitimitätsglaube" (Weber 1922/1985: 122).[89]

---

89 „Gehorsam soll bedeuten: daß das Handeln des Gehorchenden im wesentlichen so abläuft, als ob der den Inhalt des Befehls um dessen selbst willen zur Maxime seines

Die Ordnung moderner, hoch komplexer Gesellschaften ist nur zu begreifen, wenn die Bindung des Einzelnen an kollektive Entscheidungen auch
als eine Selbstbindung begriffen werden kann, die auf einem internalisierten
Legitimitätsglauben beruht. Dieser Glaube muß aber auch seine Entspre-
chung in gesellschaftlichen Institutionen finden, die diese Legitimität herzustellen in der Lage sind. Legitimität ist dann keine politische Frage, sondern
beruht auf der Grundlage solcher Vorstellungen und Glaubensüberzeugun-
gen, die möglichst vielen Menschen in einer Gesellschaft gemein sind. Als
legitim können die unterschiedlichsten Dinge angesehen werden. Es sind unterschiedliche Formen legitimer Herrschaft vorstellbar, doch sind bestimmte
Grundlagen gesellschaftlich akzeptiert, existiert eine Selbstbindung, die stetige Kontrolle überflüssig macht. Sicherlich gibt es abweichendes Verhalten,
und sicherlich sind negative Sanktionen erforderlich, aber der Punkt ist, daß
die Drohung mit diesen Sanktionen *alleine* keine gesellschaftliche Ordnung
herzustellen in der Lage wäre. Dadurch, daß sich die gesellschaftliche Ordnung auf diese ‚kulturellen' – also in unterschiedlichen Gesellschaften auch
unterschiedlich institutionalisierten – Legitimitäts(-werte) stützt, ist auch die
Politik als Teilsystem der Gesellschaft auf diese kulturellen Grundlagen angewiesen. Richard Münch stellt diesen Zusammenhang besonders heraus und
begreift die moderne Politik als Produkt einer spezifischen Gesellschaftskultur, als Ergebnis des Ineinandergreifens, d.h. der *Interpenetration* der Logik
gesellschaftlicher Entscheidungsfindung und Durchsetzung mit der Logik ge-
sellschaftlich-kultureller Legitimation. Damit sind zwei von vier Funktionen
angesprochen, die Münch in Anlehnung an Parsons als analytisches Schema
zur Beschreibung moderner Gesellschaften heranzieht.

2.2. Das AGIL-Schema

Die Gesellschaft wird von Münch als ein soziales System verstanden, das
sich wie alle Systeme analytisch anhand des von Parsons übernommenen
AGIL-Schemas in unterschiedliche Teilsysteme untergliedern läßt. Diese
Teilsysteme erfüllen prinzipiell für das Ganze spezifische Funktionen. Sie
öffnen die Gesellschaft gegenüber der Umwelt, individuellen Ansprüchen,
materiellen Ressourcen (Adaptation), sie dienen der Zielerreichung des Systems (Goal-attainment), sie integrieren und koordinieren das Gesamtsystem
(Integration) und sie sorgen für eine stabile Systemstruktur, auch über ein
längeres Funktionieren des Systems hinweg (Latenz). Nach Münch (1984: 406)
sind damit in bezug auf die Gesellschaft als soziales System die analytischen

---

Verhaltens gemacht habe, und zwar lediglich um des formalen Gehorsamsverhältnis-
ses halber, ohne Rücksicht auf die eigene Ansicht über den Wert oder Unwert des
Befehls als solchen" (Weber 1922/1985: 123). Gehorsam ist also als Legitimitätsglaube motivationale Grundlage von legitimer Herrschaft.

Teilsysteme Wirtschaft (A), Politik (G), gesellschaftliche Gemeinschaft (I) und
Sozialkultur (L) bezeichnet. Die Funktion der Wirtschaft ist „die Öffnung des
sozialen Handlungsspielraums durch die optimale Allokation von Ressourcen
an Präferenzen. Die dafür angemessene Grundstruktur der sozialen Interaktion
ist die gegenseitige Nutzenorientierung" (Münch 1984: 531). Die Wirtschaft
ist also ein analytischer *Handlungs*bereich, in dem das Gesetz des eigenen
Nutzens regiert. Geld ist das Medium, das am besten in der Lage ist, diese
Rationalität den individuellen Akteuren bereit zu stellen (vgl. zur Medientheorie Künzler 1989). Zugleich ermöglicht es eine Koordination der individuellen wirtschaftlichen Handlungen. „Die Funktion des politischen Systems
ist die Spezifikation des sozialen Handlungsspielraums durch kollektive Entscheidungsfindung. Die darauf zu beziehende Grundstruktur der sozialen Interaktion ist die kollektive Entscheidungsfindung. Die institutionalisierte
Form einer solchen Struktur durch verbindliche Regeln des kollektiven Entscheidens ist die politische Herrschaft" (Münch 1984: 303). Kollektive Entscheidungsfindung heißt hier vor allem kollektiv *verbindliche* Entscheidungsfindung; nicht zwangsläufig müssen alle entscheiden, aber es muß für
alle entschieden werden. Macht ist das Medium, das diese Entscheidungen an
die individuellen Akteure einer Gesellschaft weitergibt und eine Handlungskoordination von unterschiedlichen Entscheidungen ermöglicht. Die gesellschaftliche Gemeinschaft hat nach Münch (1984: 261) die Funktion der
„Schließung des sozialen Handlungsspielraumes durch die Integration von
Individuen und Kollektiven in eine Gemeinschaft mit einer gemeinsamen
normativen Lebenswelt. Die in diesem Kontext angemessene Struktur der sozialen Interaktion ist die gegenseitige Verbundenheit." Das heißt, in sozialen
Systemen gibt es Strukturen, die das individuelle Handeln nicht nur am eigenen Nutzen oder am kollektiven Ziel orientieren, sondern auch durch eine
geteilte Lebenswelt, also eine gemeinsame Sicht der Dinge, eine auf die Gemeinschaft hin ausgerichtete Handlungsorientierung bewirken.[90] „Die Funktion des sozial-kulturellen Systems ist die Generalisierung des sozialen Handlungsspielraums durch die soziale Konstruktion von gemeinsamen Symbol-
systemen. Die hierfür adäquate Grundstruktur der sozialen Interaktion ist die
symbolische Verständigung" (Münch 1984: 73). Hier zielt Münch auf das
Sprechen einer gemeinsamen Sprache und auf das Interaktionsziel der Verständigung ab. Auch in den genannten Beispielen gibt es gemeinsame Symbole, die in der Interaktion nicht hinterfragte Handlungsorientierungen und
Deutungsmuster repräsentieren. Diese Symbole sind allgemeingültig bzw.
die Generalisierung kann notfalls mit Hilfe des Diskurses hergestellt werden.
Alle sozialen Systeme verfügen über derartige Strukturen; das Kennzeichen

---

90 So verhält sich z.B ein Student in einem Seminar seinen Mitstudenten gegenüber an-
    ders als gegenüber dem Dozenten. Auch innerhalb der alternativen Szene an einer
    linken Universität gibt es ‚Spielregeln', die wenig mit der gemeinschaftlichen Zieler-
    reichung oder der individuellen Nutzenabwägung zu tun haben.

der Gesellschaft ist, daß es sich hier um ein „konkretes, relativ selbstgenügsames System handelt" (Münch 1984: 38). Es steht wie jedes soziale System mit seiner Umwelt, dem allgemeinen Handlungssystem, in Austauschbeziehung und ist in sich selbst durch starke Wechselbeziehungen der Teilsysteme gekennzeichnet. Münch bezeichnet beide Verhältnisse als Interpenetration.

Woraus resultiert bei Münch die Vierteilung (AGIL-Schema) der Gesellschaft und worin unterscheidet sich seine Betrachtungsweise von der Talcott Parsons'?

Abb.1: Der soziale Handlungsraum bei Münch

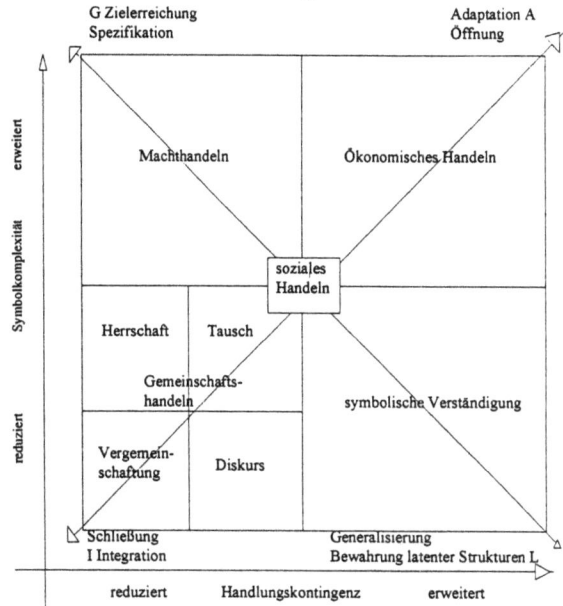

Quelle: Münch 1982: 246.

Während das AGIL-Schema bei Parsons Resultat der Auseinandersetzung mit dem abstrakten Problem des Systemerhaltes war, verwendet Münch das AGIL-Schema als Koordinatensystem, in dem sich Ereignisse oder Handlungen nach den Kriterien der Voraussagbarkeit und Unvorhersagbarkeit einordnen lassen (vgl. Jetzkowitz 1996: 58). Handeln ist für Münch auf der einen Ebene an Symbolen orientiert, deren Komplexität hoch oder niedrig sein kann, und ist auf einer anderen Ebene immer eine Reaktion auf Symbole, die mehr oder weniger kontingent (d.h.: immer auch anders möglich) ist. Die Funktionen des AGIL-Schemas verstehen sich als idealtypische Endpunkte möglicher Kräfteverschiebungen in diesem analytischen Handlungsraum. Politisches Handeln (Machthandeln) versteht sich hier z.B. als Erweiterung

der Symbolkomplexität bei gleichzeitiger Reduzierung der Handlungskontingenz (vgl. Abb.1). D.h., politisches Handeln zielt darauf, neue Handlungsorientierungen zu kreieren und gleichzeitig dafür zu sorgen, daß diese möglichst nicht unterschiedlich interpretiert werden. Wie man an diesem Beispiel
sieht, konzipiert Münch das AGIL-Schema aus der individualistischen
Sichtweise der Interaktion, währenddessen Parsons durch eine Gegenüberstellung von internen und externen Systemfaktoren bzw. instrumentellen und
konsumatorischen Systemeigenschaften das AGIL-Schema aus der Sichtweise eines empirischen Systems konzipiert hatte (Stark 1994: 18f.).

Abb. 1 zeigt das soziale Handeln im Spannungsfeld von Systemkomplexität und Handlungskontingenz. Jedes empirische soziale Handeln kann in
diesem Koordinatensystem an einem spezifischen Punkt analytisch eingeord-
net werden. Das Modell ist also holistisch, d.h. außerhalb dieses Bezugrah-
mens ist kein soziales Handeln vorstellbar.

2.3. Politik als soziales System

Dieses modifizierte AGIL-Schema wird von Münch immer wieder verwendet,
um Systeme in Systeme zu unterteilen. D.h. jedes Teilsystem kann selbst wieder anhand des AGIL-Schemas in neue Teilsysteme analytisch differenziert
werden. Das von Münch so herausgestellte Phänomen der Interpenetration bezieht sich darauf, daß eine neue Teilsystembildung der Ausdruck oder das Ergebnis der Wechselwirkungen des Gesamtsystems mit seiner Umwelt ist.

Bezogen auf das politische System heißt das, daß seine interne Differenzierung Ausdruck der Interpenetration des Politischen mit der gesellschaftlichen Gemeinschaft, der Wirtschaft und dem sozial-kulturellen System ist.
Diese Umweltsysteme transformieren ihre speziellen *Logiken* in die politische Interaktion. So entstehen der *politische Austausch* (A) mit dem politischen Markt als Interpenetrationszone des Politischen mit der Nutzen- und
Austauschlogik der Wirtschaft, das *Recht* (I) mit der Rechtsgemeinschaft als
Interpenetrationszone des Politischen mit der Handlungslogik von Solidarität
und Verbundenheit der gesellschaftlichen Gemeinschaft und die *Verfassung*
(L) mit der Verfassungskultur als Interpenetrationszone des Politischen mit
dem sozial-kulturellen System. Als eigentlicher Kern des Politischen wird
dabei von Münch (1984: 306) die politische *Verwaltung* (G) als Träger politischer Entscheidungskompetenz gesehen. Im Vergleich zu Parsons rückt daher das AGIL-Schema und die funktionalistische Betrachtung von Systemdifferenzierung etwas in den Hintergrund und wird durch die Betrachtung des
Ineinandergreifens verschiedener Handlungsrationalitäten ersetzt. So ist es
z.B. nicht die Wirtschaftspolitik, die als Teilsystem des Politischen das A-
Feld besetzt, sondern das System des politischen Austausches (vgl. Abb.2).
Es ist die Tauschlogik, welche die Wirtschaft nach Münch mit einem Teil der
Politik verbindet, nicht primär die bestandsnotwendige Funktion der Anbin-

dung der Politik an nicht-politische Gesellschaftsstrukturen. Diese wohl Weber geschuldete Reduktion des Parsonschen Differenzierungsgedankens auf Leitbilder oder Handlungsrationalitäten bedingt für Münch auch notwendigerweise eine abstrakt analytische Systemdifferenzierung. Diese Abstraktion der sozialen Differenzierung nicht auf empirische Rollen, Werte, Kollektive und Normen, sondern auf gesellschaftliche Institutionen bewirkt bei Münch eine starke Tendenz zur rein handlungstheoretischen Auseinandersetzung mit gesellschaftlicher Differenzierung und Integration, also eine Abkehr von systemtheoretischen Überlegungen, die in Parsons' analytischem Realismus noch von zentraler Bedeutung waren.

Abb. 2: Das politische System

G Spezifikation			Öffnung A
Ausführende bürokratische Entscheidungskompetenz	Experten-Klienten-Austausch	Politische Verantwortlichkeit	Politischer Markt
— Verwaltung —		Politischer Austausch	
Rechtliche Kontrolle	Bürokratische Spezifikation der rationalen Kultur	Politische Tauschgemeinschaft	Politische Spezifikation der rationalen Kultur
Rechtsentscheidungskompetenz	Experten-Klienten-Austausch	Verfassungsentscheidungskompetenz	Experten-Klienten-Austausch
— Recht —		Verfassung —	
Rechtsgemeinschaft	Rechtskultur	Verfassungsgemeinschaft	Verfassungskultur
I Schließung			Generalisierung L

Vertikale Achse: erweitert — Symbolkomplexität — reduziert
Horizontale Achse: reduziert — Handlungskontingenz — erweitert

Quelle: Münch 1984: 306

Die analytische Abstraktion dieser Systemdifferenzierung wird auch dadurch deutlich, daß so etwas wie eine Regierung, ein Parlament, eine Wählerschaft, usw. in diesem Raster nicht vorkommt. Von Münch werden auch im rein analytischen Sinne keine Akteure, Kollektive oder Werte benannt, sondern lediglich Interaktionslogiken. Den Trägern dieser Logiken kommt keine analytische, sondern lediglich eine empirische Bedeutung zu. Bei der empirischen Betrachtung ist es dann jedoch nur konsequent, immer *alle* analytischen Elemente, *alle* analytischen Handlungslogiken im Handeln *eines* konkreten Akteurs wiederzufinden. Der analytische Gedanke der Interpenetration basiert ja gerade auf dieser Unterstellung. Damit wird es aber sehr schwer, *empirische* Systemdifferenzierung festzustellen. Es kann dann an keinem empirischen Träger, sondern lediglich wiederum nur anhand einer analytischen Handlungsorientierung festgestellt werden, worin die „relative Autonomie" (Münch 1996: 178f.) sozialer Systeme empirisch besteht.

Das politische System besteht aus all jenen Interaktionen, die auf der Selektion, Durchführung und Durchsetzung kollektiv bindender Entscheidungen aufbauen. Das Problem, wie eine solche Struktur bestehen kann, ohne in einen Kampf aller gegen alle zu münden, also die Frage nach der sozialen Ordnung, ist mit der empirischen Interpenetration zu beantworten, welche als Folge eines historisch-sozialen Prozesses verstanden werden muß, der so nur in der westlich-industrialisierten Welt stattgefunden hat. Nur hier ist eine hohe Komplexität der politischen Entscheidung und damit ein großes Maß an politischer Spezifität mit einem hohen Grad an individueller Selbstbindung verknüpft (Münch 1986). Der Begriff der Interpenetration ist also nicht nur ein theoretisches Modell zur Erklärung der Ausdifferenzierung sozialer Teilsysteme, sondern auch ein Modell zur Beschreibung des Spezifikums der westlichen Moderne. Komplexe politische Arbeitsteilung, verbunden mit einem hohen Maße an Effizienz politischer Zielerreichung, gründet hier auf der Interpenetration von Politik mit ihren gesellschaftlichen Umwelten. Die moderne demokratische Politik baut zwar auf spezifisch politische Regeln, diese können jedoch nicht lediglich politisch abgesichert sein, soll die starke Beziehung zwischen Selbstbindung des Akteurs und systemischer Komplexität erreicht werden. „Ihre Legitimität ist (...) ebenso eine Voraussetzung ihrer Erhaltung: Sie kann nur durch Einbettung in den kulturellen Werthorizont der Gesellschaft und die Aktivierung von Wertbindungen erzeugt werden (L). Außerdem bedürfen die Regeln der gefühlsmäßigen Unterstützung durch die Bürger und die gesellschaftlichen Gruppen (I) sowie der tatsächlichen Durchführung in der Nutzung finanzieller Ressourcen (A)" (Münch 1996b: 22). Die Grenzerhaltung und funktionale Ausdifferenzierung des politischen Systems begründet sich daher aus einem Ineinandergreifen von politischen und nichtpolitischen Faktoren (Interpenetration).

Wir haben es hier also zumindest auf der analytischen Ebene mit einem grundlegenden Gegenentwurf zur Theorie autopoietischer Systeme von Niklas Luhmann zu tun.[91] Münch betont gerade nicht die Selbständigkeit der systemischen Eigenlogik, sondern die Abhängigkeit dieser Logik von anderen gesellschaftlichen Teilsystemen. Zwar kann jeweils das eine auch in die Theoriesprache des anderen übersetzt und damit jedwede Diskussion abgewürgt werden, doch wird der Unterschied deutlich, wenn es um die empirisch inhaltliche Bestimmung von Politik geht. Während sich die Spielführer der Autopoiesis empirisch in der Aufdeckung von Verstehens- und Kausalitätsgrenzen ergehen müssen, um überhaupt empirische Aussagen machen zu

---

91   Münchs Auseinandersetzung mit dieser Theorie findet sich zusammengefaßt in seinem Buch über die Risikopolitik (Münch 1996: 34f.).

können, die nicht in alltagsweltlichen Plattitüden nach der Art: „Politiker wollen immer an der Macht bleiben" oder „in der Wirtschaft will man immer Geld verdienen" enden, gelingt es der „Theorie der Zusammenhänge" anhand der Qualifizierung eben dieser Zusammenhänge, empirische Anschauungskraft zu gewinnen. An einem besonders wichtigen Zusammenhang, dem zwischen der Gesellschaftskultur und der Politik, wird dies besonders deutlich. Während die autopoietische Systemtheorie nur von einer Weltgesellschaft sprechen kann, in der alle moderne Politik nach dem *gleichen* autopoietischen Mechanismus funktioniert, es also in dieser Theoriesprache gar nicht möglich ist, Unterschiede etwa zwischen der Funktionsweise der französischen und der deutschen Politik zu benennen, kann die Münchsche Theorie gerade diese Unterschiede betonen und sie danach sehr viel differenzierter in den weiteren Kontext etwa von Globalisierung und Entstaatlichung stellen.

2.3.1. Politikstil und politische Kultur

Die Unterschiede zwischen den Politikstilen verschiedener moderner Gesellschaften sind kulturell begründet, sind Ergebnis eines soziokulturellen Entwicklungsprozesses, der zwar bei allen modernen Gesellschaften mit dem Begriff der Interpenetration gefaßt werden kann, jedoch eine unterschiedliche *empirisch-inhaltliche* Gewichtung der Zusammenhänge zwischen den einzelnen Teilsystemen der Gesellschaft zur Folge hatte. Münch hat hier idealtypisch vier Steuerungsmodelle entworfen, die sich gerade durch die Gewichtsverschiebung in den Interpenetrationszonen voneinander unterscheiden.[92] Es handelt sich um das sog. Wettbewerbsmodell, das Etatismusmodell, das Synthesemodell und das Kompromißmodell. Empirisch sieht er diese analytischen Modelle aufgrund eines jeweils eigenständigen sozio-kulturellen Entwicklungsprozesses am ehesten in den Staaten USA (Wettbewerb), Großbritannien (Kompromiß), Frankreich (Etatismus) und Deutschland (Synthese) verwirklicht (Münch 1986). Die Unterschiede dieser Modelle erklären sich aus einer jeweiligen Tendenz zur Übergewichtung einer gesellschaftlichen Logik im politischen Entscheidungsfindungsprozeß, die im Extremfall, in ihrer Perversion jeweils spezifische Negativfolgen haben kann. Im Etatismusmodell ist die politische Entscheidungsfindung stärker durch die Logik der politischen Plan- und Berechenbarkeit geprägt, was im Extremfall zum Autoritarismus führen könnte (Münch 1996b: 209f.). Im Wettbewerbsmodell wird eine stärkere Gewichtung der Logik von Tausch und Nutzen unterstellt, was im Extremfall zum Anarchismus führt (Münch 1996b: 200f.). Das Kompromißmodell zeichnet sich durch eine Verstärkung der Logik von gemein-

---

92   Bei diesen Steuerungsmodellen handelt es sich um Idealtypen im Weberschen Sinne, dennoch ist die Zahl vier und die Verbindung zum AGIL- Schema nicht zufällig. Die Umdeutung des Parsonsschen AGIL-Schemas in ein rein analytisches Idealbild wird hier besonders deutlich.

schaftlicher Kompromißbildung aus, was im Extremfall zum Ständestaat
führt (Münch 1996b: 217f.), und das Synthesemodell schließlich ist durch ein
Streben nach der symbolischen Verständigung, der ,Wahrheit' und der Logik
des gesellschaftlichen Diskurses gekennzeichnet, was im Extremfall in einen
Totalitarismus der Experten führt (Münch 1996b: 182f.). In Gesellschaften,
in denen das eine oder andere Modell stärker beobachtet werden kann, können nun Probleme und Blockaden beschrieben werden, die genau aus diesen
Übergewichtungen spezifischer Gesellschaftslogiken entstehen. So läßt sich
z.b. die Politik in den USA als Verhandlungsmarathon beschreiben (Jauß
1999), der Gefahr läuft, aufgrund eines immer komplexer werdenden Verfah-
rensablaufs notwendige politische Entscheidungen im Sande verlaufen zu
lassen. Hier tritt man die Flucht in informelle Verfahren der Kompromißbildung an, die jedoch mit dem Makel mangelnder Legitimation behaftet sind
und sich stetig auf der Flucht vor der juristischen Entscheidung befinden. In
Deutschland schafft der Drang zur Synthese eine politische Struktur der Ex-
pertendemokratie, die in der Lage ist, durch die Ideologie des besseren Wissens und eine öffentliche Objektivitätssemantik all jene aus dem politischen
Prozeß auszuschließen, die nicht über das in den Augen der politischen Philosophie notwendige Wissen verfügen. Die politische Öffentlichkeit wird
hier nicht zu einer beteiligten, sondern zu einer aufzuklärenden Größe. Diese
Aufklärungsdemokratie findet ihre eigene Blockade dort, wo sich trotz gesellschaftlicher Synthese und Konsens politische Erfolge nicht einstellen
wollen und alternative Ideen mit ihren Trägern gleich mit aus dem politischen Prozeß ausgeschlossen wurden (Stark 1999). Politische Entscheidungen sind Ergebnis von Interaktionsstrukturen, die unterschiedlichen, auch
nicht-politischen Logiken in unterschiedlicher Gewichtung folgen (vgl. Lahusen 1996). Nach Münchs Auffassung ist es daher auch möglich, anhand
seiner idealtypischen Modelle *wertfreie* Analysen zu Blockaden, Entwicklungsmöglichkeiten und Defiziten einzelner Politiken in unterschiedlichen
Gesellschaften zu liefern (Münch et al. 1996). Münch hat dies – theoriege-
leitet – zu den genannten vier Ländern ausgearbeitet (vgl. Abb. 3).

Abb. 3: Das funktionale Politikmodell

Funktion	Gesellschaftssystem	politisches System	Steuerungsmodelle	emp.
Adaptation	Wirtschaft	politischer Austausch	Wettbewerb	USA
Goal-Attainment	Politik	Verwaltung	Etatismus	F
Integration	Gemeinschaft	Recht	Kompromiß	GB
Latenz	Soziale Kultur	Verfassung	Synthese	BRD

Spielen aber solche kulturellen Unterschiede in der Moderne überhaupt noch
eine Rolle? Diese Frage ist durchaus berechtigt und muß Münch dazu führen,
den Themen Europäisierung und Globalisierung besondere Aufmerksamkeit

zu schenken, sind hier doch nicht nur wissenschaftliche Modeworte, sondern auch Tendenzen der Egalisierung, also der Aufhebung der von Münch benannten Unterschiede bezeichnet.

2.3.2. Entstaatlichte Politik und Demokratie

Europa entwickelt sich für Münch (1993: 320) „zu einer neuen gesellschaftlichen Einheit, zu einer europäischen Gesellschaft, deren Differenz nach außen wie nach innen schärfer artikuliert wird." Nach außen werden die Unterschiede zu den USA und Japan größer, nach innen kommt der Differenz zwischen den einzelnen Nationalstaaten größere Bedeutung zu, die nicht ohne Gegenwehr an Souveränität einbüßen. Der Prozeß der europäischen Vereinheitlichung führt dazu, daß die Nationalstaaten „ihre verbleibenden Souveränitätsrechte um so bewußter wahrnehmen und in den supranationalen Entscheidungsprozeß einbringen" (Münch 1993: 320). Von besonderer Bedeutung ist jedoch für Münch, daß durch die supranationale Vereinheitlichung den europäischen Regionen eine neue Funktion zukommt. Diese können nun die Chance zur Selbständigkeit wahrnehmen, da jene Funktionen des Nationalstaates, die von der europäischen Ebene nicht übernommen werden müssen, nicht zwangsläufig auf nationalstaatlicher Ebene verbleiben müssen. Europäisierung bedeutet auf jeden Fall Umverteilung von Machtverhältnissen, und auf diesen Zug können und *sollten* nach Münch die Regionen auch aufspringen. „Schließlich wird die Differenz zwischen den Regionen im Prozeß der Vereinheitlichung ins Bewußtsein gerückt und zur Sicherung der regionalen Identitäten betont" (Münch 1993: 321). Die Entwicklung der europäischen Gesellschaft wird durch diese Dialektik von Einheit und Differenz vorangetrieben. In ähnlicher Weise steht Münch dem Phänomen der Globalisierung gegenüber. Der steigenden *systemischen* Integration, also der notwendigen Abstimmung zwischen gesellschaftlichen Teilbereichen wie Politik und Wirtschaft durch die Vernetzung von Information, staatlichen Institutionen und Markt, steht ein Mangel an *sozialer* Integration, verstanden als kulturelle Kollektivwerdung jenseits nationalstaatlicher Identitäten, gegenüber.[93] Aufgrund der mangelnden einheitlichen kulturellen Legitimationsgrundlagen einer globalen Politik kann gesellschaftliche Ordnung für Münch auch hier nur dann aufrechterhalten werden, wenn der globalen Systemintegration eine lokale Sozialintegration gegenübertritt, deren Differenz und Aufgabenteilung sich *funktional* begründen läßt. „Der Übergang politischer Entscheidungen auf die Ebene supranationaler Einheiten und globaler Verhandlungen stellt die Demokratie vor völlig neue Herausforderungen. Sie muß sich zwangsläufig aus ihrer Synthese mit dem Nationalstaat herauslösen und wird nur überleben können, wenn es gelingt, politische Macht im globalen System föderal zu organisieren. Die große Chance der Zukunft ist dabei die Wiederbelebung

---

93 Zur Unterscheidung von System- und Sozialintegration siehe Lockwood (1979).

lokaler Demokratie, weil der Nationalstaat an Zentralgewalt verliert und Kompetenzen nicht nur nach oben abgeben muß, sondern auch nach unten verlagern kann" (Münch 1998: 424f.). Sozial- und Systemintegration fallen durch den Prozeß der Globalisierung auseinander. Für eine demokratische Politik der Globalisierung kann dies nur bedeuten, daß sie auf der Ebene der Supranationalität zwangsläufig liberal, als Gegengewicht dazu aber auf lokaler Ebene eher republikanisch konstituiert sein muß.

3. Das Verhältnis von empirischen und analytischen Systemen

Im Gegensatz zur analytisch realistischen Theoriekonstruktion von Talcott Parsons ist die Verbindung von Analyse und Beobachtung in Münchs Systemtheorie nicht eindeutig. Systeme sind für Münch eher analytische Beobachtungsinstrumente, die bestenfalls anhand der Plausibilitätsgewinnung theoretischer Aussagen vor dem Hintergrund wissenschaftlicher Beobachtungen bewertet werden können. Eine eigene empirische Relevanz kommt ihnen nicht zu. Das führt in den empirischen Aussagen dazu, daß nicht ganz klar ist, ob die Beobachtung die Theorie oder die Theorie die Beobachtung bestätigt, und führt auf der theoretischen Ebene zu der Frage, welchen Stellenwert einer holistischen Systemtheorie zukommt, die im komplexen Verhältnis von Analyse und Beobachtung keine real-empirische Systembildung zuläßt. Begreift man Systemtheorie als eine Möglichkeit der Erklärung von strukturellen Verselbständigungsphänomenen, die akteurstheoretisch nicht beobachtet und damit auch nicht erklärt werden können, handelt es sich bei Münchs Theorie eindeutig nicht um eine Systemtheorie. Vielmehr haben wir es mit einer Handlungstheorie mit systemischer Semantik zu tun.

3.1. Das Konzept der Interpenetration, der Rationalitätsvorsprung des Liberalismus und die Moderne

Münchs zeitdiagnostische Analysen basieren auf einer analytischen Gleichsetzung von System und Ordnung durch die Verwendung des Interpenetrationskonzeptes. Da eine Subsystembildung von Münch als Ausdruck einer Interpenetration unterschiedlicher Rationalitäten auf einer höherstufigen Ebene verstanden wird, die durch die Bildung einer neuen Handlungsordnung ein Nullsummenspiel der Interaktion verhindert, kann eine Komplexitätssteigerung der Gesellschaft, eine evolutionäre Weiterentwicklung nur durch Interpenetration erfolgen. Stagnation und Sozialpathologien sind Ausruck eines Mangels an derselben. Wenn dem aber – rein analytisch und ohne normativen Impetus – so ist, stellt sich die Frage, welche politische Verfassung eine solche Interpenetration auch empirisch am ehesten ermöglicht. Da Interpenetration ja das Ineinandergreifen von Handlungslogiken meint, kann dies nur eine politische Verfassung sein, welche alle unterschiedlichen Handlungsrationalitäten bei der politischen Entscheidungsfindung zu Wort kommen läßt, ohne daß die eine oder andere durch die Struktur der Politik ausgeschlossen oder benachteiligt wird. Je mehr Akteure ihre unterschiedlichen Standpunkte und Interessen vertreten können, um dennoch zu einer kollektiven Entscheidung zu gelangen, die von allen als legitim anerkannt wird, also eine neue Ebene sozialer Ordnung entstehen läßt, desto eher kann *empirisch* von einer Interpenetration gesprochen werden. Dieses Generieren einer neuen politischen Ordnung ist als Interpenetration empirisch am ehesten vom Liberalismus zu erwarten, der keine inhaltlichen, verschiedenen Rationalitäten verpflichteten Begrenzungen der politischen Entscheidungsfindung kennt, sondern lediglich – im Lichte der funktionalistischen Handlungstheorie – *neutrale* Verfahrensregeln aufstellt. Empirisch ist also eine Komplexitätssteigerung des Politischen (Parsons) bei gleichzeitigem Legitimationsvertrauen der Akteure (Weber) am besten in liberal verfaßten Gesellschaften zu erreichen. Münch unterstellt daher – im Weberschen Sinne von Rationalität – einen Rationalitätsvorsprung des empirischen Liberalismus, und dies versteht er nicht als normative Vorgabe, sondern als Ergebnis seines Versuches empirische soziale Ordnung (Systeme) nicht zu begründen, sondern zu erklären und diese dann in Beziehung zu einer evolutionistischen Modernisierungstheorie zu setzen. Diese Idee von Interpenetration ist dort am besten verwirklicht, wo die Selbstbindung des Akteurs am stärksten verbunden ist mit der Komplexität politischer Entscheidungen und Entscheidungsstrukturen. Diese Form der Effizienz politischen Handelns scheint jedoch wiederum dort am stärksten gegeben zu sein, wo die *Inklusion* aller durch die Artikulationsmöglichkeiten aller Interessen durch die Etablierung lediglich von Spielregeln oder Verfahrensregeln der politischen Entscheidungsfindung ihre Begrenzung findet. Größtmögliche Inklusion bei größtmöglicher Bindungskraft politischer Entscheidung erlaubt größtmögliche Effizienz, da ein hohes Maß an Interpenetration konstitutiv auf ein hohes Maß an Einflußmöglichkeiten *unterschiedlicher* Rationalitäten auf die Politik angewiesen ist. Je mehr Akteure also am politischen Prozeß teilhaben können und je mehr durch Interessen transformierte Rationalitäten im Entscheidungsfindungsprozeß eine Rolle spielen, desto größer ist der Grad der Interpenetration und damit der Zusammenhang von individueller Selbstbindung und systemischer Komplexität verstanden als soziale Ordnung. Eine inhaltliche Begrenzung der Artikulations- und Interessenvertretungsmöglichkeiten innerhalb des politischen Systems bedeutet daher auch umgekehrt eine Begrenzung der Möglichkeiten empirischer Interpenetration. Wo politische Inhalte zu sehr durch den Diskurs von Fachleuten bestimmt (Deutschland), zu stark an der verwaltungstechnischen Umsetzung orientiert (Frankreich) oder zu abhängig von konservativ-lebensweltlichen Gemeinschaftsprozessen sind (GB), findet eine zu starke

inhaltliche Begrenzung von Interpenetration statt. Lediglich der inhaltsneu-
trale Modus der reinen Verfahrensregelung des politischen Liberalismus hebt
diese Interpenetrationsbeschränkungen auf, hat damit das Problem der sozialen Ordnung am besten gelöst und ist somit am effizientesten. In modernen kapitalistischen Gesellschaften hat ein solcher Rationalitätsvorsprung jedoch die Nachahmung durch andere Gesellschaften zur Folge, und so bewegen sich alle westlichen Gesellschaften, ob sie wollen oder nicht, gleichsam
zwangsläufig in Richtung Liberalismus. Münch spricht von der Einbeziehung
amerikanischer Wettbewerbsstrukturen in das deutsche, das französische und
das britische Modell. Zwar werden diese Strukturen noch durch die Kulturen
der einzelnen Gesellschaften gebrochen. Doch ist es nur eine Frage der Zeit,
bis sich – gerade in Zeiten zunehmender, vor allem wirtschaftlicher Globalisierung – der Liberalismus faktisch durchsetzt. Eine Weltgesellschaft kann
letztlich nur liberal konstruiert sein, weil nur der Liberalismus Kulturen und
damit Inhalten gegenüber neutral begegnet.

Interessant ist, daß Münch in bezug auf die politische Philosophie den
Gleichgewichtsgedanken des AGIL-Schemas aufgeben muß. Sollte man bisher annehmen, daß das „Ordnungsideal" sozialer Systeme und damit auch
des politischen Systems in einem Gleichgewicht aller vier Funktionen des
Schemas zu finden wäre, macht es die Verbindung von Modernisierung und
Interpenetration notwendig, in Hinblick auf die Politik nicht ein Gleichgewicht funktionaler Kräfte, sondern das Übergewicht der adaptativen Funktion, also des amerikanischen Wettbewerbsmodells, zu idealisieren. Die Modernisierung moderner Staatlichkeit basiert nicht auf einem anzustrebenden
Gleichgewichtszustand unterschiedlicher Steuerungsmodelle und den dahinter stehenden politischen Philosophien und Demokratievorstellungen, sondern auf dem innovativen und progressiven Potential jenes politischen Systems, welches sich am meisten unterschiedlichen Rationalitäten ‚öffnet'.

Diesem analytischen Interpenetrationsliberalismus steht der empirische
Liberalismus gegenüber, den Münch am ehesten in den USA verwirklicht
sieht. Diese Form von Liberalismus ist jedoch Resultat einer *spezifischen* politischen Kultur, die sich so nur in den USA entwickelt hat. Damit ist aber die
globale Moderne *kein* Ausdruck mehr von Interpenetration, ihre politische
Verfassung ist – obgleich doch ungemein komplex – nicht auf eine gemeinschaftliche Legitimitätsgrundlage gestellt. Ist das Modell der Interpenetration
dadurch nicht mehr hinreichend für die Erklärung der globalen Moderne?

Hier gibt es also einen gewissen Widerspruch. Einmal ist der Liberalismus *eines* von vier analytischen Modellen möglicher Interpenetration von
Politik mit ihrer gesellschaftlichen Umwelt und der dort tragenden politischen Kultur. Also *eine* von vier idealtypischen Möglichkeiten der politischen Verfassung moderner Gesellschaften mit je eigenen Blockaden und
Vorteilen (Wettbewerbsmodell; Sichtweise a), auf der anderen Seite suggeriert das Konzept der Interpenetration einen Rationalitätsvorsprung des politischen Liberalismus gegenüber anderen politischen Philosophien, der sich

gerade *nicht* aus der Bindung an eine spezifische politische Kultur erklärt, sondern aus der Kapazität, *unterschiedliche* inhaltliche Kulturvorstellungen durch rein verfahrensmäßige Kriterien der Entscheidungsfindung zu integrieren (Sichtweise b). Hier existiert ein Widerspruch, der unterschiedliche Diagnosen der globalen Moderne erlauben würde, von denen aber eine den Abschied von der Gleichsetzung von Interpenetration und Modernisierung bedeutet. Interpenetration als Verknüpfung von politischer Komplexitätssteigerung mit kulturell bestimmtem Legitimitätsglauben der Akteure ist auf globaler Ebene nur als Amerikanisierung oder McDonaldisierung vorstellbar. Die Liberalisierung der Welt fußt hier auf einer spezifischen politischen Kultur des (amerikanischen) Westens (Sichtweise a). Verstanden als inhaltsfreie Integrationsform unterschiedlicher politischer Kulturen vermag das liberale Verfassungsmodell auf globaler Ebene keine Legitimation herzustellen, so begriffen (Sichtweise b) bleibt nur die Flucht in die Legitimation auf regionaler Ebene durch den lokalen, aber nun inhaltlichen und damit *kulturell* determinierten Diskurs um gute und richtige Entscheidungen. Münch ist Realist genug, um die zweite Version zu wählen, gibt damit aber sein Konzept der Interpenetration preis und ist nun theoriebautechnisch schlüssig gezwungen, eine dritte Moderne auszurufen (Münch 1998: 425), eine Moderne, deren Dynamik sich nicht anhand des Begriffes der Interpenetration erklären läßt.

Das Projekt der Moderne ist für Münch in Gefahr, weil Interpenetration auf supranationaler oder globaler Ebene in Gefahr ist. Denn Interpenetration „ist diejenige Art der Beziehung, durch welche sich gegensätzliche Sphären bzw. Subsysteme zugleich ausdehnen können, ohne daß dadurch sofort Interferenzen zwischen ihnen entstehen. Die Schwellen ihrer Unverträglichkeit werden durch Interpenetration erhöht und dadurch Nullsummenbedingungen in gewissem Ausmaß außer Kraft gesetzt. Interpenetration ist insofern das Geheimnis der Entwicklung jedes Systems zu höheren Niveaus der Selbstentfaltung und damit der grundlegende Mechanismus der Evolution" (Münch 1980: 3f.).

Einseitige Systemintegration kann nicht mit Interpenetration und daher auch nicht mit sozialer Ordnung verwechselt werden. Auf die globale Politik bezogen heißt das, daß es ihr – noch mehr als schon der europäischen – an gemeinschaftlichen Legitimitätsgrundlagen mangelt, dadurch aber verschwindet das ordnungsbildende Moment der Weberschen modernen Staatlichkeit vom Zusammenschluß individueller Legitimitätsverpflichtung und systemischer Komplexitätssteigerung. Kein liberales Politikmodell kann global diesen funktionalen Mangel ausgleichen, und dennoch streben nicht nur die Nationalstaaten, sondern auch die Welt als ganzes empirisch dem Liberalismus zu. Was auf nationalstaatlicher Seite der Interpenetration nur förderlich ist, weil hier alle gesellschaftlichen Rationalitäten verbunden werden können und eine gemeinsame Kultur per definitionem vorhanden ist, ist auf globaler Ebene aufgrund des Nichtvorhandenseins von gemeinschaftlicher Kultur der Interpenetration abträglich. Hier verbindet Münch nur noch eine gewisse Hoffnung mit der regionalen Ebene, nicht nur aus Rationalitätsgründen der Subsidiarität, sondern vor allem auch durch die im Prinzip nur hier noch herzustellende Legitimität politischer Entscheidungen, durch den Diskurs um das richtige, um das gute Ziel der Politik. Aber diese Hoffnung ist nur sehr klein, da, wie Weber sagen würde, die Rationalität der individuellen Lebensführung liberalisiert, aber die alltägliche Lebenswelt durch die Herrschaft liberaler Systeme vereinnahmt wird und damit eine Generalisierung der Lebensführung aus der Sicht der Akteure rationaler erscheint. Diese Kolonialisierung der Lebenswelt, die Habermas in allen modernen Gesellschaften voranschreiten sieht, müßte nun für Münch wenigstens in der Beziehung der globalen Systeme zur lokalen Lebenswelt eine Rolle spielen, denn durch das Fehlen von Interpenetration auf supranationaler Ebene durch Entstaatlichung und Globalisierung gewinnen nun auch für ihn Verselbständigungstendenzen der Systeme Wirtschaft und Politik die Oberhand. Auf dieser Ebene muß Münch nun also eine Verselbständigung systemischer Prozesse eingestehen, deren pathologische Auswirkungen er auf der nationalstaatlichen Ebene durch den Prozeß der Interpenetration abgefedert sah. Das Ergebnis ist aber um so radikaler, weil für Münch durch diese Verselbständigung die Einheit von Handlungsmotivation und Gesellschaftskomplexität, also im Parsonsschen und Weberschen Sinne *soziale Ordnung*, als Ganzes verschwindet. Daher kann hier auch kein liberales oder deliberatives Demokratiemodell aus der Legitimationskrise der postulierten dritten Moderne helfen. Dieses im Prinzip außerordentlich pessimistische Bild ist theorieimanent nur konsequent. Aber sind die emergenten Systembildungsprozesse auf globaler Ebene von grundlegend anderer Natur als jene auf der Ebene der Nationalstaaten?

3.2. „Systemische" Ordnung und „normative" Interpenetration

Für Münch gibt es keine prinzipielle Legitimationskrise der Moderne, weil er mit dem Interpenetrationsbegriff keine empirische Verselbständigung und Loslösung systemischer Prozesse von solidarischen Strukturen festmachen kann. Das theoretische Problem ist, daß Münch mit dem Interpenetrationsprozeß zwar systemische Differenzierung erklären will, jedoch nur die Bildung emergenter Ordnungen im Gesamtkontext des sozialen Interagierens beschreibt. Damit kann er die Verselbständigung systemischer Prozesse von Handlungsordnungen nicht in den Griff bekommen. Sie stellen sich für ihn lediglich als empirische Pathologie, nicht als analytisches Konstrukt von neuen, eigenen ordnungsbildenden Kräften dar. Als Beleg für diese These kann der Münchsche Umgang mit der Parsonsschen Medientheorie angesehen werden. Bei Parsons hatten die sozialen Medien Macht, Geld usw. die Funktion der Bindung und Verkettung individuellen Handelns und individueller Handlungsmotivation mit empirisch-eigengesetzlichen Systemstrukturen. Wenn aber eine empirische Systembildung immer schon Ausdruck der Interpenetration von Handlungsrationalitäten ist, bedarf es im Idealfall gar keiner sozietalen Medien. Die Integration von Handlung und System wird bei Parsons von den Medien geleistet. Sie nehmen daher in seiner Theoriekonstruktion auch einen herausragenden Platz ein, auch sein Austauschparadigma läßt sich nur so erklären. Die gleiche integrierende Funktion übernimmt bei Münch jedoch der Prozeß der Interpenetration. In letzter Konsequenz bedeutet dies, daß man sozietale Medien nur in solchen Gesellschaften finden würde, deren Systeme nicht hinreichend durch Interpenetration zustande gekommen sind. Am empirischen Beispiel eines politischen Systems, das nicht dem Ideal der Interpenetration entspricht, müßte demnach Macht angewendet werden, weil Herrschaft durch unzureichende kulturell-legitimatorische Bindung alleine nicht ausreicht. Das entspricht eher dem Weberschen als dem Parsonsschen Modell der Moderne und kommt vollkommen ohne das Phänomen empirischer Systembildung aus. Obgleich also Münch mit den Parsonsschen Medien arbeitet, ist aus Perspektive des Theoriedesigns nicht eindeutig, warum er das tut. Nur empirisch eigengesetzlich operierende Teilsysteme der Gesellschaft bedürfen einer konkreten Verbindung zur Handlungsmotivation der Akteure, idealtypisch durch Interpenetration gekennzeichnete emergente Handlungsordnungen bedürfen eines solchen Mechanismus im Ideallfall nicht.

Dies führt zu seiner pessimistischen Sicht der sozialen Ordnung im globalen Kontext, ist aber durchaus kritisch zu hinterfragen. Jetzkowitz (1996) stellt den Unterschied zu Parsons heraus und begründet ihn aus der wissenschaftsphilosophischen Ausrichtung Münchs, dieser sei als Anhänger des Kritischen Rationalismus nicht bereit, einen direkten Zusammenhang zwischen empirischer und analytischer Systembildung herzustellen. Aus diesem Grunde entspringt der Systembegriff bei Münch nicht einer „methodologischen Position; der Systembegriff dient vielmehr als fiktives Erkenntnismittel, das der Komplexität des Objektbereichs am ehesten entspricht und der zentralen Idee der Bezogenheit von Handeln und sozialer Ordnung Ausdruck verleiht. So wird ‚System' ein Synonym für ‚Ordnung', und ‚Funktion' ist eher eine Redeweise für die Bedeutung, die ein Teil einer Ordnung für die Gesamtheit hat, als daß darin ein Begriff gesehen wird, der für die Analyse von Emergenzphänomenen notwendig ist" (Jetzkowitz 1996: 57). Münch nimmt eine Uminterpretation des Parsonsschen AGIL-Schemas vor, welche die kybernetische Steuerunghierarchie durch den Prozeß der Interpenetration ersetzt. Dadurch ist es nicht ein einzelnes soziales System, welches hauptsächlich für die Ordnung des Zusammenhangs verantwortlich ist, sondern der Prozeß der Systembildung, die Interpenetration selbst. „Der Begriff der ‚Interpenetration' erhält auf diese Weise einen normativen Status im begrifflichen Bezugsrahmen, während er bei Parsons eher einen deskriptiven Stellenwert innehat. Münch bringt mit ihm die Bedingung für die Ordnung sozialen Handelns zum Ausdruck: Soziale Ordnung ist dann möglich, wenn normative und konditionale Elemente des Handelns, oder besser: die steuernden und die dynamisierenden Systeme, interpenetrieren" (Jetzkowitz 1996: 61).

Auch Schwinn (1996: 261) unterstellt Münch einen normativen Begriff von Interpenetration. Das Interpenetrationskonzept hat für ihn bei Münch drei Aufgaben: „es ist ein theoretisches Modell, es dient der Beschreibung der historischen Entwicklung der okzidentalen Kultur, und es ist normativer Maßstab für die Kritik an defizitären gesellschaftlichen Verhältnissen." Da Schwinn jedoch nicht erkennt, daß Münch die Parsonssche Steuerungskybernetik durch das Konzept der Interpenetration nicht etwa ergänzt, sondern fallengelassen hat, sieht er nicht den Zusammenhang zwischen ‚normativem Maßstab' und Evolutionsbeschreibung. Am Beispiel des impliziten Rationalitätsvorsprungs des Liberalismus gegenüber anderen politischen Philosophien habe ich versucht, diesen Zusammenhang zu skizzieren. Die Münchsche Theorie ist also nicht in dem Sinne normativ, daß sie unterstellt, was richtig ist, und die Realität an diesem Kriterium bemißt; durch die theoretische Verbindung von Interpenetration und sozialer Evolution möchte sie nur im nachhinein feststellen, warum sich eine bestimmte Entwicklung faktisch durchgesetzt hat. Ich kann daher in diesem Sinne im Gegensatz zu Schwinn keinen großen Unterschied zur Weberschen Religionssoziologie sehen. Entscheidend ist vielmehr, daß für Münch ebenso wie für Weber Prognosen der Entwicklungsmöglichkeiten nur in der Fortführung eines einmal erkannten Prozesses möglich sind. Was bei Weber in das stahlharte Gehäuse der Hörigkeit führt, müßte zumindest theoriearchitektonisch bei Münch in die Amerikanisierung der Welt, in die McDonaldisierung der Gesellschaft und damit in den gleichen Käfig, nun aber rot-weiß gestreift, führen. Lediglich in diesem Sinne ist die Münchsche politische Theorie versteckt normativ, sie kann empirisch nicht zwischen Integration und Interpenetration unterscheiden. Interpenetration ist jedoch empirisch nur eine spezifische Form von Integration und in diesem Sinne eher mit dem Lockwoodschen Begriff der Sozialintegration zu vergleichen. Dem gegenüber steht die Eigendynamik systemischer Integrationsprozesse, die – und gerade die Münchsche Analyse der Globalisierung zeigt dies – gänzlich ohne die Interpenetration mit den Sphären solidarischer Vergemeinschaftung oder kultureller Sinnstiftung sehr wohl zu neuen Formen der sozialen Ordnung führen kann. Münch kann diesen Prozeß im Prinzip nicht mehr erklären, sondern nur eine mangelnde sozialintegrative Einbindung beklagen und Auswege suchen. Was zu diesem Ergebnis führt, ist aber gerade nicht das Bestreben, eine normative Theorie des Politischen zu entwerfen, sondern auf einer ganz anderen Ebene das Bedürfnis, die politische Ordnung des Handelns lediglich aus seiner Beziehung zu anderen Sphären des Handelns zu erklären. Von einem sozialen System kann jedoch nur sinnvoll gesprochen werden, wenn dieses nicht nur in seiner Beziehung zu anderen Systemen, sondern auch als es selbst betrachtet wird. Ein empirisches Teilsystem der Gesellschaft kann in unterschiedlichem Maße sowohl sozial als auch systemisch integriert sein. Ein sozialer Wandlungsprozeß auf der einen Seite, wie etwa bei der Globalisierung, muß nicht zwangsläufig dazu führen, daß auch auf der anderen Seite ein Wandlungsprozeß eingeleitet wird. Um dieses theoretische Problem zu lösen, bestehen nur zwei Möglichkeiten. Entweder der Systembegriff muß als solcher fallengelassen werden (Schwinn 1996) oder es bedarf eines Einbaus empirischer Emergenzphänomene in die Münchsche Theorie. Diese empirischen Emergenzphänomene müssen dann aber mit der Interpenetration aller Teilsysteme der Gesellschaft im Widerspruch stehen können und *dennoch* zu eigenen stabilen Handlungsstrukturen führen dürfen.

4. Ausblick

Die Münchsche politische Theorie ist eine durch und durch *soziologische* Theorie der Politik. Eine solche Theorie ist in der heutigen in diesem Buch dargestellten Diskussion notwendig und kann viel zur soziologischen Erhellung heutiger Kontroversen beitragen, so etwa zur Liberalismus-/Kommunitarismusdebatte oder der populären Differenzierung zwischen Theorien der rationalen Wahl und der Autopoiesis politischer Systeme. Im Zuge eines zunehmenden ‚Aufweichens' dieser Extrempositionen muß die Münchsche Theorie stärker ins Blickfeld geraten. Die Weberianische Uminterpretation von Parsons ergibt dabei eine sicherlich provozierende Angriffsfläche. Zaghaft beginnt daher eine Diskussion mit einem aus der Versenkung auftauchenden Parsons (Jetzkowitz 1996) oder mit der Heidelberger Weberinterpretation (Schwinn 1996). Eine hier ansetzende Debatte könnte am Ende zu einem besseren soziologischen Verständnis des Verhältnisses von Handlungsordnung und Systemkomplexität führen. Am ehesten ist noch von Münch selbst eine radikale Abkehr von der systemtheoretischen Semantik zu erwarten, die jedoch zu einer Neuinterpretation jenes die Philosophie der Moderne durchziehenden Phänomens führen könnte, das Weber mit dem stahlharten Gehäuse, Marx mit der Verdinglichung und Entfremdung und Simmel mit der galoppierenden objektiven Kultur umschrieben haben. Diese Neuinterpretation müßte jedoch ein wechselseitiges Bedingungsverhältnis von empirischen und analytischen Systemen beinhalten; ein Pflänzchen, das auf dem Boden des Kritischen Rationalismus nicht wachsen und gedeihen kann.

Losgelöst von den hier fokussierten theoretischen Fragen, bietet die Münchsche politische Soziologie eine sehr große Menge an empirischen Detailanalysen, die hier mit der Globalisierungsthematik nur beispielhaft angerissen werden konnten. Münch hat sich unter anderem mit der modernen Kommunikationsdynamik von Massenmedien (Münch 1995) und Rationalitätskultur (Münch 1991) und mit den Feldern Umweltpolitik (Münch et al. 1996) oder Sozialpolitik (Münch 1998) beschäftigt. Jeder politikwissenschaftlichen Analyse sei hier empfohlen, auch diese *soziologische* Sichtweise auf das politische Feld zur Kenntnis zu nehmen.

Literatur

a. verwendete Literatur

Beck, Ulrich (1986): Risikogesellschaft. Auf dem Weg in eine andere Moderne. Frankfurt a.m.
Jauß, Claudia (1999): Politik als Verhandlungsmarathon. Baden-Baden.
Jensen, Stefan (1980): Talcott Parsons. Stuttgart.
Jetzkowitz, Jens (1996): Störungen im Gleichgewicht. Das Problem des sozialen Wandels in funktionalistischen Handlungstheorien. Münster.
Künzler, Jan (1989); Medien und Gesellschaft. Stuttgart.
Lahusen, Christian (1996): Der Ländervergleich. S. 1-132 in: Richard Münch et al., Die gesellschaftliche Kontrolle technisch produzierter Gefahren. Eine vergleichende Studie zu Kontrollverfahren in Deutschland, den USA, Frankreich und Großbritannien auf der Basis von vier theoretischen Modellen. Zweiter Arbeitsbericht an die DFG, unver. Man.
Lockwood, David (1979): Soziale Integration und Systemintegration. S. 124-137 in: Wolfgang Zapf (Hg.): Theorie des sozialen Wandels. Königstein.
Luhmann, Niklas (1984): Soziale Systeme. Frankfurt a.M.
– (1997): Die Gesellschaft der Gesellschaft. Frankfurt a.M.
Müller, Klaus (1996): Allgemeine Systemtheorie. Geschichte, Methodologie und sozialwissenschaftliche Heuristik eines Wissenschaftsprogramms. Opladen.
Münch, Richard (1980): Talcott Parsons und die Theorie des Handelns II. Die Kontinuität der Entwicklung. Soziale Welt 2, 3-47.
– (1982a): Basale Soziologie: Soziologie der Politik. Opladen.
– (1982b): Theorie des Handelns. Zur Rekonstruktion der Beiträge von Talcott Parsons, Emile Durkheim und Max Weber. Frankfurt a.M.
– (1984): Die Struktur der Moderne. Grundmuster und differentielle Gestaltung des institutionellen Aufbaus der modernen Gesellschaften. Frankfurt a.M.
– (1986): Die Kultur der Moderne. Frankfurt a.M.
– (1991): Dialektik der Kommunikationsgesellschaft. Frankfurt a.M.
– (1993): Das Projekt Europa. Zwischen Nationalstaat, regionaler Autonomie und Weltgesellschaft. Frankfurt a.M.
– (1995): Dynamik der Kommunikationsgesellschaft. Frankfurt a.M.
– (1996a): Modernisierung und soziale Integration. Replik auf Thomas Schwinn. Schweizererische Zeitschrift für Soziologie 22, 603-629.
– (1996b): Risikopolitik. Frankfurt a.M.
– (1998): Globale Dynamik, lokale Lebenswelten. Der schwierige Weg in die Weltgesellschaft. Frankfurt a.M.
Münch, Richard, et al. (1996): Die gesellschaftliche Kontrolle technisch produzierter Gefahren. Eine vergleichende Studie zu Kontrollverfahren in Deutschland, den USA, Frankreich und Großbritannien auf der Basis von vier theoretischen Modellen. Zweiter Arbeitsbericht an die DFG, unver. Man.
Parsons, Talcott (1937): The Structure of Social Action. New York.
– (1972): Das System moderner Gesellschaften. München.
– (1975): Gesellschaften. Frankfurt a.M.
Schwinn, Thomas (1996): Zum Integrationsmodus moderner Ordnungen: Eine kritische Auseinandersetzung mit Richard Münch. Schweizerische Zeitschrift für Soziologie 22, 253-283.

Simmel, Georg (1992): Soziologie. Untersuchungen über die Formen der Vergesellschaftung. Frankfurt a.m.

Stark, Carsten (1994): Autopoiesis und Integration. Eine kritische Einführung in die Luhmannsche Systemtheorie. Hamburg.

– (1998): Systemsteuerung und Gesellschaftssteuerung. Zur modernen Beschränkung des Politischen. Berliner Journal für Soziologie 7, S. 181-200.

– (1999): Die blockierte Demokratie. Kulturelle Grenzen der Politik im deutschen Immissionsschutz. Baden-Baden.

Weber, Max (1920/1988): Zwischenbetrachtung: Theorie der Stufen und Richtungen religiöser Weltablehnung. S. 536-573 in: ders., Gesammelte Aufsätze zur Religionssoziologie I. Tübingen.

– (1922/1985): Wirtschaft und Gesellschaft. Grundriß der verstehenden Soziologie. Stuttgart.

Willke, Helmut (1989): Systemtheorie entwickelter Gesellschaften. München.

b. kommentierte Literatur

Primärliteratur

Münch, Richard (1982a): Basale Soziologie: Soziologie der Politik. Opladen.
In diesem Band handelt es sich um eine umfangreiche Einführung in die politische Theorie(geschichte). Unterschiedliche politische Theorien werden hier dem AGIL-Schema zugeordnet und damit für eine holistische Perspektive plädiert.

Münch, Richard (1982b): Theorie des Handelns. Zur Rekonstruktion der Beiträge von Talcott Parsons, Emile Durkheim und Max Weber. Frankfurt a.M.
Hier findet sich der wichtige Aufsatz „Die ‚dialektische‘ Aufhebung von Positivismus und Idealismus in der voluntaristischen Theorie des Handelns." Außerdem erarbeitet Münch seine Uminterpretation der Parsonschen Theorie.

Münch, Richard (1984): Die Struktur der Moderne. Grundmuster und differentielle Gestaltung des institutionellen Aufbaus der modernen Gesellschaften. Frankfurt a.M.
In diesem Buch findet sich die Anwendung des Münchschen AGIL-Schemas auf die gesellschaftliche Differenzierung.

Münch, Richard (1996): Risikopolitik. Frankfurt a.M.
Hier schaltet sich Münch in die sozialwissenschaftliche Steuerungsdebatte ein und formuliert seinen Gegenentwurf zu Luhmanns Theorie autopoietischer Systeme.

Münch, Richard (1998): Globale Dynamik, lokale Lebenswelten. Der schwierige Weg in die Weltgesellschaft. Frankfurt a.M.
Münchs setzt sich in diesem Buch mit dem Themenkomplex Politik, Demokratie, Globalisierung auseinander.

Kapitel XII
Die politische Theorie des Feminismus: Judith Butler

Christine Weinbach

Inhalt

1. Das Problem des Feminismus

Der Feminismus ist eine politische Bewegung, die angetreten ist, die durch ihre Teilhabe am patriarchalen Geschlechterverhältnis unterdrückte Frau zu befreien und ihr zur Selbstverwirklichung zu verhelfen. Damit ist ‚die Frau' zweifellos das politische Subjekt, das der Feminismus zu repräsentieren beansprucht und dessen Interessen zu vertreten er sich aufgetragen hat.

Bereits auf diese feministischen Grundannahmen richtet Judith Butler ihre Kritik des Feminismus. Die heute 42-jährige Professorin für Rhetorik und vergleichende Literaturwissenschaften an der University of California in Berkeley, die an der Yale University und in Heidelberg Philosophie studierte, stellt, wohlgemerkt: als feministische Theoretikerin, die zentrale Annahme des Feminismus in Frage. Sie fragt nämlich, ob und wenn ja, wie, das politische Subjekt des Feminismus, „die Frau", überhaupt gedacht werden kann: Kann es „die Frauen", die „als Frauen" auf gemeinsame (Unterdrückungs-) Erfahrungen zurückgreifen, um dem Patriarchat solidarisch Einhalt zu gebieten, überhaupt geben? Was soll die Konstante sein, die all die Frauen, verschieden in dem, was ihre Ethnie, Kultur, Klassenherkunft und sexuelle Orientierung einerseits und individuellen Erfahrungen andererseits betrifft, auf einen gemeinsamen Nenner bringt und damit das herauszuabstrahieren erlaubt, was man „die Frau" nennt?

Diese Fragestellung ist keineswegs neu. Sie zu beantworten, bemühte sich die feministische Theorie bereits mit der Einführung der Unterscheidung von sex (Geschlechtskörper) und gender (Geschlechtsidentität) in ihre Theoriebildung (s. Rubin 1975, Haraway 1987). Damit erzeugt sie eine erste Spaltung in der Identität des Subjekts des Feminismus, da sie Menschen mit weiblichen Geschlechtskörpern (sex) aufgrund kultureller, ethnischer, klassenspezifischer Unterschiede etc. die Möglichkeit verschiedener weiblicher Identitäten (gender) und damit Erfahrungen zugesteht (vgl. Butler 1991: 22). Dem Feminismus gelingt es hier, sich von einer anthropologischen Denktradition abzugrenzen, welche die psychische Konstitution des geschlechtlichen Menschen auf seinen Körper zurückführt und im Sinne des Freudschen Diktums „Anatomie ist Schicksal" sowohl die gegenwärtigen als auch die zukünftigen Möglichkeiten des Menschen qua Geschlechtlichkeit festlegt. Dennoch greift diese Kritik Butler zufolge nicht wirklich konsequent auf das zugrundeliegende Problem durch. Denn wenn auch die Geschlechtsidentität (gender) nun kontingent gedacht werden kann, so bleibt sie immer noch an einen natürlich gegebenen, zweigeschlechtlichen und heterosexuellen Geschlechtskörper angebunden: Die Existenz männlicher und weiblicher Körper wird gesetzt und ihr Begehren bleibt in die heterosexuelle Matrix eingesponnen.

Butler will den Umgang mit der Unterscheidung von sex und gender radikalisieren. Sie will den zwar nicht mehr strikt kausal zu verstehenden, aber dennoch weiterhin bestehenden, nun lose gedachten Kausalzusammenhang von sex und gender vollständig kappen. Die Geschlechtsidentität (gender), von jeder fixierenden Anbindung (sex) abgetrennt, wird dann zu einem „freischwebenden Artefakt" (Butler 1991: 23). Daraus folgt ihre zentrale These: „Selbst wenn die anatomischen Geschlechter (sexes) in ihrer Morphologie und biologischen Konstitution unproblematisch als binär erscheinen (was noch die Frage sein wird), gibt es keinen Grund für die Annahme, daß es ebenfalls bei zwei Geschlechtsidentitäten bleiben muß" (Butler 1991: 23). Sex und gender stehen dann in einem kontingenten Zusammenhang, dessen Verschiebung die Möglichkeit der Genese vieler Geschlechter impliziert.

Mit diesen kurz skizzierten und im weiteren noch auszuführenden Überlegungen wurde Judith Butler, die ihre Dissertation zur französischen Hegelrezeption 1987 unter dem Titel „Subjects of Desire: Hegelian Reflections in Twentieth-Century France" publizierte, international bekannt. Ihr feministisch engagiertes Buch „Gender Trouble: Feminism and the Subversion of Identity" (Butler 1990, dt. Übersetzung „Das Unbehagen der Geschlechter" 1991) löste eine kaum zu überblickende Rezeptionsflut aus. In dieser grundlegenden Arbeit stützt sie sich in der Hauptsache auf die Schriften des Philosophen Michel Foucault (1993) und des Psychoanalytikers Jacques Lacan (1975; 1996). 1993 führte sie ihre Überlegungen mit „Bodies that Matter: On the Discursive Limits of ,Sex'" (deutsch 1995: „Körper von Gewicht. Die diskursiven Grenzen des Geschlechts") fort. In den folgenden, beide 1997 erschienenen Büchern „Excitable Speech: A Politic of the Performative" (deutsch 1998: „Haß spricht. Zur Politik des Performativen") und „The Psychic Life of Power. Theories in Subjection" spinnt sie einige zuvor entwikkelte Argumentationsfäden weiter: „Excitable Speech" bemüht sich um eine Verortung der von ihr favorisierten politischen Bewegung innerhalb des politischen Feldes, während „The Psychic Life of Power" den Zusammenhang von Subjektkonstitution und Macht vertiefend thematisiert.

2. Die diskursive Konstruktion geschlechtlicher Identität und ihre politischen Folgen

2.1. Der Diskursbegriff

Butlers geschlechtertheoretische Überlegungen basieren auf der These von der Geschlechtlichkeit als einer diskursiven Konstruktion – was nicht nur für die Geschlechtsidentität (gender), sondern ebenso für den Geschlechtskörper (sex) gelten soll. Der Diskursbegriff ist daher für die Überzeugungskraft und Haltbarkeit ihrer Überlegungen zentral. Butler arbeitet ihn heraus, indem sie sich an Foucault, der zwei Arten von Macht unterscheidet, anlehnt: Foucault (1983) unterscheidet die juridisch-repressive Macht und die strategischproduktive Macht, die auf eine besondere Weise zusammenhängen. Butler denkt diesen Zusammenhang im Anschluß an Foucault wie folgt: Die juridisch-repressive Macht kommt durch einen repressiven und sanktionierenden Zusammenhang von Werten und Normen in Form eines, einen juridischen Diskurs formierendes, Gesetzes zustande, dem das Subjekt bei Strafandrohung Folge zu leisten hat (s. Foucault 1983: 105). Damit ist aber *nicht* gesagt, daß die unterworfenen Subjekte vor ihrer Unterwerfung als nicht-unterworfene, freie und ‚selbstbestimmt' lebende Subjekte existiert hätten. Foucault (1983: 106) zufolge gibt es nämlich weder ‚die Menschen' noch ihre ‚ureigensten' Eigenschaften, Kompetenzen und Bedürfnisse *ohne* ihre diskursive Teilhabe. Daraus folgt, und das ist entscheidend, daß der Diskurs niemals nur juridisch-repressiv, sondern immer auch strategisch-produktiv ist! In diesem Sinne konstatiert Butler(1991: 16; s. auch 1991: 219), die sich im Folgenden auf eine diskursive Macht bezieht, die sowohl juridisch als auch produktiv wirkt: „Michel Foucault hat darauf hingewiesen, daß die juridischen Machtregime die Subjekte, die sie schließlich repräsentieren, zunächst auch *produzieren.*"[94]

Für das Subjekt heißt dies, daß der juridisch-produktive Diskurs ihm nicht nur etwas *ver*bietet, sondern zugleich etwas *ge*bietet (s. Butler 1995: 151): Indem der juridische Diskurs das Subjekt zu bestimmten Unterlassungen zwingt, fordert er es zugleich auf, etwas bestimmtes zu tun. Diese ‚Aufforderungsbündel' nennt Butler „Vektoren der Macht" (Butler 1995: 249) oder auch „Subjektpositionen" (Butler 1995: 156f). Solche *ge*bietenden Subjektpositionen dienen dem Subjekt als „Bedingung und ... Anlaß für ein weiteres Handlungsgeschehen" (Butler 1995: 249). Sie veranlassen es zur Ergreifung bestimmter Handlungsziele und statten es mit der nötigen Handlungskompetenz aus: Tue dies, unterlasse das! Und indem das ‚Subjekt' ihnen Folge leistet, wird es ein handlungsfähiges, Butler sagt: intelligibles Subjekt des Diskurses. Doch damit nicht genug. Denn das ‚Subjekt' erhält, indem es sein Verhalten an der entsprechenden Subjektposition orientiert, nicht nur eine Geschlechtsidentität (gender), sondern zugleich auch einen Geschlechtskörper (sex). Wir haben es also keineswegs mit Subjekten zu tun, die bereits mit einem geschlechtlichen Körper ausgestattet sind und durch den Imperativ des Diskurses lediglich ihren sozialen Platz zugewiesen bekommen. Vielmehr stellt der juridisch-produktive Diskurs seine Subjekte sowohl in psychischer und physischer Hinsicht erst her.

Ein geschlechtliches Subjekt ist eines, das dem Imperativ des Diskurses gehorcht und somit eine geschlechtliche Subjektposition (gender) einnimmt.

---

94 Doch auch wenn Foucault (1983: 111) den produktiven Charakter des juridischen Diskurses betont, so lehnt er dennoch nicht nur jede *Zentralisierung der Macht durch das Gesetz* für unsere moderne Gesellschaft ab. Er lehnt es zugleich ab, die Produktivität auf das Verbot zu beschränken (s. Foucault 1983: 106f). Aus diesem Grund ist Isabell Lorey (1996: 54) zuzustimmen, wenn sie konstatiert, daß „Butlers Position mit der Foucaults nicht so kompatibel ist, wie sie behauptet".

Befände es sich nicht innerhalb einer Subjektposition, dann wäre es nicht existent. Folgt man Butlers Überlegungen bis hierher, dann erlangen beide Geschlechter, sowohl Männer als auch Frauen, ihre Existenz bzw. ihren Subjektstatus inklusive ihrer psychischen und physischen Konstitution erst in dem Moment, in dem sie sich dem Diskurs unterwerfen. Jetzt erst werden sie zu Männern und Frauen mit entsprechenden Eigenschaften, Kompetenzen und Bedürfnissen. Die vom Feminismus kritisierte Asymmetrie der Geschlechter entsteht also erst durch gehorsame Männer und Frauen: Gehorsame Männer und Frauen verzichten auf die vom repressiven Gesetz des juridisch-produktiven Diskurses verbotenen Verhaltensmöglichkeiten und konzentrieren sich auf das Erlaubte bzw. Gebotene. Sie tun es, weil sie den Verlust ihres Seins, ihrer Intelligibilität, fürchten (s. Butler 1995: 330). Doch wo bleibt der ‚Rest‘, der durch die realisierte geschlechtliche Identität (gender) ausgeklammert wird? Er wird verworfen und gilt als „... das Unaussprechliche, das Nichtmachbare, das Nichterzählbare ...“ des Diskurses, der sich in den Subjekten niederschlägt und sie traumatisiert (Butler 1995: 249). Dieser unaussprechliche Rest, das vom Gesetz Verbotene, ist das Verworfene des Diskurses, welches das Subjekt unter Androhung seiner Auslöschung nicht ergreifen, nicht in die Tat umsetzen darf, das aber als verbotene und undenkbare Möglichkeit durch den juridisch-produktiven Diskurs erst hervorgebracht wird! So gibt es z.B. in der heterosexistisch geprägten Gesellschaft das Verbot des homosexuelle Begehrens, obwohl die Heterosexualität, da sie konstitutiv auf die Verwerfung der Homosexualität angewiesen ist, diese erst ermöglicht. Butler (1991: 121) schlußfolgert: „Das ‚Undenkbare‘ gehört also vollständig in die Kultur hinein; vollständig ausgeschlossen ist es hingegen von der *herrschenden* Kultur.“[95] Daß dieses Undenkbare wieder hervorgeholt und für eine Subversion der heterosexistischen Ordnung fruchtbar gemacht werden kann, sobald der verdinglichte Charakter der heterosexuellen Geschlechtlichkeit deutlich geworden ist, ist Butlers zentrale These. Sie fragt: „Wie können jene angeblich konstitutiven Ausschlüsse weniger dauerhaft, mehr dynamisch gemacht werden? Wie könnte das Ausgeschlossene wiederkehren als das, was zum Verstummen gebracht wurde, vom Bereich der ... Signifikation vorab ausgeschlossen wurde? Wie und wo wird ein sozialer Gehalt dem Ort des ‚Realen‘ zugeschlagen und dann als das Unaussprechliche hingestellt?“ (Butler 1995: 251).

---

95 Diese Zitat macht den widersprüchlichen Charakter des Begriffs des Verworfenen deutlich. Handelt es sich um etwas „Undenkbares“ oder lediglich um etwas von der „herrschenden Kultur“ ausgeschlossenes, das aber durchaus in einer Subkultur denkbar ist? Butler scheint sich nicht festlegen zu wollen, weshalb sich dem Leser die Frage nach dem Status des Verworfenen an den verschiedensten Stellen ihrer Texte gleichsam aufdrängt, ohne beantwortet zu werden.

2.2. Der Subjektbegriff

Was geschieht mit dem ‚Subjekt', wenn es sich dem Diskurs unterwirft, um Subjekt zu sein und in psychischer und physischer Hinsicht erst zu entstehen? Judith Butler zieht zur Klärung dieser Frage die psychoanalytische Theorie von Jacques Lacan heran. Auch Lacan unterscheidet eine durch ein Gesetz strukturierte symbolische Ordnung von den sich in ihr erst konstituierenden Subjekten.

Für Lacan steht im Anschluß an Claude Lévi-Strauss (1981) das väterliche Gesetz im Zentrum jeder kulturellen Ordnung. Es bildet als Inzesttabu und Exogamiegebot deren Strukturprinzip: Das Verbot, sich mit Verwandten ersten Grades zu paaren, wird durch das Gebot des „Frauentauschs" produktiv geregelt. Die aus diesem Verbot hervorgehenden heterosexuellen Subjekte werden entsprechend nach Frauen-tauschenden-Männern und von-Männern-zu-tauschenden-Frauen unterschieden: Beide Geschlechter sind innerhalb der durch das Gesetz strukturierten heterosexuellen Matrix positioniert, die als eine immer schon durch symbolische Vermittlung geregelte Ordnung gedacht ist. „Hinreichend deutlich ist zu erkennen, daß dieses Grundgesetz mit einer sprachlichen Ordnung identisch ist" (Lacan 1996a: 118). In diese sprachliche Ordnung, in der den Geschlechtern ein fester Platz und damit eine symbolisch geregelte Geschlechtsidentität (gender) zugewiesen ist, tritt das Kind in dem Moment ein, in dem ihm seine Mutter als „kastrierte" Mutter ‚begegnet'.

Lacan (1975: 129) zufolge kreist das Begehren eines jeden Kind um die Mutter, weil diese von ihm als im Besitz des Phallus phantasiert wird. Gleichzeitig spürt das Kind das mütterliche Begehren nach dem Phallus, weshalb es sich bemüht, für die Mutter der von ihr begehrte Phallus zu sein. In dieser Dialektik von ‚den Phallus in der Mutter haben' und ‚der Phallus für die Mutter' sein, glaubt es, sich in einer integeren Welt zu befinden. Sobald das Kind jedoch die Erfahrung macht, daß die Mutter den Phallus gar nicht hat, wird ihm deutlich, daß es sich selbst in einer unmöglichen Situation befindet: Es sieht, daß es den Phallus nicht zugleich *haben* und der Phallus *sein* kann. Diese Unmöglichkeit wird vom Kind durch einen Verzicht aufgelöst, der mit dem die symbiotische Beziehung mit der Mutter ersetzenden Eintritt in die symbolische Ordnung einhergeht. Das männliche Kind ‚entscheidet' sich dafür, den Phallus zu *haben*, und das weibliche Kind ‚entscheidet' sich, der Phallus (in Zukunft: für den Mann) zu *sein*. Butler (1991: 75) resümiert: „„Der Phallus sein' und ‚den Phallus haben' benennt zwei unterschiedliche Positionen oder Nicht-Positionen (d.h. unmögliche Positionen) in der Sprache. [...] Der Phallus ‚sein', bedeutet also für die Frauen, daß sie die Macht des Phallus widerspiegeln, diese Macht kennzeichnen, den Phallus verkörpern, den Ort stellen, an dem der Phallus eindringt, und den Phallus gerade dadurch bezeichnen, daß sie sein Anderes, sein Fehlen, die dialektische Bestätigung seiner Identität ‚sind'."

Die patriarchale Struktur hält demnach zwei, durch heterosexuelles Begehren charakterisierte geschlechtliche Subjektpositionen bereit (gender), in die sich das Kind einzufügen hat. Möglich ist dies aber nur, und hier beginnt Butlers Kritik an Lacan, wenn dem Kind bereits vor seinem Eintritt in die symbolische Ordnung sowohl heterosexuelles Begehren als auch ein männlicher oder weiblicher Geschlechtskörper (sex) unterstellt wird, der als Kriterium für die Zuweisung der entsprechenden Subjektposition fungiert! In Foucaultscher Terminologie ausgedrückt, unterschlägt Lacan die produktive Kraft des väterlichen Gesetzes, das den Inzest verbietet und das heterosexuelle Begehren gebietet. Denn: „Das repressive Gesetz bringt ... in Wirklichkeit die Heterosexualität [als das Begehren der beiden Geschlechtskörper und damit diese; CW] hervor, d.h., es wirkt nicht nur als negativer, ausschließender Code, sondern als Sanktionierung und – was noch wichtiger ist – als Gesetz des Diskurses, das das Sagbare vom Unsagbaren (indem es das Feld des Unsagbaren abgrenzt und konstruiert) und das Zulässige vom Unzulässigen scheidet" (Butler 1991: 104).

Indem Lacan die Zweigeschlechtlichkeit im Rahmen der heterosexuellen Matrix naturalisiert, steht er Butler zufolge im Widerspruch zu seinem Text „Das Spiegelstadium als Bildner der Ichfunktion" (1995). Dort stellt er nämlich heraus, wie sich das Kind anhand einer Verwerfung vor dem Spiegel als *psychische und physische* Einheit erst generiert. Die Subjektgenese im Lacanschen Modell des „Spiegelstadiums" beginnt, sobald sich das Kind im Spiegel sieht und über sein Spiegelbild in „jubilatorische" Freude ausbricht (Lacan 1996: 64). Dazu hat es einen guten Grund. Denn dieses Kind, das von seinem Körper bisher – aufgrund seiner mangelhaften motorischen Fähigkeiten – eine zerstückelte Vorstellung hatte, sieht zum ersten Mal ein Bild von sich als Ganzheit und erkennt sich in ihm wieder, obwohl es sich bei diesem Bild nicht um das handelt, als was es sich selbst erlebt (s. Lacan 1996: 67). Es identifiziert sich in Zukunft mit diesem Bild seiner Integrität und verwirft die Vorstellung vom zerstückelten Körper mit all seinen Erfahrungen von Insuffizienz und Unvollkommenheit. Der Blick in den Spiegel hat also weitreichende Konsequenzen, das Kind hat nun eine Vorstellung von sich selbst gewonnen, welche es ihm gestattet, seinen Körper seinem Willen entsprechend zu gebrauchen: Ab jetzt ist der Organismus intelligibel geworden, er ist nun ein Körper mit bestimmten Eigenschaften und Kompetenzen. Somit vermag die Konfrontation mit einer „Gestalt, bildnerische Wirkungen auf den Organismus auszuüben" (Lacan 1996: 65): Der Körper ist als Körpergestalt das Produkt einer *imaginären* Bildung (s. Butler 1995: 104), welche weder in einem kongruenten Verhältnis mit dem ‚wirklichen' Körper, d.h. der dem Körperbild ‚zugrundeliegenden' Materialität, steht, noch diesen angemessen zu repräsentieren vermag. „Das bedeutet, daß jeder Rekurs auf den Körper vor dem Symbolischen nur im Symbolischen stattfinden kann, was anscheinend impliziert, daß es keinen Körper vor seiner Markierung gibt" (Butler 1995: 137).

Die beiden herangezogenen Lacan-Texte widersprechen sich in einem Punkt konstitutiv: Während in „Die Bedeutung des Phallus" der Geschlechtskörper vor dem Eintritt des Kindes in die symbolische Ordnung bereits existiert, zeigt das „Spiegelstadium" die Genese des intelligiblen Subjekts und seines Körpers erst auf. Butler meint nun, daß die Verknüpfung der beiden Texte in der These besteht, daß das Körperbild des Kindes vor dem Spiegel immer schon ein geschlechtliches Körperbild ist, das nur vermittels einer geschlechtlichen Subjektposition (gender) gedacht werden kann: Wenn ein geschlechtliches Körperbild einer innerhalb der symbolischen Ordnung angesiedelten geschlechtlichen Subjektposition entspricht, dann imaginiert sich das Kind vor dem Spiegel als geschlechtliches Subjekt der heterosexuellen, patriarchalen Ordnung auf der Grundlage einer diskursiven Subjektposition. Mit der Einführung der geschlechtlichen Subjektposition in die Genese des geschlechtlichen Subjekts stellt sich aber die Frage, welches Geschlecht das Lacansche Kind des „Spiegelstadiums" eigentlich ‚besitzt'. Butler antwortet: Das Kind vor dem Spiegel ist männlich, denn seine Identität basiert auf der Gleichsetzung von Verworfenem und Mütterlichem bzw. Weiblichem. Wie sich das Subjekt vor dem Spiegel aufgrund der Verwerfung aller Erfahrungen von Zerstückeltheit zugunsten eines einheitlichen Körperbildes imaginiert, so existiert das männliche Subjekt des väterlichen Diskurses aufgrund der Verwerfung der kastrierten Mutter zugunsten des Phallusbesitzes und der frauentauschenden Subjektposition des männlichen Diskurses (s. Butler 1995: 103).[96] Indem das (männliche) Kind die Mutter verwirft, erhält es den Status des souveränen (männlichen) Subjekts und seines Geschlechtskörpers! Somit spielt „[d]er Phallus ... schon bei der eigentlichen Beschreibung des zerstückelten Körpers vor dem Spiegel eine Rolle ..." (Butler 1995: 116). Phallus (männliches Körperbild) und Penis (männlicher Geschlechtskörper) gelten damit als (scheinbar) unauflöslich miteinander verknüpft als „ontologische Differenz", als etwas, das durch „bestimmte Negation" verbunden ist (Butler 1995: 118). Denn „insofern der Phallus den Penis zu seiner eigenen Konstruktion benötigt, schließt die Identität des Phallus den Penis ein, das heißt, zwischen ihnen besteht eine Identitätsbeziehung" (Butler 1995: 118).

Die von Lacan unterstellte Identitätsbeziehung von Penis und Phallus entspricht der von Butler kritisierten Identitätsbeziehung von sex und gender: In beiden Fällen ist vorausgesetzt, es gäbe ein notwendiges und damit unauflösliches Verhältnis zwischen Geschlechtskörper (sex, Penis) und diskursiver Geschlechtsidentität (gender, Phallus). Butler zeigte mit der Lacanschen Psychoanalyse gegen die Lacansche Psychoanalyse auf, daß die Verknüpfung von imaginärer Körperlichkeit und diskursiv-symbolischer Geschlechtsidentität, also von sex und gender, keineswegs ‚natürlich' ist, sondern durch einen Identifikationsprozeß erst hergestellt wird. Die Verknüpfung von Penis und Phallus im Sinne einer Verknüpfung von männlichem Körper (sex) und männlicher Subjektposition (gender) ist somit kontingent: Kein Geschlechtskörper geht zwangsläufig mit einer ‚passenden' Geschlechtsidentität einher –

---

96   Ob Butler Lacan damit gerecht wird, lasse ich hier offen.

auch wenn sich das geschlechtliche Subjekt vermittels der Geschlechtsidentität einer Subjektposition als körperlich-geschlechtliches Subjekt überhaupt erst generiert.

2.3. Wiederholung und Verfehlung

Die Kontingenz einer jeden Geschlechtlichkeit besteht in deren konstruiertem, diskursivem Charakter. Die diskursive Produktivität stellt dem geschlechtlichen Subjekt *Gebote* in Form von Subjektpositionen bereit, denen das Subjekt folgt, indem es das Gebotene tut und das Verbotene nicht tut. Es verhält sich seiner Subjektposition entsprechend korrekt und generiert sich sowohl in psychischer als in physischer Hinsicht als ein Geschlecht des Diskurses. Für das gehorsame Subjekt des Diskurses bedeutet dies nicht nur die Identifikation und Generierung des Körperbildes vermittels der eingenommenen Subjektposition, sondern zugleich die Verwerfung eines durch die Subjektposition ausgeschlossenen Körperbildes: So muß die heterosexuelle Frau darauf achten, die für sie ausgeschlossenen Verhaltensweisen, nämlich solche, die als homosexuell und männlich gelten, außerhalb ihres Möglichkeitsbereichs zu halten, um ihre weibliche Physiognomie und Identität nicht zu gefährden.

Dieser Vorgang der Identifikation mit der Subjektposition inklusive der damit einhergehenden Verwerfung ist jedoch, und dieser Gedanke ist bisher unerwähnt geblieben, als *einmaliger* Vorgang wirkungslos. Statt dessen muß er von Moment zu Moment wiederholt werden! Erst durch diese Wiederholung ist die Existenz sowohl des Subjekts als auch des Diskurses überhaupt möglich. Denn erst in der Wiederholung konstituiert sich das Subjekt in psychischer und physischer Hinsicht, und stabilisieren sich die diskursiven Strukturen! „In diesem Sinne ist die Geschlechtsidentität ein Tun, wenn auch nicht das Tun eines Subjekts, von dem sich sagen ließe, daß es der Tat vorangeht" (Butler 1991: 49). Denn es gibt kein Subjekt, das vor seiner Tat (Selbstkonstituierung) als solches bereits existierte, vielmehr entsteht es erst im Moment seines Tuns und muß ,sich' daher von Moment zu Moment im Wechselspiel von diskursiver Macht und Gehorsam neu ,erschaffen' (s. Butler 1995: 133). Die konstruierende, alles Sein generierende Macht befindet sich somit an der Schnittstelle von Subjekt und Diskurs: Sie besteht in dem, das Subjekt und den Diskurs verschränkenden, wiederholten Tun von Identifikation und Verwerfung.

Der notwendige Reproduktionsprozeß alles Seienden und aller diskursiven Strukturen (Subjektpositionen) impliziert jedoch zugleich eine gewisse Instabilität. Er macht die durch den Gehorsam performierte Identität des geschlechtlichen Subjekts und seines Diskurses zugleich schwankend und bedroht deren Identitäten. Der Grund liegt in der generativen Wiederholung selbst. Denn das wiederholte Handeln wiederholt zwar im Gehorsam gegenüber dem Gesetz den Akt von Identifizierung und Verwerfung – es vermag

dabei aber nicht exakt dasselbe zu wiederholen (s. Butler 1995: 299): Es ist
unmöglich, zweimal in denselben Fluß zu steigen. Butler gebraucht für diesen Aspekt den Derridaschen Begriff der „Iterabilität" (s. Derrida 1988;
Butler 1995: 36). Iterabilität meint nicht das *Kopieren*, d.h. den wiederholten
Vollzug einer identischen Handlung, sondern deren stets zu einem neuen
Zeitpunkt und in einem anderen Zusammenhang stattfindendes, die Identität
des Wiederholten automatisch verschiebendes *Zitieren*. Dem Gesetz des juridisch-produktiven Diskurses zu gehorchen, bedeutet also immer zugleich,
gegen ihn zu verstoßen! In der Folge „tun sich in diesen ständigen Wieder-
holungen auch Brüche und feine Risse auf als die konstitutiven Instabilitäten
in solchen Konstruktionen, dasjenige, was der Norm entgeht oder über sie
hinausschießt, was von der wiederholenden Bearbeitung durch die Norm
nicht vollständig definiert und festgelegt werden kann" (Butler 1995: 32).
Diese Risse offenbaren, was die Identität des Subjekts aus sich ausschließt
und das seine Identität doch erst begründet: das Verworfene. Die aller Identität zugrundeliegende Differenz von Identität und Verworfenem ist keineswegs eine stabile Differenz, sondern unterliegt einer ständigen Verschiebung.[97] Sie macht auf die Kontingenz aller Geschlechtlichkeit aufmerksam.

Somit läßt sich schlußfolgern, daß eine Geschlechtsidentität (gender)
nicht notwendig mit dem entsprechenden Geschlechtskörper (sex) verknüpft
ist, weil diese Beziehung durch das Moment von Identifikation und Verwerfung überhaupt erst hergestellt wird und daher immer auch anders möglich
wäre. Somit würde die Identifikation und Verwerfung bezüglich einer anderen Geschlechtsidentität (gender) einen anderen Geschlechtskörper (sex) hervorbringen! Damit nicht genug. Denn da ein wirklich 100%iges Befolgen der
Anweisung des Diskurses niemals möglich ist, das geschlechtliche Subjekt
sich jedoch von Moment zu Moment regenerieren muß, ist in seine Identität
sein Scheitern konstitutiv eingelassen. Diesen Tatbestand nun kann sich ein
politisches, an der Subversion der diskursiven Strukturen und ihren Subjektpositionen interessiertes Subjekt zunutze machen, indem es das Scheitern
seiner Identitätsbemühungen bewußt in Gebrauch nimmt. Ein solches Beispiel gibt die Lesbe ab, die sich den Phallus aneignet, um die Strukturen des
phallischen und heterosexistischen Diskurses zu untergraben.

---

97 Butler (1991: 213) kennt noch einen weiteren, daneben herlaufenden Grund für die
    abweichende Reproduktion der Identität des Subjekts. Dieser liegt nicht lediglich in
    der ständigen, unbemerkten Verschiebung des Zitierten, sondern entsteht in der Fol-
    ge einer zeitgleichen Konfrontation des handlungswilligen Subjekts mit unterschied-
    lichen, sich widersprechenden diskursiven Imperativen. Damit sind die an das ge-
    schlechtliche Subjekt herangetragenen Aufforderungen keineswegs unbedingt mit-
    einander zu vereinbaren, sondern häufig disparater Art.

2.4. Der „lesbische Phallus"

Wie kommt die Lesbe an den Phallus und wieso subvertiert sie durch seine Aneignung die Strukturen des heterosexistischen Diskurses? Sie bemächtigt sich des Phallus, indem sie, – statt sich weiterhin wiederholt zitierend in die Subjektposition zu fügen, die sie nicht nur kastriert, sondern zugleich außerhalb des heterosexuellen Diskurses plaziert, – zitiert, was ihre lesbische Subjektposition als Möglichkeit verwarf: die Subjektposition des heterosexuellen Mannes, d.h. desjenigen, der sich im Besitz des Phallus befindet und daher im Lacanschen Sinne als souveränes Subjekt gilt. Wenn das Subjekt dem Diskurs sowieso niemals wirklich gehorchen kann, wenn es sowieso mit jedem Zitieren die vom Gesetz definierte Grenze zwischen Identität und Verworfenem verschiebt, weil es dessen Imperativ niemals 100%ig befolgen kann, dann kann es auch gleich die verworfene statt die vorgeschriebene Identität zitieren![98] Jeder geschlechtliche Körper, ob mit dem Organ Penis oder mit dem Organ Vagina ausgestattet, kann daher im Besitz des Phallus sein. „So betrachtet, könnten Männer als (bereits) kastriert sowie vom Penisneid (besser begriffen als Phallusneid) getrieben verstanden werden. Umgekehrt könnten Frauen von Kastrationsangst getrieben sein, insoweit sich von ihnen sagen läßt, daß sie den Phallus ‚haben' und seinen Verlust fürchten (und es gibt keinen Grund, warum dies nicht für den lesbischen wie auch für den heterosexuellen Austausch zutreffen sollte, wobei die Frage nach einer impliziten Heterosexualität für ersteren und impliziter Homosexualität für letzteren aufkommt)" (Butler 1995: 119).

Wenn sich die Lesbe den Phallus aneignet, dann wird der heterosexuellmännliche Phallus lesbisch und stellt die zweigeschlechtliche, heterosexuelle Geschlechterordnung radikal in Frage. Er sprengt als das unmögliche *Dritte* die heterosexuelle Matrix, die nur *zwei* ‚richtige' Geschlechter, nämlich heterosexuelle Männer und Frauen, akzeptiert. Der lesbische Phallus sprengt die heterosexuelle Matrix, indem die Lesbe als ‚falsche' Frau im heterosexistischen Diskurs nach dem Phallus (der männlichen Subjektposition) greift, der nur dem ‚richtigen' Mann als Repräsentant der frauentauschenden, patriarchalen Ordnung zusteht. Sie zerstört, indem sie dem Imperativ des Diskurses *nicht* gehorcht, die Subjektposition (gender), welche sie als Frau kastriert und als homosexuelle, ‚falsche' Frau in das Außen der heterosexuellen Struktur abdrängt. Gerade von dort aus, aus ihrer *verworfenen* Position *innerhalb* der heterosexuellen Ordnung heraus, ist ihr dieses Infragestellen möglich: Die Subversion der Subjektposition (gender) geschieht immer „von den außengelegenen Regionen jener Grenzen her" (Butler 1995: 34). Die phallische Lesbe kann „die auf-

---

98 Dann, und darauf sei kritisch hingewiesen, handelt es sich, *entgegen* Butlers Absicht, nicht mehr um das Subjekt desselben Diskurses, sondern, je nach Perspektive, um das Subjekt zweier verschiedener Diskurse (s. Weinbach 1998) oder um zwei verschiedene Beobachtungsebenen innerhalb eines Diskurses (s. Weinbach 1997).

sprengende Wiederkehr des Ausgeschlossenen darstellen, die aus der inneren
Logik des heterosexuellen Symbolischen heraus erfolgt" (Butler 1995: 34).
Die phallische Lesbe zerstört nicht nur die heterosexuelle Matrix, sie
zwingt zudem den heterosexuellen Diskurs zur Anerkennung einer lesbischen Existenz, die bislang ohne Erfolg auf Repräsentation innerhalb des hegemonialen Diskurses drängte: Die Lesbe existiert jetzt *innerhalb* des hegemonialen Diskurses als ein *außerhalb* der heterosexuellen Definitionsmacht
sich befindendes drittes Geschlecht. Denn: „Wenn der Phallus lesbisch ist,
dann ist er eine und wiederum keine maskulinisierte Figur der Macht... "
(Butler 1995: 125). In diesem Sinne gelingt es der phallischen Lesbe, „ein alternatives Imaginäres gegenüber einem vorherrschenden Imaginären stark zu
machen und durch dieses Geltendmachen zu zeigen, wie sich das vorherrschende Imaginäre vermittels der Naturalisierung einer ausschließenden heterosexuellen Morphologie konstituiert" (Butler 1995: 126). Als drittes Geschlecht macht die phallische Lesbe deutlich, was Butler (1991: 23) bereits in
„Das Unbehagen der Geschlechter" provokant formulierte: „Selbst wenn die
anatomischen Geschlechter (sexes) in ihrer Morphologie und biologischen
Konstitution unproblematisch als binär erscheinen (was noch die Frage sein
wird), gibt es keinen Grund für die Annahme, daß es ebenfalls bei zwei Geschlechtsidentitäten bleiben muß."

2.5. Feminismus und „queer"

Eine subversive Geschlechterpolitik, die sich der diskursiven Logik annimmt,
um diese quasi ‚von innen her' aufzusprengen, muß sich, wie die „phallische
Lesbe", auf die Differenz von Identität und Verworfenem konzentrieren. Sie
muß zeigen, daß der Geschlechtskörper (sex) immer das Produkt einer diskursiv vermittelten und durch ein ‚Subjekt' angeeigneten Geschlechtsidentität
(gender) ist und daß es immer möglich wäre, ein ganz anderes Geschlecht zu
sein. Vor diesem Hintergrund will Butler (1991: 203) die parodistische Darstellung von Geschlechtlichkeit als politische Strategie verstanden wissen:
„Der hier verteidigte Begriff der Geschlechter-Parodie (*gender parody*) setzt
nicht voraus, daß es ein Original gibt, das diese parodistischen Identitäten
imitieren. Vielmehr geht es gerade um die Parodie des Begriffs *des* Originals
als solchem." Eine in diesem Sinne gelungene Parodie zeigt auf, „daß die ursprüngliche Identität, der die Geschlechtsidentität nachgebildet ist, selbst nur
eine Imitation ohne Original ist" (Butler 1991: 203). Somit ist nicht jede
Form der Parodie subversiv. Wir alle kennen Filme wie „Tootsie" oder
„Charlies Tante" in denen Männer in Frauenkleidern jedes Geschlecht jenseits der heterosexuellen Matrix der Lächerlichkeit preisgeben, um das Bestehende zu affirmieren. Eine *subversive* Parodie muß sich darum stets an der
Frage orientieren, „wodurch bestimmte Formen parodistischer Wiederholun-
gen wirklich störend bzw. wahrhaftig störend sind ..." (Butler 1991: 204).

Wirklich störend sind Parodien innerhalb eines politischen Bewegungskontextes, der sich „queer" nennt (s. dazu auch Hark 1993). Dessen politische Praxis besteht in der ständigen Verschiebung von sex und gender durch die Parodie. In diesem Sinne nimmt sich „queer" jeder Form der *Darstellung* sexueller Praxen (sexuality) an. Der Begriff sexuality, der das geschlechtliche Tun, durch das sich die Geschlechter konstituieren, meint, ist für „queer" zentral (s. Butler 1991: 38). Indem „queer"-Politik sexuality in Form der Parodie thematisiert, stellt sie den künstlichen Charakter *aller* Geschlechter in den Vordergrund. Was macht dabei den subversiven Charakter von „queer" aus, der ihn von affirmativen Parodien unterscheidet? „Queer" kontextualisiert jede Form von Parodie auf kritische Weise bereits durch seinen Namen, der für geschlechterpolitische Strategien den einheitsstiftenden Rahmen abgibt. Ursprünglich eine beleidigende Bezeichnung für Homosexuelle, gibt sich die Bewegung den Namen, der sie eigentlich verwerfen soll, erhebt sich aus ihrer vom hegemonialen Diskurs ausgeschlossenen Position und meldet Anspruch an auf Repräsentation innerhalb des hegemonialen Diskurses. Butler (1995: 302) konstatiert: „In diesem Sinne bleibt es politisch unverzichtbar, auf die Begriffe ‚Frauen', ‚queer', ‚schwul' und ‚lesbisch' Anspruch zu erheben, und zwar genau der Form wegen, in der sie sozusagen Anspruch auf uns erheben, bevor wir darum ganz wissen."

Damit schafft „queer" sich allerdings ein Problem. Denn obwohl die subversiven politischen Strategien von „queer" um die Differenz von Identität und Verworfenem kreisen, die durch diskursive sexuelle Praktiken (sexuality) hergestellt wird, präsentiert die Bewegung „queer" sich als Identität. Daraus folgt aber nicht, so sieht es jedenfalls Butler (1996: 16), „daß ich bei politischen Ereignissen nicht unter dem Identitätszeichen ‚Lesbe' auftreten will, sondern daß ich eine dauerhafte Unklarheit darüber schaffen möchte, was es genau bezeichnet."[99] Die Bewegung „queer" soll offenlassen, wie sie selbst sich inhaltlich definiert und sich darum ständig fragen, wie es um die eigenen Ausschlüsse, um die eigene Definitionsmacht bestellt ist: „Wenn ‚queer'-Politik die Haltung einnimmt, von diesen anderen Modalitäten der Macht unabhängig zu sein, wird sie ihre demokratisierende Kraft verlieren" (Butler 1995: 302). Darum fragt Butler (1995: 318): „Wie können wir um den Unterschied zwischen der Macht, die wir fördern, und der Macht, die wir bekämpfen, wissen?" Ihr Vorschlag lautet, eine ‚queer'-Forschung einzurichten, über „(a) die *Formierung* von Homosexualitäten (eine historische Untersuchung, die die Stabilität des Begriffs nicht selbstverständlich voraussetzen kann trotz des politischen Drucks, das zu tun) und über (b) die *ent*-

---

99 In diese Richtung geht auch Sabine Harks (1996: 174f) Definition dessen, was sie „*deviante Subjekte*" nennt: „*deviante Subjekte* wären folglich Subjekte, deren Identität niemals abgeschlossen ist, auch wenn ihre Bedeutung temporär geschlossen wird."

stellende und *zweckentfremdende* Macht, deren sich der Begriff derzeit erfreut" (Butler 1995: 303).

Butler fordert demnach von „queer" ein, was sie bereits am Feminismus vermißte: nämlich die Reflexion derjenigen Ausschlüsse, auf denen die eigene Identität basiert. Der Feminismus bleibt mit seiner Unterscheidung von sex und gender bekanntlich der scheinbar naturgegebenen Zweigeschlechtlichkeit und der heterosexuellen Matrix verhaftet und konzentriert seine Analysen auf die Kategorie gender, die je nach Kultur, Ethnie, Klasse etc. das (heterosexuelle) Verhältnis von Mann und Frau auf verschiedene Weise gestaltet. „Queer" dagegen bezieht sich auf die auch immer anders mögliche Produktivität der sexuellen Praxis (sexuality), deren Kontingenz unzählige Geschlechter jenseits der uns bekannten Männer und Frauen ermöglicht. Der Unterschied zwischen Feminismus und „queer" ist dann wie folgt zu fassen: „... the kind of sex that one *is* and the kind of sex that one *does* belong to two separate kinds of analysis: feminist and lesbian/gay [gemeint ist „queer"; CW]" (Butler 1997: 7). Während der Feminismus das geschlechtliche Sein (gender) ins Zentrum seiner Analyse rückt, konzentriert sich „queer" auf das geschlechtliche Tun (sexuality). Doch beide vernachlässigen, was jeweils der andere berücksichtigt, denn die Kategorie gender ist des Feminismus und die Kategorie sexuality ist der queer-Theory „proper object" (Butler 1997: 5). Butler hält dem Separatismus beider die subversive und radikaldemokratische Geschlechterforschung entgegen: Der Feminismus soll nicht auf sexuality, „queer" soll nicht auf gender verzichten. Statt dessen, so Butler (1997: 27), sind beide Begriffe inklusive ihrer Blickwinkel aufeinander angewiesen: „Finally, it seems that we might accept the irreducibility of sexuality to gender or gender to sexuality, but still insists on the necessity of their interrelationship." Daher muß die Spaltung, die Feminisums und „queer" dadurch betreiben, daß sie diese notwendige Beziehung leugnen, im Interesse beider überwunden werden. Butler (1995: 317; Hervorhebung von mir, CW) fordert „eine Reihe nicht-kausaler und nicht-reduktiver Beziehungen zwischen sozialer Geschlechtsidentität [gender; CW] und Sexualität [sexuality; CW] geltend zu machen, nicht bloß, um Feminismus und queer-Theorie zu verbinden, so wie man vielleicht zwei getrennte Unternehmen verbindet, sondern um deren *konstitutives Wechselverhältnis* nachzuweisen."

3. Der Abschied vom Körper als Abschied des Feminismus von der politischen Theorie?

Judith Butlers Versuch, die intelligible Körperlichkeit, das feministische Subjekt und die politische Handlungsfähigkeit neu zu denken, sie vom Essentialismus zu befreien und dem Diskussionsstand der dekonstruktivistischen Theorie gerecht zu werden, hat eine breite, zumeist ablehnende Resonanz hervorgebracht.[100] Die drei am häufigsten kritisierten Aspekte betreffen die *Realität* der *Körperlichkeit*, die Frage nach dem Status des *Subjekts* und der *Totalität des Diskurses* und die Frage nach einem *Maßstab für Kritik*, womit die *politische Handlungsfähigkeit* tangiert ist.

Andrea Maihofer (1995: 47) stimmt Butler zunächst insofern zu, als „daß es (für uns) nichts der Sprache Vorgängiges gibt: sowohl unsere Erfahrung als auch unser Verständnis von den Dingen [ist; CW] sprachlich konstituiert." Sie kritisiert jedoch, daß Butler in aller Konsequenz das „für uns" unterschlägt und statt dessen „den *Körper schlechthin* als einen diskursiven Effekt" begreift (Maifhofer 1995: 48). Butler „neigt vielmehr dazu, diese Einsicht zu ontologisieren: ihr zufolge *ist* der Körper wirklich nichts anderes als eine ‚Oberfläche' oder eine ‚Fiktion'" (Maihofer 1995: 51). Fehlenden Realitätssinn klagt auch Barbara Duden (1993: 29; ganz ähnlich s. Hagemann-White 1993: 69) ein, wenn sie sich entrüstet: „Ich bin nicht ohne Substanz, bin nicht sinn-los, wie das Frau Butler von sich behauptet. Ich bin nicht zweidimensional: ich habe ein Außen und auch ein Innen, und das ist nicht jedermann zugänglich. [...] Ich bin kein Schneider MeckMeckMeck nach dem Durchlauf durch die dekonstruktive Mühle." Hilge Landweer lehnt ebenfalls die These von der Konstruiertheit der Geschlechtskörper ab. Ihr zufolge wird die Geschlechterdifferenz von Mann und Frau durch die „Beobachtung von generativen Prozessen [gemeint sind Sterblichkeit und Geburt; CW] zusammengenommen, zu ‚Lebenssymbolen' ... verknüpft" (Landweer 1993: 42). Entsprechend ist Butlers These von der „Verschiebbarkeit der Körperumrisse noch kein Argument gegen die Materialität des Körpers ..., sondern [belegt; CW] lediglich die kulturelle Formierung von Körperschemata" (Landweer 1993a: 15).

Der zweite zentrale Kritikpunkt betrifft die Herstellungspraxen von Subjekt und Diskurs. Die von Isabell Lorey angeführte Kritik richtet sich dabei auf die Einseitigkeit der durch das diskursive Gesetz verunmöglichten Handlungen. So kann Butler „die Praktiken der Selbst-Konstitution nicht analysieren und das Subjekt letztendlich nur als Herrschaftsstrukturen unterworfenes thematisieren. Damit beschreibt sie nur einen Teil von subjektkonstituierenden Praktiken ..." (Lorey 1996: 45). In diesem Sinne vermißt Carol Watts (1995: 42) eine nähere Bestimmung dieser Praxen durch Butler: „In a

---

100 Kornelia Hauser (1996: 1009) konstatiert: „Ein wütender Einwurf unterstellt ihr die Ent- oder Depolitisierung der Frauenbewegung. Ein anderer behauptet die Abwesenheit von Realitätsgehalten. Viele riefen: Wo bleibt der materielle Körper, wenn es nur um Sprache geht?" Auffällig ist, daß die Ablehnung hauptsächlich von älteren Feministinnen ausging. Die Herausgeberinnen der Zeitschrift „Feministische Studien" (1993) sprechen gar von einem Generationenkonflikt (s. Landweer/Rumpf 1993: 3). Ganz ähnlich argumentiert Evelyn Annuß (1996), die in dem Streit um Butlers Konzept ein Symptom für die Konkurrenz um Arbeitsstellen im Wissenschaftsbetrieb sieht, weshalb sich die jüngeren Forscherinnen von den älteren, bereits etablierten Forscherinnen abgrenzen müßten.

sense, the dominative forms (practices? institutions?) of the heterosexuality evoked by Butler remain untheorized and thus seemingly monolithic, like the law she criticizes ..." Evelyn Annuß (1996: 513) sieht zudem die Handlungspraxen auf die Interaktion unter Anwesenden beschränkt und kritisiert Butlers revolutionäre Praxis als „Lokalpolitik".

Die Frage nach einem Maßstab für Kritik und der damit verbundenen politischen Handlungsfähigkeit bilden den dritten umstrittenen Aspekt. Butlers Machtbegriff, der bereits auf der Ebene des Seienden ansetzt, vermag danach für Claudia Card (1990: 128) soziale Ungleichheiten nicht zu fassen, da jedes Subjekt, ganz gleich, welche soziale Position es einnimmt, als durch die diskursive Macht konstituiert gilt: „It conveys the impression that we are all in the same political predicament." Dieser Machtbegriff verunmöglicht einen Maßstab für Kritik, denn „how should we assess wether what is excluded shouldn't have been?" (Card 1990: 129). Und Nancy Fraser fragt nach einer Begründung für die geforderte politische Subversion. Ihrer Ansicht nach ist „‚Umdeutung' kein hinlänglicher Ersatz für ‚Kritik', da er das normative Moment preisgibt" (Fraser 1995: 73). Statt dessen meint sie: „Feministinnen *müssen* normative Urteile fällen und emanzipatorische Alternativen Anbieten. Wir sind nicht für ‚*anything goes*'" (Fraser 1995: 75). In diesem ‚anything goes' sieht Seyla Benhabib dann auch das unglückliche Moment einer Ehe von Feminismus und Postmoderne. Denn mit ihren drei Thesen vom „Tod des Subjekts", „Tod der Geschichte" und „Tod der Metaphysik" zerstört die Postmoderne die Grundlagen des Feminismus als einer politischen Theorie (s. Benhabib 1995: 10ff). „So gedeutet, untergräbt das postmoderne Denken die Verpflichtung des Feminismus gegenüber der Handlungsfähigkeit und dem Selbstgefühl der Frauen, die Verpflichtung gegenüber der Wiederaneignung der Frauengeschichte im Namen einer emanzipierten Zukunft und die Verpflichtung zu einer radikalen Gesellschaftskritik, die die Geschlechtsidentität ‚in ihrer endlosen Vielfalt und monotonen Ähnlichkeit' offenlegt" (Benhabib 1995: 26). Auch Kornelia Hauser (1996a: 496) sieht in Butlers These, daß das Subjekt nicht sein eigener Ausgangspunkt sein kann, bereits das Denkergebnis eines Entfremdungszusammenhangs, mit dem das Individuum als „auf Selbstbestimmung Ausseiendes" ausgelöscht wird. Und Juliane Rebentisch wehrt sich gegen Butlers fehlenden Verantwortlichkeitsbegriff, der sich aus dem nicht existierenden Täter hinter der Tat ergibt. Rebentisch (1997: 63) hält dagegen, daß „Beleidigungen im Normalfall geäußert [werden; CW], *weil* die Sprecher wissen oder sich darauf verlassen, daß sich ihre Rede mit dem ... Meta-Performativ zusammenschließt, das der Konsens geschmiedet hat." Und in der Tat ist es ja gerade dieses Verstehen und damit die Verantwortlichkeit des Handelnden, das „Butlers politisches Projekt der ‚Resignifikation'" erst erlaubt (Rebentisch 1997: 65).

4. „Haß spricht"

Butlers neuere Arbeiten „*The Psychic Life of Power*" (1997) und „*Exitable Speech*" (1997) (dt. 1998: „*Haß spricht*") bemühen sich um ein Weiterdenken ihrer Überlegungen. In jedem dieser Bücher greift sie einen anderen Themenstrang auf. Die Frage, wie politische Handlungsfähigkeit möglich ist, steht jedoch weiterhin im Zentrum ihrer Analyse. In „*The Psychic Life of Power*" konzentriert sie sich auf den Zusammenhang von Macht und Subjektgenese, weshalb sie sich um ein Zusammendenken von Foucault und Freud bemüht: „What is the psychic form that power takes? Such a project requires thinking the theory of power together with a theory of the psyche ..." (Butler 1997: 2f). Auch hier steht wieder der subversive Akt in Form einer Zitation des Verworfenen im Zentrum der Analyse: „In The Psychic Life of Power geht es ... um das Moment der Reflexivität, der Wendung des Bewußtseins, des Subjekts gegen sich selbst" (Annuß 1997: 88). Ähnliches gilt für „Haß spricht":[101] Butler macht dort die Subversion des Bestehenden durch seine Verschiebung stark. Die zentrale Denkgeste, um die alle ihre Überlegungen kreisen, bleibt erhalten. Neu ist jedoch, wie Butler die politischen Bedingungen, unter denen eine subversive Bewegung wie „queer" ihre resignifikatorischen Politikstrategien ‚fährt', in den Blick nimmt.[102]

In „Haß spricht" ist das staatliche Instrument zur Regulierung und Kontrolle des politischen Feldes, in dem subversive Bewegungen angesiedelt sind, die staatliche *Zensur*. Es ist der Staat, der die subversiven Akte einer politischen Bewegung entweder gestatten oder durch Zensur unterbinden kann. Darum kann staatliche Zensur von einer, ihre eigenen Bedingungen stets selbst hinterfragenden, auf radikale Offenheit zukünftiger Bedeutungen angewiesene politischen Bewegung wie z.B. „queer" *niemals* befürwortet werden. Vor diesem Hintergrund wendet sich Butler wieder einmal gegen eine, staatliche Zensur einfordernde, feministische Forderung,[103] die nicht *Differenz* gegen Identität, sondern *Identität* gegen Identität setzen will: Katharine MacKinnon z.B. ruft aus feministischen Motiven nach der staatlichen Zensur von Pornographie, die sie als eine Form des *hate speech*, des beleidigenden, diskriminierenden Sprechens versteht. MacKinnon geht davon aus,

---

101 Sie faßt ihre Analyse jedoch theoretisch anders. Stärker als bisher berücksichtigt sie z.B. die Sprechakttheorie von Austin, die sie mit Althusser und Derrida reformuliert. Der Diskurs und sein Gesetz rücken aus dem Blickfeld, statt dessen bemüht sie sich um die Integration des Bourdieuschen „Habitus".

102 Weshalb Isabell Lorey (1997: 171) dieses Buch als Butlers bisher politischstes charakterisiert.

103 Ich geben ihre Auseinandersetzung um den Sinn und Unsinn staatlicher Zensur hier nur bezüglich feministischer Forderungen wieder. Tatsächlich jedoch kann man mit Evelyn Annuß (1997: 84) betonen, daß ihre Überlegungen nicht nur den Feminismus betreffen, d.h. abstrakter und damit allgemeiner gefaßt sind.

daß „das Bild in der Pornographie imperativistisch funktioniert; und daß dieser Imperativ das zu verwirklichen vermag, was er befiehlt" (Butler 1998: 97). Damit begeht MacKinnon Butlers Ansicht nach den Fehlschluß, das pornographische *Bild* einer erniedrigten Frau für die tatsächliche erniedrigende *Tat* zu halten. Dieses Mißverständnis wird vor dem Hintergrund der Unterscheidung zweier Sprachaktarten, dem illokutionären und dem perlokutionären Sprechakt der Sprechakttheorie John Austins (1979), deutlich. „Während illokutionäre Akte sich mittels Konventionen vollziehen, vollziehen sich perlokutionäre Akte mittels Konsequenzen" (Butler 1998: 31). Illokutionäre Akte sind solche, die tun, was sie sagen (Beispiel: Ich taufe Dich): Akt und Wirkung finden *gleichzeitig* statt. Anders im perlokutionären Akt: Hier ruft das Sprechen eine Wirkung hervor, die ihm selbst *nachfolgt* und daher nicht vorhersehbar ist. Wenn nun MacKinnon die pornographische Darstellung mit ihrer Wirkung *identisch* setzt, dann macht sie aus dem pornographischen Bild einen illokutionären Sprechakt. Butler meint dagegen, daß es sich bei pornographischen Darstellungen um perlokutionäre Sprechakte handelt, bei denen es keineswegs ausgemacht ist, welche Wirkung sie zeitigen: Akt und Wirkung folgen *aufeinander* und sind keineswegs miteinander identisch. Welche Folgen eine pornographische Darstellung mit sich bringt, ist also kontingent. Hier gilt, „daß das Sprechen sich stets in gewissem Sinne unserer Kontrolle entzieht" (Butler 1998: 29). Denn der Sprecher kann, weil zwischen dem Akt und seiner Wirkung *Zeit* vergeht, welche aus der von MacKinnon unterstellten *Identität* von Akt und Wirkung eine *Differenz* macht, niemals wissen, ob der durch ihn vollzogene Akt die intendierten Wirkungen auslöst oder verfehlt. Dies hat Folgen für den Sprecher – er verliert seinen Status als souveränes, seine Handlungen und deren Wirkungen kontrollierendes Subjekt.

Eine politische Bewegung vermag sich nun diesen Kontrollverlust zunutze zumachen. Denn die „Auflösung des Bandes zwischen Akt und Verletzung eröffnet ... die Möglichkeit eines Gegen-Sprechens, eine Art von Zurück-Sprechen, das durch die Feststellung einer solchen festen Verbindung ausgeschlossen wäre" (Butler 1998: 28). Solch subversive Akte sind jedoch nur dann möglich, wenn der Staat die Definition dessen, was als *hate speech* gilt oder nicht, nicht definiert. Legt er dagegen einen Index mit z.B. verbotenen Wörter an, raubt er der Bewegung die Möglichkeit der Rekontextualisierung und Resignifizierung dieser Wörter durch ihren bedeutungsverschiebenden Gebrauch. Wer also staatliche Zensur einfordert, fordert zugleich die Schließung des politischen Feldes, in dem die verschiedenen Gruppen sich im Kampf um Selbstbehauptung um die Bedeutung von Wörtern und Handlungen streiten. Er nimmt sich die Möglichkeit einer ironischen Aneignung und subversiven Verschiebung der beleidigenden Darstellung und übergibt die Definitionsmacht dem Staat – was nicht immer im Sinne politischer Interessen ist. Denn was der Staat als *hate speech* definiert, muß für die politische Bewegung keineswegs ebenfalls *hate speech* sein, im Gegenteil. So konstatiert Butler (1998: 147): „Wir fangen an wahrzunehmen, wie der Staat *hate speech* produziert und reproduziert, indem er sie in den Äußerungen homosexueller Identität und homosexuellen Begehrens auffindet, in den bildlichen Darstellungen von Sexualität, von Sexual- und Körperflüssigkeiten, in den vielen Versuchen, die Wirkungskraft sexueller Scham und rassistischer Erniedrigung im Bild zu wiederholen und zu überwinden." Wenn der Staat aber subversive Widerstandspraktiken als *hate speech* definiert, stellt er sich in den Dienst von Rassismus und Sexismus und kann daher kein Partner im Kampf um Gleichberechtigung sein.[104] Im Gegenteil: Wenn der Staat *hate speech* zensiert, dann legt er autoritativ fest, was als *hate speech* gilt, und bringt *hate speech* als *hate speech* damit erst hervor. Denn es gilt „*hate speech* nicht als haßerfüllt oder diskriminierend, solange die Gerichte nicht entscheiden, daß sie es ist" (Butler 1998: 138). Solange die Staatsmacht *hate speech* aber nicht als *hate speech* festlegt, steht es jedem frei, *hate speech* als *hate speech* zu verstehen oder nicht, und sich im Sinne eines Gegen-Sprechens, eines Zurück-Sprechens das subversive Potential der Differenz des perlokutionären Sprechaktes zunutze zu machen.

Butler weiß, daß diese radikale Offenheit zugunsten einer ständigen Bedeutungsverschiebung der symbolischen Ordnung nicht von allen demokratisch engagierten Bewegungen, ihren Gruppen und Individuen geteilt wird. Darum sind Butlers begriffliche Anstrengungen bereits seit „Das Unbehagen der Geschlechter" in erster Linie als Überzeugungsarbeit im Kreise ‚Gleichgesinnter' zu verstehen. „Man braucht sich nur vorzustellen, was ‚mir einer meiner Studenten erzählt hat, der ein Buch las und sich dabei dachte: ‚Ich kann mir die Fragen, um die es hier geht, nicht stellen, denn damit würde ich anfangen, an meinen politischen Überzeugungen zu zweifeln, und das könnte dazu führen, daß ich diese Überzeugungen verliere.' In so einer Situation wird die Angst vor dem Denken und die Angst vor dem Fragen zur moralischen Verteidigung der Politik; politische und intellektuelle Arbeit werden auseinandergerissen. Politik wird genau das, was einen gewissen Anti-Intellektualismus erfordert. Weigert man sich, seine politische Position zu überdenken, wenn sich bestimmte Fragen stellen, dann entscheidet man sich auf Kosten des Lebens und Denkens für einen dogmatischen Standpunkt" (Butler 1998: 229).

---

104 So kommentiert dann Isabell Lorey (1997: 174), daß der Staat bei Butler zum Feindbild Nummer 1 wird.

Literatur

a. verwendete Literatur

Annuß, Evelyn (1996): Umbruch und Krise der Geschlechterforschung: Judith Butler als Symptom. Das Argument 38, 491-504
- (1998): Rezensionen. Die Philosophin: Forum für feministische Theorie und Philosophie 9 (17), 84-90
Austin, John L. (1979): Zur Theorie der Sprechakte. Stuttgart (Englisch im Original: How to do Things with Words. Oxford 1971)
Benhabib, Seyla (1995): Feminismus und Postmoderne. Ein prekäres Bündnis. S. 9-30 in: Seyla Benhabib/Judith Butler/Drucilla Cornell/Nancy Fraser, Der Streit um Differenz. Feminismus und Postmoderne in der Gegenwart. Frankfurt a.M.
Butler, Judith (1991): Das Unbehagen der Geschlechter. Frankfurt a.M. (Englisch im Original: Gender Trouble. Feminism and the Subversion of Identity. New York 1990)
- (1995): Körper von Gewicht. Die diskursiven Grenzen des Geschlechts. (Englisch im Original: Bodies That Matter: On the Discursive Limits of ‚Sex'. New York/London 1993)
- (1995a): Kontingente Grundlagen: Der Feminismus und die Frage der ‚Postmoderne'. S. 31-58 in: Seyla Benhabib/Judith Butler/Drucilla Cornell/Nancy Fraser, Der Streit um Differenz. Feminismus und Postmoderne in der Gegenwart. Frankfurt a.M.
- (1995b): Für ein sorgfältiges Lesen. S. 122-132 in: Seyla Benhabib/Judith Butler/Drucilla Cornell/Nancy Fraser, Der Streit um Differenz. Feminismus und Postmoderne in der Gegenwart. Frankfurt a.M.
- (1996): Imitation und Aufsässigkeit der Geschlechtsidentität. S. 15-37 in: Sabine Hark (Hg.), Grenzen lesbischer Identitäten. Aufsätze. Berlin
- (1997): Against Proper Objects. S. 1-30 in: Elizabeth Weed/Naomi Schor (Hg.), Feminism meets Queer Theory. Bloomington/Indianapolis
- (1997a): The Psychic Life of Power. Theories in Subjection. Stanford
- (1998): Haß spricht. Zur Politik des Performativen. Berlin (Englisch im Original: Excitable Speech. A Politics of the Performative. New York/London 1997)
Card, Claudia (1990): Judith Butler. Gender Trouble: Feminism and the Subversion of Identity. Canadian Philosophical Reviews 10, 127 -130
Derrida, Jacques (1988): Signatur Ereignis Kontext. S. 291-314 in: ders., Randgänge der Philosophie. Wien
Duden, Barbara (1993): Die Frau ohne Unterleib: Zu Judith Butlers Entkörperung. Ein Zeitdokument. Feministische Studien 11 (2), 24-33
Foucault, Michel (1983): Der Wille zum Wissen. Sexualität und Wahrheit 1. Frankfurt a.M.
Fraser, Nancy (1995): Falsche Gegensätze. S. 59-79 in: Seyla Benhabib/Judith Butler/Drucilla Cornell/Nancy Fraser, Der Streit um Differenz. Feminismus und Postmoderne in der Gegenwart. Frankfurt a.M.
Hagemann-White, Carol (1993): Die Konstrukteure des Geschlechts auf frischer Tat ertappen? Methodische Konsequenzen einer theoretischen Einsicht. Feministische Studien 11 (2), 68-78
Haraway, Donna (1987): Geschlecht, gender, genre – Sexualpolitik eines Wortes. Das Argument Sonderband 105, 66-84
Hark, Sabine (1993): Queer Interventionen. Feministische Studien 11 (2), 103-109
- (1996): deviante Subjekte. Die paradoxe Politik der Identität. Opladen

– (Hg.) (1996a): Grenzen lesbischer Identitäten. Aufsätze. Berlin

Hauser, Kornelia (1996): Vom subjektlosen Geschlecht und geschlechtslosen Persönlichkeiten. Judith Butlers Thesen vom ‚Tod des Geschlechts‘ neu interpretiert. Die Neue Gesellschaft: Frankfurter Hefte 43 (11), 1008-1012

– (1996a): Die Kategorie Gender in soziologischer Perspektive. Das Argument 38, 491-504

Lacan, Jacques (1975): Die Bedeutung des Phallus. S. 121-132 in: ders., Schriften II. Ausgewählt und herausgegeben von Norbert Haas. Olten/Freiburg im Breisgau

– (1996): Das Spiegelstadium als Bildner der Ichfunktion wie sie uns in der psychoanalytischen Erfahrung erscheint. S. 61-70 in: ders., Schriften I. Ausgewählt und herausgegeben von Norbert Haas. Weinheim/Berlin

– (1996a): Funktion und Feld des Sprechens und der Sprache in der Psychoanalyse. S. 71-170 in: ders., Schriften I. Ausgewählt und herausgegeben von Norbert Haas. Weinheim/Berlin

Landweer, Hilge (1993): Kritik und Verteidigung der Kategorie Geschlecht. Wahrnehmungs- und symboltheoretische Überlegungen zur sex/gender-Unterscheidung. Feministische Studien 11 (2), 34-43

– (1993a): Herausforderung Foucault. Die Philosophin: Forum für feministische Theorie und Philosophie 4 (7), 8-18

Landweer, Hilge/Rumpf, Mechthild (1993): Kritik der Kategorie ‚Geschlecht‘. Streit um Begriffe, Streit um Orientierung, Streit der Generationen? Einleitung. Feministische Studien 11 (2), 3-9

Lévi-Srauss, Claude (1981): Die elementaren Strukturen der Verwandtschaft. Frankfurt a.M.

Lorey, Isabell (1993): Der Körper als Text und das aktuelle Selbst: Butler und Foucault. Feministische Studien 11 (2), 10-23

– (1996): Immer Ärger mit dem Subjekt. Theoretische und politische Konsequenzen eines juridischen Machtmodells: Judith Butler. Tübingen

– (1997): Das Problem des Souveräns. Texte zur Kunst 7 (28), 171-174

Maihofer, Andrea (1995): Geschlecht als Existenzweise. Macht, Moral, Recht und Geschlechterdifferenz. Frankfurt a.M.

Rebentisch, Juliane (1997): Performativität, Politik, Bedeutung. Judith Butler revisited. Texte zur Kunst 7 (27), 61-70

Watts, Carol (1995): Judith Butler, Bodies That Matter: On the Discursive Limits of ‚Sex‘. Radical Philosophy: a journal of socialist and feminist philosophy Nr. 71, 41-42

Weed, Elizabeth (1997): Introduction. S. vii-xiii in: Elizabeth Weed, Naomi Schor (Hg.), Feminism meets Queer Theory. Bloomington/Indianapolis

Weinbach, Christine (1997): Subversion Despite Contingency? Judith Butler's Concept of a Radical Democratic Movement from a System Theory Perspective. International Review of Sociology 7 (1), 147-153

– (1998): Radikaldemokratie statt Feminismus! Judith Butlers Kritik der feministischen Definitionsmacht. S. 53-62 in: Marion Heinz/Friederike Kuster (Hg.), Geschlechtertheorie. Geschlechterforschung. Ein interdisziplinäres Kolloquium. Bielefeld

b. kommentierte Literatur:

Primärliteratur

Butler, Judith (1991): Das Unbehagen der Geschlechter. Frankfurt a.m. (Englisch im Original: Gender Trouble. Feminism and the Subversion of Identity. New York 1990)
Mit diesem Buch ist Butler schlagartig berühmt geworden. Hier formuliert sie zum ersten Mal die These von der diskursiven Konstruktion des biologischen Geschlechtskörpers und fordert vor diesem Hintergrund – gegen den Feminismus – eine Geschlechterpolitik (Travestie), welche die heterosexuelle Matrix überwindet.

Butler, Judith (1995): Körper von Gewicht. Die diskursiven Grenzen des Geschlechts. Berlin (Englisch im Original: Bodies That Matter: On the Discursive Limits of ‚Sex'. New York/London 1993)
Butler bemüht sich um eine genauere Erfassung der Materialität des Geschlechtskörpers. Gleichzeitig rückt die Frage nach dem Verhältnis von Subjekt und Diskurs noch einmal in den Vordergrund, wobei die Unterscheidung von Identität und Verworfenem einen zentralen Stellenwert erhält. Daran anschließend stellt sie „queer" als gelungene Realisation eines radikaldemokratischen Diskurses vor.

Butler, Judith (1998): Haß spricht. Zur Politik des Performativen. Berlin (Englisch im Original: Excitable Speech. A Politics of the Performative. New York/London 1997)
Das Verhältnis von subversiver Bewegungspolitik und staatlicher Zensurpolitik ist das Thema dieser Arbeit. Eine mit Althusser und Derrida reformulierte Austinsche Sprechakttheorie bildet den theoretischen Hintergrund, vor dem Butler sich in die aktuelle US-amerikanische Debatte um den Stellenwert von Redefreiheit, hate speech und staatlicher Zensur einklinkt. Zentrale theoretische und politische These früherer Schriften werden beibehalten.

Butler, Judith (1997a): The Psychic Life of Power. Theories in Subjection. Stanford
Daß das Subjekt und seine psychische Struktur das Ergebnis diskursiver Macht ist, hat Butler immer wieder hervorgehoben. Dieses Buch widmet sich vertiefend diesem Thema, wobei Butler sich um die Integration der Freudschen Psychoanalyse in das Foucaultsche Machtkonzept bemüht. Exemplarisch vorgeführt werden ihre Überlegungen anhand einer Analyse der Kosten einer heterosexuellen bzw. homosexuellen psychischen Identifizierung.

Sekundärliteratur

Benhabib, Seyla/Butler, Judith/Cornell, Drucilla/Fraser, Nancy (1995): Der Streit um Differenz. Feminismus und Postmoderne in der Gegenwart. Frankfurt a.M.
„Der Streit um Differenz" kann als ein Dokument gelesen werden, welches das gemeinsame Ringen der bekanntesten feministischen Theoretikerinnen der USA um Kategorien wie sex, gender und politische Handlungsfähigkeit aufzeigt. Butlers provokative Thesen nehmen in dieser Debatte eine Hauptrolle ein.

Weed, Elizabeth/Schor, Naomi (Hg.) (1997): Feminism meets Queer Theory. Bloomington/Indianapolis
Nicht nur Judith Butler bemüht sich um eine Verbindung von feministischer Theorie und „queer"-Theorie. Dieser Sammelband bietet einen informativen Einblick in die akademische Auseinandersetzung zwischen Feminismus und queer. Es kommen zu Wort: Elizabeth Weed, Judith Butler, Rosi Braidotti, Gayle Rubin, Biddy Martin, Evelynn Hammonds, Kim Michasiw, Trevor Hope, Carole-Anne Tyler, Elisabeth Grosz und Theresa de Lauretis.

Hark, Sabine (1996): deviante Subjekte. Die paradoxe Politik der Identität. Opladen
   Sabine Hark stellt anschaulich dar, wie die Lesbenbewegung um eine, von der hete-
rosexuell orientierten Frauenbewegung unterschiedene, eigene Identität ringt. Sie ver-
weist auf den Preis für eine solche Identität: undemokratische Intoleranz. Gestützt auf
Butler, untermauert sie ihre Kritik theoretisch und bemüht sich um eine lesbische Identi-
tät, die um ihre Ausschlüsse weiß, die daher „niemals abgeschlossen ist, auch wenn ihre
Bedeutung temporär geschlossen wird" (174). Eine solche Identität findet sie in der Les-
be als „deviantem Subjekt".

Hark, Sabine (Hg.) (1996a): Grenzen lesbischer Identitäten. Aufsätze. Berlin
   Die in diesem Buch versammelten Texte von Judith Butler, Biddy Martin, Antke En-
gel, Sabine Hark, Ulrike Hänsch und Arlene Stein vermitteln einen guten Überblick über
die Probleme und Möglichkeiten lesbischer Identität und Politik und die aktuelle Diskus-
sion um diese.

Lorey, Isabell (1996): Immer Ärger mit dem Subjekt. Theoretische und politische Konsequenzen eines juridischen Machtmodells: Judith Butler. Tübingen
   Isabell Lorey kritisiert Butlers Diskursbegriff, den diese in ihrer Auseinandersetzung
mit Foucault entwickelt hat, mit (in erster Linie dem späten) Foucault. Lorey lehnt Butlers
Diskurskonzept als ein juridisches Diskurskonzept, in dessen Zentrum das Gesetz steht,
ab, weil das Subjekt nur als unterworfenes gedacht werden kann, und andere Hand-
lungspraxen, wie z.B. diejenigen des Selbstbezugs, des Selbsterlebens, nicht erfaßt wer-
den können: Dem Subjekt selbst wird durch Butler ein zu geringer Stellenwert einge-
räumt.

Kapitel XIII
Die politische Theorie des Rational Choice: Anthony Downs

Joachim Behnke

Inhalt

1. Einleitung

Anthony Downs' 1957 erschienenes Buch *An Economic Theory of Democracy* zählt zu den unbestrittenen Klassikern der Politischen Theorie. In ihrer einflußreichen Kritik des Rational-Choice-Ansatzes *Pathologies of Rational Choice Theory* zählen Green und Shapiro (1994: 7) das Buch von Downs neben Kenneth Arrows (1951) *Social Choice and Individual Values* und Mancur Olsons (1965) *The Logic of Collective Action* zu den drei Werken der Rational-Choice-Theorie, auf die sich der überwiegende Teil der ständig zunehmenden Publikationen in diesem Bereich gründet. Das Buch versucht, einer These von Joseph Schumpeter (1942) näher nachzugehen, die dieser in *Capitalism, Socialism and Democracy* vertreten hatte. Der provozierende Ansatz Schumpeters bestand darin, die Motivation der Regierungstätigkeit genauso von ihrer sozialen Funktion zu trennen, wie dies im Bereich der Produktion von Konsumgütern der Fall ist. Diese These wurde von Downs zur Grundlage seiner Arbeit gemacht. Die ökonomische Theorie der Demokratie untersucht daher, wie sich die Akteure des politischen Bereichs, Parteien und Wähler, verhalten, wenn man sie wie Anbieter und Nachfrager auf einem Markt der politischen Möglichkeiten behandelt. Der Reiz der Downsschen Analyse besteht so in der Kombination einer originären Fragestellung aus dem Bereich der Politischen Theorie mit den Methoden der Wirtschaftswissenschaft. Sinn, Zweck und Nützlichkeit einer solchen Analyse stehen und fallen demnach mit der Beantwortung der Frage nach der Angemessenheit der Anwendung ökonomischer Methoden zur Untersuchung politischer Organisationen und ihrem Verhalten. Das Menschenbild, das diesen Analysen zugrundeliegt, ist das auch in den Wirtschaftswissenschaften übliche des *Homo oeconomicus*, der sich bei anstehenden Entscheidungen in dem Sinne *rational* verhält, als er seine Entscheidung nach Abwägung der einzelnen zur Wahl stehenden Handlungsoptionen unter Nützlichkeitskriterien trifft. Die Theorie, die das menschliche Verhalten unter diesem Aspekt untersucht, wird als *Rational Choice*, im folgenden kurz RC, bezeichnet.

2. Die ökonomische Theorie der Demokratie – eine Anwendung des RC-Ansatzes

2.1. Grundlagen des RC-Ansatzes

Zunächst sollen die Grundannahmen des RC-Ansatzes nach Downs präsentiert werden. Diese Grundannahmen sind die eines entscheidungstheoretischen Ansatzes, in dem ein Akteur von gegebenen Umständen ausgeht (einschließlich der Handlungen anderer Akteure): „Ein rationaler Mensch ist ei-

ner, der sich wie folgt verhält: (1) wenn er vor eine Reihe von Alternativen
gestellt wird, ist er stets imstande, eine Entscheidung zu treffen; (2) er ordnet
alle Alternativen, denen er gegenübersteht, nach seinen Präferenzen so, daß
jede im Hinblick auf jede andere entweder vorgezogen wird oder indifferent
oder weniger wünschenswert ist[105]; (3) seine Präferenzrangordnung ist transi-
tiv[106]; (4) er wählt aus den möglichen Alternativen stets jene aus, die in seiner
Präferenzordnung den höchsten Rang einnimmt; (5) er trifft, wenn er vor den
gleichen Alternativen steht, immer die gleiche Entscheidung" (Downs 1968:
6). Die vierte Bedingung allerdings muß noch etwas ausführlicher behandelt
werden. Die eindeutige Wahl der besten Alternative in der Präferenzordnung
ist nämlich nur dann möglich, wenn sich der Handelnde in einer sogenannten
Entscheidungssituation unter *Sicherheit* befindet, d.h. wenn er seiner gewählten Handlung eindeutig ein bestimmtes Ergebnis zuordnen kann. Demgegenüber müssen Entscheidungssituationen unterschieden werden, bei denen der Handelnde lediglich weiß, daß als Konsequenz seiner Handlung eines von mehreren möglichen Ergebnissen auftreten wird. Besitzt der Akteur
dabei das Wissen über die Wahrscheinlichkeiten, mit denen die einzelnen Ereignisse eintreten können, so spricht man von einer Entscheidungssituation
unter *Risiko*, sind die Wahrscheinlichkeiten nicht bekannt, hingegen von einer unter *Unsicherheit*.

Je nachdem, in welcher Art von Entscheidungssituation sich ein rationaler Akteur befindet, verwendet er bestimmte Regeln, um aus der Menge der
Handlungsoptionen die der Situation angemessenste auszuwählen. Im Falle
einer Entscheidung unter Sicherheit ist diese Regel trivial die Wahl der besten Alternative. Komplizierter ist die Formulierung einer solchen Regel für
eine Entscheidung unter Risiko. Nehmen wir beispielsweise an, der Akteur
hat die Wahl zwischen den Handlungsoptionen A und B. Entscheidet er sich
für A, so tritt mit der Wahrscheinlichkeit $p(x \mid A)$ das Ergebnis x und mit der
Wahrscheinlichkeit $p(y \mid A) = 1 - p(x \mid A)$ das Ergebnis y ein. Im Fall der
Wahl von B soll das Ergebnis x mit der Wahrscheinlichkeit $p(x \mid B)$, y mit
$p(y \mid B)$ und das Ergebnis z mit der Wahrscheinlichkeit $p(z \mid B)$ auftreten. Eine solche Handlungsalternative, bei der verschiedene Ergebnisse mit einer
bestimmten Wahrscheinlichkeit auftreten und außerdem gleichzeitig den Ergebnissen selbst jeweils ein bestimmter Wert zugeordnet wird, wird auch
Lotterie genannt. Die formale Darstellung sollte nicht darüber hinwegtäu-
schen, daß solche Situationen, in denen sich jemand zwischen verschiedenen
Lotterien entscheiden muß, jedem von uns vertraut sind und zum gewöhnli-

---

105 Eine solche Rangordnung der Beliebtheit von Alternativen wird *Präferenzordnung*
genannt. Steht A in der Rangordnung vor B, so bedeutet dies, daß das Individuum A
gegenüber B präferiert, formal ausgedrückt durch A ϕ B . Indifferenz zwischen
zwei Alternativen wird formal als A≈B ausgedrückt.

106 Die Bedingung der Transitivität stellt sicher, daß die Rangordnung in sich konsistent
ist. Wird z.B. A gegenüber B bevorzugt und B gegenüber C, so erfordert die Bedingung der Transitivität, daß A auch gegenüber C bevorzugt werden muß.

chen Alltag gehören. Jemand, der sich nach dem Abschluß eines Studiums, z.b. in Politikwissenschaft, für seinen Beruf entscheiden muß, steht möglicherweise vor der Entscheidung, ob er sich für einen relativ sicheren, aber nicht unbedingt besonders lukrativen Beamtenberuf entscheiden soll, oder für einen vielleicht spannenderen und aufregenderen Beruf in der Wirtschaft, mit einem größeren Risiko des Scheiterns, aber auch mit der Möglichkeit des großen Erfolgs. Die Erfahrung lehrt uns, daß ununterbrochen Entscheidungen in solchen Situationen getroffen werden. Weder empirische noch logische Gründe sprechen also gegen die Annahme, daß sich Menschen problemlos entscheiden können, wenn sie vor die Wahl zwischen verschiedenen Lotterien gestellt sind. Als Hilfsannahme, um das Verhalten des Akteurs rekonstruieren und sinnvoll interpretieren zu können, unterstellen wir eine *subjektive Nutzenfunktion* des Akteurs, die jedem Ergebnis einen bestimmten *Nutzenwert* in den Augen des Akteurs zuordnet. Die Handlungsregel eines rationalen Akteurs in einer Situation unter Risiko kann dann folgendermaßen formuliert werden: Wähle diejenige Handlungsoption, bei der der Erwartungswert des Nutzens am höchsten ist. Die Nutzenfunktion wird also so *konstruiert*, daß im nachhinein die Entscheidung eines Akteurs für eine bestimmte Lotterie so gedeutet werden kann, *als ob* er den Erwartungswert des Nutzens maximiert hätte. Eine solche Nutzenfunktion wird eine *von Neumann-Morgenstern-Nutzenfunktion* (vgl. Morrow 1994: 22ff) genannt. Die Gestalt der Nutzenfunktion gibt dabei Aufschluß über die Risikoneigung des Akteurs, d.h. ob er eher risikoscheu oder risikofreudig ist. Die Bewertung des Risikos geht daher in die Nutzenwerte ein, so daß die präferierte Handlungsoption eben tatsächlich durch einen simplen Erwartungswert des Nutzens ermittelt werden kann. Befindet sich der Akteur in einer Entscheidungssituation unter Unsicherheit, so daß er bei der Wahl einer Handlungsoption zwar die verschiedenen Ergebnisse kennt, die sich aus dieser ergeben können, aber nicht die Wahrscheinlichkeiten, mit denen sie auftreten, läßt sich keine eindeutige und plausible Regel zur rationalen Handlungswahl finden. Luce und Raiffa (1957) nennen in ihrem klassischen Lehrbuch *Games and Decisions* vier solcher möglichen Regeln. Bei der *Maximin*-Regel wählt der Akteur diejenige Alternative, bei der das schlechteste mögliche Ergebnis von allen schlechtest möglichen Ergebnissen bezüglich der einzelnen Alternativen noch das beste ist. Findet die *Minimax-Risk*-Regel Anwendung, dann wählt der Akteur diejenige Alternative, bei der sein Bedauern darüber, was er bei der Wahl einer anderen Alternative im besten Fall hätte gewinnen können, noch am geringsten ist. Bei dem *Pessimismus-Optimismus*-Kriterium vergibt der Akteur Gewichte für die guten und schlechten Ergebnisse und errechnet so den Nutzenwert einer Alternative. Bei dem *Prinzip des unzureichenden Grunds* werden allen Alternativen so behandelt, als ob sie mit der gleichen Wahrscheinlichkeit aufträten.

Kurz zusammengefaßt kann man den RC-Ansatz so wiedergeben: Der Akteur wählt die Handlung, die seinen Nutzen bzw. den Erwartungswert des

Nutzens maximiert. Umgekehrt bedeutet dies jedoch auch, daß, wenn sich der Akteur für eine bestimmte Handlungsoption entschieden hat, der Nutzenwert von dieser höher gewesen sein muß als der aller anderen zur Auswahl stehenden Alternativen. Der scheinbar tautologische Charakter dieser Aussage liegt auf der Hand. Wenn die Behauptung des RC-Ansatzes, Menschen seien Nutzenmaximierer, zutrifft, dann kann sie durch keine einzige Beobachtung in der Wirklichkeit widerlegt werden. Damit ist die Behauptung selbst aber sinnlos.

Die Nicht-Falsifizierbarkeit ist allerdings weniger die Folge der (sprach)-logischen tautologischen Struktur der Nutzenmaximierungsannahme, sondern der Tatsache, daß sie als empirischer Zusammenhang *immer* gültig, d.h. *konstant*, ist. Nur Aussagen, die sich auf Zusammenhänge beziehen, die ihrem Wesen nach *variabel* sind, lassen sich vom Prinzip her zumindest theoretisch falsifizieren. Der Vorwurf der inhaltlichen Bedeutungslosigkeit der Nutzenmaximierungsannahme trifft daher deshalb ins Leere, da auf dieser Ebene der Argumentation überhaupt keine inhaltlich sinnvollen Aussagen gemacht werden können noch dies beabsichtigt ist. In manchen Darstellungen werden die zentralen Grundannahmen des Ansatzes daher auch als Axiome behandelt.

Wie aber muß nun eine Aussage formuliert sein, d.h. auf welcher Ebene muß sie aufgestellt werden, damit sie an der empirischen Analyse gemessen werden kann? Sie muß, um diese Anforderung zu erfüllen, inhaltlich sinnvoll sein bzw. inhaltlichen Gehalt besitzen. Ein Beispiel aus der klassischen Mechanik soll dies verdeutlichen. Das Trägheitsgesetz in der Formulierung Newtons sagt aus, daß die Beschleunigung, die ein bestimmter Körper erfährt, direkt proportional zu der auf ihn ausgeübten Kraft ist. Die empirische Überprüfung dieser Aussage erfolgt dadurch, daß für *beide Konzepte*, die in der Aussage enthalten sind, Kraft und Beschleunigung, *unabhängige Meßoperationen* definiert werden und die mathematische Beziehung zwischen den beiden so ermittelten Maßzahlen festgestellt bzw. überprüft wird.

Das Problem bei der empirischen Überprüfung der Nutzenmaximierungsannahme besteht nun darin, daß wir für beide in der Annahme enthaltenen Konzepte, das Verhalten bzw. die Entscheidung des Individuums einerseits und den Rangplatz der gewählten Handlungsoption in der Präferenzordnung andererseits *keine* unabhängigen Meßoperationen haben. Beobachtbar ist das Verhalten des Akteurs, d.h. die von ihm getroffene Entscheidung. Die Präferenzordnung, wie sie oben vorgestellt wurde, bzw. die entsprechenden Nutzenfunktionen, sind *ex post Konstruktionen* gewesen zur *nachträglichen Begründung* von Handlungen, also alles andere als unabhängige Messungen des Nutzenkonzepts. Im Gegensatz zur physikalischen Kraft existiert keine objektive Meßoperation für den Nutzen, da die Nutzenzuweisungen des Individuums an bestimmte Objekte höchst idiosynkratischer Natur sind. Die Vorstellung, daß der objektive Nutzenwert eines Objekts durch seine objektiv gegebenen Eigenschaften berechnet werden könnte, war tatsächlich bis zum letzten Jahrhundert bei den Anhängern einer sogenannten *kardinalen Nutzen-theorie*[107] verbreitet, stößt aber inzwischen auf ungeteilte Ablehnung der Profession. Es bleibt also nur der Rückschluß auf die Nutzenwerte aufgrund des beobachteten Verhaltens. Diese Methode wurde von Paul Samuelson entwikkelt und wird das *Prinzip der offenbarten Präferenzen* genannt. Die behavioristischen Ursprünge des Prinzips sind dabei nicht zu übersehen.

Um zu empirisch überprüfbaren Aussagen zu kommen, kann allerdings mit Hilfe von bestimmten Kriterien eine Präferenzordnung konstruiert werden, die als Schätzung der tatsächlichen oder „wahren" Präferenzordnung betrachtet werden kann. Die konstruierte Präferenzordnung ist dann eine gute Schätzung der wahren, wenn die aus ihr abgeleiteten Prognosen des Verhaltens mit dem beobachtbaren Verhalten des Individuums übereinstimmen. Stimmt die Prognose nicht mit der tatsächlich getroffenen Entscheidung überein, dann ist die Schätzung fehlerhaft. Die eben geschilderte Auffassung hat weitreichende Folgen. Sie bedeutet nämlich, daß *jede* Behauptung, die einen *empirisch überprüften* Zusammenhang zwischen Merkmalen von Handlungsoptionen und der gewählten Handlung enthält, mit den Grundannahmen des RC-Ansatzes vereinbar ist, da diese Zusammenhänge zur Schätzung der „wahren" Nutzenfunktion herangezogen werden können. Der RC-Ansatz ist nicht als ein Konkurrenzmodell zur Erklärung individuellen Verhaltens zu Modellen aus Psychologie oder Soziologie zu verstehen, die bestimmtes Verhalten aufgrund psychischer Dispositionen, Einstellungen, Gewohnheiten oder Normen erklären. Jede Aussage, die einen empirisch belegbaren Zusammenhang zwischen individuellem Verhalten und bestimmten Variablen konstatiert, ist in den RC-Ansatz integrierbar, wenn diese Variablen in die Nutzenfunktion aufgenommen werden können. So absurd es einem auch vorkommen mag: *Gerade* die tautologische Struktur der Nutzenmaximierungsannahme garantiert, daß jede empirische Handlungstheorie mit ihr vereinbar sein *muß*. Keine einzige empirisch gefundene Tatsache aus den verschiedenen Einzelwissenschaften muß aufgrund des RC-Ansatzes verworfen werden. Ganz im Gegenteil: Wäre dies der Fall, so wäre der Ansatz unbrauchbar.[108]

---

107 Während die Anhänger der kardinalen Nutzentheorie davon ausgingen, daß für bestimmte Güter deren absoluter Nutzenwert angegeben werden kann, verlangen die Anhänger der *ordinalen* Nutzentheorie lediglich, daß ein Individuum verschiedene Güterbündel daraufhin vergleichen kann, welches ihm *mehr* oder *weniger* Nutzen verschafft (vgl. Schumann 1987: 12).

108 Die Nutzenmaximierungsannahme ist wegen ihrer tautologischen Struktur nicht widerlegbar, d.h. gleichzeitig, daß ihr empirischer Gehalt gleich null ist. Um zu empirisch überprüfbaren Aussagen zu kommen, müssen die Kern-Annahmen des Rational-Choice-Ansatzes daher konkreter, d.h. realistischer gemacht werden. In seiner „method of decreasing abstraction" schlägt Lindenberg (1992) vor, die allgemeine und dementsprechend stark vereinfachte Kerntheorie durch zusätzliche „Brückenannahmen" zu ergänzen. Durch diese wird die ursprüngliche Theorie der Realität immer mehr angenähert, so daß sinnvolle und brauchbare Aussagen über die Wirklichkeit gewonnen werden können. Als eine unter mehreren Heuristiken zum Auffinden

2.2. Grundlagen der ökonomischen Theorie der Demokratie

Nach der Erörterung der Grundlagen des RC-Ansatzes soll im nächsten Schritt die ökonomische Theorie der Demokratie nach Downs skizziert werden. Die demokratische Regierungsform wird in der Theorie von Downs rein deskriptiv definiert. Downs (1968: 23) will ausdrücklich keinerlei normative Forderungen oder „ethische Prämissen" – wie er es nennt – an die Demokratie stellen, sondern beschränkt sich auf die Aufzählung bestimmter Eigenschaften, die ein politisches System besitzen muß, wenn es eine Demokratie sein soll. Diese Eigenschaften sind u.a. die Wahl einer Partei (oder Koalition von Parteien) durch das Volk zur Ausübung der staatlichen Herrschaft, die Durchführung der Wahlen in periodischen Zeitabständen, allgemeines, gleiches Wahlrecht usw.

Das Anliegen von Downs liegt in der Analyse des Prozesses der Demokratie, nicht in einer Untersuchung ihrer inhaltlichen Komponenten. Demokratie wird unter Ausschluß inhaltlicher Zielvorstellungen rein formal als ein bestimmtes Verfahren definiert, mit dessen Hilfe die Regierung rekrutiert wird. Inhalte, im Sinn von Regierungspolitik bzw. Parteiprogrammen, sind zwar Bestandteil des Prozesses, dienen aber nur als Mittel zum Zweck. Der politische Prozeß in demokratischen Wahlen ist nach Downs durch das Verhalten zweier Akteure im politischen Raum bestimmt, der politischen Parteien und der Wähler. Das einzige Ziel der Parteien besteht darin, die Regierung zu übernehmen, um sich, d.h. den verschiedenen Amtsträgern, all die persönlichen Vorteile zu verschaffen, die das Amt mit sich bringt; Macht, Ein-

brauchbarer Brückenannahmen schlägt Lindenberg weiter vor, eine sogenannte „soziale Produktionsfunktion" anzunehmen. Demnach ordnen die Individuen ihre Handlungsalternativen danach, inwieweit sie der Erreichung zweier allgemeiner menschlicher Ziele dienen, nämlich „physischem Wohlbefinden" und „gesellschaftlicher Anerkennung". (Zu einer Anwendung des Konzepts der sozialen Produktionsfunktion vgl. u.a. Esser 1996) Soziologische Konzepte wie z.B. Normen nehmen dabei eine zentrale Stelle in der sozialen Produktionsfunktion ein. Daher ist ein Typus von Kritik am RC-Ansatz, der immer wieder auftaucht, von einem grundlegenden Mißverständnis geprägt. Stellvertretend für diesen Typus sei Habermas zitiert. Seiner Meinung nach sprechen „empirische Evidenzen gegen alle Modelle, die von einer wie immer auch erweiterten egozentrischen Entscheidungsgrundlage ausgehen und die sozialen Kontexte der Veränderung von Interessen und Wertorientierungen vernachlässigen." (1992: 404f) Der RC-Ansatz ist zwar in der Tat insofern egozentrisch, als er annimmt, daß Entscheidungen ausschließlich von Individuen getroffen werden, keineswegs egozentrisch ist er jedoch in dem Sinn, daß er annehmen würde, daß Individuen ihre Entscheidungen allein aufgrund von egoistischen und subjektiven Interessen treffen. Der soziale Kontext in Hinsicht auf seine Rolle bei der Bildung von Interessen und Werten ist im RC-Ansatz sehr wohl vorhanden, er spielt eine entscheidende Rolle bei der Bildung der Präferenzordnung. Der RC-Ansatz ist beileibe weit davon entfernt, den sozialen Kontext auszublenden, lediglich verzichtet er darauf, ihn als unmittelbare Handlungsgrundlage zu verwenden.

kommen usw. Dazu stellen sie sich mit bestimmten programmatischen Aussagen zur Wahl. Politische Inhalte sind für die Parteien nur Mittel zum Zweck, um die Wahlen zu gewinnen, sie vertreten das Programm, von dem sie glauben, daß es ihre Chancen auf einen Wahlsieg maximiert. Parteien haben im Downsschen Modell keine originären inhaltlichen Interessen, sie sind keine Gesinnungsparteien. Wähler entscheiden sich in diesem Modell für diejenige Partei, von deren Politik sie sich das höchste Nutzeneinkommen versprechen. Aufgrund der programmatischen Aussagen der Parteien im Wahlkampf bilden Wähler Erwartungen über die tatsächliche Politik, die die entsprechenden Parteien als Regierung umsetzen werden, und entscheiden sich dann für diejenige Partei, deren Politik ihren eigenen Interessen am ehesten gerecht wird.

Das Zustandekommen der Präferenzordnung eines Wählers über die politischen Alternativen kann man sich nach Downs folgendermaßen vorstellen: Der Einfachheit halber sei angenommen, politische Programme bezögen sich nur auf ein einziges Thema, z.B. die Höhe der Verteidigungsausgaben. Verschiedene politische Programme A, B, C, und D können dann auf einer Skala angegeben werden, deren Wert die Höhe der Verteidigungsausgaben angibt, die diesem Programm gemäß verwirklicht werden sollen. Je niedriger der Wert auf der Skala, desto geringer sollen die Verteidigungsausgaben ausfallen, je höher der Wert auf der Skala, desto größer sollen sie sein. Die Nutzenfunktion des Wählers ist dadurch bestimmt, daß jedem potentiellen Regierungsprogramm ein bestimmter Nutzenwert zugeordnet werden kann. Aus der Sicht des Wählers gibt es genau ein Regierungsprogramm, das in bezug auf die Verteidigungsausgaben eine optimale Position einnimmt, d.h. bei dessen Verwirklichung seine Nutzenfunktion ihr Maximum besitzt. Diese Position wird der Idealpunkt des Wählers genannt, im folgenden X. Jede Abweichung von diesem Idealpunkt schmälert den Nutzen des Regierungsprogramms aus der Sicht des Wählers. Je größer die Abweichung ausfällt, desto höher ist der Nutzenverlust. Es soll weiter angenommen werden, daß die Nutzenfunktion symmetrisch um den Idealpunkt ist, d.h. Abweichungen vom Idealpunkt werden durch denselben Nutzenverlust bestraft, egal, ob sie nach rechts oder nach links auftreten.[109] Eine solche Nutzenfunktion könnte daher dem untenstehenden Schaubild entsprechen. Die aufgrund der Nutzenfunktion konstruierte Präferenzordnung der vier politischen Programme positioniert also auf jeden Fall die Alternative A vor der Alternative B und C vor D, wegen der Symmetrieannahme können darüber hinaus auch Alternativen, die sich auf verschiedenen Seiten des Idealpunkts des Wählers befinden, miteinander verglichen werden. Die vollständige Präferenzordnung lautet A ϕ C ϕ B ϕ D.

---

109 Während die ersten zwei Bedingungen, Maximum der Nutzenfunktion im Idealpunkt und stetiger Abfall der Funktion nach beiden Seiten für die folgenden Analyseschritte notwendig sind, wird die Bedingung der Symmetrie lediglich der Vereinfachung halber angenommen, die Ergebnisse der Analyse werden dadurch jedoch in keiner Weise beeinflußt.

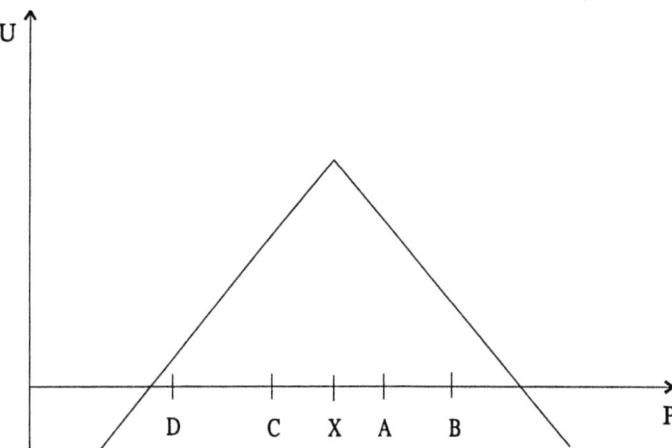

Abb. 1:

Betrachten wir nun die Überlegungen der Parteien. Als einfaches Beispiel sei ein Fall dargestellt, in dem die Wählerschaft aus drei Wählern X, Y und Z besteht und zwei Parteien A und B um die Gunst der Wähler streiten. Die Situation wird durch das folgende Schaubild dargestellt.

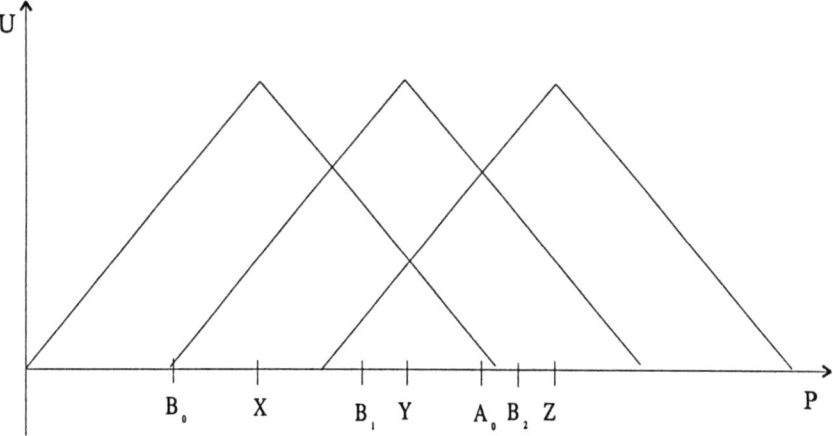

Abb. 2:

Das Ziel jeder Partei ist die Erzielung der Mehrheit der Stimmen, da sie nur
so die Regierungsgewalt erreichen kann. Im hier skizzierten Fall bedeutet
dies, daß eine Partei mindestens zwei der drei Wählerstimmen erreichen
muß. Nehmen wir an, die Partei B hat drei Handlungsoptionen zur Verfügung, sie kann ihren ursprünglichen Standpunkt B_0 beibehalten oder zur Position B_1 oder B_2 wechseln. Die Standpunkte der drei Wähler sowie die Plattform der gegnerischen Partei werden dabei als konstant vorausgesetzt. Wählt
die Partei die Plattform B_0, so erhält sie die Stimme des Wählers X, sowohl Y
wie auch Z jedoch entscheiden sich für die Partei A. Rückt die Partei nach
rechts, bis sie dem Wähler Y näher ist als die Partei A, z.B. auf die Position
B_1, dann erhält sie eine Mehrheit der Stimmen. Rückt die Partei noch weiter
nach rechts auf die Position B_2 und überholt dabei sogar A, so erzielt sie wieder nur eine Minderheit der Stimmen, da sie jetzt nur noch die Stimme von Z
erzielt. Die Präferenzordnung der Partei heißt also $B_1 \phi B_0 \cup B_2$. Die beste
Handlungsoption ist B_1, zwischen den Optionen B_0 und B_2 ist die Partei indifferent. Auf die Wahl B_1 der Gegenpartei kann A jedoch wieder reagieren, indem sie den Standpunkt A_1 wählt, der ein kleines Stück rechts von B_1 liegt.
Damit erhält sie wieder die Stimme von Y und damit auch die Mehrheit. Dieser gegenseitige Anpassungsprozeß setzt sich solange fort, bis sich keine der
beiden Parteien durch eine Positionsveränderung mehr verbessern kann. Man
spricht dann von einem stabilen Gleichgewicht. Tatsächlich trifft dies ein,
wenn beide Parteien den Standpunkt von Y einnehmen. In diesem Fall ist die
Chance für jede Partei, die Wahl zu gewinnen, gleich groß, da für den Wähler kein Unterschied mehr zwischen den Parteien hinsichtlich ihres Programms besteht. Weicht eine Partei einseitig von diesem Standpunkt ab,
während die andere die Position Y beibehält, so verliert sie die Wahl mit Sicherheit. In der Präferenzordnung jeder Partei nimmt also Y die erste Stelle
ein. Die Erklärung liegt auf der Hand. Nehmen zwei Parteien die Position A_0
und B_0 auf der Skala ein, wobei B_0 links von A_0 liegen soll, so erhält B mit
Sicherheit die Stimmen aller Wähler, die sich links von ihrem Standpunkt befinden, die Partei A die Stimmen aller Wähler, die sich rechts von ihrem eigenen Standpunkt befinden, und die Stimmen der Wähler in dem Abschnitt
zwischen den beiden Parteien werden zwischen beiden aufgeteilt. Jede Partei
kann sich in dieser Situation dadurch verbessern, indem sie näher in die Mitte
rückt, bis sich beide Parteien dort treffen. Der genaue Treffpunkt wird dabei
der Standpunkt des Wählers sein, der die Wählerschaft in zwei gleich große
Hälften links und rechts davon zerteilt.[110]

---

110 Dieser Wähler wird der *Median-Wähler* genannt. Der Begriff Median-Wähler taucht
bei Downs selbst allerdings nicht auf. Der formale Beweis des sogenannten Median-
Wähler-Theorems, nach dem sich beide Parteien so lange annähern, bis sie den
Standpunkt des Median-Wählers einnehmen, stammt von Duncan Black (1958) in
seinem Buch *The Theory of Committees and Elections*.

Diese Tendenz zur Mitte in räumlichen Modellen des Wettbewerbs wurde schon von Hotelling (1929) in einem berühmten Aufsatz festgestellt. In einer Weiterentwicklung des Modells führte Smithies (1941) zusätzlich allerdings noch Nachfrageelastizitäten ein. Für die Übertragung des Modells auf den politischen Raum bedeutet dies, daß auch Stimmenthaltungen möglich sind. Ein Wähler wählt also nicht automatisch die Partei, die in seinen Augen immer noch die beste ist, sondern er kann ganz auf die Wahl einer Partei verzichten, wenn selbst die Partei, die ihm immer noch am nächsten steht, so weit von ihm entfernt ist, daß es für ihn keine nennenswerten Vorteile mehr bringt, wenn diese Partei statt der gegnerischen die Regierungsgeschäfte übernimmt. Wahlenthaltung scheint im ersten Augenblick im Widerspruch zur Nutzenmaximierungsannahme zu stehen, denn selbst wenn die präferierte Partei weit von der idealen Politik des Wählers entfernt ist, so ist sie immer noch besser als die Alternative. Der Verzicht auf ihre Wahl erhöht die Wahrscheinlichkeit des schlimmeren Übels. Langfristig kann die Wahlenthaltung jedoch Sinn machen, da sie als Drohmittel die Parteien davon abhält, aus Angst vor den Verlusten an den Rändern zu sehr in die Mitte zu rücken. Diese Drohung ist desto wirksamer, je stärker sich bestimmte Wählergruppen an den Rändern massieren. Anders ausgedrückt: Je homogener die Gesellschaft als Ganzes, desto stärker die Konvergenz der Parteien zur Mitte.

Downs selbst enthält sich jeglicher Beurteilung des Ergebnisses, da er sich auf deskriptive Aussagen beschränken möchte. Dennoch stellt sich an dieser Stelle die Frage, inwiefern das durch die Analyse ermittelte Ergebnis, daß Parteien, um Wahlen zu gewinnen, die mittlere Position der Wählerschaft vertreten, in einem normativen Sinn als *optimal* angesehen werden könnte. Da Demokratie bei Downs lediglich ein bestimmtes Verfahren ist und die Gesetzmäßigkeiten des Verfahrens die Konvergenz der Parteien zur Mitte als notwendige Strategie erzwingen, kann z.B. die Frage, ob das Ergebnis, d.h. die Verfolgung der Politik der Mitte durch die Regierung, *gerecht* ist, nur unter dem Gesichtspunkt der *Verfahrensgerechtigkeit* betrachtet werden. Verfahrensgerechtigkeit besteht dabei aus zwei Bestandteilen: Zum einen müssen Maßstäbe existieren, die anzeigen, welches Ergebnis *wünschenswert* ist, zum anderen muß ein Verfahren existieren, das sicherstellt, daß im untersuchten Prozeß genau dieses Ergebnis erzielt wird (Rawls 1979: 106). Da das vom Prozeß produzierte Ergebnis schon bekannt ist, muß die Fragestellung hier umgedreht werden und lauten: Wie müssen die normativen oder ethischen Prämissen lauten, damit die mittlere Regierungspolitik als wünschenswert betrachtet werden kann? Um diese Frage beantworten zu können, ist es sinnvoll, sich zu überlegen, warum die politischen Standpunkte der Wählerschaft unterschiedlich und nicht identisch sind. Es bieten sich dabei zwei Perspektiven als Erklärung an. Abweichungen zwischen den Individuen können – wie in der Statistik üblich – als „Fehler" vom „wahren" Wert empfunden werden. Bezogen auf den politischen Raum hieße dies, daß es eine Position gibt, die *alle* Bürger hinsichtlich dieser politischen Frage teilen müßten, wenn sie denn alle relevanten Informationen zur Verfügung hätten und ihre eigenen Interessen präzise und zuverlässig kennen würden. Unterschiedliche Meinungen sind in diesem Fall nur die Folge von Verwirrungen und Störungen des freien Informationsflusses. Die *beste Schätzung* für die tatsächliche, allen gemeinsam beste Politik ist dann ein Maß für die zentrale Tendenz der Verteilung der individuellen Standpunkte. Ein sinnvolles Maß der zentralen Tendenz ist der Median, der der Wert einer Verteilung ist, von dem aus die Summe aller absoluten Abweichungen der anderen Werte der Verteilung minimal ist. Die zweite Perspektive neben der fehlerorientierten zur Erklärung des Zustandekommens unterschiedlicher Standpunkte geht davon aus, daß die unterschiedlichen Standpunkte den tatsächlichen Interessen der Individuen entsprechen, und daß die Heterogenität der Standpunkte der Heterogenität ihrer Interessen entspricht. In diesem Fall ist es unvermeidbar, daß durch die Verwirklichung einer bestimmten Politik allen Bürgern, deren Idealpunkt nicht dieser Politik entspricht, ein „Schaden" zugefügt wird, im Vergleich zu dem, was sie bei dem aus ihrer Sicht besten Regierungsprogramm erhalten hätten. Die „beste" Regierungspolitik in einem solchen Fall zu ermitteln, in dem es immer Verlierer und Gewinner gibt, ist nicht einfach, da es keine eindeutigen Lösungen gibt. Es ist hilfreich, sich zu überlegen, was denn ein sogenannter kompetenter und gütiger Diktator in dieser Situation entscheiden würde, ein Argumentationsstrang, wie ihn z.B. Davis und Hinich (1966: 180) aufnehmen. Beschließt dieser Diktator, alle Individuen gleich zu behandeln, indem er ihren Schaden bzw. Verlust gleich gewichtet, dann könnte man intuitiv als vernünftige Entscheidung akzeptieren, den politischen Standpunkt umzusetzen, der den durchschnittlichen Verlust minimiert. Wird der Verlust eines Individuums als eine lineare Funktion des Abstands seines Idealpunkts von der Regierungspolitik aufgefaßt, dann ist der Median ebenfalls wieder die Position, die den durchschnittlichen Verlust minimiert. Der Prozeß des politischen Wettbewerbs, wie von Downs skizziert, produziert also tatsächlich das im Sinne des gutmütigen Diktatorarguments wünschenswerte Ergebnis[111]

---

111 Natürlich kann man aber die Bestimmung des „objektiv" Wünschenswerten aufgrund der Hilfskonstruktion des Diktators anzweifeln. Dafür lassen sich methodische Gründe finden wie das Problem des interpersonellen Vergleichs der Verluste. Im speziellen Fall ist die Aufsummierung der individuellen Verluste überdies aus inhaltlichen Gründen nicht unproblematisch, da die „Verluste" ja nicht objektiv entstehendem Schaden entsprechen, sondern dem relativen Schaden, der im Vergleich zum liebsten Regierungsprogramm entsteht. Der Verlust eines Bürgers, der bei der Wahl seines Idealpunkts besonders „unbescheiden" und „größenwahnsinnig" war, ist wesentlich größer als der eines Bürgers, der bei der Wahl seines Idealpunkts Pragmatismus und soziale Ausgewogenheit berücksichtigt. Aus der Sicht eines kompetenten und gutmütigen Diktators, der sich um eine „gerechte" Entscheidung bemüht, kann es daher nicht unbedingt sinnvoll sein, die Verluste aller Individuen gleich zu werten.

2.3. Das Paradox des Wählens

Räumliche Modelle erklären, wer welche Partei wählt. Die ökonomische Theorie versucht jedoch ebenfalls zu untersuchen, aus welchen Gründen jemand überhaupt an der Wahl teilnimmt oder auch nicht. Dabei wird angenommen, daß durch die Teilnahme an der Wahl Kosten entstehen. Die Analyse gewinnt zusätzlich dadurch an Komplexität, daß die Wahl ja keineswegs eine Entscheidung unter Sicherheit darstellte, sondern eine unter Risiko. Die abgegebene Stimme eines einzelnen Wählers determiniert schließlich nicht den Wahlausgang, sondern erhöht lediglich die Wahrscheinlichkeit, daß die präferierte Partei oder Koalition gewinnt. Nur in dem Fall, daß seine Stimme den Wahlausgang entscheidet, ist sie überhaupt relevant. Für einen Bürger besteht daher der erwartete Nutzen aus der Wahl in dem Nutzengewinn B, den er erzielt, wenn seine präferierte Partei statt der gegnerischen gewinnt, multipliziert mit der Wahrscheinlichkeit P, daß seine abgegebene Stimme die entscheidende ist, die seiner Partei zum Sieg verhilft. Diese Wahrscheinlichkeit geht aber gegen Null, wenn an der Wahl eine große Anzahl von Menschen teilnimmt, wie es bei Wahlen in demokratischen Staaten mit hoher Bevölkerungszahl der Fall ist. Die Kosten C der Wahlteilnahme entstehen jedoch in jedem Fall, unabhängig davon, was die Wahl bewirkt. Der erwartete Nettonutzen der Wahlteilnahme U(W) ergibt sich daher als die Differenz aus P*B und C, formal $U(W)=P*B-C$.[112]

Es ist nach dieser Formel nur dann rational, an einer Wahl teilzunehmen, wenn U(W) größer als Null ist, bzw. wenn P*B größer als C ist. Da aber die Wahrscheinlichkeit P in einer großen Demokratie annähernd Null ist, wäre es in diesem Fall für jeden Bürger rational, sich der Wahl zu enthalten, wenn seine Kosten nur geringfügig von Null abweichen. Kosten fallen aber in jedem Fall an, einerseits durch die Wahl selbst, Informationskosten, Wegkosten etc., andererseits im Sinne von sogenannten Opportunitätskosten. Dies sind die Kosten, die durch die entgangenen Möglichkeiten entstehen. Statt zur Wahl zu gehen, hätte der Bürger ja auch einen netten Fernsehnachmittag verbringen können. Der ihm so entgangene Nutzen des Fernsehnachmittags sind seine Opportunitätskosten. Da die Kosten also in jedem Fall deutlich von Null abweichen, müßte die Wahlbeteiligung in großen Demokratien annähernd bei Null liegen. Dieses Ergebnis der Analyse ist als das *Paradox des Wählens* in die Literatur eingegangen. Downs „löst" dieses Problem, indem er annimmt, daß für die Wahlteilnahme noch andere Gründe wichtig sind als die erwarteten Nutzeneinkommen, die sich aus der Regierungstätigkeit der gewählten Partei oder Koalition ergeben. Zusätzlich gibt es einen Nutzen der Wahlen an sich, einen Nutzen, der durch das System Demokratie entsteht. Nimmt keiner mehr an den Wahlen teil, so ist die Demokratie selbst gefähr-

---

112 Die Namensgebung für die einzelnen Variablen der Formel erklärt sich aus der englischen Terminologie: (B)enefit, (P)robability, (C)osts sowie (U)tility.

det. Umgekehrt leistet jeder, der zur Wahl geht, seinen kleinen Beitrag zur
Erhaltung des Systems demokratischer Wahlen. Diese Art von „Demokratieobulus" ist es, die nach Downs erklärt, warum in großen Demokratien die
Wahlbeteiligungen relativ hoch sind, obwohl die Bürger durch ihre Wahl
keinen wahrnehmbaren Einfluß auf das Ergebnis ausüben.

Eine dem „Paradox des Wählens" ganz analoge Argumentationsstruktur
ergibt sich in Hinsicht auf die Frage, wie rational es für einen Bürger ist, sich
zu informieren und dafür Kosten aufzuwenden. Aus dem Abschnitt zu räumlichen Modellen war ersichtlich, daß im Downsschen Modell der Wähler sich
für diejenige Partei entscheidet, deren politisches Programm seinem Ideal-
programm am nächsten ist. Um diese Abwägung vornehmen zu können, muß
der Wähler aber die programmatischen Positionen der Parteien im politischen
Raum genau kennen. Will er tatsächlich die Partei wählen, die seine eigenen
Interessen objektiv am besten vertritt, dann muß er sich Informationen verschaffen, um die Programme der Parteien genau kennenzulernen und –
wichtiger noch – deren Einfluß auf sein Nutzeneinkommen. Solche Informa-
tionbeschaffungen sind aber aufwendig; und ihr Erwerb ist daher mit Kosten
verbunden. Im Sinne des RC-Ansatzes verhält sich ein Individuum bei seiner
Informationsbeschaffung dann rational, wenn es solange nach Informationen
sucht, wie deren Ertrag die Kosten übertrifft. Der Ertrag der Information ist
dabei die Erhöhung des Erwartungswertes des Nutzens. Damit sich Informationssuche als Investition rentiert, muß der Erwartungswert des Nutzens der
„guten" Wahl den Erwartungswert des Nutzens der „schlechten" Wahl also
mindestens um die Kosten der Informationssuche übertreffen. Im Falle der
Wahl einer politischen Partei unterscheiden sich jedoch die Erwartungswerte
der „guten" und der „schlechten" Wahl so gut wie gar nicht voneinander, da
der Wähler durch seine Handlung das Ergebnis nicht beeinflußt; und nur dieses ist für sein Nutzeneinkommen relevant. Genau dies war der im „Paradox
des Wählens" geschilderte Sachverhalt. Für einen Bürger ist es daher nicht
rational, sich Wissen über die Programme der Parteien und deren Einfluß auf
sein Nutzeneinkommen zu verschaffen, wenn er dieses Wissen lediglich dazu
benutzen will, die seinen Interessen gemäß beste Partei zu wählen. Wenn
dennoch viele Bürger über ein erstaunliches Ausmaß an politischem Wissen
verfügen, so liegt dies daran, ähnlich wie beim „Paradox des Wählens", daß
dem Wissen selbst bzw. seinem Erwerb ein Wert zugesprochen wird. Menschen informieren sich häufig über Politik, einfach, weil sie sich dafür interessieren. Der Großteil jedoch bleibt relativ uninformiert. Wenn uninformierte
Bürger zur Wahl gehen, orientieren sie sich daher an einer Art von Heuristik,
die ihnen ermöglicht, eine Wahl zu treffen, ohne die Kosten der Information
auf sich nehmen zu müssen. Dies Heuristik besteht in der Bildung von Ideologien, wie z.B. dem *Links-Rechts-Schema*. Wähler können zwar häufig nicht
die politischen Programme der Parteien beurteilen, sie können aber nach
Downs einschätzen, ob eine Partei eher „links" oder eher „rechts" ist und sie
können diese Begriffe grob mit bestimmten politischen Programmen verbin-

den. „Linke" Parteien sind für Staatsintervention, den Sozialstaat etc., „rechte" Parteien für die freie Marktwirtschaft, eine restriktive Geldpolitik, eine harte Rechts- und Innenpolitik usw. Ebenfalls kennen die Wähler natürlich ihren eigenen ideologischen Idealpunkt. Daher können sie Ideologien als informationskostensparendes Mittel, als Abkürzung, einsetzen, um eine Parteiwahl zu treffen. Dementsprechend reduziert sich auch die räumliche Analyse des Wahlverhaltens bei Downs auf einen eindimensionalen Ideologie-Raum.

3. Weiterentwicklungen und Kritik des Downsschen Modells

3.1. Interne Kritik

Das räumliche Modell von Downs besteht nur aus einer einzigen Dimension, der Ideologie. Für viele politische Sachfragen stellt die Ideologie jedoch nur eine sehr grobe Schätzung dar, d.h. es kann aus der Ideologie nur sehr ungenau abgeleitet werden, welche inhaltliche Politik in einem bestimmten Bereich verfolgt werden soll. Interpretiert man die Ideologie im Sinne einer Links-Rechts-Skala, bei der die Position auf der Skala den Grad angibt, in dem man Staatsinterventionen befürwortet, so lassen sich mit Hilfe der Ideologie politische Programme gut einschätzen, die in Bereichen wie Wirtschaft, Sozialausgaben, Arbeitsmarktpolitik oder Ähnlichem liegen, kaum hilfreich ist die Links-Rechts-Skala jedoch für die Einschätzung z.B. der verfolgten Außenpolitik. Der politische Raum besitzt also mehr als eine Dimension. Die Verallgemeinerung des räumlichen Modells von Downs für beliebig viele Dimensionen haben Davis und Hinich (1966) vorgenommen. Sie führten das Konzept einer Verlustfunktion ein. Diese gibt den Gesamt(nutzen)verlust eines Bürgers an, der diesem dadurch entsteht, daß die Regierung auf den für ihn relevanten Dimensionen eine andere Politik verfolgt als die von ihm am stärksten präferierte. Der Wähler besitzt für jede einzelne Dimension eine Art von partiellem Idealpunkt, und der Wert der Verlustfunktion ist eine Funktion der Distanzen der Positionen einer Partei und der Idealpunkte des Wählers über alle Dimensionen hinweg. Eine solche Verlustfunktion muß zwei Eigenschaften besitzen: Erstens: Der Wähler erhält das Minimum seiner Verlustfunktion, wenn die Positionen einer Partei auf allen Dimensionen mit seinen partiellen Idealpunkten übereinstimmt. Zweitens: Je weiter eine Partei auf einer Dimension von dem partiellen Idealpunkt des Wählers auf dieser Dimension wegrückt, bei gleichbleibenden Positionen auf allen anderen Dimensionen, desto höher der eintretende Nutzenverlust. Grundsätzlich gibt es unendlich viele Funktionen, die diese beiden Eigenschaften besitzen.[113]

Im Gegensatz zum eindimensionalen Fall gibt es im mehrdimensionalen Fall kein stabiles Gleichgewicht mehr in dem Sinn, daß ein Punkt existiert, von dem wegzubewegen für keine der Parteien ein Anreiz besteht. Im eindimensionalen Fall war dieser Punkt der Idealpunkt des Medianwählers. Im mehrdimensionalen Fall kommt es jedoch in der Regel zu Intransitivitäten. Eine Partei mit dem Programm A schlägt dann eine Partei mit dem Programm B, B wiederum schlägt im Zweiparteienwettbewerb C, C aber würde im Zweiparteienwettbewerb wieder die Partei A schlagen. Das sogenannte Chaos-Theorem besagt, daß *jeder* Standpunkt am Ende einer Reihe von paarweisen Wettstreiten der siegreiche sein kann. Allein die Reihenfolge der paarweisen Vergleiche bestimmt den Sieger.[114] Nur, wenn ein sogenannter Median in allen Richtungen existiert, gibt es weiterhin einen stabilen Gleichgewichtspunkt (vgl. Davis/DeGroot/Hinich 1972). Doch dieser Fall tritt lediglich mit einer gegen Null tendierenden Wahrscheinlichkeit auf. Allerdings weisen Davis und Hinich (1966) nach, daß der Punkt im n-dimensionalen Raum, der auf den einzelnen Dimensionen jeweils die Mittelwerte der partiellen Idealpunkte als Koordinaten besitzt, unter bestimmten Verteilungsannahmen die optimale Positionswahl für eine Partei darstellt. Das aus der eindimensionalen Analyse bekannte Ergebnis, daß es für die Parteien im Wettbewerb attraktiv ist, die Positionen in der Mitte zu besetzen, kann daher mit Einschränkungen für den mehrdimensionalen Raum verallgemeinert werden.

Der wahrscheinlich größte Teil der Literatur, der sich auf Downs beruft, bezieht sich auf das „Paradox des Wählens". Der berühmteste Lösungsansatz stammt von Riker und Ordeshook (1968), den sie in ihrem *Calculus of Voting* formulieren. Demnach läßt sich die relativ hohe Wahlbeteiligung, die in Massendemokratien zu beobachten ist, durch eine Nutzenkomponente D erklären, die – genau wie die Kosten C – unabhängig vom Ergebnis der Wahlhandlung immer auftritt, da dieser Nutzen durch die Handlung selbst erzielt wird. Die ursprüngliche Formel ändert sich dadurch zu $U(W)=P*B-C+D$.

In der Literatur wird Nutzen von der Art der D-Komponente als *expressiver* Nutzen bezeichnet, in Abgrenzung zum *instrumentellen* Nutzen, der die Mittel-Zweck Relation einer Handlung betont. Nach Riker und Ordeshook (1968: 28) enthält diese Komponente Gratifikationen im Sinne von „compliance with the ethics of voting", „affirming allegiance to the political system", „affirming a partisan preference" etc. Tatsächlich läßt sich eigentlich

---

113 Davis und Hinich selbst verwenden für ihre Analyse eine quadratische Verlustfunktion, d.h. der Nutzenverlust nimmt im Quadrat zum Abstand des Idealpunkts des Wählers vom Standpunkt der Partei zu.

114 Es handelt sich dabei um das bekannte Condorcet-Paradox, das auch der Ausgangspunkt für Arrows berühmtes Unmöglichkeitstheorem ist (vgl. Shepsle/Bonchek 1997: 49ff).

nicht von einer Erweiterung des Downsschen Ansatzes sprechen, da – wie oben erwähnt – Downs ebenfalls eine solche Komponente, die ich den Demokratieobulus genannt habe, schon eingeführt hatte. Die Annahme expressiver Nutzen ist ein beliebter Weg geworden, um Probleme, die innerhalb des RC-Ansatzes auftauchen, einer „Lösung" zuzuführen (s. vor allem Brennan/ Lomasky 1993). Dieser „Lösungsansatz" ist jedoch höchst fragwürdig und wirft die grundsätzliche Frage auf, wann wir von einer *Erklärung* einer Handlung im Rahmen des RC-Ansatzes sprechen können. Dem instrumentellen Nutzenkonzept nach besteht der Erwartungswert des Nutzens einer bestimmten Handlung für ein Individuum in den Gratifikationen, die es durch das erhält, was *durch* die Handlung *bewirkt* wird. Wie aber verhält es sich mit Nutzenkomponenten, die durch die Wahrnehmung einer Handlung *selbst* zustande kommen und als expressiver Nutzen bezeichnet werden? Diese Zweiteilung des Nutzenkonzepts in instrumentell und expressiv entspricht auch der Zweiteilung in methodischer Hinsicht, welche Art von Aussagen im Rahmen des ökonomischen Ansatzes auch empirisch sinnvoll überprüft werden können. „Erklärungen" einer Handlung, die sich auf expressiven Nutzen beziehen, können ihrem Wesen nach nur mit der Methode der enthüllten Präferenzen gebildet werden, also als eine Ex-Post-Rekonstruktion der Handlungsmotive. Dies trifft unter anderem auf Handlungen zu, die im Konsum eines Gutes bestehen. Kauft jemand bei einem Eisstand Erdbeereis, obwohl auch Schokolade und Vanille angeboten sind, dann vermute ich, daß er Erdbeereis gegenüber Schokoladeneis präferiert. Die beobachtbaren Handlungen sind eins mit den zugrundeliegenden Präferenzstrukturen, letztere können daher auch nicht als kausale Erklärung von ersteren herangezogen werden. Dies ändert sich auch dann *nicht*, wenn ich die Geschmackspräferenzen vorher abgefragt hätte. Hätte ich die betreffenden Person vorher gebeten, die Eissorten in der Reihe ihrer Beliebtheit zu ordnen, und hätte danach beobachtet, daß die Person tatsächlich das Eis kauft, das ihr am besten schmeckt, so könnte ich bestenfalls eine Aussage machen über die Konsistenz der sprachlichen Äußerungen der Person mit ihren Handlungen, keineswegs aber habe ich irgendeine Art von zusätzlicher Information erhalten, die ich aus dem beobachtbaren Verhalten allein nicht auch schon hätte ableiten können. Eine Situation, in der jemand „Ich mag Erdbeereis lieber als Schokoladeneis." äußert und dann Erdbeereis wählt ist in keiner Hinsicht aufschlußreicher beschrieben als wenn lediglich die Wahl selbst beobachtet werden würde. Das gleiche Argument gilt analog für die Wahlbeteiligung. Wenn jemand es für seine Pflicht hält, zur Wahl zu gehen und dann tatsächlich zur Wahl geht, dann können wir zwar sagen, daß jemand den Begriff „Pflicht" so verbindlich begreift, daß er für ihn handlungsweisend ist, aber genauso ist der Begriff auch definiert. Damit eine Aussage sinnvoll empirisch überprüft werden kann, müssen aber *sowohl* für die erklärenden *als auch* für die zu erklärenden

Konzepte *unabhängige* Meßoperationen definiert werden. Kann das eine Konzept aus dem anderen *logisch*[115] abgeleitet werden, so sind diese Konzepte nicht unabhängig voneinander und eine sinnvolle empirische Überprüfung damit hinfällig, da sie den bekannten tautologischen Charakter einer Erklärung mit Hilfe von enthüllten Präferenzen besitzt. Konzepte wie *Wahlnorm* oder *Wahlpflicht* sind ungeeignet, die Teilnahme an der Wahl zu erklären, da die *Bedeutung* des Konzepts Wahlnorm ja genau so definiert ist, daß die Teilnahme an der Wahl eine Verpflichtung darstellt, der man sich nicht entziehen sollte. Empirisch ermittelte Korrelationen zwischen Wahlnorm und Wahlteilnahme sagen daher bestenfalls etwas über den Verbindlichkeitscharakter der Norm aus. Die interessante Frage in diesem Zusammenhang könnte lauten, warum manche Menschen eine Wahlnorm besitzen, andere eben nicht (Barry 1970). Dies könnte im Rahmen des RC-Ansatzes eine sinnvolle Fragestellung sein, wenn die Übernahme einer Norm als rationale Wahl begründet werden kann.

Ein zweiter Lösungsversuch des Paradox des Wählens stammt von Ferejohn und Fiorina (1974) und besteht in einer Änderung des Kalküls. Während im Downsschen Modell die Entscheidung, zur Wahl zu gehen, eine unter Risiko ist, modellieren Ferejohn und Fiorina die Situation als eine unter Unsicherheit. Dabei verwenden sie die oben erläuterte Entscheidungsregel Minimax-Risk, bzw. *Minimax-Regret*, wie sie sie nennen. Der schlimmstmögliche Fall für den Bürger besteht ihrer Meinung nach darin, daß jemand nicht zur Wahl gegangen ist und danach feststellen muß, daß seine Stimme seiner präferierten Partei hätte zum Sieg verhelfen können. Um diese Katastrophe zu vermeiden, wird er daher zur Wahl gehen. Das Problem der Minimax-Risk-Regel besteht allerdings darin, daß mit ihr im Prinzip jede Handlung gerechtfertigt werden kann, da für alle Handlungsalternativen immer mit etwas Phantasie schlimmstmögliche Ausgänge erdacht werden können, die diese Alternativen als nicht wählbar erscheinen lassen.

Ein weiterer Lösungsversuch des Paradox des Wählens stammt aus der Spieltheorie. Im Gegensatz zur Entscheidungstheorie nimmt die Spieltheorie die Entscheidungen anderer nicht als gegeben an, sondern modelliert Situationen, in denen mehrere *Spieler* gleichzeitig eine Entscheidung treffen und das Ergebnis eine Interaktion aus all diesen simultan getroffenen Entscheidungen darstellt. Palfrey und Rosenthal (1983) konnten nachweisen, daß eine spieltheoretische Modellierung in der Tat in der Lage ist, hohe Wahlbeteiligung als ein stabiles Gleichgewicht der Entscheidungen der Wähler darzustellen. Allerdings mit der wichtigen Einschränkung, daß die beteiligten Wähler vollständig über die Präferenzen und Kosten der Wahl der anderen informiert sind.

---

115 Dabei handelt es sich in diesem Kontext eher um handlungslogische Schlußschemata als um sprachlogische.

Uhlaner (1995) legte eine Theorie der Wahlbeteiligung vor, bei der sich die einzelnen Individuen entsprechend ihres konsumtiven bzw. expressiven Nutzens verhalten, die Politikkomponente in Form von B bzw. P jedoch ebenfalls wieder eine wichtige Rolle spielt. Der Schlüssel dieses Ansatzes liegt in der Darstellung des Problems als zweistufiger Prozeß, in dem Gruppen eine herausragende Rolle spielen. Gruppen versammeln Mitglieder mit ähnlichen Interessenlagen. Diese Gruppen besitzen einen Führer. Dieser Führer verspricht den einzelnen Mitgliedern als Gegenleistung für ein bestimmtes Abstimmungsverhalten eine bestimmte Belohnung. Diese ist nicht an die politischen Outputs gekoppelt, daher kann sie der D-Komponente zugeordnet werden. Der Gruppenführer wiederum tritt mit der geschlossenen Stimme der von ihm repräsentierten Gruppe auf dem politischen Markt als Nachfrager auf. Der Gruppenführer kann daher wie ein einzelner Wähler betrachtet werden, dessen Stimme mit der Anzahl der Gruppenmitglieder gewichtet ist. Zerfällt die gesamte Wählerschaft in mehrere solcher Gruppen, dann läßt sich die Abstimmungssituation mit der eines Komitees mit einer überschaubaren Anzahl von Mitgliedern vergleichen. In einem solchen Fall jedoch ist die Wahrscheinlichkeit P relativ groß. Dadurch erlangt der Gruppenführer gegenüber den politischen Parteien Verhandlungsmasse und kann die Parteien zu Zugeständnissen an die von ihm repräsentierte Gruppe bewegen. Aus diesen Zugeständnissen bildet der Gruppenführer seine Ressourcen, aus denen er die Belohnungen der Gruppenmitglieder bereitstellt.

Zusammenfassend läßt sich feststellen, daß Kalküle, die auf instrumentellem Nutzen allein basieren, nicht ausreichend sind, um Wahlbeteiligung zu erklären. Verallgemeinert kann man sagen, daß sich derartige enge RC-Ansätze vermutlich grundsätzlich nicht eignen, um Entscheidungen in sogenannten „low cost – low benefit" Situationen zu modellieren (vgl. Aldrich 1993: 261). Bei „low cost – low benefit" Situationen verzichtet der Akteur auf die Verwendung eines ausgeklügelten Nutzenkalküls und greift statt dessen auf einfache Routinen zurück oder läßt sein Handeln in solchen Situationen von Normen leiten. Dies fällt ihm in solchen Fällen leicht, da hier kein nennenswerter Verlust entsteht und er gleichzeitig sozialen Standards genügen kann. Man könnte gewissermaßen sagen, die Opportunitätskosten der Moral sind in solchen Situationen gering genug, um moralisches Verhalten hervorzubringen. Wenn sie letzten Endes auch scheitert, wirft die RC-Analyse nichtsdestoweniger Licht auf das, was einer Erklärung bedarf. Während übliche, wahlsoziologische Untersuchungen des Nichtwahlverhaltens in der Regel die Nichtwahl als abweichendes Verhalten aufgrund bestimmter Determinanten zu erklären versuchen, macht das Paradox des Wählens klar, daß auch die Normalität selbst, in diesem Fall die Teilnahme an einer Wahl, der Erklärung bedarf.

3.2. Externe Kritik

Ein Teil der Kritik am Downsschen Modell fokussiert sich auf die Frage, inwieweit die Downssche Analyse eine realistische und angemessene Beschreibung der Motive der Handlungen der beteiligten Akteure ist. Diese Kritik reduziert das Modell auf eine mikrotheoretische Handlungstheorie. Die wohl einflußreichste Schule der Wahlsoziologie, der sogenannte Michigan-Ansatz von Campbell et al. (1960), den sie in ihrem Klassiker *The American Voter* entwickelt haben, nimmt politische Sachfragen neben Kandidateneigenschaften und Parteiidentifikation lediglich als eine von drei Determinanten der Wahlentscheidung an. Dabei nimmt die sozialpsychologische Variable Parteiidentifikation, die die gefühlsmäßige und langfristig stabile Neigung eines Wählers zu einer Partei angibt, eine Schlüsselrolle ein und „erklärt" auch den größten Teil des Verhaltens. Aus der Sicht des RC-Ansatzes jedoch ist die Frage aufzuwerfen, ähnlich wie in bezug auf die Wahlnorm, ob die Korrelation zwischen Parteiidentifikation und Wahlverhalten tatsächlich im Sinne einer kausalen Erklärung aufzufassen ist oder ob die Parteiidentifikation nicht einfach nur deshalb als Prädiktor der Wahlentscheidung taugt, da diese von ihr logisch abgeleitet werden kann. Auf diese letzte Sicht weisen auch klassische Autoren der Wahlforschung hin, die die Parteiidentifikation als „standing vote decision" bezeichnen. Die Parteiwahl ist nichts anderes als eine *Aktualisierung* der vorhandenen Parteiidentifikation, daher kann letztere nicht als Erklärung der ersteren herangezogen werden. Die Parteiidentifikation ist kein *Mittel* zur Konstruktion einer Präferenzordnung, sie ist selbst *Ausdruck* einer schon bestehenden Präferenzordnung. Lediglich in den Fällen, in denen zwar eine Parteiidentifikation vorliegt, die Parteiwahl aber von dieser abweicht, ist es theoretisch fruchtbar, nach den Gründen der Abweichung zu fragen[116]. Um Mißverständnisse auszuschließen: Aus der RC-Perspektive wird weder bestritten, daß es Konzepte wie Parteiidentifikation und Wahlnorm gibt, noch wird deren Einfluß auf die Handlungen geleugnet. Bezweifelt wird aber, ob solche Konzepte im Sinne von Erklärungen akzeptabel sind und nicht vielmehr Beschreibungen von Zusammenhängen darstellen, bei denen es einer Erklärung nicht oder nicht mehr bedarf. Die Stärke des RC-Ansatzes liegt aber genau darin, Erklärungen statt Beschreibungen zu liefern.

Auch die abgeleitete Mikrotheorie zur Erklärung des Handelns der zweiten Gruppe von Akteuren, den Parteien, wird als unrealistisch kritisiert. Die Annahme, das einzige Ziel von Parteien bestünde in der Erringung der Macht, ist nach Ansicht von Wittman (1990) unrealistisch. Auch Parteien

---

116 Sehr wohl eine interessante Fragestellung im Sinne des RC-Ansatzes ist es aber, inwieweit die Orientierung bei der Wahl nach der Parteiidentifikation rational ist im Sinne von Senkung der Informationskosten. In diesem Fall geht es aber nicht um die Erklärung der Parteiwahl mit Hilfe der Parteiidentifikation, sondern um die Erklärung der Wahl der Parteiidentifikation als Entscheidungsheuristik.

bzw. Kandidaten haben Vorstellungen über die Wünschbarkeit bestimmter politischer Programme, also eigene Politikpräferenzen. Dies erfordert dementsprechende Modifikationen des räumlichen Modells.

Grundsätzlicherer und methodischer Art ist die Kritik von Green und Shapiro (1994: 34ff) an den Anwendungen des RC-Ansatzes in der Politikwissenschaft. Unter anderem werfen sie den meisten Arbeiten zu RC vor, methodologische Pathologien hervorzubringen wie Ex-Post-Theorien-Entwicklung, das Fehlen von genau spezifizierten Tests zur Überprüfung von Hypothesen und willkürliche Beschränkung des Geltungsbereichs der Theorie. Dieser „Kritik" ist uneingeschränkt zuzustimmen, nur gilt sie für jede Art von empirischer Wissenschaft, selbst für die exakten und methodisch scheinbar so unangreifbaren Naturwissenschaften. Wenn Ex-Post-Theorien-Entwicklung eine methodologische Pathologie ist, dann ist von dieser Krankheit auch das kopernikanische Weltbild befallen, von dem sich Green und Shapiro wahrscheinlich nicht gleich mit verabschieden wollen. *Keine einzige* Theorie ist aus den empirischen Daten *ableitbar*, jede Theorie kann nur so *konstruiert* werden, daß die empirischen Daten aus ihr im Prinzip ableitbar sind. Die Vorwürfe des Fehlens eindeutiger Tests und der beliebigen Bereichsbeschränkung scheinen gerade für den RC-Ansatz weniger gerechtfertigt als für viele Alternativtheorien. Wie weiter oben gezeigt wurde, ist gerade der RC-Ansatz ein geeignetes Instrument, um zu entscheiden, welche empirischen Fragestellungen überhaupt sinnvoll angegangen werden können. Der RC-Ansatz kann und will nicht als Anleitung zum Sammeln beliebig vieler empirischer Fakten verstanden werden, seine Stärke besteht im Herausfiltern spezieller, sehr eng formulierter Tatbestände, die im Prinzip aus einer Theorie, die auf dem RC-Ansatz basiert, abgeleitet werden können. Zum Beispiel ist es offensichtlich ein empirisch beobachtbarer Sachverhalt, daß Parteien, die Wahlen gewinnen, sich meistens in der Mitte befinden, bzw. daß Parteien ihre Wahlchancen erhöhen, wenn sie sich von einer Randposition in die Mitte bewegen. Der Sieg von Tony Blair mit „New Labour" und der Sieg Gerhard Schröders durch den Gewinn der sogenannten „Neuen Mitte" sind die zwei herausragendsten Illustrationen für diesen Sachverhalt in den letzten Jahren. Dieser Sachverhalt ließe sich natürlich auch nur für sich genommen so beobachten und als Satz einer empirischen „Theorie" der erfolgreichen Positionierung von Parteien in Wahlen formulieren. Der Satz ist empirisch überprüfbar und hält in den meisten Fällen einer solchen Überprüfung stand, hat sich also im Popperschen Sinne bewährt. Die Frage ist, inwieweit ein solcher Satz unser Verständnis von der Wirklichkeit erhöht. Ganz ohne Zweifel ist er eine adäquate Beschreibung eines beobachtbaren Verhaltens, insofern verhilft er uns zu Informationen über die Wirklichkeit und erhöht unsere Kenntnis derselben. Er geht aber nicht über die bloße Beschreibung dieser Beobachtungen hinaus. Von einer Erklärung können wir nur dann sprechen, wenn wir in der Lage sind, die Gründe dafür anzugeben, *warum* wir diese Beobachtung machen. Genau diese Erklärung liefert uns die Theorie der räumlichen Modelle in bezug auf die Positionierung erfolgreicher Parteien.

4. Ausblick der Forschung

Die aktuellen Erweiterungen des Modells beschäftigen sich unter anderem
mit einer eingehenderen Untersuchung des Parteienwettbewerbs im Vielpar-
teienfall (Cox 1990) und der Formulierung probabilistischer statt determini-
stischer Entscheidungsmodelle (Coughlin 1990; Enelow/Endersby/Munger
1995). Probabilistische Modelle prognostizieren nicht die Wahl einer bestimmten Alternative, sondern geben eine Wahrscheinlichkeitsverteilung
über alle zur Wahl stehenden Alternativen an. Die einzelnen Wahrscheinlichkeiten sind dabei die „prognostizierten" Wahrscheinlichkeiten, mit denen die
jeweiligen Alternativen gewählt werden. Probabilistische Modelle berücksichtigen gewissermaßen, daß die mit Hilfe von Daten konstruierte Präferenzordnung nicht die echte Präferenzordnung ist, sondern nur eine Schätzung derselben, so daß bei der Prognose Fehler auftreten. Sie sind daher eine
elegante Methode, für die tatsächliche Wahl wichtige Faktoren implizit mit in
das Entscheidungsmodell zu integrieren ohne diese Faktoren explizit zu machen. Ein theoretisch und empirisch vielversprechender Bereich ist die „theory of predictive mappings", die untersucht, inwiefern der politische Raum auf
wenige zugrundeliegende Dimensionen reduziert werden kann (Enelow/Hi-
nich 1990). Im Deutschen hat sich mit dieser Theorie vor allem Pappi (1989)
beschäftigt. Ideologien sind ebenso der Schwerpunkt der Untersuchungen
von Popkin (1995), wobei er diese in Hinsicht auf ihre Funktion als „information shortcuts" betrachtet. Unter dem Aspekt der Informationskosten untersucht Popkin, unter welchen Umständen es sich für Angehörige bestimmter Gruppen lohnt, aufwendige Informationssuche zu betreiben, um die Folgen verschiedener zur Wahl stehender Regierungsprogramme möglichst gut
abschätzen zu können, und wann es besser ist, sich bei der Wahl auf einfache
„shortcuts" wie die Ideologie oder die Parteiidentifikation zu verlassen. Dabei berücksichtigt Popkin (1995: 17f) in seiner Analyse auch den interessanten Gesichtspunkt von „freien" Informationen, die als „Nebenprodukt alltäg-
licher Aktivitäten" auftreten. Einen bisher stark vernachlässigten Aspekt der
auf Downs basierenden Forschung, der die Bedeutung von Schwellenwerten
betrifft, hebt Noll (1995) hervor. Demnach weicht ein Bürger von seiner „ursprünglichen" Wahlabsicht für die Partei A nur dann ab, wenn der Gewinn an
Nutzeneinkommen für den Fall, daß B gewinnt, einen bestimmten Schwel-
lenwert überschreitet. Ebenfalls wenig beachtet wurde bisher die Rolle der
Reputation einer Partei (Ferejohn 1995). Wenn Wähler Parteien danach wählen, was diese im Wahlkampf versprechen, dann ist es notwendig, daß diesen
Wahlkampfaussagen auch getraut werden kann. Das Verhalten der Parteien
im Amt muß aus den im Wahlkampf vertretenen Positionen ableitbar sein. Es
muß allerdings nicht mit diesen exakt übereinstimmen. Auch Grofman
(1985) ist schon in einem modifizierten räumlichen Modell ähnlichen Überlegungen nachgegangen.

Das Downssche Modell erweist sich mit diesen Verfeinerungen weiterhin als eine geeignete theoretische Grundlage für die Formulierung und Strukturierung von Hypothesen, die empirischer Prüfung zugänglich sind.

Literatur

a. verwendete Literatur

Aldrich, John H. (1993): Rationale Choice and Turnout. American Journal of Political Science 37, 246-278.

Arrow, Kenneth J. (1951): Social Choice and Individual Values. New Haven.

Barry, Brian (1970): Sociologists, Economists & Democracy. Chicago.

Black, Duncan (1958): The Theory of Committees and Elections. Cambridge.

Brennan, Geoffrey/Lomasky, Loren (1993): Democracy and Decisions. The Pure Theory of Electoral Preference. Cambridge.

Campbell, Angus/Converse, Philip E./Miller, Warren E./Stokes, Donald E. (1960): The American Voter. New York.

Coleman, James S./Fararo, Thomas J. (Eds.) 1992: Rational Choice Theory. Advocacy and Critique. Newbury Park.

Coughlin, Peter J. (1990): Candidate Uncertainty and Electoral Equilibria. S. 145-166 in: James M. Enelow/Melvin J. Hinich (Hg.): Advances in the Spatial Theory of Voting. Cambridge.

Cox, Gary W. (1990): Multicandidate Spatial Competition. S. 179-198 in: James M. Enelow/Melvin J. Hinich (Hg.): Advances in the Spatial Theory of Voting. Cambridge.

Davis, Otto A./DeGroot, Morris/Hinich, Melvin J.(1972): Social Preference Orderings and Majority Rule. Econometrica 40, 147-157.

Davis, Otto A./Hinich, Melvin (1966): A Mathematical Model of Policy Formation in a Democratic Society. S. 175-208 in: Joseph L. Bernd (Hg.): Mathematical Applications in Political Science, Vol. 2. Dallas.

Downs, Anthony (1957): An Economic Theory of Democracy. New York: Harper Collins. Deutsche Ausgabe (1968): Ökonomische Theorie der Demokratie. Tübingen.

Enelow, James M./Hinich, Melvin J. (1990): The Theory of Predictive Mappings. S. 167-178 in: James M.Enelow/Melvin J. Hinich (Hg.): Advances in the Spatial Theory of Voting. Cambridge.

Enelow, James M./Endersby, James W./Munger, Michael C. (1995): A Revised Probabilistic Spatial Model of Elections: Theory and Evidence. S. 125-140 in: Bernard Grofman (Hg.): Information, Participation, and Choice. An Economic Theory of Democracy in Perspective. Ann Arbor.

Esser, Hartmut (1996): Die Definition der Situation. Kölner Zeitschrift für Soziologie und Sozialpsychologie 48, 1-34.

Ferejohn, John A. (1995): The Spatial Model and Elections. S. 107-124 in: Bernard Grofman (Hg.): Information, Participation, and Choice. An Economic Theory of Democracy in Perspective. Ann Arbor.

Ferejohn, John A./Fiorina, Morris P. (1974): The Paradox of Not Voting: A Decision Theoretic Analysis. American Political Science Review 68, 525-536.

Green, Donald P./Shapiro, Ian (1994): Pathologies of Rational Choice Theory. A Critique of Applications in Political Science. New Haven.

Grofman, Bernard (1985): The Neglected Role of the Status Quo in Models of Issue Voting. The Journal of Politics 47, 230-237.

Habermas, Jürgen (1992): Faktizität und Geltung. Frankfurt a.M.

Hotelling, Harold (1929): Stability in Competition. The Economic Journal 39, 41-57.

Lindenberg, Siegwart (1992): The Method of Decreasing Abstraction. S. 3-20 in: James S. Coleman./Thomas J. Fararo (Hg.): Rational Choice Theory. Advocacy and Critique. Newbury Park.

Luce, Duncan R./Raiffa, Howard (1957): Games and Decisions. Introduction and Critical Survey. New York.

Morrow, James D. (1994): Game Theory for Political Scientists. Princeton.

Noll, Roger G. (1995): Downsian Thresholds and the Theory of Political Advertising. S. 37-54 in: Bernard Grofman (Hg.): Information, Participation, and Choice. An Economic Theory of Democracy in Perspective. Ann Arbor.

Olson, Mancur (1965): The Logic of Collective Action. Public Goods and the Theory of Groups. Cambridge, Mass.

Palfrey, Thomas R./Rosenthal, Howard (1983): A Strategic Calculus of Voting. Public Choice 41, 7-53.

Pappi, Franz Urban (1989): Räumliche Modelle der Parteienkonkurrenz: Die Bedeutung ideologischer Dimensionen. S. 5-28 in: Jürgen Falter/Hans Rattinger/Klaus G. Troitzsch (Hg.): Wahlen und politische Einstellungen in der Bundesrepublik Deutschland. Frankfurt a.M.

Popkin, Samuel L. (1995): Information Shortcuts and the Reasoning Voter. S. 17-35 in: Bernard Grofman (Hg.): Information, Participation, and Choice. An Economic Theory of Democracy in Perspective. Ann Arbor.

Rawls, John (1979): Eine Theorie der Gerechtigkeit. Frankfurt a.M.

Riker, William H./Ordeshook, Peter C. (1968):A Theory of the Calculus of Voting. American Political Science Review 62, 25-42.

Savage, Leonard J.(1972): The Foundations of Statistics. New York.

Schumann, Jochen (1987): Grundzüge der mikroökonomischen Theorie. Berlin.

Schumpeter, Joseph A. (1942): Capitalism, Socialism and Democracy. New York.

Shepsle, Kenneth A./Bonchek, Mark S. (1997): Analyzing Politics. Rationality, Behavior, and Institutions. New York.

Smithies, A. (1941): Optimum Location in Spatial Competition. Journal of Political Economy 49, 423-439.

Uhlaner, Carole Jean (1995): What the Downsian voter Weighs: A Reassessment of the Costs and Benefits of Action. S. 67-79 in: Bernard Grofman (Hg.): Information, Participation, and Choice. An Economic Theory of Democracy in Perspective. Ann Arbor.

Wittman, Donald (1990): Spatial Strategies When Candidates Have Policy Preferences. S. 66-98 in: James M. Enelow/Melvin J. Hinich (Hg.): Advances in the Spatial Theory of Voting. Cambridge.

b. kommentierte Literatur

Black, Duncan (1958): The Theory of Committees and Elections. Cambridge
  Blacks Werk ist ein Klassiker zu Abstimmungsverfahren in Komitees und Wahlen. Ausführlich werden eingipflige Präferenzkurven und das Problem zyklischer Mehrheiten behandelt. Das Buch enthält die erste formale Darstellung des Median-Voter-Theorems. Außerdem ist in ihm kurz die Geschichte der mathematischen Theorie von Abstimmungen über Borda, Condorcet und Laplace dargestellt. Eine besondere Zugabe ist im Anhang

enthalten, der drei Pamphlete des Mathematikers C.L. Dodgson zu Wahlen enthält, der als Autor von "Alice im Wunderland" unter dem Namen Lewis Carroll bekannt ist.

Davis, Otto A./Melvin Hinich (1966): A Mathematical Model of Policy Formation in a Democratic Society. S. 175-208 in: Joseph L. Bernd (Hg.): Mathematical Applications in Political Science, Vol. 2. Dallas
Der Artikel enthält die erste Formulierung eines allgemeinen, n-dimensionalen räumlichen Modells.

Enelow, James M./Hinich, Melvin J. (1984): The Spatial Theory of Voting. An Introduction. Cambridge
Das Buch ist eine gründliche Einführung in die Theorie der räumlichen Modelle.

Green, Donald P./Shapiro, Ian (1994): Pathologies of Rational Choice Theory. A Critique of Applications in Political Science. New Haven:
Die wohl einflußreichste Kritik am Rational-Choice-Ansatz der letzten Jahre hebt vor allem auf methodische Probleme ab, die die Anwendbarkeit des Rational-Choice-Ansatzes auf die Politikwissenschaft in Frage stellen. Diese Probleme werden anhand bestimmter Themen wie räumliche Modelle, Paradox des Wählens, Kollektivgüterproblem usw. aufgezeigt. Das Buch enthält dabei zu den jeweiligen Themenbereichen eine sehr gute Übersicht über den Stand der Forschung.

Grofman, Bernard (Hg.) (1995): Information, Participation, and Choice. An Economic Theory of Democracy in Perspective. Ann Arbor
Das Werk ist ein Sammelband speziell zur Ökonomischen Theorie der Demokratie von Downs und enthält neuere Forschungsergebnisse von verschiedenen Autoren. Interessant ist vor allem auch der vierte Teil, der kurze biographische Anmerkungen von Downs selbst zur Entstehung des Buches enthält und auf die Rezeption des Buches in der Politikwissenschaft eingeht.

Hotelling, Harold (1929): Stability in Competition. The Economic Journal 39, 41-57.
Hotelling führt das räumliche Modell ein für einen Markt, auf dem ein Duopol von Anbietern einer Vielzahl von Nachfragern gegenübersteht. Dabei kommt er zu dem Ergebnis, daß die Anbieter sich im Zentrum des Marktes treffen müssen. Berühmt wurde der Artikel durch die Übertragung der Ergebnisse auf die politische Arena, in diesem Fall durch die These über die Angleichung der republikanischen und demokratischen Parteiprogramme in den 20er Jahren.

Schumpeter, Joseph A. (1942): Capitalism, Socialism and Democracy. New York
Schumpeters Werk befaßt sich in erster Linie mit der Zukunft des Kapitalismus. bzw. mit der Frage, ob dieser den Sozialismus überleben kann. Dies mag zur Entstehungszeit des Buches eine aktuelle Frage gewesen sein, aus heutiger Sicht interessiert jedoch mehr der vierte Teil, in dem Schumpeter seine Ansichten zur Demokratie niederlegt. Nach einem Abriß der "klassischen Lehre der Demokratie" im 21. Kapitel folgt eine "andere Theorie der Demokratie", in der Schumpeter seine Vorstellung von der Demokratie als Parteienwettbewerb um die politische Führung formuliert.

Shepsle, Kenneth A./Bonchek, Mark S. (1997): Analyzing Politics. Rationality, Behavior, and Institutions. New York
Shepsles und Boncheks Buch stellt eine gute Einführung in den Rational-Choice-Ansatz dar und zeigt seine Anwendungsmöglichkeiten im Bereich der Politikwissenschaft.

Smithies, A. (1941): Optimum Location in Spatial Competition. Journal of Political Economy 49, 423-439.

Smithies erweiterte das ursprüngliche Modell von Hotelling durch die Annahme, daß im räumlichen Markt die Anzahl der Nachfrager nicht einfach zwischen den Anbietern aufgeteilt wird, sondern daß sie selbst eine Funktion der räumlichen Positionierung der Anbieter ist. Stimmen die Angebote nicht, dann steigt nach Smithies ein Teil der Nachfrager aus.

Kapitel XIV
Die politische Theorie autopoietischer Systeme:
Niklas Luhmann

André Brodocz

Inhalt

1. Jenseits von konservativ und progressiv

Bis weit in die 1980er Jahre war die politisch theoretische Auseinandersetzung mit Niklas Luhmann und seiner Theorie autopoietischer Systeme vor
allem dadurch geprägt – und blockiert –, daß sie als konservativ kritisiert
wird (vgl. z.B. Rödel/Frankenberg/Dubiel 1989: 143-154). Auf die Frage,
wie es zu der Kritik gekommen ist, hat Luhmann (1987: 152) einmal in einem Interview geantwortet: „Mein Eindruck ist der, daß die progessive Seite
mit bestimmten Theoriefiguren besetzt ist, und was nicht in diese Theoriefiguren paßt, ist dann das Gegenteil von progressiv, also konservativ. Dieses
Stereotyp kommt aus der Selbsteinschätzung derjenigen, die es mir auferle-
gen." Bereits in dieser Stellungnahme deuten sich zwei wesentliche Merkmale der Luhmannschen Theorie an: Zum einen bringt sie zur Sprache, daß
bei der Kommunikation einer Theorie nicht allein ihre Mitteilung durch den
Theoretiker entscheidend ist, sondern auch die Art, wie sie verstanden wird.
Zum anderen zeigt die Antwort an, daß Luhmann der Gebrauch von Unterscheidungen interessiert, die ihm zufolge die Gesellschaftsstruktur prägen.
Die konservativ/progressiv-Unterscheidung ist dabei aus Luhmanns (1987:
152) Sicht „(...) nicht sehr bedeutsam. Wenn man wirklich konservativ ist,
dann müßte man heute enorm viel ändern, um angesichts der vielfältigen
Veränderungen etwas zu bewahren. Wie kann man in einer solchen Situation
sinnvollerweise von ‚konservativ' reden?"
      Jenseits der Notwendigkeit einer Selbstpositionierung als konservativ
oder progressiv steht als das Ziel der Luhmannschen Theorie die Ausarbeitung einer universalen Theorie des Sozialen, d.h. einer Theorie, die Sozialität
in all ihren Facetten erklären kann. Insbesondere dieser Anspruch sowie die
Benutzung des Systembegriffs verbindet ihn heute noch mit Talcott Parsons.
Bei ihm hat der 1927 geborene und 1998 verstorbene Luhmann, nachdem er
einige Jahre in der Verwaltung gearbeitet hatte, Mitte der 1960er Jahre Soziologie studiert. Von 1969 bis zu seiner Emeritierung 1993 lehrte Luhmann
soziologische Theorie in Bielefeld. Im Vordergrund seines Schaffens stand
zunächst ein Umbau in der systemtheroetischen Vorgehensweise: Während
Parsons noch Funktionen in Abhängigkeit von Strukturen dachte (und damit
bestehende Strukturen immer als gut funktionierend ansehen mußte), ging
Luhmann davon aus, daß Funktionen immer auch durch eine andere Struktur
erfüllt werden können. Parallel zu diesem Umbau rezipierte Luhmann ständig die Entwicklungen in der allgemeinen Systemtheorie und der Kybernetik.
Insbesondere die Überlegungen von Heinz von Foerster (1993) und seiner
Kollegen am ‚Biological Computer Laboratory' der University of Illinois in
Urbana (u.a. Gotthard Günther, W. Ross Ashby, Humberto Maturana) zur
Selbstorganisation und Selbststeuerung von Systemen wurden soziologisch
fruchtbar gemacht. Begrifflich wurde die Idee der Selbststeuerung von Sy-
stemen dabei zunehmend auf die ‚Autopoiesis' (Selbstreproduktion) von Sy-

stemen zugespitzt. In seinem Buch ‚Soziale Systeme' hat Luhmann (1984) diesen Begriff dann weitreichend in seine Theorie integriert. Seit Ende der 1980er, Anfang der 1990er Jahre erhält das Unterscheidungskalkül von George Spencer Brown (1979) eine immer größere Bedeutung im Luhmannschen Werk, das sich zunehmend dem Umgang der modernen Gesellschaft mit ihren Paradoxien verschreibt. Für die Entwicklung der politischen Theorie ist sein Werk dabei mit seiner zentralen These von der Politik als einem autopoietischen sozialen System gegenwärtig „eine der stärksten Herausforderungen" (Beyme 1991: 251).

2. Politik als ein autopoietisches soziales System

2.1. Die Autopoiesis sozialer Systeme

Politik als ein autopoietisches soziales *System* zu bezeichnen, bedeutet Luhmann (1984: 30-91 und 242-285) zufolge, das es sich durch Erzeugung und Erhaltung einer Differenz (einer Grenze) zur Umwelt konstituiert. Da die Umwelt damit das ist, was nicht System ist, wird mit ihr im Gegenzug etwas bezeichnet, das sich gerade nicht durch die Erzeugung und Erhaltung einer Grenze konstituiert. Die Umwelt wird darum immer erst durch das System zur Umwelt, d.h. zu seiner Umwelt gemacht. Umwelt ist darum auch immer nur systemrelativ. Schließlich ist alles, was nicht System ist, Umwelt. Am Anfang der Systemtheorie steht somit eine universelle Unterscheidung, wobei das *Entweder-System-oder-Umwelt* immer nur ein „Korrelat der Operation Beobachtung" (Luhmann 1984: 244), die diese Unterscheidung setzt, ist, und damit *eine* Realität hervorbringt, die System von Umwelt unterscheiden läßt. Dies impliziert, daß immer eine Pluralität von Realitäten existiert – und zwar in Abhängigkeit von der spezifischen Operation der Beobachtung.

Die Unterscheidung von System und Umwelt bezeichnet aber nicht nur die Konstitution einer System-Umwelt-Grenze, sondern auch ein „Komplexitätsgefälle" (Luhmann 1984: 48; kritisch dazu Willke 1987). Danach ist die Umwelt komplexer als das System. Aus der Sicht des Systems bedeutet dies, daß es bei seiner Konstitution und Erhaltung eine Umwelt hervorbringt, an die es sich aufgrund des unterschiedlichen Komplexitätsniveaus von System und Umwelt nicht mehr Punkt für Punkt anpassen kann. Daraus resultiert aus Sicht Luhmanns das Risiko der Nichtentsprechung des Systems, welches es nur minimieren kann, indem es selbst in einem permanent veränderbaren Zustand bleibt. Dies erscheint nur möglich, wenn die Elemente des Systems, die es konstituieren und erhalten, immer nur von kurzer Dauer, d.h. wenn sie *ereignishaft* sind. Diese Verzeitlichung der Elemente wirft jedoch ein neues Problem auf: Wie kann ein System die permanente Reproduktion seiner Elemente gewährleisten?

An diesem Punkt wird der von Humberto R. Maturana und Francisco J. Varela (1987) geprägte Begriff der *Autopoiesis* für Luhmann relevant. Der Begriff bezeichnet einen Modus der Wiederherstellung, in dem die Systeme in der Lage sind, neue Systemelemente aus vergangenen Systemelementen zu reproduzieren. Wenn sich die Elemente, die als Ereignisse im Entstehen schon wieder verschwinden, nur in diesem einen Moment im Unterschied zur Umwelt reproduzieren können, dann bedeutet das für die Unterscheidung von System und Umwelt, daß sie ihre beiden Seiten nur in einem Verhältnis der Gleichzeitigkeit etablieren kann.

Die Bezeichnung der Politik als ein autopoietisches *soziales* System verlangt nach einem spezifisch *sozialen* Element, d.h. einer spezifisch sozialen Operation, die ein System wie die Politik als ein soziales System von einer Umwelt abtrennt. „Im Falle sozialer Systeme geschieht dies durch Kommunikation. Kommunikation hat alle dafür erforderlichen Eigenschaften: Sie ist eine genuin soziale (und die einzige genuin soziale) Operation. Sie ist genuin sozial insofern, als sie zwar eine Mehrheit von mitwirkenden Bewußtseinssystemen voraussetzt, aber (eben deshalb) als Einheit keinem Einzelbewußtsein zugerechnet werden kann" (Luhmann 1997: 81). Wenn aber auf diese Weise die Kommunikation die Position des Letztelements einnimmt, wo bleibt dann im Kontext der Theorie sozialer Systeme der Mensch?

Als etwas, das zumindest nicht Kommunikation ist, gehört er folglich in die Umwelt sozialer Systeme. Für die Theorie sozialer Systeme ist der Mensch als Mensch vor allem als Bewußtseinssystem, d.h. als psychisches System, interessant.[117] Diese Bewußtseinssysteme sind wiederum auf direktem Wege füreinander unerreichbar. Genau an diesem Problem setzt dann auch Kommunikation an. Ohne dieses Problem müßte sie gänzlich überflüssig erscheinen; wozu soll man auch lange Reden halten, wenn der andere auf gedanklichem Wege zu erreichen ist?

„Wechselseitiger Kontakt ist nur über Kommunikation möglich, das heißt im Sicheinlassen auf hochselektive Bedingungen der Mitteilung und des Verstehens von Informationen" (Luhmann 1995b: 60). Selektiv ist Kommunikation dabei immer insofern, als sie etwas aktuell werden läßt und anderes als mögliches beiseite stellt. Kommunikation ist danach eine Operation, die die drei Selektionen *Information, Mitteilung und Verstehen* synthetisiert (vgl. Luhmann 1984: 191-241; 1987a). Eine sich ereignende Mitteilung, die immer auch anders sein könnte, wird irgendwie oder auch anders verstanden, indem Mitteilung und Information unterschieden werden. Verstehen ist deshalb, so Peter Fuchs (1993: 28), letztlich so etwas wie die „Ausstülpung" der

---

117 An diesem Punkt entzünden sich immer wieder heftige Debatten, die der Luhmannschen Systemtheorie die Verbannung des Menschen aus der Gesellschaft vorwerfen. Dabei wird allerdings in der Regel nicht berücksichtigt, daß die Theorie autopoietischer Systeme soziale Systeme ohne Umwelt (und damit auch ohne Menschen) für undenkbar hält.

Unterscheidung von Information und Mitteilung. Verstehen und die Differenz von Information und Mitteilung setzen sich deshalb wechselseitig voraus, sie stehen in einem zirkulären Verhältnis. Jede der drei Selektionen wird folglich erst durch die Kommunikation konstituiert und ist außerhalb der Kommunikation gar nicht möglich. In der Konsequenz bedeutet dies für die Kommunikation, daß für die in ihr aktualisierte Information die Wahl einer Mitteilung zwar notwendig, aber nicht hinreichend ist. Hinreichend ist hingegen erst das gewählte Verstehen. Dabei kommt es nicht darauf an, was, sondern daß verstanden wird. Im Gegensatz zur Sprechakttheorie, die das Verstehen als das Verstehen der Intention des Mitteilenden versteht, reicht hier das Verstehen von irgendetwas aus. Falsches, gestörtes oder verzerrtes Verstehen, wie es die Sprechakttheorie für das Mißverstehen der Intention bereitstellen muß, kennt Luhmanns Kommunikationstheorie deshalb nicht (vgl. Schneider 1994: 150-151). Damit ist die Kommunikation als dreistelliger Selektionsprozeß allein weder auf die Seite der Mitteilung (und den daran hängenden Mitteilenden) noch auf die Seite des Verstehens (und den daran hängenden Verstehenden) zurückzuführen. Kommunikation ist vielmehr ein die drei Selektionen Information, Mitteilung und Verstehen synthetisierendes, *emergentes*, d.h. qualitativ eigenständiges, also auf keine der drei Selektionen allein zurückzuführendes Geschehen.

Entscheidend ist dabei, daß Kommunikation auf diese Weise eine vierte Art von Selektion eröffnen kann, mit der sie ihre Autopoiesis, d.h. die Produktion von Kommunikation aus Kommunikation, gewährleistet: die Differenz von *Annehmen und Ablehnen*. Das Verstehen selbst ist darum keineswegs Annahme *oder* Ablehnung. Ob *faktisch* angenommen oder abgelehnt wird, ist für die Kommunikation als Kommunikation nicht von belang, hier ist die Eröffnung der Möglichkeit von Annehmen *und* Ablehnen entscheidend. Mit dieser sich symmetrisch öffnenden Differenz gewinnt Luhmann (1987a: 11) den Zugang zur Autopoiesis der Kommunikation: „Kommunikation führt zur Zuspitzung der Frage, ob die mitgeteilte und verstandene Information angenommen oder abgelehnt werden kann. (...) Und genau darin, dass nun etwas geschehen muß (und sei es, ein explizit kommunizierbarer Abbruch der Kommunikation), liegt die Autopoiesis des Systems. Die Zuspitzung auf die Alternative Annahme oder Ablehnung ist also nichts anderes als die Autopoiesis der Kommunikation selbst." Was oder besser: wie verstanden wird, zeigt sich dann erst in der Anschlußkommunikation. Solange dieses Verstehen als Mißverstehen nicht Gegenstand der Kommunikation wird, spielt es für die Kommunikation keine Rolle, ob der Mitteilende sich mißverstanden fühlt, da das in der Anschlußkommunikation implizierte Verstehen als kommuniziertes Verstehen zählt.

Obwohl dem Verstehen in der Kommunikation auf diese Weise eine Hauptrolle zukommt, bleibt sie bei der Beschreibung, die die Kommunikation von sich selbst anfertigt, interessanterweise insofern außen vor, als Kommunikation auf *Handlung* reduziert wird. Diese Art der Selbstbeschreibung

stützt sich also keinesfalls auf die hinreichende Rolle des Verstehenden, sondern vielmehr auf die Richtung vom Mitteilenden zum Verstehenden. Die
verstandene Information wird somit ganz auf die Mitteilung zugerechnet,
während das Verstehen „passiviert" wird (Schneider 1994: 169). Während
Handlung deshalb die elementare Einheit der Selbstbeobachtung und Selbstbeschreibung sozialer Systeme darstellt, ist Kommunikation die elementare
Einheit ihrer Selbstkonstitution. Kommunikation – und nicht Handlung – ist
also die die Grenze zur Umwelt schaffende und erhaltende Operation des Gesellschaftssystems.

Es geht hierbei, um es noch einmal ausdrücklich zu betonen, nicht um
die Gesamtheit dessen, was zur Entstehung und Erhaltung der Gesellschaft
notwendig ist, sondern um das, was ein soziales System von einer Umwelt
unterscheidet. Die Theorie autopoietischer Systeme eröffnet sich damit die
Möglichkeit, Bewußtseinssysteme und soziale Systeme zu trennen und füreinander als Umwelt zu begreifen. Auf diese Weise kann sie die besondere
Funktion von Bewußtseinssystemen in der Umwelt sozialer Systeme herausarbeiten *und* eine eigenständige Theorie des Sozialen aufbauen.

2.2. *Typen sozialer Systeme: Interaktion, Organisation, Gesellschaft*

Für die Verortung der Politik als *ein* autopoietisches soziales System ist zu
berücksichtigen, daß Luhmann (1975) drei verschiedene Typen sozialer Systeme vorsieht: das Gesellschaftssystem, das Interaktionssystem und das Organisationssystem. Zentral ist dabei, daß die verschiedenen Typen nicht in
einem System/Umwelt-Verhältnis stehen. So ist weder das Interaktionssystem Umwelt des Gesellschaftssystems noch das Gesellschaftssystem Umwelt des Organisationssystems. Die beobachteten Ereignisse können vielmehr je nach gewählter Systemreferenz zugleich die Grenze eines Interaktionssystems, eines Organisationssystems und eines Gesellschaftssystems konstituieren.

Das *Gesellschaftssystem* nimmt dabei eine besondere Rolle ein, denn es
grenzt sich von seiner Umwelt durch die soziale Operation schlechthin ab:
durch Kommunikation – und zwar jeder Art, also auch Lesen, Schreiben und
auf der Straße oder im Bundestag debattieren. Jede Kommunikation erzeugt
auf diese Weise eine Grenze, die alle Nicht-Kommunikation als Umwelt vom
Gesellschaftssystem abtrennt. Das bedeutet, daß „alles, was Kommunikation
ist, [...]Gesellschaft [ist]" und daß das Gesellschaftssystem als „das umfassende Sozialsystem" gilt, welches alles Soziale einschließt und folglich keine
soziale Umwelt kennt (Luhmann 1984: 555).

Ein *Interaktionssystem* konstituiert und erhält sich als ein soziales System natürlich auch durch Kommunikation, genauer: durch die Kommunikation Anwesender (vgl. Luhmann 1984: 551-592; 1997: 813-826). Die Differenz von anwesend und abwesend wird durch die Kommunikation der Anwe-

senden festgelegt. Umgekehrt gilt für die Anwesenden, daß man allein dadurch an Kommunikation beteiligt ist, wenn man als anwesend behandelt
wird. In diesem Sinne ist zum Beispiel eine Bundestagsdebatte ein Interaktionssystem, das nicht alle räumlich anwesenden Menschen als anwesend behandelt, insofern räumliche Anwesenheit allein noch nicht Rederecht bedeutet. Aufgrund der Unvermeidlichkeit von Kommunikation *vollzieht* jedes Interaktionssystem immer auch Gesellschaft, ohne ein Teil von ihr zu sein. Als
Teil der Gesellschaft müßte sie die identischen Operationen vollziehen, also
Kommunikation. Als Interaktionssystem bestimmt es seine Grenze zur Umwelt aber durch die Markierung der Kommunikation als die Kommunikation
der Anwesenden und nicht der Abwesenden. Es ist dabei ein autopoietisches
System, weil die Kommuniktaion der Anwesenden bestimmt, was als anwesend
zu gelten hat. Es ist demnach die Unterscheidung von anwesend und abwesend,
die ein Interaktionssystem in Differenz zu einer Umwelt konstituiert. Als abwesend behandelte Kommunikation bildet auf diese Weise die soziale Umwelt eines Interaktionssystems. Interaktionssysteme können sich aufgrund ihrer sozialen Umwelt beim Abbruch also immer darauf verlassen, daß dies nicht
dem Ende der Gesellschaft gleichkommt. Sie setzen Gesellschaft darum geradezu voraus, ohne selbst Gesellschaft zu sein (Luhmann 1984: 568).

Auch *Organisationssysteme* konstituieren sich als soziale Systeme durch
eine spezifische Art der Kommunikation im Unterschied zu ihrer jeweiligen
Umwelt: durch Entscheidungen (vgl. Luhmann 1988; 1993a; 1997: 826-847).
Ausschlaggebend dabei ist, daß es nicht die Anwesenheit ist, die ein Organisationssystem als Erkennungsregel der systemrelevanten Kommunikation
benutzt, sondern *Mitgliedschaft*. Insofern vollzieht sich im Bundestag nicht
nur Gesellschaft und gibt der Bundestag u.a. in seinen Debatten Gelegenheit
zur Interaktion, sondern er ist aufgrund seiner eigenen Mitgliedschaftsregel
in Form des Abgeordneten auch eine Organisation. Damit ist zumindest
schon deutlich gemacht, daß Organisationssysteme nicht auf Entscheidungen
spezialisierte Interaktionssysteme sind (sonst würde der Bundestag nur als
Bundestagsdebatte existieren), was natürlich nicht heißt, daß sich in Organisationen keine Interaktionen vollziehen (vgl. hierzu Kieserling 1994). Aber
auch wenn sich in Organisationssystemen Interaktionen vollziehen, sind sie
keine Interaktionssysteme; Anwesenheit ist möglich, aber nicht zwingend
notwendig. So können Bundestagsabgeordnete auch problemlos Bundestags-
debatten fern bleiben, ohne daß ihre Mitgliedschaft erlischt. Zwingend notwendig ist vielmehr, daß die Bedingungen der Mitgliedschaft selbst schon
eine Entscheidung des Organisationssystems sind, das sich durch diese Entscheidung erzeugt. Auf diese Weise kann es sich als autopoietisches System
gegen seine Umwelt differenzieren, indem es die Entscheidungen, aus denen
es besteht, durch Entscheidungen, aus denen es besteht, selbst anfertigt. Dies
impliziert, daß Organisationssysteme alle internen Kommunikationen als
Entscheidungen ihrer Mitglieder beobachten – und zwar als organisations-
konform oder -abweichend. Genau genommen ist es erst diese Differenz von

konform und abweichend, die die organisationskonstitutive Operation des
Entscheidens konstituiert. Es ist die auf der Mitgliedschaft gegründete Erwartung organisationskonformen Handelns, die die Mitgliederhandlungen als
Entscheidungen aussehen läßt. Daraus folgt genauso wie im Fall des Interaktionssystems, daß sich Gesellschaft insofern in Organisationssystemen vollzieht, als Entscheidungen Kommunikationen sind, ohne daß aber Organisationssysteme Teile des Gesellschaftssystems sind. Mit der Bindung der Kommunikation an die Differenz von Mitgliedern und Nichtmitgliedern und der
damit verbundenen Betrachtung von organisatorischen Kommunikationen als
Entscheidungen wird die Systemreferenz reiner Kommunikation, wie sie das
Gesellschaftssystem auszeichnet, verlassen.

Die Dekomposition sozialer Systeme in Interaktionssysteme (Kommunikation von Anwesenden), Organisationssysteme (Kommunikation von Mitgliedern) und Gesellschaftssystem (Kommunikation schlechthin) zieht deshalb auch eine unterschiedliche System*referenz nach sich*; mit der Konsequenz, daß das umfassende Sozialsystem Gesellschaft nur eines unter anderen Sozialsystemen ist. Die Unterscheidung von Interaktionssystem, Organisationssystem und Gesellschaftssystem gibt der Theorie autopoietischer Systeme damit die Möglichkeit, die genuin soziale Operation der Kommunikation, wie sie sich z.B. in einer Bundestagsdebatte vollzieht, mit Hilfe der verschiedenen Systemreferenzen abzuklopfen.[118]

2.3. Das politische System in der funktional differenzierten Gesellschaft

Mit der Entfaltung dieser Systemtypologie kann die Luhmannsche Systemtheorie demnach die Politik unter drei verschiedenen Blickwinkeln betrachten. Sie kann danach fragen, ob Politik eine besondere Form eines Inter-
aktionssystemes darstellt oder ob Politik in einem Zusammenhang mit spezifischer Organisations- oder auch Gesellschaftssystembildung steht. Die Antwort der Luhmannschen Systemtheorie darauf lautet, daß Politik in unserer
Zeit ein ausdifferenziertes, autopoietisches *Funktionssystem* der Gesellschaft
ist. Was ist darunter zu verstehen? Zunächst geht Luhmann davon aus, daß
sich die moderne Gesellschaft selbst noch einmal funktional in verschiedene
Systeme, die deshalb auch Funktionssysteme genannt werden, ausdifferenziert hat. Diese Systemdifferenzierung resultiert aus der Möglichkeit einer
Wiederholung der Systembildung in Systemen (vgl. Luhmann 1984: 37-39).
Und weil sich ein System durch die Konstitution und Erhaltung einer Grenze

---

118 Die Trennung von Interaktions-, Organisations- und Gesellschaftssystem impliziert
    theoretisch auch andere mögliche Systemreferenzen. In der aktuellen Debatte gibt es
    Ansätze, die Protestbewegungen als vierten Typ einordnen (vgl. zuletzt auch Luh-
    mann 1997: 847-865).

zur Umwelt, also durch die Differenz von System und Umwelt, auszeichnet, bedeutet dies immer eine Differenzierung des Systems in Subsysteme und Umwelten. *Eine* Einheit aus einer Addition dieser Subsysteme ist dabei nicht zu haben, weil jedes Subsystem selbst *seine* System/Umwelt-Grenze produziert. Vielmehr wiederholt sich die Einheit des Systems in jeder Subsystem/-Umwelt-Differenz. Aber nicht nur innerhalb eines System läßt sich differenzieren. Auch die Umwelt von Systemen läßt sich noch einmal von Systemen in der Umwelt unterscheiden. Für ein System bringt das die Möglichkeit mit sich, seine Umwelt als ein anderes System zu behandeln. Für die beobachteten Ereignisse ist dies noch einmal von zentraler Relevanz: „Alles, was vorkommt, ist *immer zugleich* zugehörig zu einem System (oder zu mehreren Systemen) und zugehörig *zur Umwelt anderer Systeme*" (Luhmann 1984: 243, Hervorhebungen im Original).

Dem Konzept der Systemdifferenzierung kommt insofern ein besondere Bedeutung zu, als Umstellungen im Differenzierungsprinzip als entscheidende Zäsuren in der gesellschaftlichen Entwicklung betrachtet werden. Im Fall der modernen Gesellschaft ist die *funktionale Differenzierung* das primäre Differenzierungsprinzip.[119] „Funktionale Differenzierung besagt, daß der Gesichtspunkt der *Einheit*, unter dem eine *Differenz* von System und Umwelt ausdifferenziert ist, die *Funktion* ist, die das ausdifferenzierte System (also nicht: dessen Umwelt) für das Gesamtsystem erfüllt" (Luhmann 1997: 745-746, Hervorhebungen im Original). Damit ist gesagt, daß jedes Funktionssystem der Gesellschaft die entsprechende Funktionserfüllung „monopolisiert" haben muß, weil ihr jeweiliger „funktionaler Primat", d.h. die Priorität der eigenen Funktion vor allen anderen Funktionen, die Grundlage der eigenen Subsystembildung ist (vgl. Luhmann 1997: 746-747). Eines dieser Funktionssysteme ist das politische System. Seine exklusive Funktion liegt in der Herstellung und Durchsetzung kollektiv bindender Entscheidungen (vgl. Luhmann 1998: 346). Weitere Funktionssysteme werden von Luhmann und anderen in der Wirtschaft, der Wissenschaft, dem Recht und der Religion sowie auch in den Massenmedien, der Erziehung, der Medizin, der Kunst, der Sozialhilfe und dem Sport gesehen. Dementsprechend vielfältig sind die Funktionen, die die einzelnen Funktionssysteme erfüllen: So liegt zum Beispiel die Funktion des Wirtschaftssystems in einer Regelung der Verteilung knapper Güter, die eine zukunftsstabile Vorsorge mit den jeweils gegenwärtigen Verteilungen verknüpft, während das Wissenschaftssystem seine Funktion im Gewinnen neuer Erkenntnisse findet und das Rechtssystem als vorsorgende Stabilisierung von Erwartungen funktioniert, die auch im Falle der Enttäuschung oder des Konflikts aufrechterhalten werden können.

---

119 Primär heißt in diesem Fall, daß sich die einzelnen Funktionssysteme selbst wiederum nach einem ganz anderen Prinzip weiter ausdifferenzieren können. Vormoderne Gesellschaften sind nicht funktional, sondern segmentär, stratifikatorisch oder nach Zentrum und Peripherie differenziert (vgl. hierzu Luhmann 1997: 634-706).

Diese Funktionen dienen somit als Bezugspunkte zur Ausdifferenzierung des Gesellschaftssystems der Moderne in Funktionssysteme mit systemrelativen Umwelten. Zur operativen Erzeugung und Erhaltung einer Grenze zur Umwelt bedürfen die Funktionssysteme außerdem noch „binärer Codes", die nur in jedem einzelnen Funktionssystem und in keinem anderen benutzt werden. Binäre Codes sind einfache „Duplikationsregeln", die für alles, was in ihrem selbstdefinierten Anwendungsbereich vorkommt, auch eine negative Möglichkeit vorsehen (vgl. Luhmann 1997: 748-753). Damit kann alles immer das eine oder das andere sein; was zur Folge hat, daß alles *kontingent,* also weder notwendig noch unmöglich ist und daß jedes Funktionssystem mit Hilfe eines Codes seinen *Kontingenzbereich* absteckt. Es ist also keineswegs die eine oder andere Seite eines Codes, die allein ein Funktionssystem in seinem operativen Vollzug von der Umwelt abgrenzt, sondern der Kontingenzbereich des Codes. Für das Rechtssystem ist es zum Beispiel nicht allein die Markierung von etwas als Recht, die es als Funktionssystem von einer Umwelt unterscheidet, sondern der Vollzug von Kommunikation im Kontingenzbereich von Recht und Unrecht (vgl. Luhmann 1993: 165-187). „Durch alle Operationen des Systems wird der binäre Code (mitsamt dem Ausschluß dritter Werte) laufend reproduziert, und mit den dadurch immer neu möglichen Operationen erfüllt das System seine Funktion" (Luhmann 1997: 753). So wie für das bereits angesprochene Rechtssystem der Code von Recht und Unrecht konstitutiv ist, ist es beispielsweise für das *Wirtschaftssystem* der Code von Zahlen und Nichtzahlen und für das *Wissenschaftssystem* der Code von wahr und unwahr. Der Code für das *politische System* besteht Luhmann (1989a) zufolge aus dem Innehaben und Nicht-Innehaben von Macht, der wiederum in demokratischen politischen Systemen noch einmal auf die Unterscheidung von Regierung und Opposition zugespitzt wird.

Die Konsequenzen einer funktional differenzierten Gesellschaft sind vielfältig. So bedeuten die Monopole der einzelnen Funktionssysteme auf die entsprechende Funktionserfüllung für die einzelnen Funktionssysteme einen Verzicht auf Multifunktionalität und für das Gesamtsystem der Gesellschaft einen Verzicht auf Redundanz, d.h. auf Mehrfachabsicherung: Erwartungen lassen sich im Konfliktfall nur noch mit Hilfe von Recht durchhalten, kollektiv bindende Entscheidungen lassen sich nur noch mit politischer Macht durchsetzen, und der Sinn des Lebens läßt sich weder kaufen, noch kann man ihn gewinnen, er ist nur noch religiös zu erlangen. Gemeinsame Probleme wie die Gefährdung der ökologischen Grundlagen sind dabei immer schnell die Probleme der anderen – schließlich ist man *dafür* nicht zuständig (vgl. Luhmann 1986).

Mit der Monopolisierung der Funktionserfüllung ist zudem noch ein weiterer Aspekt verbunden, der vor allem die Stellung des politischen Systems betrifft: Wenn jedes Funktionssystem auf seine Art und Weise einzigartig und für das Gesamtsystem Gesellschaft unverzichtbar ist, dann kann kein Funktionssystem aus gesellschaftsstrukturellen Gründen, auch nicht das politische System, normativ als die Spitze oder das Zentrum der Gesellschaft ausgezeichnet werden. Aufgrund der individuellen Codes ist darüber hinaus jedes Funktionssystem selbst autopoietisch, d.h. operativ geschlossen. Für das politische System hat dies zudem zur Konsequenz, daß es aus Luhmanns (1988: 324-349; 1989) Sicht nicht in der Lage ist, die anderen Funktionssysteme zu steuern, da jedes Funktionssystem aufgrund seiner Autopoiesis ausschließlich sich selbst steuern kann.

Damit liegt die Frage nahe, wie sich das Verhältnis des politischen Systems zu den Funktionssystemen in seiner Umwelt noch begreifen läßt, wenn die Rede von einer politischen Steuerung aufgrund der operativen Geschlossenheit der Funktionssysteme inadäquat erscheinen muß. Oder allgemeiner gefragt: Wie kann ein autopoietisches System sein Verhältnis zu anderen autopoietischen Systemen in seiner Umwelt ohne Kontakt gestalten? „Auf eine schwierige Frage antwortet ein schwieriger Begriff" (Luhmann 1997: 100): der Begriff der *strukturellen Kopplung* (vgl. Luhmann 1997: 776-788 sowie Brodocz 1996; Schemann 1992). Das heißt, daß zwei so gekoppelte Funktionssysteme die Relevanz des jeweils anderen auf dieselbe Institution begrenzen. So ist zum Beispiel die Verfassung diejenige Institution, mit der sich das politische System und das Rechtssystem strukturell koppeln (vgl. Luhmann 1990a; 1993: 468-481). In diesem Sinne schränken das Rechtssystem und das politische System ihre wechselseitigen Erwartungen auf die Verfassung ein. Um die Recht- oder Unrechtmäßigkeit kollektiv bindender Entscheidungen abschätzen zu können, kann sich das politische System auf die Verfassung konzentrieren, ohne dabei auch nur annähernd Einsicht in die gleichzeitig ablaufenden Operationen des Rechtssystems zu gewinnen; umgekehrt erlaubt die Verfassung dem Rechtssystem Indifferenz gegenüber der politischen Herstellung und Realisierung kollektiv bindender Entscheidungen, soweit sie die Verfassung als das oberste Gesetz des Rechtssystems nicht berühren. Die evolutionäre Errungenschaft wird deutlich, wenn man sich die Konsequenzen ihres Fehlens klarmacht: Das Rechtssystem stände in seinem permanenten Vollzug vor dem Problem, daß *jede* politische Entscheidung eine fundamentale Änderung ihres obersten Gesetzes mit sich bringen könnte, daß Rechtsprechung im Moment ihres Vollzuges längst Unrecht sei und umgekehrt. Diese Unsicherheit in der Anpassung stellte sich auch für das politische System ein, das im Angesicht ständiger Rechtsprechung seinerseits mit der ständigen Unrechtmäßigkeit seines Operierens rechnen müßte, was sich negativ auf künftige Wahlen, also in bezug auf das Innehaben von Macht, auswirken könnte. Strukturelle Kopplungen – wie in diesem Fall die Verfassung – werden von den beteiligten Funktionssystemen demnach in ihrem je systemspezifischen Sinne in Anspruch genommen. Die Grenzen der Funktionssysteme sind deshalb immer auch *nur Sinngrenzen und keine Ereignisgrenzen*, d.h. dasselbe Ereignis kann gleichzeitig in verschiedenen Funktionssystemen von unterschiedlicher Bedeutung sein. Besonders deutlich wird dieser Aspekt am Zahlen von Steuern, also an der strukturellen Kopplung von Wirtschaftssystem und politischem System. Für das Wirtschaftssystem bedeutet die Steuerzahlung eine Veränderung in der Zahlungsfähigkeit, während sie für das politische System eine durchgesetzte Entscheidung darstellt. Diese Momente einer unterschiedlichen Verarbeitung derselben Ereignisse nennt Luhmann (1993: 441) auch „operative Kopplungen".[120]

Eine besondere Stellung unter den strukturellen Kopplungen des politischen Systems nimmt die Verfassung insofern ein, als sie sowohl das politische System als auch das Rechtssystem *entparadoxiert* (vgl. Luhmann 1990a). Die Notwendigkeit zur Entparadoxierung resultiert aus dem Problem, daß jeder Code durch eine Anwendung auf sich selbst paradox erscheinen muß. Ist beispielsweise der Code von Recht und Unrecht selbst Recht oder Unrecht? Und wer hat die Macht inne, darüber zu entscheiden, wer Macht inne hat und wer nicht? Das Rechtssystem und das politische System können ihre möglichen Paradoxien vermeiden, indem sie die Anwendung ihrer Codes auf sich selbst durch den Verweis auf die Verfassung blokkieren. Die Frage, ob der Code von Recht und Unrecht selbst Recht oder Unrecht ist, wird an seiner Konformität mit der Verfassung ermittelt, die aus der Sicht des Rechtssystems insofern eine politische Institution ist, als sie das Ergebnis einer verfassungsgebenden Versammlung darstellt. Dagegen ist die Verfassung für das politische System genau die rechtliche Institution, die festlegt, wem rechtmäßig die Macht zukommt, darüber zu entscheiden, wer Macht wie ausüben darf und wer nicht. Die strukturelle Kopplung der Verfassung ist demnach zugleich eine politische Lösung für die Paradoxieprobleme des Rechtssystems und eine rechtliche Lösung für die Paradoxieprobleme des politischen Systems.

2.4. Demokratie als (doppelter) Machtkreislauf

Die Autopoiesis der Kommunikation ist an sich eine höchst unwahrscheinliche Sache, da sie der Annahme und der Ablehnung von Kommunikation immer die *gleiche* Chance einräumt. Die meisten Funktionssysteme zeichnen sich darum nicht nur durch eine eigene Funktion und eine eigene Codierung aus, sondern auch durch ein eigenes *symbolisch generalisiertes Kommunikationsmedium*. Dieses kann zur Erhöhung der Annahmechancen genutzt werden. Für das Wirtschaftssystem ist dies zum Beispiel das Geld, das den Erwerb knapper Güter wesentlich erleichtert, und für das Wissenschaftssystem ist es die Wahrheit, die neues Wissen annehmbar macht (vgl. Luhmann 1988: 230-271, 1990: 167-270). Im politischen System ist es weder Geld noch

---

120 Eine m.E. nicht ganz glücklich gewählte Bezeichnung, da sie identische Operationen und nicht nur identische Ereignisse suggerieren kann. Vielleicht wäre es besser, statt dessen von *situativer Kopplung* zu sprechen.

Wahrheit, was die Annahme der kollektiv bindenden Entscheidungen wahrscheinlicher macht, es ist vielmehr die Macht (vgl. Luhmann 1975a; kritisch hierzu Brodocz 1998).

In der Demokratie befindet sich die Macht des politischen Systems in einem Machtkreislauf zwischen dem Publikum (d.h. die von den kollektiv bindenden Entscheidungen betroffenen Bürger und Bürgerinnen), der Politik im engeren Sinn (d.h. die im Parlament vertretenen Parteien) und der Verwaltung (d.h. hier sowohl die Regierung als auch die Bürokratie, Polizei, Militär etc.). Das Publikum ermächtigt hierbei die im Parlament vertretenen Parteien durch Wahlen zur Herstellung von kollektiv verbindlichen Entscheidungen. Die Verwaltung kann wiederum nur die Entscheidungen durchsetzen, zu denen sie die im Parlament vertretenen Parteien mit ihrer Herstellung ermächtigt haben. Diese Durchsetzung der kollektiv bindenden Entscheidungen betrifft dann wieder genau das Publikum, das am Anfang des Machtkreislaufes steht (vgl. Luhmann 1981: 42-45). Das funktional ausdifferenzierte politische System ist als Demokratie demnach selbst noch einmal intern dreistellig differenziert. Die klassische Idee der Gewaltenteilung vollzieht sich der Luhmannschen Theorie zufolge auf unterschiedlichen Ebenen. Zunächst unterscheidet sie die Judikative als eigenständiges Rechtssystem vom politischen System und sieht diese beiden Systeme durch die Verfassung strukturell gekoppelt. Anschließend erweitert sie innerhalb des politischen Systems die Trennung von Legislative (Politik im engerem Sinn) und Exekutive (Verwaltung) um das Publikum und bringt diese drei in einen Machtkreislauf, dessen Möglichkeiten rechtlich zweitcodiert, d.h. geregelt und begrenzt sind.

Verläßt man an dieser Stelle die Systemreferenz der Gesellschaft und stellt die der Organisation in Rechnung, dann fällt auf, daß Organisationsfähigkeit eine zentrale Rolle bei der internen Differenzierung des politischen Systems zukommt. Mit den Parteiorganisationen und der Verwaltungsorganisation, die letztlich nichts anderes sind als der Staat in seiner organisierten Form, sind zwei der drei Kreislauf-Adressen genuin organisatorisch. Für den Staat liegt das Bemerkenswerte vor allem darin, daß er nur noch als ein organisiertes Teilsystem des politischen Systems verstanden werden kann (vgl. Luhmann 1998: 368-369). Der Staat als Organisation ist demnach nicht mehr identisch zu setzen mit dem politischen System der Gesellschaft, welches selbst wiederum nur ein Funktionssystem der Gesellschaft ist. Diese Rückbindung der Systemreferenz ‚Gesellschaft' an die Systemreferenz ‚Organisation' wird von Luhmann selbst allerdings oft nur sehr eingeschränkt vollzogen und dann auch nur in bezug auf die damit verbundenen Leistungen.[121] Er verortet die Probleme zeitgenössischer Demokratien vorzugsweise anhand

---

121 Wie eine entsprechende Berücksichtigung aussehen kann, habe ich am Beispiel der Verbände zu zeigen versucht (vgl. Brodocz 1996). Eine stärkere Berücksichtigung der Organisationen fordert auch Werner (1992).

der Systemreferenz ‚Gesellschaft‘, d.h. an der funktionalen Differenzierung und den Strukturen der einzelnen Funktionssysteme.

So steht Luhmann zufolge dem offiziellen Machtkreislauf heute in dem meisten Demokratien immer noch ein Gegenkreislauf gegenüber. Während der offizielle Machtkreislauf auf Recht beruht und sich somit im Konfliktfall durchsetzt, ist der Gegenkreislauf insofern der Normalfall, als er auf die Überlastung durch Komplexität zurückgeht: „Die Verwaltung fertigt die Vorlagen für die Politik an und dominiert in Parlamentsausschüssen und ähnlichen Einrichtungen. Die Politik suggeriert mit Hilfe ihrer Parteiorganisationen dem Publikum, was es wählen soll und warum. Das Publikum wirkt einerseits auf den verschiedensten Kanälen, über Interessenorganisationen oder Tränen im Amtszimmer auf die Verwaltung ein" (Luhmann 1981: 46). Aufgrund der rechtlichen Zweitcodierung, mit der die formalen Grenzen des offiziellen Machtkreislaufs abgesteckt sind, unterscheidet Luhmann auch zwischen formalem und informalem Machtkreislauf. Demokratie befindet sich demnach faktisch immer in einem doppelten Machtkreislauf, bei dem die Macht des Volkes in eine formale und eine informale Richtung geht und genauso zurückkommt. Die Komplexitätslage der modernen Gesellschaft läßt es Luhmann (1981: 48-49) zufolge aber „wenig sinnvoll" erscheinen, einfach auf die ausschließliche Wiederherstellung der formalen Macht zu bestehen, obwohl auch er das Problem der immer schwieriger werdenden Zuschreibung von politischer Verantwortung unter den Bedingungen des doppelten Machtkreislaufs sieht.

Die zunehmende Bedeutung des informalen Machtkreislaufs hat aus Luhmanns (1987; 1995a) Sicht auch weitreichende Konsequenzen für das Selbstverständnis der zeitgenössischen politischen Systeme. Als Verfassungsstaat zeichnete sich das Selbstverständnis des (noch undemokratischen) politischen Systems im 18. Jahrhundert zunächst durch reine Selbstreferenz aus, d.h. durch einen ausschließlichen Bezug auf sich selbst. Diese Selbstreferenz zeigte sich darin, daß sich das politische System allein an den selbst gesetzten Erwartungen (der Verfassung) orientierte. Der mit der Durchsetzung der Demokratie, d.h. als formalen Machtkreislauf, einhergehende Gegenkreislauf ermöglicht dann zunehmend eine stärkere Orientierung des Selbstverständnisses an Fremdreferenz, d.h. an der Erwartung politikfremder Erwartungen. Auf diese Weise wurde das politische System als Wohlfahrtsstaat zum selbsternannten Adressaten aller gesellschaftlichen Probleme, die sich aber gerade als nicht-politische Probleme, sondern als Probleme des Geldes, der Erziehung, Gesundheit etc. dem Zugriff des politischen Systems entziehen: „Die zur Lösung anstehenden Probleme sind unlösbare Probleme, weil sie die funktional-strukturelle Differenzierung des Gesellschaftssystems in das politische System hineinspiegeln, zugleich aber darauf beruhen, daß das politische System nur ein Teilsystem eben dieser funktionalen Differenzierung des Gesellschaftssystems ist. Mit der Redefinition von unlösbaren Problemen in politisch lösbare Probleme sichert der Wohlfahrtsstaat seine eigene Autopoiesis. Es gibt garantiert immer etwas zu tun" (Luhmann 1998: 369).

Diese Zeitdiagnose bringt noch einmal insofern einen sehr interessanten Aspekt hervor, als sie deutlich macht, inwiefern die Luhmannsche Theorie über einen doppelten Staatsbegriff verfügt: Einerseits spricht sie vom Staat als Organisation, und andererseits begreift sie ihn in der Form des Verfassungsstaats oder des Wohlfahrtsstaats unter der Systemreferenz ,Gesellschaft' als Selbstbeschreibung des politischen Systems.[122] Hier zeigen sich auch die Möglichkeiten, die sich der Theorie autopoietischer Systeme mit der Trennung von Interaktion, Organisation und Gesellschaft ergeben: Das politische System der Gesellschaft beschreibt sich selbst als Staat, indem es dabei auf nur eine seiner zentralen Organisationen rekurriert.

2.5. Abschied von der Normativität

Fragen nach der Begründbarkeit der Demokratie und ihrer Auszeichnung gegenüber anderen Formen der Herrschaft, Fragen nach Gerechtigkeitsstandards und ihrer kritischen Überprüfung durch die politische Theorie erscheinen Luhmann vor dem Hintergrund seiner gesellschaftstheoretischen Diagnose als nicht mehr angebracht. Die operative Geschlossenheit der Funktionssysteme läßt bereits die Übertragung politiktheoretischer Wahrheit in politische Macht als genauso wenig ergiebig erscheinen wie im umgekehrten Fall. Entscheidend ist jedoch, daß die funktionale Differenzierung der modernen Gesellschaft eben nicht nur einer normativen Auszeichnung des politischen Systems, sondern auch des Wissenschaftssystems widerspricht. Politische Theorie ist demnach nicht mehr als eine (politik)wissenschaftliche Beschreibung der Gesellschaft, angefertigt an einem Ort, der nicht besser oder schlechter ist als jeder andere Ort in der modernen Gesellschaft: „Zu wissen, wo es lang geht, zu wissen, was der Fall ist, und damit die Ansicht verbinden, man habe einen Zugang zur Realität und andere müßten dann folgen oder zuhören oder Autorität akzeptieren, das ist eine veraltete Mentalität, die in unserer Gesellschaft einfach nicht mehr adäquat ist. Wir haben verschiedene Weisen, die Gesellschaft oder die Weltverhältnisse im allgemeinen zu beobachten, die nicht auf einen Nenner reduzierbar sind" (Luhmann 1987: 29).

Theorien, die allgemein verbindliche Gerechtigkeitsstandards oder die dafür notwendigen Bedingungen formulieren, maßen sich demzufolge eine Position innerhalb der Gesellschaft an, die mit der modernen Gesellschaft abhanden gekommen ist. Die Kommunikation von Gerechtigkeit oder Legitimität ist aus Luhmanns (1993: 214-238; 1997: 469-470) Sicht letztlich nicht mehr als die Benutzung einer „Kontingenzformel", die für das Rechtssystem (Gerechtigkeit) oder das politische System (Legitimität) den Bereich abdeckt, der als unbestreitbar angesehen wird.

---

122 Welche Konsequenzen sich unter diesen Bedingungen für die Staatstheorie ergeben hat einflußreich Willke (1992) gezeigt.

Im Unterschied zur Gerechtigkeit und Legitimität sieht Luhmann im Herrschaftsbegriff durchaus eine systemthereotisch handhabbare Kategorie. Mit ihr können jene politische Systeme charakterisiert werden, die auf einer zweistelligen Differenzierung zwischen Herrschenden und Beherrschten beruhen. In der Demokratie wird diese zweistellige Differenzierung jedoch durch eine zirkulär angeordnete dreistellige ersetzt, in der jeder Pol zugleich Herrschender und Beherrschter ist. Insofern ist es Luhmann (1989: 18) zufolge im Fall der Demokratie „vollends unangemessen" von Herrschaft zu sprechen. Dies ist ein demokratietheoretisch gesehen sehr interessanter Aspekt, da er die Frage aufwirft, wie demokratisch die demokratischen politischen Systeme sind, die einem Teil ihres Publikums – ausländische, junge oder entmündigte Mitbürger und Mitbürgerinnen – das Wahlrecht und damit die Möglichkeit der Machtausübung, des Herrschens, verweigern (vgl. Brodocz 1998: 192).

3. Perspektiven intersystemischer Beziehungen: Zur Kritik an der Theorie autopoietischer Systeme

3.1. Die theorieinterne Kritik: Intersystemische Diskurse und Interferenzen

Das Verhältnis der Funktionssysteme zueinander bestimmt einen wesentlichen Strang der Kritik, die explizit an Luhmann anschließt. Mit dem Begriff der strukturellen Kopplung kann Luhmann, so die gemeinsame Überlegung, zwar deutlich machen, wie sich ein Funktionssystem der modernen Gesellschaft mit den anderen Funktionssystemen in seiner gleichzeitig operativ unerreichbaren Umwelt arrangiert. Eine koordinierende Synchronisation der operativ füreinander nicht zugänglichen Funktionssysteme, so die Kritik, kann sie aber nicht gewähren.

Außerhalb der Systemtheorie steht interessanterweise mit dem ‚Verhandlungssystem' ein Begriff bereit, der den offenen Punkt der Koordination besetzt (vgl. zum Beispiel Scharpf 1988). Innerhalb der systemtheoretischen Diskussion ist es insbesondere Helmut Willke (1989: 111-140), der sich um eine Kompatibilität des Verhandlungssystem-Theorems mit der Theorie autopoietischer Systeme bemüht. Hierfür greift er auf das von Rainer Eichmann (1989; 1989a) entwickelte Konzept „intersystemischer Diskurse" zurück, welches die Diskurstheorie von Jürgen Habermas für die Theorie sozialer Systeme zu nutzen versucht. Während allerdings ein Diskurs im Habermasschen Sinne auf die Herstellung eines Konsenses gerichtet ist, peilt ein intersystemischer Diskurs wegen der unauflösbaren Rationalitätsunterschiede zwischen den einzelnen Funktionssystemen aufgrund ihrer divergierenden funktionsspezifischen Eigenlogiken nur die „produktive Nutzung von Dissens" an. Die Aufgabe intersystemischer Diskurse liegt deshalb darin, „den Optionenraum der repräsentierten Systeme danach zu unterscheiden und zu strukturieren, welche Operationen möglichst weitreichende zeitliche, sachliche und soziale Anschlüsse in jeweils anderen Systemen gewinnen können" (Eichmann 1989a: 67). Unter einer produktiven Nutzung von Dissens ist darum nichts anderes zu verstehen als die Sichtbarmachung, d.h. die Bezeichnung, der unterschiedlichen Wirklichkeitsbeschreibungen als *Unterschiede*, die als solche wiederum in der jeweils funktionssystemspezifischen Operationsweise Informationen generieren können. Die Bezeichnung der Differenzen erhält dabei lediglich den Charakter von Kontextinformation (vgl. Eichmann 1989: 167). Dabei gilt der intersystemische Diskurs insofern als ein soziales System, als er die möglichen Kontextinformationen mit Hilfe der *Unterscheidung von anschlußfähig und nicht-anschlußfähig in den beteiligten Funktionssystemen* gewinnt.[123] Habermas (1994: 421) hat gegen dieses Konzept deutlich gemacht, daß die operative Geschlossenheit der am Diskurs beteiligten Funktionssysteme selbst mit dem Verstehen der *unterschiedlichen* Wirklichkeitsbeschreibungen nicht ohne theoretische Widersprüche zu konzipieren ist: „Um die Operationsweise und die Selbstreferenz eines anderen Systems ‚verstehen‘ und nicht nur ‚beobachten‘, um sich davon nach eigenem Kode ein ‚Bild‘ anfertigen zu können, müßten die beteiligten Systeme über eine wenigstens partiell gemeinsame Sprache verfügen (...).“ In eine ganz andere Richtung weist hingegen der systemtheoretische Einwand von Gunther Teubner (1989: 103)[124], der die Konzeption intersystemsicher Diskurse nach dem Muster individueller Interaktion beklagt. Im Gegensatz zu interagierenden Individuen sind gesellschaftliche Funktionssysteme als solche nicht handlungsfähig und können sich folglich in einem intersystemischen Diskurs nicht abstimmen.

Klaus Bendel (1993; 1993a) verfolgt darum die Reformulierung der Konzeption intersystemischer Diskurse. Im Unterschied zu Eichmann erkennt er aber in den intersystemischen Diskursen eine emergente Form der Kommunikation, die auf eine zusätzliche operativ geschlossene Ebene der Gesellschaft als Gesellschaft verweist: auf der einen Seite stehen demnach die Kommunikationen der Funktionssysteme im Gewand ihrer jeweiligen Codierung und auf der anderen Seite die auf Verständigung zielende Kommunikation der Gesellschaft als solche im Medium der Sprache. Intersystemische Diskurse sind deshalb auch nicht wie bei Eichmann soziale Syste-

---

123 In die gleiche Richtung geht auch Michael Hutter (1989). Anstelle von intersystemischen Diskursen spricht er von „Konversationskreisen", zielt m.E. jedoch im Prinzip auf das gleiche.

124 Teubner argumentiert an dieser Stelle nicht explizit gegen Eichmanns ‚intersystemische Diskurse‘, sondern gegen Hutters ‚Konversationskreise‘. Aufgrund der theoretischen Äquivalenz der Begrifflichkeiten gilt Teubners Kritik m.E. aber auch für die Konzeption intersystemischer Diskurse.

me, sondern eine „dreipolige Konstellation" zwischen den gesellschaftlichen
Funktionssystemen, die den Diskurs aufnehmenden und der Gesellschaft als
solcher. Den damit verbundenen Koordinationshoffnungen steht aber genauso wie bei Eichmanns Ansatz Teubners Einwand gegenüber, daß intersystemische Beziehungen sich schlecht nach dem Muster individueller Interaktionen konzipieren lassen.

Während Bendel vor allem an der diskurstheoretisch orientierten Kritik
an Eichmanns intersystemischen Diskursen anknüpft, setzt Teubner (1989:
106-111) am systemtheoretischen Einspruch der Interaktionisierung intersystemischer Beziehungen an. Mit dem Begriff der „Interferenz" will er den
simultanen Vollzug einer allgemeingesellschaftlichen in einer subsystemi-
schen Kommunikation hervorheben, genauer gesagt: die Identität der Mit-
teilungskomponente. Die hieran generierenden Informationen lassen sich
demnach je nach Systemreferenz, also Funktionssystem oder Gesellschaft,
unterscheiden. „Durch Interferenz wird also das Prozessieren von Sinnmate-
rialien über Systemgrenzen hinweg in einem nicht nur metaphorischen Sinn
möglich, aber eben nicht als Transport von Information, sondern als Verkop-
pelung mehrerer Informationen über ein und dasselbe Ereignis" (Teubner
1989: 110). Teubner versucht auf diese Weise, die schon für die einzelnen
Funktionssysteme festgestellten operativen Kopplungen auch für das Verhältnis der Gesellschaft zu ihren einzelnen Funktionssystemen als Interferenz
fruchtbar zu machen.

3.2. Die theorieexterne Kritik: Wider die operative Geschlossenheit von Funktionssystemen

Die theorieexterne Kritik an Luhmanns Theorie autopietischer Systeme ent-
zündet sich ebenfalls vor allem an der funktionalen Differenzierung und der
operativen Geschlossenheit der einzelnen Funktionssysteme.[125] Im Vordergrund stand zunächst die Frage nach der politischen Steuerung der Gesellschaft bzw. ihrer Funktionssysteme. Insbesondere Fritz W. Scharpf (1989:
12) hat darauf hingewiesen, daß sich wider aller systemtheoretischen Kritik
politische Steuerung an verschiedenen Stellen beobachte lasse: „Die Wirtschaft bietet trotz aller Proteste bleifreies Benzin an, wenn die Umweltpolitik
das so verschreibt; das Bildungssystem hat in Reaktion auf politische Interventionen die neue Mathematik eingeführt und dann wieder abgeschafft; die
politischen Bemühungen um Kostendämpfung im Gesundheitswesen haben
beispielsweise in Großbritannien zum faktischen Verzicht auf Organtrans-
plantationen und teure Apparatemedizin für ältere Patienten geführt; und

---

125 Im folgenden konzentriere ich mich auf die Problematik der operativen Gesachlos-
senheit der einzelnen Funktionssysteme. Vgl. für die grundsätzliche Kritik an Luhmanns Differenzierungskonzept Schwinn (1995).

selbst die (von Luhmann offenbar noch nicht theoretisch behandelten) Militärsysteme beginnen auf den politischen Willen zur Abrüstung zu reagieren." Das sich dies so beobachten lasse, wird, so Willke (1992: 200) auch gar nicht bestritten. Es muß allerdings berücksichtigt werden, daß „die ‚Richtung' der Kontrolle im Prozeß der Steuerung [...] vom Beobachterstandpunkt ab-[hängt]; sie ist keine eindeutig oder objektiv vorgegebene Qualität. So verändert sich z.b. das Recht in der Absicht der Steuerung komplexer Wirtschaftsprozesse zu einem Wirtschaftsverwaltungsrecht mit offenen Kompetenznormen; und es ist in diesem Prozeß der Steuerung sehr die Frage, was sich mehr verändert hat: das Recht oder die Ökonomie."

Andere Ansätze versuchen das Problem der operativen Geschlossenheit der Funktionssysteme zu vermeiden, indem sie versuchen, die funktionale Differenzierung institutionen- oder akteurstheoetisch zu reformulieren. Béla Pokol (1990) beispielsweise kritisiert, daß Luhmann vorschnell die Ansiedlung der Ausdifferenzierung von Funktionsssystemen auf der operativen Ebene ansetzt, wodurch sich ein folgenreiches Problem stellt: Wie kann die Ausdifferenzierung auf dieser Ebene überhaupt dauerhaft sein, wenn die Opreationen als Ereignisse immer nur momenthaft sein können? Die Ausdifferenzierung, so Pokol, muß demgegenüber auf der Ebene dauerhafter Strukturen gesehen werden. Dann sind die Funktionssysteme nur noch „spezifisch arrangierte Wertungsgebiete", in denen ein Code die anderen dominiert und nicht ausgrenzt (vgl. Pokol 1990: 332). Politische Steuerung ist damit nicht mehr theoretisch auszuschließen; da der politische Code die anderen domieren kann. Vielmehr muß noch im Gesellschaftsbegriff selbst nach Spezifität und Diffusität zwischen „professionellen Institutionensystemen" (als Ausdruck dauerhafter Strukturen) und „Alltagsleben" unterschieden werden, was folglich eine Einengung der funktionalen Differenzierung auf die Ebene professioneller Institutionensysteme mit sich bringt (vgl. Pokol 1990: 235f.).

Uwe Schimank dagegen versucht die systemtheoretische Diagnose funktional differenzierter Subsystembildung in der modernen Gesellschaft an die Akteurstheorie anzuschließen. Nur so könne das „Erklärungsdefizit" hinsichtlich der Durchsetzung bestimmter Handlungsweisen (z.B. Beibehaltung der Sozialversicherungspflicht) gegenüber anderen (die Abschaffung der Sozialversicherungspflicht) überwunden werden: „Denn für eine solche Erklärung muß man auf das ‚Wollen', die Intentionen, – etwa Interessen – sowie auf das ‚Können', die Opportunitäten – etwa Einflußpotentiale – von Akteuren in Akteurskonstellationen rekurrieren, wofür der systemtheoretischen Perspektive das analytische Instrumentarium fehlt" (Schimank 1995: 84). Demgegenüber vertritt Schimank (1988: 630f.) die These, daß die von Luhmann diagnostizierten gesellschaftlichen Funktionssysteme als „sinnhafte Zusammenhänge evaluativer, normativer und kognitiver Orientierungen" nichts anderes sind als „Fiktionen konkreter sozialer Situationen", die den Akteuren als „kontingenzbestimmende self-fullfilling-prophecies" dienen. Gesellschaftliches Handeln läßt sich auf diese Weise für den Akteur als abstrakte gesellschaftliche Funktionssysteme beobachten.

4. Die Politik der Weltgesellschaft

Im Zentrum der aktuellen Debatte steht die Weltgesellschaft. Luhmann (1975a) selbst hat bereits 1971, als die Unvermeidlichkeit der Globalisierung noch nicht auf der politischen und wissenschaftlichen Tagesordnung stand, die These vertreten, daß es in der Moderne nur noch ein Gesellschaftssystem gibt: die Weltgesellschaft. Diese These resultiert aus der Überlegung, daß Kommunikation die Grenze erzeugt, die das Gesellschaftssystem von seiner Umwelt abtrennt. Da unserer Gesellschaft heute vor allem Dank der weltweiten Ausbreitung der Massenmedien durch Raum und Zeit keine Schranken mehr gesetzt sind, ist sie unweigerlich Weltgesellschaft. Wissen und Geld, Krankheiten und Neuigkeiten, Weltrekorde und Verlautbarungen lassen sich von keinem Grenzposten (dauerhaft) aufhalten. Insbesondere Rudolf Stichweh (1994; 1995; 1997) hat diesen Aspekt dann wieder in die gegenwärtige Diskussion um die Globalisierung eingeführt. Danach ist die Rede von der Globalisierung aus systemtheoretischer Sicht insofern unscharf, als sie letztlich offen läßt, was sich globalisiert. Die Globalisierungsdebatte, so Armin Nassehi (1998), gibt darum auch nur Auskunft darüber, daß die Weltgesellschaft ihre Entwicklung neuerdings nicht mehr unter dem Aspekt der Modernisierung beobachtet, sondern unter dem der Globalisierung. Nichtsdestotrotz ist die Weltgesellschaftsthese auch innerhalb der Theorie autopoietischer Systeme nicht unumstritten. Helmut Willke (1992: 362-372; 1995) beispielsweise sieht nur einzelne Funktionssysteme (u.a. Wirtschaft, Wissenschaft, Kunst und Erziehung) als „Weltsysteme", während er den Gesellschaftsbegriff weiterhin als eine territorial und normativ begrenzte Einheit begreift. Hier fallen dann auch die Grenzen des politischen Systems mit denen der Gesellschaft noch zusammen. Wie steht es aber im Unterschied zu dieser Theorievarainte um die Politik im Angesicht der Weltgesellschaftsthese?

Die Politik der Weltgesellschaft, so Luhmann (1998) und auch Stichweh (1994; 1995), ist zweifellos auch immer Weltpolitik. Dieses weltpolitische Funktionssystem wiederum ist seinerseits intern differenziert, und zwar segmentär. Das heißt, daß jedes Subsystem sich insofern ähnlich ist, als jedes Subsystem dieselben Funktionen zu erbringen hat. Im Fall des weltpolitschen Funktionssystems sind dies kollektiv bindende Entscheidungen, die jedes Segment bzw. jeder Nationalstaat herzustellen und durchzusetzen hat. Insofern betrifft alles, was oben als politisches System bezeichnet worden ist, genau genommen immer nur ein Segment des politischen Funktionssystems der Weltgesellschaft. Sogar das Rechtssystem, so Gunther Teubner (1996), kappt die engen Verbindungen zum politischen System unter den Bedingungen der Weltgesellschaft, insofern multinationale Unternehmen Verträge abschließen, die sie nicht mehr an die Rechtsetzung der politischen Systemen binden. Welche Perspektiven sich im Verhältnis von Politik und Weltgesellschaft zudem eröffnen können, wenn man dabei auch noch den unterschiedlichen Systemreferenzen Rechnung trägt und das Verhältnis von Organisation und Gesellschaft berücksichtigt, deutet Stichweh (1995) an, der z.B. die weltpolitische Funktion von NGOs im Aufgreifen jener Interessenlagen verortet, die am Souveräntitätsprinzip des Nationalstaates scheitern, d.h. am Prinzip der segmentären Differenzierung des pollitischen Systems der Weltgesellschaft. Insgesamt ist jedoch auffällig, daß die Theorie autopoietischer Systeme bisher relativ wenig zur Bedeutung von Politik unter den Bedingungen der Weltgesellschaft ausgesagt, obwohl gerade sie schon sehr frühzeitig Gesellschaft als Weltgesellschaft gedacht hat. Bei aller theoretischen Geschlossenheit des Begriffsapparats, erscheint sie so aber auch weiterhin offen für neue Fragen und neue Antworten.

Literatur

a. verwendete Literatur

Bendel, Klaus (1993): Selbstreferenz, Koordination und gesellschaftliche Steuerung. Zur Theorie der Autopoiesis sozialer Systeme bei Niklas Luhmann. Pfaffenweiler
– (1993a): Funktionale Differenzierung und gesellschaftliche Rationalität. Zeitschrift für Soziologie 22, 261-273
Beyme, Klaus von (1991): Theorie der Politik im 20. Jahrhundert. Frankfurt a.M.
Brodocz, André (1996): Strukturelle Kopplung durch Verbände. Soziale Systeme 2, 361-387
– (1998): Mächtige Kommunikation in Niklas Luhmanns Theorie sozialer Systeme. S. 183-197 in: Peter Imbusch (Hg.): Macht und Herrschaft. Opladen
Eichmann, Rainer (1989): Diskurs gesellschaftlicher Teilsysteme. Wiesbaden
– (1989a): Systemische Diskurse. S. 55-79 in Manfred Glagow/Helmut Willke/Helmut Wiesenthal (Hg.): Gesellschaftliche Steuerungsrationalität und partikulare Handlungsstrategien. Pfaffenweiler
Foerster, Heinz von (1993): Wissen und Gewissen. Frankfurt a.M.
Fuchs, Peter (1993): Moderne Kommunikation. Frankfurt a.M.
Habermas, Jürgen (1994): Faktizität und Geltung. 4. Auflage. Frankfurt a.M.
Hutter, Michael (1989): Die Produktion von Recht. Eine selbstreferentielle Theorie der Wirtschaft, angewandt auf den Fall des Arzneimittelpatentrechts. Tübingen
Kieserling, André (1994): Interaktion in Organisationen. S. 168-182 in Klaus Dammann/Dieter Grunow/Klaus P. Japp (Hg.): Die Verwaltung des politischen Systems. Opladen
Luhmann, Niklas (1975): Interaktion, Organisation, Gesellschaft. S. 9-20 in ders.: Soziologische Aufklärung 2. Opladen
– (1975a): Die Weltgesellschaft. S. 51-71 in ders.: Soziologische Aufklärung 2. Opladen
– (1981): Politische Theorie im Wohlfahrtsstaat. München

- (1984): Soziale Systeme. Frankfurt a.M.
- (1986): Ökologische Kommunikation. Opladen
- (1987): Archimedes und wir. Interviews. Hg. von Dirk Baecker und Georg Stanitzek. Berlin
- (1987a): Was ist Kommunikation? Information Philosophie 15, 4-16
- (1987b): Staat und Politik. S. 99-125 in ders.: Soziologische Aufklärung 4. Opladen
- (1988): Die Wirtschaft der Gesellschaft. Frankfurt a.M.
- (1988a): Macht. 2. Auflage. Stuttgart
- (1988b): Wie ist Bewußtsein an Kommunikation beteiligt? S. 884-905 in Hans-Ulrich Gumbrecht/K. Ludwig Pfeiffer (Hg.): Materialität der Kommunikation. Frankfurt a.M.
- (1988c): Organisation. S. 165-185 in Willi Küpper/Günther Ortmann (Hg.): Mikropolitik. Opladen
- (1989): Politische Steuerung. Politische Vierteljahresschrift 30, 4-9
- (1989a): Theorie der politischen Opposition. Zeitschrift für Politik 36, 13-26
- (1990): Die Wissenschaft der Gesellschaft. Frankfurt a.M.
- (1990a): Verfassung als evolutionäre Errungenschaft. Rechtshistorisches Journal 9, 176-220
- (1993): Das Recht der Gesellschaft. Frankfurt a.M.
- (1993a): Die Paradoxie des Entscheidens. Verwaltungs-Archiv 84, 287-310
- (1995a): Metamorphosen des Staates. S. 101-137 in ders.: Gesellschaftsstruktur und Semantik 4. Frankfurt a.M.
- (1995b): Die Autopoiesis des Bewußtseins. S. 55-112 in ders.: Soziologische Aufklärung 6. Opladen
- (1996): Die Realität der Massenmedien. Opladen
- (1997): Die Gesellschaft der Gesellschaft. Frankfurt a.M.
- (1998): Der Staat des politischen Systems. S. 345-380 in Ulrich Beck (Hg.): Perspektiven der Weltgesellschaft. Frankfurt a.M.
Maturana, Humberto R./Varela, Francisco J. (1987): Der Baum der Erkenntnis. Bern/München/Wien
Nassehi, Armin (1998): Die „Welt"-Fremdheit der Globalisierungsdebatte. Soziale Welt 29, 151-165
Noetzel, Thomas/Brodocz, André (1996): Konstruktivistische Epistemologie und politische Steuerung. Zeitschrift für Politik 43, 49-66
Parsons, Talcott (1976): Zur Theorie sozialer Systeme. Hg. von Stefan Jensen. Opladen
Pokol, Béla (1990): Professionelle Institutionensysteme oder Teilsysteme der Gesellschaft? Refomulierungsvorschläge zu Niklas Luhmanns Systemtypologie. Zeitschrift für Soziologie 19, 329-344
Rödel, Ulrich/Frankenberg, Günter/Dubiel, Helmut (1989): Die demokratische Frage. Frankfurt a.M.
Scharpf, Fritz W. (1988): Verhandlungssysteme, Verteilungskonflikte und Pathologien der politischen Steuerung. S. 61-87 in Manfred G. Schmidt (Hg.): Staatstätigkeit. International und historisch vergleichende Analysen. Politische Vierteljahresschrift Sonderheft 19. Opladen
- (1989): Politische Steuerung und politische Institutionen. Politische Vierteljahresschrift 30, 10-21
Schemann, Andreas (1992): Strukturelle Kopplung. S. 215-229 in Werner Krawietz/Michael Welker (Hg.): Kritik der Theorie sozialer Systeme. Frankfurt a.M.
Schimank, Uwe (1988): Gesellschaftliche Teilsysteme als Akteursfiktionen. Kölner Zeitschrift für Soziologie und Sozialpsychologie 40, 619-639
- (1995): Teilsystemevolutionen und Akteurstrategien. Soziale Systeme 1, 73-100

Schneider, Wolfgang Ludwig (1994): Die Beobachtung von Kommunikation. Opladen
Schwinn, Thomas (1995): Funktion und Gesellschaft. Konstante Probleme trotz Paradigmenwechsel in der Systemtheorie Niklas Luhmanns. Zeitschrift für Soziologie 24,
196-214
Spencer Brown, George (1977): Laws of Form. 2. Auflage. New York
Stichweh, Rudolf (1994): Nation und Weltgesellschaft. S. 81-96 in Bernd Estel/Tilman
Meyer (Hg.): Das Prinzip Nation in modernen Gesellschaften. Opladen
– (1995): Zur Theorie der Weltgesellschaft. Soziale Systeme 1, 29-45
– (1997): Inklusion/Exklusion, funktionale Differenzierung und die Theorie der Weltge-
sellschaft. Soziale Systeme 3, 123-136
Teubner, Gunther (1989): Recht als autopoietisches System. Frankfurt a.M.
– (1996): Des Königs viele Leiber. Die Selbstdekonstruktion der Hierarchie des Rechts.
Soziale Systeme 2, 229-255
Werner, Petra (1992): Soziale Systeme als Interaktion und Organisation. S. 200-214 in
Werner Krawietz/Michael Welker (Hg.): Kritik der Theorie sozialer Systeme. Frankfurt a.M.
Willke, Helmut (1987): Differenzierung und Integration in Luhmanns Theorie sozialer
Systeme. S. 247-274 in Hans Haferkamp/Michael Schmid (Hg.): Sinn, Kommunikation und soziale Differenzierung. Frankfurt a.M.
– (1989): Systemtheorie entwickelter Gesellschaften. Weinheim/München
– (1992): Ironie des Staates. Frankfurt a.M.
– (1995): Transformation der Demokratie als Steuerungsmodell hochkomplexer Gesellschaften. Soziale Systeme 1, 283-300

b. kommentierte Literatur

Primärliteratur

Luhmann, Niklas (1981): Politische Theorie im Wohlfahrtsstaat. München.
   *Dies ist immer noch Luhmanns einzige Monographie, die sich ausschließlich der
Politik annimmt. Insofern führt an ihr bis zum Erscheinen von ,Die Politik der Gesell-
schaft' (liegt bereits als Manuskript vor) kein Weg vorbei.*

Luhmann, Niklas (1984): Soziale Systeme. Frankfurt a.M.
   *Diesem Buch räumt Luhmann in zweifacher Hinsicht eine Schlüsselstellung ein: Zum
einen ist alles bis dahin von ihm geschriebene aus seiner Sicht noch „Null-Serie" gewesen und zum anderen betrachtet er es als die „Einleitung" zu seiner Gesellschaftstheorie.
Dementsprechend hoch ist auch das Abstraktionsniveau, was allerdings nicht vor der
Lektüre, sondern nur vor zu hohen Erwartungen an das eigene Verständnis als Warnung
gesehen werden kann.*

Luhmann, Niklas (1986): Ökologische Kommunikation. Opladen
   *Luhmann dekliniert die wichtigsten Funktionssysteme daraufhin durch, ob die öko-
logische Selbstgefährdung der modernen Gesellschaft in einem von ihnen angemessen
bearbeitet werden kann. Es ist auch für Einsteiger gut lesbar und führt das analytische
Potential der Theorie sehr ernüchternd (was stellenweise auch sehr zynisch erscheinen
kann) vor.*

Luhmann, Niklas (1987): Archimedes und wir. Interviews. Hg. von Dirk Baecker und
Georg Stanitzek. Berlin

*In den Interviews aus diesem Band erfährt man viel über die Theorie (ihre Ansprü-
che, ihr Vorgehen, ihre Konstruktion, ihre Entwicklung, ihre zentralen Fragestellungen)
und ihren Autor (seine Arbeitsweise, seine Biographie).*

Luhmann, Niklas (1997): Die Gesellschaft der Gesellschaft. Frankfurt a.M.
*Diese fast 1200 Seiten umfassende Monographie zieht anhand der eigenen Theori-
entwicklung und der vorgelegten Einzelanalysen zu Wirtschaft, Wissenschaft, Recht und
Kunst der Gesellschaft eine Bilanz für die Gesellschaft im ganzen. Ein Teil des Buches ist
bereits 1992 als Studienbuch auf italienisch erschienen, was sich in der deutschen exten-
ded version an der guten Lesbarkeit immer noch zeigt. Ein – für Luhmann untypisches –
ausführliches Inhaltsverzeichnis ermöglicht zugleich einen schnellen problemorientierten
Zugriff.*

Sekundärliteratur

Soziale Systeme: Zeitschrift für soziologische Theorie
*Diese seit 1995 zweimal im Jahr erscheinende Zeitschrift ist wohl der zur Zeit beste
Auskunftgeber über die aktuellen Entwicklungen innerhalb der Luhmannschen Theorie.
Heft 1/1998 führt u.a. ein komplettes Verzeichnis der Luhmannschen Schriften.*

Kneer, Georg/Nassehi, Armin (1993): Niklas Luhmanns Theorie sozialer Systeme. Eine
Einführung. München
    Fuchs, Peter (1992): Niklas Luhmann – beobachtet. Eine Einführung in die Sy-
stemtheorie. Opladen
*Beide Einführungen sind von ausgezeichneten Kennern der Luhmannschen Theorie
geschrieben. Beiden gelingt es darum auch sehr gut, die Theorie einsteigergerecht – sehr
systematisch bei Kneer und Nassehi, sehr spielerisch bei Fuchs – zu präsentieren.*

Willke, Helmut (1992): Ironie des Staates. Frankfurt a.M.
*Dieses Buch ist gerade aus politikwissenschaftlicher Perspektive sehr interessant, da
es die Luhmannsche Theorie für die Staatstheorie fruchtbar macht.*

Hinweise zu den Autoren

Joachim Behnke, Dr., geboren 1962, wissenschaftlicher Assistent am Institut für Politikwissenschaft an der Universität Bamberg

Veröffentlichen u.a.:

(1994): Kognitive Strukturierung und Wählerrationalität. In: Rattinger, Hans/Oscar W. Gabriel/Wolfgang Jagodzinski (Hg.): Wahlen und politische Einstellungen im vereinigten Deutschland. Frankfurt/Main. S. 399-425.
(1999): Räumliche Modelle der sachfragenorientierten Wahlentscheidung. Formale Analyse und empirische Untersuchungen der Determinanten ihrer Eignung zur Prognose der Parteiwahl. Hamburg.

Hans-Jürgen Bieling, Dipl.-Pol., geb. 1967, wissenschaftlicher Mitarbeiter am Institut für Politikwissenschaft an der Philipps-Universität Marburg

Veröffentlichungen u.a.:

Hrsg. (1997): Arbeitslosigkeit und Wohlfahrtsstaat in Westeuropa – Neun Länder im Vergleich. Opladen (zusammen mit Frank Deppe)
(1998): Macht und Herrschaft in der Risikogesellschaft. In: Peter Imbusch (Hrsg.), Macht und Herrschaft. Sozialwissenschaftliche Theorien und Konzeptionen. Opladen. S. 255-273.

Thorsten Bonacker, geb. 1970, Dipl.-Soz., wissenschaftlicher Mitarbeiter am Institut für Soziologie und Sozialforschung an der Carl-von-Ossietzky-Universität Oldenburg.

Veröffentlichungen u.a.:

(1997): Kommunikation zwischen Konsens und Konflikt. Möglichkeiten und Grenzen gesellschaftlicher Rationalität bei Habermas und Luhmann. Oldenburg
Hrsg. (1998): Die Gesellschaftstheorie Theodor W. Adornos. Themen und Grundbegriffe. Darmstadt (zusammen mit Dirk Auer und Stefan Müller-Dohm).

André Brodocz, Dipl.-Pol., geboren 1969, wissenschaftlicher Mitarbeiter am Lehrstuhl für Politische Theorie und Ideengeschichte an der TU Dresden.

Veröffentlichungen u.a.:

(1996): Strukturelle Kopplung durch Verbände. Soziale Systeme 2. S. 361-387.

(1998): Auf dem Weg zu einer konstruktivistischen Politikberatung. Zeitschrift für Systemische Therapie 6 (2), S. 98-108 (zusammen mit Thomas Noetzel).

André Kaiser, Dr., geboren 1960, ist wissenschaftlicher Assistent an der Fakultät für Sozialwissenschaften an der Universität Mannheim.

Veröffentlichungen u.a:

(1995): Staatshandeln ohne Staatsverstaendnis. Die Entwicklung des Politikfeldes Arbeitsbeziehungen in Grossbritannien 1965 – 1990. Bochum.

Hrsg. (1999): Regieren in Westminster-Demokratien. Baden-Baden (i.E.).

Jörn Lamla, 1. Staatsexamen für das Lehramt an Gymnasien, geboren 1969, wissenschaftlicher Mitarbeiter am Institut für Soziologie der Friedrich-Schiller-Universität Jena

Veröffentlichungen u.a.:

(1996): Ökologische Verunsicherung, Risikokonflikte und demokratische Lernprozesse: Zur Entwicklung der institutionellen Struktur politisch-gesellschaftlicher Kommunikation. In: Claußen, B./Wellie, B. (Hrsg.): Umweltpädagogische Diskurse. Sozialwissenschaftliche, politische und didaktische Aspekte ökologiezentrierter Bildungsarbeit. Frankfurt/Main. S. 435-452.

(1998): Grüne Professionalisierungsansätze. Perspektiven für den reformpolitischen Kernbestand der neuen Regierungspartei. Forschungsjournal Neue Soziale Bewegungen 11 (4), S. 9-19.

Oliver Marchart, M.A., Lehrbeauftragter am Department of Government an der University of Essex.

Veröffentlichungen u.a.:

Hrsg. (1998): Das Undarstellbare der Politik. Zur Hegemonietheorie von Ernesto Laclau. Wien

(1999): Claude Lefort. In: Vladimir Vilatov/Vladimir Malachov (Hrsg.): Westliche Philosophie im 20. Jahrhundert. Moskau, S. 223-224

Peter Niesen, Dr., wissenschaftlicher Mitarbeiter an der Professur für Politische Theorie und Ideengeschichte an der J.W. Goethe-Universität Frankfurt.
Veröffentlichungen u.a.:
Hrsg. (1999): Das Recht der Republik. Frankfurt am Main (zusammen mit Hauke Brunkhorst).
(1999): Kants Theorie der Redefreiheit (i.E.).

Thomas Noetzel, PD Dr., geboren 1957, Hochschuldozent am Institut für Politikwissenschaft an der Philipps-Universität Marburg.
Veröffentlichungen u.a.:
(1993): Zombies. Politische Theorie für das 19. Jahrhundert. Münster (zusammen mit Wilfried von Bredow).
(1999): Authentizität als politisches Problem. Zur Theoriegeschichte der Legitimation politischer Herrschaft in der Moderne. Berlin.

Hartmut Rosa, Dr., geboren 1965, wissenschaftlicher Mitarbeiter am Institut für Soziologie an der Friedrich Schiller Universität Jena.
Veröffentlichen u.a.:
(1998): Identität und kulturelle Praxis. Politische Philosophie nach Charles Taylor; mit einem Vorwort von Axel Honneth, Frankfurt/M.
(1999): Politische Theorie im Spiegel der Herausforderungen der Politik. In: Michael Th. Greven und Rainer Schmalz-Bruns (Hrsg.): Politische Theorie – heute. Baden-Baden. S. 447-471 (zusammen Ulrich Willems).

Gary Stuart Schaal, Dr., geboren 1971, wissenschaftlicher Mitarbeiter im Sonderforschungsbereich 537 „Institutionalität und Geschichtlichkeit" an der TU Dresden.
Veröffentlichungen u.a.:
(1998): http://www.demokratie.ade? Zum Zusammenhang von Internet, Globalisierung und Demokratie. In: Berliner Debatte Initial, Heft 4/98, S. 49-58 (zusammen mit André Brodocz).
(1999): Was ist Gleichgültigkeit? Zur politischen und sozialen Dimension eines liberalen Phänomens. Österreichische Zeitschrift für Politikwissenschaft. Heft 2, S. 139-152 (zusammen mit Sabine Friedel)

Urs Stäheli, Ph.D., geboren 1966, wissenschaftlicher Assistent an der Fakultät für Soziologie an der Universität Bielefeld.
Veröffentlichen u.a.:
(1998): Politik der Entparadoxierung. Zur Artikulation von Hegemonie- und Systemtheorie. In: Oliver Marchart (Hg.): Das Undarstellbare der Politik. Wien. S. 52-67.

(1998): Die Nachträglichkeit der Semantik. Zum Verhältnis von Sozialstruktur und Semantik. Soziale Systeme 2, 315-340.

Carten Stark, Dr., geboren 1966, ist wissenschaftlicher Mitarbeiter am Institut für Soziologie an der Otto-Friedrich-Universität Bamberg.

Veröffentlichungen u.a.:

(1998): Die blockierte Demokratie. Kulturelle Grenzen der Politik im deutschen Immissionsschutz. Baden-Baden.

(1998): Systemsteuerung und Gesellschaftssteuerung. Zur modernen Beschränkung des Politischen. In: Berliner Journal für Soziologie 8, S. 181-200.

David Strecker, Dipl.-Pol., geb. 1973, Lehrbeauftragter an der HU Berlin

Veröffentlichungen u.a.:

(1999): Suchbewegungen jenseits des Nationalstaates. Migration und Multikulturalismus in der Diskussion. In: Politische Vierteljahresschrift (i.E.).

Christine Weinbach, Dipl. Sozialwissenschaftlerin, geboren 1966, Lehrbe-
auftragte an der Gerhard-Mercator-Universität/GH Duisburg.

Veröffentlichungen u.a.:

(1998): Radikaldemokratie statt Feminismus! Judith Butlers Kritik der feministischen Definitionsmacht. In: Marion Heinz, Friederike Kuster (Hrsg.):
Geschlechtertheorie. Geschlechterforschung. Ein interdisziplinäres Kolloquium. Bielefeld. S. 53-62.

(1998): Der Computer als der „zweite Mitteilende". In: Theodor M. Bard-
mann (Hrsg.): Zirkuläre Positionen 2. Die Konstruktion der Medien, Opladen. S. 162-170.

Neues Lehrbuch:

Das politische System der Bundesrepublik Deutschland

Irene Gerlach
Bundesrepublik Deutschland
Entwicklung, Strukturen und
Akteure eines politischen Systems
1999. 320 Seiten. incl. CD-ROM:
Dokumente und Quellen
Kart. 48,– DM
ISBN 3-8100-1780-9

Das Buch führt in Rahmenbedingungen und praktisches Funktionieren des politischen Systems der Bundesrepublik Deutschland ein.

Die 10 Kapitel bieten systematische Darstellungen, die grundsätzlich auch getrennt voneinander gelesen werden können. Wert wird in allen Kapiteln auf die Verbindung deskriptiver sowie analytischer Perspektiven des politischen Prozesses gelegt, die als einzige dem Charakter der Demokratie als lebendigem System gerecht wird. Auf der beiligenden CD kann der Leser in Verträgen, Gesetzen und Dokumenten nachlesen, die im Text erwähnt werden oder mit Statistiken weiterarbeiten.

Aus dem Inhalt:
Die historischen und gesetzlichen Rahmenbedingungen
1. Die Entstehung der BRD
2. Das Grundgesetz: Bedeutung, Aufbau, Verfassungsprinzipien und Staatszielbestimmungen
3. Deutsche Einigung und die Diskussionen um eine Verfassungsreform

Zum Staatsaufbau und seinen Institutionen
1. Das Zusammenspiel von Bund und Ländern
2. Die Rolle der Kommunen
3. Die Verfassungsorgane:
Bundestag – Bundesregierung – Bundespräsident – Bundesrat – Bundesverfassungsgericht

Das Funktionieren der Demokratie
1. Wahlen: Möglichkeiten und Grenzen der politischen Gestaltung
2. Parteien: Zentrum der politischen Interessenvertretung?

■ **Leske + Budrich**

If you have any concerns about our products,
you can contact us on
ProductSafety@springernature.com

In case Publisher is established outside the EU,
the EU authorized representative is:
Springer Nature Customer Service Center GmbH
Europaplatz 3, 69115 Heidelberg, Germany

Printed by Libri Plureos GmbH
in Hamburg, Germany